国家出版基金项目
NATIONAL PUBLICATION FOUNDATION

任乃强◎著

西康诡异录
考察报告

任乃强全集【第二卷】

主　编　任新建
副主编　何　洁

四川人民出版社

图书在版编目（CIP）数据

西康诡异录·考察报告 / 任乃强著. —成都：四川人民出版社，2021.12
（任乃强全集；第二卷）
ISBN 978-7-220-12479-2

Ⅰ.①西… Ⅱ.①任… Ⅲ.①地理志-西康 Ⅳ.①K927.2

中国版本图书馆 CIP 数据核字（2021）第 257455 号

XIKANG GUIYI LU·KAOCHA BAOGAO

西康诡异录·考察报告

任乃强　著

主　　编	任新建
副 主 编	何　洁

总 策 划	罗桑道吉
出 版 人	黄立新
组稿统筹	喻　磊
项目执行	邹　近　章　涛
责任编辑	李京京
装帧设计	戴雨虹
封面画像	蒋骊霄
责任校对	林　泉
责任印制	祝　健

出版发行	四川人民出版社（成都三色路 238 号）
网　　址	http://www.scpph.com
E-mail	scrmcbs@sina.com
新浪微博	@四川人民出版社
微信公众号	四川人民出版社
发行部业务电话	（028）86361653　86361656
防盗版举报电话	（028）86361653
照　　排	四川胜翔数码印务设计有限公司
印　　刷	成都东江印务有限公司
成品尺寸	185mm×260mm
印　　张	39.75
字　　数	760 千
版　　次	2021 年 12 月第 1 版
印　　次	2021 年 12 月第 1 次印刷
书　　号	ISBN 978-7-220-12479-2
定　　价	2500.00 元（全十五卷）

■版权所有·侵权必究
本书若出现印装质量问题，请与我社发行部联系调换
电话：（028）86361656

目 录

西康诡异录

第一编 康民与其生活 …………………………………………… (003)

一、诡 异 ………………………………………………………… (003)

二、高原与其裂罅 ……………………………………………… (003)

三、牛厂娃 ……………………………………………………… (004)

四、牛毛帐房 …………………………………………………… (005)

五、三十牛驮之巨帐 …………………………………………… (005)

六、牦 牛 ……………………………………………………… (006)

七、烧牛屎 ……………………………………………………… (006)

八、牛屎为药 …………………………………………………… (007)

九、混 帐 ……………………………………………………… (007)

十、牛厂产妇 …………………………………………………… (007)

十一、"盗 癖" ………………………………………………… (007)

十二、"甲 霸" ………………………………………………… (008)

十三、庄房娃 …………………………………………………… (008)

十四、吃庄房 …………………………………………………… (009)

十五、差 粮 …………………………………………………… (009)

十六、番寨子 …………………………………………………… (009)

十七、番楼梯 …………………………………………………… (010)

十八、独一无二的巧工 ………………………………………… (011)

十九、水 磨 …………………………………………………… (011)

二十、糌 粑 …………………………………………………… (012)

001

二十一、砖　茶 ……………………………………………………（012）

二十二、康　盐 ……………………………………………………（012）

二十三、酥油与奶渣子 ……………………………………………（013）

二十四、"蛮　溷" …………………………………………………（013）

二十五、生　吃 ……………………………………………………（013）

二十六、活　吃 ……………………………………………………（014）

二十七、高贵之食品 ………………………………………………（014）

二十八、宴　会 ……………………………………………………（014）

二十九、番　床 ……………………………………………………（015）

三十、睡　礼 ………………………………………………………（015）

三十一、番皮袄 ……………………………………………………（015）

三十二、靴　鞋 ……………………………………………………（016）

三十三、不穿裤子 …………………………………………………（016）

三十四、便　溺 ……………………………………………………（017）

三十五、汗衣的穿法 ………………………………………………（017）

三十六、番裁缝 ……………………………………………………（017）

三十七、驮脚娃 ……………………………………………………（018）

三十八、参观露宿记 ………………………………………………（018）

三十九、熬夜的精神 ………………………………………………（019）

四十、猪洛可 ………………………………………………………（020）

四十一、皮火筒 ……………………………………………………（020）

四十二、客　民 ……………………………………………………（021）

四十三、军台遗丁 …………………………………………………（021）

四十四、金川戍卒 …………………………………………………（021）

四十五、名山木匠 …………………………………………………（022）

四十六、矿工落业 …………………………………………………（022）

四十七、清洁用猪 …………………………………………………（022）

四十八、羹 …………………………………………………………（023）

四十九、狗的装饰 …………………………………………………（023）

五十、喀　达 ………………………………………………………（024）

五十一、赘 …………………………………………………………（024）

目 录

五十二、番人婚礼 ……………………………………………… (024)

五十三、弟兄共娶 ……………………………………………… (025)

五十四、赘　婿 ………………………………………………… (025)

五十五、番烈女 ………………………………………………… (026)

五十六、处女之宝 ……………………………………………… (026)

五十七、背水奇技 ……………………………………………… (026)

五十八、男女工作 ……………………………………………… (027)

五十九、康坝娃与藏坝娃 ……………………………………… (027)

六十、番人体格 ………………………………………………… (027)

六十一、扯格娃 ………………………………………………… (028)

六十二、甲冈与白冈 …………………………………………… (028)

六十三、发辫种种 ……………………………………………… (028)

六十四、耳　珰 ………………………………………………… (029)

六十五、戒　指 ………………………………………………… (029)

六十六、领扣与项珠 …………………………………………… (029)

六十七、番　镯 ………………………………………………… (030)

六十八、告　乌 ………………………………………………… (030)

六十九、杂　佩 ………………………………………………… (030)

七十、叉子枪 …………………………………………………… (030)

七十一、天　葬 ………………………………………………… (031)

七十二、水　葬 ………………………………………………… (031)

七十三、火　葬 ………………………………………………… (031)

七十四、地　葬 ………………………………………………… (032)

七十五、溜索桥 ………………………………………………… (032)

七十六、溜　筒 ………………………………………………… (033)

七十七、泸定桥 ………………………………………………… (033)

七十八、番　桥 ………………………………………………… (033)

七十九、皮　船 ………………………………………………… (034)

八十、中渡船户 ………………………………………………… (035)

八十一、骨　牌 ………………………………………………… (035)

八十二、拌巴躯 ………………………………………………… (036)

八十三、跳歌装 ……………………………………………………………（036）

八十四、歌装辞 ……………………………………………………………（037）

八十五、歌装考略 …………………………………………………………（038）

八十六、跳弦子 ……………………………………………………………（039）

八十七、番话的组织 ………………………………………………………（039）

八十八、番地通行的几句汉话 ……………………………………………（039）

八十九、是 …………………………………………………………………（040）

九十、磕头百姓 ……………………………………………………………（040）

九十一、番　历 ……………………………………………………………（040）

九十二、番人过年 …………………………………………………………（041）

九十三、过年的风波 ………………………………………………………（042）

九十四、骂人番语 …………………………………………………………（042）

九十五、古　风 ……………………………………………………………（043）

九十六、咏番女诗 …………………………………………………………（044）

九十七、七笔钩 ……………………………………………………………（045）

九十八、倮　倮 ……………………………………………………………（045）

九十九、云　边 ……………………………………………………………（046）

一〇〇、"木苏夷" …………………………………………………………（046）

一〇一、"里苏夷" …………………………………………………………（046）

一〇二、"潞子夷" …………………………………………………………（046）

一〇三、"喇嘛人"与"古宗" ………………………………………………（047）

一〇四、云边异俗 …………………………………………………………（047）

第二编　宗教与迷信 …………………………………………………（048）

一、高原与迷信 ……………………………………………………………（048）

二、文成公主 ………………………………………………………………（048）

三、金城公主 ………………………………………………………………（049）

四、莲花佛 …………………………………………………………………（049）

五、红　教 …………………………………………………………………（050）

六、黑　教 …………………………………………………………………（050）

七、白　教 …………………………………………………………………（050）

八、花　教 …………………………………………………………………（051）

目录

九、黄　教 …………………………………………………… (051)

十、活　佛 …………………………………………………… (051)

十一、藏　王 ………………………………………………… (052)

十二、盐水佛 ………………………………………………… (053)

十三、产生活佛之地 ………………………………………… (054)

十四、里塘产生之二活佛 …………………………………… (054)

十五、佛都督 ………………………………………………… (054)

十六、贿买佛都督 …………………………………………… (055)

十七、郎章喇嘛 ……………………………………………… (056)

十八、郎章与妇女 …………………………………………… (057)

十九、"活　鬼" ……………………………………………… (057)

二十、柏枝奇迹 ……………………………………………… (058)

二十一、奇　缘 ……………………………………………… (059)

二十二、屎尿为药 …………………………………………… (059)

二十三、札呷喇嘛过经 ……………………………………… (060)

二十四、大勇法师与能海法师 ……………………………… (060)

二十五、甲喇嘛 ……………………………………………… (061)

二十六、访札呷喇嘛记 ……………………………………… (062)

二十七、磕长头 ……………………………………………… (063)

二十八、圣僧厄运 …………………………………………… (063)

二十九、甘孜丸 ……………………………………………… (064)

三十、子母丸 ………………………………………………… (064)

三十一、替人吹牛 …………………………………………… (064)

三十二、我所见之疯子喇嘛 ………………………………… (065)

三十三、所闻之疯子喇嘛 …………………………………… (066)

三十四、传闻之疯子喇嘛 …………………………………… (067)

三十五、查喇嘛挡雨 ………………………………………… (068)

三十六、圆光术 ……………………………………………… (068)

三十七、喇嘛寺 ……………………………………………… (069)

三十八、男荒之地 …………………………………………… (069)

三十九、东谷寺之当差妇女 ………………………………… (070)

四十、奇珍与某喇嘛 …………………………………………………… (071)

四十一、喇嘛之妻 ……………………………………………………… (071)

四十二、喇嘛寺建筑法 ………………………………………………… (071)

四十三、六道轮回图 …………………………………………………… (072)

四十四、回纹锦 ………………………………………………………… (072)

四十五、番人所绘之"三国"故事 …………………………………… (072)

四十六、欢喜佛 ………………………………………………………… (073)

四十七、神山与山神 …………………………………………………… (073)

四十八、法　神 ………………………………………………………… (074)

四十九、孙达降法神 …………………………………………………… (074)

五十、观降法神记 ……………………………………………………… (075)

五十一、法神刀 ………………………………………………………… (076)

五十二、垂仲庙 ………………………………………………………… (076)

五十三、草地之基本教育 ……………………………………………… (077)

五十四、贱役僧与求乞喇嘛 …………………………………………… (077)

五十五、草地之中等教育 ……………………………………………… (078)

五十六、草地之高等教育 ……………………………………………… (078)

五十七、考革西 ………………………………………………………… (078)

五十八、草地之研究院 ………………………………………………… (078)

五十九、喇嘛戒律 ……………………………………………………… (079)

六十、佛都督为终南捷径 ……………………………………………… (079)

六十一、喇嘛官 ………………………………………………………… (079)

六十二、里塘寺之传号 ………………………………………………… (080)

六十三、喇嘛衣服 ……………………………………………………… (081)

六十四、手摇转经 ……………………………………………………… (081)

六十五、祈福幢 ………………………………………………………… (082)

六十六、祈福幡 ………………………………………………………… (082)

六十七、水转祈福幢 …………………………………………………… (082)

六十八、祈福风轮 ……………………………………………………… (083)

六十九、床头摇经 ……………………………………………………… (083)

七十、六字真言 ………………………………………………………… (083)

七十一、麻柳边边红与阿弥陀佛 …………………………………… (084)

七十二、麻柳堆堆 ……………………………………………………… (084)

七十三、麻柳堆堆之神 ………………………………………………… (085)

七十四、路旁经塔 ……………………………………………………… (085)

七十五、崖上勒摩 ……………………………………………………… (085)

七十六、白石为神 ……………………………………………………… (086)

七十七、番城隍 ………………………………………………………… (086)

七十八、折多山神 ……………………………………………………… (086)

七十九、乃龙山神 ……………………………………………………… (087)

八十、墨尔多山神 ……………………………………………………… (088)

八十一、卡洼格簸山神 ………………………………………………… (088)

八十二、喀洼罗里山神 ………………………………………………… (088)

八十三、回转的玄妙 …………………………………………………… (089)

八十四、转经系汉人所发明 …………………………………………… (090)

八十五、藏文之主人 …………………………………………………… (090)

八十六、竹　笔 ………………………………………………………… (090)

八十七、番纸与汉纸 …………………………………………………… (091)

八十八、番　经 ………………………………………………………… (091)

八十九、西藏之百科全书 ……………………………………………… (092)

九十、西康美术 ………………………………………………………… (092)

九十一、喇嘛寺摆花 …………………………………………………… (093)

九十二、人皮跪垫 ……………………………………………………… (093)

九十三、头盖骨净水碗 ………………………………………………… (093)

九十四、人骨号 ………………………………………………………… (094)

九十五、郎巴鼓 ………………………………………………………… (094)

九十六、其他重要法器 ………………………………………………… (094)

九十七、铜净水碗 ……………………………………………………… (095)

九十八、神　灯 ………………………………………………………… (095)

九十九、燃灯节 ………………………………………………………… (095)

一〇〇、喇嘛肉可饲鬼 ………………………………………………… (095)

一〇一、哑巴经 ………………………………………………………… (096)

一〇二、做道场 ……………………………………………………………（096）
一〇三、打粉火 ……………………………………………………………（097）
一〇四、打夜醮 ……………………………………………………………（097）
一〇五、喇嘛打卦 …………………………………………………………（098）
一〇六、西藏打牛魔王之戏 ………………………………………………（098）
一〇七、红庙子瘟神 ………………………………………………………（099）
一〇八、喇叭与大号 ………………………………………………………（099）
一〇九、喇嘛寺送祟 ………………………………………………………（100）
一一〇、跳　神 ……………………………………………………………（101）
一一一、坝会番戏 …………………………………………………………（101）
一一二、番戏场布置 ………………………………………………………（102）
一一三、番戏情节 …………………………………………………………（103）
一一四、番戏演法举例 ……………………………………………………（104）
一一五、番戏考略 …………………………………………………………（105）
一一六、藏三国 ……………………………………………………………（106）
一一七、藏三国举例 ………………………………………………………（106）
一一八、喇嘛粮 ……………………………………………………………（108）
一一九、汉人寺 ……………………………………………………………（108）
一二〇、大金寺 ……………………………………………………………（109）
一二一、寿灵寺 ……………………………………………………………（111）
一二二、灵雀寺 ……………………………………………………………（111）
一二三、泰宁寺 ……………………………………………………………（112）
一二四、桑披林寺 …………………………………………………………（112）
一二五、贡噶喇嘛 …………………………………………………………（113）
一二六、喇嘛王国 …………………………………………………………（114）
一二七、康定两革西 ………………………………………………………（114）
一二八、康定两佛都督 ……………………………………………………（114）
一二九、喇嘛之禄利 ………………………………………………………（115）
一三〇、喇嘛淋水 …………………………………………………………（115）
一三一、讨舍头 ……………………………………………………………（116）
一三二、冥　财 ……………………………………………………………（116）

一三三、吹号止雹 …………………………………………… (117)

一三四、收获令 ……………………………………………… (117)

一三五、护身符 ……………………………………………… (117)

一三六、枪弹不伤之宝 ……………………………………… (118)

一三七、喇嘛教宜维护 ……………………………………… (118)

一三八、班禅佛宜利用 ……………………………………… (119)

一三九、尤侗谤诗 …………………………………………… (121)

第三编 土司与头人 ……………………………………………… (122)

一、三曲宗与四曲宗 ………………………………………… (122)

二、百二十国 ………………………………………………… (122)

三、宁静以西无土司 ………………………………………… (123)

四、冷边之衰亡 ……………………………………………… (124)

五、沈边土司 ………………………………………………… (124)

六、古土司倍入倍出 ………………………………………… (125)

七、明正"开国"考 ………………………………………… (125)

八、甲宜斋 …………………………………………………… (126)

九、十三锅庄与四十八锅庄 ………………………………… (127)

十、明正与穆坪之关系 ……………………………………… (128)

十一、甲安仁 ………………………………………………… (129)

十二、巴底王子 ……………………………………………… (129)

十三、世 婚 ………………………………………………… (130)

十四、巴旺土司 ……………………………………………… (131)

十五、三土司之乱 …………………………………………… (131)

十六、土司篡臣 ……………………………………………… (132)

十七、土司粮 ………………………………………………… (133)

十八、土司借债 ……………………………………………… (133)

十九、杨千户 ………………………………………………… (133)

二十、土司办差 ……………………………………………… (134)

二十一、八角之乱 …………………………………………… (135)

二十二、泽龙二雍 …………………………………………… (136)

二十三、余科牧国 …………………………………………… (136)

二十四、上下罗科马 …………………………………………………………（137）

二十五、俄洛、色达十八部 …………………………………………………（137）

二十六、绰斯家与二楷金厂 …………………………………………………（138）

二十七、西康之小部落"国" …………………………………………………（139）

二十八、木茹王 ………………………………………………………………（139）

二十九、查坝六部 ……………………………………………………………（140）

三十、霍　尔 …………………………………………………………………（140）

三十一、章谷之亡 ……………………………………………………………（140）

三十二、朱　倭 ………………………………………………………………（141）

三十三、纪朱倭、章谷之战 …………………………………………………（142）

三十四、报仇规矩 ……………………………………………………………（144）

三十五、降巴札喜惨死事件 …………………………………………………（145）

三十六、大寨与阿色麻仇杀事件 ……………………………………………（145）

三十七、麻书之亡 ……………………………………………………………（146）

三十八、孔撒故事 ……………………………………………………………（147）

三十九、西方之武则天 ………………………………………………………（147）

四十、白利以私生子为土司 …………………………………………………（149）

四十一、绒坝岔乌噶 …………………………………………………………（150）

四十二、东谷土司考 …………………………………………………………（150）

四十三、公　田 ………………………………………………………………（151）

四十四、磨面差 ………………………………………………………………（152）

四十五、小娃子与黑头 ………………………………………………………（152）

四十六、柴　差 ………………………………………………………………（153）

四十七、汤　役 ………………………………………………………………（153）

四十八、打　役 ………………………………………………………………（154）

四十九、乌拉马 ………………………………………………………………（154）

五十、乌拉积弊 ………………………………………………………………（155）

五十一、头人不愿改善乌拉 …………………………………………………（156）

五十二、三道桥村长 …………………………………………………………（156）

五十三、算　账 ………………………………………………………………（158）

五十四、长坝春旧差 …………………………………………………………（158）

五十五、建筑差 …………………………………… (159)

五十六、兵　差 …………………………………… (159)

五十七、番　律 …………………………………… (160)

五十八、番刑法 …………………………………… (160)

五十九、劓　刑 …………………………………… (161)

六十、刖　刑 ……………………………………… (161)

六十一、水　牢 …………………………………… (161)

六十二、"天德格，地德格" ……………………… (162)

六十三、德格土司自请改流 ……………………… (162)

六十四、多吉僧格 ………………………………… (163)

六十五、林葱改流记 ……………………………… (164)

六十六、废土司思汉 ……………………………… (164)

六十七、春科、高日土司 ………………………… (164)

六十八、斑鸠彭错 ………………………………… (165)

六十九、札喜夺吉与公畜 ………………………… (165)

七十、瞻对沿革 …………………………………… (166)

七十一、上瞻世家 ………………………………… (167)

七十二、穷穷工布 ………………………………… (168)

七十三、理化百姓为瞻化总保 …………………… (169)

七十四、马上技能 ………………………………… (169)

七十五、凶杀事件 ………………………………… (169)

七十六、色威凶杀案 ……………………………… (170)

七十七、麻日奇案 ………………………………… (170)

七十八、大盖凶杀巨案 …………………………… (171)

七十九、番禀可笑 ………………………………… (172)

八十、工布汪青劫狱事 …………………………… (173)

八十一、里塘营官 ………………………………… (175)

八十二、毛垭金课 ………………………………… (176)

八十三、毛垭土司浸强 …………………………… (176)

八十四、曲登土司 ………………………………… (177)

八十五、崇喜被营官逼婚 ………………………… (177)

八十六、五瓦述 ·· (178)

八十七、巴塘之乱 ·· (178)

八十八、喇嘛神占 ·· (179)

八十九、烧饼歌 ·· (179)

九十、三岩"野番" ······································· (180)

九十一、乍丫与察木多 ···································· (181)

九十二、三十九族代表 ···································· (181)

九十三、盐源九所 ·· (182)

九十四、木里王 ·· (182)

九十五、西人所记"木里国" ······························· (184)

九十六、金川土司 ·· (185)

九十七、见官矮一级 ······································ (186)

九十八、铁纱帽 ·· (186)

九十九、贡　品 ·· (186)

一〇〇、土司宜利用 ······································ (187)

第四编　物产与生业 ·· (188)

一、忠实的介绍 ·· (188)

二、移民的荣枯 ·· (188)

三、商路术语 ·· (189)

四、生业总说 ·· (190)

五、藏洋小史 ·· (190)

六、打箭炉通行货币 ······································ (191)

七、泸定货币 ·· (192)

八、丹巴货币 ·· (192)

九、草地货币 ·· (193)

十、周长发三富三穷记 ···································· (193)

十一、李占云趣事 ·· (195)

十二、行商不如坐贾 ······································ (199)

十三、奇异的犁耕 ·· (200)

十四、耕地的规矩 ·· (201)

十五、冰　耕 ·· (201)

目　录

十六、火　耕 …………………………………………………… (202)

十七、水　耕 …………………………………………………… (202)

十八、虾拉沱虫灾 ……………………………………………… (202)

十九、气候与产业 ……………………………………………… (203)

二十、砾　田 …………………………………………………… (204)

二十一、不施肥 ………………………………………………… (205)

二十二、天惠惰农 ……………………………………………… (205)

二十三、青稞与汉字"来" …………………………………… (205)

二十四、小　麦 ………………………………………………… (205)

二十五、芫　菁 ………………………………………………… (206)

二十六、产米之地 ……………………………………………… (206)

二十七、米之需要与供给 ……………………………………… (206)

二十八、玉蜀黍 ………………………………………………… (207)

二十九、蔬菜业 ………………………………………………… (207)

三十、遂宁、安岳之垦殖民地 ………………………………… (208)

三十一、蛇与农业 ……………………………………………… (209)

三十二、二道桥垦户张姓 ……………………………………… (209)

三十三、张二姐 ………………………………………………… (210)

三十四、农作定式 ……………………………………………… (210)

三十五、草地猪 ………………………………………………… (211)

三十六、草地鸡鸭 ……………………………………………… (211)

三十七、癫病与鸡羊 …………………………………………… (211)

三十八、我所见之癫子 ………………………………………… (212)

三十九、农牧的偏嗜 …………………………………………… (212)

四十、三坝的故事 ……………………………………………… (213)

四十一、牛厂风景 ……………………………………………… (213)

四十二、牛之世界 ……………………………………………… (214)

四十三、半年愉快之人畜 ……………………………………… (214)

四十四、蝇虻之害 ……………………………………………… (215)

四十五、旨　畜 ………………………………………………… (215)

四十六、牧场应提倡栽培牧草 ………………………………… (216)

四十七、应改良畜种 …………………………………………………（216）

四十八、应养毛用羊 …………………………………………………（217）

四十九、酥油制取法 …………………………………………………（217）

五十、酸奶子与奶渣子 ………………………………………………（218）

五十一、天然砖瓦 ……………………………………………………（218）

五十二、西康森林 ……………………………………………………（219）

五十三、林木阶段 ……………………………………………………（219）

五十四、桦　木 ………………………………………………………（220）

五十五、野　樱 ………………………………………………………（220）

五十六、酸枣子 ………………………………………………………（220）

五十七、救兵郎 ………………………………………………………（220）

五十八、油渣子 ………………………………………………………（221）

五十九、都市附近之滥伐 ……………………………………………（221）

六十、树林与方位 ……………………………………………………（222）

六十一、郑万钧氏之发现 ……………………………………………（222）

六十二、白　杨 ………………………………………………………（223）

六十三、耐寒柞 ………………………………………………………（223）

六十四、西康果树 ……………………………………………………（223）

六十五、金川梨与沙湾梨 ……………………………………………（224）

六十六、葡萄之新大陆 ………………………………………………（224）

六十七、藏葡萄 ………………………………………………………（224）

六十八、四时食鲜樱之地 ……………………………………………（225）

六十九、输入西康之橘 ………………………………………………（225）

七十、输入西康之干果 ………………………………………………（225）

七十一、输入西康之瓜子 ……………………………………………（226）

七十二、人参果 ………………………………………………………（226）

七十三、猎人之乡 ……………………………………………………（226）

七十四、磨西猎户 ……………………………………………………（227）

七十五、麝 ……………………………………………………………（227）

七十六、吊鹿子 ………………………………………………………（228）

七十七、麝香商业 ……………………………………………………（230）

七十八、保护麝獐 …………………………………………… (231)

七十九、鹿茸与鹿角 …………………………………………… (231)

八十、鹿筋　鹿聪 …………………………………………… (232)

八十一、鹿胎胶 …………………………………………… (232)

八十二、猎　熊 …………………………………………… (232)

八十三、熊　掌 …………………………………………… (233)

八十四、熊胆　熊油　熊皮 …………………………………………… (233)

八十五、毒矢　地弩　猿栅 …………………………………………… (233)

八十六、羚　羊 …………………………………………… (233)

八十七、豹 …………………………………………… (234)

八十八、狼 …………………………………………… (234)

八十九、雪猪子 …………………………………………… (234)

九十、鸟鼠同穴 …………………………………………… (235)

九十一、康　猴 …………………………………………… (235)

九十二、鹦　鹉 …………………………………………… (235)

九十三、马鸡　松鸡 …………………………………………… (236)

九十四、鹫 …………………………………………… (236)

九十五、羌活鱼 …………………………………………… (236)

九十六、药夫子 …………………………………………… (237)

九十七、虫　草 …………………………………………… (237)

九十八、贝　母 …………………………………………… (238)

九十九、秦　艽 …………………………………………… (238)

一〇〇、大　黄 …………………………………………… (238)

一〇一、羌活　独活 …………………………………………… (239)

一〇二、草地泡参 …………………………………………… (239)

一〇三、茆 …………………………………………… (239)

一〇四、佛掌参 …………………………………………… (240)

一〇五、川边矿产 …………………………………………… (240)

一〇六、金川之得名 …………………………………………… (240)

一〇七、云母矿 …………………………………………… (241)

一〇八、二楷金矿 …………………………………………… (241)

一〇九、丹巴商业与松林口夹霸 …………………………………………（242）

一一〇、王老陕 ……………………………………………………………（243）

一一一、李剃头 ……………………………………………………………（243）

一一二、重开二楷金厂问题 ………………………………………………（243）

一一三、泰宁金厂 …………………………………………………………（244）

一一四、刘绍尧 ……………………………………………………………（245）

一一五、麦科金 ……………………………………………………………（246）

一一六、可　惜 ……………………………………………………………（246）

一一七、大金河与小金河 …………………………………………………（246）

一一八、洼里金厂 …………………………………………………………（247）

一一九、隆大金厂 …………………………………………………………（248）

一二〇、铜　河 ……………………………………………………………（248）

一二一、西康煤铁问题 ……………………………………………………（249）

一二二、无工业之地 ………………………………………………………（249）

一二三、木　工 ……………………………………………………………（250）

一二四、番房修造法 ………………………………………………………（250）

一二五、名山木匠未到以前之木工 ………………………………………（251）

一二六、甘孜疑案 …………………………………………………………（251）

一二七、番金工 ……………………………………………………………（252）

一二八、土石工 ……………………………………………………………（252）

一二九、雕绘工为贱业 ……………………………………………………（252）

一三〇、纺织业 ……………………………………………………………（253）

一三一、氆　氇 ……………………………………………………………（254）

一三二、地毯与马氆 ………………………………………………………（254）

一三三、缝　工 ……………………………………………………………（255）

一三四、针　线 ……………………………………………………………（255）

一三五、剃头业 ……………………………………………………………（256）

一三六、高老陕 ……………………………………………………………（256）

一三七、张剃头 ……………………………………………………………（257）

一三八、制　革 ……………………………………………………………（257）

一三九、铸　工 ……………………………………………………………（257）

一四〇、水力发电 …… (258)

一四一、风力发电 …… (258)

一四二、衣内火花 …… (258)

一四三、番兵工 …… (259)

一四四、番刀削铁 …… (259)

一四五、番　碗 …… (260)

一四六、重商原因 …… (260)

一四七、陕　商 …… (261)

一四八、川　商 …… (261)

一四九、喇嘛商 …… (261)

一五〇、土司商 …… (262)

一五一、西康度量衡 …… (262)

一五二、番人交易 …… (262)

一五三、藏　货 …… (263)

一五四、成都销行西康之货 …… (264)

一五五、茶之运销 …… (265)

一五六、四川布 …… (265)

一五七、其他自川省销行边地之货 …… (266)

一五八、云南输入西康之货 …… (267)

一五九、甘肃输入西康之货 …… (268)

一六〇、西宁马 …… (268)

一六一、青海羊毛市 …… (268)

一六二、番盐产地 …… (269)

一六三、盐井之盐 …… (269)

一六四、甘凉粉赤手暴富 …… (269)

一六五、冯兆祥 …… (270)

一六六、李德元 …… (270)

一六七、赵建侯 …… (271)

一六八、丁蛮王 …… (272)

一六九、姜保正 …… (272)

一七〇、何耀如 …… (273)

一七一、德泰合掌柜 ……………………………………………………………（273）

一七二、番医生 ……………………………………………………………（274）

一七三、汉医不行于番地 ……………………………………………………（274）

一七四、独一味 ……………………………………………………………（275）

一七五、老鹳草 ……………………………………………………………（275）

一七六、番乞丐 ……………………………………………………………（275）

一七七、跳财神 ……………………………………………………………（276）

一七八、到边者宜具有之艺能 ………………………………………………（276）

考察报告

│西康视察报告│

第一号——泸定县视察报告 ……………………………………………………（282）

第二号——康定县视察报告 ……………………………………………………（286）

第三号——丹巴县视察报告 ……………………………………………………（297）

第四号——道孚县视察报告 ……………………………………………………（309）

第五号——炉霍县视察报告 ……………………………………………………（320）

第六号——甘孜县视察报告 ……………………………………………………（332）

第七号——瞻化县视察报告 ……………………………………………………（349）

第八号——理化县视察报告 ……………………………………………………（357）

第九号——雅江县视察报告 ……………………………………………………（366）

康区视察总报告书（节录） ……………………………………………………（373）

│西康札记│

一、记泸定张菩萨 …………………………………………………………（378）

二、泸定风水 ………………………………………………………………（379）

三、洛　克 …………………………………………………………………（379）

四、天主堂垦地 ……………………………………………………………（380）

五、康人风俗 ………………………………………………………………（380）

六、康定气候 ………………………………………………………………（380）

七、海子与温泉 ……………………………………………………………（381）

八、康定地质 …… (381)

九、康定两格西 …… (382)

十、南无寺两佛都督 …… (382)

十一、蛇与农业 …… (383)

十二、汉番家宅鉴别法 …… (383)

十三、边地风俗之一般 …… (384)

十四、巴底土司 …… (385)

十五、巴旺土司 …… (386)

十六、吊鹿子 …… (387)

十七、赶烟会 …… (388)

十八、赘婿 …… (388)

十九、康定团丁 …… (389)

二十、康定乞丐 …… (390)

二十一、牛厂娃 …… (391)

二十二、炭窑子劫案 …… (392)

二十三、降法神 …… (392)

二十四、番家报仇 …… (393)

二十五、道孚番乱 …… (394)

二十六、通译舞弊记 …… (395)

二十七、疯喇嘛之神异 …… (397)

二十八、周景南轶事 …… (398)

二十九、李文虎轶事 …… (400)

三十、土头之劣性 …… (400)

三十一、陈遐龄之罪恶 …… (401)

三十二、庆钦差办章谷案 …… (401)

三十三、水地与火地 …… (402)

三十四、道孚之恶谑（略） …… (402)

三十五、"甲"与"来" …… (402)

三十六、男荒之地（略） …… (402)

三十七、名山木匠 …… (403)

三十八、甘正全 …… (403)

三十九、冯兆祥 (404)

四十、赵建侯 (404)

四十一、李德元 (405)

四十二、王剃头 (405)

四十三、甘孜市 (406)

四十四、麻书之亡 (406)

四十五、孔撒世家 (406)

四十六、佛都督 (408)

四十七、札呷喇嘛 (408)

四十八、番　戏 (409)

四十九、"活　鬼" (412)

五十、查喇嘛神通 (413)

五十一、喇嘛粮 (413)

五十二、番烈女 (413)

五十三、甘孜县署 (413)

五十四、瞻对娃 (414)

五十五、瞻对娃凶杀案（略） (415)

五十六、大盖番禀 (415)

| 泸定导游 |

一、序　言 (418)

二、康泸界标 (418)

三、大藏桥 (418)

四、日地名胜 (419)

五、头道水果亲王行宫 (420)

六、小天都 (421)

七、瓦斯沟 (422)

八、瓦斯沟铁索桥 (423)

九、岩　蟒 (424)

十、追忆杨倬之 (424)

十一、好讼之习 (425)

十二、性的故事（略） …………………………………………………（425）

十三、大冈战绩 ……………………………………………………………（426）

十四、冷竹关岩路 …………………………………………………………（427）

十五、仙人掌之地 …………………………………………………………（428）

十六、冷竹关 ………………………………………………………………（428）

十七、"岳营背水" …………………………………………………………（429）

十八、烹坝 …………………………………………………………………（430）

十九、沙湾特产 ……………………………………………………………（430）

二十、咱里土千户 …………………………………………………………（431）

二十一、泸定桥 ……………………………………………………………（433）

二十二、泸定繁荣史 ………………………………………………………（434）

二十三、泸定八景 …………………………………………………………（435）

二十四、泸定内八景 ………………………………………………………（436）

二十五、瓦角狐仙 …………………………………………………………（437）

二十六、甘露寺香桃 ………………………………………………………（438）

二十七、冷碛兴衰 …………………………………………………………（439）

二十八、佛耳崖 ……………………………………………………………（439）

二十九、冷碛访古 …………………………………………………………（440）

三十、刘公德政碑 …………………………………………………………（441）

三十一、冷碛名胜 …………………………………………………………（442）

三十二、冷碛周土司 ………………………………………………………（442）

三十三、龙八铺 ……………………………………………………………（443）

三十四、青灵秽迹 …………………………………………………………（444）

三十五、化林坪今昔 ………………………………………………………（445）

三十六、化林市街与古迹 …………………………………………………（447）

三十七、化林汪土司 ………………………………………………………（448）

三十八、化林周姓神道碑 …………………………………………………（449）

三十九、观音阁 ……………………………………………………………（450）

四十、飞越岭 ………………………………………………………………（451）

四十一、附飞越岭至泥头 …………………………………………………（452）

四十二、化林八胜 …………………………………………………………（453）

四十三、唐杖义城考（附唐清溪关及黎州诸城戍考） ………… (454)

四十四、化林之衰灭 ………… (457)

四十五、川康骡队 ………… (457)

四十六、背　子 ………… (459)

四十七、高压下之谐剧 ………… (460)

四十八、沈　村 ………… (461)

四十九、汉安县考 ………… (461)

五十、唐大渡县考 ………… (464)

五十一、沈边土司 ………… (466)

五十二、白马古冢（附唐三王墓） ………… (466)

五十三、菱湖荡桨 ………… (468)

五十四、加郡之暮气 ………… (468)

五十五、花石吹箫 ………… (469)

五十六、得妥巨室 ………… (470)

五十七、铁庄庙 ………… (470)

五十八、"小鬼子" ………… (471)

五十九、雨洒坪道中 ………… (472)

六十、雨洒坪与其异疾 ………… (473)

六十一、瓮冈坪与康熙鹏 ………… (475)

六十二、泸南倮㑩 ………… (476)

六十三、香杉花板 ………… (477)

六十四、得妥磨西面 ………… (477)

六十五、磨西面 ………… (478)

六十六、磨西水利 ………… (479)

六十七、天主教堂与麻风院 ………… (480)

六十八、木雅贡噶 ………… (480)

六十九、雅加埂 ………… (482)

七十、咱威与奎武 ………… (482)

七十一、泸定天主堂教产 ………… (483)

七十二、泸定金石 ………… (484)

七十三、船　头 ………… (485)

七十四、干沟与嘉庆河坝 …………………………………………（486）

七十五、察　道 ……………………………………………………（486）

七十六、象鼻吹沙 …………………………………………………（487）

七十七、岚州（岩州）考 …………………………………………（487）

七十八、唐罗岩州考 ………………………………………………（489）

七十九、岩州在明代 ………………………………………………（490）

八十、岩州古道 ……………………………………………………（492）

八十一、岩州散记 …………………………………………………（494）

八十二、岩州至瓦斯沟 ……………………………………………（495）

八十三、泸定保甲户口 ……………………………………………（496）

八十四、川康公路小史 ……………………………………………（499）

八十五、康滇公路 …………………………………………………（500）

八十六、泸定特色 …………………………………………………（501）

八十七、关于泸定之地图 …………………………………………（502）

八十八、《泸定乡土志》 ……………………………………………（506）

| 天芦宝札记 |

上部——芦山、宝兴散记（1942年） ……………………………（508）

一、包城坝 …………………………………………………………（508）

二、大土坟 …………………………………………………………（510）

三、神禹漏阁 ………………………………………………………（510）

四、芦山石材与川康公路 …………………………………………（511）

五、舆人之宿命论 …………………………………………………（512）

六、樊敏碑 …………………………………………………………（513）

七、重刻樊碑考（略） ……………………………………………（515）

八、樊碑文义（略） ………………………………………………（515）

九、樊碑余话 ………………………………………………………（515）

十、石棺与樊敏轶事 ………………………………………………（517）

十一、芦山县 ………………………………………………………（517）

十二、芦山城与姜维 ………………………………………………（518）

十三、芦山文庙 ……………………………………………………（520）

十四、广福寺塑像 …………………………………………………（521）

十五、白衣庵大士像与铁像 ……………………………………（522）

十六、黄山谷《绿菜赞》碑（附史炎玉考）……………………（523）

十七、芦山文峰 …………………………………………………（524）

十八、芦山科名 …………………………………………………（525）

十九、《芦山县志》………………………………………………（526）

二十、杨君之铭 …………………………………………………（527）

二十一、芦山汉物目录 …………………………………………（528）

二十二、芦灵道中 ………………………………………………（529）

二十三、灵　关 …………………………………………………（530）

二十四、灵关复县议 ……………………………………………（531）

二十五、宝兴县 …………………………………………………（532）

二十六、穆坪土司与明正土司关系 ……………………………（533）

二十七、王幺幺与果亲王 ………………………………………（534）

二十八、王幺幺为汉人说 ………………………………………（536）

二十九、穆坪汉商溯源 …………………………………………（538）

三十、江西坟 ……………………………………………………（540）

三十一、七力洛妈坊 ……………………………………………（541）

三十二、水怪坚恒贞 ……………………………………………（542）

三十三、争袭巨狱 ………………………………………………（543）

三十四、王索索之乱 ……………………………………………（544）

三十五、穆坪之周公成王 ………………………………………（545）

三十六、穆坪改流 ………………………………………………（545）

三十七、宝兴人物 ………………………………………………（547）

三十八、《宝兴县志》……………………………………………（548）

三十九、烟　会 …………………………………………………（549）

四十、羊村土司摩崖诗 …………………………………………（550）

四十一、云峡崖刻 ………………………………………………（551）

四十二、鱼洞子鱼异 ……………………………………………（552）

四十三、宝兴拾零 ………………………………………………（553）

目 录

下部——天全小志 …………………………………………………… (555)

 一、灵关至天全 ………………………………………………… (555)

 二、天全县 ……………………………………………………… (556)

 三、天全六番名义考 …………………………………………… (558)

 四、高土司世系（上） ………………………………………… (561)

 五、高土司世系（下） ………………………………………… (563)

 六、杨土司世系（上） ………………………………………… (566)

 七、杨土司世系（下） ………………………………………… (568)

 八、高氏三诗人 ………………………………………………… (571)

 九、杨氏三诗人 ………………………………………………… (571)

 十、杨蜀御重修诏祖坟茔碑记 ………………………………… (572)

 十一、高普锡墓 ………………………………………………… (573)

 十二、天全州牧 ………………………………………………… (574)

 十三、宝兴贡砚 ………………………………………………… (575)

 十四、方鳌山镌石 ……………………………………………… (576)

 十五、慈朗寺 …………………………………………………… (577)

 十六、慈朗寺石炉 ……………………………………………… (578)

 十七、慈朗寺赤蟹 ……………………………………………… (580)

 十八、怀葛楼 …………………………………………………… (580)

 十九、天全将军庙（英烈祠） ………………………………… (581)

 二十、文昌宫铜像 ……………………………………………… (582)

 二十一、禁关白猿 ……………………………………………… (583)

 二十二、沙坪邱武举宅 ………………………………………… (584)

 二十三、柘木场古道 …………………………………………… (584)

 二十四、两路口 ………………………………………………… (585)

 二十五、小路茶 ………………………………………………… (586)

 二十六、牛膝与陈筱然 ………………………………………… (588)

 二十七、同光前之天全人物 …………………………………… (588)

 二十八、杨兰皋先生 …………………………………………… (589)

 二十九、高仁宣 ………………………………………………… (589)

 三十、高仁宣诙谐文 …………………………………………… (590)

三十一、王氏适陶园题咏集 …………………………………………（591）

三十二、通元帝君高维崧 …………………………………………（591）

三十三、周郁堂针术 …………………………………………………（592）

三十四、刘仁斋轶事 …………………………………………………（593）

三十五、天全寿人 ……………………………………………………（594）

三十六、天全匪风 ……………………………………………………（594）

三十七、始阳速写 ……………………………………………………（595）

三十八、大悲寺辟尘殿 ………………………………………………（597）

三十九、摇亭碑动 ……………………………………………………（598）

四十、不通文选 ………………………………………………………（599）

四十一、《咏天全六番招讨使司》诗 ………………………………（601）

四十二、天全八景 ……………………………………………………（601）

四十三、老君台八景 …………………………………………………（602）

四十四、《天全县志》 …………………………………………………（603）

四十五、"多功"名义辨 ……………………………………………（605）

四十六、鸦片艺文 ……………………………………………………（606）

任乃强全集·第二卷

西康诡异录

---

* 此系任乃强先生1929—1930年首次入康考察的见闻笔记。1929年8月起在《四川日报》副刊连载。全稿原拟分为人民与生活、宗教与迷信、土司与头人、物产与生业、经营与垂涎者、地方风物琐记、补遗等七编,附作者手绘图十余幅。1930年夏,因该报编辑擅改原文、印刷又错讹太多而停止供稿。故只刊出了前四编。曾由《四川日报》集为一册,内部印送。本文系以任乃强亲自校批的《四川日报》印本,参照尚存的部分原稿,整理而成。整理时对一些名称、俚语和校正文字添加了简要注释。

第一编 康民与其生活

一、诡 异

西康社会情形，约略与我国夏、殷、周世相当，举凡一切政教、风俗、经济状况，都显出初世纪的憨态。若只用历史眼光去看它，倒也算不得甚么诡异奇特。若用二十世纪的开明社会与它比着看，那便无处不是可惊可怪的材料，无处不是殊诡奇异的现象了。我本性喜游历，从前也曾走过十多省，如像子午谷中、张家口外等处，算最僻险荒寂的了，但它的社会情形，拿与津沪比较，也不过差五六世纪。此次由成都走到西康的西境去，恰似从二十世纪退到第几世纪去生活了一年回来，此中差异太大了。惊奇的感觉，湮没了研究历史的安详态度，不自觉地在我笔记头上，安了个"诡异录"的名词。这不过表示川康风物的不同，并非含有甚么神秘的意义，阅者诸公，幸勿笑我少见多怪。①

二、高原与其裂罅

西康是地理学上有名的一个高原，此高原并非一平如砥，作一俗譬，恰好似一风干后的凉粉块，虽然长有少的皱棱和裂罅，但大体是块平面的台状体。据种种的观察，知道它是远古一个大海底子抬起来的。但这话讲来太长，也太沉闷了，暂搁不讲，先讲这高原的产业分布概况，为叙述高原人民生活情形的一道开场白。

西康高原的平均高度，为海拔四千米（地面距海面的高度，称为"海拔"，其测算方法颇多，我这回的估算方法不是据生物的分布，而是据气压的高差）。中有几条

---

① 编者注：在《四川日报》刊出时，文内对西康民族多有"蛮""夷"等当时习惯称呼。1930年作者在校订此书时，将其改称为"番"。此后作者在其著作（如《西康图经》《康藏史地大纲》等）亦均称西康藏族为"番"。并撰有专文论述番、蕃二字同音义。

裂缝,自北而南,并行排列着,为高原诸水汇归之处,自东向西数过去,为大渡河谷、雅龙江①谷、金沙江谷、澜沧江谷。又西还有怒江河谷(可是现在的西康,已经没有它在内了②)。这诸大河谷的高度,多在海拔三千米以下。愈在东南部的下降愈深,竟有深达一千五百米以下的。它们的两侧,几乎全是绝壁,与夔、巫的三峡相似。即其支流两岸,亦什之八九都是峡谷,这种峡谷的面积,约占全康十分之三。峡壁半腰与河床附近,每每有狭小平原撑出,其面积又约占峡谷面积之什三。这狭小散漫的平原,正是西康的粮库,全康人民吃的小麦和青稞,全由它们供给。(图略)在海拔三千六百米以下、二千六百米以上地方,大河谷的两侧山坡和其小支流的上游部分,亦有些缓斜地面,可以种植青稞、芜根和马铃薯等。但此部实以森林为主,参天古木,千百年未识斤斧的,弥望皆是。鹿茸、麝香、兽皮等货,是这带的特产。自海拔三千六百米至五千米之间,广大平原最多,浅草无际,不生树木,这便是高原的躯干,是康民游牧的乐园,牛马、皮毛、酥酪、药材的渊薮,金厂亦随处成立。它的面积,占全康十分之六而强;其他超过海拔五千米的地方,多在高原西北,面积占全高原十分之一,四时积雪,绝无生产。

三、牛厂娃

西康牧产重于农产。经营牧业者,称"牛厂娃",亦称"牛厂巴"(伯娃切),"娃"与"巴",即番语"人"或"汉子"之义也。所居地曰"牛厂",无房舍,居无定处。春暖草长,则率其牛羊群渐向高山放牧;秋风起,又渐驱向河谷饲养。所至撑牛毛帐而居,故又呼"帐房娃"。其人男子皆戴毡帽,穿羊皮袄,折叠腰部,扎束甚紧,使褊长及膝,背襟即为腰囊,可收藏其全副日用物品;裸足着番靴,四时如一,贵贱亦如一。女子穿长袍,头戴银饰甚繁,腰与项绕系珠宝银饰,累累如璎珞,虽在牛羊中厮混,不废。自生迄死不剃头,不

---
① 即雅砻江。
② 意指自1918年康藏纠纷后,澜、怒一带地方已被西藏地方军队占据。

洗脸，除盛大节日外，不加减衣服。其语言另是一种，称为"牛厂话"，与普通藏语微异。

四、牛毛帐房

牛厂娃寝息之天幕，用牛毛织成，厚如银币，能经暴雨不漏，受重雪不裂。通常形如覆筐，长圆形，方广二丈，用丈长木柱二条撑起，再以牛毛绳数十条系于帐顶周围，分向四方牵引，钉着土内，帐即鼓张如屋。绳有软弱、下垂者，又以木柱自外撑之，使张紧。帐之一面辟门，通出入；中央砌灶一座，灶周围睡人，较远处堆器物，最后端拴小牛嫩驹。牛群迁徙，即拔帐卷垒于牛背，驮至水草较佳处，择一近水、地稍平坦之处，重行撑起为屋。其灶终日燃火，帐顶有一长隙，以便放散灶烟，隙外有护皮一幅，夜深火熄，引盖隙口，以拒霜露；门亦有护幕，皆牛毛布为之，故虽处积雪中，帐内温暖，无异室内。

普通之牛毛帐房，不能甚高，因撑帐之二木柱，非草原内所产，长大者购入不易，且不便于驮运移徙也。若土司头人之帐房，则常以数段木柱，用铁箍衔接成长柱而撑之，故特能高大，一帐内可以围坐百人；其仆从住室与灶房，皆各自为帐于大帐旁，每每联帐数里，成为暂时之村落。

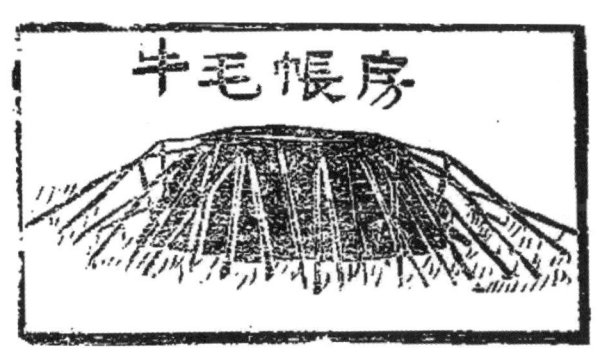

五、三十牛驮之巨帐

瞻化高君言：俄洛"野番"① 大土司之帐房，凡分数十间屋，大堂、花厅、寝室、经堂、牛栏、马厩、卫兵室、小娃子住室、灶房、厕所皆备。仍用牛毛布缝成，

---

① 此指色达之瓦述部落。其地虽属西康，但当时未设治，故称为"野番"。

分为百数十幅，各配铁环、铁钩，可以拼合解离。撑帐时可以随意配搭为种种式样，只不能成楼阁耳。全帐及木柱、铁环、铁桩，共须三十头牛驮运。此非我所亲见，查高君谈边地风物每多夸妄，或不真须用三十牛驮，唯其帐甚大则可信，因此等土司为豪富，颇思穷奢极欲，而为物质文明所限，计唯如此方能极豪华奢靡之致也。

六、牦牛

造化赏给康藏人之恩物，唯有牦牛一种，譬如沙漠区之有骆驼，北极带之有驯鹿，印度暹罗之象，安第斯山之驼羊，该地人民，一日无此，即一日不能生活。故吾人欲研究康藏，必先研究牦牛。

牦牛在动物中的位置，位野牛与黄牛之间，体躯干与水牛仿佛，比黄牛、野牛更大。但体格则似黄牛，角与蹄又似野牛，气力比任何家畜都大，驮运二百余斤，逾山度谷，直若无事；性怯懦，见人扬手即狂奔，虽不甚驯，从无抵突伤人者；其毛黑褐色，或白色，长而柔韧，可弹纺供织造。番人取之，用手指扯泡，搓成毛线，织成窄布，称为牛毛毪子，为制帐房与衣裙之料。尾毛与头毛更长，约一尺余，为纺织搓绳之良材，此种牛毛线与牛毛绳，经久雨不霉败，久晴不燥绝，二牛牵之不断，较任何麻丝更坚韧；其牛皮与黄牛皮同样坚牢，而更大张；牛肉似黄牛肉更腴美；乳亦可饮，可取酥油、奶渣。又，此牛善寻草吃，不须人给刍秣；牛屎为燃料，牛角为酒壶与鼻烟壶，全体无弃材。

七、烧牛屎

西康高原之顶部，系一大草原，多数地方无木本植物，少数较低地方与阴山坡下，长有油渣子、矮桧等尺许之小灌木而已，故牛厂娃无柴草可供燃烧，只烧牛屎。其地干燥非常，屎自牛体排出，一日即干，三日干透，分解细菌甚少，故无高臭气。牛厂娃每迁一地，撑帐后，即督妻孥持筐，分向附近捡牛屎，平日牧暇亦捡牛屎，每家积干牛屎一大堆，便觉温饱有余，傲然自得矣。

牛厂娃之灶，颇似铁匠手炉，颊甚厚，两角高翘，各有锅口二眼，中央炉下通大风穴，此灶最宜烧牛屎，牛屎累置炉中，因多空隙，风助火势，瞬息熊熊，两端小锅，同时水沸，虽杠炭红煤，莫过于此。

八、牛屎为药

牛厂娃不但以牛屎为燃料,亦恃牛屎为医药,人体有创伤,抓湿牛屎敷之,小儿初生,涂牛屎于其命门,谓可护脑。盖牛厂无软物,唯湿牛屎可供涂敷,地既燥寒无病菌,故以屎敷体无害。

九、混 帐

牛厂娃父子翁媳,寝处共一帐房中,俗亦不以此为怪,然不与生母及亲女乱耳。忆满洲先世亦帐居之游牧民族,同有此风,入关后,犹翁媳母子兄妹同炕,后染汉习,颇以此事为耻,深讳之。北平在民国初年,误以"混帐"二字骂人者,必遭殴辱,今设有人以此骂牛厂娃,牛厂娃必不以为忤,牛厂之礼教未尝以此为乱也。

十、牛厂产妇

牛厂娃体质强健。汉人产妇,例须忌风雨、冷水。牛厂娃无盆筒诸器,妇人产子后,即自抱向附近溪水洗之,儿亦不病;即病,遍身涂以牛屎酥油,抱向火边烤之,亦即自愈。儿恒裸置地上,无褓裸摇篮之属也。帐房无马桶,无论晴雨,屎尿必向帐外排泄,产妇一月中,必与风雪雷雨接触无数度,亦无伤。

十一、"盗 癖"

牛厂娃除牛马酥酪外无长物,但其爱好之心,并不亚于开明人类,有每见汉人携带精致玩好之物,无论于彼有用无用,必百方设法盗取之者。故旅行者偶宿牛厂,或有牛厂娃同路行走,必须格外注意于行李上之零件。有时亦防不胜防,甚至装入皮囊之物,苟为其所见,亦将破囊取之。我从康定赴道孚,支乌拉者尽牛厂娃,至塔公坝打野,取铁钉锤打帐篷桩,偶一松手,便失所在;由瞻化赴里塘①,至霞坝住宿,命勤务移药匣于别箱,护送之民丁有牛厂娃二人在侧助理,瞬息蒇事,不觉

---

① 即现在之理塘。

有异,翌日启匣,则鹿脂胶二块与靴墨盒不翼飞去;康定军米军械运往巴塘者,例由毛丫百姓护送,每次必报损失若干,缘毛丫尽牛厂娃。

番俗治偷盗罪甚严酷,几在抢劫以上。牛厂娃窃物,悉亦每被发觉受惩,然此风终不可弭,牛厂娃殆有"盗癖"噫?

十二、"甲霸"

番语称劫匪为"甲霸"或"夹霸"。有几处地方番人,以甲霸为正业,如乡城娃、盐井娃、东勿龙①娃、木如娃,为其最著者。其人亦兼营农牧二业,无单营牧业者,如里塘的毛丫娃、曲登娃、格母娃;康定的上下牛厂、炉霍的罗科马等处之纯粹牛厂娃,则以牧为主业,甲霸为副业。

一般牛厂娃性情恰如牦牛,怯懦畏葸,并非如乡城娃等之慓悍。而亦好行打劫者,有数原因:第一,牛厂不出产粮食与茶,饮食之资,须以其牛马酥酪,远赴市场掉换,市人皆欺牛厂娃,不能公平交易,牛厂娃饮痛既深,遂觉不如拦路抢劫备用,为直截了当。第二,牛厂概在荒凉无人户地方,如有客商经过,相机抢劫,除虑客商抵御外,别无他种危险。第三,牛厂迁徙无常,劫人之后,转徙他处,官府无从追究。第四,牛厂之治法,只禁同部偷劫,不禁出劫客商,然牛厂娃到底怯懦,其劫人,非认定确有把握不下手;又劫时不伤人,遇客商抗拒,即自退缩;又不敢劫公事人,恐官府勒饬其头人清查也。庄房娃之行劫者,每每杀人,被劫者如敢抗拒或奔逃,即非杀死不可。

十三、庄房娃

西康农民,称"庄房娃",谓有庄稼可做,有房屋可住也。庄房娃居住地,全是河谷,气候很温和,产业也较草原发达,物质上的享受,较牛厂优美百倍,却又不逮我们成都千分之一。他们大都是集合数家至数十家为村落聚居,以农业为主业,牧为副业。偷劫打山②,为不常事业。他们的饮食、衣服、器物,与社会组织、风俗礼仪,都更繁杂了,以下分项说来。

---

① 即东俄洛。
② 打山,即打猎。

十四、吃庄房

西康是特殊的均田制，一份田地，有一份差粮，做这份田业的人，应承上粮当差，称为"差民"。他们的解释是，吃了皇王土地，应与皇王效力，所以称为"吃庄房"。原来西康百姓，不能私有产业，比如你吃这份庄房，当差上粮有短，头人便将你赶走，另叫一个来吃；因是这样，所以吃庄房的百姓，并不能把田业分给几个儿子，只能由一个儿子，继续吃下去。其余的儿子都须自谋生活，或学喇嘛，或入赘别家，或以苦力自给。如其承继庄房的儿子死了，才由余子依次补吃。儿子都死尽了，再由女子招赘男子补吃。儿女都死尽了，由头人代觅一亲房补吃。总之，不许二人共吃一份庄房，亦不许某份庄房无人去吃，调剂这宗事务的人，是各村的头人村长。

十五、差　粮

庄房并非好吃的果子，有多数人，百般规避，不肯去吃。因为差徭繁重得很，每每有罄土地所出，不能应土酋的诛求。一家勤苦终岁，仍旧啼饥号寒的，例如完粮，官府所征的，每家不过二斗，或且不足二斗，但是百姓出的，总在五斗以上，或且至于石余。此等余量，都是头人得了。最痛苦的，尤莫甚于支差，官差都还有限，私差最是难支，土酋头人家里的工作，完全是所管庄房担认；官差还有赏补，私差分文不赏，饮食皆由工作者自行带去；作工偶懈，即遭鞭扑。并且不分农忙农暇，任意支调。这种苦况，非身历其境者，不易了然。

现在西康，差徭繁数地方的差民，和庄田瘠薄处的差民，多半都逃走了，更无一人愿去承领。康区之民户日稀，荒地日增，岁收日绌，支差日难者，这是大总原因。

十六、番寨子

西康多猛兽与劫匪，番民概住高碉内，称为"寨子"。率方形，墙壁厚数尺，用土筑或乱石叠砌，通常高五六丈，内装楼房三层或四五层，每层有窗数眼，外观酷似一西式洋楼。全寨只辟一门，门外每有短墙或木栅护之，门内即最下层屋，为牛

马牲畜栖息处，不住人，亦不除畜粪，屎尿与残刍败稿，堆积如粪池，人行其间，如履败絮。自此登一木梯，入第二层，为灶屋，亦即寝室，衣服饮食日用之物，亦概放置此层。自此再登一木梯，入第三层，通常为经堂，番人最庄严最整洁最华美之屋也，非汉官与喇嘛不得入住此室。由此再上一层，即为屋顶，常建有偏小敞屋，为囤积刍稿、饲养鸡犬之用；屋顶四角，树木桩，悬经旗，即番人岁时祈祷之家神也。

以上就中等番人寨子言之，若土司与大头人所住之寨，称为"官寨子"，常合并数幢番寨而成，占地之广，房屋之多，高度之大，皆四五倍于常寨，各屋用途，亦不拘前式，当另于各专条述之。

又，贫小番人寨子，每无经堂一层。

十七、番楼梯

番楼梯，可称为独木梯，用整条木柱做成。番中多大木，取直如矢、径二尺许者归，截去两端，留中段，又斫去一方为平底，于反对方就圆木斧成锯齿状，每齿约距一尺，用时以平面上靠楼唇，下抵地面，齿面向外，番人手攀背缘，足践齿口，上下甚速，毫无不便；汉人初习之，则如临深履薄，兢兢若将倾堕矣。

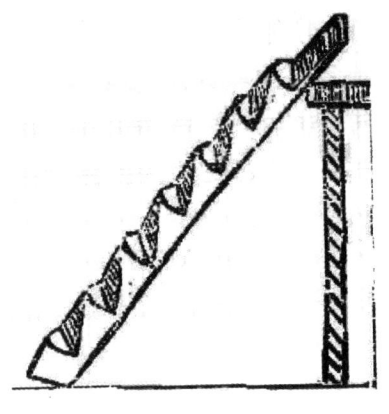

番楼梯

康地规矩，唯有官爵者之住室，如土司官寨、汉官衙门与台站等，始得用汉楼梯（即内地通常之木板楼梯）。无官位者，虽富拟王侯，不得擅用，恰似大清时代的黄绿琉瓦、朱漆槽门、乌龟碑础一般。此种无官位而富有的人，对于他华美室内装配之独木梯，充其极的改良法，只在平底的右手边，留上一条木棱，俾上下的人便于抓着，正如加上了扶手一样。

但是，汉人无论有官无官，都可装置汉楼梯，近年关外①的法度坏了，通都大邑住的番人，也多有越制使用汉梯的，唯穷乡僻壤里，还牢守着老制度。

十八、独一无二的巧工

康地独一无二的技巧，是砌乱石墙，番寨子高数丈、厚数尺的碉墙，什九是用乱石砌成的（无石地方才用土筑）。此等乱石，即通常山坡上的石砾，大小方圆，并无定式。有种专门砌墙的番人，不用斧凿锤钻，只凭双手一筐，将此等乱石，集取拢来，随意取砌，大小长短，各得其宜，缝隙间只用土粉调水填糊，太空处支以小石，不用引绳吊线，砌得圆如规，方如矩，直如矢，光平如镜；并能装饰种种花头，如褐色砂岩所砌之墙，嵌雪白之石英石一圈，或在平墙上突出浅檐一轮等是。砂岩所成之砾，大都为不规则之方形，尚易砌叠；若花岗岩所成之砾，尽作圆形卵形，亦能砌叠数仞高碉，虽泰西砖工，巧不敌此。此种乱石高墙，且能耐久不坏，曾经兵燹之处，每每有被焚村寨，片椽无存，而墙壁巍然不圮，甚有树木自墙隙长出，已可盈把，而墙不倒塌的。

我曾在丹巴林卡南街，见一供守望用之碉塔，塔基才方丈许，愈上愈细，最上约方四尺许，中空，可容持枪土兵上下。凡十八层，每层高约丈余，各有窗眼四口。此碉亦用乱石叠成，据土人云，已百余年，历经地震未圮。前年丹巴大地震，仅损其上端一角，诚奇技也！

此种砌墙工人，自茂州去者甚多，为人包砌，工价约须四两银子一方丈。

十九、水　磨

西康遍地激流飞瀑，水力最易利用，任何村落，皆有水磨房数家，专供磨糌粑面用。其装置与内地水磨略同，唯内地水磨，系上扇固悬，下扇转动。康地水磨，系将下扇固着于楼板上，中心凿一圆孔，贯穿长木，下连车轮，上嵌于上扇磨盘中，使上磨转动。其法似系汉人所教，且水磨传入西康，似在内地水磨改良以前，因原始之磨，固只上扇动也。

---

① 旧称今四川康定以西地区为"关外"，因县治打箭炉在四川和西藏交通要隘上得名。

二十、糌　粑

　　康民以糌粑为常食，人尽知之。"糌粑"二字系译音，因内地无相当名物可拟也。有一种最耐寒燥之大麦，番语为"来"，汉人呼作青稞。三月播种，八月成熟，麦粒较小麦粗短，顶端有毛，麸颖离生。康人取此麦粒，入锅炒熟后，搬入磨房，磨成细粉，无麸皮，色白微黄，异香扑鼻，颇似炒黄豆粉香气。初触鼻，使人垂涎，入口，则无水难下咽。

　　康人吃糌粑，用木碗，先盛茶水大半碗，抓糌粑面盖之，糌粑轻，浮水上，堆叠如尖峰，始以食指，循碗口搅拌，使水与糌粑渐就融合，既而茶水完全吸收入糌粑内，乃用右掌反复捏之，使充分混合，无复有水滴与浮粉，则用指以次刮取小部，捏成长圆块，塞入口中嚼食，彼辈若津津有余味。

二十一、砖　茶

　　康藏人民，非茶不活，其茶昔概自邛雅输入，现康人全用雅茶，四川在西康经济界，绝大之胜利，一茶而已。

　　邛雅茶树，每年采叶三次，初采芽尖，为上品。次采嫩叶，为下品，皆销内地。最后采者，为丛枝老叶与修剪下之颓枝，由各农家自行焙制后，卖入各大茶号，各茶号取诸茶叶装木甑内蒸之，压结成长方砖形，称为"边茶"，专销康藏，学者概称之为"砖茶"。

　　边茶自雅州装包，一甑即一砖，每包四甑，护以篾包。雇夫背至打箭炉，改装皮包，每二皮包为一驮，每驮约四十八甑，驮销于各处。

　　边茶粗劣，不可以言语形容，茶商装甑时，每以桤木叶与树枝等混入，全无香味，只苦涩有单宁味而已。然番人甚珍惜此，芥末不肯轻弃，每食掬茶叶一把，投釜中反复煮之，使水变浓褐色，尽溶茶质，又投盐巴其中，始饮，或调糌粑。

二十二、康　盐

　　康区食盐，输入有三道：泸定县境，销乐山、犍为之盐，盐质最佳；康定里塘之间，北至甘孜、德格，东至丹巴，销俄洛"野番"之盐，系池水曝晒制成者，碱头颇重，价值甚廉，品质不洁；里塘、乡、稻、巴安等县，销盐井之盐。盐井县之澜沧江边，有盐泉三只，水自涌出，土人取置房顶晒干，自然结晶，扫取上层者，为白盐，质甚佳，价亦较昂；下层近土部扫起者，为红盐，多含土粒，价较贱。番人偏嗜红盐，谓熬茶色气较佳也。

二十三、酥油与奶渣子

酥油，即西餐之黄油，只制造精粗不同耳。其油取自牛奶中，牛奶本系脂肪与数种蛋白质及糖分与水所组成，放置日久，蛋白质凝固，脂肪亦分解析出，浮于上面。经营牧业者，自能抠取之，抟成圆饼，或装牛皮囊内，或售卖，或自用。提油后之牛乳，除去水分，称奶渣子，可食。

酥油新鲜者白色，无臭气。搁置稍久变黄色，微臭。过久历夏，变暗褐色，已腐败，臭不可闻。

酥油在康地，应用最广，拌糌粑，搅酥油茶，煎炒食物，涂体防皴瘃，点灯敬神，塑菩萨鬼魅等喇嘛念经用之法物，揉皮等等，任何好洁番人，衣物体肤皆有酥油气。

二十四、"蛮 漴"

番人嗜酒，其酒名"漴"（读如"冲"），故汉人称之为"蛮漴酒"。其酒用青稞煮熟，加釉子，装木筒内，历一定时间，汁有酒气，泻出澄清，即为漴酒。味甚薄，家家可酿，番人嗜之，每饮至一二藏升，亦能大醉，醉后每斗殴厮杀。

番人饮酒法甚奇，盛酒罐内，插一麦秆其中，含秆端吸之，以次传递，不用杯盏。

汉人居留地，亦有白酒出售，酿法与内地同，番人酒瘾过大者，亦购饮之，饮汉酒，尤易醉。尝戏以汉酒劝之，彼不识其强烈，饮至常所饮漴酒量，遂至大醉。

二十五、生 吃

牛厂娃不养猪，只吃牛羊肉。牛羊宰杀后，先割四腿，为尊长食用，或送礼品，余肉割成方块悬之，边地寒燥，肉易干，不生蛆，虽夏日，久放无碍。番人腰间，俱佩小吊刀，食肉时，拔刀先割一长条，左手持肉，右手握刀，以食指拊刀背，向内方削肉，随刀移近唇际食之，肉概不近火，近世微沾汉俗，亦有烤肉而后食者，亦只近火数分钟，肉色鲜红，即纳入口。

番人最精美之食品，莫如风干牛肉，将鲜肉切成细条，悬当风处，一月以后，干如牛皮。再一月，可捻碎。再一月，握之成粉。据云，此物入口，松脆如嚼碎冰，香美为味冠。

二十六、活　吃

在康定日，曾见磨西猎夫，猎得"岩驴"（非驴，实系反刍类，种在牛与鹿之间，土人作如此称呼），趁未气绝时肢解之，各攫肉一块，大肆咀嚼，鲜血模糊，染手及口缘皆遍。据云如此鲜肉，味最脆爽，见火或搁放稍久，便无味矣。

又，猎夫得野兽，迅取其肠，勒去屎渣，切肉装填其中，连血嚼食，龌龊不可近。然此唯西康南部之倮㑩①如此，康民尚未见，大抵康民文化较倮㑩高，且佞佛戒杀，少猎户故也。

二十七、高贵之食品

西康亦有数处出产小麦，唯番人无箩筛，不知制灰面，只将连麸面做成烧烤馍馍，此种馍馍，为康民最精美高贵之食品，非有大宴会或亲友送礼不用。

汉人住地，始有灰面。曾有头人来，值我食罢，以余白面馒头与白米粥食之，彼食尽，咂唇舐舌久之，窃相私语，叹为未尝曾有之美味。

二十八、宴　会

番人有婚丧大事，亦兴贺吊馈送宴会，曾于上瞻总保家，详细考察其招待情形，颇多可笑。

该总保管百姓八百余家，秋后报赛，延喇嘛七十余人来家念经，此为草地盛事，

---

① 亦称"罗罗""卢鹿""落落""罗落"等。彝族旧称。"倮㑩"等名为元明以来史籍所习用。中华人民共和国成立后已不用。

其亲友与各村头人百姓，分三日来家庆贺。来者参差不齐，每人骑马一匹，背负牛角壶盛浑酒，腰怀连麸面馍二枚，系马寨外，入客室，献所携酒与馍，便跳歌装，后来者以次加入。至人将满屋时，主人请坐，即各就地坐，零乱无秩序，主人仆役，以次各给木碗一个，糌粑一盒，酥油一块，番浑一碗，牛肉一方，连麸馍一枚。大都系各人送来之物，只添赔酥油、糌粑、牛肉，赚得连麸馍一枚。各人食后，挺腹出门，上马赴广场中，驰骋数趟，大呼而去，此即最庄严之盛大宴会也。

二十九、番床

番家唯妇女睡床，男子则就楼板上铺垫子睡。其床为长方形盒状，无脚，长阔如汉床，周围木板高一尺，中铺羊毛毡一幅，即以昼间所穿皮袄为被盖。婴儿亦育于床内。又可数女子同床寝卧。此物亦富贵家所独有，贫家无之。

三十、睡礼

番人临睡，必向置枕一方跪拜祈祷，作三揖、叩头、九起伏，口诵经咒"喇嘛哪觉送觉，送几哪觉送觉，岂意哪觉送觉"，即"皈依佛，皈依法，皈依僧"之意。虽野宿，不废此礼，唯坐以达旦者可免。

三十一、番皮袄

番人衣服，只有一件皮袄，并且这件皮袄，男女通用，四季通用，所以实行"易衣而出"的家庭，只须有这一件衣服，就够漂亮了。但是缝制一件皮袄，很费事，大约要羔子羊皮四五十张，摹本缎二丈几尺，水獭皮子五六张，并缝工算起拢来，已值藏洋二百多元，须要卖六七石青稞，或八九条牦牛了。这皮袍圆领大袖，不开岔，身长四尺几，脚褊宽三尺几，袖长三尺几，通常用成都织的金花红摹本缎做面，周围用生獭皮镶边，约宽一掌，无纽扣，只载有与衣料同色的系带二条于肘

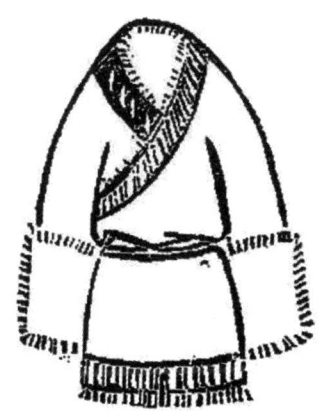

番皮袄

下，且此带亦只配相，并不曾拴。他们穿皮袍时，将上下面襟重叠抄合，使腰围紧贴，外用一长丝带缚束着，便甚么都规矩了。如其人体短衣长，只须缚带时将衣提起几寸，只顾下边齐，上身任何臃肿，都是不管的；女子穿袍，使褊与踝齐，男子约提高一尺。袖子两端，常将皮裹翻上来一尺许高。又常把右臂裸出，将右袖反搭在右肩上，见尊长时，放之下垂，以为礼。

上面说的，是富贵人家的拜客衣，也可以为礼服，若是平常人家，便无这等华美，他们只用蓝布做面子，不缘边，大小长短和穿法，都与前同。大头人等的常御衣服，也是如此。

又，若贫寒人家与牛厂娃，他们买不起布，只用獐子皮做面子，顶阔的，缘上一道蓝布边，还在肩项等部用獐子皮镶嵌许多花纹。这种皮袄，白日穿着，夜晚盖着，另无特制的铺盖。

三十二、靴　鞋

番人只有一种鞋，叫作"靬"（读如"憨"）。其实是一种特别的靴子，用毡子做里子，红布做上段的面子，藏片或氆氇等贵重材料做下段的面子，中嵌一片黑色的绒，用单层熟牛皮做底子，反上在靴帮的外面，前端尖形，反钩过来，成一个倒钩式的靴尖。他们认这尖钩为无上的美。番人无论男女，都是赤脚光杆地塞进靴去，上端用条带子缚在腿杆上。靴底破烂时，另换一块新皮缝上，上等靴子可换底十余次，这便是汉靴与番鞋最大的异点。

三十三、不穿裤子

番人有大皮袍遮了下身的上半截，有长筒鞋遮了脚杆的下半截，便用不着穿内裤了，并且草地①布帛太贵，内裤必须用布帛缝，着实也穿不起。男子不穿，妇人也不穿，穷人不穿，有钱人也不穿，俗人不穿，喇嘛也不穿；平时不穿，宾嘉大礼也不穿，走路不穿，骑马也不穿。曾有位娶过番妇的朋友说，他的番妇初来家时，拿裤子给她，不知如何穿法，后来勉强穿上了仍扎不来裤腰，几个月后，还是褶荷叶边似的乱扎在腰杆上，裤脚子七长八短地吊在衣裙底下。

① 指牧区。

从前番人不但不穿裤子，并且不穿汗衣，近几十年来，西藏、西康的番人，都感染了汉人的习俗，渐有穿汗衫和裤子的，汗衫尤普及，中产以上的男女，差不多全有此物；并且小领右衽，还全与汉人衣服一样。裤子则大不相同，并且也不普及，只有少数有钱的武士，当骑马赛会时才穿，裤脚大得像褶裙一样，又将两脚扎束靴内，上面耸起，就似一对无骨的灯笼。做这裤子的材料，尽是藏绸，实在就是山东的辅绸。

三十四、便　溺

番人大小解，都没有解裤子的麻烦，他们在任何地方，直身子蹲将下去，便屙了。因为长服重而长且硬，刚才下蹲，便抵地面，恰像一笼鱼罩，中间大空着，站起身时，倏然离地，决不会沾着屎尿。

最有趣的，是屙屎不揩屁股，排泄完了，起身就走，身上纵还沾得有些，全不介意地让它沾着，他们反笑汉人用手去揩屎，是不洁净的。

廓尔喀人，汉人呼为"毕弭子"，清时朝贡，常过康地，他们屙屎，定要跑到河边去。屙罢，用手掬水来把肛门洗了，这又另是一种风俗。

三十五、汗衣的穿法

番人的汗衣，用藏绸或红布缝，缝法全仿汉式，只是短得很，又下襕全是毛剪口，不缝。穿时，先穿外面大皮袍，把腰束好后，褪去上身，再穿汗衣。汗衣穿好，再穿皮袍的袖子，所以汗衣不能扎进腰带内去。番人常将皮袍右袖脱下，有时作工，将两只袖子齐脱，扎进腰围去，上身只穿汗衣，遮着胸部。汗衣与腰带中间一段腰部，不遮不扎，俯仰之间，腰肉全露在外，男女皆如此。番人所以要如此穿衣，全因未穿裤子，以皮袄代裙，故不能不先穿，习惯已久，便是穿裤，也必如此穿了。曾有熟人妇，对人操作，屡将腰肉外露，其夫以棒戳之，使扎紧汗衣，此妇仅答一憨笑，操作如故，未尝感觉可羞。

三十六、番裁缝

番人概地坐，无桌几。番裁缝缝衣，亦坐地下，无论绸缎绫锦，皆按在地下剪缝；其针亦自川省输入，甚粗大，小针似捉不稳，所以不用。番人原只用毛线，近世始有棉线丝线输入，唯尽系粗劣品，与川省前三十年所用者相似，大概系上川南一带土民所纺。

三十七、驮脚娃

番人用他自己的牛马，替人驮运东西的，称为"驮脚娃"。这种职业，大多是牛厂娃做。他们常以其过剩的牛马，三家五家，集合起来，成一大群，去包喇嘛寺或其他大商号的茶货运脚。从打箭炉起，运到关外各码头去，又驮药材到打箭炉来，再运茶回去。他们每天只走三四十里，早晨将牛马放野，约略吃个半饱，招集拢来，驮货前行，刚才过午，便择水草便利的地方息下，放牛马去吃草，拿几人经理牛马，拿几人看守货包，并熬茶作饭，直息到第二天日出才走。所以他的牛马，连走一年半年，并不疲乏。

驮脚娃上路，少有带帐篷的。边地只有五六月才多雨，这几个月，他们不揽生意。其余的十个月，虽有下雪，雪落到身上，抖了就是，他们能在泡雪底下睡觉，说比睡在雪面上暖和，所以下雪天气，他们丝毫不怕。至于大风，也不很怕，只须把货包堆叠在当风一面，仿佛一垛大墙，人聚在背风的一面烧茶，吃糌粑，睡觉，毫无不便。

驮脚娃是不怕匪劫的，他们牛厂娃，全都和"甲霸"通声气，或竟都曾当过匪来，所以不怕。因这缘故，商帮货物，交与驮脚娃运，比较自己运还更妥当，所以驮脚娃生意很好。

三十八、参观露宿记

我们在路、逢打野①时候，常常看见番人的露宿。番人不但不怕露宿，而且很喜欢露宿。纵然宿地附近有空房或岩窝，他们也不肯进去宿息，夏季如此，冬季也是如此。曾有一次过里塘，在一个岩洞附近打野，那时正是腊月，我们汉人，撑着帐篷睡，铺几层毛褥皮垫，盖三重软被，外压白天穿的重裘，帐内又彻夜地烧着杠炭，还怕感寒。有一土兵，命他进帐来睡，他执意不肯，一定要去和护送的番人露宿。睡到半夜，还听着他们笑语喧哗的，仿佛很有乐趣。第二晨早起来，帐房上堆

---

① 打野，即野宿。

满了白霜，他们的肩头帽顶，也是皑皑射目的，我们心里很觉不安，他们却怡然自得，并无何种怨苦。

番人露宿时，什么都不需要，只须择块背风的地方，捡三四块石头支一个灶，捡些干牛屎来烧起，从腰包内取出罗锅，舀上水，抓把茶叶煮在内面，待熬熟了，取出木碗，吃了糌粑，便大家围坐在灶的周围说笑；灶火通夜不熄，锅里的茶，也通夜不断，笑谈到口干的时候，缓缓咽一点茶，便算是很舒适的享用了。若说再吃一点糌粑，那便不免太奢侈，很少有这样舍得的，说笑到半夜以后，才渐渐疲倦，渐渐有人睡去，丑正以后，才得睡完。

他们的睡，并不卧下地去，只盘膝坐着，两手互抄，藏进袖内，颠头簸脑地晃漾于火灶周围，有时一个人靠在邻座一人的身上，或二人互以头肩倚靠着，便不摇晃了。

气温在鸡鸣以后，降到极低，灶内的火，亦因全睡着了，无人加柴，渐次熄灭，釜内残留的茶，也结成冰块，各人呼出的水分，和方才蒸散的茶烟，以及空气中原含有极稀薄的水蒸气，都从冷气中分析出来，附在诸人衣帽上，结成食盐状的霜粒。这时我们烧着火盆在帐篷内睡着的人，都要惊醒，因为睡梦中口鼻呼出的气，全在被条当头结成碎冰，人一翻身，冰与耳颊等干燥而温暖的部分接触，又变成水，浸渍面皮，恰似雪水泼来一般，任你睡得酣熟，无不惊醒的。然而那些浸渍在风霜中的露宿者，正睡得鼾声如雷，毫无苦楚。

天明时候，露宿的人，抖抖衣上霜雪，查着马牛都吃草到甚么地方去了，分几人去赶回来，分几人重行捡柴烧火，熬茶吃饭，待等日上三竿，慢慢收拾驮包又走。

三十九、熬夜的精神

番人熬夜的精神，伟大非常。他们平时在家，亦是刚黑便睡，大清早起来。一经出门，即常闹到半夜不睡，天亮才起，如上所说露宿的情形了，并且连夜如此，绝不疲乏。即在家里，遇着些微一点可兴奋的事，也是连夜不睡，全不觉疲。我曾在一头人家里宿了两夜，正值他家行秋赛念经，亲戚聚会，邻人与其小娃子男女四五十人，每夜都跳半夜的歌装，说半夜的笑话，时而哄堂大笑，把我从睡梦中惊醒几次。有捏着鼻子学女人声调的，有说相声的，每说一句，听者大笑一次；时而跑到东廊，时而闹到西廊，快乐得很。又有四五十个念经的喇嘛，也是通夜不睡的。

我想番人脑筋简单，工作很少，心与力都不曾过劳，这或许是他们能熬夜的原因，也是他们能野栖露宿而不病的原因之一种。

四十、猪洛可

我曾在河口麻盖宗的草坪上，发现驮脚娃最盛大的聚餐，留心考查其烹调方法：那里共是两起人，都是为里塘喇嘛寺驮茶包的，每起都是七个人，三个放牛马去了，四人在灶前做厨，二人烧火，一人和面，一人切肉，工作步骤非常整齐。灶用乱石砌成，其上烧有较平的薄石块数方，面是连麸小麦面，肉是新鲜牦牛肉，肉切成指头大的方块，是按在牛皮上切的，面亦是按在牛皮上和的。肉切成时，面亦和好了，二人各自将面与肉，先分成七饼。这种分法，很慎重，再三地分来分去，虽无秤称，恐怕比秤过得还均匀。都分均匀了，共是拳大的七个肉球和七个面球，这才将七个面球，又各分为两半，每半拍成圆饼，大约有五寸径，半寸来厚，拿一圆饼摊在左掌上，右手蘸水，很审慎地将圆饼周围抹湿，才把肉块抓一堆来，放在当中，另一人也用水将余的一块面饼周围抹湿了，交与他，拿来合上，将上下二饼的周围捏合，便成一块扁球形的馍馍，唯捏合部突出一轮，成了个星云球式的赤道。此时灶上支的平石头，已烧烫了，将方才做成星云球式的馍，以两极正对石板放下去，依重力的作用，赤道渐向下方降落，结果使南半球成了平面，只赤道还不能贴拢石板，于是让它慢慢炕着，再着手做第二个面球，一直做完，依次放在石板上。

他们会认火候，等到一面炕得焦黄，可以离开石板时，才翻过来炕另一面。据说不可取早了，早了面还粘在石板上，馍馍会破。破了要走汁，便不好吃。如此炕出的馍，名叫"猪洛可"，是番人独一无二的美味。非很庄严的日子，不能兴这种盛餐。所以制作之时，分配手续也是很郑重的。

我一直留心看了几点钟，盼他们吃来看。但他们只是炕着，不肯吃。通事告诉我，吃的时间还早咧！他们必要待到牛马回来，人众齐聚，行过了礼，各拿一份，一齐动口吃，大约黄昏时候去了。

四十一、皮火筒

番人唯一的机器为皮火筒，名"克么"。制法：用整羊皮一张，颈端缚紧一铁筒上，四脚扎缚紧，不使漏风。尾端截成一大圆口。用时，以铁筒之咀插进灶去，两手捉住大圆皮口，一提一张，空气便从皮囊通过铁筒，射进灶里。铁筒口子足有五分过，风进灶去，霍霍地吼，任是湿柴，也要火啸。番人使用此物灵巧，我们虽知道它的道理，取来打气，却一点气也灌不进去，直学到几天后，才灌得进些须气儿。

四十二、客　民

汉人到康地领垦的，称为垦民，又称客民，以别于土著。垦民只完粮，不当差，这是清时兴的规矩，至今还未被破坏。边民痛苦，然不在完粮而在当差。自清代兴这规矩，一时去领垦的很多，垦民也都个个挣钱兴家，没有失败的。民国以来，番人势头高了，多方与垦民为难，或是偷劫熟麦，偷劫牛羊，或是烧毁房舍，甚至杀人，汉官保护不了，客民除能与番人相好的外，多半都退到市镇来经商雇力，更无再去领垦的人了。

客户有吃番人庄房的，番人能保护你，但是要当差。又有入赘番人的，那便算是番人的人，虽然也称客民，身更不自由了。

四十三、军台遗丁

清代在打箭炉到巴塘、昌都一路，每八九十里设一宿站，二三十里设一尖站，都修有站房，养有台书站丁，传递文书，保护道蹚并便商旅息宿。大站设有营兵十人以上守着，每月由军粮户发饷，后来这些兵士与台丁渐都讨了番妇，生下儿女，生活费增大了，饷不够用，渐渐租赁房屋经营小贸，渐渐开垦荒地自耕自食，渐渐子孙蕃衍兴家立业，区区饷银也就不在意下。民国初年，撤废台站停支薪饷，旧日台书站丁遂完全变成客户，如现在的折多塘、营官寨、东俄洛、卧龙石、八角楼、河口、麻盖宗、西俄洛、火竹卡、里塘、巴塘、昌都等处的商铺和农地，什九都是军台遗丁的建设成就。唯里塘以西番人焰张，客民久失，颓败得很，仅河口以东还颇兴旺。

四十四、金川戍卒

西康的丹巴县和隶四川懋功、抚边、绥靖、崇化四县，皆从前大小金川。在清朝有段很雄伟的历史，人人尽知。乾隆平定金川后，要作长治久安之计，戍了许多军队在各重要地点。那时金川番民因为抵抗清军，死亡甚多，活着的人又都畏罪逃跑了，大好田地，无人耕种，戍军粮食亦感缺乏，当局便命戍军分屯开垦，称为屯兵。十多年后，屯兵尽都娶妻生子，占有田地。既逃之民，始渐回来投诚，领地耕种，上粮当差。这时客强主弱，各屯戍兵，安居乐业。渐渐解除军籍，变为农民，称为屯户。后来似因屯户与番户冲突，请兵保护，才从茂州、维州等处拨来上孟、下孟、九子三营军队，加戍在五屯地方，迄到清末，三营戍军又循前例，化为垦户了（现在称为营户）。所以，现在的金川地方，河谷肥沃土地，尽是屯户耕种。高山坡地，才是番家。又更偏僻荒瘠地方，才是营户所在。此段历史虽然模糊，遗迹却显然可见。

四十五、名山木匠

全西康的木工都是名山人做，"名山木匠"四字在康地很有名声。名山木匠何时初到西康的，从无考据。大约是清代建筑军台之时，大军携带去的。因为名山县地狭人稠，山高林密，贫民学木匠的很多，本地不能养活，宜向外方扩散。所以直到今天，还相率往关外迁徙。估计现在全康木匠，有两万多人，问其原籍，莫非名山。他们手艺并不高强，但在番地，便如西洋工程师在川省来一样，到处都受欢迎。他们也有挣足了钱，回家去的；也有在草地安家开垦的；也有因性欲压迫而招赘番家的；也有倒了霉去吃庄房的，这也算客民的一种。

四十六、矿工落业

丹巴县和康定的鱼通、孔玉境内，从前金银铅铜等矿甚富。大清咸、同两朝，开采最盛。后来矿衰业败，矿工亦乐不思蜀，娶妻领垦，造成了许多新村落，如丹巴的绒岔沟、铜炉房与孔玉等地客户皆是。

四十七、清洁用猪

内地人都认猪为最肮脏不洁的，许多人不准猪出圈来，不想里塘河口一带居民竟以猪为清洁污秽之具。客户亦然。这带的猪毛色苍褐，去野猪不远，性喜吃屎，嗅觉甚发达，一嗅屎气便赶拢抢吃，驱打不走。他们把猪和牛羊一股脑养在碉房最下层。不另修毛厕，男女都到下层圈中去解手，粪才落地，猪便吃了。

记得从里塘回康定一路，临睡要解手，房主人回说没有毛厕，教到牛腿边去屙。我不习惯，连夜都是跑到山坡上去解决。一天宿东俄洛保正家，这保正恰是客户，又曾任过木雅乡总保，很有势力，房子修得十分华美，我想他一定有毛厕了。临睡问他，仍要到牛羊群里去屙，那时风大非常，出门不得，只好遵从，走下楼去，择块比较干燥的柴堆旁边蹲下，不久，便有五六条猪从黑暗处奔出，抢步拢来，我急取柴一条四方招架，才打住了。勉强草草了事，站起身来，群猪已拼命抢到足下，让开一看，方知它们是来抢屎吃的。

同事董委员亦因初见此事，退步避猪，渐渐退到柱下，恰值楼上人倾猪食下来，淋了他一身的腥水。

四十八、獒

"西旅贡獒"，獒原是西方的大狗，现在西康有种大狗，高如绵羊，胖如肥猪，头如狮子，毛甚长，鸣声音喑如破鼓，性甚狞猛，番呼为"獥"（读千秋切），汉人呼"蛮狗"，想即獒也。番人无论农牧户，都有一条，常用铁链拴着，系在房顶或门外，以警盗贼。此狗见外人过，必跳跟奔噬，猛力前扑，若将绝索伤人。唯主家人出入不咬。故行进番人家宅者，必须谨慎防备，万一走过獒狗跳跟界内，或被咬伤，或被咬死，绝难有幸免者。

忆在道孚时，一日带土兵下乡，拟登一番人屋顶测图。甫至门，番狗绝索奔来，土兵等皆仓皇无措，幸主人母女在门，其女先见，奔前抱持狗颈，狗力猛，女子仆地，尚力抱持之；其母复赶至，牵曳铁索，我才幸免。至今思之，心犹怦怦然。汉人喂汉狗者多，番狗者少，番人呼汉狗为哈巴，鄙其渺小，不肯喂养。

四十九、狗的装饰

牛厂娃与驮脚娃，亦养番狗，不拴系，常跟其牛羊群出行走，他们用染红的羊毛，编成一狗项圈，套在狗颈项上，甚美观，红色最易惹人注目，他们的意思，不仅在装饰好看，还有使人易于回避之意。

番人有一种避狗咬的咒，时常念着，足见他们也怕番狗。

五十、喀 达①

番人敬神、见官、谒尊长，都必须用一种见面礼物，名为"喀达"。喀达是一种丝织的疏纱带状物，宽二掌，长三四尺，纱疏如竹筛，白色，性黏，傅以细粉，为成都九龙巷所织。此物全无用处，而番人异常重视，会尊长不上喀达，譬如汉人不用名片，为大不敬；我等初出关时，每日收到喀达甚多，认为无用，随手抛弃，或揩抹桌凳，后有汉人见而乞之，给三四条，喜溢眉宇，问所值，则市上每条卖洋半元，得三四条，所值已多故也。

番人一条喀达，辗转使用，至于千百万回，直至败如乱丝，尚不肯舍，贫家或不忍整条送人，常剪成巴掌大小块使用；又有一种喀达，织编致密，仿佛劣种绢绸，唯豪阔之喇嘛与土司能用之，亦唯用于尊神与尊官之前。

五十一、贽

番人谒见土司与汉官，除喀达外，又须有种贽敬，或酥油一饼，牛肉一腿，或为奶渣子，或为鸡蛋，或即用藏洋放喀达上，称为压喀达，这或即是古人"束帛加璧"的变象。

土司受贽敬，是白受；汉官则照例赏以茶烟等物。番人中有人若受赏赐甚丰，便尊敬备至，事事听从指挥；赏赐如其不抵所值，当面不敢说，背地骂为"甲猪"，"甲猪"意即汉讨口子也。

五十二、番人婚礼

番人婚礼很简单，订婚之法，随地不同，或由男女私相爱悦，或由父母家长代为订定。临婚之日，男家先将衣服首饰，送过女家去，新郎也带上许多人，骑马摆队，去女家亲迎；女家亲友，大跳歌装接风。新郎带来有番酒牛肉，赏给跳舞者后，接新娘同回，女家亦用马队送行，并无陪奁，只以马多为阔，土司家婚娶，往往有千余马队送迎。送到男家，新郎新娘同进新屋去坐（牛厂娃即在帐房内），并不行

---
① 即哈达。

礼，男家不用番酒牛肉招待送亲人，只须赏茶或钱，便自回去。亲友来贺者，都跳歌装，下午以后，各自回家，新郎新娘同宿，婚礼便完成了。几天以后，亦兴回门，互送礼物，搭喀达，此时女家阔绰者，送新郎若干牛马。

有些恶作剧的牛厂娃，规矩不同，宾客散后，新郎须与新娘角力，互相推按，新郎胜了，才许同宿。

又闻有些地方，亲迎后，仍将女子送回女家，只许暗偷，不许明宿，三年以后，才得接回家来同处。

五十三、弟兄共娶

番人兄弟数人，共娶一妻者甚多，谓如此可增进弟兄的友谊。婚之日，弟兄同亲迎。婚夕，长兄与妇共寝。翌夕，其次。以次及于季弟。妇住一室，弟兄皆寝他所，有欲敦伦者，入妇室，以其帽或靴带挂门上，后来者望见，即自避去。妇得子女，呼诸人皆为父，不究所出。此风在西康西部最盛，地书谓西藏一妻多夫，即此俗也。

五十四、赘　婿

番俗男女平等操作，毫无轩轾，社会待遇，亦绝对平等，无子有女者，得赘婿承嗣，俗呼"上门"。土司家，每每无子嗣，以女招赘者甚多，所赘皆番土司之子，不用汉人。番差民之无子者，则多赘汉人，因番中男子甚缺乏，庄房又须人承做，故番酋能宽此禁也。汉人住草地久，多染番俗，亦有招婿上门者。但只招汉人，不招番人，俗谣云"汉不入夷"。

赘婿或有陪奁，或赤身空手借人衣服入赘，恰如内地娶媳，入室即易姓名，以妻父母为父母，言行有不如意时，妻得随意殴辱之，亦如专制家庭之丈夫，可以殴辱妻妾。选婿之法，不重智巧，唯重气力，壮男子能负重致远，任耕作如牛马者，即为佳婿；力弱者赘人，受鞭扑殆无虚时，多逃逸或折磨死。有番女不能节制性欲，即是壮男子，昼役于风露中，夜劳于枕席上，从无息养机会，故亦多早死。死后妇即另赘；逃而被获者，挫辱之，亦如汉俗之治奔妇。汉人赘婿者，待之较宽。

五十五、番烈女

烈女名佚，生甘孜香资家。香资虽番种，美丰仪。幼以面首见幸于孔撒土妇，为孔撒土司家司帐者二三十年，以是致富，拟大头人。现已四十余岁，卸职家居为巨商，与官绅贵势通财相结。然性顽固，视汉番界限甚严，子女五六人，不与汉人婚姻；其女并俏丽白皙，婉媚似汉人。汉人旅甘者，多慕之。长即烈女，亦颇慕汉。朱宪文镇甘孜日，有侄名某，从在官署，青年美秀，兼通番语，以官家子故，得时至香资家，与女相悦私通，情好甚笃，誓结偕老。朱御侄严，女已孕，侄不敢告。女请香资求婚于朱，香资痛责女，使与朱绝，并为订婚于头人家子。女不从，曰："嫁番人，仍食糌粑酥油牛肉耳，嫁汉人，食珍馐，衣绫罗，誓死从朱公子。"香资诉于朱宪文，斥其侄诱惑己女。朱怒，遣侄回川；女已产子，为香资扑杀。女遂剪发入觉母寺为尼，迄今十余年，无悔意。

此女去岁曾盛装来甘孜赴坝会，看番戏二日始去，会场中人，咸啧称前事，深致倾慕。余见其目灼灼周视汉人，知其犹深冀朱某之复来也。

五十六、处女之宝

前见报载某离婚广告中，有"处女之宝"四字，名义殊雅妙。此宝汉人甚珍爱，许多名贵姻缘，因此发生问题；若康藏番人，则从无需要此宝物者，洞房花烛，绝不以落红与否为念。此习久而不怪，亦因番女劳动过剧，又喜骑马驰骋，处女膜婚前破裂者多，无从甄别故也。

五十七、背水奇技

番人运物，不担不抬不提，专用背负。水亦过背。背水尽妇女之职，除贵族女子有小娃子代劳外，无论贫富家女，皆须习此工作。其背法甚奇，长圆木筒一个，高与胸齐，用桦皮瓢挹溪河泉池之水入内，抱置高处，用一牛皮带圈，一面套于筒腰，一方自套于胸喉之间，两肩之外，左手持一小草圈，垫于臀部微上腰脊外，右手扣筒底缘，引身近之，使筒底缘靠草圈当中，挺身矗立，筒遂负于背上，稍向后倾，番女微俯其首，袅袅前行，两手或垂或抄藏袖中，并不扶持水筒与皮圈，筒亦不倾畸。负近水缸，将身微侧，筒始横斜，倾水入缸中，而底不离臀。倾尽再负向水泉汲水。

五十八、男女工作

番人无烹调，无缝纫。即有，亦男子任之。女子工作，以背水为第一要务，其次为耕地、割麦、打麦、炒青稞、经理磨面、砍柴。又其次为搓羊毛、织毪子、支汤役差、簽垄差（并详后）、挤牛奶，或经理商店。总之，西康男子多为喇嘛，即俗人亦只念经，或当公事，或远道经商，或行劫。除奴隶外，不理家庭琐细之事，家庭工作与耕牧，殆全由女子任之。所以西康男女，能绝对平等。

五十九、康坝娃与藏坝娃

藏语称西康土民为"康坝娃"，西藏土人为"藏坝娃"。"坝"，系"地方"或"某处"之义。"娃"，"土人"之义。康坝娃与藏坝娃，虽同宗教、文字、语言，实不同种。藏坝娃面容凶鸷，皮色黧黑，嘴唇突出，微似印度种；康坝娃较为和善，白皙，头圆齿突，微似苗人。大约康坝娃系羌苗之混血种，藏坝娃系自昆仑直徙入藏之民族。《旧唐书》谓吐蕃是秃发氏遗裔，系指吐蕃王族言也，若谓藏族民众皆秃发苗裔，便与云南人皆庄蹻后裔，朝鲜人皆箕子后裔，日本人皆徐福后裔，同一荒谬。秃发氏未至以前，西藏便无人种乎！

六十、番人体格

纯粹之康藏土人，体格与汉人差异极大：（一）皮肤厚，且致密，毛孔汗孔，并甚稀少，皮下脂肪层尤发达，任何瘠番，无露骨者。劳动中，难出汗，但分泌脂肪甚多，以是故能耐寒燥，不皴，不冻；番民移住川省，每易病死者，其皮肤构造，不适于发散水分，故不宜于溽热地方居处也。（二）发粗而短，恰似牦牛尾毛；须尽浅软，几等于无，老翁老妪，殆难分别。（三）手足肘骨之关节部不甚膨大，几无俗呼"螺丝拐"之突起。（四）女子乳房不发达，乳量甚少，虽育数儿，乳不比婚前加大。（五）目光呈凶鸷，额上易生皱纹，故人谓番不经老。凡此五点，皆其环境适应之征象，殆与民族历史期长短无关。

六十一、扯格娃

汉人娶番女，或入赘番人，所生子女，番名"扯格娃"。康番视汉人甚高，自视甚卑，扯格娃既属半汉半番，自又较纯番高出一等，其对人谈话，每自介绍于人曰"我扯格娃也"。有多数扯格娃，竟自充汉人。

人类之遗传力，恒与其民族历史为正比，汉人与任何民族交配，所生子女，皆肖汉人者多，扯格娃之体格，有八分似汉人，二分似番人，其习汉语汉字，亦特容易，现在西康任通事翻译之人，殆全是扯格娃。纯汉人多轻扯格娃，呼为"老扯"。

六十二、甲闵与白闵

藏语呼茶为"甲"，称汉人为"甲闵"，犹言"产茶地之人"也。番人称为"白闵"，无适当译义，西康通俗译为"番人"，以区别西藏地方之人也。

六十三、发辫种种

番人男子皆辫发，盘于头上，以帕裹之，辫小如锥，自憾不美，则以牛毛编入，粗如臂，长丈许之大辫盘其外，发固与牛毛同色同粗，远望俨然盛髦也。康境西部之牛厂娃与藏坝娃多有此种装饰。

女子发辫，种类繁琐：康定境者，妇人用红绒线松软头绳一大把，搭编辫端，盘于头上。有服者用白绳或绿绳，绳多于发数倍，借掩发少之丑。或以牛毛为假发，编辫内，闺女多照内地扎毛辫；道孚女子扎单辫，嫁后扎双辫；炉霍朱倭至甘孜，妇女皆以头发丝丝分开，扎为小辫无数，披于脑壳周围。唯嫁汉人者，照康定梳头，称为汉头。瞻化更于小辫之外，添编"擦呷"二条，擦呷者，挑起左右额角之头发，一根一根细为分开，以一根为一股，编成人字纹之带形长辫，宽约三指，分自头左右侧，抄合于脑后，与小辫混合，发本少，既分小辫数十条，又编擦呷二枚，其工作之细，甚于织丝：每梳一头，皆倩巧手为之，三日始能完成。每头可管数月不乱。

理化①与瞻化发辫略同，但于发辫上，再加布带二条，合于头顶，分披三方，称为"折哈"。上载银质有花钝圆锥体三枚，称为"涅坡"。无论贫富，四时不废。东谷妇女，亦披小辫，嫁人者，头顶嵌饰珊瑚之钝锥体，称为"意鼓"，处女与寡妇无之。巴塘则又多辫汉头矣。

六十四、耳　珰

番人男女皆戴耳坠，女子双耳俱戴，男子只戴左耳，亦有虑小儿难养，穿右耳饰为女子以求厌胜者。耳坠有两种形式，一种圆形，称耳环，用金质或银粗镂成龙凤形体，嵌珊瑚及松耳石于外侧；一种长形，称为耳珰，尽金质，上方仍为贯耳之环，下方嵌长绿玉或珊瑚二段，长达二寸。番耳坠甚粗重，贯耳之环，粗如烛心，且不平滑，贯耳之际，轧轧有声。金质耳坠，每只重一两许，耳肉不能胜，常以皮带附系于顶上。仍有坠破耳垂者。番民乐此，耳孔或裂，乃新穿一孔于上方，以戴耳形珰。虽中年人，不废。

六十五、戒　指

番民男女皆戴戒指。富家金质，嵌蜜蜡、砗磲、琥珀、珊瑚、绿玉及红蓝宝石；贫家银质，嵌假珊瑚。镂花不工，质料甚贵，操作时亦可除下。宴会歌跳，则非御不可。

六十六、领扣与项珠

番女戴领扣，银质雕镂三个联珠式之公母扣，载于金丝缎之两端。用时围于汗衣领外，扣之，仿佛西洋之领带。男子不御此物，而以珠宝贯一项圈戴于颈上。各种珠宝皆可有可无，唯砗磲为必备之品。

---

① 今四川省理塘县。

六十七、番镯

番镯用金银制,笨重非常。不嵌珠玉,银质多雕成双龙状之空环,粗如指。又有以美丽数珠缠绕背腕以代镯者。

六十八、告乌

番人皆佩告乌,为银质空盒,或圭形,或圆形,或壶形,或大或小,或镶宝金,种类不一。内装佛像及护身符篆,或经喇嘛念咒过、服御过之法物。以物系之,上挂于项,下垂于腰。谓佩此物能祛鬼魅,却病健身,灵者枪炮不能伤。尝见路上行人,佩斗大告乌,呶呶暗诵经咒不绝。彼辈行旅中,若恃告乌为最良之侣伴与最有力之保护者也。

六十九、杂佩

番人除佩上述各珍贵装饰品外,腰带间尚有杂佩甚多。约举如下:(一)吊刀,吃牛肉用之。(二)火链,取石敲火用。番地火柴尚不通行也。(三)鼻烟壶,装草烟末子。用时,以左手大指甲抵食指端,右手倾烟末于指甲上,移向鼻孔,猛力吸之。此俗自满洲传入,现已通行全康。许多番男,鼻烟瘾甚大,每隔十分钟许吸烟一次,烟皆用上品。我等同行人,曾有试吸鼻烟者,才吸些须,便流泪不止,谓其苦甚吃芥末百倍云。(四)鼻巾,通常为花氇氇一方,折为数叠,以线系腰带间,藏入怀内,供泻鼻涕用。番俗鼻涕不排于地,排此巾中,颇似西俗。但其巾不洗浣,涕甲重叠,张之臭气炙人,则非西俗也。(五)旱烟杆,吸旱烟之物,不似鼻烟普遍,仅有少数头人佩此物。(六)腰刀,此为番人出门必御之物,长二尺余,木鞘包生牛皮,铜丝缠柄,嵌以珠宝,插带腰间,为防身器。番中多凶杀案,由人人佩刀故也。

七十、叉子枪

番人武器,总是落后的。当岳钟琪西征时,其人尚用刀矛与竹箭。后乃仿中原制角弓木箭。甫成功,值乾隆朝西征,又用火枪了。其后仿造火枪,甫成功,值赵尔丰西征，又用快枪了。现在他们虽满购快枪，大炮与机关枪仍未有见。恰似（今日——编者注）中国之于欧美列强，无论如何也赶他不上。

但是番人武器虽不如人，使用则甚精巧，从前使用明火枪时，恐火发手颤，误了准头，特在枪端装木叉子一具。用时，将叉子抵地，架枪轰击，很能命中。现在买入快枪，亦概装配叉子。叉子用极坚致之黄木两条做成，尖端装配牛角，中央包镶铜皮，上端装有可以转动之轴，工作颇精；名贵之枪，更用金银装饰，枪托上亦嵌珠贝，每枪值藏洋七八百元，装嵌亦值四五百元矣。

番人用枪，不轻发，发必杀人。如度敌人距离尚远，中不必死，不发也。目前明火枪犹居半数，快枪则中外各厂所造者皆有，大多数由边军卖出，少数自西宁、西藏、云南等处买来。其得适当子弹，更难于枪，故番人对枪弹并甚珍惜，非能命中不发火。

七十一、天　葬

番人无埋坟之说，人死，以尸喂雕者多，称为"天葬"。（下略）

七十二、水　葬

天葬费用甚大，非常人所能办，番民贫者吝者，多行水葬。其法，用旧衣裹尸，绳缚之，请喇嘛同昇至河岸，诵经一回，投尸下水，听其浮沉。关外水激，瞬息不见，就投尸处立木桩一根，上悬经旗一片，封树全足矣。瞻化县境，殆全行此法，他处犯罪死者，亦如此。

七十三、火　葬

火葬唯大喇嘛用之，其法先以乱石砌一塔形，中空，以尸纳之，填塞柴薪，放火，待尸化后，扫灰纳匣中，另建一塔，藏匣其内。普通僧侣与俗人，皆不得用此法葬。

七十四、地　葬

割尸喂犬不喂雕者，称为地葬，西藏多行之，康地少见。（中略）

康地汉人死者，仍照内地法砌坟。每过年，挂纸一次，不行天地水火诸葬法。

七十五、溜索桥

此桥为康定至瓦斯沟一段之特产，用小斑竹劈的篾条，扭成臂粗竹绳，两端系河岸磐石上。如无相当磐石，即地下掘一坑，引绳坑底，压以巨石。如此绷绳后，再用木叉撑起，将绳牵引极直；绳上先贯有木筒一个，篾圈十余枚，木筒系短绳二尺，下缚横木，用细绳二条，各系木筒一端，分引向两岸，斟酌距离，缚连各篾圈，末端系两岸木叉上。渡者手引细绳，则木筒至，人骑横木，一手胁挟木筒，一手援篾绳力拉，则筒自前进；力弱者，更可于彼岸使人引绳助之；渡物，以物盛筐内，筐系木筒，人牵细绳渡之。篾绳久用则弛，弛则收高木叉，使再紧张。数次后，不可复用，另换新篾绳。大约每月须换一次。康定至瓦斯沟间，峡高，水激，津梁难施，地适多竹，故宜此桥。

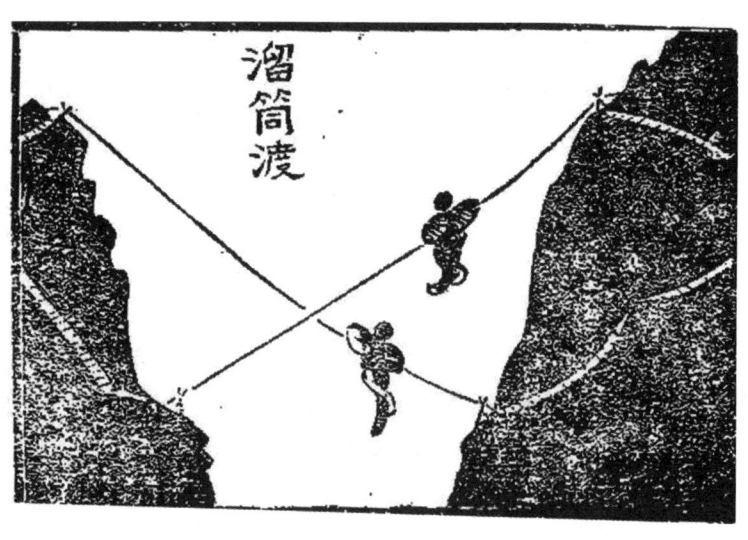

七十六、溜　筒

溜索桥，无论篾绳如何伸直，溜至中央，绳必下曲，渡者力引木筒向上溜行，始能达岸，力弱者便难渡过，故只宜敷设于小河沟里。另有一种溜筒，在大峡江的两岸上，用两条溜索，交叉绷成，两岸来渡的人，都自上方抱着溜筒，只一松手，便沿绳飞到下方对岸去了，人不用力，进行比火车还快，在康境西南部最多。

七十七、泸定桥

泸定城外，大渡河上，建有铁链长桥一道，创自清康熙四十年，康熙帝制有碑文，据云桥长三十一丈一尺，宽九尺，施索九条，索之长，视桥身余八丈而赢，覆板木于上，又翼以扶栏，镇以梁柱，皆熔铁为之。据考大渡河即诸葛武侯所渡之泸水，故取名泸定桥。为清代经边最大工程之一。

川藏之间，大河五道，唯此一桥而已。今其桥已改修多次，规制大体如前，下绷串行铁链九条，以铁条横连，使勿分离，两侧铁链各三条，仍以铁条上下连络，链皆粗如劲竹，两端系木机上，可以人力运机张弛之，余部埋压地下，有亭覆之，桥面铺薄杉板，人与骡马皆可通过，唯如行人过多，则摇摆剧烈，多有立脚不稳者，经久链弛，则拔起两端，运机张之再埋，置有桥工委员管理此事。

此桥太长太高，又太空，每值暴风，即震撼不可行。民国初年，黄静渊在泸定办学，撤毁偶像为校舍，泸人大哗，当夜恰逢风吹桥翻，民众遂谓神谴所致，酿成捣毁学校风潮。

七十八、番　桥

番人修造之木桥，与汉人修造之任何木桥异致，法用极长极端之大木，先在河之两岸，打下木桩，堆砌木石，成一方台，在此台内，埋下大木几排，内端向下，外端向上，斜着层层排列，并逐层伸出，向对岸延伸，使两边料，抬头相望，大约相距二三丈远而止，于是再用长直大木四五根，排着靠在两端，用皮条或横木绾紧，配上扶栏，桥便成了。此桥能长达十余丈，大渡河、雅龙江等大河上皆有，但须在中间，加添一层桥蹬。

草地规矩，桥梁损坏，该官府饬百姓伙修，为差徭之一种，每每由隔河两岸的番村，各修一头。番人有种迷信，说这头如能高过那头，神则降福于我，故修桥础时，双方竞为争高，架斜木时，又争高。每每修成一桥，高得去水太远，顶上横木，一高一矮，左扯右斜的，刚才修起，便过不得人。此病丹巴人常犯。

番桥修造法

七十九、皮 船

番人不知造木船法，通兴用皮船渡水，其船用指大树条，编成罗锅式之疏筐，外蒙生牛皮，接缝处以一种枝脂涂傅，即成皮船。口小腹大，底平，船夫用一短木，横纳其中，负之河岸，投船水内，取木为桡。渡者入船，挤坐皮底，可容三四人。船夫打桨，宛转流水中，冲至下流半里许，始越漕心，渐远彼岸。横渡大河，须时半钟。什物亦可放船内，牛马则须泅水。皮船浸渍过久，则湿而透水，须取出晒干再用。

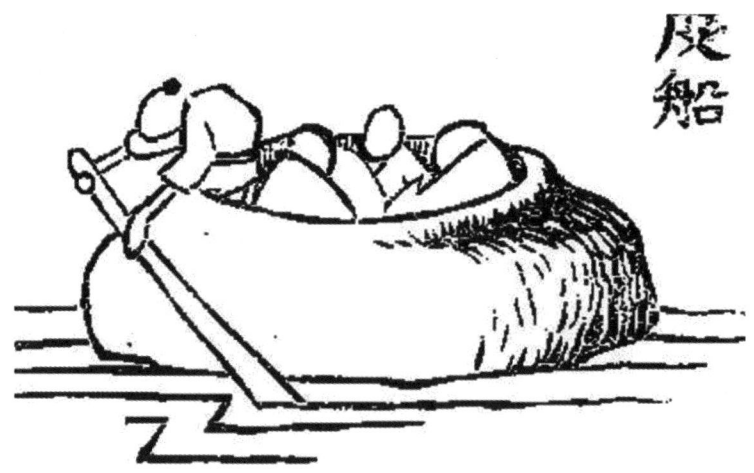

皮船

八十、中渡船户

现在的雅江县,为从前中渡汛,又称河口,在雅龙江东岸。当康定至巴里塘大道,古时只有皮船渡。清初岳公爷①平西,在此创设木船,因边地无船工水手,檄雅州道选派人来,船夫造成船后,自回原籍,水手二十名,须长在此地当差。当时川人,以到康地为苦,政府定下三年更番之制,每三年另换一批人来。后因新来水手,不习水性,每有翻船失事的,再由政府改定优待水手办法,命其子孙继此业,额设头领五人,月薪六两,篙手五人,月薪五两,下手十人,月薪四两五,外月给粮二斗,于是船户皆娶妻生子,为此地客民,现在河口汉人,多李姓即昔船户裔也。赵尔丰修造河口钢桥,废渡船,念船户失业者,指拨治北噶拉村脚尼邦地,听船户领垦,不纳租,船户终怨望。陈步三之乱,其兵有架火烧钢桥者,陈不许,既去,船户潜毁钢桥。乱后,政府重钉木船,恢复船户薪饷,仍用船渡,李张各姓客民争来求补船户。政府为平分利益计,改船夫为二班,每月一换,值工者始支薪,每人银五两,粮二斗,休工者不与,各船户既专此业,结帮颇紧,动辄以罢工要挟政府,虽军队往来,亦曲意下之。

渡头有船捐局,清时每过茶八十包抽一元。民国初年,王汉波知事时加厘,每驮抽半元。非有大商货与公事人过,不准开船,平均每日开船一次,全年收入或谓五千元,或谓三千元,或谓万余元。但因水手薪饷与捐局机关费颇大,报解者仍甚少。

八十一、骨 牌

番人亦打骨牌,牌用黑牛角制,与内地骨牌形式全同,打法亦与内地之"摇金丝"毫无异。但兴用两副骨牌合打,每人拿十六块,有八天九、八地八、六条金后,亦用骰子二枚定庄,摇金。出牌尽时,亦兴摇骰分别正门点子,定出牌的种类;亦兴用背面正门作点子,并且有三四二五等汉名词,只大多数名词,仍为番语。由其赌法,可知系自内地传入,现在内地盛行之麻将,番商亦多有习之者。

---

① 即清代名将岳钟琪。康熙五十八年,清廷派三路大军入藏驱逐侵占西藏之准噶尔,岳为四川路前锋,率军自康定由里塘、巴塘、昌都一路进藏,卓有功勋。深得康藏人崇敬,称为岳公爷。

番人财筹甚小，即如番骨牌，通常以藏洋一元，换筹一百六十枚，每卖一金，只付二枚。一条金后，只付十二枚，合大洋三分。六条金后，付七十二枚，才合大洋一角半而已。赌筹以贝壳为之，无贝壳，代以胡豆。

八十二、拌巴肕

拌巴肕（léng）为草地最通行之赌博：就地铺一皮褥，赌者围坐其上，用骰二枚，装木碗内，依次用右手持碗，扬之甚高，使碗口向下，急按之，拌皮褥上有声，骰附碗底不逸，揭而视之，视点大小，进退赌筹，法以地牌为大。番语称牌为"巴肕"，故云"拌①巴肕"也。赌筹亦以贝壳为之，夹以铜元；赌甚小，每铜元一枚，可易十余贝壳。入赌不拘人数，豪赌终日，胜负千余文耳。

巴肕赌法不可解，但见其依次轮掷，每人前有一竹签在赌筹中，掷定后，或移进数位，或退后数位，或就原位而移动其赌筹。闻其法重碰，如前行者已至某位，后至者适赶到相碰，则先至者应退回；若一人先进至某一定地位，则全局赌筹皆当归之；如散局时无人达全胜地位，则视各人地位之优劣分别取筹。忆古代有双陆戏，传颇似此，但以掷得天牌为胜耳，巴肕是否即双陆之变象，仓促未及考。

八十三、跳歌装②

跳歌装，为康藏最普通之游戏，番语称为"祝穹"，跳歌装系汉语，实只跳歌，并无特殊装束也。其法广场中置小桌，上置番酒一壶，跳歌装者，围桌歌跳，四人以上至于数十人皆可，照例分人为两队，一唱一和；艺精者首列，初学者随后模仿；有全由男子歌跳者，有全为妇女者，有男女各为一队者；歌辞有数十种，通常演唱者十余种。各种歌辞，有一定唱法，一定舞法。其唱法，有长有促，有急有缓，有扬有抑，殊不单纯；其舞法，举手抬足，或进或退，或就地踏歌，或旋转回翔，或踳突奔肆，形式繁难，不可深究。然在余等视之，既不悦耳，亦不美观，正如西人之看中国戏也。

我对于歌装，甚注意其唱词，每令通事译之，通事虽能唱，亦不尽解词意，大抵番人随时随地皆跳歌，儿童随声附和，自然习得，并未研究其意义也。

---

① 拌，为四川话"摔"的意思。
② 歌装，现通作"锅庄"。

八十四、歌装辞

歌装辞，约可分为三类：第一类为吉祥祝颂之辞，与西藏有名诗歌，每逢歌装开场，与汉官召歌，或人家喜庆事歌跳皆用之，辞意不离珠宝、仙佛等物之赞美；第二类为教人孝父母、敬喇嘛、畏汉官之歌，大半为问答体，两队一问一答；第三类为男女调笑爱悦欢庆之歌，大都两队同唱一辞。兹举数例，以觇一般，译不达意，得其仿佛而已。

其一：雪山之旁，海子之滨，神人所居，宝草生焉；（乙组原辞和下同）

太阳出来，照此宝草，宝草开花，金色灿然；

月亮出来，照此宝草，宝草结实，银质如霜；

星光出来，照此宝草，宝草之叶，碧玉斑斓。

其二：（甲队唱）你们可知喇嘛的贵重？

（乙队和）喇嘛能有如何贵重？

（甲队）喇嘛之冠，来于印度，其上宝石，

出自海中，神人呵护，鬼魅辟易。

（乙队）果然喇嘛有如此贵重，我们应当尊敬，感谢你的告诉。

（甲队）你们可知汉官的贵重？

（乙队）汉官又有何贵重？

（甲队）汉官来自北京皇帝之处，皇帝尊严无上，

汉官是皇帝派来，所以贵重。

（乙队）果然汉官有如此贵重，我们必须尊敬，感谢你的告诉。

（甲队）你们可知父母的贵重？

（乙队）父母又有何贵重？

（甲队）父母生我养我，劬劳备至，

我们的生命，都是父母所受，岂可忘了父母。

（乙队）果然父母恩德甚大，应当受我们的尊敬，感谢你的告诉。

其三：同我进来，到楼上去，同我进来，到楼上去，

那里有快乐之神，向我微笑，美丽仙女，向你招手，

小女儿拜了，小女儿舞了，请坐罢，请坐罢。

同我进来，到楼上去，同我进来，到楼上去，

那里有圆根汤可吃，浑酒可喝，打倒东邻的阿猫，笑煞西邻的阿虎，
小女儿拜了，小女儿舞了，请坐罢。

八十五、歌装考略

歌装决不是西康的土产，因为它的歌辞，没有能表现西康人物之特殊性的。论理说，他们的文字、宗教、语言、艺术，都自西藏传来，歌装亦宜来自西藏。但是我曾于番戏中屡见其表演西藏的歌装，迥然不同（番戏有待谈喇嘛一章再说）。西藏歌装，唱腔很和婉，跳法亦较康地淡雅，尤重要的区别，是他们一定要摇一串马项铃，用以点醒音节，康地却无此规矩，可见康藏歌装，各有来历，不必同一师承。不过大多数歌辞，曾由西藏流行到康地来，如赞美喇嘛、赞美珠宝之类。忆前在某杂志上，见有记载云贵苗人跳月一文，说的情形，恰与康人跳歌装一样，并且该文间犹有一段歌意，说是描写一只狮子，从林内出来，到溪边去饮水，看见月亮，发了许多感想，辞意都很优美。这歌我在西康，恰亦听着过，是欢迎我们的歌装第二曲唱的，可见他们亦认为这是很优美、值得唱与尊客听的歌。据人种学者说，康地番人原是苗族，苗族跳月的历史很长，或者康人从老家搬来时，便已将跳歌艺术携带来了，西藏的歌装，即是从康地学去，加以改造来的，因为西藏北西南三方的异族，都不跳歌装，只有东方的康人和又东南的苗人，才有此俗。

尤可注意的，是歌装辞内，每有汉语羼入，如作揖、请安、请坐等语，在数种很通行的歌辞内，频频听着。译人皆谓直是汉语，可见现在流行的歌装，并非纯粹自古昔遗传来的。

有一次，康定榆林宫百姓跳歌装，到兴高采烈时，有一番人，唱跳云南歌装，看他跳来，果与康地歌装有别。不只云南歌装有别，即西康歌装，打箭炉唱的，与甘孜、瞻对唱的，同是一曲，音调亦俱有异，可见歌装这东西，正与汉族的语言一样，组织虽然相同，土音土话的差异，大得很。

由上几条，可判歌装或是从滇、黔等省传入康藏去的，但所到各地，都曾由土人加以合口味的修饰和改造。西藏的改造最著，新撰歌辞，随喇嘛教与藏文，倒转流行到康地来，唱法与舞法，则并未随歌辞侵入。

八十六、跳弦子

跳歌装无乐器。拉起胡琴又歌又跳，称为"跳弦子"，所唱尽是淫辞荡曲，跳舞亦是摇头挤眼的，不似歌装那样庄重。但比歌装好听一点。歌装任何尊贵的人可跳，弦子则乞丐与娼妓等均跳。我曾见两次，一次是一化缘喇嘛（乞丐之一种），一次为一流荡妇人，都是自拉自跳自唱，扭腰折腿四方转着，难看得很，胡琴工作粗陋非常，琴音微似内地之二胡，鸣声呜呜然，唱腔亦低悠。

八十七、番话的组织

康地通行藏语，各县发音，微有差别，以打箭炉、德格话通行最广，称为"官话"；各地土语方言，称为"地脚话"；牛厂娃所说，与官话完全不同，称为"牛厂话"。无论官话、地脚话、牛厂话，其组织则同。其话与日本语组织相似，名词先说，动词后说，受事说在动词前。若形容词放名词前，助动词放动词前，语助词放在语尾，则与汉语同。例如汉话说："乞丐是没有饭吃的人。"番话为："遮妈糌粑撒吉蒙果阁惹。"逐字汉译起来，为："乞丐，糌粑，吃的，没得了，是。"又如汉话说："他打了我。"番话为："颗捏拿董凶阁。"逐字汉译，为："他，我，打，了。"番人学汉话的，常用这种语法说，如"饭吃了""板凳坐了""洋钱一丝丝没得了"之类，外人初听着，很难懂得。

八十八、番地通行的几句汉话

西康地方，曾经与汉人交接过的番人，差不多都能说"劳慰你""一丝丝""不是没得""清茶吃么"等几句汉话。但这几句话，用得很滥，求人帮助，说"劳慰你"；道谢赏赐，也说"劳慰你"；叫化子向人讨钱，也说"劳慰你"；甚至囚犯受刑哀号时，也大呼"劳慰你"。"一丝丝"三字，更用得滥，劝人加餐，说"一丝丝吃嘛"；自诉贫乏，说"一丝丝没有"；怂恿打人，说"一丝丝打了好"；自陈痛楚，说"我一丝丝痛了"。又凡说数目之后，每续"不是没得"四字，如云"前面庄房一家有了，不是没得"，意谓前面只有一家庄房。"乌拉八匹有了，不是没得"，意谓乌拉已到八匹也。番人熬茶皆投以盐，无盐者称为清茶，番汉语皆同。汉人每入番家，主人必具清茶献曰"清茶吃"或"清茶桶"。番语"桶",即汉语"喝"也。

八十九、是

汉语一个"是"字,有许多用法,答应人说"是",对上对下平等都可。番话有许多个字,都为"是"的意思,如他们对官长答"是",说"拿梭",含有谨受教的意思;用"姑扯理",含有感恩的意思;还有嗫口吞气成"哈"声,仿佛被海椒辣着了一样,表示"是",含有恐惧的意思。平辈之间答应"是",通常说"喔呀",犹汉语之"唯""诺""懂得了"等义。肯定事物,则说"惹",犹汉语说"是的";又用"凝朵",犹汉语说"对了""不错的"。

九十、磕头百姓

西康百姓,受千年土司淫威的压制,养成了十分的奴隶性质,解放不开,拯拔不起。他们的土司,无论如何剥削他们,暴虐他们,他们总是恭顺,总是服从命令,为之赴汤蹈火。赵尔丰"改土归流",正为要扫除土司头人的积威,使百姓得享平等自由。但是虽然土司头人印已缴了,权都摘了,家已破了,身已辱了,他们仍然是拥护着他,顶敬着他,恭请他来压迫在自己身上。这个哑谜,很难解说,且待我把土司一章说完以后,或许有个较好的答案,现在且说他们恭敬土司头人的情形,他们并不盼望土酋一点恩惠,只自认定要供给土酋家一切需要享用的物质,与须当毁坏的生命。还有压抑意志的礼节,他们的礼节是,路上撞着土头,则立正吐舌;室内见着,则跪地磕头;听受言斥,则连应"拿梭";挥之使去,则偻躯却退。其见汉官,原亦是如此,唯近世汉官威信扫地,番人不尽能如礼;汉官本亦不以此责康人。若对其土司头人,则未有敢稍微放纵者。

九十一、番 历

西康番人用历,与内地不同,其历以地支属相纪年,曰鼠年、牛年、虎年、兔年、龙年、蛇年、马年、猴年、鸡年、狗年、猪年,以十二年为一周甲。问人年龄,但答狗年生、鸡年生、猴年生……问者察其面貌,估为十几岁、二十几岁、三十几岁……不自知其为若干龄也。

亦以十二月为一年，且有闰月，唯与内地历不一致，如民国八年，汉历无闰月，番历有之；又，番历朔望皆较汉历迟一日；又番人除岁，系汉历腊月十三是也。大抵其历法，仍系内地传入，用西藏拉萨经度推算，又因历代土酋僧侣等，以印历修改，遂与汉历大有出入。夫地球经度每十五度时差为一小时，拉萨昼夜固迟于京沪三小时，宜其历之不能合也。

盛氏《卫藏识略》，有记藏历一段，颇足与本文参证，并抄附于次：

"番人不识天干，唯以地支属相纪年。亦以十二月为一岁。其支属纪年，如鼠年、牛年、兔年。纪月以寅为正月，亦有闰月，但不同时耳。如雍正十年壬子，闰五月，其地闰正月；雍正十三年乙卯，闰四月，其地先于甲寅年闰七月。更有闰日之异，如闰初一，则无初二，即至初三日。或于月内摘去一二日，即不呼此一二日，如摘去二十七，次日即呼二十八矣。每月无小建，必有朔望晦日，称正月为端郭，余月依次数之。纪日唯以金木水火土五行配，与时宪书无异，唯日蚀、月蚀，亦纤毫不爽。云推算占验，皆唐公主所流传。"

藏历书在康地甚不易见，唯少数喇嘛有之。康之东部汉人较多处，概行汉历，即偏西地方，因汉官令教皆行汉历月日，藏历格不得入，番人亦不能不勉强从汉；唯岁时节候，尚从藏历。

或谓藏地系佛历，以佛陀涅槃岁纪年，此语不可信，盖彼之属相与五行，固皆汉历所独有。且番历皆称去年为民国八年，今年为民国九年，未见其称佛寂若干年也。

九十二、番人过年

番人过年礼节，较汉简单。去年由瞻对赴里塘，腊月十二抵乌虾，应换乌拉于此，瞻对护送之头人番兵、乌拉娃等，共四十余人，齐请住此一日，以便掉雇牛马，许之，不知其为过年也。翌日白昼，诸番照常饮食，毫无异状，余等出游乡村一度，归而早寝。夜将半，忽闻歌声大作，床榻震动，则诸番方于下层楼上，聚跳歌装，狂讴剧舞，震撼楼屋，致将上层熟睡人惊醒也。翌晨将行，诸番来乞赏钱，始知昨夜系过年云。

番人年节，皆以糌粑面在灶屋内之壁上，用木条草帚等拍作诸花纹，云可辟魅纳福，精者更绘成人物花果之状。闻西藏诸番，则于除日搅白垩水提向屋顶倾之，使周围墙壁皆沾白色，以为吉美。

九十三、过年的风波

去年腊月抵乌虾时，住一番寨内，我等先上，护送人役后至，正忙乱抬行李入屋；土兵恐有小偷混窃，派枪二支值门，暂止闲人混入。恰有此室主人与其同村数番，因年底到喇嘛寺算账，聚饮醉归，欲入室，值门土兵不识其为房主，阻之，其人亦不自言为房主，倚醉强闯入，遂与土兵扭发凶殴，并夺土兵快枪，呼啸入邻室。土兵着数伤，见其人多，不敢追；其余土兵，并在远处搬行李，未觉。觉而追之，诸番已入碉闭户，不敢追索矣。

乌虾在万山中，距理化、瞻化各四日程，传闻其人犷悍轻生，不知礼仪，瞻对娃亦微畏之。肇事后，土兵因失枪，不敢入报，余微闻之，心颇悸，佯为不晓，欲令两方自行交涉，待不可善了时，出为转圜。恐先自提说，则瞻对娃恃而逞气，决裂不可弥缝也。瞻对娃亦善处，当夜照常安寝，翌日，始由护送头人与瞻化土兵，邀我所带通事，往觅乌虾头人质问。余等自屋顶微觇之，见彼等膝地聚谈约一小时久，笑引肇事番民与该村头人来见，曰"昨某酒醉肇事，醒后悔惧，当已送还快枪，兹自甘献酒二斤，为土兵赔罪，并磕长头一百，乞汉官勿追究此事"。言讫，齐跪地磕头如数，不可谕止。慰之云"酒醉可恕"，则大喜过望而去。是夜适过年，土兵辈夜间歌跳所饮，即此酒也。此事初发生时，觉该人凶悍可畏，及见其乞怜请罪状，又觉其怯懦可怜，究竟何者为本性耶？盖初之凶犷，酒使之也；后之驯柔，乃本性也。番民常有偶失本性之时，观者遂据以判番之性格，此所以汉人多畏康番也。

九十四、骂人番语

康地番民性格，有优于汉人之处，即无骂人恶习是也。番怒人时，诟詈语只有数句。（一）"出马拨许觉"，译言"口内出血"也。（二）"折泼"，或"折魔"，译言"鬼王"或"鬼母"也。（三）"贾巴撒"，译言"吃屎"也。（四）"姨撒马"，译言"寡妇"也，专用诅诟妇人。（五）"甲猪"，译言"汉讨口子"也，专用以骂汉官。此外别无骂人语。

九十五、古　风

文人慕古者，常憾不见上古时人；诚欲见之，则莫如到边地去。今日康地之社会民风，除多一喇嘛教外，殆无一不可以先秦旧俗况之也。兹试举其最著之点：

（一）人性质朴　此条无庸解释。

（二）万国分理　诗书所载，动称万国，其实当时中国，不过今鲁、豫、燕、赵、苏、皖、川、楚、陕、甘十省之地，分成万国，每国应只占地一县之十一而已，即如春秋可考的，亦有一百余国，邓、庸、邹莒等，都只当今一县，其他不入记载的无名小国，小更可知。然而各国诸侯，无不妄自尊大，残虐其民，今日西康，正是此种现状。从前雅州府辖地，共有十八大土司，百余小土酋，即现经设治之十二县内，亦尚有诸侯式之土头人百余家，他们对付管内百姓的情形，将于下面另章详说，兹先为一简语括之曰，正与殷周世之诸侯相同。

（三）均田之制　均田之制，汉以后儒穿凿附会，实未得周官真解；今日西康番户，殆真行此制者也。其法田地不准买卖分析，故永无连田阡陌之事。又土司头人有汤沐田、汤役田、打役田、乌拉田，皆由其百姓当差耕种，即公田也；又有汤沐之田，为土司赏赐头人者。

（四）阶级制度　西康番民阶级之严，与周世正同，土司之子恒为土司，头领之子恒为头领，百姓之子恒为百姓，奴隶之子恒为奴隶。唯同阶级者始得聚餐，得通婚姻。异阶级者，则断不能。例如土司，虽可以随意召幸下级妇女，土妇亦可置下级男子为面首，但正式婚姻，名义夫妇，则不能不求于土司家。番人赞美妇女，必先举其世族，颇有"齐侯之子……邢侯之姨"之概。

（五）媵嫔之制　土司娶妇，女家例有若干妇女陪嫁，有其亲戚妇女与其小娃子，土司可以随意与之宿，颇似周制之媵嫔。

（六）奴隶之制　康番贵家，可买下级百姓为奴，奴与其子女皆为主人私产，生杀、去留、婚配、职业，皆由主人主持。

（七）嫡子、庶子　番以正配之长子为嫡子，袭爵位承财产；余子并听其自谋生活，显然与古昔嫡庶之制符合。只女子赘婿，亦可以承嫡子之乏，则非古矣。

（八）赋税徭役　康番有米粟之征、力役之征，部落战争或犯上作乱，皆征兵于民。军械车马，百姓自出，全是周官遗制。

（九）衣服装饰　康番冬裘夏褐，圆领大袖，束带垂绅，蓄发簪髻，种种形饰，皆具古风。尤奇者，家有寝衣，长一身又半，昼可服御，夜以为衾；男女皆戴耳珰，挂匕剑，杂佩琅珰，行步锵然，无一非古制也。

（十）席地枕肱　我国古无桌几床榻，坐卧饮食，皆借地面，寝无枕褥，曲肱而枕之，今日康番，完全如此。

（十一）迷信巫觋　边民病不求医，求于巫觋；岁之凶丰，军行进退，皆倩男女巫占卜祈禳之。巫在康藏，极有势力。我国古时巫医并称，国君皆有大巫，正同此俗。

（十二）燔燎之祭　我国上古以燔燎为大祭，往岁祀孔犹行之，今康番祀神，亦不用香帛纸烛，唯取矮桧枝焚之，大祭更有燔燎大火。又，祀神不用鸡豚，用牛羊，亦同太牢、少牢之制。

（十三）歌谣之风　行边地者，随处得闻番歌。番人行路，目有所见则歌，心有所念则歌，情有所适则歌。歌不重词而重腔，声如长啸，虽街市稠人中亦为之。我国古诗数百章，实皆民间随意讴歌抒情之作耳。

（十四）狩猎讲武　番民春蒐夏苗，以猎为乐。大土司家，大多辟有苑囿，蓄为山林，以供狩猎。

（十五）板屋茨墙　康地无茅舍，亦无瓦屋，十之二三用木板或石板盖屋上，十之六七于木上筑土为平房；又其农耕之圃，护宅之篱，皆砌石埂，而树茨薪，《诗》云"载其板屋"，又云"墙有茨，不可扫也"，其是之谓欤。

兹更引《康輶纪行》一段，以补吾说："蕃人有合古者数事，女衣裳前着幅一也（按谓番女衣前概围方裙，姚氏以为即古之芾也）。蕃僧见人，必以哈达，即古之束帛，二也。蕃人见官长，必偻背旁行，即古一命而伛，再命而偻，循墙而走之义，三也。官长有问，必掩口而对，四也。礼失而求诸野，不其信乎！"

九十六、咏番女诗

康定番丫头，皆博衣圆领，束带曳裙，红绒头绳扎发辫二条，蟠于头上，两耳戴金银嵌赤珊瑚球大耳坠，遇客甚和婉，轻颦浅笑，意态可人。陈东府先生有咏番女诗云："别样风情别样装，胡天艳事记殊方。一条博带束腰紧，六幅花裙拖地长。套紫蟠头双赤辫，如瘤赘耳两明珰。相逢发髻蓝桥地，饷客盈瓯酌酪浆。"

陈曾与邓蟠村、胡仁纲、吴芷沅等结诗社于康，诸人皆有和番女诗，未及抄。

九十七、七笔钩

康定武侯祠有碑石，镌前清果亲王《七笔钩》词。果亲王于雍正十二年奉诏送达赖喇嘛自泰宁回西藏，以此过炉。其人好弄文，康定、泰宁与化林坪，皆有其遗墨。《七笔钩》传系其讥鄙番人，游戏之作，见者多斥其不通。然西康自雍正朝始置武官，光绪朝始置文官，到边者又多学问浅薄之侪。故千年来，迄无文艺传世，此作虽俚，亦足珍矣，爰全录之：

"万里遨游，西出炉关天尽头。山径雄而险，水恶声似吼。四月柳条抽，花无锦绣，唯有狂风，不论昏合昼。因此把万紫千红一笔钩。"（风景）

"出入骅骝，惯做君家万户侯。世代承恩厚，顶戴儿孙有。凌阁表勋猷，荣华已够，何必执经，去向文场走。因此把金榜题名一笔钩。"（土司）

"蛮寨圈中，人住其间百尺楼。遍地丧家狗，满屋屎尿臭。乱石砌墙头，彩旗前后，经幢标杆，独立当门右。因此把雕梁画栋一笔钩。"（番屋）

"无面羊裘，四季常穿不肯丢。白雪堆山厚，盛夏凉风透。纱葛不须求，氆氇耐久，一口钟儿，哈达当胸扣。因此把锦绣绫罗一笔钩。"（番服）

"客到不留，奶子熬茶敬一瓯。蛮浑青稞酒，糌粑拌酥油。牛腿与羊肘，连毛入口，风卷残云，食尽方丢手。因此把山珍海味一笔钩。"（番饮食）

"万恶光头，铙钵喧天不竟休。口念糊涂咒，心想鸳鸯偶。两眼黑油油，如禽似兽，偏袒肩头，黑漆钢叉手。因此把三皈五戒一笔钩。"（喇嘛）

"大脚丫头，辫发蓬松似冕旒。细折裙儿皱，半节衫无钮。腿裤不遮羞，春风透漏，方便门儿，尽管由人走。因此把礼义廉耻一笔钩。"（番女）

九十八、倮 偻

以上所说，为西康大部分人民之生活情形。泸定南方尚有"熟倮偻"数十家，列为编户。其人已全汉化，说汉语，垦地升科，奉法循礼。只生活状况与其本能，仍不失其本来面目：出必披毡，终身踝跣，善狩猎，不奉喇嘛教。其主要居住地，为磨西面及得妥以南之大渡河谷。

泸定田湾以南大山中，有"生倮偻"，尚未向化，此等大山附近，唯汉人布贩、盐贩，请有土人保险者，始敢至。

九十九、云 边

云南西北阿敦子、维西、中甸之地，昔亦西藏辖地。雍正初，岳钟琪奏划隶云南。其地当川、滇、藏、缅交界处，跨金沙江、澜沧江中流，为横断山脉最紧凑处。山高谷深，倾斜甚急，而气候温和，产粳稻，住民皆奉喇嘛教，风俗微似巴塘，与康藏商务关系甚深。故言西康建省者，咸主以此划入。

法国天主教亦以西康与此部为一教区，与川云教区鼎立，兹故附于西康言之。欧人咸名此部为"云边"，与"川边"对称；故西康一字，又包川边、云边而言。

一〇〇、"木苏夷"

木苏①，为印度支那族之一种，血系与康人、苗人及"怒山野人"皆甚接近，在云边分布甚广，跨金沙江与澜沧江，北至阿敦子，南至丽江府皆是。西康盐井县亦有少数，有"木瓜"数人分管之，"木瓜"犹土司也。此种人文化不低，外人尊称为"丽江人"。

一〇一、"里苏夷"

里苏②，为印度支那族之又一小支，性较木苏凶悍，有生熟二种。生里苏住维西北，潞江、澜沧江之大山中，以猎为业，善用弓矢，炼草药为毒箭，长二尺余，弓与人齐，射三百步许，见血即死，射中走兽，不追，翌日迹而得之，死矣。毒入肠，弃之，余部可食。熟里苏与潞子混居，亲近汉人。

一〇二、"潞子夷"

潞子③亦系印度支那族之一支，居潞江两岸，北连察龙，南与生里苏地相接，性驯怯事，与其西野人山中之潞子，性质悬异。

---

① 木苏，旧时对纳西族的称呼。
② 即傈僳族。
③ 旧时对怒族的称谓。

一〇三、"喇嘛人"与"古宗"

木苏、里苏、潞子之外,有一种番民,混居维西、小维西等处,为数甚少,尽通汉语,奉喇嘛教,世称之为"喇嘛人"①,实非尽喇嘛也。又,中甸以南,至于丽江,有土人曰"古宗",亦苗类。此外,有少数之汉人、回人与尤少数之番人。

至察瓦龙一部,则纯系番人。

一〇四、云边异俗

云边与西康之巴塘、盐井、得荣等县,风俗近似;与里塘以东大相径庭。谓其在康藏之间,甚为妥当,兹录王师我《藏炉述异记》,以见一般:

"云南中甸、塔城关分界之崩子栏,聚地拉皮、昌波,直连六玉、玻璃。所谓巴塘南天半壁者。此数隅内,产粳稻、生豆麦,鸡豚鹅鸭咸备。更闻碉楼中,有床桌碗碟;虽男子佩刀、戴环无异,而妇女知栉发垂辫,知沐面,在番人又以为异也。阿敦子外另有一种妇女,面刺蓝花,额中、颧上为主母,颧下者为婢妾,总以花纹精粗定其妍媸也。此余雍正四年冬往彼分界时所目击者。更可异者,无分僧俗,考终后卜之喇嘛,宜水葬者投之河,宜弃者委诸野,宜火者焚之,不宜葬者留于室。唯天葬者,真令人骇目惊心也。(下略)又有风干一类,不化不毁,悬于墙壁间,如傀儡状。此西炉俗也,他处无之。"

---

① 又作"那马"。即今白族。

第二编　宗教与迷信

一、高原与迷信

人类迷信，发生于恐怖的环境。宗教信心，又因受迷信驱迫而坚定，故自然环境特异之地域，每为宗教发源地，或热烈虔诚之宗教拥护者。人尽知康藏人民为世界上最纯净最坚定最虔诚信奉大乘佛教之民族，然多不知康藏当佛教未输入前，早有极占优势之巫教盛行。即今日之大乘教徒，亦常须借重巫鬼，至于一般百姓之敬奉大喇嘛，则仍以其能占卜祈禳，并非敬其多读经典，有学行与智慧也。

康藏高原，浅草连茵，极目千里；峡谷悬崖，万仞壁立；雪山银岭，皑皑斗日；长风怒号，巨雹频降；奇寒酷热，日备四时。人民生活之资，恒遭造物捣毁，竭其智力，不能奋争，此其计不得不屈服于鬼神，从事礼拜祈祷，以邀怜眷也。迷信之深，实由于此。佛教之能结深根固蒂于此也，善能利用其迷信而已。使莲花生不以神通服巫鬼，宗喀巴弟子无转世之奇迹，教义虽高，未必遂能推行于康藏。喇嘛教徒之倚用巫鬼，讵得已耶。阅此章后，可以知矣。

二、文成公主

甘孜喇嘛寺，有文成公主木像，每年正月，喇嘛抬之出游，小脚宫袍，类梨园装饰，俗称公主娘娘。此公主历史，对于西藏文化、宗教，及其与内地之关系，甚巨大，藏人[①]至今敬礼，仅逊于佛。

文成公主者，唐宗室女。太宗时，吐蕃赞普（赞普犹君长）弃苏隆赞[②]遣使请

---

① 藏人，指藏族民众。
② 即松赞干布。

婚，胁以寇掠。贞观十五年，太宗饰以嫁之，号文成公主，赞普甚宠爱，别为公主筑城以居。公主恶其人皆赭面，赞普遂令权罢之。亦自袭绔绮，以媚公主，并遣酋豪子弟入唐学以习诗书，请赐以蚕种及造酒、碾硙、纸墨之匠，太宗并许焉。唐高宗封赞普为驸马都尉、西海郡王。赞普又娶印度白布国①王女为妾，白布王女与文成公主并好佛，赞普为之建寺宇，塑佛像，罗致经典、僧侣之属，西藏之有佛教自是始。今西藏拉萨大小昭寺，传即公主创建，或谓公主侍婢成佛之地。十月十五日为公主诞辰，番民皆盛服至大昭寺顶礼（见盛氏《卫藏识略》）。又大昭寺有大碑一通，为大唐文武孝德皇帝御制，碑文为与赞普联甥舅之谊，所谓甥舅联盟碑也（此碑文多剥蚀，清中叶犹存百余字，相传为褚河南书）。碑旁有古柳二株，为公主手植，谓藏中各柳，必俟此柳飞絮，始渐生稊云（见徐氏《旃林纪略》）。

三、金城公主

唐武后时，又以中宗养女金城公主，嫁弃苏隆赞玄孙赞普弃隶缩赞②，亦别筑城以居。开元十七年，公主与赞普进表朝贡，并请《毛诗》《礼记》《左传》《文选》各一部，足见西藏古代颇行汉文，亦如朝鲜、日本、安南、暹罗诸国。实由二公主启之也。但公主此种事业，竟归失败，后世番人，乃因佞佛嗜经之故，习用印度文式之藏文，汉文竟至失传。

尤可笑者，当金城公主请赐《毛诗》《左传》等书时，竟有某大臣上书力谏，谓此国之宝藏，不可泄诸四夷，使其增长聪明，愈不可制。我国古人识见如此！故文成、金城二公主，不能著誉于中国史册，唯文成公主以倡佛教，为西藏人所称道耳。

四、莲花佛

佛教于唐时随文成公主入藏。其时，藏地盛行一种巫鬼教，极有势力。当时因赞普欲媚公主，尽力阐佛，巫鬼暂不能争。赞普死后，巫鬼教尽力排佛，佛教几被扑灭者数次。迄金城公主入藏以后，佛教又复昌盛，其时有印度高僧名巴马山法者，世人称为"莲花生"，印度达兰寺之大弟子也，以神通著名于世。玄宗天宝初年，来

---

① 即尼泊尔。
② 即藏史之赤德祖赞。

西藏谒见赞普，请弘佛教，赞普使与巫鬼教主斗法。相传，巫鬼教主有神通，诱莲花生于山峡间，咒使山合，欲压杀之，莲花生觉，腾空得免。莲花生又与巫鬼教主赌没水，各取一海子。巫鬼咒莲花生海之水沸，生亦以咒止之，咒巫鬼之海沸，巫鬼不能禁，浮泳欲出，生掷金刚杵伤其目。巫鬼逃出化为牛，绐莲花生骑之，将与同死。生骑之不疑，牛腿角自缚，不能行，须臾化为布帛缠裹之少年，跪地乞饶矣。自是藏人皆信佛法，皈依于生者甚众。赞普以生为国师，罢巫鬼教，生始以大乘佛法启导藏人，因巫鬼势尤盛，未可尽灭，仍采纳其教义之一部入佛，糅成新教，即喇嘛教也。世传，莲花生布传喇嘛教于西藏，已臻巩固时，驭龙腾空而去。

五、红　教

由莲花生演出之一派喇嘛教，藏语称为"宁马"。汉人以其僧侣穿戴尽属红色，称为"红教"。红教喇嘛寺大殿供莲花佛，即莲花生塑像也，其神戴莲花冠（想即世称莲花佛之故），穿甲，外套袈裟，盘左足，穿有扣战靴，左手仗长戟，右手持金刚杵，白面浓眉，目光有威，似即象其征服巫鬼之武功也。

六、黑　教

丹巴、道孚、炉霍、瞻化皆有黑教寺，有容僧侣至五六十人者。其大殿所供，为一印度式圆塔，塔前方嵌一小弥勒佛像，殿内积杂物，殊垢秽。不似他派喇嘛之重经典戒律，而以持咒驱鬼辟邪为能事，又可娶妻生子，衣帽有黑布装点，故称"黑教"。曾问大勇弟子饶登师黑教来历。饶登力谓喇嘛教无黑教，只有红黄白教。然我曾见黑教寺甚多，意者，黑教为莲花生未入西藏以前之旧教，即同化于巫鬼甚深之佛教也欤？抑即原所巫鬼教也？

七、白　教[①]

白教番名"噶举巴"，系北宋时藏人嘛巴所创。因从印度法，门徒修法着白衣，

---

① 编者注：此二节《四川日报》标题原刊为"白教"，然内容为花教。缘手稿寄至报社缺失一页，致白教一节缺内容，花教一节缺标题。编辑不懂，妄接文句，致成串乱。兹查对作者底稿，对此二节予以补充和校正。

故名白教。其教重口传，多法术，在康藏颇流行。康定跑马山原有白教大寺，康熙时作乱被焚，后改建于城，更为黄教，即今拿摩寺。里塘之冷谷寺为最古，传建于北宋时。

八、花　教

里塘之莫拉石与二郎湾皆有花教寺，番名"撒假更巴"。能海、大勇诸法师皆云花教是红教支派。惜予未曾见花教喇嘛，未能询其演派之由。或谓花教，即改革之红教也。

九、黄　教

莲花生派之红教，流至元明之间，敝坏已甚，至以吞刀吐火炫俗惊世为能，尽失戒定慧宗旨。查西历1038年（宋仁宗时）有印度高僧亚特萨①者入藏，年已六十，著书甚多，颇诋红教戒律废弛之非，倡言改革，弟子信从者甚众。明初西宁人宗喀巴，踵亚特萨之教，力倡改革。明永乐七年入藏，创建甘丹寺于拉萨之东，聚徒讲学，创德行派喇嘛教，命弟子皆戴黄色之宗喀巴帽，以与旧教徒区别。宗喀巴死，其教大行，压倒红教与其他各派，至今竟握西藏政教大权，世称此教为黄教，番语曰"格鲁"。

凡黄教寺院之大殿，皆供宗喀巴佛，戴黄帽，面相苍老、沉静、厚重，披袈裟，盘足，手挽印结，左右为达赖、班禅二大弟子②像，皆宗喀巴装，唯面相与手印不同，班禅像尤衰老。左右小龛内与壁间，或塑或绘，造宗喀像无数，无论大小，面相若一，望而识其为宗喀巴也。

十、活　佛

宗喀巴死时，遗命其二大弟子世世转生，演大乘教，一曰达赖喇嘛，一曰班禅喇嘛。二喇嘛死前，能自言其转世所生之地，门徒遵而觅得之，多有神异，能辨前

---

① 亚特萨，即藏传佛教"后弘期"的重要弘法者阿底峡之异写。阿底峡为孟加拉高僧，1038年，受阿里王朝之请，至西藏阿里传法。其徒创立噶当派。他这一派，注重教规戒律，故又称为"善规派"或"老黄教"。
② 此处有误。宗喀巴像左右为其大弟子贾曹杰和小弟子克珠杰。共被称为"师徒三尊"。

世遗物,智慧亦超众人,称为"呼毕勒罕","转世再来人"之义也。达赖、班禅,如此易世互为师生,以相导引,世尊之为活佛。元明之际,黄教得蒙藏之崇敬,化行蒙古、青海、康、藏、卫诸部,达数万里外。

据传,宗喀巴经,原为达赖、班禅转世至六世而止。第五世达赖时,西藏大乱,叛酋曾两立假达赖喇嘛,经康熙朝屡用大军,始克平定。其后活佛转世,不能预指,只凭巫师降神卜之,遂有贵族强酋,贿买巫师指其子弟为活佛者,每有活佛数人争立之事。乾隆帝为杜争端,创为金奔巴瓶签决之法,遇有互报差异者,书名于签,纳瓶中,由驻藏大臣会同现存活佛与各大僧官于宗喀巴神前掣定之。

其后达赖活佛驻拉萨,班禅活佛驻扎什伦布,分掌前、后藏。

蒙古库伦与多伦,亦各有一活佛,名位亚于班禅。库伦活佛,系康熙时西藏扰乱,蒙古教徒不能入藏朝佛,乃自奉宗喀巴弟子哲布尊丹巴之后身为大呼图克图,遂亦援例转世,为蒙古教主。多伦活佛,称章嘉呼图克图,乃第五世达赖之大弟子。康熙时入朝北京,康熙帝以其有道行,命主持多伦汇宗寺。此僧亦转世演教,历世皆高僧,为雍正、乾隆所敬礼,其弟子亦奉之为活佛,主持内蒙古教务。内外蒙古之库伦、多伦二活佛,亦犹前、后藏之达赖与班禅也。但其地位,不能与达赖、班禅比肩,蒙古之喇嘛教徒,仍以入朝西藏,得见达赖、班禅为荣。

十一、藏　王

西藏政教,原系分理;掌行政者号赞普,管僧侣者为法王。因第一世达赖(名根敦珠巴)系赞普之裔,世为番王,舍位出家,传授宗喀巴衣钵,始以法王兼藏王事。至第二世达赖,仍置第巴(官名)代理兵刑赋税,政教复分,唯活佛地位已在第巴上矣。第巴每患专权作乱。康熙五十九年,平定藏乱,封藏旧臣颇罗鼐为郡王,领藏事,传二世,以叛逆诛。乾隆十六年,诏以藏政属达赖喇嘛(与驻藏大臣、班禅同理),直至今日,达赖犹以法王兼藏王事,故世俗有称之为"藏王"。

达赖向多夭死,大都数龄登座,十余岁即殂,能活至二十余龄者绝少,相传系第巴等私图专政,利在幼弱,稍长识事,即毒杀之也。唯现任第十三世达赖识此弊,升座以后,非家人所进不食,故享位独久。余曾见其照片,年四十余,豹额鹰眼,若甚阴鸷,上唇蓄八字须,挽卷如羊角,颇似剧中副净。西藏之结英叛华,妄言独立,全出此人主意。

西藏、蒙古、青海、康、卫人民之敬礼达赖,诚虔至于不可思议:数千万里,皆以一获瞻仰为荣；倾家破产，亦乐为之，如能与其身体、衣服、持佩之物接触一度，则如汉人之受九锡，荣宠为极矣；民间宣卷，盛传达赖故事，谓为天神化身，智慧才艺为诸大菩萨之冠，其身所携、手所制之物，尽异宝名珍，仙佛所畏者云。

达赖所居，余未能至，兹录徐氏《旃林纪略》一段，以见藏王地位，及其与喇嘛教徒之关系："西藏有三佛，达赖喇嘛为最尊，即活佛，居布达拉山……又有济仲佛，居磨盘山；第穆佛，居琉璃桥之东，（按此皆就拉萨一地言，非全藏也）……三佛所住庙宇，俱极壮丽，而布达拉为尤，计其工程，不下几千百万，黄金布地，不啻过之，皆出自蒙古捐助。蒙古信佛最笃，凡口外青海西宁京师及诸外藩，每进金银十余万至数十两不等。用骆驼行至年余，上山长跪，将金宝顶献，得见达赖，荣幸无比，竟有献千百金，而仅在山下望叩空回者，更有将家中所有，尽行变卖，以银易金叶，密缝衣里，沿途行乞赴藏，名曰朝山，亦曰朝活佛，将金银供献山上，仍行乞归家，则其父母宗党，咸赞美之。番人见达赖各佛，均匍匐免胄叩首，佛以木板包绸向头上一击，名曰讨舍头，若以手抹，则欣幸无可伦比矣。凡汉官见达赖，主高椅正座，另设一垫坐客，客进，先递哈达，主受之，不迎不送，两不为礼，问答俱以通事，座前设矮几，列木盘，俱盛枣柿之类，待以酥茶，临行，还原哈达，另酬哈达，外用小红绢，达赖亲绾一结相赠，名曰江卡，番人以为至宝，旧例可易马一匹，又以氆氇一束，或长寿佛、藏香之属以作送行之礼，其果品收回，以送番人，不啻百朋之锡。"

十二、盐水佛

达赖喇嘛死，将尸入棺，以盐覆之，待盐化水，自棺底滴下，承以黄土，调和为泥，刻以细模，即成佛像，并注其名，是为盐水佛，为番人至宝，即贡品中，亦未可多得，班禅死亦然。

世传达赖为千手观音转世，班禅为燃灯佛转世。忆去岁边区风物展览会，某县（似是理化）解来泥佛一具，称盐水佛，云是燃灯佛遗物，当时嗤其妄，杂陈一般泥像内，后因棚漏，滴水浸坏，亦竟弃之，迄今回忆，其即班禅尸水所制耶？番人奉为至宝，我辈乃同粪土掷弃，殊可惜哉！虽然，必赝品也。班禅尸佛，较更难得，番人得者，必且以金质告乌供奉，岂能不装不裹，轻送至于展览会耶？

十三、产生活佛之地

西康道孚县之泰宁乡,系一大平原,中有土城,为年羹尧所筑,其东北格达沟侧之吉垭村,有一小喇嘛寺,第十一世达赖喇嘛产地也。因产达赖,始建此寺,至今奉为胜地,门不常启。土人相传,此平原旧产五谷,种水稻,故年大将军建城于此,自活佛被迎入藏后,地灵尽失,奇寒早霜,不可耕种,只隔年得收青稞圆根一季云。

吉垭村与泰宁,昔并称为噶达。道光十七年第十世达赖卒,十八年转生于吉垭,十九年由金奔巴瓶掣定,班禅率藏中各僧官来迎,由班禅亲自披剃受戒,取名阿旺,改桑丹贝卓密凯珠嘉穆错,迎至拉萨布达拉寺坐床。其父名阿旺登珠,清廷赏给公爵(活佛生身父母,称为佛公佛母,例有爵赏)。咸丰五年圆寂,享年十八岁。

十四、里塘产生之二活佛

除噶达之吉垭外,里塘亦曾生产二活佛,其一为第七世达赖喇嘛(《圣武纪》作第六世),名噶尔藏嘉穆错,康熙四十七年生,二岁著灵异。时西藏方乱,藏人立有假达赖名伊西嘉穆错,蒙古人不信任,卜得此孩,迎至青海坐床。康熙五十九年,平定藏乱,始送至拉萨布达拉寺坐床。雍正八年,因避准噶尔之乱,移居泰宁之惠远庙。十二年,准噶尔和,复送还西藏。乾隆十二年卒,年三十九岁。

另一为第十世达赖,名阿旺罗布藏降摆丹增楚称嘉穆错摆桑布,嘉庆二十年,生于里塘之仲夺村,道光二年掣定,迎至布达拉寺坐床。时方六岁,驻藏大臣询之云:"佛在何处?"孩以手指心云:"心即是佛。"其聪慧如此!佛公名罗布藏捻札,赏头品顶戴。道光十七年圆寂,年二十二岁。

计达赖转生,迄今才十三世,其三出于康地,其余或出蒙古,或出青海,或出后藏,即前藏亦不过得三四人,是康区亦灵地也。

十五、佛都督

西康各大寺庙,皆有佛都督,或一寺二三至十人之多。佛都督者,"呼图克图"之转音,亦呼毕勒罕之一种也。先是第二世达赖曰根敦嘉穆错(当明武宗时),使其弟子称呼图克图，分掌教化，亦皆死而不失其灵通，知所往生，其弟子遵而求之，仍奉为寺主。蒙古之二活佛，即大呼图克图也。入清以来，名分渐滥，各寺大喇嘛、革西，皆得转世为呼图克图，既失其灵通，不能自指所往生地，则求藏王以卜决之，此所以康地佛都督日滥也。现在康区，决定佛都督之法，特记于次：

凡某寺大喇嘛死之翌年，该寺僧侣详细调查附近初生小儿，将父母之名、门朝方向、小儿名字，一一登记于册，填报拉萨，乞藏王考定。藏王先命卜者，用抽签法，卜取三名（谓人有三魂也）。后于三名中，重投垂仲庙祈神卜之，决取一人，谓是主魂，仍将其父母名字、门朝方向，秘填一纸，缄木匣内，命送来僧侣齐回，匣上注有开缄月日，届日寺僧当众念经，开缄，按所书姓名、门向求之。

番人以子弟学喇嘛为荣，侥幸得为佛都督，荣幸更无可喻，自无不乐送子弟入寺者。小儿入寺，经成年僧侣施以种种磨炼，生活甚苦，禁绝家人往来，以断俗念，成年以后，始得自由。凡被迎为佛都督之小儿，外虽受人尊敬，内则备含辛苦，亦犹内地之节妇，制于环境，为虚荣而守节，中心实有莫可奈何之痛也。

前边军旅长李树棠之公子，亦曾被里塘喇嘛寺指为佛都督，率队来迎，李不肯给。现此子已十二岁，读书游戏，如普通幼孩，体甚结实，不喜僧侣，并无夭折与佛化之虞。

十六、贿买佛都督

甘孜孔撒女土司酉姐，生二子，长子承继土司，欲以次子为僧。适其生年甘孜寺有大喇嘛死，酉姐嗾使心腹僧侣，以其子名列入册籍，并营为入藏使者，携重金赂藏王左右，得判为佛都督，即今之仙根①喇嘛也。甘孜有二高僧，曰郎章，曰札呷，传并能前知，指仙根佛都督系以贿得，众僧大哗。酉姐深恨二人，曾数次图害札呷，逼其远遁；郎章以疯魔自晦，始得免祸。酉姐竟以土司势力扶植仙根，至今成为甘孜最富厚有势之佛都督，然无论妇孺僧侣，皆讥其为伪佛都督。仙根使人自解曰，其实为三魂之一，只非正魂耳。仙根对郎章等大喇嘛，常有惭色。

夫土司至以重金贿买佛都督，僧俗又敢于抗逆土司而否认伪佛都督，本人势力已固，犹不敢自承为真佛都督，则康人之重视佛都督可知也。

---

① 仙根，即香根，为甘孜寺首位大活佛。

十七、郎章喇嘛

甘孜县郎章喇嘛，可称为西康之活佛，康人传说其神通极大，能前知，能降鬼魅，能返风止雹，皆有实据。其人体肥重，不良于行，常撑帐檐下，静坐其内，远近男女来朝拜者，络绎不绝。某年月日，天方晴朗，郎章忽离帐狂奔，侍者力追不能及，奔至草山上息，未几，暴风雷雨，巨雹如拳，绕草原而过，不害甘孜农地，始知其为御雹也。

又，当清时，郎章已制有五色旗示人。前五年，又制青天白日旗悬之，若预知政局将变者。向营①未出关前，北道无驻军，郎章命其小娃子辈演习兵操，一日二次，其一小娃某曾充汉军号兵，能呼汉操口令，郎章命为军官，命用汉语喊操以为乐。至向营出关后，不复为儿戏，人皆谓前知示兆也。

余至甘孜，首往谒见，其人殊和蔼，问休咎吉凶，答语概甚含糊，应对必先微笑，体太肥，呼吸如喘，终日赤脚跌坐，不稍移动。帐内悬汉人乐器及相片杂物甚多，酷好内地物品；见汉文图书，虽不识，必把玩不忍舍；能弄月琴、琵琶、箫笛，尝对余等奏之，音调沉淡，颇有韵致，无世俗靡靡之调。对余等甚表亲善，问其来历，云是某菩萨转世，已历三十劫矣。问有如何神通，笑而摇首，不自承其有神通。

郎章不以诡异炫世，不诵经，不著述，日以声色嬉戏自娱，无雄厚财力，无爵位，无多弟子，无华服珍饰，不施舍人，不为人禳祓，而人民敬之，如敬藏王。每出游，道上男女望见，皆跪地叩首，远如瞻化、道孚、德格诸县，时有挈家裹粮来朝者，其故殊不可解。余非迷信佛法者，更不崇拜偶像，曾与郎章接晤数次，并未深谈，中心总觉其人极可敬爱，亦竟不能指其感人之处为何，即今思之，犹以为怪也。

甘孜各佛都督皆有充本为之经纪货殖，尽拥巨资，服饰居处并华美，唯郎章无有，原只私蓄四百余金，存放阿巴家生息，阿巴家倒闭，塌账四十余万，破产不能摊还什一，众议郎章甚穷，特拨阿巴家华屋一所偿郎章，划出摊还者外。其屋在甘孜县署后，颇可租卖重价，郎章不肯为，自移居焉。又空其屋，自撑帐于檐下坐静，终年衣一敝袄，裹一垢巾而已。或劝其出游一次，可得万余金，解决生计。不听，安贫如故。康人以郎章貌似番财神，谓为财神转世；然其人甚穷，殊不似财神。

---

① 向营，指康藏纠纷绒坝岔战事时，二十四军派赴甘孜前线的向某所率一营。

郎章好游戏，凡喇嘛寺唱戏、跳神，或有他种杂耍到甘孜者，必乘肩舆往观，厚给赏赐；他人有艺者，亦乐供献于郎章。番女每夜，恒往跳歌装，不期而会者五六十人。甘孜娱乐中枢，掌于此僧矣，谓其为乐神转世，较财神为妥。

十八、郎章与妇女

郎章体痴肥，不能近女色，然以好嬉戏故，妇女特亲近之。俗传妇女能博郎章喜乐者，能获福祛病，故每夜皆有妇女往跳歌装，尤以青年女子为多。薄暮自集，初十余人，即开跳，渐跳渐众，至于四五十人，约跳一小时久，皆普通歌舞，最后集为一排，朝郎章座，唱一种特制之朝拜郎章喇嘛歌，且唱且舞，间以跪拜，至于三次始已。歌装毕，又聚而唱番戏，人各数句，或不唱，唱已散去，不索茶酒赏号。城中轻薄少年，常伺于门外，见跳歌装女子散出，跃起狎抱之；女子尽力摆脱而去，不恼，亦不畏，明日复来。

余一日登县署最高楼，俯瞰郎章坐处，察其白日作何事业。见一女子，颇有姿首，行近郎章坐处，跪地膜拜已，趋至座侧，伸头近郎章，郎章手抚之，女子退下，不去，跳踉于座侧；时而趋入内室，为郎章取物来，时而跳舞，时为郎章理衣袂帷幔。郎章取月琴弹，女子复舞蹈应之，亲如家人父子。中间有过路喇嘛数次来礼拜，女亦不避。最后有汉兵数人入内逼观，女始回家去。

十九、"活　鬼"

关外盛传有"活鬼"，唯郎章喇嘛能收服之。"活鬼"者，鬼魂凭生人体，夜则离魂魅人。被凭者，多属妇人，并不自觉。鬼魅人不得，则魅其本夫，故草地娶妇者，唯恐误娶活鬼。并传郎章喇嘛处幽一活鬼某妇，已数年矣，望之如常人，唯郎章识其为鬼。余数访郎章，皆未见。一日深入其内室，见后楼上有一妇人，独自支灶熬茶，有一红教喇嘛同居。此僧名查喇嘛，系素识，问其何以在此，低声对云："郎章命也，此妇系活鬼，前日郎章往孔马寺看戏，于人丛中指出此妇，带回此屋幽禁，命我看守之，其父母、丈夫在吉宗村，喻其为活鬼，并未留阻。现我与伊之伙食，由郎章供给。"则此又另是一活鬼，非旧所幽禁也。余入室时，此妇避居屋角，欲详看有何异状，使通事呼之，垂首应，不肯来，以钱诱之，仍谢不来。甫拟逼而观，则以手掩面，逸出门去矣。查喇嘛诚云："活鬼见汉官，即畏怯心跳，不可逼视,亦不可呼为活鬼,呼则惶急求死。"

查喇嘛又言:"前日县署枪毙之二劫犯,皆喇嘛,死后魂不散,近夜市间,常有人遇之,云将为厉。郎章呼而谕止之,辩论良久,终不肯服,自明日起,郎章将作大佛事为之超度。"其后,郎章果作佛事三日,汉官多有开具亲故亡人姓名,求为代荐者,亦竟不知果系为主荐枪决二匪否?果曾见鬼否?

二十、柏枝奇迹

同行董惠民好佛,在甘孜日,时至郎章喇嘛处款谈,赠与汉文图书数件。后至瞻对,因办大盖寺案,耽延甚久,中间曾因事回甘孜一次,往谒郎章喇嘛,郎章赠与柏叶一撮,云"有厄急焚之,其厄自解"。董漫以纸裹藏,未之异也。先是瞻化张知事好打牌,每日午后四至五时,必偕僚吏打麻将四圈,殆成常课。董性爽直,又不工麻将,但略谙打法而已,因大盖寺案稽留瞻化一月余久,山城寂寞,无可消遣,遂加入牌局。连日大负,积成巨额。董青年气盛,倡言加大赌筹,以便翻梢。积二月余久,负额至八百余元(藏洋),余等皆为之变色。既而大盖寺案已结,行有日也,张知事择日设酒祖饯,谓董曰:"此日为最后决斗,图竟日乐。"董是日早起,愁眉欲合,默向火炉,垂首自思曰:"此行两袖清风,乃因游戏,致负如此巨债,虽目前拨款不成问题,将来回部,将如何报账耶?"忽忆郎章喇嘛言,取柏叶一部,投火炉中焚之。早膳后,搬庄入局,忽连和大牌,手兴锐不可当。至午膳时,已赢回五百余元。午膳后,燃炬复战,竟赢回七百余元而罢。我当时立董身后,看其打法极怪,例如欲做万子一色,出手即将筒索打尽,只留万子与字牌,其所摸入者,亦十八九为万子与字牌,他人下听许久不和,董新赶上数搭而截和之。尤可笑者,手中中发白三张,堂中已现两张白板,董忽将红中打去(此系董君打牌常犯之病),已而摸白板成对,发字成坎,由是和牌。董本无做清一色之能力,有时其牌自成一色,董不辨宽听,误将要张打去,只落嵌张窄听,且堂中已现三张矣,不料方受旁人指教之时,此单一之嵌张即已打出,遍查三家与堂子,宽张反一时难和。董亦自言"不知何以如此乱打,如此乱和",若真有鬼神差使者然。曾有一牌,董已落一嵌二索听,嫌其和小,任意将听拆去,随即摸本风一枚,次轮又摸一枚,遂成本风对听,又嫌其余三连皆一色,唯将头一对不合,又将将头打去,随即摸得红中一对,竟于五手内和下双抬,其牌之宛转随意如此,同座皆怪其手风突变,不知其曾焚解厄柏叶也。后至里塘,董始言之,并云"此后念佛,于皈依三宝外,特续皈依郎章喇嘛一句,以致感"。当时索观其物,则搓揉桧柏而取其鳞叶而已,曾经郎章咒过,遂有此效。后在理化时,适闻前途有警,董又取焚之,竟安全达河口。后回康定,害寸耳寒,再燃柏叶熏之,寻亦愈。

现在董家尚保存有此柏叶一撮,不肯轻用,其同学陈某曾求数粒去。省人有奇厄者,往董宅求之。

二十一、奇　缘

甘孜戍军徐排长,忘其名号,二十龄左右之青年也。前年冬,从向营移防至甘孜。未至前一日,郎章喇嘛饬小娃子收拾后楼,曰"明日有排长来,便请入住"。翌日,其小娃子四出觅徐排长,邀往见郎章。郎章一见如故,笑声不绝,强徐迁入其后楼住宿。两周后,徐不耐寂寞,强移就外寓,郎章赠以银质大告乌一枚,内装有舍利、子母丸、达赖活佛头发、佛牙齿,及其他珍宝甚多,系郎章朝拉萨时所装。此物在康地为无价宝,徐甫持出,即有人来说,求以六百元购买,渐增其额,徐坚不售,后竟被人窃去。郎章每数日,必使人来请徐晤谈,晤面后亦每无语,默对一时而毕。其后徐娶一番女,赁屋成家,待妇甚苛。妇孕,常锁闭于室,而自向外间打牌,每彻夜不回。一日,方在外作长夜赌,家人来报已产一子。徐命请一番妇来家料理,仍自打牌如故。天明未久,家人来报郎章喇嘛来家矣,徐始踉跄归。

郎章喇嘛体胖,不能步行,出必乘肩舆,四人舁之。番人无大轿,乘舆甚苦,故不轻出门。唯徐家产子后,郎章日必来宅一次,为小儿念经,恒至夜分始去。此为甘孜数十年未见之殊礼,不识何以施于徐宅。邻右见者,莫不称异,谓昔曾有德格土司家献万金祈郎章亲往其家为初生小儿祝福,拒不肯行,今乃连日自往徐家,为婴儿念经,此儿必有来历。其时札呷喇嘛圆寂未久,疑儿即札呷转世。札呷系康地大呼图克图,位与郎章伯仲。徐与其妻,殆即以佛公佛母之资格,得受郎章敬礼耶?

二十二、屎尿为药

郎章喇嘛每日所排粪尿,常有人伺取为药,或由其小娃子接出,卖与番民。番民争买,瞬息立尽。番地少医药,以大喇嘛粪尿为神药,喇嘛之来历愈大,道行愈高者,其屎尿之药用价值最高。

郎章之齿发、趾甲、汗垢之属，食余之羹，衣敝之袍，亦皆为灵药，或灵符，或为装告乌之材料。番人极宝贵之。郎章之小娃子，即以得专卖此等物品为利。至于郎章手赠之物，则无论其为一叶一果、一粒泥沙、一片废纸，番人视之，皆至宝也。

余不信佛，虽与郎章稔，但佩其人品，未求其赠物，只于坝会中持哈达托挽松卡一枚，今亦不知遗失何处矣。

二十三、札呷喇嘛过经

札呷喇嘛为康地圣僧，或许为现世喇嘛教中之第一博学者，其在甘孜，与郎章喇嘛齐名，受世俗敬礼则逊之。传其人系千手观音转世，查达赖亦系千手观音转世，是札呷与藏王位置相埒。然一千手观音，何能转为二人，则其有附会可知也！唯札呷之得称为圣僧，固在其渊博，正不必以千手观音化身见重于世；札呷之徒亦未以此向人宣传，只民间如此传说耳。

札呷生而奇慧，经典过目不忘，中年能默诵《甘珠尔》《丹珠尔》等经典全文，一字不遗。此两部经，各三四百函，为西藏之百科文库、知识渊薮，人能读过一部，即称积学，从无能默诵全部者。先是藏俗，经典皆重手写，虑有错误，则会请高僧熟某经者坐高座读之。群僧各持手所写经环听，纠正错误，称为过经。民国初年，札呷曾于甘孜寺过经数日，不持经册，但忆诵之，环坐数百僧，全能听受清晰，自始至终，句读无讹，群僧目读之速，反不及其口诵，以此名震全康。孔撒土妇因其斥仙根喇嘛为伪佛都督，深恨之，屡使部民驱逐札呷，札呷屡濒危殆。其后土妇朝藏，达赖骂之云"尔处自有活佛，屡加危害，反来朝我何为！"土妇大惧，回甘孜后，始迎札呷回寺居住。去年八月初四日圆寂，并未预示所转生处。

二十四、大勇法师与能海法师

川人大勇法师，研究密宗，颇有名于东亚，收纳皈依弟子甚多。往岁率其弟子二十余人，入藏学经，先在打箭炉跑马山寺，与充革西研究藏文及藏经概要，约一年久。留程度较低之弟子于此，率其造诣较深之弟子，盛装进藏。至甘孜，阻于藏军①，不得进，闻札呷名，入寺皈依，接谈大悦，便学经于此，事札呷甚虔。去年秋，札呷病，大勇亦病，札呷死之翌日，大勇亦死，亦奇缘也。相传，大喇嘛死则尸缩，道行愈高者缩愈甚，最高者至如婴儿。韩又琦知事，曾皈依大勇，又皈依札呷，与大勇诸弟子往来甚密。大勇火葬日，大勇弟子辈邀又琦往预其事，亲见札呷殓尸之匣与大勇尸体，据云："札呷圆寂时，化体盘膝坐，手挽弥陀印结，尸渐缩，纳一木匣中，将建塔以藏之。其匣尺余，一手高提。大勇尸体仅微缩，质甚轻，一人可举，火葬前，用石砌一空塔，从塔顶穴投尸其内焚之，亲见举尸者毫未费力。"云云。

川人又有能海法师，智慧不让大勇，而苦行胜之。去年亦由川入藏，独身负囊策杖步行。过打箭炉，仅住数日，略问前途险易而走，一路野栖露宿，不入城市。将抵甘孜，径由蒲永隆渡河，入札呷寺，朝札呷喇嘛，并晤大勇。时札呷已病，其侍者拒能海，仅自门外礼拜而去；大勇亦因病，闭关谢客，仅与能海接谈十分钟，谓前途藏军拒汉人入藏，非扮商人或喇嘛，不能通过，劝其留此学经。能海不听，即时前行赴藏，竟未入甘孜城，此后渺无消息，不知其志得竟成否。

能海性行，恰与大勇相反。大勇收皈依弟子甚滥，自奉甚厚，喜居都市，矜声誉，遍结海内贵族豪强显达之俦，收受布施甚多。其入藏也，裘马都丽，从者如云，所至勾留，俨如贵爵出关。能海所收皈依弟子极严，至今不足十人，居住恒选僻静，唯恐人知，起居饮食之苦，极人所难堪，远避豪贵，不受布施，此行入藏，直往无反顾。世人论者，多能海而绌大勇。

甘孜人盛传，郎章喇嘛闻大勇火葬，太息云："他还有二十年富贵，此次自是去送札呷喇嘛，数日当活，其徒遽行焚化，惜哉！"果然，则大勇应是富贵中人，虽出家，犹不能自脱于前定之命数也耶？

二十五、甲喇嘛

汉人为僧入藏者，藏人概呼为"甲喇嘛"，义即汉人之喇嘛也。番人记忆汉名字，亦如汉人记番名之难，虽大勇、能海，及大勇诸同行弟子，学行俱能得康人相当敬仰者，番人亦多不辨其名字，但呼"甲喇嘛"而已。

---

① 藏军，指西藏地方政府之军队。

二十六、访札呷喇嘛记

余于十八年九月二日到甘孜。三日，访郎章。四日，与董、万二委员同韩知事又琦，渡河访札呷。先期约定大勇弟子饶登师介绍，时札呷与大勇皆因病谢客，侍者持门甚紧，势不得见。饶登谓侍者："客系刘军长派来，必要入见，恐有特种使命，不可峻拒。"侍者入请命，出云许见，求无多谈。饶登额首曰："奇缘也，能海法师千里来谒，勇师为之先容，尚不得见，仅自门外磕头而去。公等得入，缘固不浅，入必遵约，遵礼，勿负此缘。"入至卧室门外，韩知事云："筱庄可先入，余以次进。"继而曰："筱庄等不识礼。饶登师宜与余先入，为之示。"于是二人先入。余自门外窥之，见札呷仰卧榻上，无声息，床两头各立侍者一人，仪容甚整肃。二人既入，皆径向卧榻磕长头九个，俯首前进。至榻前，侍者引札呷手抚摸其头一触，起立榻旁。招余进，余于佛教无信心，此来欲窥札呷作何状而已，无对礼拜之意，此时心不自主，亦对榻磕头四下，方起揖欲退，饶登急前扶止，曰"尚未摩头"，于是又俯首近榻，札呷引手摩我头顶殆遍，侍者搭哈达一条、江卡一枚于余颈。此为尊敬汉官必要之礼物，哈达表示敬意，江卡即护身符，表示祝福禳灾之意，唯普通皆红绫所制，札呷给予之一枚，独黄绫制，为异耳。其次董、万二委员入，皆学磕长头，摩顶后，亦各得哈达与红江卡一枚。札呷年五十余，浅发微苍，面相甚佳，仰卧榻上，鼻息几绝，完全不能运动，言语声极微，侍者辨之而已，余致倾慕之意，由饶登译告，札呷首肯。饶登若有过望之色，对我等云："此亦异数也。"皈依礼节，仍系磕长头九个，摩顶一次。方董、万二委员行礼时，饶登见予犹立，大惊曰"何不同拜"，余谢不皈依，饶登为余叹息不止。既出，侍者导观札呷前数世所居之室，室中皆有神像法物；又有一榻，放黄斜纹制之大圆领锦袍一具，堆叠为盘脚跌坐之状，领上仍置帽一顶，但无形骸耳；转后一院，为札呷诸女弟子写经之处，共有女尼约三十人，老少妍媸不一，或制纸板，或调金水，或写经，写工有绝佳绝速者。饶登云："藏俗以写经为大功德，札呷饬诸女弟子，发愿写成《甘珠尔》经全部，皆金水调书于漆纸板上，已数年，费银巨万，犹未竣工；其银皆发愿者所乐捐，工作者之伙食费用，亦系自给。每页写成，即交札呷校阅。去年冬，札呷欲圆寂，诸弟子以经未成，恳留之，允留一年。近日催写经甚急，全部亦将告成，恐去圆寂期不远矣。"又一室，有一番画师正绘佛像，艺绝精，成品甚多，堆叠殿内，凡数十幅，无不精妙，余向之求一小幅，拟携回川陈列，以示番人艺术一斑。彼坚不肯，既而曰："圣僧如许我绘以赠君，可从命。"予遂未索。后闻此画师系发愿专为札呷喇嘛作画，故其作品，外人不能得也。饶登具素餐招待，于其友某之室，某名骤不能忆，谈佛教源流与经籍甚精详，为大勇入室弟子，或谓其学力实超大勇云。余等渡江回甘孜。翌日之夜，札呷死矣，竟未及见其经之完成。

二十七、磕长头

藏俗，以磕长头为至敬。其磕法：合掌，先引掌触额，示敬天也；次触唇，示念佛也；又次触胸，示念佛也；于是分掌曲肱，引下据地，随蹲身下，伸头向前，使身直伏，以额撞地作响。旋伸臂支身起立，再如前作揖，跪拜，以九为数。

二十八、圣僧厄运

札呷喇嘛有圣僧之名，又传与藏王同本，淹博为蒙藏首屈，其在佛教盛行之康地，宜能所至受人欢迎，生活愉快矣，乃竟不然。因得罪于孔撒土司家，困顿颠踬，直至于死。其事颇有研究价值，曾详访土著，得其始末如次：

札呷寺在甘孜对河之札呷沟内，距甘孜十里，属孔撒土司。寺虽小，札呷凡三度转生于此，恋不能去。孔撒土司酉姐，贿买其子仙根为佛都督，如见前节，札呷倡言其伪，深为土妇所恨。札呷有奇癖，喜蓄女弟子，女尼从之者恒数十百人，不蓄沙弥，仅养男侍数人而已。于是孔撒土妇嗾甘孜寺僧侣，讦其男女混处，戒律不严，率兵驱逐之。札呷之徒拒战，大败遁走，避匿于大塘坝北之俄洛番地，时光绪二十三年也。女尼从者甚众，俄洛娃亦非之，寻复被逐，彷徨无所之，遣人疏解于甘孜寺，并赂孔撒土妇银二百秤，得许回寺居住。其后，复与仙根喇嘛有隙。民国七年时，仙根之兄孔宜美为土司，深结好于镇守使陈遐龄，在甘孜极有势力，嘱驻军团长王政和，拘札呷于甘孜县署屋顶上，将窘辱之。甘孜县署即昔麻书土司官寨，高碉五层，围墙十仞，札呷竟逃去。世皆传其雪夜撒披毡乘之，自屋顶飞下遁。汉商李德元言，实自大门出也。札呷逃往炉霍，女尼辈复追从之，于寿灵寺后山麓，建寺居住。因女尼辈需索汤打役于附近居民，居民诉于寿灵寺，寺僧复率众逐札呷，战败札呷之徒，焚其寺（似系民国十五年事）。适孔撒土妇朝藏归，受达赖责，遣人迎札呷，得再回原寺居住，札呷从此不预世事，日督诸尼写经，至于圆寂。

札呷圆寂之日，甘孜正办坝会，唱番戏，无人往顶礼者。大勇焚尸之日，忽大风暴雨自对河来，吹翻会场帐房十余座，河水暴涨三尺，浸没会场大部。时番戏正演《鹦鹉记》，仙根喇嘛与孔撒家头人高踞正中金龙木柱大帐房中观剧，风刮其帐为数裂，仙根与孔撒诸头人，淋漓狼狈而走，戏以是罢。须臾风定雨止，人皆失色，以为是札呷与大勇之灵所使也云。

二十九、甘孜丸

番人少医药，人有疾病，倩喇嘛念经，或吞符，或烧艾而已。唯甘孜丸一种，系札呷喇嘛前数世所创制，大如指弹，外观粗糙，似内地之生苏丸，不知系何品配制，但知其有札呷之屎尿。韩又琦自饶登处求得百粒，轻易不肯与人；万委员腾蛟，曾向韩求得数粒，行抵里塘，同行皆病水泻，途中无药，试取甘孜丸服之，病良已，余亦分服二粒得瘳。

三十、子母丸

子母丸，为西藏最有名之药物，传为活佛所遗，自能生子成长，蕃衍不绝。去年边区风物展览会，打箭炉地方法团送到二枚，装裹甚精，大如石碳酸丸，赤色，质甚细，有奇香；又有小丸如绿豆数枚，培以藏红花。据解使云："离炉时仅一丸，今已生一子矣。"然陈列一月中，竟未继续生子，亦未长大。余之番妇，亦有子母丸数粒，小如绿豆，藏红花培之，今且半岁，未见其长大生子。余知其伪，不甚爱惜，妇则拱璧视之。

三十一、替人吹牛

迷信社会，每好附会灵迹，替人吹牛，以发展迷信势力，康地犯此病尤深，故余所至，闻神奇诡异之事，必亲验之，不得验者，亦存之以待质于将来，未尝敢妄信也。世传郎章、札呷、疯子喇嘛诸奇迹，有实有不实，不可固执迷信而尽信之，亦不可固执学理而尽抹煞，如云札呷乘飞毡遁走，郎章收活鬼，子母丸产子，皆断不可信者。设札呷有此神通，何至被擒？郎章能收活鬼，何以不能驱鬼离活人之体？若子母丸产子之说盛行康藏，余则亲验其为妄语者也。又如郎章止雹返风、预知国旗，札呷与藏王同体，大喇嘛屎尿治病，皆无实据之传说，是可疑者也。然如疯子喇嘛能前知，则极可信。

三十二、我所见之疯子喇嘛

曾到边地者，莫不知有疯子喇嘛。疯子喇嘛者，为红教大喇嘛智果陀罗之徒，非佛都督而有大神通。以疯隐于炉霍县甲基龙村虾拉沱街对河山腹一土洞内，常以嬉笑怒骂，暗示未来，每每奇验，与郎章、札呷二喇嘛齐名。余等至炉霍，过虾拉沱，便往访之，时已午后四时许，方有村民数人朝拜去，其一能通汉语者尚留，对通事云："喇嘛知汉官且来，正喜。"余亦喜，疾行趋近洞口，口殊狭仅容头，不可走入。村民云："爬进去。"余不得已，伏地蛇行入洞口，口颇深，且有曲折，须首向下，脚向上，扭腰曲臂始得进。口内系一土穴，大木纵横乱架，混以黄土，似系矮屋受地震倒塌，山土崩压，木柱架搁，所留之一穴一口也。疯喇嘛年五十余，面黧黑，多皱纹，蓬头裸体，一丝不挂，歪跪于穴正中，身后有一空部，阻于疯不得入，其前方仅容二人挤坐。土灰二寸厚，杂煮熟蚕其间，近岩之侧，石支一火炉，置酥油茶壶一枚，壶前木碗一个，火已熄，余烬犹存。余先入，对面盘膝坐，董委员跟入，无坐处，余挤贴火炉让之，得勉强坐下。万委员塞身入洞，闻不能容，倒退出。通事倒塞洞口，以头入洞翻译。凡谒疯喇嘛者，例有所献，余献鸡蛋一盒，董、万与通事、土兵等，或献面饼，或酒，由通事以次递入。疯时方醉，尚知点首，口中喃喃不已，似汉语，又似番语，似诵经咒，又似谈话，通事亦不辨识。唯当通事献品递入，彼即大呼"哎哟"数声，皆以其醉态，未注意。命通事问此行路上平安否，疯以番语答云"平安，此行如日出可喜"，恐通事译有讹辞，使逐字译之，不误。于时疯念经甚久，余等静待之，念毕，问"我将来命运好否"，疯用汉语答，其意似"七十五岁减一十"，不甚明，初听为七十五见孙，质问是否，摇首，又迭呼此句，至于数十遍，终不解所谓，屡请其说明，疯似着急，大呼此句又数十遍，且以手指余足，竟不解所谓，遂未再问。其余问语甚多，皆含糊答应，余以其为狡猾欺世，起念考之，请指我阴事一件，疯初犹含糊应，请至二次，遂垂首不语，如已睡去，唤醒问之，初犹喉应，嗣渐无声息，予以其技穷也，笑而出。回店后，天尚未黑，街侧天主堂，建筑甚佳，偕董、万往游。法人白司铎，能汉语，谈边事颇洽，又演电影娱宾。翌日，将赴炉霍，万委员恨昨日未得入洞，于是复携通事往访。董委员憾昨未问明一句。余亦欲往，曰："诈耳，未必有灵！"于是万与通事分道往，约会于瓦达村。万回来云，仍未问明一句，只有二语甚奇。初见面，即先发语云："昨夜往外国人去；今晨年青的想来又不来。"盖疯甚恨外国人，董委员年最少，故云然也。念昨夜往教堂时属薄暮，非土洞所能见，董委员欲去未去，非外人所能知，疯能知之，诚可惊异。疯向万索藏洋一元，已而退还；向通事索其披毡，值十余元，通事解与之，疯即转送人，对通事云"数日后有好处"。通事走边地久，知此示兆不吉，私幸其能代为禳解而已。其后四日，通事在道孚搕索番人银事发，当被打穿两腿，押解回道孚追赃，又押回打箭炉监禁候办，今春始得保释，益使余信疯能前知。董又从炉霍驰往问事，是日疯出洞穿衣坐，答语仍甚模糊。余托董代问有无阴事与七十五减一十何解，疯怒云："阴事自己能知，何必问我！七十五减一十，说他好，缠问何为！"余实无甚阴事，宜疯之不能对也。疯其知我有意考试，故露事验一二以示信欤？

三十三、所闻之疯子喇嘛

炉霍土人言，疯子喇嘛原角卡村民家一小娃子，后忽得道，有飞身、变化、前知、刀枪不伤等神通。

炉霍札衣佛都督，亦高僧也。余问疯子喇嘛是何根底。答云："根底不可知。但知其非佛都督，确能腾身，能前知，余亦时往朝之。"

道孚欧阳知事公子德舆，随父在官，昵一番女，已有身矣。后更恋一番女，前女怨德舆，殴逐之。因事至炉霍，便道朝疯，疯以汉语让之云："良心一丝丝不好了！爱上一个，屋内弃绝一个。"言时以手近腹，示怀胎状；德舆乞念经禳过，疯许之。德舆自言。

甘孜韩又琦知事，去年八月赴炉查灾，便访疯喇嘛。韩有黑羔皮袍甚美，拟穿以往，炉霍张直阶知事语之曰，疯喇嘛惯向人索物，防被索去，韩遂易白羊裘往，馈酒一瓶、饼二枚，付土兵分持之。比至献酒及饼，一土兵怀饼者，偶忘取献，时疯赤裸坐洞外，持酒与饼，曰："还有一枚。"土兵始觉，取出献之，疯亦未食；顾韩近前，以手扯其衣云："还有一件很好的，我要。"众人为之哑然。韩问命运，疯伸拇指，口作炮声，意颂其刚猛也，既而曰"七百秤"，说至十余遍，竟不知所指何事，疑谓韩将来财产如此。于时，适有一妇来朝，献物后，疯遂以手弄其阳具云："你爱这个，你爱这个。"且言且行进逼妇，妇大惭去。疯弄阳具后，复以手摩韩知事额，又数对韩弄其阳具，若讥其手淫然。韩自云如此。

去年七月，道孚建设筹备员陈惠中为余言，凡献物于疯喇嘛者，疯如不受，其人必有隐匿；或不献而疯自索之，其人必有意外之祸。如对人怒骂，则祸且不测；如喜悦歌唱，或与以饮食，必善人或有福人也。陈前岁谒疯，疯特喜悦，招入洞中，为之歌唱，取所献饼与酒，与客迭互饮嚼，他同学皆未曾受此待遇。然他同学因查炉甘瞻三县灾粮事，各得贿金数百元，陈独未与，此外更无幸运云云。其后数日，炉甘瞻三县灾粮案发觉，三县建设筹备员皆拘押回炉办罪，陈独以超然自洁故加功。余谓此即疯喇嘛奖人为善之处。

三十四、传闻之疯子喇嘛

欧阳德舆又言，陈遐龄时，甘孜驻军某连长（忘其名）受调回炉，便道朝疯子喇嘛，疯指之曰："连枪可给我，你用不着它了。"某连长不肯，疯便大骂，连长拔枪击之，疯忽不见，仰见天空有大雕回翔；甫纳枪，疯又在前，戟指骂曰："该死！"该连长甫至炉城，即以罪诛。

又言，甘孜郎章喇嘛座前，有时置茶二碗，自饮其一，一虚设如待客。曾有人见一雕飞下，化为疯子喇嘛与郎章谈话，故北道人皆信疯子喇嘛为雕精。

陈惠中言，明正土司①长女为朱倭土司妇，尝归宁炉城，便道朝疯子喇嘛，疯时裸体在洞外，屏其馈献，撩拨其阳具对之云："你爱这东西。"从者皆匿笑，以为诚然。此妇去年已死。

民国十八年二月初八夜，炉霍大地震，震之昼日有甲基龙人至洞朝疯，有所问，疯不答，但大哭，历数炉霍至大寨沿途村名，摇手悲号，别无一语，村民不解。及夜而地震发，炉霍至大寨房屋尽塌，压死二千余人。

前任炉霍知事周景南，卸任后，朝疯子喇嘛。疯以土块掷之，骂云："你不是父母官，洋钱刮的多得很！"周不解番语，强通事译之，通事不敢译，讹云："大喇嘛说监督归途平安。"周回至炉城，灾粮案发觉，去冬被枪毙。

甘孜知事周其昌，赴任时，便道谒疯。疯对之大笑，嗣又大哭，不发一语。周到任，初时声誉甚好，考绩为边吏冠，屡受上峰嘉奖。后于交卸时，因纵其庶务抵赖商人缴案银子百余秤，被新任韩知事审实，大受窘辱，竟怀惭痛哭离任。行时，各机关人员初议送之，临时天忽大风雨雹，竟无一人往。周回成都，闻三县灾粮案

---

① 明正土司，全称"长河西鱼通宁远宣慰使司"，明代初，合长河西、鱼通、宁远三宣抚司而成。为康东第一大土司。

发,避赴北平,现周景南已枪毙,渠一时当亦未便回省也。

瞻化知事张绰,曾朝疯子喇嘛,疯掷去其馈品,后亦因灾粮案发,判徒刑六年,现正执行中。以上三事,道、炉、甘、瞻四县人人能言之。

东谷商人赵建侯言,民国元年,章谷李设治员(今炉霍县民国元年为章谷设治局)赴任谒疯子喇嘛,疯以刀击其头。李怒,命左右枪毙之,疯以手左右指,弹皆不中,复命以刀砍之,刀着处,疯扪以手,创即合,李无如何去。其后,民烧天主堂,上峰罪李不能镇压,李竭力斡旋,耗资甚巨,幸只撤职。后赴上海,遇法教堂教士,被控,拘狱中三年,卒得免死。始悟疯击以刃,示凶兆也。

三十五、查喇嘛挡雨

前言为郎章喇嘛看守活鬼之查喇嘛,是一红教喇嘛,有妻子田产,住罗锅梁子一岩穴小寺内,持咒,据传其有大神通,能阻风挡雨止雹。

甘孜县每年八月,城乡官民皆撑帐房于江干坝地上,举家华衣美食,寻乐于此,称为坝会;喇嘛寺于会场演戏助兴。此时雨期未过,犹有风雹,番戏系露天演唱,甚畏风雨。孔撒土司每年皆请查喇嘛到场挡雨,终会期不遇风雨阻兴,则每户出青稞数合酬之,否则须受鞭扑。去岁过甘孜,参与此会,见查喇嘛亦常红教喇嘛装束,满头蓄发结辫,状似妇人,手持摇经一具,转动不已,游走会场各部,唇蠕动如诵经咒。有人介绍见余,问答数语,即离去,曰"那方雨来了,我要去挡"。每日如此,戏毕始罢。事亦甚巧,各日演戏时间竟未下雨,纵有,亦只疏雨微点,瞬息仍晴,戏毕后与夜间则常有大雨。查喇嘛之术,恰似有灵。唯八月初十日(国历九月十二),正演戏时,暴雨骤起,吹裂仙根喇嘛龙柱帐,偃塌小帐十余座,大雨随至,河水暴涨,坝会中人,尽皆遍体沾湿。直至次日,全坝泥泞,番戏尚不能演。查喇嘛对此解嘲,谓是妖风,非法力所能制。恰闻是日札呷喇嘛入殓,大勇圆寂,于是人果疑为大勇与札呷显圣,不疑查喇嘛妖风之说。

三十六、圆光术

查喇嘛又有圆光术,能视前后身,韩又琦曾试之,为余等言其可信。坝会后,召入署内验之,彼携来破镜一枚,褴褛扎成之神一具,索青稞麦粒一盘,置镜前面,手摇转经念咒久,取青稞数粒撒镜面,吹气一口,问余姓名与所问事。余问前身是何物，彼再取麦撒镜，对镜熟视曰"白龙"。余等对镜，则无所见；查谓彼有慧眼，独能见之。又问此行平安否？复撒麦视曰："镜中现盘盛糌粑，上押三箭，为吉祥之兆。"问回成都后作何事，撒麦视曰："镜中现大门，有无数披外套人围立，应是带兵官。"先是余尝戏谓人"体甚低温，冬日喜睡，前辈应是蛇"，及是，彼判为白龙，番语龙蛇不分，人以为中。然带兵官必非我所能作，人犹解曰，或系指垦务耳。董兆孚问前身，视后答云"是一建昌马"；问后身，答"是印度一僧"。董体小而爱马，又青年好佛，人又以为奇中。董正与一简阳女子议婚，而家长未许，正疏通中，因问婚姻成否，答云"镜中现一大雕盘旋，法为有碍"，人又以为中。万腾蛟问前身，云"是一白衣喇嘛"；时得家信云其祖母病剧，问家中人安否，答"镜中现糌粑三盘，上有豆麦，于法为安吉"，待下月再得家信，谓其祖母已死，始疑其术无验。再召其试术，董兆孚再问"前身为何物"，查对镜凝想久之，曰是"白衣喇嘛"，问后身如何，答"是一大官"，阖坐大笑，挥之去。盖董与万年貌相若，外人常不能分，查喇嘛此时误以前次所言万前之身移于董，又将后身忘却，情急心乱，以言搪塞，其前后信口欺人之伎俩，昭然若揭矣！此喇嘛又好说官事，尤可鄙。

在瞻对日，有一红教喇嘛，能圆光，其法与查喇嘛同，试之亦无验。然番人之信圆光，并不以无验而衰，且相与故神其说，以欺来者，是则真迷信也。

三十七、喇嘛寺

西康每村有一小喇嘛寺，每部有一大喇嘛寺，每数部合建一极大之喇嘛寺，喇嘛之多，更多于内地之僧道寺院。以余等所知，康定十二座，僧侣一千三百余，皆黄教；道孚十六寺，僧侣三千七百余，黄、红、黑教皆有；炉霍十二寺，僧侣三千余人，黄、红、黑教皆有；甘孜二十八寺，僧侣八千八百余，唯黄教与红教；瞻化四十六寺，僧侣三千余人，唯红教与黑教；理化二十七寺，僧侣四千五百余人，黄教最盛，黑教、红教、白教亦备；他如巴安、盐井、乡城、稻坝，皆二三十寺，僧侣数千人。雅江、丹巴最少，亦十余寺，僧侣千余人。

三十八、男荒之地

试翻西康任何县之户口清册，莫不女多于男，或且超过二倍以上。试举甘孜为例（据民国十年，甘孜苟知事萃珍清造表）：

孔撒乡，11村，666户，男951丁，女1318口。
麻书乡，13村，615户，男746丁，女1194口。
白利乡，11村，310户，男383丁，女652口。
林葱乡，5村，235户，男311丁，女424口。
朱倭贡龙乡，9村，370户，男572丁，女637口。
阿都乡，2村，114户，男276丁，女362口。
杂科乡，10村，347户，男261丁，女494口。
东谷乡，18村，528户，男443丁，女629口。

于此可见，各乡男子之数，恒少于女口。并非西康生育女多男少，实因多数男子皆为喇嘛，喇嘛不当差，故不造报入差民户口册籍；又僧侣之不住寺而住家者，仍须当差，列入户口册籍。故上表所列，尚未能全表西康男荒之状。以余所见，康区民户，每家至多不过男子三人：老家长一人（或无之）、壮男子一人（差民）、男婴孩一人（预备差民）。此外男子，皆已入寺为僧，或已拜师为僧而尚未入寺之沙弥耳。至于女子，则多无限制。

三十九、东谷寺之当差妇女

东谷喇嘛寺，在甘孜东北九十里，有喇嘛七百余人，为东谷土司辖境第一大寺，亦即东谷之政治、文化、艺术、商业之中心，奉黄教，戒律颇严。其先有大喇嘛为东谷土司之弟，土司分下四村百姓为该寺当差，寺有田产若干亩，皆四村差民为之耕种、收获，犹古之公田也。去年八月，余至东谷，住该寺内楼上一客馆中，馆外为平房之顶，番俗以房顶打麦。时正秋收后，四村百姓，每家一人，来此屋顶为喇嘛寺打麦。每晨早膳后自来，打至午，喇嘛寺熬茶，妇女取自携来之糌粑，捏食之，食已复打，抵暮始去，扰该寺一茶外，不取分文，亦不丝毫偷懒；连枷皆由自己带来，打麦毕，又打麦秆为饲畜刍，并工细堆叠之始去。余住此三日，日日如此。

此种差徭，尽是妇女充当。连日所见当差妇女，壮龄者十之六七，衰老者十之一二，稚龄者亦十之一二，多半衣猩红毪衫，佩珊瑚珠与银饰一挂，此东谷妇女之盛装也，乃用于劳作之际，察其目的，似在勾引喇嘛。

东谷风俗，女子有夫者，头顶意鼓（意鼓系银与珊瑚合制之空圆锥状物，似一茶碗盖，戴者以绳结于发上，唯东谷与朱倭有此俗）；未字者，无之。连日所见打粮者四十余人，戴意鼓者才四人，多有老妇亦无此物，则至老未曾得夫者也。

四十、奇珍与某喇嘛

奇珍，女子名，骨相甚美，白皙冶艳，正当妙龄，在甘孜有"状元"之誉。传其父系戍军连长，娶番妇，单生此女，其父已死，母倚之为活。前年嫁建设筹备员李君，情好甚笃，然性荡，多外遇。或谓甘孜壮男子皆有染，不免过甚。唯当李在甘孜，已与某喇嘛通，则甚确。某喇嘛者，忘其名，为甘孜寺小喇嘛，家豪于资，现年三十余，已蓄须，闻少时貌颇清秀（此语可由其弟与妹之清秀而信）。传奇珍与之奸通，在嫁李君之前。嫁李后，李坠马伤头，几不起，奇珍乘时复与喇嘛往来。去年李因事撤差，甫离甘孜，奇珍即移入喇嘛家住，坝会时，亦就该喇嘛帐房食宿，形影相依，不避物议。无论僧侣，皆能详知其事，亦无人指斥此喇嘛之犯淫业者。

喇嘛之妹，亦有色，现已二十余龄，未得夫婿，私通之商人与喇嘛亦夥，与奇珍气味相投，出入携手，亲如姊妹。通奇珍者，或并通之。谈者以为某喇嘛淫业之报，其实甘孜男子奇乏，妇女得夫既难，私奔自易，犯淫业者不只此喇嘛，亦不只其妹与奇珍。

四十一、喇嘛之妻

瞻化怡新喇嘛寺，为黑教之大寺，其大喇嘛有财势，娶一妇。去年五月跳神大会，此妇女金丝绸缎长袍，佩金银、玛瑙、砗磲、珠贝之属，值万余元，华丽为边地所仅见。建设筹备员陈君问喇嘛曰："既为喇嘛，何得有妇？"对曰："喇嘛无妇，不能盗宝。"不知彼所谓宝，究指何物，想是处女之宝耳。

四十二、喇嘛寺建筑法

喇嘛寺有一定建筑法：正中为大殿，屋最高，概有楼；殿外先有一抱厅，前为石阶，后为大殿门，左右为上楼之梯；正面壁上绘四大天王像，亦如内地所绘之天王，手持塔、伞、旗、刀四物，脚下有人兽诸像，其余绘六道轮回图，及各种回文图案。正殿大门亦绘狰狞之门神，配兽环一对。殿内为大空堂，是为经堂，为喇嘛念经礼拜之处；殿上正中供其教主神，如黄教则供宗喀巴，红教则供莲花佛。左右偏殿，或供凶恶之山神，或供观音各种色像，或供红黄白青绿各肉色之女菩萨，或供无数宗喀巴小像，殊不一致。左右前方壁上，彩绘各种菩萨、妖魔、怪兽之像，喇嘛能一一指其名与出处。经堂之后为后殿，塑三或五大佛像，或以千手观音居中，或以释迦佛居中，或以弥勒佛居中，其像皆高数丈，下抵地面，上抵屋瓦，须登楼始能正见其首。此大殿，系独立部分，不与他部相连，除大门外，概筑坚垣绕之；垣之上方，例有黑色一圈，厚约六尺，系用木条扎束染黑，以头向外，依次砌叠而成。屋顶盖金瓦，树金顶。

大殿之侧，有法神殿，规制甚小，陈列刀矛枪棍弓矢甲胄甚多，又有骷髅鬼头诸品，其神凶丑，通常编哈达遮掩，不令人见。此外，或有欢喜佛殿，或无之，或即供于大殿内。

神殿之外，环以喇嘛住室，每人一室，亦有占二室以上者，则系自己出资所修。大寺喇嘛达千人以上者，寺宇占地数十亩，巷弄交横，外绕坚垣，俨如城郭。然其供神之处，仍如前制，不过金顶之金，成色较足，映日发光，照数十里，与贫寒之小寺气象不同耳。

四十三、六道轮回图

康地所绘六道轮回图，与省内城隍庙转轮殿所绘不同。其图只一圆盘，中心绘一小圆，周围分作六格，上方各格绘仙佛官贵诸像，下方各格绘各种罪苦征象，如人与猛兽接触，男女裸体对坐，各露其阴，一鬼以钳夹而拔之，或男女置身有齿之铡刀下，或裸抱火柱。左右各格，则绘农耕工作，与蛇豕诸象。是其六道，聚天堂、地狱与人、畜各界也。

四十四、回纹锦

喇嘛寺大厅上多半绘有回纹图，形式有多种，或正方，或长方，或菱形，或圆形，中分数十小格，以红黄绿各色填成纵横交错之纹，或每格写一番字，或间格写一番字，可依其色叙，回环读之，皆成文理。

四十五、番人所绘之"三国"故事

炉霍扎依佛都督坐静之小寺，绘画甚繁，中有一斗室，壁上画三国故事数十幅。扎依以其系汉人故事，特导余等往观，所绘人像皆正面，以关羽为全部主人。关羽、刘备、曹操各像，无甚分别，且各有一番名字，译者云，是关羽、刘备、曹操也。中有一幅，画一男一女在楼上，楼下有若干兵把守，楼外正打战，一人以绳梯挂楼檐角，援之而登。云是曹操将关羽之嫂抢上楼去估奸，关羽领人来抢，被拒不能入，故抛绳梯登楼夺之。其他各幅，亦无与三国故事关合之处，看来康地所传之"三国"故事，与内地迥然不同耳。

四十六、欢喜佛

各教喇嘛寺皆有"欢喜佛"，或一尊，或三尊，或五尊，或供于大殿，或特设一小殿供之，皆塑像。正中一尊，即牛魔王，面作牛形，头有双角，戴骷髅甚多，体色青蓝，极其凶怪。有手脚无数，每手持一兵器，或刀或剑，或叉或戟，或弓矢，或金刚杵，或法神刀，或矛，或盾；又有二手持蛇颈，蛇青色或赤色，头向人，尾缠臂上；又有二手搂抱女体，胸腹皆裸，腰以下有骷髅一串围绕，盘蛇无数，足叠股立，分左右两组着地。脚下踏人与兽甚多，或突睛，或断腿，备诸惨状；其所搂抱之女体，较佛体小约一半，而手抱佛之腰际，两脚盘抱佛之胯部，掉头向外，面亦丑恶，披发裸体，不持法器，两体阴部密贴，如交媾状。左右之欢喜佛，貌并奇丑，手持之器，脚踏之物，盘腰之蛇，头上骷髅，皆不敌牛魔王之多，亦各拥女体，体色则或蓝或赤或黄或绿，各具一色，不相雷同。

清时，某大臣在松潘见欢喜佛，饬僧侣结哈达为幔遮之，勿令人见。今近省之各寺，皆有此俗，故欢喜佛法身亦不易见。余于泰宁寺、寿灵寺等处拨幔视之，得其大概如此。

札呷寺内有一小欢喜佛，才长数寸，塑法与前者同。余见而笑之曰："黄教重戒律，何以亦祀此神。"饶登不悦曰："此阴阳佛，在佛经中，具有妙谛，非俗人所能悟。宗喀巴佛曾师事之，不宜以淫亵观也！"

四十七、神山与山神

康地最重山神。最有名之山，皆称为神山，有数大神山，虽无庙宇，亦有不远数千里奔来朝拜者。步行山之一周，以为极大功德。若一村一部人民敬奉之小神山，则多不可纪，每县皆有数十座矣。

番俗谓岁之凶丰、瘟疫有无，与冰雹霜雪降否之权，操于山神。故祀山神甚虔。

率于山顶立木桩，悬经旗，堆白石，称为"麻柳堆"，以为神所住处。朔望日，相率持柏枝、羊毛、糌粑、酥油往朝之，至麻柳堆下，焚柏枝与酥油、糌粑，缠羊毛于树枝上，绕麻柳堆数匝，或跳歌装一回而归。行路者过山神处，皆高呼一种口号，似祈祷语，并拾白石放入麻柳堆中，以示敬。

丹巴各喇嘛寺，又多塑有山神像，凶丑与欢喜佛相似，或拥妇人，或无之，脚下踏牲畜恶鬼尤多。导者云："此神最恶，对之稍不敬，即有横祸。"其然，岂其然乎？

四十八、法　神

康地各大喇嘛寺皆有法神殿，神像狞丑异常，头臂胸腹挂骷髅无数，殿中陈列刀、剑、枪、戟、弓矢等武器甚多，大寺至数千万枚。曾见甘孜寺之法神殿，编列武器数重，最内为矛，系百年前之西藏战具也；其次为鸟枪；再其次为前膛枪；最外为快枪。皆用皮条密编为墙壁状，各数百条。其他弓矢、刀、剑尤多，似系人民报神者所献，故随时代不同，而陈列之武器亦异也。除武器外，又有骷髅、鬼首等凶怪之物，柱上有衣甲，扎成持弓矢之人形，头为夜叉状，或为骷髅，昼入其中，阴森怖人。

法神能附喇嘛身体，发言，与人言休咎，称为降法神。被附之身，称为法神喇嘛，位置甚高，《圣武纪》所云之"师巫"是也。康地各寺，虽多有法神殿，能降法神者甚少，余所见者，仅道孚灵雀寺一处。甘孜寺、泰宁寺昔皆有法神喇嘛，近并失灵。

四十九、孙达降法神

道孚灵雀寺之法神喇嘛，系一汉人，名孙达，原为道孚小贸，有妻室儿女。尝病羊痫风，数载不愈，求治于郎章喇嘛，郎章云："非羊痫，是灵雀寺法神附尔，因未得开咽喉，故作此状。"遂为之诵经开喉，遣回道孚，云："此后法神来时，不复为疯，能言休咎。然尔俗人，寺僧必不肯迎汝，第自向他处降神，彼终当来迎也。"

孙达归，炫于僧俗，灵雀寺僧大哗曰："寺僧二千余人，宁无一人堪为法神喇嘛，神必附于俗人，且又附于汉人耶?!"拒不肯迎。市人好事者，迎入关帝庙降神，历一年久，言无不验。此一年中，灵雀寺屡有灾异，大殿霹雳自起，火焚金顶，卜为法神不得入寺所致，群僧大惧，始迎孙达，为之披剃，奉为大喇嘛。旧例，法神喇嘛甚尊贵，凡寺僧为人诵经，所得报酬，分散于众喇嘛，法神喇嘛所得，六倍于他人。孙达不识经典，坐享厚利，一跃而为富人，饱暖无事渐回家与妻女同宿，为法神所怒。一日降神后，腿粘地，数人不能移，主僧奔龙佛都督，跪地为之代恳，久之始得脱。道孚人皆知此事，孙达深讳之，对余云："我因出家后妻子无蓄养费，欲弃僧经商，法神不许，故粘我腿不放。"是孙达亦自认有此事，诚异事也。

五十、观降法神记

去岁七月，余至道孚，闻孙达降法神事，欲亲验之。时适灵雀寺僧与垦民争地，曲在寺僧，而恃强不受官府谕止，官府亦无如之何。余至，调处此案，知法神为僧众所信，意神果正直，必不助恶。先以理对其主僧折服之，宜较折服众僧易。因与僧约，十三日往该寺看降法神。届日入寺，法神殿已成人海，喇嘛排众，为余设一座。须臾，孙达盥沐入殿，众僧为之戴法神冠，穿法神袍。冠，皮制，以银铜铸骷髅若干为饰，又插绢旗与幡饰数支，重约三十斤；甲，绢制，如剧场所用；束博带，背负皮夹，插旗数支；胸前缚径尺之铜护心镜，下体围裙，足穿番靴。收拾定，扶坐高座上，众喇嘛念经久之，忽吹喇叭、大号，敲铙钹，此为神已入殿之表示。于时有二喇嘛，持白巾一条，缚孙达颈，留其两端，二人力拉之，殆将气绝时，始挽结释手。孙达此时面部充血，暴涨如满月，两目赤色，如将血出，鼻息甚微，两手叉腰坐，腰以上俯仰不已，每一俯首，头胸直与地平，冠上旗杆，直指殿心，每一仰首，必着一寒噤。如此数十次，忽挺胸昂首，目左右视，凶光逼人，使余心悸。此时，众喇嘛低声念经一遍，主僧持神水与孙达饮之，云开咽喉。于时孙达发言，其声甚小，不能连续，每二音一连，间断发出，系番语，通事云"系训诫僧侣之言"。余度众僧问毕，上前搭一哈达（是敬神规矩），不拜，立其前，问此行平安否。神云"平安"。因托余照护该寺。余云："灵雀寺藐视法令，威逼垦民，犯法已大，本应重办。我反来为调处，正是爱护该寺。但僧众今犹恃强不服，此事究竟谁曲谁直，愿神告我。"神云："其地昔为寺产，已经充公招垦十有余年，固不应强迫垦民退还。但仍求汉官善为调处，使僧民相安，不再生事，才是地方之福。"余谓："法神诚爱护该寺，宜教诫喇嘛辈，勿得过分争执，不然，必遭汉军讨伐，祸且不测。"神点首，随呼主僧至前诫之曰："戒饬众僧，凡事听委员处断。"随复取哈达一条，红绫一缟，挽成"江卡"，搭余肩上；又取番刀一把，戳向腰间，用力压之，刀曲成

S形，套一哈达，奉以赠余；又饮我酥油茶，只微尝之；给余青稞一把，不知用处，漫纳衣袋中，后皆弃去。至是，殿中人皆缄默，法神命喇嘛齐念观音经，法神亦念，念毕，齐以青稞抛空，法神忽向后仰，喇嘛奏乐送神，或为孙达解去喉结，褪衣甲，去冠，须臾，脸色如常。

五十一、法神刀

法神赠余之刀，世称法神刀，云是辟邪宝物，世人得者甚少，唯大土司家或有之。余初未重视，嫌其曲屈不便携带，屡欲锤伸配鞘，皆为通事阻止。所过地方，番人见行箧上有法神刀，皆注视之。其刀铁工甚佳，锋亦甚利，拟携回成都作标本，出打箭炉时，竟被通事偷去。

五十二、垂仲庙

西藏拉萨之东六十里，有垂仲庙，即法神之专寺。其神云是某菩萨，常附魂人体，以言休咎。凡活佛转世、年岁丰凶、战争利钝，皆卜决于此神。他寺之法神，殆其弟子耳。《圣武纪》称曰"垂仲"，曰"犹内地之师巫也"。林儁《由藏归程记》译为"吹仲"，记曰："六十里至纳木，田亩甚佳，假寓吹仲庙中。寺极宏敞，所奉佛像，皆状貌狰狞，屋椽架排弓矢、刀、矛等兵器。吹仲，如内地师巫，番人奉若神，一切吉凶，尽取决焉。少间，喇嘛吹仲洛桑汪敦来见，年约三旬，人颇文秀，询知娶有室家，生子即传其业，洵夷俗也。"

余又曾见一记载藏俗之书云："各庙宇中，皆用一男巫，以备商酌大事，判断吉凶，或行或止，唯命是从。又有国巫，其职与大臣平等，有战事与疾疫，皆召国巫为之占卜禳解。凡延巫师者，除礼物之外，皆须纳币，少则卬银二卢卑有半（卢卑银币与藏洋同大），多至二百五十卢卑，各随其事之大小定之。无论大巫（指国巫）小巫（指各寺之法神），皆娶妻，衣特异之服，帽尖圆形，缀以野牛毛之阔边，两旁有盘蛇形之装饰物。其所执之军器，伪称为与鬼相斗者，有刀，以木或铁为之；有剑，其柄状似雷针；有弓有箭，箭头蘸浆糊与酥油、糌粑，云射之以飨鬼。作法时所系之带，系以人骨串成。"

由上诸传说与记载，可见垂仲法神，即古时之巫鬼。今世之喇嘛教，实犹多有借重巫鬼教之处。

五十三、草地①之基本教育

番人照例将过多之子（承继产业者以外的儿子）自小便送进喇嘛寺为僧。此种僧徒，称为"札巴"（汉译沙弥），不得称为喇嘛。札巴参师受戒后，仍在家里居住，每天到寺一次，其师教以读书、写字、念经，课毕，喇嘛寺每人发砖茶一小块，糌粑一茶碗，仍回家中住宿。此种沙弥，皆甚年幼，不能担任他项工作，使不出家，唯有坐耗饮食，一经出家，便每日可得茶与糌粑少许，计约值藏洋一咀，不无裨益生计之处。故番地喇嘛教盛行，虽由迷信所致，喇嘛寺诱致子弟，亦有方法。现在官办学校，所以无番人子弟就学者，无利可图故也。

多数贫乏之小喇嘛寺，无力发给札巴之糌粑、砖茶者，即少有往从就学；能发给砖茶、糌粑之大寺，僧侣之数，辄数千人，如泰宁喇嘛寺，发给砖茶、糌粑较丰，则汉人子弟，亦多往为札巴矣。

瞻化县两等小学堂，向难招生。张赐培知事到任，特创一法：入校读书者，每人每月发粮一斗，于是番孩就学者六十余人；中有数孩，识汉字颇多。是故"化夷之道"，仍在解决生活，空言办学，毫无益也。

五十四、贱役僧与求乞喇嘛

札巴之贫寒无家可住者，则入寺供洒扫、汤水之役，抽暇学习经典仪式，或出寺化缘生活，形同乞丐，俗亦称为喇嘛。

曾在道孚觉乐寺，见二喇嘛，其一右手摇转经筒，左手摇手鼓，有时取人骨号吹之；另一摇手铃，挂口袋，沿门念经。主人贤者，闻声撮糌粑一碗与之，喇嘛接倾袋内，顾而之他；主人吝者，听其喊闹不与，亦舍而他向。

又曾在丹巴道中遇一喇嘛，负一背篮，篮上，胡琴一具与手鼓之属。同憩于柳林下，问是何业，云"游方喇嘛，朝麦尔多山毕，将回康定牛厂"。问胡琴何用？云"能跳弦子"，随即取下，自拉自跳一回，表演诸态，歌亦靡靡近亵。疑朝山喇嘛何以亦有此技。通事云"此讨口喇嘛也"。与之铜元数枚而去。

---

① 此处之草地即泛指藏族聚居区，包括牧区与农区，不包括城镇。

五十五、草地之中等教育

札巴学习经典已多,仪式已熟者,始得称为喇嘛。藏语"喇",上也;"嘛",无也;合为"无上"之义。喇嘛可以出门为人念经,借以报酬,以为生活;得收徒弟,得在寺院独占一室,或自建寺宇居住。大抵戒律严者,受人信仰较深,请求念经者较多,生活亦较优裕;守戒不严,经典不熟者,仍多潦倒至死。然此为小喇嘛,须入藏后学得相当经典,始得称为大喇嘛。

五十六、草地之高等教育

小喇嘛学习经典已深时,可自备资斧,赴拉萨学经。学因明(论理学,明世间一切事物之所以然),学法相(明入世、出世一切诸法之性质象状分别),学龙树提婆之《中论》《百论》,学天亲之《俱舍论》与五百罗汉所记等书,学别解脱戒、菩萨戒、密宗戒,共需学二三十年。毕业,得参与"革西"考试。纵不得革西,亦得称大喇嘛。

五十七、考革西

"革西",犹博士也,每年拉萨举行考试一次,由达赖喇嘛亲临督考,仪式庄重。其考试法,聚数万喇嘛于一堂,中间设高座,被考者以次上座,众喇嘛随意发问,高座之喇嘛随口对答,能对答如流不至词穷者,可得革西学位;词穷不能应者,即被驱逐下座,他人继之升座受考。得革西后,或回地方传教,或留拉萨深造。革西死,得转世为大喇嘛。

五十八、草地之研究院

藏俗考得革西,便如大学毕业考得学位。专心经学者,尚可继续入拉萨之局巴寺①,学习密宗。局巴寺为专习密宗之寺,其学分三级:(一)实习戒律,(二)数相,(三)事相,需时七八年毕业,颇似各国之研究院。至此毕业,已穷喇嘛教之学

---

① 即拉萨的上密院,藏名"举巴扎仓"。

问，或年老圆寂，或游学四方，参访善知识。

康地喇嘛教所逊于西藏者，即为革西与研究密宗者较少，由达赖在拉萨，学者迷信拉萨为圣城，多流连不返故也。

五十九、喇嘛戒律

小儿初入寺院为札巴，誓守五戒。十五六龄后，始受披剃，正式为僧，受一百二十条戒命。二十岁后，经典已熟，受二百五十三条戒命，始得称为喇嘛。此藏俗也。唯事实上一般喇嘛，并五戒亦不肯，所谓二百五十三戒，或并其名亦不能举，仅大喇嘛识之耳。

六十、佛都督为终南捷径

据上各节，喇嘛之功课，繁难如此，多数贫苦僧侣或竟因无力入藏，苦读一世，不能跻大喇嘛职位，遑论革西。唯佛都督一经出世，即位于革西之上，养尊处优，所至敬仰，父母兄弟与有荣焉。故番人生子，皆盼其能为佛都督，土司家至以金银行贿求之。

康区佛都督亦甚滥，灵雀、寿灵等寺，佛都督皆二三十人。此等佛都督，或努力修持，壮年已通若干经典，又曾入藏深造历有所年，智慧胜人，操行可敬者，如甘孜之郎章喇嘛、札呷喇嘛、孔麻喇嘛，瞻化之智果陀罗，炉霍之札依喇嘛，道孚之无卡佛都督等，众最尊敬，称为大佛都督，以别于一般之佛都督。其他徒恃转世之名，经典不熟，修持不力，守戒不严者，譬如内地之滥官僚，敬仰之者甚少，率以小佛都督目之。

六十一、喇嘛官

清制，凡大寺院，设堪布喇嘛一名，约束僧众，官阶一品至八九品不等，总以寺之大小、僧之多寡定其品级，由达赖喇嘛简放，朝廷给官。清覆，专由达赖给照赴任，不由朝廷加委。康区之泰宁寺、里塘寺等，昔有大堪布，改流以后，仍未裁撤。民六川藏战争后，达赖之政治势力不能行于康区，各寺堪布任满回藏，继任者皆不敢来，多由各寺自推主僧，主持寺务，不复有堪布名义。此种主僧，大都为负有重望之佛都督，清修之身，不甚过问人事，庶事多主持于四大喇嘛。四大喇嘛者，一为管家喇嘛，掌管全寺财产与对外交往；二为掌经喇嘛，掌管群僧诵经课程，分配经卷，解释疑义；三为铁棒喇嘛，督察喇嘛勤惰，惩恶纠邪，维持规戒，番语称为"格古"，汉人以其出入持棒，为之此称；四为货殖喇嘛，番语称为"充本"，犹言经商头领也，专负经营商业之责。四者皆系僧官，由全寺众僧侣公举名望较好之大喇嘛轮流充任，每二年一换，或连任数年。若法神喇嘛，名位虽与前四种喇嘛相当，唯不得参与寺中大事，只供降神决疑而已。

六十二、里塘寺之传号

里塘喇嘛寺名纳棠寺①，在理化县治，有僧侣三千七百余人，寺宇之大，与理化市街相当。奉黄教。原有堪布一名，改流后，拉萨之堪布不能赴任，由众僧推举大喇嘛一人，主持寺务，交结官府，称为"传号"。此寺系里塘土司地界内之总寺，乡城、稻成②、河口、崇喜、毛丫、曲登、三坝、冷卡石等处，皆有子弟来学。寺规甚严，戒律较他寺为佳，颇受理属人民信仰，潜势力甚伟大。理化当南路中权，差徭频数，而地方高寒，周围五十里内无农户，每当乌拉差使至县，须分道向数十里以至于二三百里地外催差。历届官府不欲多养差吏，致耗公费，有亏私囊，概饬喇嘛寺传号代催。传号者，传官府之号令者也。诸番既敬服该寺，对其传号所令，亦奉行唯谨，县官深倚重之，浸以收粮、评断诉讼诸务委之。县官可以不问庶事，而地方自理，似得计矣，然从此治权完全移于传号，县知事无事可做，殆同木偶。近年撤退戍军，县官更受制于传号，处处须仰其鼻息矣。

自民国七八年以来，理化知事公署已成为传号承转公文之机关。其时王某任知事，衙中共用三人，一书记兼庶务，一勤务兵兼厨役，一司阍兼传差又兼马夫而已。旧衙署因匪乱被焚，寄住于喇嘛寺内，虽设公桌笔架，历年未一拂拭。凡在职三年，卸任后，因欠喇嘛寺钱债，被扣留，忧死于寺内。至民国十五年，王政和继任知事，始为设法偿债移尸出寺。王政和曾作驻理戍军团长，深知喇嘛寺势力，抵任后，力与周旋，事无掣肘，曾经修建衙署一座，颇得力于传号。然系汉番共同当差，此亦西康特例也。余等至理化日，街间遍贴知事与传号会衔告示，或传号单衔告示，绝

---

① 纳棠，为藏语"里塘"译音之异写。里塘寺本名"长青春科尔寺"，藏语意为"弥勒法轮洲"。
② 1939年，稻成始更名稻城县。

无知事单出之告示。土人云："知事如单出告示即无人理。若传号之告示，则汉番皆奉之唯谨。"又"王政和以司令兼知事名义，署理化三年，仅问诉讼两案，皆汉商与汉商斗殴之事。喇嘛寺则每日必问一二案，汉人皆赴诉焉，以其处断效力大于县署也"云云，此边地怪象之一也。

传号不但置有刑具，设有法庭问案，且有特制之律以治理化。如喇嘛寺附近，不许妇女行走，犯者，即缚置于山顶以罚之，须有绅士讨保，始能释放；如无保人，翌日仍缚置山头，至于数月不释。

然该寺戒律严，传号二年更迭，历届皆称得人，诸事持平，无枉无滥，即对官家支差上粮，办理亦有条理，其能使人心服，竟攘官府治权，亦非无故。余尝戏谓设理化长久在知事治管之下，或早已为乡、稻之续。传号之恶，只足以衬明向来吏治之恶，未足为传号罪也。

六十三、喇嘛衣服

喇嘛衣甚简单，不穿裤，腰围长褶裙，上身穿一大背心，外缠丈余长之氆氇一匹，袒右臂，脚穿番靴，头秃，平时不戴帽。

帽式有种种，由其教派而有色别，或为宗喀巴帽（此帽黄色，小儿亦得戴之）；或为莲花冠；或为毛茸反缘之软帽；或为偻狮状之黄帽，多用于念经时；或为覆箕形之青帽，多见于旅行时。

氆氇披单，为喇嘛最要之服。氆氇在康地甚贵，多数僧侣因无力制备此衣，不为世人所重，故康藏之喇嘛，亦如内地之大学生，非有资者不能致。

六十四、手摇转经

喇嘛长日无事，唯以手摇转经消遣。手摇转经者，可称之为祈福轮，系一短圆体之空筒，内藏经咒，中嵌一轴，可以转动，下延为柄，通常长尺许，轮之两侧，线系铜球二只，以助回转。喇嘛以手持柄，微摆动之，轮即回转不已，谓其效力等于念经，可以祈福。

俗人年老者，或贵家妇女不任操任者，皆有此种转经，终日摇之，直至于死，仿如一摇此经，便有意想不到之幸福随念而来者然。考其轮中所贮，"唵嘛呢叭咪吽"六字而已。

六十五、祈福幢

祈福幢为关外随处可见之物，有极大者有极小者，通常为长圆柱体，内装经卷，外绘"唵嘛呢叭咪吽"六字，中贯易于转动之轴，上下嵌木架之铁窝内。祈福者拊手于幢，以力引之，幢即相动，其效等于念经，可以祈福消灾，仿佛较手摇转经为更有效。任何寺庙，皆建此幢无数，供礼拜者转动。或于大殿周围，装祈福幢一匝，百余枚，各枚长二尺许，径五寸许，礼神者绕殿一周，随手拊之，将百余幢全体转动，毫不费力；或于大殿门外，装巨幢一枚，高七八尺，径四五尺，重约百斤，以铁柱支之，下方配四齿，礼神者扳齿推之，使幢转动，幢附一铃，架装一杵，每转一周，铃响一次，借以记数。番人转此幢者，恒数百次或百余次，非力竭不止，甲力未尽，乙已伺之，自黎明铃响，更尽不止。俗人转幢者，较喇嘛多。

六十六、祈福幡

番人屋顶上，例于四角，树木桩，上悬哈达状之布数丈，上印梵字，似是经文。每过年，则易新者，此种印刷，亦喇嘛操之，借以为利。

祈福幡之解释，谓幡悬空中，受风扬动一次，即如其家念经一次，亦祈福禳灾之术也。

多数官寨上，又立有牛毛绳与牛毛布扎成高丈许之圆幢，远望如恶鬼挺立，并不转动，不知是何用意，想亦祈福之物也。

六十七、水转祈福幢

番人亦知利用风力、水力安置机械，惜不用于生产事业，而只用于祈祷耳。其利用水力也，于水流急处，引一小渠，闸成湍流，建亭覆之，亭下空，装一祈福幢，轴之下端，配以轮盘，水冲盘旋，轴随之转，幢亦旋回，昼夜不息。谓建如此水转机者，其转经功德归之，故番人建造者颇多。

六十八、祈福风轮

番人屋顶，另有一种小机器，于当风处立木架，架上装置风轮一排，每轮插鸟羽四枚，借以招风，使轮转动。轮之轴，附一小木轮，糊以纸条，纸上书"唵嘛呢叭咪吽"六字。此亦祈福机器之一种。

六十九、床头摇经

余察番人之意，实欲终身昼夜从事于转经之业，只憾生活与精力不能从心耳。尝入一头人家，见其床头亦装祈福幢一枚，绘画甚精，幢具铁轴，下方有曲拐，曲拐处系一皮带，试以手引带，则幢自转，此亦祈福机器也。睡时，或卧病时，以手引带，回转此幢，每每脑已休眠，而手犹工作不已。

七十、六字真言

以上所记之各种祈福轮转，上面概绘有藏文之"唵嘛呢叭咪吽"六字，一组或数组。喇嘛之说谓：旋转此轮，即同念诵此文；念诵此文，即能消除一切罪孽，容受一切智慧，包涵一切学问，搜罗一切道理，且有无量功德，死升天界。此外经典，皆衍文也。故番人每日至少口诵此文数百遍，或千万遍，或自晨至暮诵之，犹以为未足，又造设种种机械以补助之也。

闻此六字，系自印度某最高经典中摘来，大意为赞美菩萨莲座中之宝珠。或谓"唵"字当译为赞叹声（日本人所著《西藏》一书，径译此为"呜呼"二字）；或谓合印度教之婆兰玛、维希奴、希伐三大神之名而成，犹以一字作三大神之佛号也（美国人之说）。"嘛呢"与"叭咪"，为印度文之二字，译即莲花中之宝珠也，"吽"为祷告文之尾声，犹耶教徒之"阿门"，有心愿之意。或谓此六字，实只"莲花之珠"四字，后世僧侣为之笺释，衍为赞颂菩萨莲花宝座之宝珠等意云。一说，藏人呼达赖活佛为噶尔瓦领仁不青，犹言大宝法王也，班禅活佛青仁不青，犹言普觉真智宝珠也，此六字，即赞颂活佛之意；一说此六字为六道轮回其门，诵之烂熟，则如死后认识六门甚清，不至误入畜生饿鬼各道。未知孰是。

七十一、麻柳边边红与阿弥陀佛

六字书法与读法另绘刊出，应是六音，唯番人读者，多读为"麻柳边边红"五音，谓速读"唵嘛呢叭咪吽"六字，自然拼成此音，故读"麻柳边边红"五音，仍与诵六字真经无异。

前在瞻化，见嘉定彭军需，大勇之皈依弟子也，事佛甚谨。室有佛堂，朝夕焚香礼拜念经一次，初读皈依三宝藏语："喇嘛喇觉送觉，送吉喇觉送觉，岂意喇觉送觉。"百余遍后，读六字真经数十遍，继读"麻柳边边红"五字百余遍，最后似念观音经。

清代常有赐大臣陀罗尼经被之事，所谓陀罗尼经被，即织成六字真经图案之绫锦之被料也。此六字称陀罗尼经，未识何义。

汉人持净土者，谓凡人朝夕诵"南无阿弥陀佛"六字不绝，日诵万遍，诵之终身者，功德无量，死升极乐世界，颇与藏僧教人诵六字真经相似。康藏为佛教地，却从未闻教人诵阿弥陀佛者，疑二者实为一事。① 余尚不通藏语，不究佛学，未得而考之也。

七十二、麻柳堆堆

自打箭炉起，有麻柳堆堆，迤西愈远愈多，多至不可胜数。麻柳堆堆者，番名"勒摩"，系一乱石堆，各乱石上皆刊有六字真经番字，或只镌一"吽"字，或镌某经文一段，或镌某经全部于若干大石山，连续陈列之，或镌菩萨像。此堆概在大道当中，或叠圆堆，或砌长埂，高如人体，厚约五尺，分大路为左右二道。其石刊字之面，正对行人，使往来经过者，便于看见。考其初意，原为往来行人，见所镌经文，必读，一经读过，不唯读者有大功德，镌此石以供人读者亦有大功德。行道人多，读之者多，则镌石者之功德极大，与写经、转经同效。故康人稍有余积，即雇石工镌石，堆叠麻柳堆上，以求人读。

---

① 此处谓藏地之六字陀罗尼，似与中土之呼"阿弥陀佛"为一事。嗣得韩文畦先生指正，谓"南无阿弥陀佛"六字，是净土宗宗号；"唵嘛呢叭迷吽"六字，系密宗口号，显密异教，意义迥别。又谓：六字陀罗尼，系代表诸重要经典之六种符号，原无解释，并非赞美何种宝珠；陀罗尼者，译为"总持"，意犹总持一切经义之符号也。韩君研究佛学甚精，见闻尤博，所言自较西书揣测之说为正，谨识于此，以救前文之失。

究其实，行人经过任何麻柳堆堆，绝无暇驻足读石者，但口诵"麻柳边边红"不绝而已。其后意义转变，谓凡镌石投麻柳堆者，皆有功德，不必要人读过，取其意在便人之读经而已；又后意义更变，谓凡牛厂地方，荒旷原野，不便雇得刊字石工之处，只须拾白石投麻柳堆上，亦为功德，取其意愿在添凑刊石而已。

七十三、麻柳堆堆之神

麻柳堆堆之上，每有土人，树立杉木小柱其巅，或一二条，或十余条，上挂哈达印之墨字经文，是为麻柳堆堆之神。位山巅者为山神，位河边者为水神，广原中者为司牧之神，森林间者为司兽之神，海子边者为风雹之神，村镇近旁者为社稷之神，大道中者为行旅之神（汉人不能细分，统称之为山神）。其神或著名，或否，尤著名者，有人不远千里朝拜之；其次者，能邀过往行旅之敬礼；又次者，有附近居民以时礼拜；最下者，直是一麻柳堆堆耳。（康地著名之麻柳堆，容后分节言之。）

七十四、路旁经塔

与麻柳堆堆具同一作用之建筑品，则有经塔。经塔方基圆顶，高七八尺至一丈，似一小屋，内藏经典一二部与大喇嘛族舍之法物，以土填实，毫无罅隙，系喇嘛寺自建，或村民集资请喇嘛建，地点概在寺院或村落附近大道间。往来行旅，皆以回转经塔一周为功德；行色匆促者，无回旋时间，亦皆从塔左去，塔右返，以达其环走一周之愿；又有人，镌六字真言或佛像于石，倚置塔旁，以便人读。

七十五、崖上勒摩

康藏人宣传"唵嘛呢叭咪吽"六字之法，有与东西洋最新之广告术符合者，即勒摩是也。麻柳堆堆称为勒摩，另有一种摩崖勒石，亦称"勒摩"。其法选道旁崖壁之平阔者，或当道巨石之可镌字者，精镌唵嘛等六字，字体之大，度恰能容，书法与镌工，并极考究，刊成以朱碧涂之，惹人注目，大抵亦大富人家发愿所镌。

里塘温泉侧，有一小喇嘛寺，寺僧于正对温泉一土丘壁上，用白石嵌成唵嘛等六字，每字约阔一丈，就浴者无不见之。忆宜昌大河对岸山壁，有日商用白石大嵌

"仁丹"二字，上齐山顶，下抵水涯，全市人得朝夕望见，当时以为极广告之能事，兹见此工，觉日商未能专美。

七十六、白石为神

康地多有非晶体之石英石，小者如拳，大者如升，锋棱锐利，白色甚洁，混杂土砾中。虽无用处，亦不易得，土人以为神，辄取其较大者，供奉屋顶上，常焚柏枝敬之；道过麻柳堆旁，则拾白石投堆上，意犹送神归寺也。

七十七、番城隍

甘孜有番城隍，是一著名麻柳堆堆，在甘孜市外关帝庙后平坝中，为乱石砌成之石埂二道，上堆镌经之石甚多，埂内则大喇嘛所埋之经典法物也，或谓内有舍利子。相传此神极灵，顾名思义，大约掌管轮回转生之事，远近人民来此礼拜者极众。郎章喇嘛亦常教人来此磕长头，指示数目，辄以万计。人民有噩梦凶兆与疾病意外者，亦常许愿磕长头于此，辄以数百万计，竟有终年在此磕长头者。每年自元旦至除夕，平均每日有三十人礼拜，皆竟日为之，并无休息，晴夏月夜，则黎明并集，半夜不去。其拜法甚有趣，于石埂下支石一方，便于跪，埂上放平石三块，为三角式，最前者碰额，左右者承掌，右方置筹码。拜者合掌碰额、碰口、碰心，下跪石上，引掌据石，以额碰石作声，再引手擦摩承掌之石数下，然后起立，为一个头，记筹码一下，无码则画石上一痕；再磕第二个头。每头约可费时二十秒钟，每钟头能磕一百余头而已。凡磕头者，皆预携酥茶、糌粑来，饥餐渴饮，不敢离位，因如此适当之磕头台不多，离则被人占去也。凡磕头台，承掌、承额、承膝之石，皆光如玻璃，阅人多故也。

尝见《康輶纪行》云："巴塘旧有番城隍庙，神像戎装。"然则康地共有二番城隍，一为庙像，一为麻柳堆，与内地每县有一城隍不同。

七十八、折多山神

折多山神，为西康著名麻柳堆堆之一，在打箭炉西八十里，当连山凹处之脊，南大路由是通过。其处海拔甚高，盛夏寒冷，春秋积雪，牛马过者，多至道毙，行旅视为畏途，故迷信山神甚笃。土人过此，皆拾石投麻柳堆上，高呼"阿拉色阁"不已。阿拉色阁，番语敬事之义也。或自远道预携印经之红白哈达来，结挂于石堆之木桩上，或自木桩引绳于四方以悬经旗。

番语呼山神为"折"，恶鬼亦为"折"，呼石为"夺"，呼山埂有路者为"拿"，呼此山为"折夺拿"，谓有山神石堆之山埂也，转写为折多山。桐城姚氏，不辨番语，遂谓"番人呼鬼为折，此地多鬼，故名"。后之解折多者，皆袭其说。设有人问姚氏"番语诚呼鬼为折，亦呼多为多否"，姚氏殆将赧颜一笑，袭其说者，其亦赧然。

七十九、乃龙山神

甘孜东谷乡之乃龙山，亦康地著名麻柳堆堆之一。其地距东谷喇嘛寺十六里，系雪山旁出之支峰，岩石为石灰质与极硬之砂岩错综而成，凡三峰，皆自大雪山侧突出，相连如肝叶，多峭壁怪石，清泉幽洞，茂林深峡，风景甚佳。西康虽多山，率浑拙高险，无逸致，唯此独秀美，故番人奉为神山。每年七月，远近人民携帐来此，礼拜数日始去，颇极一时之盛。东谷杨保正，导游此山，云"转此山一周，与朝西藏一次有同样效力"。转山有一定道路，不能逆行，由右峰之右侧斜上，登右峰顶，形势似雅州金凤山顶，以林胜；次绕至中峰，为全山之主，最大麻柳堆在焉。堆前三方皆绝壁，后方为凹原，又后稍稍突起为峰顶，形势似青城丈人峰，峰顶与麻柳堆间，悬挂经旗，多不可纪，远望似绝大洗浆公司之晒衣台也。又次绕大松林至左峰，松林中泉清石瘦，似峨眉大峨寺。有一泉流，正对中峰麻柳堆下悬崖中大石洞，此洞方广二丈，上下皆峭壁，无通路，中有一神像。每年七月会期，有喇嘛用巨绳自崖顶垂下，打扫一次。传此洞为全山主神所居，此水为神所主，掬之洗头愈头疾，洗目愈目疾，洗任何处愈任何处疾，饮之愈肠胃脏腑疾。余适患头上火疮，掬水洗之，水寒彻骨，盖雪融之水也，着火疮甚快，因久浸之，致头感寒，数日始愈。左峰有大洞，名"乃浦"，藏语"浦"，深也，亦习称洞为浦。乃浦绝似杭州栖霞洞，而幽奇过之，有一喇嘛住此，洞外搭偏桥出入，洞口供千手观音与郭达将军像，后洞浸水潺潺，石钟乳上下结满，成种种奇象。僧一一指示云，此石龟也，此石羊也，此石犀也，此某菩萨像也，此某佛行道故事也，此某妖魔被锢也，此六道轮回图也，此石鸽也，此观音净水瓶也，此金刚杵也，此某神竖三指也……上下四方，大小石钟乳，皆有物名，皆有出处，其实皆不肖，唯形状殊奇可喜耳。左侧有大小二洞，口圆，容拳，喇嘛以石投之，殷然作响甚久。又有一圆洞较大而浅，投之以石，初能受，至逾定限，则随所投石尽量吐出，喇嘛云"是诸葛亮行军罗锅，投陷此内"，殊可笑。乃浦愈深愈狭，最狭处斜行上通，不知所届，初尚能燃炬缘梯以探，渐高渐狭，不能容头臂，滴水不绝，盖石灰岩受泉水溶蚀所成也。洞中野鸽极多，鸽粪堆寸许厚；喇嘛又养长生羊一大群，甚臭秽，可惜。三峰之间，为二峡峪，静修喇嘛觉母之类结茅而居者数十家人。转山者自右峰上，绕左峰下，顾来时路，即环山一周，俗谓之"转经"，为朝山规矩。

八十、墨尔多山神

墨尔多山，在丹巴县巴旺土司地之东，为大小金川之分水脊，崔巍险峭，为西康东部第一名山，康人视之，亦犹峨眉之于川人也。山脊太高，无林树庙宇，只大麻柳堆一，示山神所在，故亦为著名麻柳堆之一。每年夏季，西康南北两路，大小金川、松、理、茂、汶土人，来朝者甚众。

丹巴约咱街溪畔，有汉人所建墨尔多神庙，称为天下第一灵山云。

八十一、卡洼格簸山神

卡洼格簸，大雪山名，在盐井县之南，阿敦子之西，为澜沧江与怒江之分水岭，高险为康滇第一。自麓至顶，直高四千余米，斜高二千余里，山顶积雪，四时不消。每年盛夏为此山会期，远如西藏、青海，近如巴塘、里塘、乡城、稻成、维西、中甸、丽江、大理，皆有人来朝拜，为西康西部第一名山，亦著名麻柳堆之一也。

八十二、喀洼罗里山神

喀洼罗里山脉，横亘于甘孜、瞻化、炉霍之间，为康北第一大雪山脉。主峰在瞻化沙敦村东北，形如圆锥，高险无比，虽盛夏，半山以上犹积雪也。每年七月为此山会期，凡德格、霍尔、瞻对、俄洛番民，皆往朝拜，亦著名麻柳堆之一。

八十三、回转的玄妙

　　西康人认回转为极玄妙之动作，回转祈福，即可祈福；回转麻柳堆，即为礼神；回转神山，即为朝山；回转摇经，即为念经。人力回转之可，物力回转之亦可。总之，回转任何宗教器物，即已尽事佛之能事，不必口有所念，心有所念，手足有跪拜起伏之烦也。然其转法，随教派而异，红黄教皆左旋，黑教右旋，不可误。误旋为喇嘛所深恶，必立纠正之始已。

　　凡入喇嘛寺大殿参神，亦须由大殿绕过后殿还大殿，回转一周或若干周。关外黄教寺、红教寺甚多，余每入寺，寺僧皆导向左手入后殿，因习惯左转。一日赴瞻化怡新寺看跳神，参观大殿，仍循左手入后殿，导引喇嘛急前扶止，引向右手入，余始知黑教是此规矩。

　　瞻化大河边，有一大麻柳堆，云是某大喇嘛葬身处，祈福辄应，远道人民携茶粮来回转者甚众。一日往磨房沟看金矿见之，其人皆右转，初以为怪，后始知为黑教之麻柳堆。

　　相传有一黄教喇嘛与一黑教喇嘛朝山，同息一回转经幢前，黄教徒转之左旋，黑教徒转之右旋，各欲祈福，遂致相殴，至于头破血流，仍攀持经幢不放，轮破轴折，始各弃去。此虽无根之传，足以代表康人迷信"回转"之深。

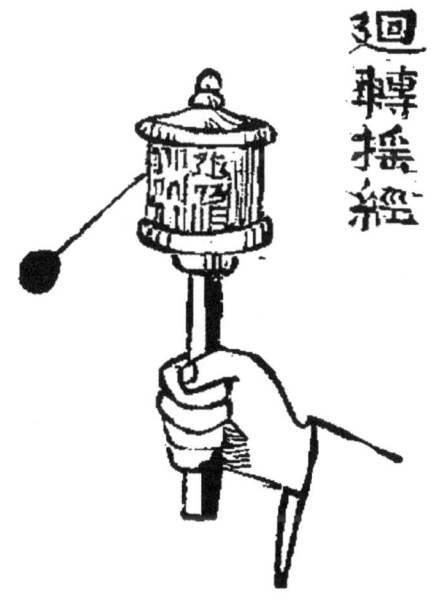

八十四、转经系汉人所发明

《佛祖统纪》卷三十三,载梁武帝时,有梁傅大士,因奉佛教者多无诵经之暇,或复不习文字,乃于所住双林道场作轮藏,安置经卷,誓劝信者以厚信心。旋转一周,则与诵经其功正等,有能旋转无数者,所获功德,即与诵一大藏无异(见《佛典泛论》)。

佛教唐世始入西藏,而汉人梁时已发明转轮,足见西藏转经之制,亦自中土传入。不过中土识字者多,故其制灭;番地识字者少,故其制衍耳。

八十五、藏文之主人

唐以前之西藏,亦通行汉文,故金城公主曾请《毛诗》《文选》等书。自赞普弃宗弄赞①佞佛,派遣子弟十六人留学印度,始将印度文传入,并糅合汉印文字与西藏土音,造成藏文。昔时尚为全藏通习之业,自乾隆以后,达赖、班禅以教主兼擅政权,庶事操持于喇嘛,以经典为学问,寺院为学堂,喇嘛为学者,藏文遂为喇嘛寺专有之业。直至今日,擅藏文者,百分之九十九为喇嘛,其一分为土司头人与其书记,亦皆自喇嘛寺学习得来。非自喇嘛还俗,即执贽于喇嘛者也。喇嘛教在康藏势力巩固,此其一因。

八十六、竹　笔

藏文概用竹笔书写,其笔用竹签削成,形如薄筷,尖端似方头钢笔尖。凡能书之喇嘛,多能削之,尖头用瘃,再向上削,竹签一枚,可削成新笔十余次,可称经济。然,自打箭炉以西,直抵后藏,北至青海、蒙古,即凡藏文流行之地皆无竹,喇嘛得来笔料甚不易,获一竹片,珍如拱璧矣。盛绳祖《卫藏识略》云"西藏不产竹,其识字头人番民所用竹签,倍极珍惜,有自内地携竹箭至藏者,辄不惜多方购致之一"。

藏文棱角方整,非毛笔所能书,乃竹书之文创于无竹之地,则其文字造作,必

---

① 即松赞干布。

在竹块输入以前，且其与产竹地之文字有密切关系可知。此点颇足为考证西藏文化者注意。

竹笔写字，与钢笔同，并无不便。唯吸墨太少，手法拙者，未完一字，而墨已罄。故书藏文者，例有一墨海，时时入笔蘸墨。其墨海完全系内地制法，此亦西藏文化与中原文化有关之处。

八十七、番纸与汉纸

番地无竹无稻无烂布渔网，无制纸原料，工业又极幼稚，故不产纸。书写藏文所用之纸，系自稻成县境输入，系一种构皮所制，厚一铜钱，恰似内地构皮纸十张黏合而成。或制时，提取纤维不纯，杂有十分之六以上之非纤维组织在内，故质甚硬，最适于书写藏文。

世传此纸产于稻成县之大桥，余未至大桥，然知其地犹高寒，不能产构楮，意其地与云南丽江接境，或系云边所产，自此输入耳。

现时凡有汉人居住地方，皆有汉纸，红纸用写对联，白纸用写公文，消费最大，亦有信笺花纸之属与裱成之对联，概自洪雅、夹江输入。汉纸亦能任竹笔写番文，质色则较番纸精洁十倍，自输入来，渐为番人所嗜用，现康定境内，番纸已不甚通行。

八十八、番　经

康藏书籍，概不装订，只切纸板为长方形，两面写字，以次重叠，外以同大木板二枚夹之，绳带系紧。读时，置桌上，解系带，以上面木板横立书后，依次翻读各页，每页两面读讫，推附横立之木板，再读次页，读已，复推附之如立。而读则以二掌承之，各页皆留空边，约才写字五六行，边头记有页数，以防翻乱。其纸板，系用番纸裱成，木套之外，或更以布裹之，以示珍惜；又贵重经典，则于套头垂金丝缎或黄缎、红缎一方，上书经名与部数，以便翻检；木板系带之铜扣，似自西洋输入，镂为兽头，以带插入，即自扣紧，如内地皮带之扣。

康藏书籍，十分之九为经典，其一为宣传佛教教化百姓之说部，手写者十分之八，雕印者十分之二而已。印经地为德格与拉萨，他处尚未闻，唯藏俗不重印经，特重写经。写经用麸金蘸胶水为上，银水次之，墨水为下，经中时有红字，是菩萨之名。

八十九、西藏之百科全书

西藏自唐时制定文字，开始翻译梵文佛经。其后印度佛教已衰，经典残缺，汉人译经，反较印度所藏为多。藏僧又乞汉译经典重译之，补足关于佛教之全部知识，又后以此全部佛教知识，编制成两部大经，曰《甘珠尔》，曰《丹珠尔》。珠亦作殊，译音之异也。佛家所有一切智慧、法典、艺文、仪教，殆完全搜集于此二部经典中，故可称为西藏之百科全书。

《佛典泛论》云"甘殊尔"，意为辑佛教一切经、律之编集，亦曰"正藏"；"丹殊尔"，意云教理阐释、佛学论释杂著，亦曰"副藏"。共三百三十一函，得五千一百有二卷。初时写本流行，至元武宗时始有刻本。按佛书例分四类：曰经，曰律，曰论，是为三藏；曰杂著，包括名僧传记与注释经典之书。甘、丹二经，既包括经、律、论、释、杂著，故可称为佛学全书。曾见某寺藏《甘珠尔》一部，堆叠半屋。西藏高原，人恒处狭谷中，故其人无大规模之作，独于佛经，成此巨著，亦可异也。

九十、西康美术

西康美术，亦喇嘛专利事业之一（西藏同），其艺已完全宗教化。换言之，即宗教以外无美术。其绘画完是汉人绘法，且用毛笔，所绘，佛菩萨像占十分之六，菩萨行道降魔故事占十分之三，其他图案杂绘亦十分之一，民间故事、历史故事、风景名胜、勤耕劝牧之图，则绝无见者，喇嘛似不屑运其宝贵之笔，图此卑贱事物也。其绘法，皆绷布于木架上，斜立倚壁，坐以绘之，先勾墨骨，次染色，墨画匀细，似仇十洲人物，或且较之更精，色质为石绿、赭石、朱标等不易溶化之料，瀚染深浅浓淡，备极工细。

其泥塑工亦佳，十之九用于塑神像，十之一用于喇嘛寺塔之建筑装饰。范土细工，更为喇嘛专利之艺。先有木模，雕刻仙佛菩萨凹像，以黏土填实压干脱之，即成佛座，念经之时，需用甚多。又有一种范土细工，范土为藏塔式之小圆锥，上有模糊之小佛像，有多数土民捐其资产，购此土坯无数，倩喇嘛念经，送至道旁岩窝下，或路塔下避雨之地堆叠之，或专于道旁盖屋藏之，云是大功德，旅行康地者，随时随地遇之。

铸铜工业，似非西康与西藏所应有，其地乏铜也，然西康之铜佛、铜铃，以及金刚、神镫等铜器法物，工作甚佳而价又不昂，决非域外输入之品，疑德格以西铸铜工业颇盛，尚未访实。

刻石，仅镌"麻柳边边红"，与半面佛像一种，艺亦甚精，大都随手镌成，不用绘底，如此成品，甚为康人所敬。喇嘛最奇之美术，为塑糌粑像，以糌粑调各种颜色，与油汁反复揉熟，塑成鬼魅妖魔、牛马羊鹿之像，如内地塑面人方法，精巧非常。此等物品，概系于为人念经时，取主家材料所塑，塑成，供座上诵经，经毕辄焚之，如古之狸首刍灵也。

九十一、喇嘛寺摆花

康藏大喇嘛寺，每年正月十五，举行摆花之礼。喇嘛先期赶工，用酥油染色，塑成各种花样，此日陈列广场，供人赏玩，并陈珍贵宝物，夸其之富有，与其美术之巧。康地以甘孜、巴塘、打箭炉、里塘各寺为著，藏地则拉萨摆花节更繁丽，《卫藏识略》所谓"上元日，悬灯于大诏内，矗木架数层，安设大灯万余盏，缀以五色油面，为人物龙蛇鸟兽，穷极精巧，自夜达旦，视天之阴晴雨雪及灯焰之明晦，占一岁丰歉"，是也。盖西康高寒酥油不化，其质柔细，易调色，易分合，甚适于塑像用。各喇嘛寺大都有此酥油塑花，供于神前，是亦西康美术之一种也。

九十二、人皮跪垫

佛教以慈悲著称，而喇嘛所用法器，有极凶残者，亦可异也。炉霍札依佛都督，博学有道行之黄教高僧也，闻其家有全人皮，请观之。札依命从者取出，系从背剖开剥脱之全人皮，眼耳口鼻、脐乳、四肢皆备，手足掌未剔骨肉，硬缩如熊掌，连皮上，掷楼上，触木板如敲，状殊惨怖。问渠何用，云作某种法事，用为跪垫，则易效。张直阶知事同观。

九十三、头盖骨净水碗

任何喇嘛，皆有一头盖骨琢成之净水碗，或且有二枚以上，系此人头之天灵盖磨齐口缘而成，念经时必须用此碗盛净水供神前，用之久者，摩挲光滑，色黄似老象牙，未久者犹有腥气。

九十四、人骨号

又任何喇嘛,皆有一人骨号,系取人之臂骨,磨去一端,他端于俗所谓螺丝拐之部之中央凿孔。念经时,时时取塞口上吹之,其声呜呜,甚刚戾,任何金角器皆不能敌。据喇嘛言,此等皮骨,皆死者生前发愿所施与,或取于罪囚之尸,此物近鬼,可以威吓鬼物。

九十五、郎巴鼓

喇嘛又皆有一郎巴鼓,为两个半球形,以背相连,细腰上系一短带,以便手握,两面绷皮,绳击小球二枚。用时手持击带,左右摇摆,则球击鼓面咚咚如鼓。念经时,例持此物摇之,经皆韵语,以鼓为节,每诵一段毕,则暂缄口,而剧摇鼓以缀之。念经毕,以鼓纳一皮囊中,甚珍惜之。此鼓番语曰"拿日",汉人呼之为"郎巴鼓"。

九十六、其他重要法器

喇嘛念经时所用法器,除上数种特异品外,尚有常用品数种,类列于次:

法鼓,为圆形有柄之短鼓,圆径二尺,木圈高二三寸,松漆绘画,颇精致,柄亦木质,恰可手握。附曲柄之鼓槌一,系软木条制,曲如半环,恰如抱鼓,头缀软布,尾端反曲。击时,手持反柄,向下啄之;止时,即以曲部,衔于鼓上,鼓常侧立也。此鼓,番语曰"呃",鼓槌名"呃雍"。

手铃,如内地开会用之手铃,只较厚较小,柄为铜质金刚杵状。念经时,左手摇之,声亦为经韵之节。番语称为"折摆"。

金刚杵,为铜质哑铃式之小杵,两端小球为北瓜形,相传莲花佛收伏巫鬼之法宝也。念经时,置左手拇指与余指间摇之,番语曰"独吉"。

念珠,为念经时记数之用,珠如黄杨木琢成,或紫檀、黑檀,或珊瑚,或玻璃,或菩提子,以丝绳或獐子皮贯之,亦加金银珠宝之饰。僧俗皆有一串,随时数拨,抑或以为臂饰。

海螺,念经喇嘛有时取海螺吹之,与内地僧侣同。

喇嘛念经,无木鱼,无锣,无铙钹,与内地僧侣异。

九十七、铜净水碗

喇嘛平时供神,用铜净水碗。此碗大概由云南输入,式如瓷碗,质甚薄,大小不等,以七枚为一副。喇嘛祀神,对于供养净水甚注意,每日更新一次。大寺之经堂,有一人专司此务,例须时时更新水。

九十八、神　灯

喇嘛寺大殿中,四时昼夜不熄灯火,正中供大铜缸,满盛酥油,中竖羊毛一束,燃之,上盖琉璃罩。遇特殊日,则点小灯无数,以七灯为一组,可点若干组,以多为盛;小灯为杯形,下连长柱,竖于铜质圆盘上,杯中底凿深圆孔,插羊毛其中,融酥油灌之,点燃羊毛,即以为灯。民间夜照,亦同此式。

九十九、燃灯节

《圣武纪》云:"甘丹寺,距布达拉八十里,则宗喀巴成道之所,有遗塔及所坐禅榻。以十月二十五日为成道之期,是夕,万户燃灯,光明如昼。今西康有燃灯节,以甘孜与巴、里塘为最闹热。除万户燃灯外,各喇嘛寺竞扎灯山,燃酥油彻夜,全市所费,在万元以外。"

去岁此节日,余适在瞻对。瞻城内无喇嘛寺,民户复少,故此节无可观。但见每户皆削圆根盛酥油为灯,凡十盏或九盏,入夜点之;又有小儿一群,预制纸灯笼,提集广场,绕行歌唱,久之始散,凡两夜皆如此。土人呼为"圆根节",亦不能言其出处。

一〇〇、喇嘛肉可饲鬼

到巴底日,寄住黄金寺一喇嘛之室。此喇嘛通汉语,有汉姓(似姓王,已不能确记矣),曾朝峨眉,游川西北各县,自于黄金寺侧建筑屋宇一幢,楼下为厨灶,楼上为经堂与静坐之室,以静坐室让客,自居于经堂。

时余初到边地,欲详察喇嘛生活,时窥经堂,见其作何事体。此喇嘛亦格外矜持,频频诵经礼佛,对余等谈多夸张佛法,虽不及经典大义。入夜,念施食经,邀余入观。见其头戴法冠，披偏单（即可当袈裟），袒右臂，戴牛毛扎成之遮阳于额，右手摇郎巴鼓，左手摇铃，盘膝面窗坐，口诵有韵之经，字句长短，始终一律，铃鼓为节，亦甚悦耳；有时去铃，取人骨号吹之；有时于念经声尾，大呼"喝使"，音甚长，如叱鸡犬。阅一小时始毕。余问此经何用？对云，施食于鬼，是一功德。问戴遮阳何为？对云，鬼最畏人之目光，以毛障之，鬼始敢近。问，鬼所食何物？曰，余体之血肉也。问，血肉饲鬼，于人无伤乎？曰，譬如牲牢献神，神食其气耳，于牲牢无伤也。问，鬼食他人之肉否？曰，喇嘛念经时，先将自己灵魂脱出体外，空此肉体，鬼始得食，常人不能分离灵魂，鬼故不得近之。问，吹号何为？曰，招鬼也。叱喝何为？曰，鬼有强弱，强者抢前独食，弱者被摈不得进，故叱之也。问，汝刚才寄魂何处？曰，在此室隅。问，见鬼来否？曰，见之，方才有一鬼来。问，鬼作何状？曰，不一致，连日所见，或甚凶丑，或如常人。问，汝魂已离身，何以尚能念经动作？曰，此非学喇嘛者不能知。余知其信口欺世，含笑点首而已。

在甘孜日，县署枪毙二囚，有一求乞喇嘛在尸旁念经超度，余曾观之，亦念此经，有时以喝。然则此求乞喇嘛，亦有法力能离魂饲鬼耶？

一〇一、哑巴经

去年阳历八月十三日，参观道孚灵雀寺，至一空殿，见有喇嘛二三十人，趺坐地上，手摇转轮，口蠕蠕动，似念经而无声。询导者，谓念哑巴经也。凡念哑巴经，僧俗皆可参与，每年七月举行一次，一坐七日或十余日，昼夜念经而不发言。逢双日，可出声，亦仅有时念佛号一段，不能言谈问答也，每日只许吃糌粑、酥茶一次。

一〇二、做道场

康区无医生，人家有疾病，请喇嘛打卦，云是某鬼为祟，宜大举念经禳之，即内地所谓做道场也。于是由喇嘛卜期，届日，请某佛都督，或大喇嘛，或小喇嘛主场，率其弟子札巴辈，至病者家，供设神案，分配经卷，饬诸弟子分读之；另有喇嘛，用红绿白黄各色丝，牵成塔式、盘式、球式种种线架，又用酥油、糌粑塑成人物魔鬼诸形供于架下，前方用碗盘升斗分盛青稞、糌粑、油菜籽、小豆各物。

念经三日，或五日，或七日，或十余日，以道场之大小，定日期之长短，陈设之繁简；念经喇嘛，或二三人，或七八人，或四五十人，皆以应念经卷多少，由大喇嘛定之。念经时，法鼓声不绝，有时吹号与喇叭，唯不用郎巴鼓。最后一日，撤去经堂，将各种陈设送野外烧之，并烧糌粑一堆，为量数升，或数斗，或数石，所以飨鬼也。又用糌粑塑一人体，缚广场中，使病人以枪击之，称为打鬼，谓击中则鬼死，纵存亦不敢复来作祟；如病者是贵势之家，则其亲戚友朋，争以枪助击之，务求其中，有不中者，则喇嘛以火烧毁之。事毕，酬喇嘛以马匹、青稞。

康人秋收后，亦每做道场，预祈来年丰稔，贵家遂为宴会，亲友毕贺，如内地民家之庆坛也。去年曾至一番家，考察此事。该家共延五十喇嘛念经五日，耗费二千余元。第三夜，通夜念经，全家不睡，主人来请云，今夜喇嘛念某经，入座听法者，有大福，愿同往。往之，拥挤一堂，除五十喇嘛外，主家男女全在，皆静坐无声，空正中一垫待余。其处适当一大法鼓之侧，喇嘛念经一段，须痛击法鼓一回，鼓声隆隆，震耳欲破，坐须臾，不能堪而逃。

一〇三、打粉火

喇嘛又有打粉火之术，云能祓除不祥。其法：熬酥油一锅，至沸点，以番酒泼之，烈焰倏起，飞腾数丈，状甚雄伟。民国十七年，瞻化县治市间，有一佛都督，为人打粉火，酿成回禄，延烧数家。瞻化全市，才三十家人耳。先是，喇嘛打粉火处积有麦稿，县署中有人在场观法者，劝其移地施行，喇嘛曰无妨。既而火逸入稿，延烧数家，全市沸腾，喇嘛乘乱遁去。或劝被灾各户，索赔于喇嘛，各户不肯，而求赈于县官。知事张绰，为之报请于政委会，被驳斥。灾民竟无议喇嘛者。事后，此喇嘛扬言于众曰：此数家有巨灾，唯焚宅可无大害，我固作法延烧之，此后当吉利平安矣。灾户俱以为或然。番人之迷信喇嘛，竟有如此可笑。

一〇四、打夜醮

喇嘛又能于夜间在屋顶上作法驱鬼，其事康地较少，藏地较盛。作法于夜间，披袈裟，上屋顶，团坐念经，声彻云汉；鼓声之外，间以大号、法螺；屋上插长竿，悬红纸灯多盏，照耀如昼。

相传往昔未兴打醮以前，厉鬼横行，或使牛羊发瘟，或使牛乳变味，或搅扰喇嘛静坐，甚至喇嘛念经句读不能中节，皆为鬼所弄。厥后有一高行喇嘛，创制夜醮之经典，以驱除之，厉鬼始绝。

一〇五、喇嘛打卦

康俗称喇嘛占卜为"打卦",实无卦也。用骰子三枚,装小盒内,有人问卜,持盒出骰,握掌中,向口际一吹,张掌,斜倾骰入盒内,凡三次,看所变色,判吉凶,即为打卦。

大佛都督及高僧辈打卦,不必掷骰,或取念珠数之,或以指扪衣袂一段,或掐指节,即可言吉凶成败。

一〇六、西藏打牛魔王之戏

骰子在喇嘛教中,认为一种法宝。不只喇嘛打卦用之,许多寺院之壁画,亦有此物;即西藏盛大庄严之驱魔会,亦以骰为邪正赌赛之具,可以知也。

盛绳祖《卫藏识略》云:"正月三十日,诵经毕,送老工夹布,即《通志》所谓打牛魔王也。以喇嘛一人,伪为达赖喇嘛。于番民中择一人,面涂黑白色作魔王,直诣其前,诋其五蕴不空,诸漏未净;达赖亦以理折。彼此矜尚法力,因各出骰子一枚,如核桃大,达赖三掷皆卢,魔王三掷皆枭,盖六面一色也,魔王惊惧而逸,于是僧俗人执弓矢枪炮逐之。先时,于对河牛魔山列帐房,待魔王窜入,击以巨炮,迫以远飏而止。凡作魔王者,必以贿得之,盖先于魔王避居处,预储数月之用以待之,食尽始归耳。"

徐瀛《旃林纪略》亦记之云:"二月二十九日,送瘟神,又名打牛魔王。相传西藏系瘟神地方,经达赖坐床后,即驱逐之。故历年预雇一人,扮为瘟神。受雇者于数日前向各番官民及街市铺内敛钱入己,番人亦各乐输,每年不下千金,一切应用行李,皆山上支付(按山上即商上,僧官名)。自大诏逐出,即行起解,营官护送,悉以王爷称之。解至山南地方,安置桑叶寺石洞内,洞在寺之大殿旁,阴风惨烈,寒悚异常,居此洞者,死期甚速,精壮者亦难经年,故得钱虽多,实为卖命,均视为畏途,觅亦非易。后寺经火又重修,洞虽仍是,而今昔不同。乃番人踵行旧事,谋扮瘟神者,到处夤缘,始得到手……是日大诏前番官及兵,均如扬兵状,一人扮达赖,与扮瘟神者先后至诏,各色幡帜不一,击鼓吹笳,亦如前状(按指扬兵言,即达赖大阅节也)。十数人花衣黑帽,帽上各插鬼头,衣之前后悉绣鬼形,在诏前跳舞诵经;扮达赖者,铺垫坐诏前与一戴鬼头之法师对坐。须臾,瘟神出,面涂黑白,与达赖互诘难,词屈,复赌掷骰定胜负。达赖之骰,以象牙为之,面面皆六,三掷皆卢;瘟神之骰,以木为之,面面皆幺,三掷皆枭。负而色赧,意以另斗法术,达赖与法师及揭谛神明斥其非,瘟神负隅不行,即遣五雷立逐,乃去。众喇嘛诵经送至河干,焚草堆如山。"

一〇七、红庙子瘟神

甘孜县治东约十里,有小寺,壁涂红色,土人称红庙子。盛传其神极灵,谓孔麻两乡百姓,时使伺之,见神像有怒容,或头盔歪斜,或净水碗翻畸,皆主有瘟疫大灾,必须设法醮禳之;又民间有失盗仇杀诸事发生,不得盗杀者,但祷于此神,立有报应。

余于去年九月初十,特往观之。其神木刻立像,长二尺余,面相凶恶,甲胄持矛。龛外结哈达无数,四壁悬布或绢或纸制之画轴数重,皆人民还愿时所献,多半绘一奔马,马上有衣、靴、帽、鞭、戟,如人骑马荷戟奔驰状而无人体,香火僧云:"此马、衣、帽、靴、鞭、戟,皆神所用,献如此画,即同献实物也。"又多绘有骰子,或直用黏土塑成大骰二枚,以绳贯之。僧云,是神所喜用。相传,麻书土司弟兄三人,长袭麻书土司,次分封为孔撒土司,季为僧,曾入西藏深造,有神通,死而为厉,祟其百姓。孔马寺大喇嘛收服之,安置此地为神,即瘟神也。每年入藏一次,与活佛及诸大菩萨赌掷骰,胜则神喜,地方清洁;负则神为灾殃,或降冰雹,打坏农民粮食,或降瘟疫,扑杀牧户马牛,如此百姓损失之粮食、牛马,被神收往西藏,抵偿赌债。每年正月某日,为神赴藏赌期,届时,孔马寺大喇嘛卜卦,侦察神之胜负,以判全岁凶丰云。

大金寺之法神,即红庙子之瘟神,寺僧事之甚谨,凡朝谒该寺者,必先朝此神,后入大殿。

一〇八、喇叭与大号

喇嘛法器中,有铜号数对,分为数节,可以伸缩。缩之长三尺,纳一皮套中,负之行走;伸之长数丈,或仅丈余,或六七丈。二札巴坐大殿屋角,引号端至对角吹之,其声呜呜,震数里。唯不常吹,仅迎神送神时用耳。较小之号,长丈以下者,则常吹。

又有喇叭,长一二尺,与内地用者同,但铜质雕镂甚精,声音清脆,迎神送神、迎官送官时则吹之,音调简单,仅一"喇"字之声为徐缓之抑扬高下而已。

一〇九、喇嘛寺送祟

去年八月，在甘孜喇嘛寺，观送祟之戏。第一日跳神，在该寺大殿前屋顶平坝内举行，观者如山。场隅坐喇嘛奏法乐，内张方幔，幔内为化装处。饰跳神者皆年幼札巴，服饰甚华丽。或二人一组，或四五人一组，或八人一组；或持三棱刃之短锹，或持剑，或持巾，或持笛，种种法物，殊难名状。每组出幔，必吹喇叭与号，音如马嘶。已而敲法鼓与钹，札巴应节而舞，进退俯仰，回旋分合，皆有法度，亦有整齐之美；中间须停音乐，会念某经数分钟，再起鼓跳舞，至于入幔。如此各组迭互出场，服饰虽异，跳法如一。忽而大号哀鸣，大殿楼顶哨声大作，群众仰视，鬼魅持叉踞楼顶者七人，寻皆下楼，入于舞场。于是场中置糌粑人一个，长尺余，裸体，须眉口鼻手脚脐乳皆备，腹甚膨大，有猪肠实之；尤可笑者，塑势部甚大而精，盖喇嘛以之调笑妇女也。七鬼穿五色衣，前后襟绘人头下垂，示人皮已去也；头上戴骷髅与乱发，手执钢叉。中一鬼王，服饰更华，面绘亦更凶。七鬼共绕糌粑人而舞，每跳舞一周，则一鬼提叉作欲杀糌粑人状，已而作畏缩退走状。第二周，另易一鬼，皆如道力不胜，不能伤此糌粑人。最后为鬼王，先推面人倒地仰卧，退取一剑执之，再跳近前，挥剑破面人之腹。于是群鬼跳跃大乐，各退取一碗，鬼王之碗，满盛血汁；群鬼则争攫取糌粑人之肢体，各抓糌粑一块入碗，嬉笑大嚼，入于幔内。余问土人："此何戏也？"对曰："凡平时有欠喇嘛寺债账不偿者，背地诅咒喇嘛者，与喇嘛寺有仇怨者，喇嘛皆书其姓名生日，念经，使魂附此面人之体，使群鬼啖之。"昔苌弘以诸侯不朝周，教周天子射狸首（狸首者，射诸侯之不来者也），喇嘛此举，其袭苌弘故智也耶？

鬼啖面人后，有饰为仙佛之小儿八人，华装跳舞。最后打粉火：于场左侧隅，熬酥油一锅，久已沸腾。此时有二札巴，用木架绷大白纸一张，撑至距锅一丈高处，罩于锅上，一喇嘛取酒一碗，向锅泼去，烈焰倏起，腾达十丈，白纸被焚，不余灰烬，于是散会。

第二日，全寺僧侣盛装送祟于关帝庙河坝念经，烧草堆，鸣枪，即云祟去，县一岁平安矣。

一一〇、跳　神

凡有二三十人以上之喇嘛寺，每年均有跳神。跳神者，面具纸制，亦有木制者，较人头大二倍，以二带系于后脑，眼从口或鼻孔外视，面上油漆绘画甚精，为各种天神之状。富裕大寺，更有各种鬼头，或突睛，或破额，或结大疣；又有各种兽头，虎豹兕象牛羊犬豕马鹿熊獐皆肖；又有笑头，或为老人，或为小丑，或村妇，或老妪。跳神之衣，皆特制，其衣似我国古袍，肩甚小，袖口甚大，直如大三角形，绫锦为料，皆有纹彩，下围方裙。跳法繁简美丑不一，仍分组出场，喇叭、大号、皮鼓、铙钹诸乐，相互送奏，应节而舞。

跳神似唱戏，出数至多，不能尽阅，但有数出，如内地戏台之"大加官"，决不能少，一为跳狮，二为跳牛，三为跳鹿。

跳狮戏似自内地传入。狮子用二人舞，前有笑和尚，小丑为之，戴笑头，唯不持扇把挥麈；狮则全皮连脚，二人各穿二脚，前者双手举狮头，后者伏前者腰际。狮皮用长毛羊皮缝成，酷肖真兽，只跳动不似内地狮之敏捷耳。

跳牛为二人游戏，亦制成完整牛体形，牛体用黑羊皮制，颈尾皆用真牦牛尾毛，蹄亦用布壳缝成蹄形，进退起伏，恰似真牛。

跳鹿亦二人游戏，每人戴一鹿头，穿跳神衣服，行至场中，各跪一坐垫上，相对舞蹈，鹿角上先挂一哈达，能于一定时候，将其哈达舞缠双角者，即为能手。有时跳鹿，另扮一寿星出场，二鹿对之献酒献桃。

一一一、坝会番戏

任何民族，皆自有戏剧。艺术程度虽有深浅差异，大旨不外表演故事，供人娱乐，且资兴趣，借助教化。言者每谓一民族之戏剧，足以代表其文化，此言果信，则西康番戏，亦有研究价值。

番戏皆喇嘛所演，与跳神颇有关系，故附宗教编言之。去年八月，余至甘孜，适当秋禾之后，汉番百姓例举行盛大之坝会，演戏报赛，以庆丰收。自八月初一起，十五日止，汉番民家、各寺喇嘛，争以华美帐房，集张于市南河岸之草坝上，安设床榻锅灶，陈列珍玩，徙家于此，鲜衣美食，狂乐半月。第一日大喇嘛淋水，设帐者甚众，此后渐增，第四日，已百余帐，开唱番戏矣。

甘孜喇嘛寺番戏，分阿巴、扯腻二家。阿巴家经商失败，甚贫，然演戏历史最久，表演最佳；扯腻家演戏历史甚浅，然富有，设备华美。此会由阿巴家演前五日，扯腻家演后五日。

坝会期，全市商贾歇业，农工闭户，官府休息，学校放假，恰似内地过年。余亦无所事事，徙帐入坝，朝夕看会，适得一土人能翻译戏词者，时时译告剧情，觉颇有趣，因并记其排场演法如次。

一一二、番戏场布置

番戏不用剧台，选一平旷草坝，划一圆周，栏以绳柱，缺其一方为演员出入之路。场之正中，插白杨一株，下设短桌，供演剧之神，盖老君也，余地为演剧之处。观者环立圆圈外，如马戏场。唯正北一方，张大帐房，可容百人，龙头金柱，白布蓝花，压氆氇绦带，庞如巨庭，中设高座五：正中座最高，为郎章喇嘛座；左右二座稍低寸许，为仙根与竹撒喇嘛座；最外二座又略低，右坐孔马喇嘛，为稚龄之佛都督，左坐德清汪母，为孔撒土司女，才十一岁，其侧添一小座，坐其未婚夫德格娃某。此帐为仙根喇嘛所设，故于甘孜各大佛都督外，得容孔撒土司家人厕坐其间，其余如孔撒土司家头人，皆地座。郎章喇嘛羞与此辈为伍，常虚其座不就，而自设矮帐于大帐右侧，独坐观之。汉官，则由头人撑布帐于大帐之左侧，不能入大帐也。演剧者表情唱歌，皆向大帐。吹打乐器者，坐剧场边际。装扮之处，另于远处设牛毛大帐，以路通于场口。

每日演剧二次，每次约三点钟。开演之先，由演剧之札巴沙弥，捧香案及其他数种执事，吹喇叭，往郎章、仙根、竹撒、孔马各佛都督之私帐。迎入大帐观剧，午刻剧止，又如式送回各私帐。膳后续演，迎送如前。总之，全剧若为此数佛都督而演者也。

演剧时，演剧之喇嘛寺以干果点心数种，供献各佛都督与汉官座前，时复献酥茶。演剧毕，各佛都督与汉官亦须犒以茶包，由演戏各喇嘛领分之。

戏场有一喇嘛，盘牛毛大辫，穿獭皮绿缎面皮袍，持大马鞭一条，循行场周，维持秩序。命观剧者，第一轮地座，第二轮坐凳，第三轮立；有闯入圈内者，以马鞭击之。

一一三、番戏情节

　　番戏表演故事，须一二日至五六日，始能完结一部。每演一戏，必具始终，绝无抽截数出表演之事。其故事，以土司事迹为多，亦犹汉戏之不离皇帝、状元也。每戏开场，须演诸天菩萨大跳舞，演汉人放铁炮，跳狮，跳牛，跳鹿，约费时一日。以后开始表演故事。忆阿巴家凡五日，共演二本。第一日杂耍，第二日《友于记》，演土司二子落难，逃山中，遭遇种种困厄濒死，不死，患难相顾，终得回去为土司。一日演完，为番戏最短者。第三四五日演《妒鬼传》，叙一土司出猎，得仙女为偶，生子女各一，受宠专房。土司大妇妒恨，化为活鬼，将率其亲信往杀情敌，仙女预知，升天而去。土司失女，成疯狂疾，土人囚之，迎大妇来主政。大妇遣人刺杀二子，刺客不忍，舍之。二子逃入草地，道遇渔者、屠者、汉人、匪徒，屡濒于死，幸能免祸。中途兄妹相失，女子走牛厂，依牛厂娃；男子入赘于另一土司家，老土司死，承继王位，兴兵复仇，道与妹遇，遂与牛厂合攻妒妇，杀之，救出其父，仍为土司。全剧穿插甚多，各色人物皆备，有一小丑，善演各色人物，插科打诨，诙谐百出，最为全剧生色，每一出场，掌声雷动。连日所见，唯此剧最佳。

　　扯腻家开演第一日，亦跳狮鹿杂耍。第二日至第六日演《鹦鹉王子》，叙一土司有美女，七土司来求婚，皆被拒绝，唯悦一土司，嫁后生子一，承土司位，美女升天为神。小土司娶二妇，大妇失宠，通其小娃子，谋篡位。小娃子与土司出游，遇一黑教喇嘛，能念咒离魂，另附他体，仍自咒而复魂。小娃子诱土司同习之，学成而去。适见道旁有二鹦鹉已死，姑试其咒，二人并死而鹦鹉活。小娃子既与土司同附魂于鹦鹉，乘土司歌唱飞翔时，窃奔投土司尸前，诵咒附魂，借尸复活，急毁自己之尸。于是奔回冒据土司位，人不能觉。土司还尸所，失尸，不得返，魂遂长为鹦鹉。其爱妻渐觉假土司有异，苦无术以破之，自己剃发为尼。土司既为鸟，在山林中，与群鸟友，能作人言，而不复能为人，曾被喇嘛寺迎入供养，又曾与其爱妻会谈，后伪土司虽被觉伏诛，而土司竟不复为人。全剧穿插仙佛神鬼、飞禽走兽、龙蛇犬豕，非常热闹。惜扯腻家演戏日浅，表演不工，未看终卷而去。

一一四、番戏演法举例

番戏演法，最奇者两点：一是剧中人外，有一喇嘛，盛服立场中，持所演剧本，逐段说明。此剧本系剧词与说明相间，说明由此喇嘛读之，剧词由表演者歌唱。有时演员忘词，喇嘛则以书示之，使其照唱。二是开演之初，例有八九戴平面具，穿跳神衣，围璎珞裙，持纸绒棍之人入场，跳舞一回，排立于场周。每当演员唱一句，则和一腔；演员不唱而舞时，此亦舞以和之。其面具作平三角状，蓝色，连黄色带状之冠。土人云，此是诸天菩萨，佛未生前已有之神，余疑是监察神也。此外特点尚多，兹举《妒鬼传》之一段，以见一般。

场中布矮几一，左右铺长垫二列，为土司之家。其右方稍远，铺坐垫一，为土司大妇住所；左方稍远，插树枝数条，表示山林，插枝内铺二垫，为仙女之家。开戏时，先监察诸神上场，跳舞一回，退归场隅；次土司与其从者十余人上场，就土司位坐；次土司大妇随二女仆上场，就位坐；次仙女与其父母上场，就插枝内坐。诸人上场时，皆以左右手摇摆，扭腰屈足而行，乐人敲铙及鼓应之。坐既定，担任说明之喇嘛，持书出场，对大帐朗读云：

"某地土司名某，一日出猎。"（译义，下同。）

于是扮土司者起立，唱二句。其从者数人，各起持弓矢猎具，随土司行。行时摇摆如前，铙鼓应之，绕场半周，而止于插枝之外。喇嘛又读云：

"土司于林内民家，见一女子，盖仙女也，土司委禽于其父母而归，约日迎娶。"

于是土司唱二句，奉哈达于女子，女子受之。（此番俗订婚仪式。）女子父母各唱一句，土司又唱二句，率其从者，走回故处。喇嘛读云：

"土司迎娶仙女回，仙女美丽，人皆爱戴之，土司宠之专房。"

于是土司向其从者唱二句，从者各取旗帜执事，从土司行。至女住处，一人作负女状，女父母作哭泣不舍状。女子唱二句，随众人归，坐于土司之侧。其父母退入内场，插枝辙去，标剧中无复用也。

喇嘛又读云："一年后，产生一子。"

有一童子，戴土司衣冠，入场，立于场口，唱二句："我从此降生人间，为土司之子。"唱已，舞蹈走至土司侧坐下。

喇嘛又读云："土司得子大喜，请一黑教喇嘛来家考卦，欲知此子命运若何。喇嘛判为仙根，应有大福。"

此时有二小丑扮黑教喇嘛上场，乐人停止奏乐，俾小丑插科打诨，博人欢笑。一土司从者离位，迎接二丑，坐一垫上，求其作法卜卦。小丑念经书符，作种种丑态，观者笑声如雷。历时甚久，始依说明书所言，判断小儿命运而退。退时始奏金鼓。金鼓声止，喇嘛续读其书云："一年后，又生一女。"

于时一童子扮一贵族女子上场，立场口唱云"我是土司之女，由仙女降生"，唱讫，走入土司新妇侧坐。

喇嘛又读云："仙女请一道士，考查女之命运。"

场口又上一人，戴羊毛扎成之面具，持一麈尾，跳跃来土司前，有土司侍者与语。此人作卜卦状，答云"此女根基甚厚，逢凶化吉，遇难为祥"，随即退出场去。

喇嘛又读云："土司大妇，久居别墅，不见土司临幸，访得仙女已生子女，妒恨难耐，化为活鬼。"

于是演大妇者对其女仆云："土司几年不来了，你们访去。"女仆云："土司新娶美女已生二胎，他们不要你了。"妇立跃起，戟指大骂，凡唱四句，声甚哀惨，其意云"可恨丫头，夺了我的夫婿，谓我失宠不能报复，我将化为活鬼，食你母子心肝"。唱已，暴跳下场去，改装鬼像。

此时场中无事，由扮监察神者跳舞点缀，约二十分钟久，活鬼登场矣。戴狞鬼面具，头披乱发，穿蓝布制之假皮，作裸体形，双乳长二尺，乳端缀红嘴，手脚爪长寸许，腰遮布围，跳踉上场，状至恐怖。回其原座，指土司高唱诅咒之语，唱已，作势欲扑。其女仆阻之。对跳许久，始就座。

喇嘛又读其书云："仙女已知妒妇将不利于己，舍其二子，升天而去。"

于是仙女起立离位，登一小桌上，扮儿女者亦离位至桌旁，牵其衣。仙女与二子互唱甚久，大抵惜别之词。仙女自桌上跳下，退入场内。二子倒地，作昏仆状。

喇嘛撒袖向大帐一鞠躬，表示上午所演至此。土司与其二子及从人，跳舞退下。妒鬼与二女仆跳舞退下。监察诸人跳舞退下。上午剧毕。

一一五、番戏考略

番剧起于何时，西康人不能晓。查其剧情，率多尊崇黄教，讥讪黑教，知其创于黄教徒。又演故事之先，必演跳狮子、寿星献酒等吉祥颂祝之戏，知其导源于内地。又开场时，必演汉人放铁炮，其扮汉人，戴冬帽，穿马褂与开衩袍，扎腿甲，赤脚穿鞋（番人无袜可装饰也），开花脸（《妒鬼传》中，曾扮男女汉人各二，男人亦皆开花脸，其扮汉妇人者，用脚跟走路，拟汉人之小脚，状甚可笑），则似清代始有此戏也。然其剧场布置与表演方法，则与西洋古剧相似。今日希腊、罗马所见之古代剧场遗址，亦皆圆形，观众坐四周，只环有座位若干层为不同耳。番戏亦布景，似写实派。同场内可设数家庭，数山林，又是浪漫派。剧情逐段说明，恰似电影，又似宣卷弹词，是殆糅合中外各体游艺制成者欤。演剧之神为"李老君"①，供养之法，恰似内地戏班之供太子神，则其采取汉戏规矩独多可知。又各剧中，凡跳歌装，皆西藏式，维持剧场秩序者，亦饰为藏坝娃。以此推测，番戏应是清代西藏某黄教喇嘛所创，其人必曾游历中、印和中亚细亚各地，故能变通中西剧制而以本地风光编演之也。

一一六、藏三国

出关时，屡闻草地有"藏三国"。在甘孜看戏，渴望其表演藏三国一出，以证异同。问排戏诸喇嘛，云番地未尝有三国故事也。后赴瞻对，宿上瞻总保家，室中有番书一卷，黄昏时，主人托通事入室取书，云是藏三国，主人有女识字，将讲说此书娱宾。窃往听之，时而读散文，时而韵语讴唱，颇似内地弹词，因不解番语，未知内容果系叙述三国故事否。第二次再宿此家，已与此女子熟识，请其夜间来说藏三国。命通事逐段翻译，乃所载尽仙佛故事，与《三国演义》无涉，始知草地称说故事为"藏三国"也，犹内地之称说《聊斋》、摆龙门阵。《边政》第一期所译之《藏王松赞杠补迎娶文成公主记》，第二期所载之《修行人贡青和黄鼠狼故事》，皆藏三国之一种，不过二者皆无唱词，为高级之小说。民间流行之藏三国，皆有唱词，正如汉文之宣卷耳。

一一七、藏三国举例

兹据上瞻所听之"藏三国"，模拟其语调，用汉文译一小段如下。

林王②对他说："你纵苦修十七世，不茹荤酒，不伤虫蚁，功德究竟甚小。此处西去八百余里，有一妖魔巢穴，此魔不除，人民终身遭害，念经不能应节，跪拜不

---

① 实为藏戏祖师唐东杰布，因其像颇似道教之李老君，故当时西康汉民称其为"李老君"。
② 林王，即岭王之异译，亦即岭·格萨尔王。此篇为《格萨尔王传》之《降妖伏魔部》一段，亦是我国最早的一篇《格萨尔王传》汉译。

能合度，以此徒负苦修，不能超登佛境。但此魔住地，有五重险关，甚难通过，你愿去剿除否？"居士顿首言道："情愿拼此微命，剿除妖孽，肝脑涂地，死而无悔。"林王大喜曰："善哉善哉，你能发此宏愿，便是功德，量你力薄，于事无济，我当躬亲剿魔，以靖一方，以偿尔愿。"当时居士与堪布商上、各大喇嘛劝阻林王，情愿多带兵役，替王出征。林王笑道："妖魔神通广大，你等凡胎肉体，兵马虽多，无济于事；唯我法力，与我福德，可以胜魔。无须尔等徒往送死。"各大喇嘛又请林王多带侍从，以防意外。林王不肯，只带常用服侍人员二名，收拾法宝，上马而去。

〔唱〕"我林王从大殿转入卧内，收拾起各法宝前去降妖。头上戴法冠珠光耀眼，身上穿……这宝马原本是天神转世，浑身上宝光照魅不能伤，它就是林王的得力帮手，况有囊袋内宝物齐全。收拾毕跃上马扬长而去，一瞬时已来至第一关前。"

话说林王来到第一关前，不知关内是何情况，未敢轻进。先在距关十里一草原内居住，吩咐二从者道："你等在此看守行囊，我乘宝马前去侦察关内情形，倘若肚中饥饿，仍须忍着，待我回来同吃。"说罢去了。

这二从者久待林王不回，腹中饥饿，实难忍耐。贪嘴对多欲言道："你看林王此去，生死难知，囊中现成的酥油糌粑，不许我们及时充饥，要待他回来同吃，万一他死了不回来，难道我们守着饮食饿死么？"多欲言道："林王必然回来，但也太难等候了，这溪涧有水，我们不妨先行熬茶。待茶熟时，他若回来，我们同吃；若还未回，我们偷吃一点，他必不知。"果然茶已熬熟，林王未回，二人各偷食糌粑一碗，收拾好了，并无形迹。不到一刻，二人肚疼起来，就地打滚，呻吟不绝。这时林王回来了，怒骂二人道："我已知道你们偷我食物，并诅咒我。我并非要饿你们，实因此乃妖地，水草有毒，非经我念经后吃，必中毒毙命。今你们之罪，应中此毒而死。"二人磕头哀恳，求给活命。林王骂曰："姑念跟我同来辛苦，留你们活命。"随取灵符与吞，立时痛止。林王将他二人遣回拉萨，以免拖累。

因这日未曾探得关内情形，心中忧闷，出游散心。路上遇见三个农人，在地耕种。林王要去访问关内情形，那马对林王言道："近前二人，乃是关内放来的间谍。他们已知大王来，故派人刺王。"林王闻言，忙开慧眼看去，果然是妖。轻展法力，已将二妖治死。剩一农人，全未觉着。林王问他道："你可知道关内情形，说与我听。"

那农人道：

〔唱〕"说起来头一关甚是凶险，守关将名叫作绛错情根，三道门都派有恶魔把守，纵是那天神到也当被擒，门墙内又还有……我劝你早抽身，虔诚念佛，又何必强出头,惹火烧身!"

农夫说毕,有一小鸟突然飞集马头套上,林王道是妖魔所变,正要开弓打鸟,宝马睁眼示意,说:"伤害不得,此乃我之亲兄,为妖魔所害,这次来助大王,扫荡妖魔,它能导引我们出入魔窟……"

此书全部叙说林王为民除妖,变身入穴,备历艰难,卒告成功,处处夸张林王之法力、道力与福德、智慧。所谓"藏三国"者,多半是此体裁。

一一八、喇嘛粮

草地秋收后,各喇嘛寺唱番戏毕,农民回家打麦。打麦完后,各寺佛都督骑马出巡,戴贴金圆顶宽盘之帽,穿细氆氇袈裟,系丝带。前导二人或四人,戴羊毛扎之圆柱形高帽,迭互高呼云"某佛都督青稞豌豆要了!"(译义)。后随者数人,皆负皮囊,受粮食。所过村庄、市肆人家,闻呼声,皆撮麦或豆若干,出付从者,或求佛都督摩头,或否。各佛都督管有一定地面,所管界内,无处不到。百姓不献者听之,然绝少不献者,因其人以布施喇嘛为大功德,不布施为大罪孽。

郎章喇嘛体肥重,不能出巡讨粮,则令其从者骑所乘马,负所衣衣帽,捧其相片,出巡讨粮。人民亦视如郎章亲来,乐于贡献。

仙根喇嘛挟有孔撒家土司势力,每年出巡讨粮,所至各村,皆由村长头人,代为催索,无一户漏网;出粮少者,头人皆迫令增添。故仙根每年收粮最多,凡千余石,或数百石。仙根之家富裕,殆由于此。

甘孜寺、孔马寺、白利寺等,每年会演番戏者,除佛都督外,喇嘛寺管家亦得出巡讨粮。导者口吹海螺,以示无伪。因草地寻常僧侣,不得有海螺也。

一一九、汉人寺

西康甘孜、巴塘、察雅皆有"汉人寺",相传其神是汉人,故名。甘孜汉人寺,在治南里许,大道之侧,颇宏大。土人相传,祀文成公主,或曰祀胡敬德,因其送文成公主下嫁,遂成神于番地。余特入寺观之,寺仅一僧,仍是喇嘛。建筑亦喇嘛庙式,门外设回转幢,大殿虚空,挂汉文匾额数道,皆汉官或汉商所题。后殿深黑如漆,日中不辨物,僧以火照之,正座一神,戎装坐,面相凶恶,似剧场花脸;左右立神两排,各八人,皆甲胄持戟,面斜向内立,貌俱花脸。问文成公主像,僧云无之。问正座何神,僧不能对,但知其为汉人。则其果是胡敬德欤?俗称尉迟敬德曾为胡敬德,义本费解,岂因敬德作神胡地,抑原是胡人耶?古称塞外人皆曰胡,北房曰胡人,西域僧亦曰胡僧,康藏古西胡地,固亦得称为胡也。

一二〇、大金寺

凡到边地者,莫不知甘孜大金寺之骄横与富饶。相传寺内黄金如山,枪械甚备,汉官过寺皆须下马,否则群僧争以土石击之。出关汉人,以此相诫,唯恐误干僧怒,致受奇辱。余等直至甘孜,犹饫闻此诫。衙署中人历举某时某官如何受辱、某军队如何狼狈、某商人如何危险,又云藏番如何接济该寺大炮、寺内金银如何丰富、地道如何秘密,言者并有谈虎色变之味,余疑信参半。去年十月七日,因视察绒坝岔之便,特往该寺观之。前一日宿林葱寨,距寺三里。召头人,详询该寺情形,据云,此为林葱、阿都、朱倭贡陇、杂科四乡百姓合建之寺,僧侣五百人,皆四乡百姓,中有佛都督二十余人,平时谨守佛戒,并无过行。因该寺历史甚久,未遭焚劫,地在道旁,神颇灵异,受人布施甚多。例以五分行息,借贷百姓,利上重利,积成巨额,故寺内实甚富裕。经历世培修,墙垣坚固,殿阁辉煌。沙弥札巴养尊处优,妄自尊大,不免时有欺压汉人、侮辱汉官之事。过寺不下马者,即以土石追击,亦是实情。初时仅施于百姓,不敢施于汉官。因近世汉官贪污无理,该寺弛其礼貌,汉官遂即畏惧该寺。因该寺轻汉官而侮辱汉官,非敢造反也。甘孜原是藏王辖地,大金寺信仰藏王颇深,改土归流后,亦并未私过藏王。民国十六年八月,有乡城娃八百骑,远道来抢大金寺,寺僧闭门拒守,激战三日。其时林葱寨驻军汉军一团,王政和任团长,大金寺连日乞援,王团长按兵不动,坐观乡匪、寺僧激战,结果乡匪不能攻破该寺,于附近村落大肆焚掠而去。乡匪去后,王团长始发兵尾追数里。至打火沟口,拾得乡匪遗物而还。寺僧由是大恨汉军。次年,即为昌都失陷之年,藏军深入,与汉军大战于绒坝岔喀坪桥,战地恰是大金寺外,寺僧因记旧仇,私通藏军,曾戎装助战,所以能攻陷喀坪桥,汉军大遭挫败。媾和以后,大金寺划归甘孜管辖,但在约文规定不驻军队之范围地内,故仍不畏汉官,益与藏军结纳也。

余问:"今年五月,甘孜县署士兵自绒坝岔捕得死囚一人,行过该寺,被寺僧劫去。韩知事行文饬其交出,僧辈置之不理,反詈辱传差,此事真否?"对曰:"此事属实,但系札巴所为,主僧实不知情。"

余谓:"明日欲入寺谒神,顺便察看该寺有无背叛形迹,你能引导否?"对曰:

"自然应该引导。但该寺近年与汉官非常隔阂,历届军政长官无敢入寺者。委员要去,容我先去通知主僧,教其戒饬札巴,免有发生误会,侮辱从人之事。"余笑颔之。头人去后,薄暮返报云:"已晓谕寺僧,寺僧欢迎委员,请明晨一早入寺。"随低语云:"请少带人役,免生误会。"又叮咛嘱咐通事、士兵而去。

翌晨,此头人早来伺候。余仍按时起,早膳后,全队赴寺。及寺门外,有二三僧人立看,不接不语,狞目视人。头人请下马,余忍性下马。头人又低声请云"入寺请脱帽",并嘱通事,传语从人。余滋不悦,漫应之。此寺占地约十亩,大殿在正中,四围皆僧舍,穿数小巷,达大殿外,始有僧数人出迎,主者面貌狞恶,余俱和善。先导余入法神殿,其神即红庙子瘟神也,云该寺以此神为主,故入谒者,先朝此神,后入大殿。余仅携哈达一条来,付通事挂神像上。旁立札巴二人,怒目狞视,有怒余不跪拜意,幸主僧无言,未有难堪。寻入大殿,登楼,一札巴揭门幔者,怒喝脱帽,同行皆去帽,余不去帽,彼亦未阻。既而引入客厅,厅系长方形,一端设厚垫二,为该寺大佛都督座,旁铺薄垫二列,僧指余座左列垫首,自坐右列垫首,态度甚倨傲。余问"设厚垫何用",对曰:"此堪布座,今日堪布不在此,他人亦不得坐也。"问寺僧若干,曰:"七百人。"问佛都督若干,曰:"二十余人。"问枪支若干,不对,随云:"闻汉人皆谓本寺背叛中央,私通藏军。顾本寺皆净修僧侣,原不与闻政局,向来对于汉官藏官,都是一般看待,并不偏袒哪方,何言私通。本寺对汉官上粮,对藏官支差,差粮无亏,何言背叛。本寺这种态度,请委员向军长说明。"又云:"绒坝岔汉藏军队打战,本不与本寺相干,但汉军烧毁民房,抢掠附近人民财物,本寺僧众不忍邻人遭劫,才出兵打救,并非有意与汉军为难。至于说本年劫囚,全是汉官诬骗。寺外乃系大道,每日往来千百余人,谁是囚犯,谁是劫贼,本寺焉能知道。即如去年周知事带士兵来寺收粮,将斗摇了又摇,还将斗口堆成尖锋,摇落斗外的粮,又须扫去。本寺僧人不服,他的弁兵便抽出连枪威吓,以致激动公忿,将他侮辱。历届官府与本寺成仇,大都为了此类的事。他们必定挑拨上官,意图报复,望委员替本寺洗刷。"又说:"总之,本寺是规矩僧人,并不欺负谁人,但任何人惹着本寺,却也不能让他!无论是打架与打战。"以上对话,全系通事翻译,不免犹有毁方取圆之处,观其言时激昂忿怒之色,度其语意,必有使人更难堪者。

余照例有宣布威德与劝勉向化之语,彼亦听受,但始终不曾道一"拿苏"。拿苏者,番酋谒见汉官,听受训话之应声,犹言"谨受教,谨闻命"也。汉官与任何头人、喇嘛谈话,每分钟内必闻"拿苏"一二次,唯大金寺僧,从来不道此二字,其倨肆成性可知。

一二一、寿灵寺

炉霍县治后半里，有大喇嘛寺，容僧二千余人，有前清颁赐"寿灵寺"三字满汉藏文立匾，世俗通称之为章谷喇嘛寺，因系昔日霍尔章谷土司所建造也。寺宇大过县治三倍，大于大金寺二倍，与甘孜之甘孜寺、道孚之灵雀寺相当。旧章谷土司辖地，现分斯木、宜木、雅德、宜拜四乡，并隶炉霍县，共有百姓二千余户，每户皆有一二人在寺为僧，故此寺有指挥炉霍四乡百姓之力。寺有喇嘛数人，并凶狡好事，屡与邻部寻仇，对朱倭土司感情尤恶。昔年炉霍境内多匪，李邦君署炉霍知事时，委寺僧五人为团总，畀以调动民丁全权，责其肃清地方，果数月而盗匪绝迹。炉霍全县，唯朱倭土司所辖一乡，不服该寺调遣。寺僧欲借官府力，扑灭该土司，伪亲县官，时施刁唆。历届知事，习边情者，知其不可，婉言拒之；朱倭土司，亦不敢到炉霍，寺僧久未得逞。前年周蕴辉赴任，未识边情，寺僧先贿银十八秤，请召朱倭土司到县，解释积怨，周受僧辈怂恿，掀髯自任，即召朱倭。朱倭不来，寺僧遂以言激周，并请率团往剿，周不觉坠入彀中，酿成大战。该寺以有团权，调四乡番汉百姓出战，以汉人为前锋，死者甚众。又以厚币联瞻对娃、罗科马与俄洛娃四路夹攻。朱倭土司命百姓拒战，大败，民房被毁、牲畜粮食被劫掠者九百余户。其后汉军出关镇摄，诸番始敛迹退回。寿灵寺被罚银四百秤，追出团总委状，外连案费与子弹粮食，损失约银四万余两；朱倭且三倍之。此种损失，大半由百姓分担，寿灵寺富厚如故。余曾于宜拜乡问一百姓："尔等此次助寿灵寺攻朱倭，战时出死力，耗钱粮，丧性命，未尝有人体恤，战后尚须摊认罚款，尔等亦怨悔否？"此人对云："此属我等分内之事，何怨何悔。譬如朱倭，至今有数百家人，无屋可住，无粮可吃，洞胸折膊，呻吟在地，他又怨谁？！"番民只知服从，不辨是非，有如此者。

一二二、灵雀寺

道孚县麻书、孔色、明正、瓦日、革西五区百姓所有之大喇嘛寺，名灵雀寺，在道孚县治侧，规模及僧众与寿灵寺相当，寺僧行为，亦颇类似。宣统三年，赵尔丰入川过道孚，接收人民控呈百余道，皆诉寺僧不法行为。赵饬道孚设治委员杨宗汉次第清革。第一批革去五十余人，尚能勉强忍耐，退出道孚。第二次革百余人，寺僧遂于点名之日，集众作乱，调来五乡百姓一万余人围攻杨委员于官署，大杀汉人，焚天主教堂。自八月初八至二十，攻破官署，捉去杨委员与其妻子、卫兵，并法国教士谭司铎，幽禁寺内。寺僧拔去谭美须髯，使成裸颐。杨夫人被寺僧裸缚柱上轮流淫戏，竟以致死。其余人员，亦备受凌辱。时为民国元年，草地诸番，闻内地鼎革，皆纷起为乱，驱逐汉人。赵尔丰留戍之边军四营，奔走征剿，日不暇给。八月二十八，始得赴救道孚。九月中旬，攻破该寺，救出杨委员。防军管带朱宪文，以草地番乱蠢起，未敢痛剿，致生枝节，寺僧得悉逃散，寺存未毁。已而尹昌衡经略西康，大倡招抚，寺僧复集，回复前状。唯旧时寺管土地，多已充公，招人领垦，计已有垦户十余家，升科纳税，历有年所。僧众初不敢言，近因官权削弱，人附该寺，遂渐肆无忌惮，竟敢威逼十余众垦户退还地土。垦户诉于县官，县官屡次调解无效。去岁，寿灵寺与朱倭开战时，该寺亦私行编点各乡民枪，准备蠢动。道孚有汉商丁团总，民元之役，曾助汉军攻击该寺。寺僧恨之，是时以公开团款为名，调民枪围城，将以谋乱。幸知事欧阳华善为调理，劝丁认赔团款若干，诸番亦闻汉军行且出关，借此了息。去年余至道孚，垦民以逼还垦地来诉，余召寺僧，多方劝诫，不听，其后借法神力服之，案始得结。法神事前已详。

一二三、泰宁寺

泰宁喇嘛寺，雍正六年建，安置达赖喇嘛处也。其时西藏有乱，故迁达赖喇嘛于此，赐名"惠远庙"。系仿西藏布达拉寺建修，有屋千余间，并筑泰宁城于寺侧，驻兵戍之。其后西藏平定，达赖回藏，此寺仍视为圣地，有僧七百余，由达赖委一堪布喇嘛管理。清廷年颁衣单银七百七十余两，寺外平原中有农牧百姓一百余家，亦划隶该寺，由寺收租，故寺甚富有。学札巴者，每日到寺受课，领得茶面颇丰；成喇嘛后，每年得青稞一石。改流以来，寺隶道孚，衣单银两折为藏洋一千九百零三元。川藏开战后，堪布回藏，不敢复来，现由众僧推举三人，管理寺务。该寺所能指挥之百姓甚少，又盼官府发银，故较其他任何寺规矩。

一二四、桑披林寺

乡城喇嘛寺，名桑披林寺，西康一大乱源也。寺居江岸小丘上，形势险要，易守难攻，僧众尽乡城娃。乡城娃素以剽悍残暴著名康滇，远近部落，莫不畏之。常组大队，远出数千里行劫，北至德格、霍尔，南入维西、中甸，东劫盐源、木里，西劫巴塘、盐井各地，而团结与指挥此等暴徒者，皆喇嘛寺，或即由其寺中僧侣率领。匪队饱载归时，以多量金银布施该寺，故寺甚富裕，大半以款远购枪械于川云各省，扩充武力。其出价甚丰，每支英国枪，附子弹数十枚，可售藏洋一万元。故虽处僻地，而械甚精。言其历史，足令人变色：光绪二十年间，诱杀里塘寺李朝富父子，川督鹿传霖派游击施文明率兵讨之，全军覆没，施文明被生擒，剥皮实草，以为岁时逐祟斩杀之用。光绪三十一年，赵尔丰将巴里塘改流，里塘土司逃匿稻坝为乱，乡城附之。赵派兵攻讨，独乡城寺不下，赵亲围之数月，百计攻取无效，粮运不济，至以牛皮煮草而食。其后，觉得该寺水道，截而断之，寺始大困，首领普中札娃自杀，余众溃散，乡城始平。民国元年，草地闻内地鼎革，纷起叛乱，乡城娃曾三破里塘，至于汉军不敢复驻理化；其后尹经略战退藏番，康区平定，乡城就抚，驻有重兵，以镇摄之。民国四年，陈步三作乱，实乡城娃助之，乡城娃亦不欲陈逆长驻该县，逼令东犯，由里塘、河口，直破打箭炉，乡城娃沿途抢劫烧杀，惨无人理，陈亦不能制。今世言者，皆云康地残破，由陈步三。不知陈实傀儡，徒为乡城娃负名耳。陈逆寻窜川境，兵败伏诛。乡城娃回寺，闭境为匪，从此成为化外，至今未服，外人不复敢入乡境。内容秘密，史迹不详。但知其民，远劫大金寺，民十远劫距甸，皆枪马数百人云。

英国外交官查理·贝尔，著藏民生活相关，曾记乡城喇嘛寺行劫原因，谓系为仇视汉人之错觉观念所致；并谓寺僧只二百人，其余劫匪，皆汉人遗留之军队，及由东藏瞻对所来之人云。

一二五、贡噶喇嘛

盐井县中岩喇嘛寺之贡噶喇嘛，著名大劫匪首领也。其行劫亦如乡城喇嘛法，贡噶并不亲身出寺，只坐分党徒之货，自改流至今，积金巨万。近稍敛迹，因富厚之后，虑有强者来劫，欲得汉官为之护符，遂于前年，投诚廿四军，请派官吏，仍为属县。军部委戴安芹为知事，赴任后，亦颇相安，唯事事须谋于贡噶，非得同意，即格不行。盐井为产盐地，盐税为额颇大，民七以后，即归贡噶把持，现虽归还政府，仍由该喇嘛包庇操纵。

一二六、喇嘛王国

西藏与西康,自元以来,即以僧侣兼执政权,各地头人并受活佛统治。前清两次平定藏乱以后,将西康之地,自宁静山脉划断,山以西交由藏王委任僧官管理,山以东由各地土司管理。藏王管治之地,例无土司,只有僧官与头人,故其于新划入之西康地方,如查丫、察木多、八宿、类乌齐等部,皆设大呼图克图(即大佛都督)为全区政教首长。赵尔丰改土归流,以此诸部为县。民六川藏开衅,此等地方失陷于藏,现仍为喇嘛治理之地。至宁静山以东,现亦有喇嘛王国数处,其形势具备,势力伟大,声名籍甚者,唯木里,即俗所称黄教喇嘛是也,其势同国王;未正名分者,则如乡城桑披林寺是,其势同国王;而犹拥汉官以自饰者,则如盐井之贡噶、理化之传号是;又如东谷喇嘛寺,自有百姓四村,派差征粮,既不受制于土司,又不受汉官征调令教,亦一小喇嘛国也。黄教喇嘛事将于下编详之,余已分见本编。

一二七、康定两革西

康定即打箭炉,虽西康第一大城,而喇嘛教不盛,无佛都督及著名高僧,仅城南拿摩寺有一老革西,具有智慧,为康定人士所敬重。军政长官如徐凤翔、邓蟠村、吴芷沅、韩问渔等,皆皈依为弟子。传此老能前知,判吴芷沅死与省内政局,并有奇验。

余去年四月抵康,特往验之。其人年八十余,甚肥壮,目已昏暗,逼观始能见物,于寺后一小室内静坐,已四十余年矣。时已初夏,犹坐火炕拥絮,鼻燥塞,时排鼻涕,状殊滞苦;少言语,每问一事,掷骰而后对,语意模棱。未必真能前知,特修持功深,颇可敬耳。此僧今年三月化去。

康定城外跑马山寺,有充革西者,能汉语,有口辩,内地来康学经之士,皆先投之,现尚有大勇弟子数人在此。

一二八、康定两佛都督

十八年四月,余到康定前数日,有一佛都督自九龙来康定,自称藏王转世,自后藏游云南来此,募收布施,将回藏建寺。至之日康定僧俗迎接者数千人,老革西亦拄杖出迎。此佛都督后往拿摩寺打坐,余曾访之。其人年五十余,态度安详,对人和蔼，似一饱经世故者，与人决疑，亦恃打卦，未有他种灵迹。

拿摩寺后，老革西室侧，有一小佛都督，才五六岁，原河口人。老革西去云，是其屡世禅友，相嘱转世互为弟子，相导引，故迎来本寺居住，亲教导之。外人争传此子生即能言，自请入寺为僧，父母以狗血洒之而止。前岁偶来礼佛，儿遂牵僧衣不去。言之凿凿，若皆有证。余曾询其侍者，侍者言并无此事，系老革西命往其家接来，此儿至今思归也。余见此儿，形容憔悴，举动局促，殊不似再来人。问思家否，侍者阻云："此不得言，若言思家，须受鞭扑。"然则所谓佛都督者，实以生人小儿矫揉造作所成之偶像耳。

一二九、喇嘛之禄利

康定大较场红教寺，昔为明正土司家庙。明正覆亡，其寺衰废，僧侣皆散走。有一佛都督，由金川走入松潘，经洮州、青海，入俄洛"野番"牛厂，凡历十年。去年，始自甘孜东谷转回康定。余适朝乃龙山日，于道见之。凡有从人十余，马千余匹，驮牛二十余头，犬五头，帐篷五六具，牛羊及其他包裹器物二十驮。佛都督与其母住一巨帐中，帐内堆叠豹皮装饰之箱十余，其装藏珍货之处也。此等马牛、珍玩、羊毛，皆游过各地人民布施之物。番俗，凡有佛都督与大喇嘛过一村镇，例设帐房勾留二三日，为人民淋水，人民亦各有布施，请喇嘛为之禳灾祈福。牛厂娃施牛马，商人施羊毛，农人施糌粑，贵家施珍玩。喇嘛位置愈高，声势愈大，局面愈阔绰者，人之施舍益愈丰。故佛都督出巡一次，恒获值数千两之物品以归。此红教佛都督，出游十年，所获约值十余万，开明地任何官吏，不能有此厚禄也。然其人甚贪鄙，见客不能谈经典，劈头问曰"买马否"，问"马价若何"，曰"甚昂"。问"最低者值若干"，曰"四秤，此皆西宁良马也"。余等笑而去。番地以银五十两为一秤，果其最低之马价为四秤，则千余匹马，已值银二十余万两矣。

甘孜郎章喇嘛甚穷，人或劝其出游，如郎章者，出游一月，即可得十万。郎章不从，曰："我虽不富，尚能生活，用若多财物何为。"

一三〇、喇嘛淋水

康藏人绝无未受喇嘛淋水者，老者或已百余次。余在瞻化日，偶见妇女纷纷奔走，或匆匆整容，着新衣。问之，云："有黑教大喇嘛过此，约定本日淋水。"余杂入观之,是怡新寺相识之一大喇嘛,非佛都督也。此喇嘛撑帐于市外荒地内,自设高座,坐正中。旁立小喇嘛二人,座前置法螺与号、净水碗、法鼓、手铃之属。其前土人环坐已有四排,须臾,渐增至十余排,妇女最多,陆续渐增至匝帐数重。皆地坐,或跪。旁边有一帐,为喇嘛之厨室,中出一僧,取柴数块,烧于大帐前,倾糌粑一斗于其上,此为敬神之礼。于是小喇嘛出位,收受布施,大都为糌粑一碗,上附酥油数块,或豆类一碗。因此系农村,无献牛羊珠宝者。收齐后,喇嘛作法念经,小喇嘛取水一壶,出位,众人争伸掌承水。喇嘛各给一滴,众人皆用以润眼角。分水讫,大喇嘛取青稞一盘、水一壶咒之,乃自取水出,依次遍淋众人之头。一小喇嘛助散青稞各数粒,分散既遍,法事完,卷帐而去。因收入过薄,大有失望之色。

一三一、讨舍头

康俗,每大喇嘛出寺,沿道俗人争脱帽迎前,延颈向喇嘛。喇嘛知其为讨舍头,以手摩其顶,或以麈柄击之,只一触,受者欢欣感激而去,谓此头已经大喇嘛施舍福泽,可保无灾祸飞入也。

在甘孜访札呷喇嘛,一士兵名气登者导行。道中遇仙根喇嘛,气登遥望见,即跃下骑迎,鞠躬俯首,张口吐舌,两臂微曲,作接物式。仙根于马上举鞭击其额一下,扬长驰去。余初未见此礼,大异之。后行西康日久,数见不鲜,始未以为奇也。

康人出游,以得遇大喇嘛、得讨舍头为大幸,其欣喜欲得之情,行道拾金,不过是也。在瞻化,一日薄暮,往广场中驰马,市中小儿围观者二十余人。须臾,怡新寺一佛都督骑马来,群儿狂奔赴之,不复有一人再看驰马。群儿围绕此僧马前,争讨舍头,马不得行。此僧一一摩抚,始得前进。小儿无赖,须臾复集,再讨舍头,僧又一一摩抚。前行数步,小儿又争集矣。余见诸儿讨舍头如乞饼饵,状至滑稽,不禁大笑。此佛都督亦一十余龄之小儿也,不觉面赧,唯以客在,未便发怒,勉作强笑,仍重摩抚。从者鞭马疾驰而去。

一三二、冥　财

康人祀神、祀祖先,皆焚糌粑与酥油为冥财。有柴草处,堆柴草上烧之;无柴草处,堆牛屎上烧之。番人亦有中元会,其夜,家家烧糌粑、酥油以飨鬼,若干时念经祀神,所烧尤丰。

汉人处番地者，自内地运纸钱往烧，价值甚昂。其偏僻无纸钱贩之处，亦烧酥油、糌粑祀祖，其言曰，我之称生来草地，已习惯吃糌粑，固可以糌粑飨之。

番俗初一、十五不祀神，谓神不在宅，祀者弗飨。初二、十六，必朝山祀山神。山神皆只麻柳堆堆，祀之之礼，为烧酥油、糌粑，或撒豆麦粒，烧柏枝，以羊毛缠绕于堆旁树杈上，谓如此，则神之衣食皆足也。于是绕堆念经数匝。富有者亦张挂印经之哈达于堆上，或许愿为山神跳歌装一日。

一三三、吹号止雹

一日入泰宁喇嘛寺，见大殿楼角，有二札巴，各持丈长大号一具，迭互向西力吹，凡数小时未止。问导者此何法事，导者云："西方乌云凝集，大雹将来，吹此法号，使云漫散，所以止雹。"

一三四、收获令

藏俗，拉萨附近农人，常麦熟时，逐日取田中标准麦穗，呈献于达赖喇嘛。达赖参考麦熟程度，卜定收获吉日，下令收获，四乡农人，始敢刈麦；苟令未下，虽麦老粒脱，不得刈，刈则村长将重罚之。在西康境内，凡宗教势力伟大之地，如甘孜等处，亦守是俗：各乡收获日期，由各乡喇嘛寺之大喇嘛打卦卜定之，非居此期，不准刈麦，谓非时刈麦，将致天地震怒，或使来岁不登，或降瘟疫。甘孜多雹，麦秋尤甚，农人麦田，每因限于收获期，已熟之麦遭雹击坏。每年此期，来县署报雹灾者甚多。十八年麦秋，恰在甘孜县署，见各村长纷纷拿遭雹之麦稿来，请求免粮。县长问："麦已如此成熟，何不收刈，以待雹灾？"曰："大喇嘛打卦说期远未到。"县长曰："大喇嘛既打卦甚灵，何反不知雹灾，尔辈向大喇嘛索赔可也。"头人辈垂头讪讪而去。

一三五、护身符

康地番人及其牛马牲畜等一切有生命之物身上，莫不佩有一条以上之护身符，人佩于告乌内，马系于鬃，牛缚于角，犬载于项圈上。所谓护身符，即"江卡"也，康人呼为"松扣"，系大喇嘛用红绫挽一结，呵气一口而成。谓带佩之，可免一切危险。喇嘛位置最高、声名最大者，所挽护身符愈有价值。达赖喇嘛所挽，市场出售，可易良马一匹；康地则郎章喇嘛所挽最贵，札呷与疯子喇嘛次之，皆不易得。

余行康地，得各地佛都督所赠护身符甚多，皆番人视为至之宝者，唯余不甚爱惜，或以揩桌，或拭鼻涕，或束文卷，不觉暴殄净尽，至今仅存札呷喇嘛所赠一枚。

一三六、枪弹不伤之宝

在朱倭日，番汉多人，方聚睹余之法神刀。有一炉霍士兵，系德格人，略通汉语，出所佩小刀示我云："此刀系一孤身朝藏之老喇嘛所赐，此喇嘛神通广大，能以左右手之食指与中指挟刀两端而扭转之，使刀旋转如螺蛳。此刀即喇嘛取我素所佩之吊刀，当面扭以给我者。喇嘛给我此刀时，说我有凶灾，唯佩此刀可以无害。我于第二年，解银过罗锅梁子，劫匪三人，突出行劫，我骑马上，挥刀砍伤一人；余二匪遂开枪击我，第一枪中我左臂，第二枪中右胁。我鞭马疾奔，匪亦驰逐，第三枪中背心，将我震扑于马背，余枪未中，我竟得脱。回衙验伤，皆未破皮，但突起数寸，着弹处皮色紫黑，如受重击，医治半月，肿消，皮色稍变。"言已，解衣示余，良然。在座皆大怪异，索观其刀，系寻常截肉小吊刀，扭转三道，刀柄系护身符一束。此士兵甚敬余，解刀欲赠，曰："委员戆直，前途之行，佩此刀，当较法神刀平安百倍，愿以奉献。"余笑却之，谓："儒者忠信以为甲胄，无须有此，尔系士兵，留此较宜。"该士兵恐他人窃去，常佩于贴肉处。见余谢却，仍藏贴身，因有汉兵数人送余，同住此寨，渠唯恐其知有此刀也。

相传盐井之贡噶喇嘛，能于发际随时扪出舍利子，能避枪炮。现客寓打箭炉之松朋，亦自言其民六与藏军交战时，曾陷重围，枪弹如雨，因所谓告乌中有上等舍利，竟未着伤，终得逃脱云云。究竟此等传说，可信与否，惜未曾以枪向佩者验之。

一三七、喇嘛教宜维护

由上各节，可见康藏社会重心，全在喇嘛寺。举凡文学、艺术、占卜、教育、医药、祈祷、知识、财富、令教、信仰，莫不由喇嘛操持之。此其势力，非易扑灭，可知也。无论喇嘛教本身是否应予提倡保护，单就统治康藏之政术言，即不能不爱护喇嘛，提倡佛教。昔赵尔丰以全盛之势经营西康，所建成绩固甚伟大，然有一失，即憎恶喇嘛是也。赵全盛时，固能以武力镇服全康，使无反动，然番人仇汉之心，实种于此。故民元以后，叛乱蜂起，武力衰颓，而赵之建设，亦随之毁灭。大清末年，革除达赖活佛名号，西藏由是亲英闹独立，使元明以来数百年经营西藏之成绩，毁于一旦。直至今日，不能招来藏人，回复旧状。此皆国人矜尚意气，不会详究康藏社会之失也。

魏源论西藏佛教云："土伯特四部（按，即康、卫、藏、阿里）、青海二十九旗、厄鲁特汗王各旗、喀尔喀八十二旗、蒙古游牧五十九旗、滇蜀边番数十土司，皆黄教。使无世世转生之呼毕勒罕以镇服僧俗，则数百万众必互相雄长，狼性野心，且决骤而不可制。南北朝时，西域数十国迎法师，求舍利，动至兵争，为部落安危所系。盖边方好杀，而佛戒杀，且神异能降服其心，此非尧、舜、周、孔之教所能驯也。高宗……诏达赖、班禅两汗僧当世世永生西土，维持教化。故卫藏安而西北之边境安，黄教服而准蒙之番民皆服。《传》曰：'修其教，不异其俗。民可使由，不可使知。'盖至金奔巴瓶之颁，而大圣人神道设教变通宜民者，如山如海，高深莫测矣。"① 此虽颂词，实有至理，即如司马迁云"善者因之，其次利道之，其次教诲之，其次整齐之，最下者与之争"。赵尔丰之治康，欲整齐之者也。清廷之革除达赖名号，与之争者也。忽微之失，铸成大错，祸乃至于属土离立，事业溃毁，可为鉴矣。

一三八、班禅佛宜利用

忆儿时曾读一题伏虎罗汉画像诗云："至人骑猛兽，驭之若麒麟。岂伊本驯良，道力消其鸷。"游西康后，觉所谓活佛与大喇嘛者，虽非主人，却真有伏虎消鸷之力。此中有道未可数言剖析，姑举数事，以证其然。

第一，西番与其他西南各小民族，夙以彪悍蛮横著闻于世。佛教未入西土以前，西羌、吐蕃世为边患。佛教输入以后，寇掠渐衰。元明以来，康藏深被佛化，边患亦完全停止，大部分已成恂恂守礼之百姓，只少数被佛化未深之地，犹偶发"蛮性"耳。

第二，西南未有喇嘛教之地，其人凶残顽梗，至为可惊，川南之大小凉山即其著例；喇嘛教通行之地，如云南之维西、阿敦子、永宁、永北，四川之松、理、懋、监源、木里等地，其民族与前者同源，独甚驯良奉法，知礼义，与前者判如两。

---

① 见魏源《圣武记》。

第三，西康各县，受佛化最深之地，如甘孜、德格等处，民风最驯；里塘本牛厂区，因喇嘛教之黄教甚盛，其人全无牛厂娃凶横之习。反之，受佛化较浅之地，如俄洛、乡城、东勿龙等处，即为最难治理之区。

第四，俄洛与乡城娃，虽以杀人越货为普通职业，不受官府统治为当然行为，然其对于喇嘛寺与西藏活佛，则极谨愿。查理·贝尔之书云："佛教徒维持秩序之力，不可思议，至于劫盗，亦每为其规律所制，一时变为纯谨。俄洛'野番'与乡城娃，皆属巨盗，但此辈一到拉萨，则完全变为平静之商人。乡城娃最善打战，1904年时，英军侵入拉萨，活佛自康地调来民军，抵御英人，便有一队乡城娃应召而来，虽然沿途劫掠，发挥野性，但其作战甚有劳绩。议和之后，达赖喇嘛命其退回乡城，此辈虽然充满战胜的骄傲与劫掠的快乐，却亦服从活佛之指示而回故土。"又云："康藏许多以劫盗为生之种族，每因宗教思想而自限制其暴行，彼辈劫掠财物牲畜后，倘查知系某喇嘛寺之物品，必尽数归还之。"①

凡此种种，皆可证明番族性格之改良，与治理之难易，并与喇嘛教有绝大关系。现时西康所以难于治理者，由政府未挟有足以维系西康佛教徒之重心人物故也。（清时挟达赖、班禅以号召康藏、青海，故能治之。民国以来，达赖叛离于西藏，班禅走困于内地，西康与西藏交往断绝，一般康民受治于国，而心向活佛。而康地更无足以维系人心之人，是以难治。）余常发一想，以为中国政府，能迎班禅入西康安置，仿雍正安置达赖于泰宁坐床故事，则西康与青海西宁之佛教徒，必较容易管理。佛教徒治，而全康治矣！曾以此意，试探西康各著名喇嘛，莫不对曰"此固康人所愿也。班禅佛与达赖佛，福德并大，康人视同一体，并无轩轾。设班禅佛能入康坐床，西康将年谷丰登，瘟疫减少，盗匪匿迹，人民和谐，全康人民，将感非常快乐"云云。

夫今日欲使西藏摆脱英人把握，仍为中国藩篱，唯西康。苟使西康完好，英帝国之势力，亦遽难超越西藏，侵入内地。譬如守城，外垣既破，亟修内城以扼之，再观时变，以图胜局。唯经营西康之道，交通自应整顿，利源自应开发，汉民自应移殖，土民自应教化，佛教自应提倡。而最要一道，尤在求有以维系目前喇嘛教徒者，则莫如安置班禅佛入康坐床。盖西藏一活佛，达赖既在英人掌握中，不复能用矣。达赖与班禅为仇，班禅势难回藏，目前徘徊中土，状至凄苦。使中央能为之安置，其感激将何如乎！况西康建省之后，政治上已与西藏成为并立，若听康人时时朝藏，英人便易

---

① 见查理·贝尔所著《西藏之过去与未来》。

利用达赖，诱使康人叛离中国；若禁其朝藏，则康人必大起骚扰，更难治理；若安置班禅于康，则康人皆将赴朝于班禅，譬如分封之蜂群，得王即安也。

泰宁惠远寺，故达赖坐床处也。假使国民政府能送班禅安住此寺，厚其供张，以召康人，仍通好于达赖，承认其自治；达赖方恐班禅回藏与之争权，自必乐于此种安置。将来二活佛感情渐洽，尚有收回西藏机会。不此之图，数年以后，班禅郁死，转生于西藏，即不复能利用，殊可惜也。

一三九、尤侗谤诗

清代袭元明故智，宠用喇嘛，以怀柔蒙藏，其超谋远识，原非竖儒所知。当时文学之士，多有造为邪说，以诬康、雍、乾诸帝者，或言喇嘛教帝房中术，或言教以诅咒杀人，或言教以角抵，皆小说家见喇嘛诡异，凭空捏造之事。今日康藏喇嘛，并不通行以上诸术，以情度之，诸帝亦必不以此重喇嘛也。

尤侗《乌思藏竹枝词》云："大庆新封灌顶师，金吾夹道半銮仪。帐中吃吃君王笑，秘戏私传演蝶儿。"尤侗未曾作京官，试问渠何从听得帐中笑语，知所教秘戏耶？中国文人之信口胡说，大抵如此。

第三编　土司与头人

一、三曲宗与四曲宗

西康社会阶级甚严，通常分三"曲宗"。曲宗，犹阶级也。三曲宗者，土司、喇嘛、头人（其帮助土司办理政务之人，曰学巴，曰鄂巴，曰宗瑇，曰碟巴，曰热熬，种种名色，或管十家，或管数家、数十家、数百家，但未受朝廷名爵，不得称为土司者，汉语统称之为头人，或大头人）。又有分为四曲宗者，则以大土司为第一级，小土司、大头人与喇嘛为第二级，小头人为第三级，百姓为最低级。但康藏习俗，小头人原可升为大头人，大头人亦可降为小头人，此种分类仍不适当。又或有以喇嘛、土司、头人、百姓分为四级者，但有数大土司之头人，其位置实较小土司为高，故此分法，亦觉不合。兹以大小土司与大小头人之行为可记载者，合为一编，从三曲宗分类法也。

二、百二十国[①]

乾隆《雅州府志》载雅州管辖土司，为穆坪[②]（今为宝兴县）、大田（今冕宁县之田湾）、松坪（今田湾北之松林坪）、冷边（今汉源县东南境）、沈边（今泸定县沈村）、明正（今打箭炉）六部。但明正土司附属有百二十土司，皆康、雍两朝新收服者。计康熙四十年，平定西泸番乱，新附土酋五十五员，授职安抚司六员，土千户一员，土百户四十八员，其地皆在雅龙江以东，两金川之南，大渡河之西，即今康

---

① 此所谓之"国"指部落、土司领地。因康藏各土司即各部落首领，在其领地内有很大自治权力，俨如一个个部落之国王。
② 指穆坪土司，全称"穆坪董卜韩胡宣慰使司"，明代为川西最大土司，清康熙时与明正土司联姻，并两次与明正土司形成兼摄。

定、九龙、雅江、道孚、丹巴之地。初时只附明正土司完纳贡赋，后遂完全为明正土司所兼并，夷为头人。又，雍正七年，平定藏乱，新附土酋六十五员，授职为宣抚司者四，安抚司者十一，长官司者十一，土千户者四，土百户者三十五，其地皆在宁静山以内，金沙江以东，即今巴安、理化、瞻化、炉霍、甘孜与德格五县①之地。初附明正纳贡，后分割与巴、理两营官管理，又后更相兼并，成为十八土司，西人称康地为十八土司地方，以此故也。

改流以后，此等土司之印信号纸，全被追缴。土司名分，应已销除。但其在社会上之势力与地位，毫未衰减。且有许多村落之头人，因偶无土司之故，纷起自雄，俨然新国。若必从《十六国春秋》之例，逐一记载，则虽延至明春，不能了结此编。兹仅举各土司头人家较有谐趣之事，以见康民痛苦之一般，与从来经略西康者之失道。

三、宁静以西无土司

前清雍正三年，岳钟琪平定西康番乱，奏请划定川、滇、藏疆界，将西康一区分为三部：奔子栏以南，划隶云南省，"改土归流"，建设维西、中甸二厅；宁静山以东，划隶四川省，分封百二十土司，隶属雅州府；宁静山以西，赏赐西藏达赖活佛，自委头人管理。达赖喇嘛接受此等地方以后，就其地分为江卡、乍丫、察木多、类乌齐、洛隆宗、硕般多、达隆宗等区，或委头人管理，或委佛都督管理，未有土司。

当时维西、中甸所以即能改流设治者，其地原隶巴塘土司，既自巴塘划出，失其酋长，故可以流官治之也；宁静以东必须分封土司者，其地远在炉城徼外，广袤千里，夙为汉人所不到，教化所未及，部落群分，各有酋长，一旦以流官治之，恐将如汉之郡县西南，叛乱迭起，终不能守，故暂以土司羁縻之，俾徐图改流也；宁静以西所以赐藏者，当时清朝方极力培植达赖势力，以为长久统治西藏之计，盖以此饵其欢心也。西藏自吐蕃帝国崩溃以后，裂为万千部落，历千年，无统治中心。自元世祖封喇嘛八思巴为大宝法王，始以宗教势力团结各部，为一联邦形势。

清代扶植达赖、班禅，经几次剧战，始确定此佛教王国之地位。至是又始划定境域。其活佛经康雍乾三朝加倍培植，造成万能之偶像，藏人无贵贱皆五体投地敬事之，所以能不用土司，无虞离析。

---

① 德格土司领有邓柯、德格、白玉、石渠、同普（今西藏江达县）五县之境。

四、冷边之衰亡

元明之际，川边土司，以冷边为最大。其土司原系番籍，世为瓦部酋长，驻于大渡河东岸之冷碛，管辖大渡河沿岸与河西四十八寨、二十六堡地方。明太祖时，酋长恶他投诚，授宣抚司职。明末纷争，所属河西寨堡，为强夷所据，次第独立，版图缩至大渡河东，即今泸定县佛耳崖以北，岚州以南之地，共才五百余户。顺治九年，酋长阿撒投诚于清，始受汉姓为周，酋嗣周长命、周维新、周至德等，于康雍两朝，屡著战功，抗拒藏番，捍卫泸水，甚有劳绩。康熙三十九年，打箭炉之乱，周至德助大军攻克炉城；又扮作乞丐，西往雅龙江处侦探番军；又招抚上下木雅、金川、绰斯家①、格什咱、白利、恶日、木拉工共等十二部番众归诚。然虽有如此劳绩，清廷并未升其职衔，扩充领地；且冷碛当川炉大道，官役频繁，往来官吏例向土司有所需索，土司又转以剥削百姓，冷边由是渐就贫乏。兼以地逼川炉，汉人移居者日众，汉官威势随之而张；土司威焰，渐不易逞，其势日衰，不可支持。

赵尔丰改流之役，传檄冷边，该土司即行缴印，退为齐民，至今蜷伏冷碛，无再起念。然其部众，仍称之为周老爷，旧日土署私田仍为周土司私产，每年收租百余石，故仍不失为泸定富户。泸定知事，每借口清理公产，作势将提取土司私田，周老爷必以贿止之。其后凡新知事上任，周土司皆先馈银若干两以塞其口，连年剥削，现已近贫，不复有昔日南面气概矣。

五、沈边土司

沈边土司辖地，在泸定县南境，包有化林坪与磨西面，百姓八十九户，土署在化林坪河外之沈村。土司自言其先为江西吉安府人，名余锡伯，以从军平定明升功，授沈边百户。永乐时，以军功升沈边长官司。

沈边者，沈黎郡之边鄙也。今汉源县为汉沈黎郡，隋唐以来为黎州，沈村位黎州边徼，故曰沈边。沈当读沉降之沉，唯今世皆读为姓沈之沈，称其地曰沈村。沈边土司之衰亡与冷边同。

---

① 又作绰斯甲、曲司家等。

六、古土司倍入倍出

咱里土司，始祖名阿交，原鱼通土目，明洪武二年投诚，授土千户印，开府于大渡河西岸之咱里。后因藏番占踞炉城，势逼咱里，土司隐匿为民。康熙四十年，平定西炉，隐匿土司古六七力，首出投诚，命复原官，管泸定桥西一百零八户，为明正附庸，从此土司世代姓古。

此土司有私田数万亩，多半佃与人民耕作。清末改流，土司缴印，命土司境内公私田亩，一律升科上粮。古土司饬其租户代上粮税，自己坐享租金，故仍不失为巨富。唯家用浩繁，兼嗜烟赌，数年后渐贫乏，次第将其私田加租，已近于当卖矣。

民十三年时，各田佃户联合，抗拒再加，古土司无法。有妻舅李某，恶讼师也，为之献计，具呈将自己私田不受加租者，献与刘屯垦使，请屯署派员清查接收。屯署大悦，指令大为嘉奖，派清查官产委员二人来咱里清查拍卖。各租户大骇，盖租户耕种其田业已数世，一旦被官拍卖，欲去无家，欲买无力，于是纷纷自投土司家，愿量加若干，请其指为不愿捐献之私田，免受拍卖。古土司以是骤获数千金，漫指其佃户之不恭者数十处交委员拍卖。二委员协同泸定知事，强迫各原佃户高价承买，共得二万余元，提奖古土司三千元，二委员分吞万余元，呈屯署才一万元而已。自此以后，古土司倚李某为腹心，横行铜河，多为不法。去年穆坪改流，其地头人不甘，以古多才，远乞指示，古竟暗中指使，嗾其叛乱，黄道尹遣书泸定陈知事，将古拘办。陈拘古收监。古养尊处优日久，又有大烟瘾，私贿银一千二百两得释出，拟传此银为某警备队长所搕，随已挟赃逃去。当缴款时，古妻四出借银，风声大露，或劝古妻具控敲搕于炉城马旅，马饬陈知事释减，并赔还银千两，然古因讼所费已不资矣。

七、明正"开国"考

改流以前，西康最大土司为明正土司，已如前述。查此土司归流时所缴之印文曰"四川长河西鱼通宁远宣慰使司"，并无"明正"二字；番语则称之为"甲拉国王"[①]，

[①] 藏语称明正土司为"甲拉甲波"，意为"甲拉国王"。"甲拉"是明正土司的家族名（俗称房名），也用来指明正土司所管地区。

不知有明正土司也。唯从来汉人，概呼之为明正土司，清代川督疏奏、《四川通志》《雅州府志》，亦皆如是称。傅华封《西康建省记》云"明正之义未详，或谓前土司恭顺，川督奏请奖以明正称，未知是否"。尝考乾隆《雅州府志》，谓明正土司始祖阿南会，以助诸葛武侯南征功，授明正长河西鱼通宁远军民宣慰使司之职，传至明初阿旺坚参，始颁给印信号纸。法教士古德纯所著《川边史地》，亦谓"武侯南征时，打箭炉即为牦牛王都，牦牛王热耳簸，即中国史书所谓阿南会王朝之创始者，谓其曾助诸葛亮击孟获，归时得赐明正司官衔"。据此则明正之名，远来于蜀汉之世也。余考诸葛武侯南征后，虽曾收用土民俊杰建宁爨习、朱提孟琰等，置五部都尉，为民渠帅，并无宣慰使司等名号，打箭炉亦尚无鱼通、宁远等地名。《雅州府志》谓授明正长河西鱼通宁远军民宣慰使司全衔，当系附会之词。嘉庆《四川通志》，谓："明洪武初，始祖阿克旺嘉尔参（当是阿旺坚参之异译）随征明玉珍（当是明升）有功，永乐五年，授明正长河西鱼通宁远军民宣慰使。康熙五年高祖丹怎札克巴投诚，颁给印信号纸。"大抵打箭炉向为番区，文史未备，土司家世代传说，自夸其蜀汉时即已投诚。明时为明正土司，清时换印，去明正字，易曰四川，而习称已久，未易革除，一入公文，遂成定例，所以明正之名，沿用至今也。

再查明正土司境土，曾于明代中叶崩裂，王朝中绝，河西部分为冷边土司所并。明末清初，冷边又复崩裂，诸番强者，纷纷投诚于清，冀邀封赏。康熙五年，行查故明正土司后裔，得蹬睁扎吧者，尚持故明印信号纸，准其换印复职，因其起于草莽，不为诸番所服。三十九年，营官喇嘛杀嗣土司蛇蜡喳吧为乱，经清廷用兵讨平后，以新附五十五员土司属之。其后随征大金川、廓尔喀有功，皆赏戴花翎，列爵二品。土司浸强，兼并各部，成为西康第一大部。

八、甲宜斋

明正土司盛时，声势享乐，并拟王侯。打箭炉建筑有绝大崇宏之衙署；城外榆林宫温泉，建筑住宅一座；又有四十八锅庄，皆可供其游乐。所管土千百户四十余员，民七千三百余户，或征粮税，或赋力役，皆有规定。例如孔玉一区，凡百余户，其人习近汉人，善抬轿、做厨、打猎，即轮流到打箭炉城，担任舆夫、厨役及打猎枪手；丹巴二十四村，人最恭顺，地产柴薪，则分任供给柴草与伺候、伴当之役。伴当每年一换，每次四十名，皆自备伙食用度，来炉城土署供给走使，期满更代，不赏一文，平时则受驱策如犬马也。钱粮柴薪，以及其他差民供献之物，皆有专员典收保藏。土司与其姬妾，日唯酣歌寻乐，或出猎，或游各锅庄，终日跳歌装、饮酒，见好女子即逼幸之，荒嬉无度，而无议者。故凡土司之族，皆盼得承袭土司。

最后一位土司甲宜斋，为前土司甲荣斋之侄。荣斋无子，宜斋以药毒毙之，及其诸兄弟，遂得承袭土司位。即位未久，赵尔丰倡改流之议，巴塘、里塘、德格、霍尔诸土司，以次被废，传檄至打箭炉。甲宜斋大惧，召鲁密章谷土千户杨某议，欲召所部为乱。杨苦谏止之。宣统三年，赵尔丰接任川督，时赵威名籍甚，卫从如云，取道打箭炉入川，先期檄甲宜斋缴印，甲谋叛未决，至是战栗不知所为；杨千户先已通款于赵，力劝缴印免死。甲不得已，使人迎献印信号纸于折多塘。

赵尔丰既死川难，康地诸番叛乱蜂起；唯炉城驻有重兵，甲不得逞。藏番派乍丫娃二人与奸民张锡台说甲，潜赴丹巴，逼杨千户，召所管二十四村百姓作乱，率之进窥炉城。丹巴二十四村接近汉民，久沐汉风，倾心内向，武备废弛已久，虽有百姓一千余户，皆惧死不愿为乱，迫于积威，勉强从役。至牦牛，逗留不敢进。二乍丫娃自称有邪术，能御枪炮，鼓励土民进攻，土民不听。

先是甲宜斋与汗牛土司有亲，见丹巴兵已出，交张锡台逼杨千户督师前进。自赴汗牛，说雍土司出兵助战。于是张锡台与二乍丫娃逼杨千户下令进攻。杨畏葸不肯为，张等遂缚杨施刑威逼之。土民闻讯哗变，杀张锡台；信乍丫娃刀斧不能伤，缚悬树上渴饿死。解杨千户缚，哗散回村。杨亦匿不敢出。甲宜斋闻丹巴事变，潜回炉城，值尹昌衡主抚，竟免查究。其后，陈遐龄羁縻旧土司，委甲为夷情总调查员，月给薪水。民七绒坝岔和约、民八西宁运枪，皆以甲宜斋从行，使办交涉，颇有功绩。后有告甲宜斋谋变者，收甲康定狱。甲之小娃子谋劫狱逃逸，夜自狱顶垂绳出甲，负之逃走，犬惊街邻，邻人不知其事，奔告县署，追及于康定河岸，甲赴水淹毙。

九、十三锅庄与四十八锅庄

近有马泽昭君，著《打箭炉调查》一文（原题为"西康内地调查"，其实只记打箭炉一城之事，想系报馆将题标错），在《新川报》发表，谓"康熙二十八年，成都派员前往调查户口，将十三部落，改为十三锅庄，……时江忖与清室声气相通，权势日重，承受意旨，将十三锅庄分为四十八锅庄以弱其势，每锅庄百户，设土百户一员"云云，实系误记。

考锅庄起源，原为各地头人为候差便利，在土司衙署附近，建筑长住候差之房屋。明正土司所管，地方辽阔，各区头人例来土署候差，并料理临时征调之事。如系不常候差，固可支搭帐房，差毕即可撤去；然明正差徭繁数，各区头人几乎终岁派人在此伺候，故建碉房，为长住计。打箭炉为商业区域，故又兼营商业也。锅庄，谓安锅熬茶长住之房屋，乃系汉语（打箭炉通行汉语）。若以房屋之性质言，则可称为头人办事处，或候差房，又为头人之商店，亦可称为各部落之会馆。十三锅庄者，明正土司原管地方鱼通、孔玉、雅拉沟等处十三头人之候差处；四十八锅庄者，康熙四十年招降附隶明正之关外四十八土百户之办事处，非自十三锅庄所分成也。此可以乾隆《雅州府志》为证，志云"该土司所管锅庄头人十三名，共四百六十五户，新附土司夷民七千八百四十二户"，又云"新附口外安抚司六，土千户一，土百户四十八"，并载其名、地及民户、赋贡数目。此六安抚司，为瞻对、喇滚正副、巴底、革什咱、绰斯甲；一土千户即咱里土司。并有印信号纸，为独立部落，仅附明正上贡。唯四十八土百户，无印信号纸，位势卑弱，渐移为明正部属，故有四十八锅庄候差也。

打箭炉地位高寒逼窄，不产五谷，而能成为人口二万以上之都会者，与此事颇有关系，故详正之。

十、明正与穆坪之关系

明正土司甲宜斋之子名甲联芳，曾住汉军学校，颇英朗。明正既亡，甲宜斋淹死，只甲联芳一子，与其妻妾母嫂等数人，守遗产甚丰。然甲仍欲为土司，度明正已不可为。民国十七年，穆坪土司故绝，其人迎联芳往，承继土司位，联芳赴之。穆坪原系头人专政，联芳抵署，即倡言将大诛豪强，以利整理。大头人惧，乘不意刺杀之。明正由是绝嗣。甲联芳死后，穆坪大乱，二十四军乘时改土归流，现已正名为宝兴县。

穆坪人民所以迎甲联芳为土司，因二土司原出一家故也。先是，康熙三十九年，打箭炉番乱，土司蛇蜡喳吧被营官喇嘛杀死，无嗣。四十年，平定西炉，以其妻工喀袭职。工喀有女桑结，嫁穆坪土司坚参雍中七力为妻，坚参雍中七力出兵宁番阵亡。有子坚参达结年幼，部议以桑结权印。五十六年，工喀死。至是又命桑结兼管明正土司事务，桑结移住打箭炉。雍正三年六月，打箭炉地震，桑结被房塌压死，以坚参达结承袭母职，兼佩明正、穆坪二土司印。达结娶小金川土司汤鹏之女喇章为妻，土民王幺幺为妾，生长子坚参囊康，次子坚参德昌。雍正十一年达结死，子幼，议以喇章权明正土司印，王幺幺权穆坪印。其后二子长成，德昌袭明正土司，囊康袭穆坪土司。明正土司已同故绝而不予裁废者，其时西藏用兵正急，打箭炉为转输总汇，不能不利用土司以便调集番差故也。

十一、甲安仁

明正土司盛时，曾以鱼通一区分封其弟为小土司，未经奏请，未有印信号纸。改流以后，此土司独以无案漏网，得免取销。民国元年，以鱼通划属康定县，依照习惯，以土司为区保正，即今鱼通保正甲安仁也。甲安仁虽为康定保正，从未至康定衙门，仍于鱼通土司衙门，布置公桌刑具，坐堂问案，俨然为该区民政首长。康定县官，以其僻远，但责以完纳粮税，余事不过问也。明正自甲宜斋父子死后，家无男丁，疏族亦仅甲安仁一人，现其遗产，概由甲安仁料理。本年黄某有改鱼通为金城县之议，如果实行，则甲土司命运，亦将随泸定周、余诸土司故辙沉去耳。

十二、巴底王子

土司真怪物也，其势力之大，不可思议，亦未易以空泛之言语形容，兹且以余与巴底小土司游行半日之情形，写告阅者，以见一般。

巴底土司，清康熙四十一年投诚，授安抚司职，寻授宣慰司职。其地在丹巴县北境，跨大金川河谷，南北三十余里，东西以山为界；部民六百余户，分十七寨，有八大头领，十七寨首分领之。土司衙署两座，一在河东岸沈洛村，一在河西郡桑村，中间设一皮船渡，往来理事。宣统三年缴印归流后，土司改称总保，部民事之仍土司也。老土司死，土妇袭职。民十五年，土妇死。小土司才十五岁，有弟才四岁，长姊已出嫁为明正甲联芳妇，次姊二十，待字在家，助其弟主持土务。署外林卡街，为汉人商店。有汉人戴泽普者，微识时事，剽窃三民主义、哥老会等题目，创兴"烧山大会"，招集番汉党徒数百人，歃血为盟，结为死党。欺土司幼弱，欲娶其次姊，自为土司。小土司弟兄惧，奔打箭炉，依其长姊。戴泽普势焰张盛，丹巴知事不能制，土司之姊潜雇死党，乘黑金喇嘛寺跳神之夜，刺杀附戴之番首二人，戴惧走崇化（民国十七年八月事）。小土司亦得炉城政府之助，随新任知事彭斗胜回丹巴，故甚德汉官，对汉官极恭顺。

十八年六月，余至巴底，住喇嘛寺内，召之谈话。其人渡皮船来，赤双脚，荷靴于肩，衣淡黄色粗布短衫，领有金丝缎缘，白布裤，污垢如厮养。年十七岁，貌亦清秀。从者四人，或牵马，或负鞍具。先入寺内休息，着靴饮茶后，携其通事来见。命之坐，不敢坐，言必屈膝，辄比余为父母，为天神；聆余言语后，益感动。闻余将往白松塘绘图，即命其从者解所乘马乘余，自乃徒步奔走相从，其从者又前后奔走扶持之。道旁耕者见土司过，皆释锄，垂手屈膝，待其行过，始敢遥尾而窥之，不敢逼视也。过一村落，名林卡南街，有一大头人住此，土司向之招手，数语而去。还时过此，此头人已铺栽绒藏毯一方于道旁石台上，前置长方木盘，承酒一壶，生鸡蛋一碗。头人跪迎土司，奉坐毯上，另以酒一壶，插麦秆一枝，献其从者，从者以次口衔麦秆饮之。余见此状，下马驻足看。土司以余在，不敢坐藏毯，起延余坐之，自倚石墙，据地饮酒。头人对土司跪于五步外，头人之妻与其九岁幼子，跪于十步外，俯首据地，敬候土司饮。寨中各碉番民，咸屋顶窃窥，仅露其目，不敢咳嗽。土司从者饮酒尽，取鸡蛋纳腰带中，还其空盘，未尝有赏赐；头人跪地接盘，退入室内。既而余行，土司起立牵马，奔走前导，头人跪送，其妻与子亦皆跪送，跪地远近，亦如前式，见土司走稍远，则送行者起立，俯首赶上，至相当距离，再跪地送行，如此三次，始自回去，土司亦未理也。土司虽当众人为余牵马扶镫，状至卑谨，而其人目中，只有土司，未尝有余。

此土司年龄稚幼，衣服垢秽，仪表并无可敬；政权操于姊氏，本身并无威福可作；出奔之后，赖部队逐戴迎归，威信无足道。乃能受人尊敬如此，诚不可解。民国元年，青步阶为丹巴设治委员，莅职之后，对番民云："将取销土司之位，俾尔番家与汉族同等。"番民大骇，遂有三土司之乱，番民为之死者数百人，倾家者无数。乱定后，仍不敢惩办土司，但予罚金。罚款仍由其部民摊任，土司家不出一金，人民无怨者，土司诚怪物也哉。

十三、世　婚

番俗，土司家有约定世世婚姻者。例如巴底，约定每世以一女子嫁绰斯家。至现土司一辈，而绰斯家无子，巴底长女不能待，嫁明正家去。以次女待之，现已二十余龄，绰斯家尚未有子；巴底又无稚女可以待婚，遂不得嫁，此女子即今主持巴底土务之二小姐是也。最近绰斯家仍尚无子，曾有择其大头人之子迎娶巴底二小姐之说。

又里塘毛丫土司，欲与崇喜世婚。崇喜不允，毛丫土司率其部民袭击崇喜，焚其官寨，又数劫掠其百姓。崇喜大惧，竟许以世婚。

十四、巴旺土司

巴旺土司地，在巴底南，亦跨大金川河，形势与巴底同，土司为宣慰使职。改流之役，与巴底同时缴印。缴印至今，为土司如故。所管有四大头领，十六寨，六百余户。先是巴底土司原驻巴旺，康熙时，土司绰布木凌生二子，以长子囊索承袭，驻牧巴旺；次子旺查尔分防巴底。乾隆金川之役，二子从征并有功，并颁宣慰司印，由是分。

巴旺传至清末，土司名大丹旺青，娶单东土司女。大丹早死，遗孤南梭尔奔巴底。单东女为土妇当政，悦大头人根雀，以为面首，浸以其财宝藏根雀家，已亦从之如夫妇。生子某，根雀以为嫡子，谋袭土司位，土妇犹爱南梭尔不许。南梭尔既长，怨根雀。单东土司之乱，巴旺附单东，以土妇故也。乱定后，土妇以忧死，根雀欲杀南梭尔，贿丹巴县，按巴旺叛乱罪，收南梭尔，瘐死丹巴狱中，才二十二岁。有子娘格郎吉，袭土司位，其母杜基格妈主政。根雀复欲通之，以遂所欲，时根雀已老，杜基格妈不悦。悦喇嘛寺一僧，佛都督也，延之署中，同卧起，不避亲疏耳目。先是改流之后，废土司名目，改称总保，根雀以讦告南梭尔叛逆功，受命为巴旺副总保，驻牧小巴旺，下四村百姓皆归之。根雀既不得通杜基格妈，又欲以其女（前土妇所生女也）嫁小土司娘格郎吉。杜基格妈畏逼，欲从，召其头人议之。头人曰："是土司祖母之女也，不可婚。"于是为小土司订婚于沃日土司（属懋功县），欲结外援以自固。根雀大怒，嗾下四村百姓哗曰："杜基格妈私喇嘛，其子不足为吾主，愿析地拥戴根雀为小巴旺土司。"双方诉于丹巴县，竞为贿赂以求胜。前张知事分之。张卸任，复诉于司徒知事，司徒合之。司徒去，又讼于彭知事斗胜，彭使杨千户往调停，仍判合。于时双方并已破产负债，无力再讼，但暗斗而已。杜基格妈所眷之佛都督，根雀声言必刺杀之，该僧惧死，逃匿阿日土司境，至今不敢归。杜基格妈，已另有新恋矣。

根雀年老，现已传位于其子某（即老土妇所生）。余至巴旺日，与娘格郎吉皆来见，根雀子貌鸷，娘格郎吉腼腆似女儿，询其负债之由，自言如此，并无忸怩之色。

十五、三土司之乱

丹巴县境，原有三土司，巴底、巴旺已如前述。另一为单东土司，管辖丹巴县西北境农牧共六百户，及道孚境内二百余户，与巴底、巴旺邻接，世为婚姻。宣统三年，单东土司邀二巴一同缴印归流，尚未议恤。民国元年，青步阶为丹巴设治委员，对百姓言，从此废土司，番汉平等。三土司不自安，单东土司复邀二巴作乱，各喇嘛寺和之，旬日之间，势如燎原。青步阶逃回炉城，丹巴县三营六屯二十四村百姓，皆被胁从贼，汉人或曾与番家有隙者，皆被焚杀，死数百人。三土司联兵阻疣牛，拒炉城汉军。陈遐龄时为旅长，攻疣牛，中伏大败，遂不敢进；刘赞廷时为营长，自道孚进军党岭，忽自退回道孚，逗留数十日，始约陈遐龄同时进军，协攻单东。三土司初以道孚军不进，未备党岭，专力防疣牛，及是刘军直抵单东，陈军亦以一营自沙中沟间道协击，单东土司被擒至道孚，巴底、巴旺瓦解，撤防议和。陈遐龄入丹巴，尽提土司枪械，罚单东银五万元，巴底、巴旺共罚五万元，云偿军费，悉勒缴入私囊；又自刘赞廷营夺单东土司入己营，居为奇货。时尹昌衡入京，颜某代为经略，张镇守使来炉，缓刑狱；陈刘并无功见称而罢。

十六、土司篡臣

单东土司，明代名革什咱土司，清康熙四十一年投诚，颁发印文，曰单东革什咱印。清末世，增设副土司甲松，管下六百户，称革什咱，仍受单东土司节制。副土司名某，性柔弱，有伴当即伺役彭满泰者，以机智见幸，参与土务，遂与其妻通。彭娴汉语，得交结官吏，勾结死党，势倾土司。民元三土司作乱时，彭满泰要挟副土司，不得附乱。乘单东败时，药毒副土司死，自与汉军接头，乱定叙功，升彭为总保。使革什咱六百户与单东六百户分治。副土司之妻既与满泰通谋，别无亲故为之诉冤，唯有一妹，嫁河东民家，畏彭势不敢讼，但求副土司尸去，以药保藏葬之，声言待机会到，仍将起诉。彭满泰以是深结汉官，恭顺为土司第一。

戴泽普创兴"烧山大会"于巴底时，番民失意者多往投之，戴言间颇为故副土司不平，以是与彭满泰水火不容。戴与前张知事为姻戚，受委为巴底副区长，满泰无如之何。及张去职，戴之势已养成，出入城治，常以团丁数名荷枪卫之，曾与满泰怒争，咆哮于司徒知事前。司徒仁柔，听之而已。已而满泰雇死士刺杀戴，未中，又使人结巴底土司家人约共图戴，杀戴所委头人二名于黑金寺。戴惧奔崇化。适二十四军委彭斗胜为丹巴知事，甚喜彭满泰，委为土兵营长，出示缉戴，禁止结会。满泰感激彭知事，颂不绝口，彭卸任日，送之三十里，执手流涕，并命其党荷枪护送出境（十八年事）。本年丹巴王知事撤职，彭满泰又率其头人八十余名，自来成都谒见刘军长，冀请彭知事复任。未偿所愿，便道朝峨眉而归。番酋之易以恩抚，有如此者。

十七、土司粮

关外粮税甚复杂，大概分类，完纳于政府者为官粮，完纳于土司者称土粮。昔未改流，人民粮税皆纳于土司。改流以后，废除土司，命纳粮于官，本已无土粮之说，而人民仍依习惯，纳于土司。官府亦未禁止。

据巴底土司自云，所管六百余户，各户土粮不等，多者十斤，少者九斤，最少只有三斤者。官粮则每户二斗，分两次缴纳，三月一斗麦，折价三元；七月一斗麦，缴纳实麦。官斗每斗十九斤，民斗实需一斗半才得十九斤，故人民常自谓其每年完纳官粮一斗半又三元。又，时全征实粮，则为三十八斤也。

十八、土司借债

未改流前，土司家无论如何浪费，皆由人民分担，无借债之事。土司家亦少有积蓄，需费时，可随所需多少，临时征取于部民也。昔时关外无货币，一切交易，皆用实物，或以粮食，或以牛马，或刀枪、锅碗、珍玩之属。土司以此征于百姓，耗于赗赙聘盟赏勋奖死之事。民国以来，政府多征现金，不用实物；即官粮，亦每每折征。每有征发，皆下总保，限期完官。总保即土司也，土司下于头人，头人下于百姓，罄其所有，不能足额，则由土司出名，外借于各喇嘛寺以足之。一次完纳，又复一次，陈遐龄时，有年至三四次者（其名目曰折征，曰烟税，曰乌拉费，曰借款等，唯无预征）。故各土司家，大都负债甚重。此等债务，虽由土司承名，实为部民全体担负，徐徐以粮食、牛马偿还。土司与其头人，尚可从中渔利，即土司家因诉讼所负之债，亦仍由百姓偿之。

丹巴诸土司乏钱，大都向崇化广法寺借债。广法寺即雍仲喇嘛寺，系乾隆四十一年敕建，有僧侣数百人，为金川第一大寺，经营西路商业，积有巨资，亦为金川第一富窟；借款概以五分行息，边民信喇嘛能诅咒赖债者，故莫敢不偿也。

十九、杨千户

丹巴县南部，有二十四村，一千余户，原为十七土百户地。此十七土百户，亦于康熙四十年投诚授职，称鲁密十七家，拨归明正土司节制。后遂夷为明正领土，置一土千户管理之，称鲁密章谷土千户。此土千户系明正私委，未经报部领得号纸印信，故不见于籍。老土千户名杨某，体魁伟肥硕异于常人，为明正土司甲宜斋宠臣。改流之役，曾劝宜斋缴印，为赵尔丰所喜。设治以来，改称为二十四村总保正。民国初年，子杨国材嗣，长大似其父，而甚瘦弱，性仁柔，颇为部民爱戴，然不甚亲县官，仍有土署在县治后。其家在蒲工碟，仆婢盈庭，居然一土司也。

二十、土司办差

大清时，汉官出关，例有土司办差，因草地无市场，非由土司饬人民支应一切，则将寸步难行也。应办差徭，对于行役官吏，为骑马、鞍具、驮牛、帐房、柴炭、水夫、卫队、草料、锅碗；对于驻防官吏，为衙署、用具、薪炭、草料、鸡与鸡蛋、修缮用具、出差乌拉。此等差徭，概由汉官饬土司，土司饬头人，头人分配数额，饬村长征办。急差半日可集，不拘远近，皆可星夜征赴。汉官仁廉者，例有赏赐，当其价值，概为承办头人所得，百姓不沾丝厘。凡头人之服役土司，利此物也。

清代关外汉官甚少，人民力能胜之，土司承办差徭，毫无困难。改流以来，官吏如鲫，赵尔丰曾宣言番民，免除杂差。但各地头人，利其赏赐，反怂恿汉官照旧征取。二十四军接防后，曾通令免除杂差，各官署奉文多未公布，仍自征取；中间亦有实无市场、非行征调不能购物之地，亦有市肆发达、无庸征调之地，上峰既未分别命令，各地遂得观望不行。土司视为痛痒不关之事，头人视为利薮，百姓虽以为苦，而下情无由上达，此西康所以逃户日多，耕地日旷也。

兹举丹巴二十四村差量徭役于下，以见一般：

（一）官粮　每户粮二斗，户口税银二元，此中土司大有中饱。

（二）借款　即烟苗捐四千九百元（刘屯垦使时旧案）。土司承办此款，例有奖励。

（三）乌拉费　即驮粮赴打箭炉之乌拉脚价，每年征收，每户二元至二元半。其实此款，经手人中饱十分之八，二十四军已清厘酌减。

（四）县署鸡蛋　县署随时征取，给有官价，为头人所吞。

（五）县署薪炭　县署随时征取，给有官价，为头人所吞。

（六）修缮木材　修缮衙署及官用器具、官管桥梁等用之木板木料，县署随时征取。

（七）炮药　县署每日正午、定更、二更放铁炮一次，火药随用随征。

（八）乌拉　凡官吏往来出差办案，由县城出发者，皆由二十四村支马，多半强逼头人折价。每马每站，折价三元；有恶索至四五元者（藏洋）。

（九）长差　县署送往隔县公文，皆二十四村百姓当差传递，不给资。

（十）行台差　凡汉官、差吏、土司头人，行经某村，皆由村长分派人民支差办站。所有赏金，概归头人。

二十一、八角之乱①

民国六年，懋功八角喇嘛寺妖僧作乱，诡云真命人主出世，派人四处煽惑，云军师、元帅皆有异术，能避枪炮，炼有神水，饮水者刀剑不伤。大小金川之土司、番民，狃于旧习，盼有皇帝，闻风附和者甚众，成都为之戒严。先是，八角寺修屋，有木匠冯子青与傅某，自云能以符咒避炮弹，工余传术，僧俗习之者日众。有烧火喇嘛，体肥胖，有神经病，傅、冯指为真主，供之高阁中，每日望阁礼拜，并命其弟子皆拜菩萨，声势渐张。懋功知事集团丁捕之，木匠集徒拒捕，大败团丁，直扑县城。知县逃走，城陷。木匠遂制黄旗幡盖，称真主起事，冯、傅二人分为军师、元帅，发散文告，云复清制，布分党徒，陷崇化。攻绥靖，不克。别支攻沃日土司，土司拒战大败，奔成都。于是懋功之汗牛、必思满诸土司，丹巴之泽龙守备、巴旺土司、明正二十四村皆附乱；绥靖十二村，城守者仅一村。绰斯家、梭磨、松冈诸土司，皆起兵驱逐汉人，遥应八角，成都震动。已而成都以大兵分道进攻，川边镇守使殷承瓛，亦出兵一营，反攻丹巴，大战于弓槎，驱贼回懋功境。诸路军克捷，会围八角，附乱诸土司以次归命。寺被围久，渐不能支，僧侣缚烧火喇嘛与傅元帅出降，冯子青竟逸去未获。凡大乱三月而平，剧乱期中，番人倡言"洗汉"，汉人皆弃家匿避深山中。番人或搜杀之，绥靖最甚，凡死千余人。傅、冯二逆之乱稍戢，时川滇战争已起。定乱诸军，草草了事，未暇惩创附乱者，至今金川诸番，目无汉军，以此故也。丹巴曾为叛徒所据，乱定后，镇署惩罚附乱诸番，二十四村与巴旺土司地每户罚年纳户口税二元，至今未免。

---

① 指1917年懋功（小金）抚边屯之八角喇嘛寺僧人若巴自立为"大清通治皇帝"率众起事，占领崇化、绥靖屯，后被汉军与民团联军击败这一事件。

二十二、泽龙二雍

小金川泽龙沟，共有番民上百户。乾隆金川之役，懋功至丹巴，沿途剿尽，全由汉人填实，即今之三营八屯是也。唯泽龙一沟，番人投诚未剿，设有土目治之，历代恭顺。太平天国之役，川督调泽龙番目雍某从征，转战数年，曾预南京之役，以军功世袭土守备，并荫一子为土千总，分管上下泽龙番民。千总仍受守备节制。赵使改流，未及小金川，故其印信号纸犹存。尹昌衡时，以此地划入川边丹巴县，亦未追印。"八角之乱"，泽龙守备雍天顺附八角，千总雍某不从，以土兵应边军，拒守一支碉隘口（丹懋交界）。已而边军见八角势大，畏葸返回，雍千总败走崇化，为附乱番民擒杀。有子雍鹤龄，在丹巴未死，乱定后，政府嘉千总功，命鹤龄承袭千总。憎守备雍天顺附乱，割守备所管五寨百姓隶千总（此五寨有一寨半在丹巴境，半在懋功境）。又，汗牛附乱，土司诛绝，并以雍鹤龄兼汗牛印。汗牛管九百户人，为金川大土司，隶懋功县。雍鹤龄从此暴富，佩两土司印，管一千余户，地跨两县。以父死故，与雍天顺相仇。天顺自知力不敌，深结好于丹巴县官，承办差粮甚恭顺，借以倾鹤龄。鹤龄则常住懋功，不入丹巴境，对于丹巴差粮，全置不理；对于汉官，倨肆自豪，未尝有臣属意，大渡河谷现有之土司，殆以此为最肆慢者。

雍鹤龄延聘一汉学究课其诸子，兼理文札，尝在丹巴见其拒缴烟税禀，典语连篇，犹是骈文。内地滥文人，失业走边荒为番酋师者颇多，盖不仅一雍守备家有之。驭土司之难，可于雍鹤龄见之，彼以一失势番酋之子，经汉官一手培植，骤为土司，一朝得志，恩威并忘矣。

二十三、余科牧国

余科，《西康建省记》作鱼科，又作榆科、玉科。其地在今道孚县之北，二楷金厂之东，为一大高原，无农产物。部民七百又五十户，皆帐居游牧，无房舍田土，每年以牛乳、酥油、牦牛之属运售道孚，易粮食、茶布而归。其土司亦帐居，夏处山地，冬移河谷，择部民密处居之。其部有一喇嘛寺，在二楷沟上游，建自矮屋，容数百人，部中男子，皆出家于此。土司于清雍正六年投诚，颁发印文曰"瓦述余科安抚司"，每年赋银二两，解打箭炉同知衙门上纳。宣统三年，边务大臣赵尔丰檄令缴印归流，土司回禀支吾。未几，赵赴川署督，傅华封代理边务大臣，送赵入打箭炉。该土司率骑数百于道孚山后，请设治委员杨宗汉出语，意有所要挟，杨不敢往，该土司亦驰回。既而傅华封复返道孚，再檄缴印，土司不理。辛亥闰六月，傅命诸军进攻，道孚汉商丁培之为向导，并檄令罗科马番酋夹攻。余科无城寨村落，番民以其牛马结队，游移避战，官军追逐二日，未遇。然时汉军声威甚著，余科番民不愿助土司抗拒，渐渐离去。罗科马亦游牧番，识余科途径，追及土司于一山穴。仅数人从之耳，以穴险，只一道可入，土司以枪二支守之，不得进。上罗科马番酋，与余科土司世婚，诡词诱之出，便砍杀之，以其头及印信献汉军，得赏八百元而去。余科土司有同母弟为喇嘛，时方朝藏，未几回部，部民拥戴为土司，住居喇嘛寺内，派头人投道孚投诚，每年认纳牲税六百元，帮道孚各村乌拉差费六百元（关外概以藏洋计算）。自投诚至今，土司从未至道孚，未受征调，除例纳牲税外，乌拉费亦积未缴，其为独立部落犹昔日也。

番俗，杀人相仇，不问主使者与被杀情由之合法与否。余科新土司，以前故与上罗科马相仇，使其部民互相侵掠。延至民国八年，始有道孚、炉霍各区头人，为之说和，断罗科马赔偿余科命价五千元，以牛马器物折合。余科土司得此赔偿后，完全雇匠刻成麻柳堆石片，凡数万张，谓为前土司祈福。

二十四、上下罗科马

罗科马在炉霍县东北，与余科接境，为一大草原，全属牧户，号称"野番"。有两头人分治，称上下罗科马，生性犷悍，互相仇杀。宣统二年，因斗杀互控于炉霍屯。传之质讯，则此来彼去，彼来此去，经年不得对质。已复聚众械斗，屯员以兵止之，反互攻官兵，伤亡数十人。明年夏，赵尔丰率兵收瞻对，上罗科马先来投诚，划隶炉霍，下罗科马惧而逃匿。迄余科用兵，上罗科马奉檄助剿，下罗科马助逆。乱定后，下罗科马始随余科投诚，划属道孚，每年各纳牲税百余元，仍听自主，亦仍互相仇杀，至今不解。

二十五、俄洛、色达十八部

俄洛、色达（达读如挞）之地，东抵大渡河源，西近雅龙江，南与余科、罗科马及甘孜县接境，北与甘肃洮州联界，纵横四千余里，为西康高原北部主干。高寒不产五谷、蔬菜，亦无树木，帐居游牧，与余科同。俄洛在西北，接近石渠，有上中下三部；色达在东南，接近甘孜、炉霍。共分一十八部落，有一十八土酋分管之。其人以放牧与劫掠为业，号为西康匪区，近亦自西宁等处，购入快枪，以为行劫之具。地当洮州运盐商道，所劫以盐商为主；商旅断绝，则结队出劫于数百千里外。各部落亦互相劫掠，土酋主其进行。男子以勇于行劫为美，唯不得劫同部之民。一人行劫他部，与人为仇，则全部助之；一家被劫，全部亦助之报复，以此互相仇劫无已时。番人亦乐此不疲，未尝有倦意，部落之间纷如此也。信奉喇嘛教、喇嘛戒，故其人劫而不杀，得资多者，皆输喇嘛寺，或馈佛都督以祈福；不尚蓄积，资尽再劫，未尝有不足也。除畜牧与劫掠外，又能为商，以其牛马，驮其土产，售于四境，易茶、布、青稞而归。地又出盐，盐自浅潦取之，不费劳力，初出每五斗易青稞一斗，运至甘孜则青稞一斗易盐一斗，再至瞻对、道孚，则每青稞三斗易盐一斗，其利极厚。故虽匪区，番商犹乐赴之。俄洛娃与人交易，不欺诈，但喜劫人耳。

宣统元年春，赵尔丰征讨德格，惮俄洛"野番"助逆，檄令归诚，不报。既已平定石渠，距俄洛界一日站，再以檄谕之，回禀支吾。赵欲以胜兵临之，谏者谓其人居无庐舍，迁徙鸟举，难得而制，且地无粮谷、柴炭，燃烧牛屎，挽粟输薪，在在不易。适该头目复上禀承认约束，永不劫掠，赵遂借此止兵。宣统二年，德格葛察寺喇嘛，往说投诚。宣统三年，乃渐次投石渠县纳税。色达"野番"，亦有赴甘孜投诚者，赵檄令全体投诚，旋亦承认，但请免于境内驻军，免认乌拉税，每年只纳牲税三千元，代理边务大臣傅华封不准，批令仍与改流各土司一律待遇。时汉军声威籍甚，"野番"不敢抗，遵批承认，请发章程。并曾派队前往清查丁口、牲畜，率造有册籍，拟设二县矣。旋因政乱，边警日急，俄洛、色达，一并离叛。自尹昌衡以来，皆放弃之，俾为"野番"如故。冯玉祥在陕日，曾以兵自甘肃征服其一部，旋亦不能有也。

二十六、绰斯家与二楷金厂

绰斯家土司，在道孚县东北，跨大渡河谷，地方纵横千里，农牧一千余户，号称万户。清康熙三十年投诚，颁给"绰斯甲布安抚司"印，归懋功协管辖。其地有二楷沟，上通道孚、余科境。宣统三年，赵尔丰檄令缴印改流，该土司奉令即缴，暂划归道孚管辖。拟俟金川改流后，再行设县。实则其地距绥靖甚近，距道孚绝远也。二楷沟金矿甚富，民国四年，梁士诒等集巨资，从事开采，工人至二万余人。绰斯家奉喇嘛教，恶取地利，深恨之。"八角之乱"，绰斯家乘时嗾番民驱逐金厂，淘工生命财产损失甚巨，汉军不能讨，金厂由是罢。该土司亦由是独立。昔改流时，未定赋税，又距道孚远，历任知事皆弃之。去年二十八军用兵番地，仍招降绰斯家，现已重开二楷金厂矣。

二十七、西康之小部落"国"

固衣在道孚县西北，孔撒区与下罗科马之间，为山谷中一小寨。仅有十余户，壮丁二十余人而已。道孚县境，昔为明正、单东、余科、罗科马、孔撒、麻书六土司交界之地，境土相错，非常插花。缘昔番民，自从所愿以求主属，未尝有官府为之划界故也。固衣寨接近"野番"，其人犷野好斗，不肯下人，从未附属任何土司，各土司亦以其渺小，弃而未取。改土归流时，政府亦未注意此寨。划定县境后，固衣四周皆属道孚，其土酋亦未赴道孚县署投诚。县署虽明知之，恐其滋事动兵，妨碍考程，故亦佯为不知，听其自主。直至今日，仍听其为独立部落。

其地位高寒，每年能种青稞或豌豆一次，民皆兼营畜牧与劫掠，以助生活。其行劫地，多为大寨与将军梁子等处。需用茶、盐、布匹，则向道孚购之。信奉喇嘛教，家有多个子女，皆送往牛厂喇嘛寺学习。其酋号为"寨首"，实有处理全寨民刑诉讼、政教、军事全权，世代相承，俨如国主。

二十八、木茹王

道孚之木茹，亦一劫匪之国也。其地在县治南铜佛山后，跨木茹河，上下一百零五户，有土百户一人统治之。《四川通志》作"木辘"，康熙四十年投诚，颁发号纸，无印信，每年上粮六石，折银三两，附明正土司上纳，为明正四十八锅庄之一。其地气候温和，农牧狩猎皆宜，然民性好劫，距松林口甚近，凡松林口之劫案什九皆木茹娃所为也。昔明正土司存时，尚受约束，改流以后，益无忌惮。当二楷金厂盛时，松林口金商如织，木茹娃乘时出劫，皆致暴富。县署积案如山，不敢追究，以其道险民悍，行军不易，差役士兵更无如之何也。木茹土酋，以畏罪故，惧为官役袭擒，令其百姓，无许汉人入境，每年仍缴纳牲税三十元，实粮若干石，皆由明正区番保正代为上纳，其人不敢至县署，县役亦不敢入其境。民国十四年县知事欧阳华，嘱番保正谕木茹归正，约会于铜佛山。欧轻车简从赴之，木茹娃皆番弓盘马而至，惧袭捕也。既至，亦罗拜伏地，听欧告诫。欧谕以祸福，约以后不复行劫，该头人等感激首肯。自是以后，松林口始为吉途，然汉人仍不许入木茹境也。

二十九、查坝六部

查坝①六部，地跨雅龙江，在雅江县北，木茹之南，有土百户六员，分管一千余户。民情政俗，与木茹全同。改土归流后，划隶道孚，而年帮乌拉费万余元于康定，道孚只征粮税。查坝亦著名匪窟，禁汉人入境，唯许道孚一番通事名羊马札西者入境收粮，其人亦不敢赴道孚也。

道孚为近关大县，境土千里，比于康定。而每年收粮才六百石，不敷政费。受委为县知事者，皆徘徊不赴，以有查坝、木茹、余科等强梁梗化之区故也。

三十、霍　尔

今道孚、炉霍、甘孜三县地，明时为霍尔部。清代分裂为数土司，雍正六年投诚授职者，计有霍尔竹窝安抚司（今炉霍朱倭土司）、霍尔章谷安抚司（今为炉霍县治）、霍尔孔撒安抚司（今甘孜孔撒家）、霍尔麻书安抚司（今为甘孜麻书乡）、霍尔咱安抚司（今为甘孜德格之上下杂科乡）、霍尔白利长官司（今甘孜白利乡）、霍尔东科长官司（今甘孜东谷乡），计凡七家。霍尔咱早为德格土司所灭，故近世通呼为"霍尔六部"，又东科向为喇嘛寺主政，故有"霍尔五土司"之称。

霍尔五土司地，错列如棋子，各不团结。例如，孔撒、麻书，除各在甘孜县境辖有一千余户外，又远于二百里外之道孚县境各辖数百户；章谷土司除辖炉霍境四乡外，又西于二百里外之甘孜县境悬辖蒲永隆与林葱二乡是也。

三十一、章谷之亡

西康有两章谷：其一在大金川，乾隆设章谷屯，即今丹巴县也，番人称为鲁密章谷。另一为霍尔章谷土司，即今炉霍县章谷土司，在霍尔诸部中，版图最广，势力最大。清代中叶，曾侵伐林葱土司，割占其土地一部（今甘孜林葱乡）；又与德格

---

① 查坝，即鲜水河谷的扎巴地区。今分属道孚、雅江两县。

土司瓜分霍尔咱之土地（今甘孜杂科乡）；又与东科、竹窝土司瓜分纳林冲土司之地（纳林冲长官司，嘉庆时犹存，今东谷宜马沟、炉霍其拜乡，皆其地也）。于炉霍建土署二座，署外建绝大之喇嘛寺，田池射猎之乐，比于明正。其喇嘛寺即寿灵寺，僧侣渐增至三千余人，骄肆凌逼土司，土司之族亦式微不振。人民或附土司，或附喇嘛寺，势且决裂。光绪十一年，庆钦差①调查民情至章谷，以计痛诛寺僧，章谷复宁。光绪十八年，土司死，无嗣，土妇权印，大有丑声，为僧侣所讥谤。二十一年，瞻对人民驱逐藏官骚乱。明年，川督鹿传霖派兵攻克之，倡议改土归流，改瞻对为抚夷府。统领乔某署府事，欲乘势收霍尔诸部为抚夷府属县。知章谷已绝嗣，且有乱征，派通译张锡台往章谷弹压，便讽土妇归流。张至，乃与土妇奸通，自袭土司位，以术恫吓僧俗，使为己用。二十四年，土妇死，张锡台遂据土署，贿邻近各土司保请其为土司。二十五年，清廷仍以瞻对赏西藏，乔统领还章谷，办理改流。张锡台率众反抗，大败遁走，投明正土司甲宜斋（其后死于丹巴之乱）。乔以章谷为屯政府，称炉霍屯。清代称打箭炉以西为"西炉"，霍尔诸部属之。炉霍之名，系摘取西炉、霍尔二字而成。或谓系屯外二水名，非也。

三十二、朱 倭

朱倭土司，清雍正六年投诚，颁发印文曰"霍尔竹窝安抚司"，有百姓一千六百六十六户，每年贡马四匹，青稞×石，折征银九十二两。附属瓦拖写达土千户一员。瓦述更平东撒土百户一员。亦关外一大土司也。其土司恣睢暴厉，淫虐无度。地近罗锅梁子，常教其民劫杀行旅。以故与邻部相仇，攻战杀伐无有宁日，部民苦之。

光绪十一年，庆钦差按查关外，至章谷，以计痛诛喇嘛寺诸僧，威名震北道。朱倭百姓，多来控其土司，庆檄召土司至章谷，立行杖毙。朱倭土司家派头人认罪乞尸，不与，仍枭首示众二日，始听赎尸归葬，朱倭自是悚惧敛迹。小土司嗣位，娶德格土司家女，甚有才识，生一女而寡，土妇当政。为女赘德格头人子为婿，承土司位，自为尼，在家读经，典籍娴熟，文字并佳。改流后，女死，土妇仍揽政权，为婿续娶明正长女为妇，去年又死，尚未续娶。土妇年四十余，精明果断，事权独揽，德格娃居位而已。

土妇自见其翁为庆钦差杖杀，故始终恭顺官府。唯尚不能禁绝部民之劫掠。其

---

① 指时任四川雅州知府庆善。

土署在大河北岸，雪山之麓，坚碉二座，崇丽冠炉霍。坚碉之外，民舍环之，形势险固，难攻易守。因土司世与邻部相仇，故尝匿居署中，未敢外出。

三十三、纪朱倭、章谷之战

朱倭娃强梁善盗，邻部商人每为所劫。庆饮差杖杀土司之役，评告土司之百姓二十余户，惧土司家报怨，投附章谷，章谷受之，以此朱倭与章谷为仇，常劫杀其西行商族。

朱倭与章谷界间之安披山有草场，旧因寿灵寺乞，佃为牧场，年上朱倭哈达一条、牛肉一腿为佃礼，已历数世。后寺僧忘物主，礼物不至，朱倭怒，欲索地面，而无据，使焚其牧场，遂成仇隙。

寿灵寺于李知事任内取得调遣全县民丁之权。炉霍凡五乡，朱倭为一乡，余四乡皆章谷旧部，附寿灵寺，独朱倭不受调遣，劫掠如故，其土司亦从不赴炉霍议事。寿灵寺屡劝县知事讨之，李知事习边情不应。民十七年，周景南署炉霍，寺僧赚之调朱倭，朱倭果不受调，请知事枉过土署，寿灵寺遂以兵随知事进逼朱倭。朱倭拒战，章谷娃拥周知事退屯热日宗，调四乡民丁，声言讨朱倭。周不更事，任其摆布。寿灵寺遂约瞻对、罗科马、俄洛、曲宗娃出兵，四道夹攻朱倭。

先是朱倭有悬辖地在甘孜境，名朱倭贡陇乡，凡有百姓三百余户，由朱倭土司委用头人管理。民国五六年时，瞻对娃五人在甘孜行劫，被朱倭贡陇百姓擒送甘孜县署枪毙。寿灵寺与瞻对大盖寺相善，以此事激大盖寺与瞻对头人，向朱倭土司索五人命价。又有仲一村长者，原朱倭头人，有子与朱倭土司怨，曾贿朱倭小娃子药毒土司，事为土司察觉，诛其小娃子，凿仲一村长子双目，逐其全家。仲一家避入章谷，附寿灵寺以求报仇。及是，甘孜五保头人邀朱倭、章谷、瞻对及寿灵寺、仲一村家等在罗锅梁子说和。凡历二月，议朱倭赔瞻对娃命价七十秤，赔寿灵寺十五秤，仲一村家八秤。朱倭不服，各撤帐回部，和议决裂。寿灵寺与瞻对并议动员。瞻对头人子佳尔充，最称犷猛，此次主张出兵最烈，朱倭遣间谍刺杀之。瞻对大怒，遂先出兵，攻朱倭西南部充谷、阿德等村；章谷娃继之，攻朱倭东部当卡、加郎等村。皆在朱倭南岸。北岸则罗科马攻东北苟底，曲宗娃攻西北梗达。朱倭本部，凡十一村三百余户，土司命其民四面应战，并调甘孜朱倭贡陇百姓赴援。

于时炉城政委会派前炉霍知事李邦君为视察员，调解此案。李邀炉甘瞻三县知事议和于朱倭寨，议由三县知事，分头制止三县百姓。瞻化知事张绰，赴瞻对营晓谕，归报云"瞻对娃已允退兵议和矣"。炉霍知事周景南回热日宗谕止章谷娃，反为章谷娃所激，径回县署，集众誓师，奖励进攻。李邦君等连函催促，皆不应。于是大战爆发。章谷娃焚卡拤、棒达等村尽赤，进攻扎马岗，与朱倭激战数日，进至加郎；朱倭娃亦绕道焚劫其后方之瓦角。瞻对娃攻觉黎寺（朱倭最大喇嘛寺），焚劫充谷、阿德等村；罗科马攻札龙，焚苟底；曲宗娃攻掠卡赖、梗达。

番兵无战略，兴至即攻，兴落即退，无部伍节制，人自为战，不重杀敌，而重劫掠。时当秋收后，被攻各村，粮食、牛马、器物，损失罄尽，掠尽即焚，不留一椽，故攻战一月（九月），双方死亡不足百人，而财产损失以十万计矣。李邦君并甘瞻知事，初困朱倭寨中，见无力止兵，相继亡去。既而炉城派兵一营出关，声言将以武力止乱，各番酋惧，渐知收敛；营长向理绾，亦以兵力薄弱，未敢遽进，先屯道孚，以虚声惧之。李邦君等，复至朱倭言和，朱倭愿为瞻对赔兵费银八十秤，半银半货交纳。

既已交讫，瞻对娃退兵尚未尽时，仲一村长自瞻化绕道来攻阿德村，乘夜焚之，误伤瞻对娃二人。已而朱倭娃攻杀仲一家。瞻对娃讼朱倭于议和后袭其后队，复进攻朱倭，大肆焚掠而去。朱倭娃大怒，集敢死百人，将袭瞻对。适有藏商二人，自炉运货回藏，阻于炉霍，至是亦出调停，当夜来朱倭，亟止之云："不听余者，将召藏军攻之。"朱倭始止。朱倭与德格世婚，朱倭危时，德格娃议出兵助之，闻向营出关而止。

战事结果，朱倭十一村，除附近土署之朱倭、东古、当古三村未受敌军外，余八村遭烧杀劫掠者凡百九十户，苟底、棒达、可卡等村，皆成焦土。朱倭娃凡死二十人，伤二十五人，子弹乏时，以每粒二元向外购买，先后购入大金喇嘛寺二驮，甘孜喇嘛寺一驮，东谷喇嘛寺一驮半，觉黎喇嘛寺半驮，德格土司家三驮，朱倭土妇自出二驮，其余皆由百姓出资购买，计子弹损失约二万元，赔偿瞻对军费银八十秤，战前贿周景南四秤保无事，战后未还，作为扫衙钱。向营长至炉霍，处理此案，罚朱倭银一百秤，又案费三千元，总计朱倭损失，在十万元以上。

至寿灵寺方面，向营长判赔偿朱倭灾民损失银四百秤，送向营案费四十秤，周知事扫衙钱十五秤，外贿周藏洋一千元，求判战时投降该寺之朱倭牧户三十家归寺，贿后该牧户等竟逃回朱倭，周亦未退此银。此外用费寺僧未肯明言，约计损失，亦与朱倭相当。

唯瞻对、罗科马与俄洛、曲宗娃，饱搂回部，未受处罚。只瞻化知事以越境滋事，罚大盖寺银六十秤，抗至去年始缴。

至寿灵寺遵判赔偿朱倭灾民之银四百秤，除扣去朱倭罚款银百秤外，余三百秤，概以茶叶、牛马、器物折价缴纳，并无现金、实粮。满目焦土，无由与复，疮痍之民，皆就耕地搭布帐居处，妻儿嗷嗷，朝不保夕，而无疾怨之色。询以去岁战况，言之津津，若有余勇可贾，甚可慨也。

三十四、报仇规矩

番家报仇规矩：凡同村中有一人为他村所杀，则全村人皆须为之报仇，遇他村即杀之，不问其是否仇家及与凶手有无关系也。如此辗转仇杀，若非有人和解，则历数百年不止。和解之法，由第三村头人之有体面者数人出首，邀集两方头人，择一适当地方，设帐理论，由调人团议决办法，令凶家赔命价银若干秤。双方已遵，再议此命价用几成现金，几成牛马，几成器物（称为红白黄三色）。成数定后，再议马一匹抵若干，牛一匹抵若干，枪一具抵若干，刀一把抵若干，锅一件抵若干；马牛又有公母、老幼、优劣之分，争高论低，动辄数月始结。如双方皆强横而调人面小者，多半中道决裂。决裂之后，仇杀愈烈，经若干时后，再请人说和。一经和息以后，仇杀遽止。甚重然诺，从无已受调解，犹相仇杀者。此种命价，大抵亦系全村分担，全村分受，不必只凶家出之，尸家受之也。

汉官宰西康者，每依内地法，谕凶手抵命，此事大与康民习俗违反，故番民有仇案，不愿赴诉有司，而乐求头人和解。此西康官署讼案之所以稀少，而头人势力之所以未易铲除也。

命价通常分上中下三等，通常上等人七十秤，中等五十秤，下等三十秤；特等人物，由尸家肆索。如尸亲皆弱者，则所赔甚寡。抵折物品，快枪为上品，牛马次之，叉子枪、番刀与器物为下品。交货以马为首，祝速了结也；叉子枪居中，像搭桥，颂调人也；番刀在后，谓一刀断绝，永无纠纷也。

最奇者，番家为官府所杀，纵极冤枉，亦不仇官。其俗重官与喇嘛及父母，皆在不仇之列。故康地纵当极乱，无杀官者；唯官府所杀之人，设非官役直接捕得而为番家所擒送者，则虽罪极该死，亦得仇缚送之人。如前所言瞻对娃被朱倭百姓擒送县署枪决，已历十年，瞻对尚得向朱倭索取命价是也。

以下兹再举番家仇杀二则，以证异俗。

三十五、降巴札喜惨死事件

二十五年前，道孚瓦日区百姓高宗情培，偷跑至绰斯家纵柯地界入赘。后与人合伙贸易，送麝香回道孚，便道往瓦日看娘，被怨家挡获，谓其曾为匪人作眼线，劫去瓦日村商民骡马四十五匹。往诉于孔色乡亚拖村土百户降巴札喜，掠拷久之，不承认。降巴札喜谓此逃民，留之终当为害，拟抛河淹毙。尚未执行，高宗情培破镣逃走，直奔纵柯，率纵柯番民二十四骑来亚拖村报仇，杀降巴札喜全家，掠其财物而去。于是孔色村民皆仇纵柯娃，徒以地隔余科，未得前往报复。

纵柯尽牛厂，其人须时至道孚卖牛马、酥油、麝香、鹿茸之属，买茶、布以归。以此事故，皆不敢来道孚，相持二十余年。至民国十八年，降巴札喜之子倾遮喇嘛，托汉商丁保之等，出为和解。丁经营草地，信望凤著，人称为"丁蛮王"。受托后，于七月十四日，邀纵柯头人江让等至余科说理。议论数日，决赔命价银二十八秤；掠去财物，据倾遮喇嘛报，值二千四百元。此时高宗情培已死，遗二子，家赤贫；其余凶手，已死十二人，逃亡者数人，仅得三人到场。故物遗失已尽，无法清偿，议以一千二百元价值折货赔偿，由纵柯全村百姓分任。命价赔偿之物，当时缴到马十一匹，准银八秤；又三劣马，准一秤半；铜锅一口，准一秤；叉子枪八支，准四秤；雅牛（肉用牦牛）一只，准四十元。合命价之二十八秤，尚欠十三秤零四十元，（每秤五十两，准藏洋一百六十元），限期以牛交付：耕牛每头准八十元，雅牛半之，多少照算。掠去财物赔偿之物，当时交过耕牛三头，准二百四十元；铜铙二付，铜瓢二枚，共准一百六十元，余八百元，限期以耕牛、雅牛照前价折缴。双方承认缴收，丁得脱归，为时已半月矣。丁以调人功，受双方牛马各一匹。

说理之初，纵柯人谓高宗情培非盗，而瓦日人捕之，衣佩皆被劫去，降巴札喜不察是非，妄判杀之，故杀降巴札喜。兹虽对孔色家赔偿命价损失，心于瓦日仍不甘，誓将报复云。

三十六、大寨与阿色麻仇杀事件

道孚孔色乡大寨村后呷热山，当道炉大道，时出劫贼。民十七年冬，道孚知事饬孔色百姓清山，见三人可疑，呵之不去，诘之不语，大寨娃开枪击杀一人，余二人奔投阿色麻牛厂。阿色麻为上罗科马一村，隶炉霍县，全属牧户，以劫为业。至是，派人向大寨索命价，云："渠辈不曾劫孔色百姓，孔色百姓何得杀之，其命价非九换不可。"九换者，银重为尸重之九倍，特殊贵人之命价也。大寨以奉命缉匪，不认赔。

民十八年七月初，大寨娃有撑帐于呷热山上牧牛者，阿色麻娃探知，袭杀之于帐内。大寨百姓闻讯邀孔色各村协追。至阿色麻界之独科，息一日，侦敌，降法神卜进止。神云不宜深追。舍之而回。自是，阿色麻避仇北徙，孔色百姓莫由报复。十月末，阿色麻娃有恋南部水草潜来放牧者，被孔色娃侦知，追往击杀一人，夺马二匹。道孚、炉霍知事，并曾行文制止双方行动，皆置之不理。直至余离炉霍，尚未和息。

三十七、麻书之亡

霍尔麻书土司，清雍正六年投诚，授安抚司职，颁给印信号纸，例贡每年马四匹、青稞十五石，折征银五十七两，解赴打箭炉同知衙门上纳。其土署在甘孜，与孔撒土署对峙，高五级，方广百丈，有屋五十余间，崇宏为北道冠。同治时，工布朗吉雄踞瞻对，北征霍尔诸部，孔撒降附之，麻书土司不投，走赴成都告变。瞻对既平，土司当归。因羡成都商货之便，军容之盛，自愿招汉兴商，请设汛保护，于是设麻书汛，置营卒二十名，以汛官统之，甘孜之有市场由此。

传至扎喜无交，少年袭位，纵欲败度，不恤百姓，暴敛横征，以为贪靡；土务悉委头人料理，日唯征选部民少女，入土署跳舞寻乐，部民怨之。光绪二十五年，因狎民女携帐宿柳林内，为怨家所刺死。时乔统领方在章谷办改流案，闻讯来甘孜办善后，捕得凶手二人，其一蒲永隆人，登时正法；其一即孔撒土署之仲译（即番文书写者，番语称仲依，汉语曰夷字房），盖主谋也，监禁一年，百姓请保释，逃赴朱倭去，即章谷、朱倭战争中之仲一村长也。

扎喜无交无嗣，其妻盖白利土司妹也，抚白利女为女，尚在襁褓中，土妇亦柔弱无能。川督鹿传霖奏请暂以孔撒土司兼摄麻书印，待其女成龄，赘婿袭职。孔撒土妇贪兼麻书，使其子宜美娶此女，未几，女与其母并死，麻书遂为孔撒所并。

麻书，土民通呼为麻孜。道孚之麻孜乡，原麻书属地，设一土千户治之。土千户官寨在道孚大河对岸。清末民初，为一老妪主政，老妪甚强横，屡梗政化。民元灵雀寺之乱，老妪主之也。战时，麻孜顽抗最烈，其寨为汉军所毁，老妪随亦死去，刁风始杀。

三十八、孔撒故事

孔撒土司者，其先原麻书土司之弟。麻书土司长厚友爱，为其弟另营碉房于麻书官寨之南半里，名孔撒宗，俾其弟居之，给科巴六十家为汤沐邑（番语称村为宗，佃户为科巴），视其弟如头人耳。殊其弟阴险，暗煽麻书百姓，谓附孔撒宗者，免差粮，百姓纷请附孔撒宗，麻书土司不能禁。于是孔撒百姓渐增至九百余户。

清雍正六年，招抚康地诸番，孔撒先麻书投诚，遂与麻书同受安抚使印，每年认贡马四匹、青稞三十五石、狐皮六张，折征银八十六两，解赴打箭炉同知衙门上纳，拨作阜和协军饷。孔撒、麻书由是分立，其官寨同在甘孜市，市以东地属麻书，以西属孔撒。

三十九、西方之武则天

孔撒传至清咸同时，浸强盛，与德格世婚。老土司（失名）娶德格女，无子，收养德格陪嫁小娃子之女油姐①为女，即今之孔撒老土妇，世称为"本莫油姐"者也（本莫，番语"官"也）。油姐之父，尝为孔撒贡使，油姐稚龄时，曾从父至成都，微识中国之大，又曾读番经，入朝拉萨，见布达拉宫之尊严雄伟，故其智识眼光，超于诸番。

光绪十五年，油姐赘德格绒坝岔头人子泽翁彭错为婿，生孔撒宜美与仙根喇嘛。老土司死，彭错承位，实权操于油姐。油姐与彭错，皆淫佚有外遇，而油姐责彭错，夫妇诟谇。光绪二十二年，油姐逐彭错。彭错回绒坝岔，召其百姓讨油姐；油姐亦率孔撒百姓拒战。攻战连月，无胜负。时清廷以瞻对赏赐西藏，藏王设僧民官各一人驻雅龙（瞻对城）治之。油姐夫妇，互讼于雅龙藏官。藏官判离，并不得嫁娶，孔撒每年供给泽翁彭错银二秤、青稞三石。油姐自是为尼。彭错后为邓柯头人，孔撒停止供给，彭错亦另娶妻生子矣。

油姐既为尼，仍操其政，以长子宜美承袭土司，贿买次子仙根喇嘛为佛都督。又以宜美赘麻书，遂兼麻书土司。麻书女未成龄，荏弱多病，未几即死，麻书根蒂断绝，故至今麻书百姓附孔撒也。麻书女既死，又为宜美娶霍尔东科土司女，欲兼

---

① 油姐，又写作酉姐。

东科；东科接近俄洛，人性粗犷，油姐姑媳不睦。适霍尔白利土司无子，有女待字，油姐令宜美出东科女，娶于白利。白利土司寻死，遂又兼白利土司印，于是甘孜孔撒、麻书、白利三土司百姓，皆拥戴宜美。

油姐欲并兼甘孜教权，以巨资扶植仙根喇嘛，专建大寺于甘孜寺旁，逐年扩充该寺经商资本，使其财力声势，倾诸喇嘛。忌札呷与郎章盛名，嗾部民攻札呷，驱逐出境，世传郎章之佯狂，即为避祸也。

油姐恶洋人洋货，故法人经营之天主教堂，在西康各地皆有势力，独不能近甘孜。清末，汉官言新政，油姐恶之，自恃强大，不无叛意。光绪二十八年，章谷屯统领李治可率堂勇四十名，来甘孜调查番务，油姐指李为洋人，令部民逐去其前站通事，毁其店旗。通事奔还报李，李仍进兵至蒲永隆（麻书东境，属章谷屯）。油姐以兵围之，孔、麻百姓倡言"洗汉"。甘孜汉商集议于麻书汛署，汛官张玉堂等，皆恐惧不知所为，幸李治可急调炉城援军且到，孔、麻百姓亦震恐，转求张玉堂往蒲永隆议和，急止汉军。时援军已抵罗锅梁子下之卡渣也。张与李议，劝其退回章谷，着孔撒赔军费银一百秤，含糊了息。油姐自是益轻汉官。

光绪三十三年，赵尔丰讨石渠"乱番"，自炉城率兵过甘孜，油姐拒汉军入城，赵宿市外汉人寺一夜而去。既而赵平石渠，德格、春科、林葱诸土司皆缴印改流，又西收昌都、三岩、查丫、江卡，分别设治。回驻巴安，声威极盛。油姐大惧，私与其头人亲近议避入藏，重贿麻书汛官封云五，求文书入藏朝佛。封与之。遂捆载细软珍奇，与土司宜美、仙根喇嘛，及亲近头人小娃子羊马丹芝、绛泽等五十余人移家入藏。封云五惧罪，捏以"佉索文书逃职投藏"报于巴塘。赵尔丰飞檄驻守邓柯之新军右营管带朱宪文就近截捕。油姐一行至竹庆，朱饬军队围之。油姐等闻风，乘夜逃往大塘坝。朱军获其同行者儒交喇嘛，供出逃向，由大塘坝尾追回甘孜，又追至白利官寨，始将全犯捕获。赵即令交朱宪文管押之。朱待油姐等甚优，故孔撒家得志后，颇厚报朱。

宣统二年，赵尔丰升任四川总督，以傅华封代理边务大臣，仍自巴塘同行，由北道回打箭炉，办理沿途改流事务。既至甘孜，于关帝庙外设帐问案。其时草地番人闻赵名者，皆肃然变色，见者俯首及腰，不敢窥视。油姐等自分必死。然赵方得意中，态度宽和，不复似昔之威猛，问囚云："何故逃走？"诸人皆战栗不能对，仅震齿嗫嚅而已，羊马丹芝素便洽，对云："草莽夷民，未闻上国礼教，举措失当，有犯天威，惧罪思逃，益增罪戾。今闻大帅'改土归流'，兴学堂，教汉礼，使此后边民，得沐天朝雅化，不至失礼受诛，民等虽死，犹当为同类额手。"赵大悦，赦之，以其地为甘孜州。判油姐家属，交设治委员管押，候奏明定罪；土司私产，一律充公上粮。油姐倩白利头人担保释出，随传随到。赵赴成都戮死后，草地大乱，此案竟未执行。

民初尹昌衡略定西康，对于番务，诸多迁就。孔撒、麻书、白利三土司地，改为三乡，隶甘孜县；三乡百姓，仍拥孔撒宜美为土司。油姐主持土务，贿甘孜知事叶由志，抽毁前案，原有私产官寨，仍付油姐管理，完全回复清末原状。

陈遐龄为镇守使时，欲以名位羁縻草地各土司，筹办选举之役，调各土司来炉，凡恭顺受调者，皆给以土兵营长名义。孔宜美年少美丰仪，和易软美，卑辞厚币，上寿于陈，尤为陈所爱，赏赐甚厚。甘孜知事，因其为陈所悦，皆厚交之。又利事省，民刑诉讼，概委宜美处断，一时孔营长之名喧腾北道，瞻对、炉霍百姓，皆遥附之。宜美实少不更事，事事由油姐指使。民国七年来，油姐之势，炙手可热也。

民国十三年，孔宜美死，其妻白利女仅生一女，名德青汪母，才七岁。白利女不安于室，自回白利为土司。油姐已老病色衰，向所亲昵，或老或死，或远避自立；仙根喇嘛，自正名为佛都督，未便回寨理事；油姐为德青汪母招一德格娃为婿，年长四岁，迎住寨中，欲早为完娶以承土位，而德青汪母年尚稚，未可成礼。油姐每念孔宜美辄痛哭涕涟，不胜悲感，遂成风瘫。现仍卧床理事，以待孙女长成，而大权固握，未尝丝毫假借于人。知事到任，例往谒之，卑辞结好，以求治事顺利。闻以前各知事，皆以老伯母呼之；本军韩知事，到任未谒油姐，办事即多掣肘云。

油姐似西太后，亦似武则天，番中之才女，亦淫妇也，其面首以白手致富贵者颇多，前记番烈女之香资家与便洽善对之羊马丹芝即是。

四十、白利以私生子为土司

白利土司地，在甘孜孔撒土司之西，滨雅龙江，才三百余户，在霍尔土司中，面积最小。雍正六年投诚，授长官司职。传至清末，土司无子，有二女，长女名某，赘孔撒宜美，未几，病卒。次女巴龙，复嫁于宜美。未几，土司病卒，例应由巴龙回署承袭土司位，孔撒留巴龙，以宜美兼白利土司。巴龙于民国六年生女德青汪母，十三年宜美死，巴龙不安于室，通其管家小娃子格龙青披之侄，丑声四播，孔撒老土妇油姐尝诫之曰："孙女已八岁，再守六年，孙婿入赘矣，予所订孙婿长孙女四岁，赘时年十八，足以娱汝，何苦不能忍此数年，致为百姓所笑耶！"（番俗赘婿得通其岳母，故土妇云然。）巴龙惭惧，而不能自遏，夫死二年有孕，惧老土妇谴责，逃回白利，产得一男。白利头人固不愿附孔撒，徒以土司根蒂断绝，无可如何，乃是大喜，奉私生子为土司，与孔撒绝。孔撒老土妇大怒，逐格龙青披叔侄，绝巴龙。

先是白利官寨狭隘，以部小，未敢求崇丽。及是，部人新得土司，大喜过望，特兴土木，营新官寨于雅龙江畔，以志庆也。番俗无姓氏，对于血统，原不偏重父系，彼以为女子既可承产袭职，则女子所生之子即可承产袭职，无须问其父体为谁也。汉人谈白利事者，无不笑怪，番家自视，则以为合理。

四十一、绒坝岔乌噶

甘孜绒坝岔，在大金寺西，为一大平原，与林葱、白利、孔撒、麻书、蒲永隆诸乡连接。番语产谷之地为"绒坝"，此带农作最盛，村落栉比，故名。原为德格、朱倭两土司属地，民户如棋子错列，并无明白界线。德格、朱倭两土司，各设大头人一名治理之，亦俱建有官寨，如小土司。改流设治时，德格置德格县，朱倭属炉霍县，绒坝岔划归甘孜县，依其故属，分为朱倭贡陇乡与阿都乡。（朱倭贡陇乡已见前朱倭条。）

阿都乡头人乌噶，泽翁彭错之子也。泽翁彭错为德格绒坝岔头人。德格土司之头人，位比小土司，故彭错得入赘孔撒家。既为妇油姐所逐，复另娶妻，生乌噶，承阿都头人位。故乌噶与孔营长宜美为异母兄弟，面貌相似。乌噶见孔撒家式微，而汉官势力不振，颇有发展势力，承继孔营长声望之志，对于邻属头人与甘孜汉官，并极力周旋，故其声名，在甘孜各头人中最高。余在绒坝岔曾召见之，其人年二十余，高视阔步，态度豪绰，而事汉官甚卑谨，应对得体，进退有度，卓然有大家风范，以遗传律测之，泽翁彭错亦当非庸人，此其所以与油姐不睦也耶？

四十二、东谷土司考

霍尔东科土司地，在甘孜县东北，南与朱倭土司、北与俄洛"野番"接壤，今俗呼其地为"东谷"。有一大喇嘛寺，在乃龙沟口，寺外有市场，为全区商业中心，世称东谷指此寺言。全区凡十七村，五百余户，下四村最富裕，上粮当差于喇嘛寺；上十三村并小，上差粮于土司。土司官寨在喇嘛寺北二十余里之自热村，势力不敌喇嘛寺。或谓土司之兄为喇嘛寺主僧，故分下四村为其差民；或谓某土司原为寺僧，因土司家死绝，不得已还俗为土司，故优待该寺；或谓东谷原系喇嘛寺当贡差，则似昔与清廷发生政治关系者原为喇嘛寺，非土司也。草地无史籍，道听途说，莫衷一是。近查嘉庆《四川通志》，始知其先原是喇嘛达罕格努于雍正六年投诚，授长官司职，世以转世呼图克图（即佛都督）承位，传至第四辈呼图克图江白根登绛错，嘉庆十年病故，头人等请以伊侄泽登班交护理，此时第五辈呼图克图呼毕勒罕更登绛错业已转世降生，年岁尚未合例，故未使袭替。查喇嘛寺习惯，佛都督年龄纵甚稚幼，所有应办事务，例由众喇嘛协议办理，无请俗人护理之说，前事明系泽登班交觊觎土印，嗾其党羽贿赂汉官，蒙请朝廷，以售篡夺之技。想自此骗印入手，迄未归还，喇嘛辈不争利禄，遂有分划差民之事也。然边民崇信喇嘛过于土司，即土司家人，亦无不敬事喇嘛，故喇嘛寺势力，终能压倒土司。

余至东谷日，闻通事言，东谷百姓听喇嘛寺主张，不服土司，因土司昏庸荒嬉，无指导民众之力。及其土司来见，则年四十余，精悍敏给，应对明白，服饰朴素，并无荒嬉征象，心常疑之，至今始悟其故。

四十三、公　田

古井田制之公田，实即官田。西康土司头人之私田，亦即井田制之公田也。凡土司头人其祖先遗之田业，或新买新垦、没收罪犯之地，皆为土司头人之私田，例由所管百姓为之耕种、收获、簸扬、贮藏与担任其他一切农作之事，土司头人坐受而已。去年在甘孜，恰值秋收，得目击土民服役公田之状，兹记孔撒事，以示一般：

孔撒公田，在甘孜市附近，面积甚广，闻数百亩。每年三月，孔撒家派一小娃子谕其附近村长曰，某日播种。于是村长互商，谁应执役，自有册籍，记其轮次；轮值之村，及期为之播种青稞，待其苗长，耨之耘之，精细过于己田所艺。孔撒小娃子偶一视之，苟或生长不齐，发育不良，则以各种惰耕，责于村长。村长责其差民，并须抵罪，不能推诿。

八月麦熟，大喇嘛卜一收获期，送呈土司，土司使一小娃子传谕村长曰，某日收麦。村长令各村民户出一人或二人，自携刀索负架，凌晨会集，分别工作。妇孺刈割，少壮负运，各尽其力，无敢偷惰。运麦入孔撒寨顶，以穗向外，稿向内，重重叠压，势如堵墙，使不浸渍雨水，不因风倾塌，始为藏事。收获之日，有小娃子在场监视，苟有偷盗侵蚀，或有遗穗，或砌叠不工，皆有定罚，人亦不敢犯也。

收获后，值耕之家，仍往公田耕犁数次，翻起土块，以利明年农作，则以暇时为之，无指定日期。若播种与收获，则自经土司下令后，差民虽值婚丧大事，亦不能不到场工作也。麦穗堆叠约一月久，实已干燥，土司下令打麦。于是各村百姓自携打具，凌晨并集，入土署寨顶，铺麦打击，簸扬麦粒，堆叠稿穗，再铺再打，连日为之，至于麦尽始罢。凡此工作，皆差民自携糇粮糌粑，熬茶饮食。土司家始终不备一餐，事毕，亦不给工钱一文，但能责罚惰工而已。

差民为土司工作，不给工资伙食，不唯不怨，且甚踊跃喜乐。尝见孔撒寨顶打麦者，男女七八十人，分为数群，每群两排，相对打击，此上彼下，起落整齐，唱和一种短歌，音调妙美，且笑且唱，陶陶如有余乐也。

四十四、磨面差

土司头人家所食糌粑，其炒磨工作，亦系百姓当差办理。当此种差者，大都为居住激流附近安有水磨之民家。土司头人家糌粑且尽，则差民应召而来。小娃子司仓储者，出青稞若干量，使当面炒熟，称定分量，规定每斤炒麦磨面若干，使差民负回磨面照缴。其所规定，什九难于缴足，差民与主司者善，亦不深责其缴足；设或开罪主司之人，则非以自己糌粑补足，即遭诮受责也。青稞磨糌粑，并无麸屑，故差民毫无所得。

汉官食糌粑者，似亦得役差民炒磨之，瞻化县署，即有此例。瞻化未设治前，为藏官管理，例由磨房沟百姓当炒磨差。设治后，其前差民，仍时来县署供应此役。士兵、衙吏等所食糌粑，皆得役此差民，他县尚未见之。

四十五、小娃子与黑头

凡在土司头人家供奔走操作之役者，男子曰"役波"，女子曰"役抹"，汉人概呼为"小娃子"，即我国古制之奴婢也。大抵皆失业无产之人，投依土司头人家者。既为小娃子，衣食于主人，不当官差，只为主家服役。能博主人欢者，主人配以女小娃子，给以庄田，使之经理，口粮皆由主家运往。庄田收获后，亦运藏于主人官寨，不能自有。所生子女，仍为主家小娃子，由主人为之择配，分配职务，或使依其父母，看守庄房。但主家有事，呼之来即来，命全家来即全家来，不得丝毫违拗。

小娃子有常在土司头人官寨中服役者，大土司家至数百人。高贵者，为主人司登记，理钱粮，助主人探访事务，商议土务，或为代表交接官吏与他家土司；次者，料理牛马、粮食，巡更警备，打猎射牲，或跳歌装、跑马娱乐主人，主人出，则为护卫；又次者，割草背水，取柴薪，运负物件，铺床褥，煮茶，主人如厕，亦环侍之，呈献物品，皆跪而进。

小娃子亦有见宠于主人者，或与主妇私通，或为主人所幸。如此者，饮食起居，异其侪辈，得谍间主家之人，或成篡逆，或得赏赐甚厚。中年以过，赐之产业，俾另成家；或升用为头人，概得参与土务，视同家人。

丹巴土司家，有所谓黑头者，系番民无钱自鬻于土司，为其奴婢。鬻身之后，生命家室，皆听主人处分，历千万世，不能解脱，为小娃子之更失自由者。

四十六、柴　差

土司家所烧之柴，皆有百姓供给。明正土司用柴，由丹巴二十四村当差，前已言之。甘孜孔撒家管地，恰为无林区域，其民支应柴差尤苦。甘孜不但无林，亦且无草，人民燃烧，大半仰于牛屎。牛屎亦甚有限，自用且恐不足，实无供给他人者。而孔撒官寨小娃子百余人，每日熬茶，所费甚大，不能不重征于百姓。每日四方差民赴土署上柴者，恒三四十人，每人所负，不过牛屎数饼、草柴数把，且多自土署数十百里外之差民。其拮据之状，可以想见。

孔撒家因薪柴拮据，曾于民国七年甘孜驻军多时，借口无力支差，逼令杂科乡年帮孔撒柴十万斤，以均负担；又，孔撒有附属土司名格赍者，在阿色境，孔撒亦令其年贡大柴一万斤云。

甘孜柴差，不只孔撒家而已。甘孜喇嘛寺，有僧数千人，亦系百姓供给柴薪；甘孜县署与驻军一营所烧之柴，亦由人民供给。

尝自甘孜赴西泥沟，沿途五十里内，遇负柴前往上差者多起，所负亦仅草柴、牛屎而已。甘民所最苦者，其柴差乎！然甘孜无柴市，设不令百姓支柴，则官署立即断炊矣。

他县森林密布，柴薪易得，百姓支柴，不似甘孜之苦。

四十七、汤　役

番语灶为"踏呷"，为官署当柴水厨灶之差者，称"汤役"，"汤"为"踏呷"转音，"役"犹役波、役抹也，与汉字汤水之役义亦相合。

番法，土司头人家居，有小娃子汲水熬茶，只须百姓上柴，无须有人为汤役；若其出巡，则所至之地，有百姓负柴汲水前来为之熬茶作膳。汉官在草地亦然。番地无市场，非此不便也。昔时汤役，例须将罗锅带来。近因番汉官行役，多自带罗锅，遂不复备此物。

改流设治后，各县署之柴水，亦援前例，令百姓支汤役。或十日一代，或一月一代；行官暂住，则间日一代，或逐日代。前者为长差，后者为短差。村长头人，备有册籍，分别长短差户，司其轮流。

汤役皆妇女自背柴来，汲水，烧火，呼应甚便。去之日，向汉官讨赏钱。役一日者，多给二百，最多四百，或不赏。长差每日赏一元、半元不等，得赏者叩头谢去，不得者不敢怨。如系番官，从无赏钱者。

汤役例应自备伙食，汉官仁慈者，多令食剩余之饭菜，或赏赐甚丰。番民近世，反乐为汉官汤役。余等所至，待汤役甚厚，竟常有三四番妇争为汤役，驱之犹不去也。

四十八、打　役

番语呼马为"打"，料理马料、鞍镫、水草之人，称为"打役"。土司头人家，有良马甚多，在家厩者，例以小娃子牧养之，唯干草仍由百姓供给（牛羊同）。土司头人出游，例由百姓支马。设骑自己所养之马，则随时由百姓支给水草粮料，当此差者，即为打役。待遇与汤役同。汉官出关，照土司头人成例，由所过村民，支应打役。

余出关曾购有私马骑乘，每至一地，即有小头人将马接去，临行时交来，鞍已备，并云水草已足矣。初未留心打役所作何事，一日宿可拊，时甚早，步出行馆，薄游林莽。见一小儿，率我所乘马与同行诸马出寨，皆已卸鞍，掬牛屎一把，涂马后股各为一记，驱向河边马群中牧之。入暮时，依所识牛屎，分别牵回，给干草一把，听其嚼食。明晨备鞍牵来，讨赏钱四百，欢跃而去。

西藏官吏在西康者，所乘自马，每过一站，必向百姓婪索折价钱。百姓不苦于供应打役，而苦于折价。故近藏番之地，如瞻化、甘孜等处，人民见官吏骑自马来者，对于打役，格外认真。除水草外，并厚给豌豆、圆根等马料，唯恐失马主意。余等行经此地，见马皆果腹，在途不恋，历久不乏，初颇异之，后始知为藏番驱之使然也。

四十九、乌拉马

番语呼差徭为"乌拉"，凡应番汉官吏所有一切力役之类皆是。今世只称上路官吏驮乘牛马为乌拉，竟有误乌拉即牛马者。兹举乌拉马，以与其他乌拉区别：

凡土司头人出行，无论为公为私，即狩猎游戏之事，皆由百姓支差。所管村寨，如何轮流当值，皆有定规，及期而代。应值头人，随时具备口粮，候差于土署之旁。闻土司某时将行，即先探明道途远近、所需骑马数目，分遣其小娃子驰告所在部，先期调齐，集候于土署；如或期迫，调集不及，则出价向附近村民雇用，每骑马一匹，每站需藏洋三元至六元，驮马较廉。土司与其小娃子同行者，皆须支马，不能问当支与否。如土司与其小娃子自有马骑，则当差者照雇用法送上马脚钱，称为折价。不问当差者已否备有马匹也。此种马，称为乌拉马，便可译为差马。驮马在马匹缺乏之地，可用牛驮。

乌拉马牛既由百姓支给，经理马匹与上下鞍缰驮货之人，亦为百姓，称为"乌拉娃"，亦称"乌拉坝"（读如巴）。口粮马料，与一切上路用具，皆由乌拉自备，送到自回，不敢请赏也。

赵尔丰改土归流，废除差徭，改征粮税。其有行役官吏，须用骑马、驮马者，仍令百姓供给，但须由用者，照章给价。其章程，分西康为若干道，每道若干站，每站骑马银若干，驮马银若干（当时似系二咀、一咀），称为官价。美其名曰雇马，其实仍系差徭，只多给官价耳。究此官价，不能抵偿乌拉损失之半。后又详细改订，分配支差民户于各站，更分大差、小差，大差在百头以上者，由距站最远之土司办理，直送至五六百里以外，不换；四十头以上者，由较远大村落头人办理，直送二三日程始换；十头以上者，一日程一换；数头乌拉，则逢村即换。皆由附站村落支差，各地方亦有特定章程，互有出入者。直至尹昌衡经略川边之时，始次第订定，其不当官道之乡村部落，则令军帮补助金于差徭繁剧之地，称为乌拉费。

五十、乌拉积弊

乌拉流弊，至民国六七年而极，现犹在积重难返期中。边民闻乌拉，鲜不色变者。昔当土司横恣，任意浪费乌拉，固属淫暴，然当时土司地域偏小，行动范围有限，百姓每年轮差，不过数次，强无报偿，犹非病民。自改流设治后，汉官往来如织，胥吏差役皆援例浪支乌拉，或竟代其亲友需索，或以供驮运商货之用。军兴之际，民尤不胜。此土司头人，使用乌拉牛马如故也。

不但此也，奸吏恶胥多半侔开乌拉数目，乃强迫差民折价，借此搪索，不厌不止。如差民以牛马已备为辞，则多方挑剔其牛马，虐待其乌拉娃，或强迫过站以苦之，使其下次不得不求折价。关外货币缺乏，每罄全村所有，不能付足折价之费，致受唾骂殴辱者，时时有之。

其尤苦者，为自民元以来，边疆失驭，盗匪蜂起，盘踞要道，劫掠行旅。乌拉娃皆系农户，缺乏枪械。送差之时，多有官军卫送，通过匪窟无碍。差毕折回，重过匪窟，其牛马、衣物，多半被劫；微图奔逸，即遭枪毙；归报官府，只成流案。而下次乌拉，仍不能不勉强送。

又不仅此也，因有以上诸弊，各站差民多避匿不支乌拉，狡黠头人窃报官吏，诡称仓促征调不及，请以前站马匹代送此站，自有本村差民代付脚价。官吏赶程心切，于是强迫前站牛马续送，称为过站。此风一开，竟有一站乌拉，连过数站，牛马疲乏倒毙，委尸沟谷，乌拉娃口粮耗尽，乞食跟行，至于衣物剥卖，不能自归，流为盗匪者。甲站既强过乙站乌拉，他日乙站亦强过甲站乌拉，以相报复，辗转加厉，纷乱如麻，沿道村落，为之荒芜者不少（如道孚之中古、八美即是）。直至民十五年始渐整理，禁绝过站，其他各弊，则至今未除。

五十一、头人不愿改善乌拉

去岁西康政务委员会，曾厘定乌拉章程，增加乌拉脚价，取缔滥支马匹，呈请二十四军部，特令颁行。然此令颁发后，汉番皆称不便，并未奉行。此令本为解舒边民苦痛之计，而番民反称不便者，原因固甚复杂，若其最要原因，则于头人不利舞弊是也。

康俗，头人不支差，办理差务而已。头人办差竟，官吏例有赏钱，此钱为头人所得；又乌拉脚价，照例交与头人，转发支差民户，此钱什九为头人干没。因其旧俗支差不给钱，故差民亦不索讨也（康地因语言文字隔阂，所有政令，概只达于头人，不为百姓所知），故头人办差，愈多益妙。增加乌拉费后，头人首先不敢向官吏依新章讨价，因恐以此结怨官吏，揭破其事也；至于吏役滥支乌拉，彼亦乐之，因滥支者心病重，对于脚价，能慨付也。

亦曾见有数处村长，能热忱为村民呼吁，求轻负担者，只不多耳。

五十二、三道桥村长

三道桥在打箭炉北三十里，团册称"雅拉中村"。有百姓三十六户，除头人五户不支差外，差民才三十一家耳。地当关北路孔道，为一乌拉站。其乌拉分长短二种，长乌拉由打箭炉保正公所临时征调，远支河口、九龙、道孚、丹巴各路，每年一次或二次；短乌拉支中古（距此六十里），每户轮支，每年轮到六七次或十余次。三十六户中，原有马十四匹，轮流赁用，为乌拉骑马，辅以牦牛、草驴之属。对付差徭，尚不拮据。因民国六年，送谌营长军队赴甘孜，回过松林口遇匪二十余人，劫去马八匹、犏牛十六头、黄牛二头，杀死一人，乌拉娃四人，衣服剥净。民国八年，米知事署丹巴，种烟乏粮，又开绒坝沟银矿，时支乌拉自炉城驮米过丹巴，前后在大炮山遇匪，失马五匹，牛十二头。民国九年，瞻化戴司令妻舅某，时时来炉城送公文，支用乌拉，不惜物力，鞭之疾驰，骑死一匹，于是马尽，唯以草驴与牛支差。官吏胥役每嫌草驴渺小，强迫要马，借为搕取折价口舌。作村长者，无不苦之。前村长刘德全，略识世情，为人强硬，每与官府为难，后被革斥，以某叟为村长。叟老惫不能办事，仍倩刘德全佐之。

余去岁赴丹巴，以康定团丁三人护行，第一日宿三道桥，调换乌拉，原有马票，开马十二匹，已将三团丁计算在内矣，团丁又自向保正公所讨马票一张，开马四匹，遂串通余之通事，估逼村民，要马十六匹，以四匹折价。刘德全适办差，坚执不肯，言语冲突，团丁以巨石殴之，刘脱身奔向余处，见通事在，嗫嚅不敢言，但曰："我说总要办到你们人人有马骑，无须折价，这话不犯法，他便拾石打我！"时余初出关，不解其情，喝止团丁，须臾马齐，随众离去，竟不知所为何事，问团丁与通事，皆不肯言。一月后，自丹巴回，复因口渴，求饮于此，通事、团丁皆已先去，刘德全始得明诉于余。问当日何不明言，对曰："通事终身跟官，万一受谴，报我甚易，故番民皆不敢开罪通事。此地距团局三十里，团丁随时可到，当日万一说明，使彼受谴，则全村无宁日矣。"

德全又言：民六松林口被劫之事，曾经呈报镇守使衙门，搁置未理。民国九年，中央接济川边枪弹，张团长等自西宁接运回康，大兵一团，沿途拉夫。至道孚，道孚人办差不及，见牛拉牛，见马拉马，乌拉娃不及同行。中有牛二头，即该村民在松林口所失也，兹过雅拉沟，犹识故主门户，径直走回，村民聚观，并识原牛角上系符犹在，因牵牛控于镇署，请追究乌拉娃。镇署行文道孚，查得支乌拉家，云买来物，不认劫。纠讼至民国十年，康定知事判道孚赔银三百元，劝领去结案，刘等坚谓当日损失人命、牛马、衣物太多，请追究劫匪。知事大怒，掷刑具曰："不领银结案，则领此物结案耳！"刘大惧始认结，其实又才领得一百五十元，其半已为衙蠹中饱，不敢问索。此一百五十元，中村得一百元，下村只得五十元，因下村村长宋余芳，素朴愿，不似刘之刁狡，故刘能多得也。此二村分得之钱，又不曾分给当日受灾民户，美其名储作公用，其实入村长私囊，为其诉讼代价。边地社会之黑暗，此其一斑。

五十三、算　账

番家无算盘，以念珠记数，犹是结绳遗法。去岁行过长坝春，正遇村长召集村民会算乌拉账。自门外窥之，觉甚有趣：室中无桌几，人皆地坐。村长手执一簿，箕踞正中，其旁执簿者二三人。中间设一矮椅，置酥油茶一壶，碗三四个。此外皆村民，约四十余人，老少男女不一，似系每户一人，环坐数匝。执簿者依次读簿，番语不可解，环坐者各出念珠记之，读至定时，问若干数。众同应曰若干。无异者，为算确。再读，再算。小儿辈皆坐外围，见生客来，灼灼外视，亦未留心账目，临问，则懵然随声应而已。

久之又久，算账毕，男女散去。村长张诚意，率耆老独吉、差民札西汪家等来谒余，诉说该村差徭苦状，请求设法。据云："长坝春一村，共只民户四五十家，有田业当差者三十家。昔时不当大道，支差尚易。自民五陈遐龄与殷镇守使兵哄后，三道桥至泰宁一路，变为匪窟，差民无马，官役往来皆改由长坝春过。于是此路差徭频繁，民力不堪矣。初时，前站中古，尚有民户，本村支差，送至中古即回。近因中古、八美人民，不胜差徭，弃地逃荒，村落毁尽，官吏过者，概以长坝春过站送至泰宁，增加路程一站半。而其脚价，又无人出。历控康定衙门，皆无办法，本村人民已逃去十余户，恐将不免为中古之续也。"又云："计长坝春一村，上支差马至泰宁，二站半，下支差马至康定，二站（一日程为一站）。本年正月至六月，共支骑马四百零八匹，驮牛八十余头，差民每户轮值十五次矣。"

张诚意，又名张伯熙，自云其先邛州人，父入里塘，赘番女，生于草地，故通番汉语。民二三年，曾任护卫团八连通事。长坝春原有土百户，官寨甚高大，近世故绝，张以智巧取之。近世差徭繁数，百姓赖张能识奸胥情弊，敢于抗拒滥支，稍得减轻苦痛，故亦心服之。

五十四、长坝春旧差

张诚意又言："未改流前，长坝春对明正土司支差，每年派乌拉马四回以上。每回二十匹马调赴炉城，供官员行役骑乘，直送到地。又每年上青稞三十克（每克合一斗不足)、干猪一腔、酥油三十斤,皆由全村人民摊派。(土司游行至村,则供应其吃食下程,为临时之费。明正覆亡后,此项差徭免除,只对县署上粮支乌拉。)不图近世乌拉频数如此,民等更苦于土司时也。"

五十五、建筑差

番民对土司家,除上粮、耕公田、收获、打粮、汤役、打役、乌拉马、酥油诸差外,尚有建筑差一种,番语亦曰乌拉。

建筑差者,凡土司头人家修葺、补造官舍、仓厨、寺塔、桥梁之属,例由百姓出力,供给材料。即木匠工钱,亦由百姓分担。土司爱惜民力者,修造少;不惜民力者,修造繁,百姓亦不得怨。大土司辖有广土众民者,兴作甚易,故皆有雄丽官寨、崇宏寺院之属。

设有贤土司,能爱民力,因陋就简,历世不兴土木,一旦下令兴造,则百姓且讴歌赴役,有"经始灵台,经之营之"之慨,如今白利官寨是也。

汉官官署之修造与补葺,亦向百姓催用乌拉,所不同者,待遇较优,每日熬茶一次,役终微给赏钱而已。

五十六、兵　差

土司有随意征调其人民作战之权,应征者皆自备口粮、器械,赴死如归,不问公战私战,敌强敌弱也;战事既毕,有功者不必赏,畏怯退避则有严法惩之。故土司辖地虽小,不可以力侮,义务兵之佳,恐无有如草地者。其土司平时对于征遣调发,亦有相当训练,兹举孔撒家为例:

孔撒土司令其人民分上中下户,每户备壮丁一人,听候调遣。上户壮丁,自备马一匹,快枪一支,子弹百发,番刀一把,藏绸汗衣一件,番皮袄一件,糌粑一袋;中户自备火枪一支,火药火绳全副,番刀一把,皮袄一件,糌粑一袋;下户自备长矛一支,番刀一把,皮袄、糌粑如前。每年不拘何时,传梆点团,一时并集。司事头人,按册查考,一物不备者,即重笞之;一家不到,其罚更重。点后遣散。故一朝用兵,且夕可以动员。平时不费一饷。虽古之州甲,不逮其便也。

五十七、番　律

康番有数千年奉行之刑律，与汉律迥然不同。番家通汉语者，辄曰"草地规矩"云云，即指番律也。《雅州府志》曾意译"夷律"，载附卷尾。文繁不录，举其要点：番律最重喇嘛，敢有污蔑佛物、毁损宗教物品，罪同大逆。入经堂不虔敬者，皆有罪。毁损祈祷用品者，则罚其赔偿因不得祈祷而受之损失。又重差徭，违误差徭之罪，俱经分别订定，有十余条之多。又重战争，作战不力，规避征发，临阵无勇，皆有罚例。此外则治盗甚严，治淫甚宽，中有一条，谓奸人妻女者，则以其人之妻女，填偿被奸之家，今番地已无此俗也。

《卫藏识略》亦云："相沿番例三本，计四十一条，所载刑法甚酷。"则其律为西藏所颁也。

五十八、番刑法

番人刑法极残酷，罚金、鞭笞、禁锢，是其轻者，重罪剜目、劓鼻、刖足，死罪投河、剥皮。其治盗匪，则有斩首、枪毙、碎尸之事，皆由土司头人或大喇嘛以意为之，番律无详细规定也。

《卫藏识略》记西藏刑法云："大诏旁，有黑房数间，拘禁罪人，犯法者不论罪之轻重，皆禁于内，用绳缚四肢，以待援法。如争斗死者，将尸弃水。杀人者罚银钱入公，并给尸亲念经或牛羊若干，无银则缚水中，籍没其家。其抢夺劫杀者，不分首从，皆拟死，或缚于柱上，施以枪箭。较射、饮酒死，则砍头悬示，或送猓瑜野人食之，或活缚送曲水蝎子洞令螫之。若攫人财物，则将其家监禁，倍数追比，追完，则将盗者抉目劓鼻，或去其手足。凡犯重罪，先以绳缚之，挞以皮鞭，复浸于水，逾时再挞，如是者三。然后询其辞，如讳，则以沸油浇其胸，利刃裂其肉。倘再固讳，则缚坐水中，分其发，以绳左右牵之，用白布蒙面，浇以水，或于指甲内以利签刺之。若无辞可质，然后释。其受酷刑而死，弃尸水中。至寻常争斗求理，则罚银。犯而不告，各重罚。无银，则以长棍责释。若犯奸，只罚银钱，量其贫富，亦或责释。但犯法无论男女，皆于市中褫衣责之。"西康刑法，本源于西藏，故其惨酷如此。

五十九、劓　刑

劓鼻之刑，内地废除已久，西藏现犹盛行。民七川藏开衅，类乌齐三十九族人助边军。边军失败后，藏军将其头人劓鼻，现侨寓康定之彭错即是也。

瞻对接近藏地，曾受藏官统治有年，故犹保存藏官刑法。曾见一妇人，以木刻义鼻，以线系耳上，即因盗罪被劓者。

六十、刖　刑

在瞻化见一喇嘛，以掌抵地而行，腹以上与人无异，两腿至趾，纤细委地，如无骨然掌行过瞻化市，群儿以石击之，彼亦据地还击，群儿辟易；又见有壮男子与之狎侮，一击其头，即反奔唯恐被捉。土人云，此少年僧为贼，被刖，人恒戏侮之。然力大，或被其擒殴，非重伤不止，但不能追人耳。

六十一、水　牢

康藏各官署，多有水牢，昔为拘囚要犯之处，近世已不用，故多废坏。或不肯导外人参观，莫由见之。瞻化县署，前藏官驻防时所营建也，水牢犹在，余得观之。牢在碉寨最下层，掘地为池，绕以厚垣，深黑不可辨物，凿隧通之。拾级而下，达于水面，因其外傍溪流，故有浸水。传有竹签、竹刃在水，验之并无。闻投水牢者，皆系颈缚手，腹以水浸之，不得坐卧，故其苦甚于竹刃也。

此种水牢，又为备非常用，设其寨被围，则可自此汲饮，故亦称为水碉。

李心衡《金川琐记》云："金川将破前数日，……遣兵数百人，检搜官寨，地雷震发，轰然一声，屋宇片瓦不存，数百人一时齑粉。……数年后，好事者潜为挖掘，忽得地室，空旷无际，中砌方石池，积水未涸，有一枯骨，僵植其中，颈际犹绾银铛，衣服水渍成灰，砗磲顶帽尚俨然戴首。土人云是水牢。"水牢内之幽惨，可于此文想见。

六十二、"天德格，地德格"①

西康土司，除明正外，以德格为最大。其地在甘孜西，跨金沙江上游，东连霍尔，西接昌都，北抵青海，南界巴塘，凡今白玉、同普、德格、邓柯、石渠五县与甘孜绒坝岔皆是。开部远在明世，传至清末，已四十七代也。雍正时，投诚于清，自报百姓七千七百二十一户，年认纳贡马十二匹、青稞一百五十石、狐皮十二张，折征银二百五十二两，解赴打箭炉同知衙门上纳，拨充阜和协军饷。初授德尔格忒宣抚司印，雍正十年，改授德尔格忒宣慰司印，所属有革赍、笼坝等土百户六员，共二百三十五户，赋银五十九两，其所建喇嘛寺，以印经、铸佛闻名。南至云南阿敦子，皆奉共教化，土人自夸广大，号称"天德格，地德格"，格读如盖，盖"格忒"之切音也，故私书亦作德盖。

六十三、德格土司自请改流

德格传至清末叶，土司罗追彭错娶藏女为妻，名玉米遮登仁甲，生子名多吉僧格。罗追通其部民之女，疏玉米；玉米亦通其头人某，生子绛白仁青。于是夫妻反目。玉米与瞻对藏官有姻谊，藏官助之抗其夫，使其夫妇各携一子分居焉。光绪二十年，川督鹿传霖派兵攻克瞻对，倡议改流，带兵官张继，思启封疆，兼知德格夫妻异居之事，使人说土司罗追，愿为逐去其妻及绛白仁青。罗追迎之。张军入德格，擒土司夫妇并其二子，一并押解成都，准备改流设治。适成都将军恭寿与鹿不协，邀同驻藏大臣文海，会疏劾鹿翻案，德格亦与焉。土司得省释，夫妇旋亦病故。鹿具奏，遣其二子回籍，朝旨允以多吉僧格暂管地方，数年后承袭土职。绛白仁青回籍，业已为僧，继而受头人怂恿，争为土司。多吉僧格仁懦，不敢与争，奔亡入藏，娶妻妾置产，将终老焉。而德格多数头人、百姓，以绛白仁青非土司子，且残暴，不愿拥戴之，赴藏迎多吉僧格回，拥为土司。绛白仁青见百姓不服，亦即退让。相处数年，乃有头人正巴阿登等树党营私，复怂恿争位，并诱占多吉僧格之妾以辱之。多吉夫妇，复奔藏地，控于驻藏大臣有泰、张荫棠，事无成。德格百姓复往迎之，

---

① 六十二至六十九节，皆记德格事。德格现拒汉官入境，余未曾至。凡兹所记，皆据《西康建省记》与曾往来德格境内汉商赵德侯等言，参考《四川通志》《雅州府志》等书。平生不尚耳食，而此乃不能免者，德格为西康一道，不可不有记也。

并擒绛白仁青，锢之黑室。多吉复位，绛白仁青越狱逃脱，聚党为乱，多吉僧格不能禁，挈眷避匿，财货被劫一空，百姓死乱者甚众。适赵尔丰率军出关，多吉遣头人至打箭炉呈控，经赵奏明，率兵往办，于光绪三十四年十一月，军抵更庆。十二月，攻乱党于甄科，贼窜杂渠卡（即石渠县），其时雪深草枯，官兵不能穷追，贼势复盛，肆掠百姓，招之不降。宣统元年四月，赵自督军往剿，战于麻木，贼败遁去千里，至卡纳之沙漠地方，官兵追及，降之。绛白仁青逃入藏境。德格肃清，多吉僧格夫妇请于赵，自愿改流设治。赵曰："汝恳改流屡矣，我不允者，以乘人之危，仁者不为，今德格敉平矣，汝何虑乎。"土司泣曰："敉平者内乱耳。德格地虽不毛，窥伺者多，且地广人稀，恐难守土，愿得改流兴垦，广招汉人，使地辟民聚，乃可图强。土司不才，与其不保于将来，曷若早图于今日。其意已决，恳乞转奏。"赵乃许之，疏请将宣慰司之职，改为世袭花翎一品顶戴都司，年给赡养银三千两；将其地分为五区，中区曰德化州，南区曰白玉州，北区曰登科府，极北一区曰石渠县，西区曰同普县，东区之绒坝岔暂附中区（其后划归甘孜县），并于登科府设边北道一缺，以为俄洛、色达改流准备，西康建省基础，建于此役矣。

六十四、多吉僧格

多吉僧格，亦作多吉僧根，性仁柔，饱经患难，厌恶世情，故对赵尔丰泣恳改流。改流之后，即将其所有更庆、龚垭、麦宿三处房屋计值十万余金，并其私田、草场、番经刻版，所有德格一切财货，于宣统二年冬缴纳入官，求易巴塘土司充公之少数房屋一座，草场数块，地土数十亩。十二月杪迁居于巴塘。宣统三年春，经边务大臣赵尔丰奏明在案。多吉僧格并以所余养赡银一千两，及其妻奴郎错莫首饰变银一千两，捐作巴塘学费。其所以能向风慕化如此者，幼至成都，知中国之大故也。

民国元年，巴塘叛乱，其后历有烧杀，多吉僧格见汉军弛坏，大乱频作，仍避回德格。民七藏军内犯，德格五县齐陷于藏，土人仍拥多吉僧格为土司。其官寨在德格喇嘛寺旁，距甘孜四百里，对于汉官尚未忘情，奈汉军不进，彼在藏军手中，亦不能自拔来归也。

六十五、林葱①改流记

林葱土司，安抚司职，雍正时投诚，呈报户口一千零九十六户，年赋银六十四两。其地在德格县北、杂科之西，纵横百里，农少牧多，然亦一大部也。《西康建省记》云："灵葱土司，在德格疆域之中，人民数百户，地仅数村。有郎吉岭一村，在昔施与德格巴邦寺喇嘛，已经两代，后世土司，欲收回其地，彼此争斗。宣统元年，巴邦寺控于边务大臣赵尔丰，在登科行辕提讯，系现土司之祖母，施与巴邦寺，有约据。今土司争其地，率众劫郎吉岭百姓牛马，百姓誓不归土司。故判令土司还其牛马，将郎吉岭一村改流，归登科府管理，奏明在案。宣统三年春，民政部奏准改流各省土司咨行办理。夏五月，署川督赵尔丰，会同代理边务大臣傅嵩炑，檄令灵葱土司缴印改流，将其地归并登科府。"

六十六、废土司思汉

甘孜汉商赵建侯言：邓科县境，有林冲土司者，其官寨距德格百二十里，与德格土司皆甚尊敬汉官。自民七德格失陷后，土司见汉商，必迎问"目前宣统皇帝好否"？应之曰"今为民国，宣统已废矣，唯尚好"。又问"新皇帝为谁"？漫应之曰"袁世凯、黎元洪"。又问"新皇帝何时来要贡马"？曰"贡马已免矣"。则鞠躬曰"皇帝万岁"。又曰"赵大臣打色须（即石渠）军容甚威武，至今叫人想念大国风概。近年不见汉官来了"。商人曰"汉军不久来矣"。土司饬其从者曰"记取"。

汉军过境，最振声威，故至今番民，仍知汉军。现虽陷于藏番，藏番不知牖启，故其人之昏昧犹昔也。

六十七、春科、高日土司

嘉庆《四川通志》，打箭炉阜和协所属土司，有春科安抚司，在灵冲西，交青海界，辖民五百八十八户，有副土司嘉庆八年故绝，由安抚司兼护。又有春科高日长

---

① 林葱，又作灵葱、林冲。

官司，辖民二十八户，在春科界内。《西康建省记》云："春科、高日两土司，部落偏小，在德格土司疆域之内。春科百姓不及百户，土司故绝无嗣，唯妻族一人，同藏中派驻春科寺之堪布喇嘛，治其民而征其赋；高日百姓百余户，有耕地，有牧场，耕地在登科金沙江之边，牧场在杂渠卡雅龙江之旁。其两土司印信，早为藏中所派之堪布夺去，藏人殆欲取其地土焉。宣统元年四月，边务大臣赵尔丰，督兵攻杂渠卡，过登科，查知其事，乃饬藏中堪布，将印缴出，驱之回藏，疏请改流其地。……两土司部落，并归登科府石渠县分管。"所谓高日，即春科高日长官司也，春科民户何以减少，高日何以增加，中间史闻残缺，无由考订。

六十八、斑鸠彭错

德格杂渠卡头人斑鸠彭错，邓科人，幼为德格家"日本"，番语司铺叠被褥之役者，盖贱人也。后以便佞获宠，升为头人。宣统时，曾应绛白仁青之乱，行迹未著。乱定后，杂渠卡为石渠县，委斑鸠彭错为保正。其人素无赖，经商失利，负债甚巨，适闻藏军攻下昌都，亟投藏军自效，导攻石渠、邓科、德格诸县，并陷之。斑鸠得意，夸于人曰："改换门庭，债务消灭。"以其有功于藏官，人亦无如之何也。

六十九、札喜夺吉与公畜

德格头人札喜夺吉，原夹霸、无赖，贫不自存，投查拉寺佛都督卜运，谓投汉大吉，因投边务大臣赵尔丰，求自效。赵命为石渠保正。张镇守使朋三，嘉其忠诚，升为五路总保正。其人向汉甚坚，至今犹日盼汉军之至也。

先是赵大臣讨绛白仁青，德格、邓科附乱之民，仓促逃亡，遗弃牛马、衣物无数。汉兵攻破一地，例得自由一日，银钱入私，牛马缴公，其后乱定，叛民不敢回籍，牛马无人领取，遂分发各乡保正代养为公畜。每乳牛一头，每年缴酥油十三斤；羊每头上毛若干，计全年收毛二百驮。马牛不生产者，保存而已，生产赢余由养者享用，疾病死亡由养者补足。民七藏番侵入，陷德格等五县，各头人纷往投报，唯札喜夺吉犹隐匿保存，曰"以待汉军"。

七十、瞻对沿革

瞻对为著名匪区，前已言之。其地跨雅龙江中流，纵横各五百里，农村皆在河谷，牧场皆在山顶，山高谷深，犬牙错列，地势奇离，部落复杂。雍正六年，先后来投诚授印者，计有上瞻对茹长官司，有民四百二十八户，认赋银十六两，今瞻化河西地方，皆其故地也；上瞻对峪纳土千户，有民二百零六户，认赋银八两，今上瞻河东地方皆是也；下瞻对安抚司，有民三百四十户，无赋，今瞻化下瞻区地方皆是也。雍正八年，瞻对土司不法，纵民行劫，为邻村所控，四川提督黄廷桂剿之，乞降。乾隆十年再剿瞻对，至十一年，始克平定。战时赴军前投诚者，有上瞻对撒墩土千户，有民五十户，无赋，今上瞻区之沙堆村是也；有中瞻对茹色长官司，有民二百户，无赋，今瞻化河东区地是也。计凡五土司，名义上有上中下三字，故世称"三瞻"，其实是五土司也。

咸丰年间，五瞻为工布朗吉一人所并。工布朗吉，住波惹，世称"雅龙瞎子"，亦称"雅龙傻子"（瞻对古名雅龙，雅龙江由是得名），为人狠鸷，有并吞西康东部，内抗清廷，外抗西藏之志。尝出兵北征霍尔，南侵瓦述，东犯单东，西扰昌太。康地各土司，或割地，或贡赋，莫不俯首帖耳，听其约束。同治初年，藏人由打箭炉运茶回藏，道经康地，为工布朗吉劫掠，藏人求驻藏大臣具奏，川藏派兵会剿，有旨允行。其时川省有"石达开之乱"，川督骆秉章，不暇兼顾，而藏军已抵瞻对，各土司群起助藏，骆恐瞻对败而投藏，飞檄止藏军，藏军不听；骆又派道员史某率师，徂西会攻。史至打箭炉，畏葸不前，俟藏军克瞻，诛工布朗吉父子，乃往收地。藏军索赔兵费二十万，骆督未允。藏人索地，骆请与之，瞻对遂为西藏属地，达赖派僧民官各一，率兵镇抚之。藏官营二寨于吴日麻河岸，筑十七碉守之，即今之瞻化县治也。藏官暴敛横征，且仍照工布朗吉占各土司之地，并索供驻瞻兵费，垂二十余年。瞻民苦之，于光绪二十年间，逐杀藏官而自立，旋经川督鹿传霖派兵攻克之，倡议改流。驻藏大臣文海与成都将军恭寿，与鹿有隙，妒其功，密疏劾鹿，将瞻对仍赏给藏，德格改流，亦同消泯。鹿所派在屯军，移赴炉霍屯驻。鹿有《筹瞻疏》二册，论瞻事甚详，而为群小所挠，谈者惜之。

光绪三十四年，赵尔丰剿德格，沿途土司百姓纷纷呈诉，谓瞻对藏官，占夺其地，且年索兵费，所带藏兵千余，四路贸易，驮马络绎，概令百姓支差，不给差费，复索供给，并诬损坏货物，勒令赔偿，受害难堪，恳求保护。赵檄饬藏官不得骚扰各土司百姓，藏官回语不逊，且欲以兵袭赵。赵以兵赴昌太扼之，并电请驱逐藏官，收回瞻对。清廷议缓之。宣统元年春，赵又请收瞻，清廷议以十余万赎之，令驻藏大臣联豫告藏人，藏人不遵，反借外人恫吓。宣统二年春，赵再电请收瞻，清廷议不决。宣统三年夏，边地改流已竟，赵调署川督，赴任之时，便与代理边务大臣傅嵩炑率兵入瞻，逐藏官，收其地，召百姓公议，改良赋税，置怀柔县。赵莅川督任，始将收瞻事入告。联豫犹疏争之，而清廷亦已覆也。

民国二年，改怀柔县为瞻化县，分全县为上瞻、下瞻、河东、河西四区，设总保四人分理之。

七十一、上瞻世家

上瞻总保独吉郎加者，其先原甲孜小民。咸同中，瞻对工布朗吉作乱，藏军与川军会讨之，瞻民争先投降，甲孜酋某某，兵败脱走。时独吉郎加之祖父尼马茨里，已密投汉军，清军使追甲孜酋，尼马茨里伪为跟逃，相从至密林中，杀之，以其头来献，清军以甲孜酋房产奖之，使为小头人，由是起家。尼马茨里生二子，长喇马茨里，次四郎罗布，共娶一妻名得西，生独吉郎加。喇马茨里悦女子唐莫些，憎得西，使酒殴辱之，得西因妒忿自缢死。喇马茨里娶唐莫些，生子札喜然登，与其弟分居；四郎罗布更娶女名白楼，生一女名折妈情错。

喇马茨里时，值鹿传霖攻瞻对，该民极力助清军，积功升为大头人，驻饶禄官寨，管上瞻七村，仍兼甲孜财产，既而以杀妻故，迁居甲孜，四郎罗布与独吉郎加居饶禄。改流之役，独吉郎加复助清军，设治后，升为上瞻总保，管十二村，一千一百三十余户，娶甘孜孔撒家女，生二女无子，曾悦甘孜民女登真情错，欲纳为妻，其父不可。独吉郎加使人缚而劫之，竟无子。长女曲媚折妈，次本母折妈，共赘甘孜麻书家头人子为婿，名翁须独吉。

独吉郎加有才智，能使民众悦服，对官府差粮，亦谨慎无失，家中积历任军民长官奖章奖状无数，全瞻百姓皆畏之。河东河西之民，或有讼事不决，皆就求评断焉。然豪放不羁，凡劫杀奸掠，瞻对百姓所优为之事，殆莫不能，徒以名位所关，未便为耳。翁须独吉，性亦似之，前年朱倭、瞻对械斗，翁须独吉与大盖喇嘛寺，实为瞻军主者。战争中，有道孚大锅庄番商与阎姓商人之驴马，驮货走近战线，瞻对娃遂劫取之。翌年，翁须独吉率八骑追卸任张知事，清算灾粮账，及于道孚。大锅庄番家与阎集民枪数百支，向之索驴，翁须不畏，从容催张知事算账给据后，与其八骑，荷枪弹，跃马欲行。道孚娃围之数重，不敢开枪，但尼阻之而已。后经道孚知事着人调停，竟放渠去，其犷勇率类是也。

曲媚折妈有隐疾，不悦翁须独吉，悦同村喇嘛之弟麻里工曲，嫌私通不便，相约同逃。曲媚折妈讹言往甘孜转经，暗收拾细软珍宝于行箧中，携女仆一人，男仆三人赴甘孜，与麻里工曲密约，归途会于雅龙大峡老林中。先期遣男仆二人，回饶禄取物，待麻里工曲至，出不意缚其随行男仆，塞口投密林中，与其女仆及麻里工曲，押行李十余驮逃赴德格。被缚男仆，力挣脱手去口塞大呼，半日始有闻者，释之，奔告饶禄。探数日，始悉去路，翁须独吉率十余骑追之，时方大雨雪，马蹄陷迹，旋为雪掩，故追久不及，历一月久，粮尽且返也。天晴，见马蹄，迹追得于昌太老林中。曲媚以为追者不能至，方从容张帐，烹茶于半山间，追者呼麻里工曲名，麻里出应，便枪毙之。曲媚大怒，持枪击杀一追者，又击翁须独吉，同逃女仆疾前抱持之，弹不得发，遂被擒。曲媚见所欢已死，痛哭不回，追者扶之上马，则自掷投地觅死。曲媚擅藏文，写作并美，上瞻家事多赖之，深为乃父所爱，故赘婿不敢辱之，但缚马背送回。曲媚剪鬓毁容，觅死数月，其父母夫婿，多方托人劝慰，始复常态，生一子，酷肖麻里工曲，今已十岁矣。曲媚竟不复与其婿同宿，夫婿概优容之，以其才矣。本母折妈貌较美而文学不如其姊，夫妇相得，已生二子。

独吉郎加之异母弟札喜然登，为甲孜村长，生五子四女，名位才力，皆不如独吉郎加，弟兄亦甚疏阔。

独吉郎加之异母妹折妈情错，嫁得雍头人甲屋村批，为怨家所害，早死，遗一女情错折妈，又名罗哲①，一子名奇拙，孤苦无依。独吉郎加抚为子女。罗哲与曲媚相善，能道其事甚详。

七十二、穷穷工布

瞻对河东区总保穷穷工布，有才略，素为三瞻雄长。设治后，汉官或失其意，即不能使职权，声名甚噪。现年老退居，其子当政，名望远逊于独吉郎加矣。

---

① 即任乃强先生之夫人罗哲情错。

七十三、理化百姓为瞻化总保

总保犹土司也。下瞻设治后，委穹坝富绅杜噶为总保。穹坝与噶坝原隶里塘，民二划界，以属瞻化。杜噶在里塘尚别有财产。故其为理化百姓，而为瞻化总保也。委事于其小娃子阿噶，自住里塘，年至瞻化一二次而已。唯以富故，恂谨畏事，差粮无缺，下瞻番务，赖此以宁。

七十四、马上技能

瞻对娃剽悍横肆，驰名全康，邻县人闻其名，殆莫不惺怯避之也。其地崎岖瘠薄，生业凋敝，其人多为盗劫，杀人越货，轩然夸邻里，不自惭讳。善驰马，枭狡之徒，常自西宁、戒谷等处，拣选优良稚马，特施训练，能日驰八九百里，见人上背即怒窜奔驰，逢崖跳崖，逢涧跳涧，非善驭者不能勒止；又能在奔马背上放枪射箭，中的无遗。或自马背俯身及地，拾取纤芥；或自马背跃下，又复腾上，至于数次而马驰如故也；又能隐身马腹而驰，侧不见人，乘者反以鞭力挞其马使之加速。每年腊月，例开一赛马会，比赛以上诸技，各头人具茶包奖之。故其技精绝，其劫人亦不可测也。

去年九月余在瞻化，张赐培知事与余共出茶包，使各区头人召一临时赛马会，使上瞻、下瞻、河东、河西四区，各选十人，分组比赛，先赛马上诸身段，次较箭，次较枪，最后掷哈达于地上，使诸番驰马拾之，并百无一失。后闻各区与赛人，仍多雇自上瞻，盖上瞻娃尤擅此技也。上瞻总保赠余一小娃子，名潘根，当日亦与赛马，其技不得为超等，亦尚不劣。原拟携回内地，示驰骋以示人，行至麻日，忽发寸耳寒，水浆不入口者二日，不得已饬回上瞻去矣。

七十五、凶杀事件

瞻对娃犷悍轻生，睚眦杀人，视为当然，凶杀事件之多之奇，为内地人所难梦见。闻张知事言，渠到任五个月中，所理凶杀案已有六起，其经两造私和、头人剖结、未曾报案者，尚不知若干。其最奇者，死者临绝不知与凶手何仇，或闻旁人飞语某某有仇，即先杀某人以防仇杀。杀人之后，各有同村袒护，不认处罚，必至势力不能敌人之时，始偿命价。故此等凶案，不须投报县署。县官亦原不能以法律理之也。即有弱者投案，亦只好着有力头人处理之，强者决难受传到案，唯头人可以番规矩说其认错也。头人以番规矩说案，番人以为比较官府处断合理，故凶杀事件，投报县署者甚少。

七十六、色威凶杀案

藏语，带兵千人之官曰代本（《卫藏识略》作"戴绷"）。昔藏官管治瞻对时，每百户人设一头人，假以代本名称，犹陈遐龄所委之土兵营长也。民国设治改称村长，然俗犹呼为代本，系世袭职，归总保节制。

上瞻色威村代本阿拉之子格松札喜，曾与百姓阿泽拈香三次，誓同生死。阿泽有私蓄百元珊瑚六颗，寄藏于格松札喜家，后索取之，格松只以九元付还。二人失欢，尚无恶声。阿泽之兄名阿雅，为恶若寺札巴，十月初二日，奉大喇嘛命往各乡讨青稞，途遇代本阿拉与其子格松札喜，阿拉突扭其领云："我二人事，今日宜了！"阿雅怔云"无事"。阿拉便给一掌，阿雅还殴，阿拉遂抽佩刀击之，阿雅格夺刀鞘，刃刺入腰，格松札喜亦抽刀后砍之，阿雅创重，倒地佯死，阿拉父子急去，卷家逃入牛厂，匿不知处。阿雅后经村人负回其家，其母问与代本何仇，曰"无之"，一日遂死。阿泽报案，请缉凶。县府饬上瞻总保召代本，代本暂匿不出，寄语于上瞻总保与知事，要求不办人，不取销其代本名号，始能出面议偿命价云。

七十七、麻日奇案

麻日村在瞻化、理化界间，属瞻化河西区，昔时亦为一土百户辖地（嘉庆十二年投诚授职，称瓦述麻里土百户），民风犷野，亦如上瞻。村民名日登者，于十七年二月初一日，邀请同村民巴登至其楼上饮酒，突出家人将巴登乱棒打死。巴登有姊弟四人，长兄趋登为僧，次即巴登，又次名茨臣，又次女子名桑登日麻，为尼。巴登既死，茨臣控日登，据日登"巴登弟兄不睦，妄疑为我刁唆所致。前岁秋间，我入城完粮，巴登于夜二更时潜来我家纵火，将我妻烧死，儿女皆成废疾，牛羊粮食，烧毁殆尽，后经巴登之兄趋登喇嘛与其妹桑登日麻来向我说，火是巴登所放。我曾请总保头人说案数次，巴登抗不对质，无可奈何，故将其诱入屋内打死"云云。其时知事张绰饬上瞻对、河西两区总保调处此案，两总保又交麻日代本处理，代本谓巴登究竟是否曾放火烧毁日登房屋，着茨臣与日登各寻亲眷十人赌咒，如茨臣亲眷敢发誓证明巴登未曾纵火，即由日登赔巴登命价银二秤了案。茨臣亲眷皆信巴登曾经纵火，不肯出场赌咒，日登亦遂未偿命价。十八年五月，茨臣再赴县署控告，时张赐培作知事，使人捕日登到案，日登坚称巴登放火系其兄趋登喇嘛与其妹桑登日麻所说，请传二人质对；张饬茨臣交其兄妹到案，茨臣不肯交出二人，诡云"桑登日麻前日入山打柴被大树打死，趋登喇嘛见巴登惨死，亲赴炉城告状，久无回信"。张知事判罚日登有期徒刑十个月，改罚金三百元，许以藏洋缴案；茨臣湮灭证人，亦处拘役一个月，令双方具结完案。瞻化命案之由县署判结者，似只如此一案而已。

七十八、大盖凶杀巨案

大盖在瞻化县北二百一十里，属上瞻区，有民三百户，分东西二村，有三代本管理之。二村百姓共建喇嘛寺，有僧侣八十余人，为瞻化第一大寺。寺僧骄纵，亦如甘孜之大金寺也。有大喇嘛乌金夺吉者，素与主寺大喇嘛阿登赤乃（以下省称赤乃）不睦，乌金夺吉之兄阿噶，幼亦出家该寺，后还俗承产，作奸犯科，邻里畏之。阿噶以其兄故，常以气凌赤乃。赤乃不能堪，潜蓄死徒，谋甘心于阿噶弟兄。阿噶等未觉也。十八年六月十一日，该寺大经会毕，大喇嘛例为村民摩顶淋水，远近男女来会者数百人，乌金夺吉正为人淋水，突来小喇嘛二三十人，乱刀将其戳毙，男女大惊奔散。时阿噶与其母妻亦在众中，仓皇无措，并为群僧所缚，赤乃命将阿噶枪毙，囚其母妻于幽室。阿噶有季弟四郎大吉在麦科牛厂中，赤乃复派僧徒十余人，持枪奔赴牛厂杀之，并抄掠阿噶弟兄二家财产入寺，欲杀阿噶母妻以绝根蒂。阿噶妻名满妹，上瞻总保独吉郎加之远族女也，僧侣畏独吉郎加，议暂勿杀，但拘囚之以免控告。或泄其事于独吉郎加，二十六日独吉郎加报县请究，张知事签传赤乃等，不至，但具禀来署，数阿噶弟兄历年不法事件，谓此举为民除暴，请求奖励。张传之再四，皆不肯到。使河东西诸僧侣头人往谕之，始由大盖代本与寺僧具呈请县署派员至谷日村审问此案。县署派案牍李某往谷日，赤乃等以五十骑戎装来会，态度倨肆，不可理喻。李奉张知事谕，饬喇嘛寺先将死者家属交出，以便对审。赤乃等坚不承认，相持半月，始允交出。其后判还死者财产，赔偿命价三千元，缴呈凶枪三支，罚银一百秤。历时月余，赤乃等不服而去。张大怒，声言将调民丁以武力捉人，赤乃等亦调集民枪表示抵抗。中间曾经他区大头人及名僧侣调停，说案两次，皆不谐，双方调兵洗炮，势将爆发。适余视察到瞻，路过大盖，大盖三代本与百姓耆老环请调停息战，余邀张知事会召两造及各区头人至波惹问案，演说两日，修改前判为赔偿命价二千五百元，罚金为六十五秤，双方悦服，当堂具结完案。待翌晨被衙蠹工布汪青刁唆，谓已访确，汉军断不出关，汉官并无可畏，判不宜遵。赤乃等遂复翻悔，往返开导，直经两个半月，闻汉军有出关消息，始复倩保具结，遵判认缴。当此争持期间，官方既虚张讨伐之势以为恫吓，喇嘛寺亦筑碉守卡以示拒捕，道路传言，遂谓瞻化大战爆发，衙署攻破，汉官被杀云云，亦可笑也。

七十九、番禀可笑

余初至大盖时，劝赤乃喇嘛寺随舆到县署对簿，保无生命危险。对云随后即来。待我去后，竟不肯来，但使人呈一禀来呼冤，译其文云：

"阿噶弟兄不法之事甚多，另有禀胪列，兹请说明梗概：第一条，喇嘛乌金夺吉，不该将茂古喇嘛寺僧郎卡独吉大刀砍死，又曾在格拖喇嘛寺毒死堪布白马一喜，掌教喇嘛麦浪、札巴加恩兄弟，都被他割去鼻子，我们杀了他，算与这几人抵命。第二条，阿噶在大盖寺为僧时，曾将麦科神庙和塔子中的宝盗了，大干神怒，酿成天灾，会首罚了他四百八十元，是本寺垫付，他又曾打抢会首登真七百元，又声言要治死竹靖会首泽翁，敲诈了五百元。又有老陕在本寺住，被他偷去麝香，房主赔了一千多元。又抢去寺僧阿泽四百元，又到东谷去抢人快枪一支，后来本寺替他赔了五百元。又因为他抢劫宗堆坝马寺，赔了一千八百元，又因为他偷人麝香，赔了二百元，初十又抢去本寺会首名下二百九十元，又毁寺内肉身塔子，应赔会首二百四十六元，又欠铁棒喇嘛名下十一元。综算大盖寺阿噶偷人抢人欠账等项，共赔垫七千七百元，今抄没其家财，为的抵偿此款。第三条，阿噶弟兄所为不法之事，本寺已拿得有证据者，凡有私造义兴茶票印板，与私宰银元抽取中段之器具共二件。故阿噶弟兄，实系为非作歹之人，我们帮助国家，处死盗匪，县官不加奖励，反要处罚，请求委员大人作主申冤。"

此外另有一冗长禀，将以上各事，详细记载。

波惹会审之日，赤乃喇嘛等，又将此各条，逐一叙述，持为杀人抄产唯一理由。谕之曰："汝第一条所言，乌金夺吉所杀各人，皆在德格境内之寺，与尔大盖寺何干，要你杀来与人抵命，况至今并无受害家属出场证明乎；第二条所说寺中为阿噶赔垫之七千余元，阿噶还俗已经五年，何以从未索讨，亦未报于县署及总保，今已杀人抄产，始作此说，谁其信之；第三条所言，阿噶诚有不法，自应报请县官治罪，何得擅行杀戮，况其弟四郎大吉何罪，亦遭杀身抄产之祸。"喇嘛皆瞠目不能答，边民之愚顽可笑如此。

该寺又有一禀论命价云：

"自赵帅到瞻化以来，各地杀死人命，命价高矮大小有例，阿色牛厂卡嘉家杀死七人，赔命价五秤，罚款一秤，以铜器作抵；拉日麻杀死六人，命价每人五秤，完全以铜器作抵；墨巴杀死热鲁代本桑约共九人，每人赔命价四秤，完全以铜器货物作抵，罚款未缴分文；朱倭杀死七人，命价每人四秤，罚款五百元，以铜器货物作抵；大盖阿吉寨杀死乌金儿，命价罚款共四秤，以货物折抵；马营长的兵杀死三人，罚款命价每人三秤，准以货物作抵；投李旅长的札喜工布被杀，又杀死家属老小五命，命价罚款分文未出；今监督任内，谷日杀死二人，命价罚款分文未得；康立村日嘉马家杀死一人，带伤一人，命价罚款分文未得；日须牛厂甲朱家儿被杀，命价未赔。以上命案甚多，县官并未派兵去打，大盖喇嘛寺所杀阿噶弟兄，原是匪人，为地方除害，不唯不奖赏，反要出兵来打，实在不公。"

据此禀，可见瞻对杀人案之多。谷日以下所言命价罚款分文未得各条，皆最近发生，尚未了结案也。

八十、工布汪青劫狱事

瞻化有噶坝四村，共二百余户，在理化县署，原为瞻对地，改流之役，划归理化。理化当大道，差役繁重；瞻化偏僻，差徭绝少。噶坝民避差，思附瞻化。民国七八年时，瞻化知事米小阳贪其地，使河东总保穹穹工布招之，噶坝由是附瞻。噶坝代本名工布汪青，原巨盗也，行劫地域甚广，因得与崇喜土司、里塘寺传号、下瞻总保杜噶、河东总保穹穹工布、道孚查坝诸酋结识，歃血誓为弟兄，虽为代本，势力绝大。噶坝附瞻化后，米知事抚工布汪青为夷情调查员，品位在四大总保之列，使常驻县办事以羁縻之。好事者为工布汪青赠汉名曰龚步青，印名片，字云龙。

工布汪青聪明狡猾，番文写作并佳，兼通汉语，豪霸瞻化，已十余年。自虑怨家太多，实弹手枪未尝离左右也。霸占陕商某妻，即住其家，陕商反逃不敢归。瞻化番案，多委此人办理，颇著成绩。大盖案初发时，县署甚倚重之，谷日说案，彼为中坚。见此案重大，欲于中间取利，以死者家属皆妇女，易制，力为凶家擘画，教以遍馈当道以求包庇；又教作势抵抗，以促迁就，自己则随时将汉官虚实情形刺探，密报大盖，以谋应付。大盖之所以纠缠半年不能了结，以此故也。余至瞻化，召集两造至波惹重审，未令彼往，大盖凡事唯彼谋是用，此时未见彼在，急赶人赴其家问云"此次军部派来委员断案，亦当遵从否"，工布汪青回信云："诸君杀人抄家，抗官藐法，事实即已昭著矣。各方馈送亦已收去矣。汉兵断不能来，此回判断，便当尽力反抗，勿遵。尸家弱女子耳，官事延搁，利在大盖。工布汪青拜上。"大盖僧众，原拟待工布汪青回信到来，再决遵判与否，殊不料余于第一日开审，第二日即宣判，限两造于当日决定遵否，僧辈见我情挚而口决，遂未待信来，即书遵结，当日夜半后，信始送到，僧辈大悔，故回寺后，仍抗不遵判。

先是，上瞻总保独吉郎加，亦大猾也，前曾调处大盖案未协，侦知工布汪青主使顽抗各状，遂闭门不问此事。波惹之役，官府调之听审，亦不肯来。兹替大盖送信之人，系麦科娃，曾与独吉郎加有故，送信往来，须过上瞻官寨，不知独吉郎加与大盖有怨，告知其事，迄赍信回。独吉郎加诱入寨中，款以酒食，赚得其函，使其女曲媚折妈用同色纸同样字体套写原信，并造伪章二颗，依式封盖，为赝函付其人，自留其真者，为揭发用。因函中有馈送当道一语，惧祸不敢发，而寺僧得函即烧，亦不觉其伪也。余自波惹回县治，见寺僧遵而复叛，叹番情反复，难以理喻消遣，决置之去矣。独吉郎加密献原函于我，并告此案久延不结之故，余始恍然，不胜忿怒。直告张知事，请拘工布汪青，责以系铃解铃，使仍召大盖凶僧遵案，工布汪青不知信函在余手，狡赖称冤。直以原信示之，始服，又不肯即教大盖遵判，仍主迁延以待余去，余商张知事，庭答渠二十，锤镣收卡，仍令函召大盖归案。该囚欺余孤弱，自噶坝召其党徒二十骑来，意在威胁，余亦调上瞻民丁自卫，提渠出狱重比，声言如大盖久不到案，必先杀该囚始离瞻化，渠始畏惧。又使人请里塘传号与崇喜土司具禀派人来请保释，余为详说该囚犯罪事状，皆无言而去，时各区民丁，皆应调来署，余又扬言汉军不久将到，工布汪青始大惧，大盖寺僧亦自请遵波惹前判缴案矣。

余欲请诛工布汪青，离瞻化日，请张知事严禁锢之，待上峰明令处置。行至理化，张知事差人专函追来，云工布汪青已越狱逃矣。来差系县署伙夫，余询越狱详情，据云，余去之翌日，下瞻总保杜噶、河东总保穹穹工布等，即以一百元压哈达请张知事释工布汪青，知事不受，亦不准。唯时工布汪青已买通警备队，脱去镣铐，可在署内上下游行矣，第四日晨，托言解手，遁出署外，预有渠党一人，带番刀一把，混过河桥，伏于署外，至是挥刀拥渠过桥，人不敢挡，河西先伏有枪五支，接渠上马驰去。县署土兵集队追出，犹见其在河岸奔驰，隔河发五十余枪，皆未命中。彼辈始终未曾还枪，即登山顶，始有一骑驰还，放枪数发而去。

工布汪青既越狱，于理不敢再至瞻化，适有里塘传号以理化差民太少，支差困难，屡请刘知事收回噶坝，已呈请马旅部核准矣。而河东总保穹穹工布亦请张知事力争，谓工布汪青虽越狱，噶坝仍愿附瞻。不知此后之工布汪青，仍得为噶坝代本否。（工布汪青，亦作恶母汪青，噶坝四村，只此一代本，噶坝亦作格哇。）

八十一、里塘营官

里塘为西康高原之中心，平旷高寒，不产五谷，纵横数百里皆牧场也。有一黄教喇嘛寺为此广大牧场之商业中心，故亦成为名地。明代有多数小土司分据其地，通属于青海代庆和硕特部。清康熙五十八年，准噶尔侵入西藏，据有青海、西藏各地，清廷以噶尔弼为定西将军出拉里，延信为平逆将军出青海讨之，都统法拉带兵出打箭炉，招抚里塘、巴塘番众，以通藏路。宁远协副将岳钟琪为前驱，时青海派番酋达瓦蓝占巴驻里塘，管辖各小土司，（汉人以其带兵，呼之为营官），岳钟琪至里塘，诱杀营官，革易喇嘛堪布，寻进克巴塘、昌都、三巴桥、洛隆宗等处，平定西藏。各土司次第纳款归诚。清廷以最先投诚之土目江摆为里塘宣抚司，康却江错为里塘副宣抚司，是为正副二土司。管雅龙江以西，瞻对以南，三坝以东，南至云南之地，纵横各千余里，大小寨堡十五处，土目二十名，百姓五千余户，喇嘛寺四十五座，僧尼三千余名；附近里塘之崇喜、毛垭、毛茂雅、长坦、曲登五小土司首归节制。每年于赋项下自扣养廉银各一百五十两，又口粮银正土司九十四两五钱，副土司四十八两五钱，每年例贡一次，汉人仍沿旧称，呼为正副营官，亦曰大小二营官。雍正、乾隆、嘉庆之间，正副营官屡为部属所害，俱以头人补授。至光绪时，大营官名四郎占兑，巴塘大营官之私生子也。

光绪三十一年，马维骐攻巴塘，赵尔丰办粮运，四郎占兑约副土司共饬头人拒支乌拉，清军粮运不济。赵尔丰至里塘，杀办差头人二名，拘正副营官，粮运始通。赵赴巴塘，以二营官随行。大营官交里塘粮务衙门看管，勒令续支乌拉。大营官杀伤看管兵丁，逃往稻坝，聚众作乱。赵尔丰既围乡城，分兵进剿稻坝，平之。大营官逃入西藏。光绪三十二年，乡城平定。赵议将里塘改流，将二营官解回成都，其妻虑不生还，使人赍毒酒送至火竹卡，二营官仰药死。

大营官四郎占兑逃匿藏中十五年，于民国九年率妻子潜回里塘，理化知事孙兴仁为之呈请于镇守使陈遐龄，赦免前罪。原有官寨在理化城外，民元乡匪之乱，为顾营长所毁。至是大营官葺而居之，原有宣慰司铁印，挟逃未缴，至是又复携回，现供其经堂中。每值祈赛大会，则陈列场中，且御其花翎蓝顶黄缎补服，端坐如土司时。汉官亦未理也。大营官旋病死，无子，一妻现存，为巴塘大营官嫡亲，潜结各村头人与喇嘛寺，思复土职。渠有二女，长赘毛垭土司之舅父名苟呷，次嫁崇喜之次子。苟呷例应承继营官，以土职未复，仍称大头人，在番中极有势力，历任知事，皆虚与周旋以羁縻之。

八十二、毛垭金课

理化金矿，以毛垭河沟为大。向例，每人每月课金二分。清末民初，月收二十余两，角母一厂最旺，月收生金十两，历为衙门漏规，未曾报解，故亦无案可查（据老通事白某言）。其后官威凌替，金课日减，民九孙兴仁知事时，每月只收十余元至二十元矣。民十二年，知事陈葆初声言将派员查点淘金人数，整理金课，惩罚漏税，报纳金课者渐由十余人增至数十人，又至二百余人，一面联名具禀，拒绝点验。陈派人密查，实有淘金者数百人，竟派警士二人往勘，图再增金课。甫至厂，番民大哗，詈辱警士，驱逐回署，由是罢课。后又具禀称：自县署派勘之后，金脉突然不旺，金夫终日劳碌，不获一饱，应请县署赔偿损失云云。陈知事托苟呷出面调停，自认理曲，每年免课三月（正二三月地冻，采金困难也），金夫子数，仍由番民自报，后遂成例。至今每月，才收藏洋十五六元，其大部分皆由金课委员苟呷干没。现任知事刘九如初到任，拟再议整理金课，苟呷即言无人采金，抗课，丝毫不纳，并教其甥毛垭土司罢支差马。巴塘粮运，几为阻绝。去腊过里塘时，正交涉中。

八十三、毛垭土司浸强

毛垭，官书多作毛丫或毛雅，原为里塘小土司，管牧民三百户，牧场在里塘之北，瞻对之南，高原数百里，皆黑帐房，无片瓦橼屋。其人夏牧于山，冬迁河谷，土司亦帐居，随处迁徙，无有定居。康熙六十一年投诚，授长官司职，归里塘营官管辖，年纳贡赋银三十六两。清末缴印归流，认纳牲税。然自营官死后，汉军屡为乡城娃所败，知事无能，番人轻之。毛垭土司，反能坐大。现其势力，直与昔日营官相似，牲税金课，分文不纳，即认运里塘至巴塘军政大差，亦索酬金甚巨，人皆称为"请毛垭保险"，不云支差也。老土司起梅夺加已死二年，生有二子二女，长子索加承土司位，现年二十余，为大营官赘婿苟呷之甥，去岁娶崇喜土司女为妇，与曲登土司亦系世婚，所管有三十八头人，分牧民为三十八部落，使分领之。

八十四、曲登土司

曲登部在毛垭西北，与昌太（属白玉县）、冷卡石（属巴塘）接境，所管牧民约二百户，地较毛垭更高寒，游牧与毛垭同俗。其土司与毛垭同时投诚，同样授职，同时改流。自毛垭雄强，曲登隔在西北，进不能效忠勤于汉官，退不能独立自保，常与毛垭、冷卡石诸酋联姻，依违其间，以自苟全。凡理化运赴巴塘差徭，牛马在百头以下者，由莫拉石、濯桑、穹霞坝三村轮支；百头以上者，毛垭与曲登合支。毛垭千头，曲登五百头，以次轮转，世皆称为毛垭支差，不知有曲登也。老土司名热登旺加，已死，子阿额嗣，去岁与冷卡石私哄，阵亡。子某嗣，才十六岁，现议娶毛垭次女。有二妹，亦订婚于毛垭、崇喜二土司家。

八十五、崇喜被营官逼婚

崇喜在里塘东北，有农民三十余户，牧民约二百户，其土司为长官司职，与毛垭、曲登同时投诚授印，归里塘营长管辖。有官寨在崇喜沟。大清末叶，崇喜土司不满于里塘营官，不肯与之通婚姻，而营官与毛垭、曲登等世婚以固势力，恨崇喜不与婚，屡以兵攻之，三次烧毁其官寨。毛垭竟为力屈。光绪中，以其女嫁营官之子，遂并与毛垭世婚。崇喜女之出嫁时，两方竞为铺张，以结欢好，送嫁迎娶，各出摆马二千余匹，旗仗执事，牵延十余里，两家历代所得清廷封诰赏赐印信、号纸、翎顶、官服等物，皆扛抬过寨，以相夸耀。故老皆谓草地婚仪，此为最盛云。

改流之后，崇喜划归雅江县。自边陲多故，土司失驭。崇喜势力浸长，西俄洛、中渡各村皆附之，雅江知事已不能制矣。老土司名阿村，已衰迈，现传位其子阿区，闭门念经。有四子，长即阿区，现二十五岁；次二十岁，娶大营官女；又次十八岁，寄拜于毛垭老土司；季十六岁，在里塘寺为僧。有女嫁毛垭土司，有堂兄弟亦娶大营官女。

八十六、五瓦述

昔里塘营官所管，有五瓦述，曰瓦述毛垭、崇喜、曲登三长官司，俱见前节；曰瓦述毛茂雅、长坦，今皆不存。

毛茂雅系土百户职，康熙六十一年投诚，管民七十四户，贡物折征银八两，见嘉庆《四川通志》。长坦系长官司职，雍正七年投诚，辖民二百二十二户，皆黑帐房，例贡牛马折银四十两，见乾隆《雅州府志》，如何覆亡，皆无可考。

查瓦述有南北二部，北部有瓦述鱼科、瓦述色他（即俄洛色达）、瓦述更平（今罗科马地），与霍尔诸土司境土相错，所占皆牧场，无农地；南部除毛垭、崇喜、曲登、长坦、毛茂雅五瓦述外，尚有瓦述麻里（即麻日）、瓦述啯陇（即格莫娃），皆在里塘附近，亦皆牧场。则明代以前，西康高原游牧之部，固皆称瓦述也。雅州志谓"冷边始祖恶他，原籍西番瓦部人，蜀汉金环三结之后，世为西番瓦部酋长"，所谓瓦部，即瓦述之总称也。

八十七、巴塘之乱

巴塘自岳钟琪收服，置正副宣抚司，亦称大二营官，共管番民二万八千余户，又土百户七员，喇嘛九千余人，凡今巴安、盐井、得荣三县与云南阿敦子各地皆是也。雍正五年，划奔子栏以南之地于云南，犹为草地一大土司。向以僻远，史迹不著。光绪三十年，驻藏帮办大臣凤全由川赴藏，道经巴塘，见土地膏腴，荒芜尚多，即招汉人领垦。番人指为神山，出而阻止。凤全不听，筑垦场于茨巴龙，委粮员吴锡珍、都司吴以忠兼垦务。番人大哗噪，指凤全所带新军，习洋操洋号，是洋官，请营官与堪布寺下令攻之。营官与堪布婉劝凤速入藏，以免巴塘生事，凤素颠顶，大詈骂之。番人益怒，于是七村沟百姓首先发难，劫垦场，杀垦夫，噪逐汉兵。群番和之，势如潮起，都司吴以忠被杀，天主教堂亦被毁，杀害两司铎；凤全行馆被围，众寡不敌，大二营官与堪布喇嘛出而弹压，乱民不听，二营官之喉受伤，凤全逃入大营官寨内，与乱民议和，乱民迫凤回川。凤乃率随员兵士东行，才五里至鹦哥嘴，乱民蚁聚攻之，官兵同死于难。里塘官员闻信，报于打箭炉，转报川督锡良，派马维骐率兵攻剿，赵尔丰为后援，镇摄里塘。马攻克巴塘，擒大二营官诛之，妻孥移置成都。赵尔丰旋亦至巴塘，又杀勘布喇嘛及首恶数人，祭凤全与两司铎。马维骐率军回川。赵留军四营，搜缴余匪，剿七村沟，清查户口地亩，议请改流。光绪三十二年，奏设巴安县，明年升巴安府，创建巡抚司道衙门，建省之局，创于此矣。

八十八、喇嘛神占

巴塘正土司罗进宝寨内，旧有一小花池，光绪末年，土司欲填花池处造诵经之室，延喇嘛卜之，喇嘛曰："毁花池，造经堂，不利于土司。"土司弗听。喇嘛曰："后有乘红马者至，则巴塘土司亡矣！"土司曰："黄马、白马、黑马、紫马、青马均有，唯无红马，紫马可谓红马乎？"喇嘛曰："是红马，非紫马也。"土司曰："马岂有红色乎！"喇嘛不复言，迄屋落成，尚未涂丹艧，即有乱民戕害凤全之事，土司由是伏诛。番人欲以土司亲戚嗣立为土司。建昌道赵尔丰至，遂将巴塘改流，土司至此灭焉。番人屡以喇嘛之卜为言，唯红马之说不验，后闻赵尔丰以丙午岁生，始悟丙属火，色红，午属马。乘红马，是谓丙午生人。喇嘛当时已误释卜中征象也。见《西康建省记》。

《建省记》又云："光绪三十年冬，官兵由巴塘往攻乡城，令番人应雇乌拉。番人问卜于喇嘛。喇嘛曰，官兵胜，但须明年夏间乃可；乡城稻坝之喇嘛亦自卜，则曰官兵不胜，远来粮绝，难久持，必退去。"嗣于光绪三十二年闰四月十八日，官兵始克乡城，卜夏间胜者验也，而卜官兵不胜者不验。

八十九、烧饼歌

传昔时西藏有大预言者，所卜无不验，今其法嗣，尚受藏人崇奉，为卜全藏年丰岁凶、兵事利钝等大事。昔时预言家，曾著一书，预言各岁事变，与世俗所传之《烧饼歌》相似，下举《建省记》二则证之：

光绪三十四年，藏人率兵来占西康盐井地方。驻藏大臣联豫饬察木多粮员李方惹同藏兵往。盐井人民惊惶，康地文武官吏电禀护川督赵尔丰，谓李粮员率藏兵占盐井。赵电饬将李押候参办。有一喇嘛持一梵字书往问李曰：剖本（番人称汉官曰"剖本"）属狗乎？李曰然，汝何知之？喇嘛曰：前代喇嘛遗书，谓属猴之年，藏兵至盐井，有属狗之汉官同来，必罢职，本年戊申，属猴，此乃定数，请勿怪。李索书而阅，确系旧书，唯不识梵字，未考其详。

宣统元年，德格土司欲献地改流，遣人往登科所属地方问于坐静喇嘛。喇嘛回书曰：献地改流，土司可得汉官。番地之人，唯德格土司之官可得大者。前代喇嘛遗书曰：属猪之年，土司地方皆为大皇上收去，不待收而即献之，必得官；若俟收去，则官不能得也。德格土司从之，得二品衔世袭都司。迄宣统三年春，民政部奏准，将各省土司改流设官，西康土司均改流焉，而是年辛亥，即属猪也。术数之学，岂得尽谓之巫欤。

九十、三岩"野番"

三岩在巴塘西北，德格之南，近金沙江，地面辽阔，山高谷深，地势华离，与瞻对相似。其人亦西康族，而性质较他处为更强梁，慷慨爽直，有太古风。然善劫掠，邻部不能以番规矩律之，故邻部皆称之曰"野番"，无不切齿恨之。其地东西二百余里，南北四百余里，无统一之土司，各村豪强自为酋长，小者十户，大者百余户，平时不相往来，日互相劫掠，时相攻杀，每外兵侵入，则又胡越一心，杀敌致果。虽人自为战，而勇不可当。邻邦虽并恨之，而无如之何也。

昔其西邻乍丫（察雅县）、江卡（宁静县）、贡觉（即贡县。皆在澜沧江流域）三部，因屡遭劫杀，合兵攻之，竟大败还，死数千人。三岩又屡劫官商大道。光绪二十年，川督鹿传霖派夏提督、韩统领并调巴塘、江卡土人往攻之，被围困于下三岩，反与"野番"议和，送以茶包始得退兵，并割巴塘白奖工地方与下三岩喇嘛寺，为之请奖土千总、土把总职，年给土饷银数百两以羁縻之，借以息事。三岩娃则抢劫如故。藏商出入，屡遭其害。光绪三十四年，藏人复以兵攻之，经年不克，亦仅与下三岩议和了息，三岩娃气焰愈炽。

宣统二年，劫夺官军快枪，捆去官弁，殴伤放回。边务大臣赵尔丰乃派人考察其地势，侦探路径，历半年之久，得悉其情，先谕之投降，三岩娃回书令官兵投之，否则战决胜负。赵置之。其后赵由昌都移驻乍丫，乍丫、江卡百姓纷纷请攻三岩，谓三岩不取，各地不安，难纳粮税。赵派傅嵩炑率兵，分五路攻之。三岩虽险，诸番分道应战，首尾不能兼顾。旬日之间，官兵深入巢穴，三岩娃死者甚众。乃诣军前乞降，时宣统二年十月也。明年赵尔丰疏请改流设官，曰武成县，谓草地用兵，止于此役也。然三岩娃终横肆难制，自民元叛离以后，从无知事敢到任。民七其地陷于藏番，藏番当亦无如之何也。

九十一、乍丫与察木多

乍丫与察木多之地，明清之间，已为喇嘛教徒之地。康熙五十八年岳钟琪西征，次第收服之，暂隶四川省。雍正四年，岳复奏请划定川滇藏界，以宁静山西之地赏给西藏活佛，乍丫、察木多与焉。两地各有大喇嘛寺，各有正副大佛都督为两地主者，自征粮赋差徭，三年一期贡于清廷，与土司无异，唯不娶妻生子，以转世再生承位。其对西藏活佛，亦只岁时朝觐馈献而已；地方各政，概由自主。历世既久，僭多逾法，残虐百姓，时或称兵私哄，不听制止（姚莹之《康𫐆纪行》，即记调处乍丫正副佛都督互哄事）。

宣统元年，赵尔丰平定德格，进驻察木多。迤西八宿、类乌齐、波密、玉树等部纷纷来投。赵奏请于江达划分边藏界线，将察木多、乍丫改流，因藏事未定，议缓。赵由察木多回乍丫，以佛都督横征暴敛等事，勒令改流，番人悦服，请于乍丫设官，理词讼。久之，命乍丫人出房为衙署。赵复奏请于察木多、乍丫设理事官，奉旨允准。宣统三年夏，西康土司皆改流，代理边务大臣傅嵩炑檄察木多、乍丫佛都督缴印，因印文为阐讲黄教，还之。但饬理事官清查丁粮，以每年征入之款，半给佛都督，半作行政经费，免佛都督朝贡。旋请改察木多为昌都府。民国二年，改察木多为昌都县，乍丫为察雅县。民国六年，为藏番所据，仍变为佛都督统治之地。

乍丫，藏人呼为渣垭。察木多，藏人呼为康坝。乍丫娃剽悍，藏番恒募兵于此，康坝娃与藏坝娃对称，盖藏人以昌都代表西康全部，亦如汉人妄以打箭炉为西康也。

九十二、三十九族代表

西康、青海之间，有所谓三十九族者，为若干游牧部落集合成之一大区。原号七十九族，雍正十年，划近西宁之四十族归西宁管辖（今玉树各族是也），划近拉里之三十九族归驻藏大臣管辖，直属于拉里夷情部郎中（理藩院奏派之官），各族人数在千以上者设土千户，百以上设土百户，不及百户设百夫长，定有贡赋，解西藏粮务处上纳；每有官差过境，仍照他处支应乌拉。

大清末年，三十九族曾赴昌都纳款于赵尔丰。尚未改流而清鼎覆，边地大乱，改流中顿。然此诸部倾心汉官。民国六年边军驻防类乌齐者与藏军开衅，三十九族助汉军。其后昌都失陷，边军覆亡，金沙江以西皆为藏番所据，三十九族陷于藏中。

藏番惩罚其助汉，诛杀头目甚多，轻者劓鼻刖足。其头人得生者多潜逃入关，驻打箭炉，自称三十九族代表，屡次呈恳陈遐龄、刘禹九等，称：三十九族，系汉人苗裔，倾心内向，现陷藏中，如在水火。恳请发兵出关，收复失地，彼等愿为向导，希图驱逐藏番，重见天日等云。皆遭优语婉谢，量予给养，俾其守待而已。

各代表中，有三人颇值记载。其一为汪杰，为康藏中文学之士，未曾为僧而藏文极佳，各体书法尤绝伦，躯体瘠弱，貌恂恂然，一望可知其为积学之士也。其在炉城，各机关争延为"仲译"，与通事陈惠中，相得益彰。在炉十余年，见出兵无望，常忧郁惨沮，去冬暴病死。其一为松朋喇嘛，原巨猾，亦如今日盐井之贡噶喇嘛也，至今尚有西康内部番民时来炉城礼之，馈遗甚厚。其人好大言，自谓助战之役，身怀舍利，出入弹雨中，中数百千炮，人马并无伤。其白马甚佳，穷时以七百金出售，辗转入杜知事手。去年曾假骑一次，老犹矍铄，常凌众马，诚异品也。其一为彭错，已被劓刑，原该地大酋，故常为请愿首领，其外貌狡猾，见者憎之。

九十三、盐源九所

四川建昌道盐源县境，在雅龙江下游，纵横八九百里，当西康九龙、理化、稻成、定乡四县之南。其与西康接境之地，皆奉喇嘛教，与云南之永宁、永北、维西、中甸、阿敦子同具康藏风习。

盐源县旧有九所土司，曰中所土千户、左所土千户、右所土千户、前所土百户、后所土百户、古柏树土千户、马喇长官司、瓜别安抚司、木里安抚司。今除木里外，概已消灭，其亡非由汉官取销，由其百姓头人不受约束，不支差粮，威权丧失，鱼烂而亡也。

九十四、木里王

今世略识边事者，莫不知木里金窟与黄喇嘛。其详，则传说不一，兹请为阅者考订之。

考雍正七年，木里土酋六藏涂都投诚，授安抚司印信号纸。其后嗣绝，由其胞侄项喇嘛，呈请承袭，遂定汉姓为项氏，大阐黄教，以木里、库鲁、洼金三大寺为三大政治中心，强迫人们依照康藏习惯，以余子为僧尼，习经典。民刑各政，概依黄教习惯，土司嗣绝或幼小不能当政时，常以项姓喇嘛承继或摄政。

嘉庆时，有喇嘛项克珠为土司，其后仍还政权于土司家。光绪时土司名项隆布，其弟此称尊巴，为里塘吉敏寺佛都督。民国初，项隆布死，其子此称登巴尚幼，部民迎此称尊巴回木里摄土司位，故世称之为黄喇嘛也。

黄喇嘛此称尊巴，为人精悍，略具新知，颇晓世界大势与国内政局，对于四川政府、云南政府、西康驻军、宁远驻军，与游历其地之外国人士，皆有联络，交际得体，博其欢心，曾取得中央政府与川康滇政府所畀各种头衔，曰自在佛吉敏寺呼图克图一等文虎章，曰川边镇守府佛教会长，曰川边镇守府夷情调查员，曰陆军中将衔世袭木里宣慰司等。对于西藏，则年贡黄金一驮以表臣服之意，又能延揽智能之士，助其理政，以滇人何俊卿为汉文秘书，孙某为录事，故其书牍，亦每有可观；以喇嘛董明卿为古操（带兵官），汉人纪某为教练官，自民国二年起，操练新军，军装军械皆仿汉制，现已有常练军四五百人，警卫军百余人，军容颇佳；以其妹弟木拉石人张大吉为游击大队长，兼活佛署参谋官。军政部署，多有新气；民政则仍旧制，以三大寺十八小寺为大小二级衙门，料理民事，待遇百姓甚苛；每户岁纳黄金二钱、猪一只于衙门，粮实收入，则官民平分。狩猎所得，亦必献诸僧官，听其酌提一份。虫草、贝母药材之属，则禁人采取。金矿由官府招商开采，取税奇重，每每得不抵税。大小衙门工木杂作，皆征调民丁操作，自备粮食，不给工资。其耳目爪牙甚众，巡视周密，百姓虽怨，不敢言也。黄喇嘛随时巡行各寺，乘八人肩舆，兵卫森严，军乐不辍，所过之处，百姓先平道路，修桥梁，供张酒食，野宿则篷帐连云，柏枝表道，古之王侯，不能加也。世人以此呼之为"木里王"。

黄喇嘛以束缚人民太甚，故境域虽大，民户不增，沃土多荒，地利未启；山中则兽皮、药材，坐弃于地。地内五金矿产，概未开发而金矿尤有盛名。其地当雅龙江与里塘河之交，世称之为大小金河，河谷随处皆有沙金甚富，山中岩金亦丰，洼里、隆达两处，世称金窟。汉军政界，昔曾开办金厂于此，工作者数万人，黄喇嘛嫉之，潜使乡城匪徒劫厂，大肆劫杀，损失甚大，厂务由是停顿。若黄喇嘛库中，则赤金如山，其馈赠要人，辄以十斤计。

黄喇嘛尝恨地处偏僻，不易购入军械，常以其黄金，使人远向川、云、甘、陕、西藏、缅甸等处购之。川边历年战乱，逸兵溃队所携枪械子弹，大多为木里收买。其地当丽江入打箭炉要道，西人游历往来者甚多，大半以所携手枪解赠，以博优礼。近其收买快枪已在三千支以上，概积存三大寺库中，不肯发给民丁，虑有枪作乱也。

本年胡若愚军长，自盐源战败，退入木里。黄喇嘛初甚殷勤招待，胡赠木里机关枪一支、快枪手枪若干，黄喇嘛赠胡黄金十斤，亲送出城。待胡军过溪，即将小桥折断，预伏民丁，阻塞去路，以其新军夹攻胡军，胡狼狈逃出木里境，人枪损失大半。使木里百姓皆为其王所用，胡断无生脱望也。

九十五、西人所记"木里国"

民十七年十月，美国芝加哥自然博物馆组织滇川藏学术探险队，以前总统罗斯福之子台沃特大佐为队长，自纽约出发，由缅甸仰光八莫入云南，由大理、丽江，经木里，入打箭炉，为欲猎取熊狐①，由穆坪、峨眉转入宁远，猎得熊狐后，循长江出海还美。队员中有杨格青年者，将沿途经历记载，曾经陈心纯译登旅行杂志，兹节录其木里一段，原文每有误译，并更正之。

"木里王国，开创于清雍正之世，迄今虽在四川政府管辖之下，仍不失其独立尊严，此王国有人民二万二千，一半属于西藏族。版图九千平方英里，位于山间，除里塘河流域略有狭小平原外，殆无可耕之地。唯有天予之惠，即里塘河与其他之河流域两岸均有极富之砂金是也，闻此采掘不尽之砂金，悉为国王之私产，国民非经政府许其采掘纳课而窃淘之，即罹重辟。余等一行，遂抵此'川流黄金之国'。

"木里寺为王国之首府，由权力亚于国王之喇嘛（按即董明卿）坐守之，有僧八百人，僧舍四百间，筑城绕之。一般小民，则于山脚森林内营小屋散居。国王极富，民则极贫。稍触王怒，即处枷首重罚。故在此独裁专制强暴国王前之百姓，常陷于恐怖，战战兢兢，有如小羊。

"国王除木里寺外，又有库鲁（亦译库尔）、洼金（亦译瓦岱）二大寺，国王与阁员，每年访两寺各一次。余等抵王国时，国王适在库鲁寺。

"先是，余等抵永宁府时，遇美国著名植物学者哈佛大学洛克教授，始闻木里王国之异事。洛克教授探险中国西部数年，足迹无所不至，深悉滇省情形者，世界无若此人。因献枪弹数事于国王，被王认为至友。其人在木里国，有绝大势力，受国宾待遇，于国王势力范围之内，可以探险自由。国王与人民，尊之为来自美国之贵族，亦足奇矣。洛克教授，于国民政府极力援助保护之下，在此滇康深山中，埋首为植物学之研究者也。

"据约翰生教授所著《由北平到曼达列赫》一书所云，木里之喇嘛教徒，属于西藏改革教会之黄色宗派，常着红衣而冠黄帽，以为宗教表记。通例，家有五男，则

---

① 即大熊猫。

以三子为僧；有兄弟三人，则二人为僧。其在家之子，蓄妻妾数人，料理家务。

"当余等屈身跨入木里寺之城门，则见喇嘛僧一队，郑重为礼以迎，待将行近，即有王之秘书，自群众中出而鞠躬，导余等入喇嘛寺右侧壮丽之室中，一行如遇狐魅，半觉淡漠，半抱好奇心前行，木里人认余等为大宾，非常欢迎。至晚，国王之使节由库鲁寺敬捧书来也。国中对此，有如沸腾，其书极力表示招待之意。内称：'远来之国宾罗斯福大佐，贵团来游王城，为敝国一代所深感，其愿惠游库鲁王城，敝国谨向贵团敬致举国欢迎之意。'旋有兵士数十人，敬捧国王送来之赠品呈献，计鸡蛋十二枚、白米四袋、饲马大豆数袋、小麦二袋、干羊肉及牦牛之干酪乳油数事，均以桦皮包裹，是为对国宾一行之赠品，此外另赠罗斯福兄弟小马二匹，加台因格君藏鞍一具，杨格青年熊狐之皮一件，余等备受国宾隆礼待遇，半如梦中，几忘滇川雪岭跋涉之苦。

"访问国王既毕，去时亦以赠品报国王，有干电灯、眼镜、戒指、小刀、毡帽、镜等物，缮书授使者，略谓备承欢迎与厚赐，感谢莫名，以急须前进，未能恭谒国王，聊备小物，恭答隆贶，望国王嘉纳云云。

"由木里至打箭炉，凡一百七十英里，以日行十四英里计，约需十九日可达，余等所携之粮食，不足三星期用，翌日首途，瞻望雪山，感慨不胜。"

九十六、金川土司

金川自乾隆平定后，创设屯制，地渐汉化，现分隶川康二区，属康者为丹巴县，属川者为懋功、绥靖、崇化、抚边四县，其实是一区也。丹巴土司，前已言之。懋抚绥崇土司，现存者有梭木宣慰司、松冈长官司、党坝长官司、卓克基长官司等，皆甚有势力，旁及松、理、茂、汶诸土司，大小数十部，皆专恣倨傲，与巴底、巴旺略同。

《金川琐记》云："各土司部落，俱数千百年父子传袭，未尝变更，其间亦有贪纵淫虐者，百姓至死不敢贰。夷俗上下之分极严也，无论土司，即以头人论，百姓莫不敬之如神明，无一言敢稍拂。居家妻不敢与抗礼，或自远行归，其妻必率家属百姓男妇跪迎数里外。此风今世犹然。"

九十七、见官矮一级

土司官秩并不低，其属宣慰司衔者，秩三品，宣抚司、安抚司秩四品，长官司七品；或因勤王助军诸功，有赏戴珊瑚顶、孔雀翎，穿黄马褂，进秩一品、二品者。然见汉官，不拘品位大小，例皆执礼甚恭，俗云"土司见官矮一级"，实无明律，特习惯若是然耳。明正土司，曾因助平金川功，赏赐佳穆伯屯巴名号，二品顶戴花翎，然凡汉官过炉者，无论一二品大员，或司道佐杂，下至捕厅汛总，土司必参谒迎送如仪，盖彼不能分别官秩之大小也。

《金川琐记》云："汉官银章铜章，土官铁章。"

九十八、铁纱帽

全国土司，皆世袭职，子绝以妻女承位，妻女皆无，推恩亲族。纵有罪戾，治以极刑，仍当依法选继承者。非万万不得已，不另拔他人承位，故世称为"铁纱帽"。

土司以铁纱帽故，多能竭尽忠勤，虽父遭诛死，子犹效顺。明清两代，开拓疆土，消弭边患，多曾得土官力。鲧被殛死于羽山，而禹为舜平治水土，土司亦颇似之。明之秦良玉，为著名忠勤土妇，其夫马千乘，即为云阳县官所瘐死者也。

九十九、贡　品

清代收服西康各土，定例贡法，大都以其民赋多寡，酌定土产数目，曰牛若干头、马若干匹、狐皮若干张，或粮若干斗，又不征实物，而折为银。粮每斗征银二钱，马每匹征银十二两，牛每匹二两，狐皮每张五钱，多命解打箭炉粮务衙门上纳，拨充驻边各营军饷，此每年一次之例贡也。

又有三年一小贡，十年一大贡，在例贡之外，须由土司派员，押送入京，是为朝贡。其贡品亦有一定，例如霍尔麻书土司，小贡八品，番枪一、番刀一、狐皮十三张、镀金佛一尊、番经一部、手铃一只、氆氇若干卷、藏香若干束。里塘营官，贡鎏金佛九尊、金盘一面、金经一部、藏香百束、氆氇九个、黑香九匣、白香九匣、贝母九匣、虫草九匣、生寿果九匣、雪茶九匣、猞猁皮九张、狐皮九张，凡十三品。

若十年大贡,与皇帝万寿节祝嘏所贡,则无定例,土司恒搜罗奇品,以邀宠眷。

贡品所值甚微,贡费则百千倍之,道路运费外,例于清溪验贡,清溪县尹恃此为绝大收入,非贿之满欲,不肯点验,使其延搁误期。其次为沿途各大衙门,亦须馈赂始保途中无事。抵京之后,又须重贿理藩院大小官员,始获登记。故番民视贡差为极苦,兼以天气不宜,道路险阻,贵介番族,皆不肯任,多半以犯罪头人及小娃子充之。

一〇〇、土司宜利用

明代创设土司以治番,而西南宁谧。对于云贵川边之开拓,具有大功。盖其抚夷以制夷,为术至巧。其政既理,然后汉官有尊严,然后政治势力可固,然后能改流设治,不然而辄与蚩蚩诸番争政,未有不挫败者也。此武侯所以心服南人而不能有南中尺寸之地,明代直以苗疆建省而无扤陧之虞也。

近世言开边者,非畏土司之势焰而勉勤屈就之,即恶土司之淫威而多方摧挠之。皆非道也。窃以为,阅本编者,当知土司头人可以利用之点甚多。使某地方,我之势力犹未能稳固,则宜力扶土司之势力,用此一人以制千万人,使役于土司者渐知有我,渐为我用,则其利千万倍于与之力争。使我之势力既已固也,则宜直除去土官,不可迁就,盖其时人固敬畏土官,亦敬畏我,土官既已不存,故专敬我;土官尚存,人心两向,又从而迁就之,适以启乱耳!

三岩、乡城,康地两大乱薮也。究其乱因,实由无土司。乡城至于乱极而疲,自请汉官,汉官犹未敢入境,番民素不知有汉官,则动多危险故也。此素无土司之害也。明正为康区最大部,改流之役,传檄而定,至今百姓恭顺,愈于内地,此置土司之益也;霍尔诸部,改流设治以来,土司净绝,故以素不著名之区,突变为现今易治之地;唯孔撒土司,漏网于赵尔丰,长养于陈遐龄,当除未除,反为甘孜祸水。此政治力已定后除去土司与不除土司之验也。我国诚欲收服康番,建省于此,目前固应裁抑康、泸、丹、九、道、炉、甘、瞻、巴、理、河口之土司头人以定治本,尤须先于乡、稻、得荣、盐井、三岩、俄洛、色达诸处,择其枭杰,立为土官,善为驾驭,使之就范,以扶植官府势力而为他日展拓之地。

宁远六县,昔时有二十七土司分辖番民,后因种种关系,消灭净尽。各县倮人,漫无统率,遂使什九地方,陷为倮巢。粮税所征,仅限于县治附近与大道一线。驻军一旅,毫无施展。商旅欲绝,民不安居,于此亦可见土司作用不小。

第四编　物产与生业

一、忠实的介绍

西康是很容易谋生的地方，我愿川省失业的人，齐向那边谋生立业去，不要拥挤到家乡抢饭碗，便可使川省一切政治、经济、道德、民生等问题都可解决，边地的一切政治、经济、防务、番务等问题亦附带解决。所以我想很翔实地把西康物产种类，运销道路，营业情形，与成功者、失败者的事迹，写成一编，告省内同志，好去替省内失业的人设法。

但是心有成见的人说话，常犯加倍形容的毛病。老于世故的人，常不肯完全信任他。我今已是自认胸有成见了，阅者诸公还有深信我的话么？于是不能不再声明一句，望阅者彻底地信任我，我是极忠实地说话，断不容有半点夸张。凡事必是我亲见的才肯说；听见的和传闻的，虽然也说，却要注明来历，不稍含糊。我敢负责，任何曾到边地的人，不能有说我虚夸、说我加倍形容的。

二、移民的荣枯

西康自元代便有川陕人民入内经商。明清之间，又有许多木工、金工、矿工进去。清末改流，军政学界流落未归的更多。因为谋生娶妻都很容易，在此安家立业者不少。人有巧拙勤惰，有气运美恶不同，也有致富千金的，也有困饿至死的，殊不能一概论。致富成名者，其道甚多，当于后节徐徐见之；困死堕落者，却可归纳于下列数种原因内：

（一）吸食雅片① 　草地雅片，极贱极佳，汉人多半贪图便宜，吸食成瘾；虽云

---

① 即鸦片。

极贱，究需钱买，一经成瘾，振作困难。挣钱愈不易而烟瘾愈大，鲜有不堕落者。恰似内地跑流差的轿夫，横顺弄到病死下台。

（二）性的戕戮　草地娶妻纳妾偷情狎妓太容易了，地方寒燥，伤身更甚，青年到此，不识利害，枉死者甚多。

（三）屡遭劫匪　草地挣钱虽甚易，劫匪亦太多。所挣之钱，难搬回家，常有致富数次，被劫数次，终结还是穷人的。但是避开劫匪亦甚容易，他们不自想法，仍是知识不足之过。

（四）习于懒惰　草地随处皆是生业，只须人去做，并无人竞争，人果勤快，断无冻馁。且草地番家，慈善好施，人不勤快，亦难冻馁。唯其如此，故多堕落。

（五）气运不佳　如像疾病纠缠、丧事迭出、官吏搕诈、兵匪焚劫，或货到市疲、放债拐本，以及赌博失败等等，皆入此类。

三、商路术语

打箭炉在西康之东，昌都在西康之西，是西康两大交通中心。中间的地方，汉人通称为草地。

由打箭炉到昌都，分南北两道：南道经过河口、里塘、巴塘、江卡、乍丫，尽是高山深谷，是清时的军台大道；北道经过泰宁、道孚、炉霍、甘孜、德格，大半是平原，西康商人多走此道，俗呼为商道。往时南路热闹，北路沉寂；近时北路热闹，南路沉寂。

北路的东端，从道孚逾党岭，从泰宁过牦牛，皆通丹巴。由丹巴过懋功，翻巴朗山，至灌县。旁通抚边、崇化、绥靖、杂谷、理番、松潘诸地。草地商人，称之为"西路"，以其自成都西门出发也。

南路的东端，从打箭炉，经泸定桥，逾飞越岭，经清溪、大相岭、荥经至雅州，称为"大路"，亦称为"南路"，以其自成都南门出发也。

南大路自清溪分支，经富林至西昌，为"宁远大道"。西康的米，多半是由此路转运到打箭炉去的。

富林与泸定，都在大渡河岸，中间有十多个场，却无大路相通，只有土人自辟的羊肠小路，过得背子。近年亦有多数商贩，从此路走，称为"河道"。河道最大的七个场，称为"河道七场"。

北路的西端，有四条大商路：第一是从昌都进西藏的路，第二是从邓科通青海戒谷（亦作结古）的路，第三是从石渠通甘肃、西宁的路，第四是从甘孜东谷经俄洛色达通甘肃洮州的路。草地的商人，通常以西藏、戒谷、西宁、洮州四地名代表之，亦称为草地。

南路自巴塘分支，南通盐井县与云南之阿敦子、维西、中甸、丽江；自里塘分支，南通稻成、定乡，亦通云南丽江；自打箭炉分支，南通九龙、木里，亦通云南丽江，是为云南商路。

以上，南路、北路、西路、大路、河道、戒谷路、西宁路、洮州路、云南路等名词，为西康商路的几大术语，到草地者，须记烂熟。

四、生业总说

西康生业，商业最占重要，其次为牧业、农业，又次为采药、开矿，又次为工业。

商业经营，以茶为大宗，主由四川经南北两路销入西藏。布帛次之，四川、印度、云南三方皆有输入。药材又次之，概自康藏零收成整，输入四川。羊毛又次之，概自戒谷输入。其他则洋货从云南来，藏货自西藏来，粮食、纸张从四川来，果实、良马自西宁来，盐则川滇甘皆有输入，此外各货微细不足道。

西康与西藏，皆甚尊视商人，番语称官为"本"，汉官曰"剖本"，土官曰"密本"，商人曰"充本"。商货不取税，商民不当差，各大喇嘛寺与土司家，皆有专员经营商业。

五、藏洋小史

西康与西藏，昔时原只行实物交易，近世乡僻地方，尚行此法。记得《宋史》所载，番人到雅州碉门贸茶，还是以马一匹易茶若干斤算，无用银之说。不知何时，才用银锭。大清一代，颇为通行银两。此地并不产银，亦无开矿之法，所有生银，完全是从四川、云南、印度、中央亚细亚运入。其与康藏对外商业之发展，很有关系。大清末年，西藏与印度间的商业发达了，颇将印度卢比输入西藏。西藏人感到非常便利，争着使用，比生银更受欢迎。于是卢比输入过多，几乎成了西藏通行的银币，并且渐渐流行于西康了。印度卢比，面铸英印二种文字与英皇像，重三钱二分，作四钱行使。

锡良作四川总督时，觉其可耻，才奏准就四川造币厂仿照印度卢比形式轻重，铸成汉文银元，面铸光绪帝像，运藏行使，即今之藏洋也。当时有令，每藏洋一元，作三钱五分使用，造币厂与藩署，每元实赚银三钱。番人初亦争用，后因携往印度购货，英商认为分量不足，只肯作二钱八分，或三钱算。而印度卢比，仍作四钱。西藏与印度交易较大，因此影响，遂亦只准三钱算。唯昌都以东，遵作三钱五分。

宣统元年，驻藏大臣联豫与边务大臣赵尔丰，咨请四川总督赵尔巽，改照本位三钱二分行使，示谕康藏一体遵照。至今康人，以卢比与藏洋一样看待。唯康境仍藏洋多卢比少，藏境卢比多藏洋少。我曾取卢比与藏洋比较，卢比轮廓实大一丝，厚与成分皆相似。

藏洋重三钱二分，即恰当龙洋四角，康人称为"四咀"（咀读如嘴）。另铸有值一咀、二咀小银元为辅币，但为数极少，不敷应用。番人曾将藏洋分为两半，以一半作二咀，颇为通行。但在近年，奸番争将藏洋剪为两半，抽去中心一条融化，剩余两小半，实只整洋三分之一，亦作二咀使用。闹到近年，市面几无整块藏洋行使，但康地别无良币，所以此种恶币，仍能通行。

康地通行的藏洋，概是光绪头像。为宣统像者，百不得一。民国以来，久未铸造，使用区域，则益增加，所以藏洋渐不敷用，市面金融很不活动，蕃汉商人，争请加铸藏洋。二十四军本年已在炉城开始鼓铸，印模仍是光绪旧模，因藏商守旧，恐新洋遭其歧视故也。

旧藏洋成分甚好，仿佛与光绪龙洋相似。宣统二年时，龙洋每元换当十铜元四十四枚，即四百四十文。其时藏洋每枚换当十铜元一百八十枚，钱数约当四角。现在大二百文铜元通行西康，川省银元在打箭炉每枚换八千至九千不等；藏洋换四吊几，即合川洋五角，但财政机关，出入仍作四角算，以二个半藏洋合大洋一元，称为二五折合。但是藏洋的真正身价，在市场上表现出来，却是二一折合，即两个一咀折合大洋一元。

六、打箭炉通行货币

打箭炉是西康第一大埠，货币种类极多，总括起来，有如下列：

（一）银锭　生银是炉城金融的中坚，市面堆积甚多，大都是西藏商人运来的。从前来的，都是银砖，成色非常好，后因本市奸商，借口倾销成锭，掺假坏成色，大使藏商失望，近年几乎全无银砖运来，各倾销店亦已息业。但是市面劣银充斥，很难使用。市场交易，总是用生银抵算，一方估支，一方力拒，枪花百出，纠扯非常；又每锭少有重过十两的，多半八九两，愈轻愈不好用，又有中锭、小锭更难用脱。新到炉城的人，殆莫不痛心疾首于此物，炉城藏商之衰减，此实一大原因。番俗，生银五十两为一秤，从前藏洋一百六十元作生银一秤，后渐跌至一百四十余元一秤，去年冬间竟至一百二十余元一秤。据土人说，财政机关人员应与奸商平分这种责任。

（二）大洋　川省新旧大洋、外省龙洋，一律通用，每元约换钱八九千文。最奇者，有新疆银元一种，足重一两，成色绝佳，面铸回汉文与重一两、新疆省造等字，亦在此城行使，与川洋同价，但甚少耳。

（三）藏洋　藏洋整洋与花破半块通用。只半块过小者，甚难支脱。买物上十元者，须有整洋搭用方能交兑。

（四）云南半元　市价较大洋低，较藏洋高。有时亦作大洋使用。

（五）钢洋　亦系云南制造，形式如成都厂板，概系半元，满面铜色，市价约抵大洋三角。

（六）卢比　即印度银币，自西藏流入，通作藏洋使用。

（七）咀洋　有一咀、二咀两种，小如北平之镑子。花纹图案，与藏洋同。

（八）铜元　通行大二百铜元、小二百铜元，与老当一百、当五十铜元皆作一百用。老当二十铜元作五十用（记不甚确）。

（九）制钱　尽用大青铜钱，每枚作五文用。

（十）镍币　印度辅币自西藏流入，约有红铜钱大，无孔，花纹似卢比，在西藏值一咀；炉城仅见，不通用。

七、泸定货币

泸定虽属西康，货币则同内地。生银、藏洋、镍洋货币皆绝迹，银币只大洋、云板、钢板三种。辅币通行大二百与当十铜元。

八、丹巴货币

丹巴与泸定同在打箭炉之东，货币却不同。生银、大洋、藏洋皆有，云板、钢板较少，铜元则通行小二百，当十铜元作一百用。故银价较高，打箭炉大洋换九千时，丹巴换十三千文，因受懋功影响故也。

九、草地货币

凡打箭炉以西之地，无论南北路，皆不用大洋。县治市场，偶见一二，亦不通用。铜元只大二百一种，少见有以银元换钱，钱换银元者。生银亦少。民间交易，多以实物掉换。半块藏洋更多更滥，时有只存轮廓一小部，状如新月者。亦有将印度卢比花破者，有将云南钢板花破者，皆作半元用。

南路接近云南，市面钢洋较多，价值较藏洋每枚少换铜元一千文，亦不通用。唯河口县政府，强迫人民，作半元使用。该县崇喜土司，现仍不服，颇与县署龃龉。

巴塘以西，闻镍币颇通行。

十、周长发三富三穷记

去年六月，我在丹巴，往绒坝沟看矿回，至宋达村，大河水涨没路，须从山岩绕行。命宋达村长着人负我行李引路，徒步相从。赶回县城，已三更矣。为我负行李者名周长发，沿途自述其草地经商三十年历史，甚有趣，亦极可笑。当曾撮要记录如下：

周长发，安岳县高桥人，数世单传，有田二百余亩，每年收谷五百石。其父负贩于茂、汶、松、理之间，年获厚利。长发十四岁，即命随行练习边地生理，深感兴趣。二十岁时，其父客死于松潘，长发引丧归葬后，仍继父业，往西路经商。每年待插秧后，买土布、锦缎之属，贩运入番，掉换贝母、虫草各土产运回，恰当秋收。每年一次，能使家中农事不废，冬季番地寒冷，便在家中休息。故人不甚劳，而获利甚丰。其时布一件换贝母一斤，布一件值银一二钱，加入运脚，才值三钱；贝母一斤，在成都值银三两余，故所获利，常在四倍以上。如欲多买鹿茸、麝香、虫草等珍贵药品，本钱不足，尚可向药行预用，秋季以药偿之。经商日久，信用昭著，各药行皆乐放贷。如此每年五月入番，八月回省，赚银数十两、百余两不等。光绪末年，儿子娶媳，已能支持家事，更敢放心深入。闻金川生意较松潘皮厚（商人称利厚为皮厚），渐贩布帛至新街子（即懋功县）、章谷（即丹巴县）、绥靖、崇化等处，每年回家一次，或数年回家一次；或回至灌县，将货卖脱，又复折回，觉金川经商，趣味更厚。将本滚利，翻腾数次，渐成大资本家。亦不常将钱兑回。宣统末年，周才三十余岁，恰有丹巴汉军开往草地，驻防康北道。闻说草地生意利更厚，遂贩布匹、烟草等物，随汉军行。行至罗锅梁子，被土匪截劫罄尽。缘其时汉军初至草地，番人窃恨，故尾截其随行商旅以泄忿，非必是匪也。

周长发既被劫，转回金川，收集旧所放账，即就近经营小贸，渐复起家，积银二百余两。民三四年时，二楷金厂开办，十分兴旺。裕华厂添招金夫，每棚十人，认一人承招，称为棚头。周招金夫一棚，前往淘金。凡八个月，除金课、金夫所费外，净得赤金二十八两。其时草地赤金四十几换，值银一千余两，合藏洋六七千元。周遂舍金厂，与同业八人，携金赴打箭炉兑换。行至道孚松林口，遇劫匪十六骑拦劫。有四人返奔，立即饮弹毙命。彼与其余三人不敢逃，坐地待劫。此匪刚才劫去陕商赤金一驮，不屑取衣物，只将八人囊中金粒倾去。幸周之衣角中，预缝有大颗金子八粒，未被匪觉。至炉城售之，得银八十余两。仍购杂货，贩往巴塘贸易。

其时巴塘汉军、汉人甚多，日用奢侈，嗜好各货，俱系由炉城运往，利市数倍。汉人经营此业者莫不致富。周长发在巴塘一年，净赚银六百余两。心不忘二楷金厂。复由瞻对、炉霍、道孚向二楷行去。至二楷时，值"八角之乱"，土司百姓蜂起驱逐汉人。金厂由是解散，金夫多被劫掠丧命。周至二楷，一目荒凉，人兽俱绝。欲由绥靖转回章谷，重理旧业。行至绰斯家，道遇乱兵，银钱衣物，被劫罄尽。既无存蓄，亦无账讨，乡音久绝，举目无亲，由是流落金川，为人下力。下力非鸦片不行，偶有收入，亦为吸烟耗去。其年已满五十，不存一钱，力不从心，谋生不易，才投宋达村长当小娃子。

我问周长发，何不回安岳去？他说："初到金川时，每年回家一次，前后共带银六百余两回家。走草地后，未曾回家，亦未带有银子回去。第三次被劫后，曾经回家，行到成都大面铺，遇房族弟某等，说'熊克武军队正在挨户搜劫，某家估派银若干，所以今已残腊，我等还向外逃走，你还回去作甚？'我想家乡既然回去不得，不如回转金川，暂且自谋生活。此次回到金川，盘缠用尽，事业无着，遂至落魄如此。"

我问他家还有何人？他说："还有一妻一子一媳。最后离家时，已有一孙。现在不知又有几孙了。"

问何不写信回家，叫他们兑钱来接？他说："昔年在绥靖住，每年还见有家乡人来此贸易，谈到家里情形，说还很好。自落魄后，再不见有家乡人来，无从带信回去。"我说邮政带信甚便，何必定要待家乡人？他说："我不知道。"我见其人甚愚，又是好笑，又是可怜，当将邮政寄信方法告他。觉他甚不在意。他说："我曾请人看相算命，都说我三十五岁败运，五十一岁上运。我第三次被劫，恰是三十五岁，忍耐熬了十五年，今年满五十岁了。应该明年上运。我何必赤手回家，遭亲朋冷笑。我定要熬到运来，挣钱后再回。"他说的明年，正是民国十九年，恰巧今年二楷金厂又开厂了，或许他真要转运，亦未可知罢。

此人送我抵寓，已是半夜，领赏一千，随即去了。第二晨早，我才记录，自信所询前后经历地方、营业银钱数目，皆详诘再三，确记无误，唯其姓名只说一次，反未记清，如非周长发，即是周兴顺，或周长顺，合并声明。

十一、李占云趣事

本年正月，我从打箭炉雇舆回川。至瓦斯沟，一舆夫病不能行，路旁饭店中，有一男子愿替换，直抬入省。一路闲谈，知其人名李占云，眉州四合场人，往来川边小贸十年，忽富忽贫，千变万化，言之奇趣横生，令人捧腹。至富庄，阻雨半日，我托言将往川边经商，请其将经历详细告我，随记于书。今以转告阅者，可作小说看，亦可作谋生指南看。

初出茅庐之李占云 李占云自言，曾读书五六年，粗识字墨。昔充本街团防队长，故挣钱后，人皆尊称为李队长。有弟兄三人，占云行二，现年二十二岁。民国十一年，尚未分家，家中田地不多，日食不足。有眉人曾云忠者，自眉州买土布，运往富林等处发卖，常获厚利；又欲贩布往卖，雇李占云为挑脚。李与家人商议，筹银一锭，同曾云忠往眉州万胜场买布。曾云忠买布四十八件，李占云买十八件，搭附曾布担走。此次替人挑担，因搭有布，工价甚薄，恰敷口食。一直挑到汉源唐家坝卖去，布本每件八千文，卖价每件十一千文，计本银一锭，赚洋五元。本利共成银十五两，往富林买猪五只，贩回眉州。猪本去银十一两，一路盘扰甚大，剩银不够用，在名山县卖去一只。其余二对，赶回眉州新场售卖，得银四十元。综计此次一个多月，本银十四元，净赚银二十六元。又尽此四十元买布，自己挑着，再到富林卖去。渡河过大树堡，买猪十八只，留足盘川，赶猪回县，卖得七十余元。又以全数买布，已是一百余件，雇人挑走，自己徒步押走，居然大庄布客也。此回沿途售卖，由富林循河道，卖到紫打地（亦名安顺场，为河道大场，属越嶲县），始得卖尽。闻田湾猪价更贱，遂往田湾，买猪四十六只，贩回眉州。

杨大爷的照看 田湾距紫打地一百里，中间须经过黑老鸹。黑老鸹有大袍哥名杨玉山，原眉州韩家场人，其父杨三爷，旧在河道经商发财，眉州与河道黑老鸹二处，皆有住宅；杨玉山与其弟玉全，皆有名袍哥，能通河道各场。

李占云过黑老鸹，以同乡关系，拜谒杨玉山，求照拂。杨给名片一纸，谓任走何处，有此可以保险。李占云买猪回来，沿途关卡极多，每拦阻收税，李即出示杨玉山名片云："杨大爷叫我替他赶猪回眉州去。"卡员皆称贺曰："是杨大伯猪么，恭喜赚钱。"随即放行，不取一文。一直赶至雅州，才纳税契。每只猪三百文，凡四十六猪，连保商费，共去钱三十二千零。赶回眉州，卖得银一百一十两。综计十两银本，贩猪与布三次，恰共净赚银一百两。第三次虽得杨大爷照拂，但因运道太远，盘费太大，本银七十余两，才赚三十余两，反为利钱最薄之一次。家中历年拉欠人家，有债百两。此次生意，恰将旧债偿清。

第一次失败 李占云走富林一路既久，渐知建昌、云南鸦片贩到四川，有对本利。乃于民国十二年秋收后，筹集小资本，先往中坝、赵渡等处，收买黑白附片、沙参、桔梗、甘草、川芎、瞿麦、甘石、杏仁、麦冬，随买随卖，见利即丢；转回成都，则买荆芥、故纸；过邛州，买苏叶。沿途买卖，滚积资本。最后空囊买药，收拾成挑，贩入建南冕宁、西昌、会理等处卖去。购买鸦片，又买防风一挑遮手，运回四川。同行有四十余人，皆自建昌贩烟回省之小贸。不料被匪侦知，行至雅州狍子冈，突出匪徒三十余人，将一行鸦片尽行劫去。李占云损失南土四十余两，铜元二十余吊；只剩防风一挑未要，担回嘉定，卖银四十余元。

二四营奇遇 嘉定水口镇曾经廷告李占云，说从河道紫打地进山，为二四营、娃裤脚等处，贩盐和布进去，担花椒出来，利大无比。占云遂未归家，从嘉定买盐胆水（点豆腐用）二挑过富林。胆水原本每斤八十文，至富林，每斤一千文，其利百倍。就富林买成土布、盐巴各一挑，与其妹弟邹华封，担赴二四营掉卖，住黄姓店内。二四营在猓人巢中。猓人之俗，遇汉人即劫之，没收其财物，将人捆卖与他部为奴，每人可卖银若干两。他部得人，又转卖于较深夷巢，更得高价。每每掳人未久，已经转卖数千里，不可复还。猓人买得汉人，将两足涂油，用杠炭火烘烤，使皮厚，能践瓦砾、荆棘，作牛马之用，负重致远。动辄鞭打出血，惨无人道，永远不见天日。故汉人入其地经商者甚少。如欲前往，必辗转请人向土酋取保。有保者，猓人不抢；如抢掳已经取保之人，则担保土酋应对取保人赔偿甚大损失。此为其地规矩，违背规矩，则两部相攻，称为"打冤家"，非到扑灭全部不止。李占云此次，由袍哥白少山介绍，娃裤脚开药铺之李先生取保，故能安抵二四营。

二四营规矩，客店即为牙行。客商入店，招待食宿，并不逐日取费，只于出店日结算。客初入店，店主先来问："客货须卖现钱，或要掉换货物？"问哪种好，店主云："此地现金不多，难卖高价；货掉货最为合算。客既欲贩货回川，自然货掉货好。"李占云初到此地，一切不知，答云："掉货。"第二日，即有人随店主来取货，说明待花椒成熟时，以椒偿价。以后愈来愈多，川流不息。或取盐巴，或取棉布，皆云将来摘椒偿还。李占云恍惚迷离，听其取去。唯重托店主担保偿还。店主人殊不在意，淡然答云："你登上簿子，将来有我负责。"十余日内，布盐脱尽，只买得现钱四百余文。心中非常恐惧。邹华封怨他说："二哥，你太疏虞了罢。我们万里辛苦，搬来血本，你听凭素不相识之店主一言，完全赊借与人。簿上所记，不过唧唧若干斤，咪咪若干斤，喀叽几件布，倮偻几件布，家住何方，尚且不知，将来不摘花椒还你，能找谁家理说？"占云闻言，愈觉懊悔。

从三月待至五月，尚无一人来店偿货。问店主人，店主状甚厌之，叱云："你不耐候着罢了，频频作闹何为！"占云没趣回房，自疑误入匪窟，虑难生还，唯与邹华封抱头暗泣。不料五月中旬，诸人次第来店，偿还花椒；十余日内，完全上齐，竟无一人躲赖，亦无分厘狡猾；应偿花椒若干，总属有多无少，不必称量可以收纳。万想不到其人交易，竟是忠实如此。于是二人心花怒发，喜出望外。计棉布每件二十八方，每方掉花椒十四两；盐巴每斤掉花椒一斤十两。原本布每方二百余文，盐每斤四百五十文；所掉花椒担到邛州，卖价九十五元一百斤；除口食盘川，净赚一百三十余元。前回狍子冈损失，赖此弥补。其年弟兄分居，被家事所累，暂时未再出门。

造物所忌之鸦片贸易 李占云既分家，独立户门，费用甚大，种田有限，日用不敷，不得已，又筹借资本，往南大路贸易。第一次民国十六年秋收后出发，贩布过富林、黑老鸹，卖去。转进越嶲，买防风、茯苓，夹带鸦片运回，赴资州、资阳卖去，赚钱不多。将本金寄兑回家，赡养妻子，余钱买龙眼、白矾、纸烟、陈皮等货，担进建昌。十七年二月，至雅州，听说前途有匪。恰有大商人运货二十七驮进西康，请驻军二连保哨，小商贩随之而行者凡十余人，李占云即在其中。不料行至大相岭，有匪六七十人出劫，与保哨军队激战，飞弹如雨，哨兵败溃，商人皆委货逃走。匪去后，商人回看货物，只粗重不值钱者在道。李占云龙眼、纸烟被劫，约值八九十元，剩有陈皮三十斤与白矾未要。依然担进建昌卖去，又往河道、会理等处，小贸数次，渐有资本数十元，再买鸦片十余两，防风、黄芩一挑，担回回川。是年十月，行至麻柳湾（狍子冈下方），有匪徒二三十人，潜从林中出，截断两方路口，不动声色行劫，只许被劫者进，不准走出。拦断半日，共劫一百余人。李占云所带鸦片、现钱皆被劫去，留防风、黄芩一挑未要，担至嘉定卖去。心犹不死，又买布匹二十余件，重进建昌，行到狍子冈，又遇匪徒二三十人，同行小贩三四十人皆被劫，布匹损失罄尽。不得已，折回家乡，重觅本钱，买使君子、龙眼等货，又进建昌，再买鸦片，配防风一挑担回。此回未曾遇匪，自雅回眉州卖去。时建昌鸦片每两五千二百文，眉州卖值一元，恰为对本利，共赚四十余元，足抵从前损失。但其防风卖到邛州，又被匪骗，至于讨口。

送财神起本 李占云于十七年冬，从建昌出来，在邛州保宁寺（场名）过年。新卖防风四十三元，装在贴身腰带中。有邛州小贩王元兴，初自富林出来，与李同住一店，窥见其钱。三十日夜晚，邀李过床吸烟，他本不吸烟，因屡向建昌贩烟，渐知吸食，新才上瘾，贪图便宜，过床吸烟。烟醉回床，昏沉睡去，被王元兴用小剪剪去腰带，窃银逃去。烟醒扪钱，才知被骗。于是一钱不存，去家又远，兼以年节，无从告贷，只得在房暗哭。新正初二日，店主人清算店账，该钱二十一千，无从筹措。店家亦代为设法。邛州风俗，新正用红纸印财神图，挨户送去，说吉利语四句，可得钱二百至四六百文。比讨口贵重。适同店住有送财神者一人，将财神印板寄在店主人家，已出门去。店主替李赊来红纸十张，以印板付之，又送与松烟一握，教吉利语四句。便在初二上午赶印，薄暮出门，打听其人尚未走过之处，飞奔跑送。当日得二千八百文，连夜赶印，明日又送。送至十五，得钱三十余钏。偿还店账，买滑竿一副，邀一伙伴，上大路下力。专走邛州、百丈、雅州三处，遇人即抬，不争价值。历时一月，除去烟饭店号，存钱七十余千，又买花药走富林贸易，赚钱作本，积资至二三十元。遇人邀约，又往穆坪赶烟会。

赶烟会之成绩 金川、穆坪等处，皆种鸦片，每年收割鸦片时候，四方商人，各贩货物，来到产烟地方，赶场钻乡，掉换烟土，称为赶烟会。产烟之家，认为土内生产之物，与外客掉货，不甚计较分量，故赶烟会者皆获厚利。李占云在邛州被骗后，千万辛苦，挣得二三十元，计还不够防风血本，无脸回家；恰值穆坪烟会期间，上川南一带小贩，纷纷前往赶会，李亦伙混同行。到穆坪后，果然一帆风顺，约略半个月中，将货掉尽，共掉得烟土一百八十余两，计已值钱二千余钏，回想正月初一，一钱不名景况，如在梦中。有仁寿张松林者，亦恰将货掉尽，得烟四百余两，二人相约同行。四月十三日，行至天全灵龙关，突遇劫匪十三人，将二人烟土完全劫去，只留盘川数钏，勉强吃回家中，仍是空空两手，与正月初一无异。回想四个月中经过情形，真如一梦。有时不免怨天恨地，有时不觉扑嗤一笑。

去冬的经历 李占云自穆坪被劫后，自觉难与命运争衡，遂绝意不再出门贸易。不料去年，眉州天旱，所耕田地，全无收成，完粮纳租，俱无出息，不得已，又将妇人纺线子所卖之三十吊钱取来作本，再行出门贸易。先至丹棱母店场买大豆，贩下眉州。凡走两转，微有利钱。第三次径从母店买豆，挑赴简州三岔坝，共走九天才到，买本九千一斗，凡三斗，共卖六十千文。托熟人邓良臣带三十吊钱回家，叫妻子仍买棉花纺线。自己又从黄龙溪（距三岔坝三站）买地瓜，担过邛州平鹿坝、夹门关一带脱卖。就钱过百丈关，买杠炭担赴成都卖去，又已有钱四十余吊。以三十余吊买大头菜八十斤，赴打箭炉，沿途带吃带卖，抵打箭炉，剩五十余斤；本钱每斤四百余，至此每斤三千文，共卖钱百余吊。从炉城买莲花白菜，担赴泸定卖去。又往瓦窑坪（飞越岭下，属泥头管）买当归二十五斤（每斤一千二百二十文），至泥头驿，买核桃三千，担赴夹江卖去，带大洋四元回家，剩钱五十余吊。时已腊月，从夹江买土黄历、门神、门钱等物，贩到炉城，共卖钱七元余。黄历在夹江每本一百二十文，沿途零卖作为盘费。雅州每本二百文，荥经涨至三百文，清溪涨到八百文。冷碛每本一千文，则已卖尽。炉城每本可卖三千，惜已无有矣。在炉城过年。正月初三，往泸定桥买小菜，贩来炉城，卖过一次，初十卖完，转回瓦斯沟，尚未决定生意，恰逢轿夫换人，遂认抬回成都。

性格的批评　我在炉城雇夫回成都（十二站），是每名每站一元钱，由袁夫头承揽。李占云从瓦斯沟接抬，只少抬一站，论理应得十一元。不想李与袁夫头议定，每站才八千文，夫头每站干赚四角半，还要李抬前方。我听说来，很抱不平，李占云却并无翻悔。他说："出门人然诺为重，此钱由他赚去。况且我做生意，未必一天能赚四五吊钱，仍要气力。"余觉其人言语举止，确是一纯粹好人，性格态度，都要算出门的第一等，私心怜之。及闻其从前艰难奋斗历史，更觉可以佩服。窃念如此等人，亦至于饿饭，或流为匪，则是政治之罪，非社会之罪矣。

可惜其人因贪做鸦片生意，吸烟上瘾，行走亦将烟具带着，一刻不离，未免可憎。其人能担能抬，能写能算，能交际应对，能忍苦耐劳；从不与人参言搭舌，争唇斗口；自己除吃烟，守身谨严外，饥饱有度，所以健康无病。当为小贸中，质地最佳者。

十二、行商不如坐贾

以上周长发、李占云两节，可将内地人到川康边境经营小贸生理之各种形式利弊，略举梗概。此其中，可得几个通则：

第一，到边地经营小贸，是甚稳当之谋生方法。

第二，从近处做，利钱较小，却较安全；从远处做，利钱较大，较多危险。

第三，本分生意，常较安全；奸猾营业，每多意外。李占云贩烟三年，屡遭匪劫，终结失本下台，表面可归罪于气运，暗中实有必至之理。谓为造物所忌，自亦可也。

第四，行商不如坐贾。因为道路危害太多，故在边地经商致富者，大半系坐庄营业。若如周李两人之碌碌奔走，从未见有起家的。

其实周李二人，都非草地经商的正形，不过举在这里，挑引省人探险边地的兴趣。草地真正的商业，经营情形，容将农牧工矿各业说完以后再说。

十三、奇异的犁耕

草地农业之幼稚，可于其耕犁见之。其犁膊构造，与内地犁仿佛，唯犁胸与犁颊，由几块木头合成。犁尖所套之铁铧，只有六寸来长，恰似小帽。据汉人传说，从前草地，只用一块木头削尖做犁，因草地无铁，所以无铧。如此之犁，亦是汉人所教。铧亦自内地贩来。

其犁辕构造，则与内地大异，用两条直木，穿逗成直角形，短的一条，约三尺长，下连犁身，长的一条，约长两丈，突向前方。耕时，用牛两只并立，以一横木，牢缚两端于牛角上，又缚长辕之端于横木中，一人手持犁柄，鞭牛前行。其犁甚重，双手把持，尚难转动。入土则甚浅，大约不过五寸。草地土松，使以内地犁，耕如此浅土，一羊即可拉动；草地用两牛，犹觉吃力万分，牛头低昂作势，如甚苦楚。盖牛角非着力之处，两牛又难一心，所以格外吃力也。

内地犁较优之处，在犁辕短，远系牛之脚后，故人提抑摆动犁柄，可使铧尖深

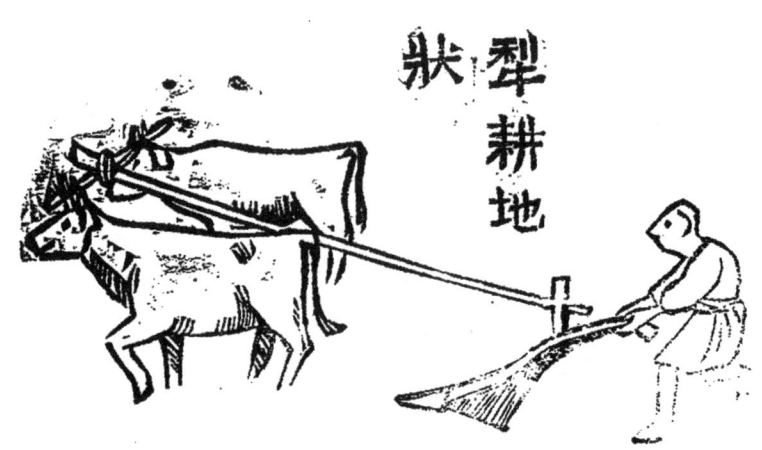

各数里，土壤、气候并佳，唯无溪水可以引灌。其上方为章达河坝，下方为甲基龙河坝，对岸为瓦达河坝，皆为农业富庶之地。唯此河坝，为番民所弃，历未耕种。改流以后，汉人领垦此地者甚多，头年亦各丰收，第二年遂有虫灾，第三年禾苗被虫吃尽，殆无收成。以后此虫每三年大盛一次，百计驱除不去，始知昔日番民弃此不耕之故。

土人传说，昔有一游方喇嘛，来虾拉沱求吃，汉人不肯施舍，喇嘛怒言："你们的粮，不与喇嘛吃，拿与虫吃。"自此以后，遂有虫灾。又或谓：此虫三年伏居地下，三年飞行空中，在地下吃虾拉沱，在空中吃大塘坝（属甘孜），他处皆无有。又有人谓：外国人曾经研究此虫，唯灌水可以杀死，从前曾有司铎，想买机器吸水来灌，未能成功。

去年七月，我过此地，垦民纷纷前来报灾，果然地内麦苗皆枯萎无实。有一垦民，当面掘洋芋一窝为验，每芋一块，有一虫蜷伏在内，吃去芋心十分之九，几只留有半边空壳。其虫黄嘴铁颊，六脚如刃，白腹颀长，乃金龟子之幼虫也。金龟子产卵土内，一年化虫，三年化蛹，蛹与虫皆以农作物及野草之根为食料，能深入土下数尺，冬季则深藏底土而蛰伏，故不受冰雪之害。夏季出吃禾根，并不露形，故农人不觉。吃满三年，羽化为金龟子，飞于空中交尾，再产卵于地下。所以三年成灾一次（也有经七年至十多年才成灾一次的，那是另外一种金龟子）。因它待禾苗长成，才上表土，禾苗老熟，又下底土，所以很难驱除，唯有将田内土壤，长时间灌水浸泡，使土壤中空气断绝，才可致其死命。是故水地，绝无此虫，虾拉沱土松而干燥，冬季冻土又不深，故成此虫最宜生长之地。说神说鬼的，皆胡说也。

十九、气候与产业

西康高原，诚属寒冷，因其太冷，所以大多数肥美原野，无人耕作。大抵海拔三千米以下的河谷，才是农业极盛之地。此等河谷，尽属南北纵列，直通云南境内，接受南洋温暖潮湿之气流，故谷内温暖和润，与内地相似，例如巴塘、河口、泸定、丹巴等处，四时气温变动，全与成都、灌县相同，贫民不穿棉袄可以过冬。可惜此等河谷，面积过于狭小，十之八九为危崖绝壁，可耕之地不多，可住之人亦有限。

河谷以外，概属高原，气候与川省迥异，天上云量极少，空中水分绝少；每逢日出，地面暴热，夏日可达摄氏表三十四度，比内地热时，更觉难受。日光干照皮肤一日，肤色骤变黧黑，表皮燥裂，初现龟坼，寻即蜕皮，故虽番民，夏出亦以毡帽护头，以避日射。日光西落以后，突然冷冽，虽在盛夏，亦需薄袄，天将明时，冷度最大，微觉手脚僵冻，冬令更难言矣。

如此高原，就夏季温度言，亦可种植麦类与蔬类，康人所以弃为牧场，不事农作者，因霜害雹害太大，每每有种无收故也。

雹灾原因，由于地面温度太高，空际温度太低，地面之水汽，受地热作用，猛烈升腾，既达高空，骤冷成冰，重而下降，复被地面湿气流冲抗，上升高处再附薄冰一层。如此上下数次，结成大块，至于重量超过地气之升腾力时，下降达地，禾黍当之，无不偃靡矣。唯森林丰富地方，地面减小剧烈，上升气流不猛，夏季可免雹灾，是故草地产业，显分三段如下表：

高度	海拔3600米以上	海拔3000米至3600米	海拔3000米以下
地势	高原	高原之岸，峡谷之口	峡谷
气候	空气干燥，暴热暴寒，夏多雹灾，冬积重雪	空气比较湿润，一日中温度变化较小，有霜害无雹灾	气温变化甚小，无霜害雹灾
产业	畜牧	森林	农业

霜害亦由气温变化急剧而生，高原中心，固饶于霜，唯以地无农作，陨霜无所害，故人知有雹，不知有霜。

河谷两侧高地，接近林界之部，颇有农桑。此带农地，雹灾甚少，霜害独著，其霜四月以前，八月以后，常常有之，春为晚霜，秋为早霜。农人为防早晚霜害，凡生活期占据四月以前八月以后之农作物，皆不敢种，唯种荞麦、圆根、洋芋等数种短期作物与须根作物而已。

高原上部，风吼如雷，有时行路当风，人马力挣不能前进分寸，地面碎石亦为风所转移，此亦不能栽培之一原因也。

二十、砾　田

西康农地，土壤甚佳，但恒杂有碎石角砾，罕有纯土，石砾最多者，为道孚、炉霍、甘孜各县之近河平原地，石砾约占十分之八九，土壤才占十分之一二。农人即于碎砾之间播种，并不除去，麦苗从石隙生出，宛转曲折，至于数次，始得与天日相见。秋收之后，亦行耕地一次，犁头与碎石相撞，窸窣有声，犁侧堆垒滚转之物，皆石砾也。距河谷较远之地，石砾亦较少，或含十分之四五，或含十分之二三，总无不含石砾者。

二十一、不施肥

西康农民不知用肥料，牛粪抟饼晒干为薪，人马鸡豚之粪委弃遍地，听其土化。尿则因无尿池，更弃之无形，灶灰亦抛于市巷，厩肥更无论矣。幸其地肥沃，播种于土，即可望收。

二十二、天惠惰农

西康番人耕地不去石砾，种禾不除莠草，不耨不耘，不施肥料，冰耕雪溉，一种一收获外，不费丝毫劳力。固以其土甚腴，地力不竭，麦种甚贱，能与莠草争存，又地旷人稀，天产丰富。故虽惰于耕，不虞饥馑。以康地农田之少，耕作之陋，而野无饿殍，市无乞丐者，天惠特厚也。

二十三、青稞与汉字"来"

青稞为一种大麦，藏语呼之曰"来"。《周诗》"贻我来牟"，郑康成解"来"为"小麦"，"牟"为"大麦"。余意康成汉末人，解千年前方言，未必不误，汉文"麦"字从"来"，可见古人呼麦原种为来也。大麦、小麦虽为两种，但大麦耐寒，小麦不耐寒，汉人原从昆仑寒地，迁来陇西，再后播散于中原各部，其最初携来之麦种，必属大麦，而非小麦。余因疑"来"字，不当解作小麦。若解作大麦，则与藏语恰合。藏人亦系昆仑发源，与汉族同一远祖，原始名物，至今或有同者也；不但如此，欧洲较寒农地，不产小麦者，盛产一种黑麦，与青稞多有同点，欧人亦呼Rye，黑麦与青稞，皆大麦之属。故余疑古"来"字，当解为大麦。

二十四、小　麦

番语呼小麦为"作"，唯暖地种之。青稞收获后，炒熟磨粉，是为糌粑。小麦收获后，生磨为面，连麸作饼，烤熟食之。番民视连麸面饼较糌粑珍贵，非宴会馈赠不用。小麦亦较青稞昂贵，但不甚喜种小麦，亦异也。

二十五、芜　菁

西康高寒农地，皆种圆根，状似萝卜，根作扁圆形，色白或暗色，较萝卜坚实，味如薯蓣，微具药气，富于粉质，番语呼为"油马"。汉人以形状呼为"圆根"，其实即芜菁也（川中无芜菁，川人遂以大头菜为芜菁，或以圆头萝卜为芜菁，皆误）。芜菁又名诸葛菜，传武侯征番乏食，令军士种之，遂传其种于番地。

番民八月收获入室，切叶饲猪；切根成方块，堆晒屋顶，至冬干脆，随时取入釜中煮汤，客至，掬而献之。味微甜苦，汤稠如羹。

二十六、产米之地

稻米只能生产于海拔一千五百米以下之地，西康唯北纬三十度以南之大河谷底，深在一千五百米以下，故亦唯三十度以南之大河谷底部产米。而此诸河谷，又非尽能种稻，因泥土不尽能贮水，田畴不尽平坦，灌溉不尽便利故也。是故西康面积三百余万方里，产米之地不过三四十方里。举其著者，为：烹坝、咱里、冷碛、沈村、查威、得妥、田湾（以上大渡河谷，泸定县境）和墨地龙、木里（以上雅龙江谷，盐源县境）、贡嘎岭（金沙江支流贡嘎河谷，属稻城县）、乡城、定波、六玉、得荣（以上金沙江河谷，分属定乡、巴安、得荣三县）、盐井（澜沧江谷，盐井县地）。

西康番民原不食米，汉人移植后，始行种稻。移民初无学识，有误种稻于高地者，既遭失败。后来者遂不敢再言试种，至气候可以种稻之地，亦无人敢尝试之，例如丹巴县，昔年曾有人取稻试种，偶因风烈，未得成实（见《金川琐记》），至今全县无稻。然余曾至其地，夏季温度、湿度，皆与川内仿佛，觉仍有种稻之可能也。

二十七、米之需要与供给

西康用米有三类：其一为籼米，即碾磨精白之饭米，概自泸定、汉源、宁远、雅州等处运来。先到打箭炉，装成牛皮大包，驮运出关，销售于住有汉人各城市；又丹巴县亦食籼米，其来源为灌县，由人力运过巴郎山、懋功县入丹巴，亦有自打箭炉运来者。其二为火米，亦曰红米，与籼米同为粳稻，不过不施碾磨，将谷先蒸后捣，退壳即卖。其米带浸色，粒大而坚，煮粥不稠汤，蒸饭粒粒如豆，味逊于籼米，然有二善：无磨砻消耗，质量不损一也；富于养生素，健人体力二也；不只西康有此吃法，以余所见，四川以南之丹棱、蒲江等县，陕西子午谷中皆然。大都为米贵之故，求增质量，非必知其为养生也。西康火米产地，为巴、得、乡、稻四县，大抵较清寒之商人食之。其三为酒米，即糯米也，自宁远、雅州输入，只汉人蒸醪糟用之。

西康米价至昂，买米以斤计，每三十斤为一斗。打箭炉装包，二斗为一包，商人运至瞻化，每包售三十二元，甘孜值二十余元，炉霍约值二十元，道孚值十余元，打箭炉卖，每斤大洋二角。然亦常有涨跌，不尽如此。

二十八、玉蜀黍

玉蜀黍俗呼玉麦，其实为玉米，亦系暖地作物，在西康唯泸定、丹巴、雅江、乡城、稻成、九龙、巴安、盐井诸县能种，其地亦为北纬三十度以南之大河谷中，只较稻田稍高。

西康人不食玉米，通常只作饲猪料，然其收量大，栽培之较麦合算，故农人对于勉强可以栽种之地，皆不种麦而种玉米；汉人领垦者，尤喜种之，因番民不喜饲猪，汉户无不饲猪也。

二十九、蔬菜业

垦民初到边地，每欲取内地各种佳良作物而未宜于草地者往种，一经失败，则又并内地作物之宜种于草地者亦不敢输入试种，皆不学之失也。大抵草地与内地农作上之差点，只在气候较寒一端，其余并无不同，故以内地冬季作物为其夏季作物，换言之，即内地任何冬季农作物，皆可在草地栽植，可为定论。

冬季作物，蔬菜为重，西康原无蔬菜。清末叶，始有人在打箭炉附近辟地，试种萝卜、甘蓝（即莲花白菜）、韭黄、葱蒜、青菜、白菜、菠菜之属，一时畅销，大获厚利，垦民相继而起。至今炉城附近以开菜园为业者，已二十余家，皆致小康。每年由泸定、汉源贩来之小菜，尚超过本地所产，足见菜圃业尚有扩张之可能也。

赵尔丰经营川边，提倡实业，曾延请日本某农学家前往考察，结果谓禾谷作物所能增加之度有限，唯蔬菜到处皆宜。赵使人于新建各衙署之侧，皆辟菜圃，以资倡导，一经试种，果皆丰收。初仅汉人争购食之，嗣则番民亦购食之；无业汉人，渐自辟圃种蔬，以为生计。至今日凡有汉人住居之地，莫不开有菜圃。里塘为西康最高之都邑，高出海面四千余米，周围百里以内，皆为牧场，向无农业。近世亦有菜圃，甘蓝、萝卜、白菜之属，亦皆著效。至如甘孜、炉霍、道孚、泰宁等处，则菜圃更多，利亦甚著。现陷藏番之邓柯、德格、白玉、昌都等县，自清末试行种菜著效，今虽陷藏，汉人绝迹，闻其菜圃如故。盖番人继续汉人而经营之也。

蔬菜所以特宜于番地之原因，自然由于耐寒，亦由于其生长时间之短，盖番地虽寒，夏季一二月中气温亦甚高，虽种谷物，亦无不可，只嫌其太短，不及使子实成熟，故只宜蔬也。苟属生长期短之需实作物，亦自相宜，故荞麦亦能种于番地，且甚普遍。圆根、芸薹，亦然，番椒、番茄等物，在草地亦能成熟，只恨降霜太早，不能多收获耳。

三十、遂宁、安岳之垦殖民地

打箭炉当二水会流处。其水流甚激，而冬夏无甚消长，故距水面一尺以上之岸地，皆可安全耕种。惜岸山挟束太急，河岸平原太狭，又多乱石、巨砾、粗砂，方尺之地无方寸之泥，历来弃为草原，归瓦斯碉头人放牧。大清末叶，招汉人开垦，有遂宁向姓者，领垦郭达山下河沿半方里地。初披草莱，汰石砾，种地一畦。渐增辟至数亩，架茅舍，种菜蔬，且艺且辟，尽其全部。初垦数年，例不纳租；至土已熟，始议租，租亦甚薄，而菜蔬之利甚大。向姓以此赤手兴家。遂宁、安岳人闻风而至者甚众，先后领垦其近旁之地。故打箭炉近世营菜圃业者，率安岳、遂宁人也。

向姓既小康，不复从事犁锄，委耕事于雇工。本人朝夕处城市，嫖赌浪荡，家资耗尽，负债日多，始将所垦之业，推让同乡龚姓，得当价银二百四十两。摊还积债，不敷。自亲友处告贷盘川，仍回遂宁本籍，为贫民如故。其追踪向姓而来各垦户，垦地不多，得利有限，莫由暴富，亦莫由荡产，至今乐其业焉。

龚姓，遂宁东禅寺人，民国初年，以苦力投灯盏窝金厂，积钱娶妻，借债承当向姓垦业。年卖小菜值千余钏，付当价二百四十两外，年称佃钱五十钏于瓦斯碉。去年，瓦斯碉火灾后，加各佃户压租，龚姓被加银八十两；又自改建瓦房一座，费百余两，遂共负债二百两。然所投资已值五百余两矣。

龚姓目不认丁，贫无寸土，孑身来此，才二十年，积银三百二十余两，建屋一所，娶妻生子，又招一堂弟来此，助理家务，与其子女，皆冠履整齐，仪容清暇，绰然有大家风。龚则出入城市，与官商往来，居然小绅。余以端午日步至其处，参观新屋，见壁上粘名片如麻，皆小吏与土商来访所遗。其人亦可谓能自立也。乃其所仗，仅一菜园，移垦之易，于此可知。

此河坝现已垦尽，住有杨、刘等七家，皆遂宁人，龚姓其翘楚耳。坝作弓形，一面绝壁，三面激水，以一溜索桥与康定通。菜篮刍草，皆悬绳牵渡；虽逼巨市，绝少外人足迹。桥头建王爷庙，七家轮守，故无窃贼。垦熟之土，肥沃异常。引渠灌溉，水泉清冽。每年二月开种，十月毕耕；其余三月，闭户坐食。比邻雍睦，俨然古风。一度参观，至今不能忘。以为处兹末世，能有此地一，躬耕自给，超然世外，南面王不易矣。回想三十年前，巨石丛莽，未受斤斧之时，孰知其有今日哉！向姓虽以嫖赌败，其功有足念也。

三十一、蛇与农业

打箭炉凡三门，当三溪之谷，山谷近市之部，率已被遂宁、安岳人垦为菜圃，已如上述。闻其人初行种菜，虫害甚烈，垦民再三研究，知其虫皆冬伏于冻结不到之底土，待春而出，交配繁殖，以害菜蔬，人力未易扫除之。唯蛇伏土食虫，可防此害。其地无蛇，以竹筒自泸定盛运数条来此，放之，其后虫害逐稀，渐即于无。打箭炉之有小蛇，自是始。

三十二、二道桥垦户张姓

余初至炉城，往二道桥温泉浴，见河岸山坡斜达三十余度尚有耕地。欲穷其竟，登山视之。山腹遇二农夫耕地，一老一壮，方息牛午膳。饭具一砂罐，一瓦瓶。罐中热玉米粉饭，瓶贮热水，似系拾山薪就地所烹。壮者已罢食，老者健饭，方搜余粒。询之，云资州人，姓张，师长张邦本之族叔也。在资无立锥土，有外祖某在炉城，传说炉城谋生甚易，弟兄四人奉老父来此。其时每人路费才一千六百文。初到炉佃耕菜园，渐能糊口，娶本地女子为妻。老父死后，弟兄异居，来此佃耕杨家锅庄之地。其地自河岸至山顶，可耕即耕，不受限制。初垦三年不纳租。此后下种一斗，收租一斗二升，所谓照种加二，亦称二成租也。因地寒冷，每年只收一次，宜荞麦、青稞、洋芋、圆根。向年恰能糊口。近因子女日多，须于农暇采薪，出售城市，以助赡养。昔日近山皆老林，樵采甚易；近则近林斫败，须远赴白云深处求之。日一往返，可售钱三千文（合三角大洋）。指壮男曰此长子也，家中尚有子女甚多，生活颇艰；然犹较优于在资州时也。

此带垦地可为世业。地主不取押租，只收租粮；其土黑垆，松软如絮，坡度虽急，泥不流失，以无暴雨山洪也。家畜甚贱，农具简单，材薪满山，取之无禁。耕事以外副业甚多，或樵薪，或挖药，或淘金，或任力役。勤可致富，惰可养身。赤贫同胞，宜以此为最安全之生路。

三十三、张二姐

打箭炉北关外八里，二道桥河岸，温泉数处，皆在摄氏三十八度左右，具硫矿气。城内官商百姓往浴者，日数十至数百人。桥头住民张、王、廖、马等约十家，皆可住宿。有张姓一家，在偏北处，系近年新建，屋较雅洁，贵官大贾来浴者，咸就宿焉。一宿或赏一元，或二三元，闻富商有赏至十余元者。一年所获，百倍他家。张老自云：雅州天全人，父为绿营兵士，驻防炉城。张年十二，为营中余丁。长，充协台内管家者三任，娶本地人为妻。时工银每月七钱，仅堪养畜。废协署时，才有余钱一千六百文，在二道桥南设凉粉摊，以石板支卖。渐蓄资，佃观音阁地营业，渐移今处建屋居住，垦地养家。共有五女一子，长次女已及笄，不言嫁，以伺客役，实同女闾。次女较有色，炉人呼为张二姐，其家客商麇集，殆为此故。前年，张以其资修新锅庄，值银一千余两。此虽移民之以赤手兴家者，操业殊贱。因其分佃资州张姓垦地，故附及之。

三十四、农作定式

西康农作物种类甚少，番家栽培，具有定式，不容混乱，亦不容掺入新种，其式如下：

第一式，小麦与玉蜀黍迭互栽种，此式特行于丹巴、泸定、雅江、乡城、盐井诸县之温暖部分。秋季播下小麦，初夏收获；收割之前，预播玉蜀黍于行间，割麦后，苗适出土。仲秋穗熟，再播小麦。小麦、玉蜀黍皆掠夺地力最甚之农作物，栽培既久，地必瘠瘦，幸其地甚腴，一时尚无大害。

第二式，小麦与荞麦轮种，此式行于各县之低山农地。因其地较前者高寒，降霜较早，春来较迟，收获之期，逐年后退。第一年种小麦，第二年种荞麦，第三年间休，或再种小麦。第一年九月收麦，若次年连种麦，则霜降时麦犹未熟，故只可种荞麦也。又有以荞麦或圆根与马铃薯间种者，皆年收一次。

第三式，青稞与马铃薯、圆根、燕麦等间种，此式行于河谷两侧之高山农地，地极高寒，年收一次。间年又间休一次，以养地力。谚云"三年两头收，三年两不收"是也。

第四式，青稞与豌豆轮种，此式盛行于道、炉、甘、瞻等县。第一年种青稞，第二年种豌豆，第三年又种青稞，第四年豌豆，不间休。以禾本植物与豆类互种，颇合栽植原理，较前者为优。

三十五、草地猪

康番养猪者甚少，猪种极劣，头尖，额无皱纹，体形如剃刀，毛色赤褐苍白，恰似野猪，能吃人粪狗矢。故康人以猪肉为不洁，佛教信徒皆不肯沾唇。

三十六、草地鸡鸭

草地养鸡甚普遍，鸡蛋为应酬珍品。汉官所至，头人争举鸡蛋奉献。其鸡体格甚小，拔毛后才大如拳，肉甚粗硬，虽子鸡，烧炖不软，与内地鸡种相差悬绝。草地无鹅鸭，泸定始见鸭种；康番初见，莫不惊异注视，呼之为水鸡。

三十七、癞病与鸡羊

泸定磨西面等处有癞子病①，患者先从皮肤癞起，渐次肿溃，至于手脚脱节而死，无药医治。家人依次传染，至于死绝。其病又能从鸡肉、羊肉、鸡卵传染于远处；相传病者之痰唾为鸡羊吞食后，其羊与鸡之肉及卵，皆能传染此疾，俗呼之为癞子鸡、癞子羊、癞子蛋，凡入泸定境者，皆宜慎食鸡羊肉与卵。

癞病在寒冷地方不能发育，故在大渡河谷最盛，打箭炉地方无有。有自泸定食癞子鸡羊肉者，至打箭炉亦不发病，须再回温暖地方，始能发作；即已经发生癞病之人，徙居高寒地方居住，病亦易愈。泸定天主教堂，以此在磨西面上游喇嘛寺地方高山上建筑一癞病医院，专收养患癞病者。

或谓癞病与广东之麻风病相同，乌蛇药酒可以治之。

---

① 即麻风病。

三十八、我所见之癞子

去年七月十六日,自丹巴回康定,自水子坝遇雨,急避道旁一汉人家,其家以横木栅门。呼之,久始得开,鞭马驰至檐下,衣已沾湿,下马堂屋中。主人为一妇人,殷勤请坐。妇侧三小孩,大儿八九岁,童颜如常儿。次者四五岁,歪嘴扭目,拳曲膨肿,体态奇丑,状似白痴,频发怪声曰"蒲";大儿曰"是一疯子"。稚者方襁褓中,唇鼻已癞溃。室中甚臭,苍蝇被雨逼,争集此室,麋集衣袂,挥之不去,心甚恶之,阻雨不能行。

妇欲烧茶,急阻止之。闻楼上窸窣声,下一男子,以手捺地而行,入室款客,殷勤尤倍于妇。其人满面疮疾,左颊肿如头大,眼存一隙,嘴作圆孔形,溃烂露齿,手指粗如臂,溃脓涂傅,杂以地灰,衣上脓血涂满,踞地坐,露一脚,脚掌肿如冬瓜,趾陷其中,仅趾甲可辨。既入室,臭不可留,妇人旁立,状似厌憎,频发长叹。忽悟其为癞子家庭,大窘,一手以帽巾掩鼻,一手不绝挥,唯恐苍蝇脚沾体,趋立门前,以面向外,待雨稍敛,即牵马辞出,另投一民家避之。行时癞子犹留坐不已,余恍如遇魅,去如脱兔矣。

问另一家汉人,云此人姓郑,清末领垦此地,业已数世,其父曾至泸定,染癞子病归,后以癞死,生此一子,在染病之前。此地不似泸定湿热,故其人幼时未发癞病。民国初年娶妻,已生一子,值"八角之乱",被汉军拉夫,至僧格宗一带搬运辎重,夜熬羊肉为粮,贪食过多,潜疾惹发。初只皮肤瘙痒,渐至肿胀;尚生二子。至前年,始溃烂不能出门。其人性平善,无过恶,病由遗传,又传二子,甚可怜也。

三十九、农牧的偏嗜

汉族从来只知有农,不知有牧,虽曾养牺牲以充庖厨,不过圈饲少数家畜,聊资肉食而已。此种习性,遗传至四千年后,遂凡汉人分布之地,皆只有农场,无牧场。

西康高寒旷邈,最良之牧场也。汉人移殖于彼者,除经商外,只垦河谷狭隘之地,从事于农。其不能耕艺之牧地,概弃不顾,谓汉族为偏嗜农业,实无不可。

反之,西康之番族,受数千年逐水草张天幕之遗传与训练,遂以游牧为乐,以谷量马牛为富。虽有沃壤亦弃不用,徒因交通不便、粮食供给无由之故,不能不分一部贱民,从事耕作而已。观其良田荒弃之多,农作受限制之严,农民差徭之重,与农人子女规避吃庄房而乐为僧侣之状，可以知其贱农矣。若牧民，则甚自由，差徭亦轻。游牧与商队关系甚密，草地尊商，亦即所以重牧也。不但如此，番民虽住庄房，亦必兼营畜牧，岁时行乐，必撑帐旷野中，徙家居焉；婚聘庆吊，皆以牛马投赠，凡所以点缀尊荣之事，皆具牧场精神，是可称为偏嗜牧业者也。

以是二故，西康今日之产业分布，恰能与民族分布一致，语言文化，亦与一致：汉人概居河谷区域，从事农业，行汉语，守汉俗，有学校教堂，不奉喇嘛教；番人之纯粹者，皆住高原，事畜牧，行藏语，守番俗，奉喇嘛红教，无学堂教堂。其汉番杂配之子孙，则处高原与河谷之间，兼营农牧业，每能兼通番汉语，奉喇嘛黄教者多，虽从番俗，而亲汉官，多喜自称汉人；即称番民，亦慕汉化，为现在政府统治之下之社会中坚。故欲调剂西康之产业，当从调和血液做起；欲使西康政治稳固，亦须从调和血液做起。

四十、三坝的故事

清末，赵尔丰请于巴塘、里塘间之三坝，设三坝厅同知。民国改义敦县。现废。三坝在高原中部，寒无农业，亦无大寺院及市街屋宇，其设治，以当巴理长途之中点，便传递文报，转运军实也。

相传义敦知县无衙署，张天幕于草原中以居，召管内头人亦张帐其旁，听候差使。各部牧酋，轮流更值，便率所管牧户前来聚居，借以点缀县治。民国初，某知事忤牧酋意，因公离治，午后返署，则牧民帐幕牛羊，搬徙净尽，四觅无着，水火不备，大窘无术，仍使人乞于该酋，始得安居。牧民之难治如此。

四十一、牛厂风景

康定之上下牛厂、理化之毛垭大坝、道孚之瑜科坝、炉霍罗科马、甘孜大塘坝一带，北连俄洛、色达之地，为西康最广阔之牧场也。其地当西康高原之顶部，尽属高出海面四千米以上之平原，平畴旷远，无寸木寸石，恍如沙漠。牧民率其牛羊，划谷而牧。其谷平浅，亦如旷原，经以细流，界以小丘，其水平流漫衍，纡回潆曲，若行若止；其山陵起伏如波，多肉丰肌，不见峰棱，被土之厚，皆数十丈。冬季积雪数尺，冻土数尺。季春解冻，宿草萌发，一时绿茵盖地，牛马皆肥。初秋草黄，冰雪逞势，则又成琉璃世界矣；其天蔚蓝一色，穹窿罩地，无纤云片雾，月明如昼，星光似灯。骄阳灼肤，如刺如炙。晴日午后，狂风怒号，飞沙转石，草木偃伏，人畜行动不能自主；更深风息，凉气浸人，则盛夏如冬，冬如冰库。其雨雪霜霰，来去不测，白日杲杲之际，或来倾盆暴雨；有时晴色正佳，北风骤起，一瞬目间，霏霏雨雪。其人不栉不沐，与牛羊为侣，冬夏一羊裘，一毡幕，随时转徙无定居。水草盛处，牧户麇集，黑帐比列，炊烟相望。朝日初升，马牛纷出，漫山塞谷，不可指数，牧童短袂赤踝，杂其畜中，拾取干粪以为燃料，倦则偃卧草地，仰天歌啸。身佩牛皮囊，盛糌粑，饥则探怀出碗，下溪取水，捏而咽之。或有牛马争风，邻羊狠斗，则奔而喝止。不听，则拾石遥掷，必中于股，斗者惊逸窜走，各奔其群。方其逸时，急走横冲，噬草诸畜，为之惊起，波然扰动，如石投水，久之乃定。夕阳委地，炊烟再起，牧童登高处，撮口长啸，马牛诸畜，鱼贯自归。幕中妇孺，先已锤桩在地，牵以毛绳。牛马既归，执而系之，各从其类，条理井然，于是牛羊则卧地反刍，马则静立睡眠，驹犊畏寒，引入幕内系之。牧妇熬茶已熟，家人团聚，围炉晚餐，酥油、糌粑、砖茶、牛肉皆备。食已酣睡，万籁俱寂矣。

四十二、牛之世界

西康牧场，可称为牛之世界，缘内外蒙古、新疆、青海、西藏与松潘等牧场，皆牛羊马并重，西康独只重牛，牧畜十分之九以上皆牛，羊则不足百分之一，马驴亦皆不过百分之四五而已。其牛分两类，一为牦牛，一为黄牛。

藏语，关于牛之名称甚复杂，统称牦牛、黄牛为"捉"（牧牛之地人为"捉巴"）。公牦牛为"雅"，母牦牛为"浙"，公黄牛为"奴乌"，母黄牛为"捌"，牦牛犊为"路珠"，黄牛犊为"罢多"。犊稍长离乳者，又有异称，公牦牛犊为"坐窝"，母牦牛犊为"坐抹"，译以英文，则牯牦为 tak，牝牦为 dri，牦犊为 nowbru，雄牦犊为 dzo，雌牦犊为 dzo-mo 云。黄牛与牦牛所生，呼为"犏牛"，牝为奶牛。

牧民爱护牛犊备至，冬之夜，必系帐内，以避寒侵；昼所饲，亦必精刍，朝夕抚摩，无异子女。雄犊长成后，除留种外，一概杀却，其肉味美，比于羊肉。

四十三、半年愉快之人畜

草地冬令，积雪约四个月久。此时期内，牛厂概向河谷低部迁徙，选择当阳之地，积雪为日光融化之处，纵其牛羊，啮食地面干草；其草长寸许，枯黄如瘠薪，殆无养分，又稀疏如同无有，牛羊俯首终日，不得一饱，故此时牛羊无乳者，约半年久，为牧民一困顿期。草地人以牛乳为生活基本，此时所用之酥油、乳饼，全恃夏季储藏。

夏季草盛时，牛羊亦昼夜放牧，口无停咀，肉肥乳胀，频挤不竭，牧民男妇老幼，昼夜忙碌于挤乳炼油之事，酸奶奶渣之属，不可胜食，为牧民一愉快期。

霜雪既至，人畜俱窘。于是牧民选其老惫无用之牛，次第杀死，割肉风干，为御冬计；或驱赴市场货之，以补食用。俾地上可牧之干草，勉强能维持所留佳畜之生命，至于翌春雪融草长之时。

四十四、蝇虻之害

西康夏季山谷皆草，山上究不敌平原之茂美。然牧民夏季概驱畜于山，无牧于平原者，以避蝇虻之害也。

去年余赴道孚，过长坝春，驰走于下牛厂大平原者一日。时当盛夏，烈日如炙，气温不让内地盛暑，极目茂草，长或数尺，而无牧者。有数种刺蝇，翳天如雨，见人畜来，奔集吮血，痛彻心髓，余一手握缰，一手频频挥之，犹时遭刺，马则更苦。直至日落，气温降低，蝇始敛翅入草，山间牧童，始有率其牛羊下就平地过夜者。

四十五、旨 畜①

草地农人之兼营牧业者，秋日命人刈割野草回家，或束成把，或编成绳，积叠于碉房楼上通空气处，气候寒燥，其草自干。冬日取饲牛马，甚为珍贵，或卖与过道客商喂马，每元二十把，约重八九斤耳，若喂自己家畜，唯限壮马得享之，牛羊唯食青稞麦之稿秆。

牧户帐居者，无储积干刍之处，故无此种蓄藏。幼犊与小驹所需之刍，亦自附近庄房娃购之。帐房迁徙，橐草以行，其重视干刍，亦如农户之干粮。

---

① 旨畜，意为牲畜之美味食物。取自《诗经·邶风·谷风》"我有旨畜，亦以御冬"。

四十六、牧场应提倡栽培牧草

西康畜牧程度，幼稚非常，亟须改良之处，不可胜举，其最要一项，为应栽培牧草。

就地力言，牧场平坦肥沃，夏季温度甚高，其不能栽培农作物者，因农作物生长期长，而牧场温热期短，不及开花结实，已降霜雪故也。若牧草则不然，不待开花即可收割，其生长期较蔬菜更短。牧场如里塘坝等，最称高寒，亦能栽培蔬菜。其能栽培牧草，更不待言。若其他更低之地，则种下牧草种子后，可以连割数次，始见秋霜。以草地干刍之昂贵，其利益当不让于栽培农作物也。

就畜牧言，草地全年只有夏季为畜物生产期，其余三期，草料奇乏，家畜只能维系生命；若种牧草储藏御冬，则全年皆可生产。纵不然，春夏秋三季可以产乳，必无问题。且因冬季有草，可以不限制畜数，则屠戮少而畜蕃息也。

就营养而言，西康天然牧草，十之九为禾本科植物，纤维甚硬，养分甚少，在欧美牧场，皆不采用。现在世人公认之佳良牧草，为苜蓿、紫云英、翘摇等豆科植物，其生长甚速，收量甚大，养分甚富，纤维甚软，具备牧草各项优美条件。其在暖地，为冬季作物，移西康以夏季栽培之，自属相宜。以此种牧草代换西康原有之劣草后，畜产之量，当可激增。

就牧草经济言，西康牧民因避蝇虻之害，夏日概就牧于山巅，平原弃而未用，使能以之栽培牧草，待收割制刍后，天寒蝇绝，仍率牛羊下山，食其残茎。豆草生长甚速，残茎之量，不减天然，自生之野草，是前此所获之刍，为额外之生产也。

四十七、应改良畜种

康人不可一日无酥油，其酥油取自牛羊乳中。故牛羊乳为康人之生命。然西康无良乳牛，由其人从无改良种畜之行为也。今世欧洲改良乳牛，产乳之量，有百倍于西康牦牛与黄牛者，如荷兰牛是。其他优良牛种，多至数十，是宜选其能处高寒山地之种，输入西康，使与土牛交配，以改良之。然此事康人非所能为，必须政府提倡耳。

四十八、应养毛用羊

西康人只知挤乳，不知剪毛，其人所衣之毡子，虽以羊毛织成，但毛皆自青海戒谷输入。西康牧场，无毛用羊也。然西康牧场，高度与气候，类似青海者甚多，使能自养毛用羊，则除供自己织造外，尚可输出川、云等省，其羊毛输出海口较青海为捷，则养羊利益较青海为大可以知矣。

四川气候温湿，非宜养毛用羊之地。成都省农场，曾购入美利奴羊培养，历有年所，毫无成绩。现其羊种，反转恶变，盖生物之长毛绒，原为适应环境之自卫作用，地方愈冷者，其毛愈佳，譬如川省狐皮，与西藏狐皮，优劣之差，不可以道里计，使移藏狐于成都畜养，数世之后，毛必劣变，不劣变则将不胜其溽热也。

查美利奴羊，为西班牙原产之改良毛用羊，西班牙为南欧最著之高原，高燥寒冷，与西康略似。美国、日本输入此羊后，皆安置落基山、北海道等高寒地养之，川人乃养之于成都，固其劣变也。使康人有知，或川政府解此，而以此诸羊移于康地养之，遂所以尽所长，蕃息之后，扩散全康，则以跻而为中国第一羊毛产地，亦可能事也。

四十九、酥油制取法

西康与西藏、青海及其他信奉喇嘛教地方之人民，以酥油拌糌粑而食，搅茶而饮，炒菜、燃灯、装塑法物、涂面御寒、涂体治病、祀神飨鬼、鞣革制皮，及其他种种用途，多不可举。喇嘛寺僧需用尤多。其油取于乳中，牛厂皆装有一可以抽送之长柄大圆木桶，集取鲜牛奶倾入桶中，一人握柄抽送，历二三小时久，倾奶入釜，则油上浮，牧户以双手揽之；时必早晨，天气凉冷，油固如脂，掬取入手，随拍成圆饼，以为商品。其饼通常径五寸，厚八分，售藏洋一元，约须鲜奶五升，始能取得如许。取油后之奶，发火煮干，炒成颗状体，是为奶渣子，番民以为美食。价甚贱，殆无售者。

酥油商人，收集牧户之小酥油饼，用生牛皮缝囊盛之，缄固其口，驮运各市场与喇嘛寺售之。其囊充塞酥油，臃肿如牛肚，每枚盛油十斤以上。喇嘛寺用油最多，多有油库，积存油袋至数百枚，或历年消费不尽，陈陈相因，至于黑臭。

酥油性硬，须在摄氏三十度以上始能污物，五十度以上始能液化。初出白色无臭，渐变淡黄。日久则变深黄，微有臭气。历长夏后，变为暗黄，愈久色愈深，臭气愈重。存数年者，虽有牛皮封固，剖之色黑褐，臭不可近。食者倾釜中熬煎至沸，倾去其渣始可入口矣。

五十、酸奶子与奶渣子

牛乳不提酥油，牧民另以器盛之，投藏曲一枚，覆以重裘，一日夜后，其奶发酵，变为半凝固体，色白于玉。为状恰似点胆水后之豆花，味甚酸，清凉非常，汉人呼为酸奶子。番人不喜食鲜奶，偏嗜此味；或向购食，索价亦昂，每一饭碗许，须洋半元。

酸奶子搁置稍久，则酥油分析一部，为黄色细珠浮出。鲜者则否。凡牛乳，皆由水分、蛋白质、脂肪三者合成，酥油其脂肪也，奶渣子，除去脂肪与水分之蛋白质体也。鲜奶三质并存，酸奶子则发酵变质后脂肪与蛋白质也。就营养价值言，蛋白质高于脂肪，鲜乳大于酸奶，而西康人偏嗜酥油、酸奶，亦奇。

五十一、天然砖瓦

凡牛厂放牧之地，概无木本植物，又往往土厚数丈，不见碎石。然造化布置甚巧，特于此种大平原中，产生一种莎草科植物，其叶出土寸许，纤细如针，密如牛毛，其根更细如丝，色微黑；其在土内，盘曲纠结，固着土粒，如人体之毛细血管，其入土深度，恒为二寸左右，非常整齐，质甚绵韧，牛马践踏不陷，刀斧砍之不伤。根所未至，即松土也。牧民用利铲向下切之，划成平厚方块，随手而起，便为极美砖瓦，其作用不可思议：覆于屋上墙头，冰雪雨雹，概不能伤；以之叠砌墙壁，方整密合，胜于火砖；以之面地，坚平于三合土，而软胜如重茵，诚奇物也。凡黑帐房所至，全赖此物砌灶，又在当风之面叠墙，以避烈风。故旅行牛厂者，随处可见短墙弃灶，皆此草之赐也。

里塘温泉，至以此种天然砖瓦造屋，床炕几凳之属咸资给焉。惜四千米以下地不生此草，不然者，世间建筑工程，将为此草革命。

五十二、西康森林

西康地面，十分之一为农田，十分之五为牧场，十分之一为雪山，有十分之三为森林。其森林分布地，在牧场与农田之间。换言之，即在高原与河谷之间，即谷口、岩坡部分是也。其高度约为海拔二千五百米至三千六百米之间。其树木以松柏科植物为主，属于阔叶树者，只桦木、白杨及数种小灌木。其松柏科植物，有三属最重要：落叶松属，土名红杉，木材最坚，分布地位最高；枞属，土名冷杉，分布地在红杉下方；云杉属，即通称之杉或麦吊杉，分布地位最低。此三种树，皆直如桅，无岔干，细枝侧出，载叶如塔，天然自生，以类相聚，密如黍田，大者恒三四人围。多数森林，自开辟来，未识斤斧；有老死倒地，阻绝交通，行旅以锯切之，使开一阈而过，无顾视其材木者。缘此带地方，距大河险远，又无铁路、马路与其他运输机器，徒有良材，莫由输出，故能保存上古原有之林象而为天地之弃利也。

五十三、林木阶段

西康森林，全属天然林，故其木类分布，阶段显然，留心观察，甚有趣味。兹以大炮山至丹巴一路为例言之：

大炮山顶积雪，稍下为牧草，又下为"救兵郎"、油渣子等矮灌木，又下为落叶松，为森林之起点。其下为枞群，再下为云杉，又再下为桦木，更下为赤松、野樱等杂树，森林止此。其下为农作界矣。

大炮山高出海面四千五百米，落叶松起于山根麻柳堆堆处，高出海面三千八百米，厚约百米。转入枞界，枞界厚约六百米，其尽处颇与云杉混生。奎容村约高出海面二千八百米，为云杉最盛处；毛牛村约高出海面二千六百米，为杂树最盛处；中古村约高出海面二千三百米，为森林尽处。以下虽皆宜林之地，然农作已盛，天然林已不存在矣。

余走草地，考察各地高度，因无仪器可用，多半恃植物分布之状以判别之。此带森林，即为我粗陋之高度标准表。

五十四、桦 木

桦木为西康器用最佳木材,其叶似木槿,树干、树皮皆似桃,而特巨大,参天合抱者甚多,枝干不直,故不可用于建筑;木质沉重坚强,似内地青冈材而致密非常,色黄白,微具光泽。其木栓层生长甚速,亦甚厚,常撑破表皮,露出黄褐色之皱纹,剥之离树,是为桦皮;土人以缝水瓢,或制筐,输入内地,为帽圈、弓饰等用。

五十五、野 樱

野樱为西康最多之植物,其叶似桃,树姿似桦而特矮小,骤视之必以为桃也。早春开花,结小果实,初亦似桃,核有绉襞。秋日红熟,状乃似樱。味酸涩,不易脱落,经秋霜后,色转紫,累累满树,亦甚可观。草地无果树,土人摘此实藏之,年节亦以飨客,称为摆果子,味实恶劣。可套俗谚曰"康中无果树,野樱作佳肴"矣。

五十六、酸枣子

北人呼棘上所生之野枣为酸枣,川人呼一种楝科植物之果实为酸枣。西康汉人所呼之酸枣则又不同,其树为一种大灌木,酷肖罗汉松,有高至四五丈者,生长地与野樱接近,比野樱稍高,多在河流附近,康定新店子一带最多,余初以为罗汉松,夏季再见之,已结实矣,圆小,红色,味酸可食。土兵告以此名,云土人颇采收此果为食品。

五十七、救兵郎

西康积雪最多地方,有种矮灌木,高不过二尺,叶似黄杨,枝干坚韧非常,密枝盘结,似盆景,行人拾巨石压之,不为动,渐伸枝条包围之。生道旁者,每株内恒包数石,人戏之也。亦有针状之刺,但其端有叶,故不刺人。行人走乏,每以之为坐凳,亦不披靡。余尝跳立其巅,亦能胜也。夏日结实,子赤如珊瑚念珠,可食。土人常采入晒干，混麦中磨面，以充食粮。草地固有之果实，野樱、酸枣，并此而三耳。

土兵云，昔岳公爷西征，尝被困于大山上，粮草尽绝，兵士咽雪茹毡且尽，幸见此物，采此植物之果食之。其实满山皆是，得支数日，番兵见粮绝不死，惊为神助，解围而去。故称此物为"救兵郎"。

五十八、油渣子

接近雪线地方，又生一种极矮小之灌木，茎叶亦似救兵郎，叶面腊质甚厚，里面多绒毛，盖为气候干燥，防水分蒸发过量而生。茎亦能胜重压。质甚干脆，着火易燃。高山旅行者，恃以烹茶作食。真造化不绝人情之巧施也。

土兵云：昔岳公爷围番酋某于山上，山险不能仰攻，欲纵火攻之，苦无引火物，遂咒令此物为油渣子，果而着火即燃，遂克敌。故至今称之。

五十九、都市附近之滥伐

前言西康森林如彼雄伟，特就交通不便之地言耳，若都市附近采运稍便之地，则其滥伐情况，亦甚可惊。西康都市，打箭炉最大，兹即以其为例言之：

打箭炉附近纵横百里以内，在昔原为一大森林区。昔明正土司粮食仰给于其远方部属；近畿地方禁止开垦，蓄为茂林，以供狩猎。雍乾以降，炉城商业日盛，民户日增，街房日多，始颇采伐附近良材以供建筑。其后，炉城屡遭大火，附近跑马山、郭达山、子耳坡等处森林，由是而尽。然使砍伐之后，能赓养蓄，则小树生长，恢复林相亦易。乃自炉城人口增加，所需燃料，各自樵采，明正势弱畏汉，不复能禁。炉城住民一千余户，烹调、御寒之需，悉自附近取之；山无主者，人贪近路，取之无禁，用之有竭，距城十里以内，当清末际，已成童山，树根掘尽，无可萌蘖，则向较远地方取之。

近年樵采，皆在距城三十里外，朝出夕归，日数百人。人负百斤左右，皆径一二寸之树干枝，细枝碎棘概弃不取。尤可叹者，因恶细枝难剪与丛棘碍足，辄先纵火烧之，延烧数里或十数里，听其自熄。于是草蒿无存，枝柯净灭，仅余焦干枯茎，屹立如柱，而后刈之，故所取者少，所残者多，而又无能培护栽种之者。老林既尽，丛棘亦稀，地利民生皆敝，良可惜也！

次于打箭炉者为甘孜市。甘孜市附近，昔为森林极盛区，今亦成为无林之地。此外如瞻化、道孚、丹巴、河口等县，昔皆森林极盛区域，而其县治附近，今亦概为童荒。

夫森林大用，在于材木，材木虽富而不得其用，是弃材也，亦犹无材木也。言者徒知西康富于森林，而不知其有用者已尽，无用者独存也。如欲整理林政，尚须从都会附近造林做起；欲开发西康林业，须从整理交通做起。

六十、树林与方位

余旅行康地，得一有趣之发现，即凡接近庄房之森林区域，树林概在阴山方面。阳山不为草原，即为野樱杂树所成之灌木林，无参天拔地之杉类也。即属阴山，如有一部山棱突出于南方日照之下者，其部亦无乔木；反之，阳山而有凹陷阴暗之处，即有杉松挺生。所谓阳山，即山之面南者也；阴山，山之面北者也。故凡旅行所至，自北南望，满目苍翠；自南北望，满目黄草；自东西望，则森林、草原，配列如栉齿，无须指针，可辨方位。

盖西康主要林木，若枞若杉，皆强烈之阴性树，其幼苗不能成长于日光之下。阳山昔日或亦具有森林，自经番民烧毁，幼苗即不能生（番民喜烧山，前言之樵采与火地，皆烧山之例）；阴山则纵经烧毁，只须有他处种子飞来，即发幼苗，渐次长大，填复原状也。

六十一、郑万钧氏之发现

尝想，草地林区各阳山，亦宜补植森林，惜无阳性树可供栽植。本年冬，中国科学院植物采集员徐州郑万钧氏，自西康采集回来，相晤谈论。

郑君系专门研究松柏科植物之学者，在松柏科植物繁迹之西康考察半年，成绩甚佳。据云：落叶松，各地呼为红杉，为强烈之阳性树，非在阳光充足之地，不能发育；在大炮山至丹巴道旁所见落叶松群之特生于最上部者，阳光较充足也。枞林以下，郁闭阴暗，故不发育。其与高度并无关系。在九龙县境，落叶松常生于海拔二千米左右之阳山，高大更甚于枞云云。果然，则今后西康造林，即可应用此树于阳山，使与阴山之枞杉以相间，蔽地无隙也。

郑君又云：西康森林，不能采伐输出者多。唯磨西面在大渡河谷，其森林约八百余亩，其地距大渡河甚近，又有小河相通，可以采伐运出售卖，以每亩树值五万元计，总值为四千万元矣。

六十二、白　杨

白杨亦阳性树，在西康平原河岸颇有成小林者，土人呼为柳林子。番民夏季，每帐居于柳林子下，为娱乐事业之一种。

此树叶阔如桑，树皮白色，与柳同类，木材粗疏无用，徒衬风景，沿河村落附近无不有之。

六十三、耐寒柞

西康产生一种耐寒之阔叶树，属于壳斗科之柞类，土人呼为"青冈"，产雅龙江谷中，尤高大。

去冬过麻日，望见高山积雪间，有树似楠，绿叶葱翠，抗雪不凋，初以为楠也；行近始识为柞。迨至河口，见麻盖宗一带山谷间，柞皆乔木状，密如橘林，初以为橘树；后视其落叶，始知为柞。与康定附近之矮柞，实同而形异，则气候之异也。此柞叶小，缘有细刺，触之奇痛；嫩柞则无之。河口气候温暖，可养蚕而无桑，乃遍山皆有柞树，如可放种柞蚕，亦新辟之利源也。

查柞蚕为山东原产，在山东只食柞叶。明清之间，某宦携其种，养于贵州遵义，使兼食栎叶，至今成为遵义特产。清末，西充何姓复输此蚕回乡，试放于青冈树上，收成亦佳。后以槲、栗等一切壳斗科植物之叶试之，皆能长蚕。然则河口之柞，虽与内地柞树不同，使皆伐去老干，用新嫩丛枝放蚕，当亦必有成效。惜更无有官员能如遵义某尹之敢于尝试也。

六十四、西康果树

西康各大河谷，就气候、土质言，皆宜果树，然西康原有果树只胡桃一种，且只产于泸定与河口，皆汉族垦民所携来者。

打箭炉与甘孜等大城市，曾有汉人及西人输入苹果试种，亦皆结实。二城皆甚寒冷，其苹果春末开花，夏初结实，至深秋雪降，始臻成熟，市价甚昂，非特定不能购到。打箭炉天主堂自种有二三十株，唯教士与军政官吏得享之。甘孜只郎章喇嘛有之。瞻对、河口等处，为最好之果场，惜无人栽种果树。

巴塘气候温和，与云南交通最早，颇有云南果树输入，故其地有桃、李、苹果。

六十五、金川梨与沙湾梨

成都市售之金川雪梨，实汶川梨也。真正之金川雪梨，产于丹巴、懋功两县，输入成都者甚稀。此梨为金川原产，初结实即无涩味，无石细胞，无硬皮。才大如卵，已可摘食。充分成熟，在深秋后，时已降雪，故称雪梨。番民不嗜果食，汉人与西人嗜之，故汉人与西人聚集之打箭炉城，为金川梨之销行地。

除金川梨外，泸定之沙湾所产梨，梨质亦佳，但有粗皮与石细胞，未成熟时，味涩不可食；价值亦较金川梨贱，盖内地输入之种也。

金川与泸定，同在大渡河谷，乃其果树分域之严如此，可见西康一切物产，十之八九为原始状态，尚未经人工扰乱。

六十六、葡萄之新大陆

葡萄本西域原产，虽开花结实于夏季，其性实喜寒燥。故自张骞输入中国，数千年来，只称雄于黄河流域；一经徙至江南，即成劣种。其原因为葡萄喜松软多孔之土壤。北方冬寒，冻土数尺，翌春冻解，土壤轻软非常，而夏季温度仍然甚高。江南与川省无此优点也。西康冰耕作用甚强，而夏季温度仍高，故亦为葡萄特宜之地，惜从来无人输入此种。将来开垦日甚，移民渐多，果实需要增加，则葡萄之栽种盛行，可以预卜。今日西康之于葡萄，亦犹哥伦布未生以前之美洲耳。

丹巴县城，有天主教堂一所，其教士种葡萄一株，现已结实，去年六月过此，曾亲见之，子实累然，异常丰盛，时已届成熟，果味甚美。西康与丹巴同气候之地甚多，此亦足证西康栽培葡萄之相宜。

打箭炉天主堂，亦有葡萄一架，皆法国种，成熟较丹巴较迟。

六十七、藏葡萄

西藏地势较西康更高，气候更冷，然其河谷中颇种葡萄，果小微核，味绝佳。晒干输入，称藏葡萄。西藏之所以有葡萄者，以其接近新疆。新疆为葡萄原产地，与西藏交易日早故也。

西宁商人之经商西康者，亦颇将甘肃葡萄干输入，亦无核种，混称藏葡萄卖；虽不自西藏来，实与西藏货品质无异。

六十八、四时食鲜樱之地

内地樱桃，三月成熟，一二星期绝市，谚云"三月樱桃红不久"，喻盛时之短也。康区、泸定县亦产樱桃，自三月至于六七月，皆可餐樱。盖泸定地势为一深狭河谷，大渡河面最低，约为海拔一千五百米；河之两岸，峻坂直伸，上入雪界，约为四千米以上。故一河谷中，上下十余里内，兼备四时气候：河谷底部，夏季较内地更热，冬亦从未降雪也；稍上数十米，渐寒如初夏；又上，渐寒如春季；最上部直如冬季。二三月间，河谷樱熟，售于市，较内地略早。河谷樱尽，低山已熟。低山甫尽，高山已熟。故能延续至数月久也。

六十九、输入西康之橘

西康无柑橘，其南之云南边境有之，每年冬季，由乡城、稻坝、木里、泸定等处，输入于打箭炉、里塘、巴塘等处市之。每一藏洋可买七八枚，味不甚佳。泸定南境间有橘树，与宁远之越嶲、冕宁接故也。汉源橘子亦输入西康。

七十、输入西康之干果

西康有"摆果子"之俗，即凡岁时节令，有尊客到时，主人碟干果献之下茶是也。其干果有自西藏输入者，有自甘肃输入者，有自川省输入者。

自西藏输入之干果，以各大喇嘛寺消费最大。西藏实无果树，实皆印度、波斯所产之果，经由西藏运来者。其著名者，有藏枣子、藏柿子二种。藏枣子，即枣椰子之果实，圆大如枣，外有横斜纹理之薄膜，去膜食之，甘软无核，多粉质，价似昂贵，每碟一二枚而已。素知此物，产于波斯、小亚细亚，西人亦呼为枣。藏柿子，为一种极小之方柿，色黑，大如芡实，方形微尖，附有柿蒂，味甜，原产地未详。

自甘肃输入之干果，为枣与柿干，皆陕西、河南所产，为西宁商人所经营。枣味甚佳，在甘孜市，每藏洋二元一斤，有时值三元。枣中水分已竭，运道中天气干燥非常也；冬季购食者须以温水微浸之，方利咀嚼。柿干圆扁带蒂，面傅白粉，用一种草藤穿之。故食时每值霉藤断梗。价较干枣贱，在甘孜每藏洋一元买二十枚至四十枚。

自四川输入之干果，为落花生与核桃，皆汉源所产。在打箭炉市价甚低，甘孜、瞻化等处始贵，每藏洋一元可称落花生一斤，核桃多制为桃仁，在炉城出售，出关者甚少。

云南方面，只有鲜果，无干果输入也。

七十一、输入西康之瓜子

西康、宁远之间，盐源、冕宁等县，盛产白瓜子。有商人大批收集，运入西康，打箭炉为集中之地，九龙为必经之运道。其瓜子出于倭瓜，质甚美，价亦不昂，藏洋一元，可买一升。自打箭炉输出关外，凡汉人居留地皆有之。番民不嗜此物。

七十二、人参果

西康北部牛厂地方，产生一种野草，其根上结块，大如子弹，褐皮白肉，味甜微辛，经人摘取晒干，运售打箭炉各地，汉人呼为"人参果"（《金川琐记》称作"长寿果"）。可以生食，可煮八宝粥，可蒸作糖饭。

七十三、猎人之乡

西康，最佳之猎场也。地旷人稀，森林茂密，气候寒燥，其兽皆具优美之皮毛、丰腴之肌肉。地势华离，山谷交错，自海拔一千米至七千米，各级地位咸备。其山谷分向四走，通连新疆、西藏、青海、蒙古、陕、甘、川、滇，及印、缅、越南。故其动物，亦具备各地之所有，非只数量多，品类亦多，故曰最佳之猎场也。然西康人因受喇嘛教慈悲戒杀之训练，概不喜猎，猎人每为世所不齿。唯东南之猓㑩，不奉佛教，性喜猎，猎术亦最精。

猓㑩习惯赤脚，能践荆棘，攀跻巉岩绝壁，手格野兽，具有标准之猎人体格；善投标枪，发火枪，发必中的；又善为机栝，掘陷阱，诱缚猛兽，善使猎犬，善查蹄迹辨兽踪，具有精巧之狩猎技能。有此诸长，而又处此森林茂密野兽庞多之地，可谓相得益彰矣。

除倮倮外，康滇接境之摩些人、怒子夷、里粟人，金川之番人，皆信喇嘛教较薄，亦多能狩猎。如倮倮然，以猎为世业者有之。

七十四、磨西猎户

泸定县南境磨西面地方，住有"熟倮倮"，已列编户，任差粮。其人善猎，从前明正土司与驻炉城之军民官吏，多召其人来炉城附近打猎，住榆林宫杨村长家。余等恰因往榆林宫温泉洗澡遇见。

彼等携有猎犬数头、猎枪数支，不设机阱，专以犬搜野兽，火枪袭击之。住此已三日，米粮由王营长供给，猎得之物献王营长，酌给奖励。第一日猎得一獐，系母獐，无麝。第二日得一鹿，有茸不佳。第三日得一岩驴，亦呼岩牛，盖牛羚也。形大如牛，喜岩栖，故有此称。属反刍类。角长六七寸，微曲向上，毛黄褐色。余等亲见其猎取之状：晨早起，诸猎夫各持械携犬，分道向对岸官山老林行去，纵犬入林觅兽，猎夫分坐要口待之，既而犬得此兽，向之狂吠，兽即反奔，他犬闻声，咸集，围而吠之；兽畏犬，每兀立不走，以待最后之决斗。猎夫追至，燃枪击之，中其角。兽惊惶急奔，突出犬围，走入高山险处，猎人呼："呵，劫家！"呵劫家者，命犬努力上前之意。群犬即奋勇追上，直至吠声渐远，渐不可闻，猎夫再回各要口坐待之，久之，群犬复逼此兽走近猎人，兽跃踞一岩端巨石上，群犬八面围而吠，声震山谷，猎夫亦自各方逼来，燃枪向兽，待机发火；兽四面狞顾，殊无怯意，犬亦不敢逼斗，但遥相恫吓，以待猎人。猎人徐徐行近，一枪中的，兽自岩石颠踬而下，群犬争趋吠之，猎人至而犬散，则兽已死矣。猎人肢解兽，呼犬饮血，曰"呵，呵，呵！"盖凡猎得兽，例呼犬饮血，否则犬不复奋勇。兽被剥皮，肢解抬回，猎人围食之。割肉近火微热即食，不使熟，云熟即无味；又见有人以生肉装兽肠内食之，涂血满口，不以为秽。其犬善嗅，追兽偶失踪，仍可以嗅得之，能受主人指使，进退如意。猎人自言，曾使其犬围攻一豹，豹性凶猛，抓食一犬，又伤一犬之耳，言时指示缺耳之犬。

七十五、麝

麝鹿为西康特产之兽，雄者为麝，雌者为獐，土人通呼之为獐子。体大如小羊，毛白色，端褐，中空，质甚轻软，宜为枕褥。其皮薄而软韧，番民多取为皮袄面料，或切细条捻绳，串念珠最佳；输入内地，宜作狐裘嵌条。其肉与鹿同味，或取其蹄筋，充鹿筋售卖。雌者无角，无麝香。雄者有角不长，尖圆微曲，状甚英俊，脐间长香囊，中藏黄色粉末之香质，是为麝香；香气强烈，闻之似无臭；若取少量置之，芳香馥郁，历久不减，为香料第一种，任何动植物产生之香，或人造香料，皆不逮也。此香大有毒，入口可以杀人，不然亦使神经及生殖器官失其作用。然有起死回生功效，使用得当，绝症可瘳，特庸医未易用耳。又为最好防腐杀虫剂，外科丹药之良劣，即以含麝香多少为准评。凡恶疮溃腐不可收拾者，以麝香囊膜贴之，立可去腐生新愈合创口，衣箱中贮麝香一枚，则其衣物尽具香气，衣身数日不减。虽历十年，麝香质量无减。人体佩麝过量，足使生殖能力消减，带麝香入蚕室或养蜂场，可使蚕及蜂皆暴死。昆虫尚不胜其毒，则微生物更可知也。又为兴奋剂，倦疲时嗅麝香，可使精神重整，稀释至极微量入口，则使血液与内部诸器官剧烈兴奋，市上各救急药水中，疑皆微含此质。

麝香虽为极有名之中药，但在内地消费甚少，一年所用之香，恐不能超过百枚；西康每年麝香输出总额，约在万枚以上，如此巨量麝香，分从四川、云南、西藏、甘肃各方输出海外，重大用途，乃为配合香料，在人造香料未盛以前，一分麝香，可稀释成百万分之香料，尤为佳品。香水、香皂等之制造，皆以用麝香为较取植物香料廉便。自人造香料盛行后，麝香不免微受打击，然其立场仍甚稳固。盖人造香料，非掺麝香，则香气久渐消减，不能贮藏，麝香液实为最上之定香液也。草地麝香最贵时，曾至五十余换。民国以来，常保二十换上下，即香一两，值银二十两左右也。

草地森林无主，听人狩猎，获麝一枚，佳者值藏洋六七十元，劣者亦一二十元，皮毛、筋肉皆有用处，故猎獐为客民最良之职业。

七十六、吊鹿子

草地称猎者为"放索子"，猎獐人为"吊鹿子"。吊鹿子番汉皆有，汉人较番人更多，因番人皆以猎杀为罪业也。獐性顽固，其宿于森林也，饮食往来，皆有定途；又善痒，时时以后腿向道旁树枝立石摩擦，雄獐临交配期，脐痒特甚，擦更频繁，獐毛轻脆易脱，常黏附于所摩擦处，其蹄尖锐，留痕较深。猎者能因脚迹和脱毛辨其来往途径而布机焉。

吊鹿子猎獐，不用鹰犬、火炮，但以绳缚之。其法殊有趣：掘坑于途，小碗口大，中伏一活套绳，坑上屈竹为弓形，两端钉于地上，横一圆木筒，靠弓之侧，称滚筒子。滚筒两端靠弓之处，又各傍直木二条，上下套绳，总结于弓后，引系一屈木之端，此屈木系就阱旁坚强树枝屈挠为之，用其弹力紧张此绳，使绳所套之二直木，紧逼滚筒，靠弓不动，不得下坠，坑中预伏之活套绳，亦引系于此屈木上（如阱旁无一树枝可当用，则另植一木桩于阱旁，挠而用之）。于是取二寸宽杉木板一枚，一端靠阱外地面，一端恰靠滚筒上，以土及草遮掩之，使不见阱与机。獐翌日饮水，重过此处，脚踏杉板，则滚筒向下，杉板颠入阱内，獐脚随之陷入，恰当活套中心，滚筒既下降，套绳无所牵系，纵屈木弹复原状；屈木牵阱中活套绳，一转瞬间，活套绳紧缚獐腿，高悬于弹伸屈木之上矣。

吊鹿子布机后，再去他处续布，人凡数十百机，每机相去半里许。布机定后，不复巡视，迨满七日，始往取獐，或已有獐触机被缚，或尚无之，或獐犹活，或已死，或已为虎豹衔去，或为采药者所得，布机者未必即得也。所得之獐，或为雌者，无麝，或为稚者，麝尚未充，皆弃无用。是故布机百张，不必得十獐，得十獐不必得一麝。

吊鹿子迷信甚深，谓野兽为山神所主，猎之获否，权在山神。故祀山神甚虔，每猎一次，必具鸡酒祷之。布机之后，必待七日始能巡视，谓先期往取必干神怒。得獐后，无论死活，雌雄老稚有用无用，皆必登时杀死，不能复纵，纵为慢神，谓神示罚于兽，以授于人而万不敢不取也。猎得之獐，不可货其肉，或自食，或弃之，

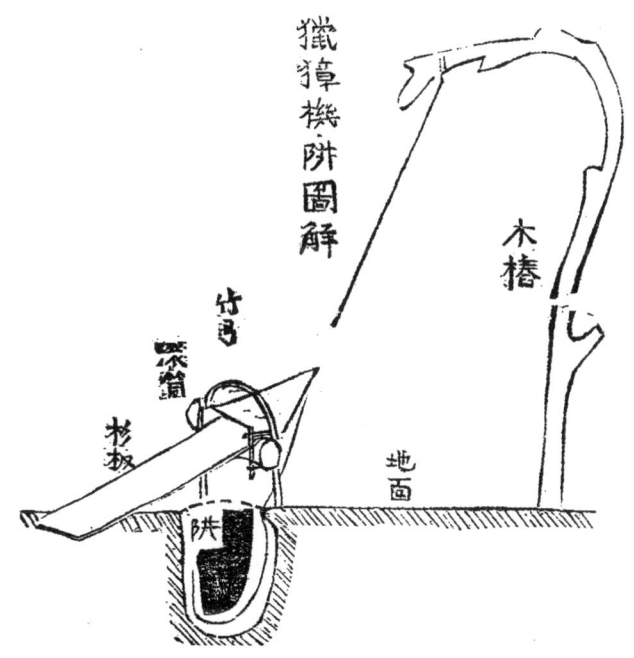

尊亲媒索，亦不肯与，谓恐为妇女所食，则不复能得獐也。以此诸故，猎獐者常患病乏，多预用麝商银钱，猎麝偿之；又有迷信，谓用人之钱，得麝必以折偿，不能窃售其麝于他人以图施骗，否则不复能得獐。

传吊鹿子多有咒术，每当穷极时，则念搜山咒而后布机，于是山神山鬼，皆为之赶獐就阱，必使所得足解其窘。但如有赢余，必全用于酬报山神，否则将有奇祸云。

七十七、麝香商业

西康各森林皆产獐，东北部为丹巴、磨西、道孚、炉霍、瞻对、查坝、河口等处，南部为乡城、稻成、莫拉石、木里、盐源等处，西部为德格、三岩、查垭、盐井、波密，与云边之阿敦子、维西、中甸、丽江等处，平均每处每年产麝七百枚，全年共计输出约二万枚，中西巨商皆收买之。

草地经商之人，殆无不与麝香发生关系者，收买麝香之大商号，常驻打箭炉者居多，设分号于关外各大市镇，分号更派熟习麝香之商人，分住各大村堡中收买之，称为"坝充"。吊鹿子预用商家之钱者，得麝即赴该商家缴纳，看货割价，常较市价微低；如尚不足抵偿借金，则再猎取偿之，彼此遵守信义，不相欺骗。其未预用商家金钱者，则售于坝充，坝充对于商家，并非雇佣性质，买得麝香，仍另作价售于商家，赚其赢余，住乡村时之一切费用，皆属自备，不过资本由商家借与而已。若猎夫持麝赴城市售卖者，为数甚少，因猎夫多穷，切于得钱故也。

麝香，假者甚多，非内行不易识别。掺假之法，或用银灶灰，或用牛血，或牛肝炒粉，贯入脐眼中，或自麝壳底皮穿孔灌入，另补一皮，买麝者咸有一半管状之曲针，自脐孔穿入探出麝香验之，又有其他种种考验法。受其愚者，百个一人。而作伪者作伪如故，殊可憎恨。掺假事大都为小麝香贩子所为，吊鹿子狡黠者亦颇习之。其手术，汉人较巧，番民较拙。

雄獐生二年尚无麝香，三年以后始有之，初仅微量，年龄愈长麝香愈多，十龄后之雄獐，麝囊大如儿拳，胀软可爱，放干后尚大如胡桃，如此者每枚值六七十元。小獐徒具麝囊，尚无香质者，亦可售一二元。曾见一番民持此空囊向商家货之，换得粗茶一甎而已。此种麝囊，大抵供奸商制造伪香之用。又四五龄獐值麝香，常不充实，香质亦逊于大獐，商人常挖数枚之香，合装一枚内，伪充大獐之麝，所余空壳，亦供制赝品用。獐性善痒，常向树石摩擦其脐，因此每有沙砾、树皮羼入香中，小商遂有故意贯入沙石于假麝中以加重量，且饰其为真品者。

草地买麝香，概系估价，连皮壳附毛称之，无剥皮称净香者。估计其皮壳重若干，香质重若干议价，大香时价，为净香值藏洋四元，小者值较低。又宁远卖香，皆剥去皮及附毛，只留麝囊；西康卖香，则连附皮毛一大块。

麝香自打箭炉、拉萨、云南大理等处集中，直接输出海外。故打箭炉麝香价值，反较成都、重庆、沪、汉各埠为高。有自西康携带麝香回川售卖者，无不折本。

七十八、保护麝獐

猎獐者之滥杀，前已言之，得麝一枚，杀獐者已百头以上矣。獐本弱兽，残杀于虎豹豺狼者已多，再经人类之滥杀，数量已大减少，不似昔年之盛。麝香为西康一大富源，若非设法保护，撙节猎取，不久必将穷尽，甚属可惜。

保护之道，应首先取缔猎人，破除迷信，布机之后，日必巡视一次，遇雌獐与幼獐皆解放之，只许扑杀成而有麝之獐。獐每年产子二次，每次二头，如此行法，更加猎杀虎豹野兽，去其害敌，则蕃息亦甚容易，对于现在之猎者毫无损失，对于将来之猎业大有裨助。

或疑獐子亦有语言，中机之后，如再纵之，恐其遍告同类，防避机栝，则猎者将不复能缚獐，譬如鼠机，得鼠必即杀而弃之，否则鼠不复来也。余意不然，獐子果有语言告其同类，则当初被缚未死者已告之矣，机阱当其家族出入之路，高悬七日，岂无族属见之询之者耶。

七十九、鹿茸与鹿角

鹿亦西康特产之一，大小如牛，貌甚秀美，栖息于森林中，食植物嫩叶。雄者有角，雌者无之。其角分枝，随年限而异，一龄之鹿尖角，二龄者发一岔枝，三龄者二岔枝，四龄以上递增。此兽性喜争风，每年秋末，发情而交，临交前，若干雄鹿争一雌者，挺角相斗，其斗剧烈，至于角根折断，角丫堕地，败者逃去，胜者始得交配。明年春季，角根发茸状突起，渐伸为角，旬月之间，大于原角，更多一枝，及秋再斗再堕，翌春再发。

斗堕之角，质甚硬固，常有土人拾起，售与商人，输入内地为药材，称为鹿角，价值颇廉。新生之角，质甚脆软，包以毛茸，故称鹿茸。越春以后，质渐硬化，毛茸亦渐脱落，故猎鹿者，皆于春季，所得为春茸，价最高。入夏以后，价值益低落矣。

猎鹿者皆用猎犬与枪，因其体大善走，难施机阱。每年春日，各大商号所派坝充在各村镇收买此物。夏秋间，运集炉城，冬日始行装运出口。若鹿角，则概于秋冬收集，春日输出也。

八十、鹿筋　鹿聪

鹿善驰走，其四蹄之腱甚发达，即俗呼蹄筋者，云久服能使人筋骨强健，故亦为贵重药品。猎得鹿者，常将蹄筋连蹄剔下，每四只为一副卖之，称为鹿筋。作宦边地者，购买最多，价值颇昂。又有取獐子蹄筋充鹿筋卖者，由其蹄之大小与毛之形状可以辨之。

雄鹿生殖器与其附属之腱，称为"鹿衔"，商家书簿多写为总，仍读为聪。传说此物极补肾壮阳，常连鹿尾割下晒干，并鹿筋出卖，称为一套。

八十一、鹿胎胶

母鹿价值较低，以其无茸也；然猎者遇之亦不放过，尤为春日，皆盼猎得鹿胎。鹿胎可以单卖，又可熬鹿胎胶，云此胶治一切妇女生殖杂症，种孕宜男。其胶漆黑色，初成甚柔软，分合如意，泽不粘手；贮器中久则黏附器物；放置过久，则亦硬固，便值每两四元左右。纯粹鹿胎所制者殆不可得，用雌獐胎儿所熬者已为佳品；多半杂有鹿皮、鹿筋熬之，杂有獐皮、獐筋者，斯为下也。

鹿皮、鹿脯、鹿骨，人皆以为妙药或佳肴，故鹿虽难得，猎人伺之甚勤。

八十二、猎　熊

熊有马熊、狗熊二种，马熊大如牛，性极凶猛；狗熊如猪，性较驯，可以蓄养，喜作人立，故俗有人熊之称。栖森林中，食草木果实，亦捕禽兽充饥，性饕而淫，力绝大，行动迟缓。

曾有在草地伐木者言，偶出木厂汲水，闻林间枝叶作响，望之熊也。潜回厂约同伴携火枪出，狙击之，中胸。熊大呼跃下，树枝为折，人立扑猎者，再发枪中之，始仆。

八十三、熊　掌

古以熊掌为美味，余曾食之，腥臊不可入口。西康为产熊之地，去年一行，收到友朋赠送之熊掌数对，初未得烹方，尝而憎之。归省后，概以转赠他人。后阅《金川琐记》载其方云："须附土火煨，其毛始净，再入锅中煮去腥汁，然后加酱醋烂蒸，味极可口。"惜未一试也。

八十四、熊胆　熊油　熊皮

相传熊胆治风湿甚佳；熊油能透物，擦油手心，直透手背，皆良药。余未一试。又传熊皮为褥，能预报吉凶，如有凶遇，则寝时毛逆立也。

曾见友人购得马熊皮一张，价八元，毛粗皮厚，实不温软，寝之数月，未闻有何异也。

八十五、毒矢　地弩　猿栅

栗粟人住怒江下游，以猎为业。其人善炼毒矢，矢及镞皆削竹而成，扎篾为羽；镞沾水裹药，药采鸟头晒干研末为之，猎中禽兽，入皮肤，飞者昏堕，行者走死。尤善为地弩，穴地置数弩，张弦控矢，缚羊弩下，线系弩机，绊于羊身，猛兽食羊，线动机发，悉中其胸，无论虎豹，行数步皆毙。又善为熊夹、猿栅。

猿栅者，于麓挖龛，深五六寸，宽尺许，置果，外插木楞为栅，空容猿手。猿至窥果，以手探龛，握果而拳不能出，辄狂啸，猎人闻声从之，猿益惊惶，不忍舍果而为人获，并详《维西志》。

八十六、羚　羊

羚羊高三尺，角长数寸，蹄尾如羊，而有鬈鬣，毛褐色，脊有黑毛一线连缀首尾，远望似驴；幼时无角，与驹无异，金川人呼为山羊。栖雪山深隧处，日出饮水，出必以群，其行甚捷。一羊前导，余羊数百尾侁侁随之；前羊稍息，余羊皆止。西康各高山皆有之。

猎者云，若以计猎其导者，余羊咸惊惶无措，可掩群而获；不然则越山跳涧，虽神骏不能及矣。（亦见《金川琐记》）

八十七、豹

西康无虎而多豹，所栖皆河谷森林温暖之处，体轻如猫，善于袭捕禽兽，常夜出赴农家盗食鸡犬羊豕；康南一带农家畜圈，概以土石密闭者，防豹故也。豹亦惧人，出必以夜。猎豹者常以夜出，缚羊豕诱之，往时设为机阱捕豹，近世全用火枪轰击。

"豹死留皮"，骨肉皆无用。在草地，豹皮或为帽饰，或缘衣襟、箱柜，或为褥。输入内地，为褥者更多。草地寒冷，故其豹皮较四川宁远产者为佳，每张值二十三元。

八十八、狼

西康高寒地方之野兽，以狼为最凶猛。栖息于森林与草地之间，性贪食，出必以群，遇牛羊马驴即袭之，虽虎豹亦不畏怖；人行遇狼，呵之不去者，须解所携牛马一头委之，始能免祸。曾有乌拉娃言，其马方前行，一狼自后袭击，突啮马股，抉肉一块而去。见其马当时股肉犹未合也。

狼皮价最贱，仅可为褥。然草地狼皮，较他处产者珍贵，以其气候寒冷，故毛质较佳也。

八十九、雪猪子

西康最高部之草原中，有一种小兽，除耳甚短外，余与野兔无异，穴地而栖，隧道连通甚远，吃草根、草叶。高原各牧场中，随处皆可遇之。此带地方半年积雪，此兽亦半年蛰居。皮下积储脂肪甚厚。土人以其肥腴，称之为"雪猪子"，然其与猪相去甚远，实旱獭类也。

其油与熊油同功效，可以入药。皮可为褥，价极贱，草地富室皆耻用之。于是世俗相传，以雪猪皮为褥，会使人多髯也。

夏日旅行草地，地上雪猪如织，不可胜猎。猎人亦皆弃之不顾。其天敌为空中之雕。雪猪避雕，出必傍穴，感物影，即遁穴内。人破穴取之，须堵塞其各个洞口，然后瓮捉之。

九十、鸟鼠同穴

甘孜至温泉道上，平原中多鼠穴，穴小而深，斜入土内一尺许，常有一种小雀，与鼠同栖，汉人称为"鸟鼠同穴"，谓可为药。

尝揭穴观之，鸟为土麻雀之类，鼠则鼹之属也。其鸟羽色似土，常贴地飞翔，使人不觉；其鼠无目，偶于昼日出穴，人马驰至，不知回避。二者共栖关系，未暇详察，以意逆之，大约因鸟不能造穴，其地平旷，又无草木可以营巢，故借宿鼠穴中，其施与鼠之利益，大约为其有目，能供警备害敌之用；又或因鼠能运麦穗入穴储藏，得以同度荒冬一季也欤。

九十一、康　猴

西康森林中产猴一种，小而驯，依人如赤子，与峨眉之大青猴、贵州之沐猴有别。余以其为康地特产，称为康猴。去年边区风物展览会，曾经陈列一头，观者莫不爱之，后竟被人窃去。此外云边与金川等处，亦产青猴，则凶猛狡黠，抚养不易也。

猴皮亦西康土产之一，为裘裳可去风湿，老年人服之最宜；另有一种金丝猴，毛色细长如线，出产甚少，价值亦最高，闻产于大渡河谷，余实未见。

九十二、鹦　鹉

鹦鹉盛产于金川老林中，康北、康南均有。接近云南之九龙、木里、乡城，闻亦有之。栖老树孔隙内，食禾黍之穗与林中虫蚁，常有汉人入林捕之。闻捕者先探知其穴，夜潜至，以布蒙其口而捉之。携入市，售有闲人家供赏玩。鹦鹉喜学舌，如时时对之发一种简单言语，久能仿言，实无意识。俗传其识人事，非也。丹巴鹦鹉甚多，几乎家家有之，"叫丫环装烟倒茶"之声聒耳。

《金川琐记》云："每岁麦菽成熟时，鹦鹉千百群飞，蔽空而下，绿羽璀璨，其声嘶哑，农人持竿守护；有黠者设械穗间，俟翔集时，机发，潜套其足，可以生擒；

性极畏烟，触之，病目而死。有红嘴、黑嘴二种，一说雄者红，雌者黑；又一说由黄□渐黑而复红，未知孰是。总之，红嘴者习人语较易，黑嘴者差难耳。"

九十三、马鸡　松鸡

草地最习见之禽类为马鸡。状似雉，羽毛灰白色有光，群栖密林中，鸣声甚异。喇嘛禁猎山，马鸡又无可珍之部，故无人猎取之。数千年来如此，马鸡已不畏人，常步出林外农地内觅食，见人不怖。叱之不避，下马拾石投之，始徐徐走去。有汉人捕杀之者，肉亦可食，不如鸡鸭之美。

余行草地，所见马鸡，辄数百数千为群，尝笑谓同侪，到草地者，绝不会饿饭：据一森林，捕食其马鸡，可以延续子孙数世无馁。

又有一种松鸡，色黑尾短，尝见捕养于笼中者，未见其在林内生活之状。

九十四、鹫

草地空中势力，全属于鹫。鹫为飞禽之最大者，头尾长约四尺，展翅宽约一丈，嘴爪强锐，力甚大，能攫小羊入空飞翔，飞最高者至人目不能望见，常栖山岩乱石间，千百成群，腾顿错落，不似他禽群居之有秩序。其主要食料，为雪猪子、小獐、马鸡、松鸡、小羊等。他种弱小禽类，甚少见于康地者，以鹫故也。

佛教尊重灵鹫，故禁猎鹫。鹫之得雄霸于草地空界，佛氏实养成之。

鹫翅作羽扇，是为雕扇，则其亦可猎之物也。

九十五、羌活鱼

去年边区风物展览会，陈列有曝干羌活鱼数十尾，形如峨眉之龙子，盖蜥蜴之类也。当时不解其得名之由，后阅《金川琐记》，有云："羌活遍地有之，走卒辈山行渴甚，辄折取咀啮，云清凉如蔗浆。巨有茂蔚高二三尺，根下每有水潭，藏羌活鱼一二，形如鲵鱼，有四足，仅长四五寸，土人云可治心痛症。市得数尾，亦不敢妄试，尝阅郑仲夔《冷赏》，载凡产黄连之地，必有小蛇尺许，盘旋其中，触之伤人，必先去小蛇，然后敢恣采。羌活中有鱼，犹黄连中有蛇，未足为异也。"始知称为羌活鱼之故。然所记传闻，皆不可靠，盖此蜥蜴生长水中，故俗称曰鱼，水旁多产羌活，俗遂谓鱼食羌活为生，以神鱼要价；而传者遂更附会之，谓生羌活根下耳。即如《冷赏》所记，亦只云黄连地内每有小蛇，又何尝是蛇生黄连下耶？

九十六、药夫子

草地盛产虫草、贝母、大黄、秦艽、羌活、独活、泡参、玉柱等药材，遍地野生，无有主者。每届某种成熟，村市男女，成群结队，入山采掘，称为药夫子。药材最多之处，为森林及草原内，或雪山附近，概无城市村庄，无处栖宿，亦无从购食物，故药夫子须自带糇粮，携布帐，结队入山，每阅旬月，采集一担，始同回家；无帐房者，则于老林采薪结庐，为暂时室家，朝携锸锄以出，晚负药物回庐。如或采掘顺利，忘道远近，则宿老杉树下（杉之枝叶重重遮掩，如塔覆瓦，雨雪不着于根，行草地者，常宿其下，亦未以为苦也）。如登雪山附近采掘，则宿岩窝，岩窝为岩石凹陷处，浅者仅容人倚立避雨露，深者可以侧卧，若能容三四人卧息之处，便为著名洞穴，药夫子视之，如瑶宫贝阙，麇集蚁赴之也。

药夫子入山，恒携一筐一锄，善辨药物所在，锄而得之，工甚迅速；又善辨人迹，见经人采过之地，即避去。偶得药材富集尚未经人采掘之处，则结庐张帐，守而取之，亦如农人之守其稼田焉。

药夫子汉人为多，然非习惯番中生活，则不能往。如数十日不举火，掬溪水，咽干糇，露宿林岩，以衣为被、石为枕等，皆非汉人所素习也。

药夫子多预用药商钱，采药偿之；或更雇请番民，助之采掘。

九十七、虫　草

虫草生于雪山附近，系蛾类之幼虫，藏土内越冬者，被一种丝菌寄生，由虫体化为菌丝体而成。此菌之孢子，春季发芽，窜行地下遇幼虫之蛰伏者，渗入其体，吸收养分以自营养。菌丝发育，往返穿结于虫体内，充塞既满，虫体之养分亦尽，于是生长担子梗伸出地外，发散孢子。

当其担子梗尚未伸出以前，藏伏地下，不可踪迹，即使偶然得之，菌丝尚未充塞虫体，虫体软腐，皮汁俱存，俗称尚未变过，不可采取。迄担子梗既出地面以后，不过旬日，菌丝内养分完全输入梗端孢子，孢子成熟，即随风披散，地下菌丝亦腐败软化，不可采取。故采虫草者，恒于积雪初融、春草萌苗际，结队入山，默察地面有担子梗露出处，掘土数寸，即可得之，俗呼担子梗为芽，谓此虫从此发芽，变形为草，将生枝叶，非也。《本草》等书，称为"冬虫夏草"，据土人谬说以命名也。

虫草为滋补药品，在内地价值甚高。草地每枚约值小钱三四文，即每千条值藏洋一元。余去年阴历五月登榆林宫后雪山，见药夫子采取遗漏之虫草，担子梗在地，掘而得之，已半软也。《金川琐记》，旧日纪边地风物最详确之书也，兹录其虫草一则，以资参证：

"冬虫夏草，俗称虫草，初生抽芽一缕，如鼠尾，长数寸，无枝叶。杂生细草中，采药者须伏地寻择。因芽及根，虫形未变，头嘴倒植土中，短足对生，背有蹙屈纹，棱棱可辨，芽从尾苗，盖直僵虫，非仅形似也。然剖之，已成草根。每岁唯四月杪及五月初旬可采，太早则蛰虫未变，太迟即变成草根，不可辨识矣。味甘平，同鸭煮，去渣，食益人。"

九十八、贝　母

贝母，亦草地良药，与虫草齐名。生长地比虫草稍低，形大如蒜者为知母，小如豆者为贝母，皆为益肺之药，贝母价最高。番人不喜服，完全销行内地。江浙人尤宝贵之。生食味甜，微苦。知母价最贱，草地多用以饲马，云益肺量，助呼吸也。《金川琐记》云："贝母种类有三，枝叶丛生，根如百合者为上；一茎数叶，根如独蒜及仅有一大瓣包跗者次之。花青莲色，皆从茎端下垂如悬灯。"

九十九、秦　艽

秦艽，亦草地名药，艽读如椒。生长地较贝母更低，已在森林带附近，雪山殊无有也。为宿根草，叶形如龙舌兰而较小，仅稍大于车前草；根暗褐色，似竹鞭，即入药之部也。闻此药销出海外甚多，不识何用。草地人不服食，唯传边地大马输入内地饲养者，皆宜预以秦艽、知母喂之，始易驯化水土，不生疾病。

一〇〇、大　黄

大黄，为草地出产最多之药材。即四川重庆关出口之药材，亦以大黄占第一位，实皆自草地输来者也。大黄生长地带，与秦艽相同，春日发苗，叶甚阔，抽茎甚速。茎中空，质厚，富于水分，味酸微甜，草地小儿，常折食之，根在地下粗长非常。秋日霜降，茎叶枯槁，根亦腐败，养分集于子实。子实入土，明春再发，故为一年生草本。

采大黄者，恒以夏秋日。佳者粗如菜碗，长辄二尺余，细者亦径寸余。掘归之后，横切成块，风干之，制成商品；商人亦预付钱于药夫子，使之上纳大黄。药夫子急于完纳，每将大黄块堆树枝所搭之架上，燃火烘之，每每外皮已硬，中心软如烂泥，误购之者，堆置稍久即行霉烂。

草地购买大黄，以担计价，每担一百五十斤。大块干透者为上品，值四十五六千文；小块与未干者为下品，值三十五六千文；掺搭者值四十千文。此为打箭炉附近售价。出关愈远，价值愈低，最偏僻之远地，无人购买，大黄皆在地内腐化。

去冬由瞻化赴里塘，野宿一草原中，从人拾地上已枯大黄杆为薪，转瞬之间，堆如山积，而所采薪地面，不过四五方丈宽耳，草地大黄之富，可想而知。

一〇一、羌活　独活

羌活、独活产地，较大黄产地更低，已在森林下部，接近农作界之处也。独活茎最肥苗，节间具大苞叶，苞花芽如胀球；羌活茎较细，花似胡萝卜，根与大黄相似。土人制药者，每将大黄、羌活全根，盘曲为龙形，晒干后，称为"羌活龙""大黄龙"。

一〇二、草地泡参

草地产泡参，大如萝卜，质亦坚密。晒干后，犹粗如杯。曾在甘孜药商家取数枚携归，嚼其味，甜似党参。

《金川琐记》云："懋属之大牛厂，绥属之黑山梁，宜喜柞固诸山，皆有土参，俗称山萝卜，虽三桠五叶形模不殊，然味薄如党参，尝煎汁成膏服之，有效。"此所谓土参，即泡参也。丹巴即金川地，土人呼参亦曰山萝卜，然则参即泡参也耶？

一〇三、莿

丹巴去年天灾，汉人贫乏者，争向墨尔多山采莿为食粮，抃埡桥一带客民食莿者尤多。去年至抃埡，客民述苦如此，使取莿来看，恰已食尽。据云，莿根似萝卜，味苦微甜，茎为藤蔓，叶有缺刻，野生墨尔多山顶部。墨尔多为丹巴神山，高出海面四千余米，半年积雪，道险难登，未及往验。揆其物，或亦泡参之类也。

一〇四、佛掌参

佛掌参，干者小如指头，亮白腴润，下端分歧如指，故名。产金川等处，峨眉上亦多有之，传亦补品。其苗未得见。《金川琐记》云："懋功屯属之小牛厂、大牛厂，数十里内，出佛掌参，其形五桠，平列如掌，新采时纤白腴润，不减柔荑，味甘平，食之益人。"

在甘孜药商处，见玉柱一种，亦云玉脚，是补品，盖亦佛掌参之类。

一〇五、川边矿产

世人对于西康，常误认为矿产丰富之地，颇多神奇之传说，与荒谬之幻想。去年余办边区风物展览会时，见边地运来陈列之煤铁诸矿石甚多，时未出关，亦幻想康地矿产为绝大富源，迄去年出关一行，凡历十县，地质皆甚简单，并无煤铁五金矿脉，只沙金到处有之耳。

本年中央地质调查所调查员谭寿田、李赓阳两君，特赴西康调查矿产，历时四月，制有详细地图，撰有论文，在各报发表，亦言西康无煤矿，铜铅银铁诸矿亦皆无望，只沙金尚多有可探者耳。

四川与西康之间，为大渡河谷，其上游之金川，下游之宁远，地层复杂，五金矿质诚多，唯皆薄浅，蓄量不富，交通不便之地。自清季开采，大体已尽，现所存者，已不甚多。至于煤矿，更在大渡河谷之东，连接四川盆地之部也。国人不明矿学，每见一露头，即认为一宝藏，不惜张大其辞，以惑远人，且多有误认无用之矿石为金银者，故近世报纸所传，地书所载之川边矿产，十七八皆谰言也。以下各节，言川边矿产之真实状况，补谭李两君论文所未及。

一〇六、金川之得名

清初收抚大渡河上游番民部落，呼自巴颜喀喇山发源之正流为大金川，自巴郎山发源之支流为小金川。乾隆时，两金川番酋叛乱，用兵累年，成为清代有名之史事。金川平定，分设五屯，绥靖、崇化二屯在大金川，懋功、抚边二屯在小金川，章谷屯即丹巴，在两金川会合处。所谓金川五屯是也。望文思义，可知清代此河，必以产金著称。近时大金川支流之二楷沟，尚为著名沙金产地也。

唯目前丹巴、懋功县境，淘金者绝少，但遍地云母碎片，映日发光，无论农田旷土，皆璀璨闪灼，炫耀眼帘，旅行其间者，风尘扶面，目眉亦具金光，衣袂鞍缰之属，无不烂然矣。清光绪时，章谷屯员王培城撰章谷八景诗，有"飞水流金"一景云："锦江百里号金川，金洒平川万点妍。灏翰无边皆丽水，汪洋何处问廉泉。沙翻晓日辉辉烂，浪卷疏星的的圆。异质天成三品贵，殊方名迹不虚传。"盖误云母碎片夹沙为金沙也。

余到丹巴境，衣履沾泥，皆放金光。回忆川省谣传，人出西藏境者，草履中夹杂金沙，可以换银八两，笑谓同行云："此鞋若不刷泥，揣回川中，可以换银八两。"同行哑然。

一〇七、云母矿

丹巴岩石，概含云母甚多，细碎者为泥沙，巨大者为矿石，数百年前，已经有人开采。《金川琐记》谓"章谷屯多云母山，日色照耀，遍地作金银光彩。石如水晶，拾其巨者片片揭之，薄于蝉翼，用糊窗牖，晶莹明晃，一无隔碍……缪清泉尝手制数百方赠余"是也。

昔日未有玻璃，故以云母装窗，又可入药。近世则因云母不传电，电气工业上多用之。往年孙养斋在康，曾招人开采墨尔多山云母，旋因无利而罢。缘巨片者多已被前人取尽，现所存者，不及方尺，用途不大，脱售困难故也。

一〇八、二楷金矿

二楷沟，发源于道孚山后，经鱼科喇嘛寺入绰斯甲土司境，至绥靖屯北入大金川。沿沟河原，为沙金著名产地。袁世凯为大总统时，梁士诒等集股组织裕华公司，招工开采，总经理为梁某。其时承平，未有护厂军队，先招金夫百名，每名每月工资六元，淘得之金，缴纳公司。其后扩张经营，添招棚头，每棚头认招金夫十人，是为一棚，自行组织伙食，合力淘沙。公司有人分配地段，监察淘洗。每棚每日所得金量，公司取十分之一，棚费为公司担任。金夫所需食粮、柴炭，由公司招商运办，淘金用具由公司供给。

初时在二楷沟下游金川地方淘采，嗣移于二楷地方（沟之中游），才有工人十余棚，每日获金颇丰。边地汉人，见其利大，争来领工，渐招至一千三百余棚，凡万余人。每棚十一人，每日所得沙金，除十分之一缴纳公司外，其余十分之九，作价卖与公司，其钱由棚头保存，作为伙食开支。开支剩余，定股分配。棚头每月所得，恒有赤金三四两，金夫所得较少。河沙为公司所有，禁止偷淘，每月初二、十六日为牙祭期，停工一日，公司发给每棚沙一船，由金夫子自淘自得，勤者或又翻淘弃沙，亦获少许。金粒率多细碎，大者重可数分；金夫子狡黠者，每于出金之时，偷藏一二粒于耳鼻、衣袂间，故金夫发财者亦颇多。后公司因偷金者太多，改为每棚每月上课金一钱，其时一千三百余棚月收金一百三十余两，值钱五千余两，棚费所耗，不过数百两耳。又以廉价收买各棚余金，其时打箭炉金价为四十换，公司价三十四五换，金夫吸烟者、怠惰者与不明金市商情者多，大都利其近便，卖金于公司。金厂盛时，公司每日收金，以品碗量之，其利之大可想而知也。

梁经理常常不在厂，另一姓梁者驻厂代理，任用司爷三十余人，只司收金之事，暇即相与赌博，不理厂务，全厂一千余棚，只用巡丁六人巡查棚工，照料不到，故偷金偷沙者甚多。一日，巡丁与工人戏，以枪拟之，滑机击毙一工人，群工大哗，詈辱厂员，结果赔命价数百元了息。时袁世凯失败，梁借此离开二楷，声言且返，竟不复回。又公司曾运金八驮往打箭炉，只以兵四名护送，在松林口被劫罄尽，公司竟以此失败，凡开厂仅一年而辍。

与二楷同时，又有某公司，成立稍后，总理姓周，开办一年而停，停闭原因未悉。

二楷淘金人夫，勤者幸者，常于一二月内，得百余金或数百金，即行回家，另立生业。唯偷惰嗜烟者，不能积钱，长留厂内，当两公司闭息后，尚有工人一万左右，自行淘采，直至民国六年"八角之乱"，绰斯甲土人，以武力驱逐金工，始各逃散。

一〇九、丹巴商业与松林口夹霸

民国三至五年，二楷金厂正盛时，淘工万余人，食料用物，皆仰给于丹巴。丹巴不足，又向懋功、康定购运。懋功、康定不足，又远向灌县、泸定、汉源、雅州等处购运。供转运者，常数百千人，运道皆须经过丹巴。一时丹巴商业，非常兴旺，即巴底、巴旺、单东、道孚等地，亦皆成为繁盛市场。二楷金厂外，亦修建新街二道，运道险远，物价奇昂，麦面每斤价银一元，每百斤九十四五元；盐每斤亦值一元。丹巴商人，以此致富者甚多。

从打箭炉经道孚鱼科至二楷，亦系大道，且较丹巴道平坦。然粮食商人取此道往二楷者甚少，因此道皆番地，只出青稞、牛肉等食物，金厂皆汉人，只食米麦，米麦以自丹巴运往为便故也。唯买金商人与金夫餍足回家，多回打箭炉，则取此道。此道必须经过松林口，此处为丛林险道，紧接木茹牛厂，木茹号称"匪窟"，因此道多金商，遂集而劫金。自此以后，二楷厂虽已倒闭，而松林口匪患不息，直至民国十四五年，始克宁谧。

一一〇、王老陕

上二则，并周长发所言。周又言：民五年时，周辞二楷厂工，与同伙八人，回打箭炉，过松林口被劫（已具前记）。先是，周与一陕西金商王某同行。王骑一健驴，携一从者，并骁健有勇，拳技敌十余人，同宿可卡。王携金数百两，以驴载之，步行赶驴，一早过松林口。匪出劫，王与之格斗，匪怒，肢解其人与从者。周等日出始行，过其地，见尸体狼藉，血肉模糊，方共幸未与偕行，得免此劫。而哨声骤作，劫匪突至，同行四人返奔，皆被击毙，余皆坐地待劫，计该匪等一日所得，有赤金千余两云。

一一一、李剃头

余过咱里，遇一汉人闲谈，其人自云姓李，业剃头。二楷金矿盛时，彼往欲应募为工人，嗣因剃头者甚缺，仍操旧业。此处钱尚用金，剃头者例以金酬偿，每头给金一咀，彼在此剃头六个月，存金粒八两，贪未能归。后值八角乱起，番民纷起驱逐，结队扑厂，事起仓促，厂众咸弃所有，轻身逃命，财产概为番民所得，厂夫有迟走被杀者，有越涧岩跌死者。李剃头幸得脱归，钱则一文不存，如初来时。

一一二、重开二楷金厂问题

二楷沟下游，为绰斯家土司辖地，清末改流，绰斯家原隶道孚县，然该土司官寨，实近绥靖屯（金川县），去道孚甚远，历任道孚知事皆弃不顾。绰斯家土司，与道孚绝无关系，比较与绥靖屯官接近。绥靖、崇化、懋功、抚边四屯，民国二年划隶四川省，不属川边，其地又去川省险远，川政府向来弃绝，土豪迭起，扰乱数年，绰斯家土司，遂俨然成独立部落矣。

然边民之知二楷史事者，多盼政府收复绰斯家地，重办二楷金矿。去年丹巴知事彭炳青，迭在丹巴开矿，皆遭失败。有炉城袍哥龚草堂者，颇习边事，知二楷原隶道孚，往说彭知事函商道孚欧知事与金川杜司令，交涉番务，重开二楷金厂，旋因彭知事交卸而罢。去年冬，二十八军整顿边事，讨平叛乱，金川震服，谢竹勋督办使人谕降绰斯家，踏勘二楷，规复金厂。本年春季，已经开工，唯在二楷故厂采掘者，成绩不佳，现已移在上游观音寺处淘采，观音寺即鱼科、绰斯家交界地，前此二楷金厂尚未采掘之处也。

一一三、泰宁金厂

自泰宁逾一土山，为河垭沟，沟口如八美河、河垭与八美皆产沙金，相传清光绪时川督锡良奏请开采，番人反对作乱，曾杀一都司与汉民若干人，后经大军剿平，竟得采掘，一时厂务颇望。泰宁地方商业皆集于此，故称泰宁金矿。大清末年，矿务衰落，富集之部，已被淘尽故也。现在唯有附近土人，在河垭沟内，翻淘旧沙，仅足糊口，难言矿业。

前岁有人游说丹巴彭炳青知事，谓清代所采河垭金矿，只采中河垭、下河垭、八美诸处，上河垭尚未挖动，金脉颇富，可以采办。彭出宦囊嘱其招工开挖，历时数月，得金二钱，以后更无收获。去年夏，彭卸知事任，自往泰宁经理，听一工人言，金窝在河身左偏冲积层最下部，而向于河身正中最下部掘之，故未得金也。于是彭复向河身左偏挖掘，因积沙太厚，过费人工，自上游筑堰蓄水，日放二次，借水冲沙，较人工省力数倍，挖淘数月，至工人所指金窝之处，竟未得金。

去年七月，余过泰宁，彭君邀观其金厂，凡有工人二十人，有称为锤手者，为主持工务技术之事，大约昔曾从事淘金之老工人，略具鉴矿经验，无学问也。未至金窝以前，为搬沙工事，厂主不给工资，只供伙食，既达金窝以后，为淘金工事，届时除本分红，厂主若干、锤手若干、散工若干，皆于开厂时定约。此厂既失败，彭知事垫累伙食，至数千万，宦囊如洗。私有步枪三支、手枪二支，皆脱卖以清工费，可谓草地开金厂以来之最大失败者。

本年（1930年），地质专家谭寿田、李赓阳二君，往西康调查矿厂回省，余问河坝有金否，答称有金甚富，惜彭知事所掘地位不是。彭所掘过向上游，金沙尚难富集；富集地带，应为中下游与八美地方。中游虽已被昔人将矿床挖乱，八美金矿尚保完全，如当时以此厂费从事于八美地方，必不失败而得利，惜锤手无此学识眼光，深误彭君也。

（此次中央地质调查所特派川康地质调查员谭李两君，撰有西康东部地质矿产记要长文，对于西康金矿之生成沙金沉集原理、各地金矿开采之状况，与探检金矿之方法，指示甚详，实为经营西康矿务者之忠实锤手，全文登载《边政月刊》第五期内，有心边地金矿者不可不读。）

一一四、刘绍尧

刘绍尧，为南充乡绅刘集成之亲侄。本中产家庭，曾读书识字，性情笃实，状貌清秀，不知何故，流落西康之瞻对地方。余至瞻对，以同乡谊来见。见其态度安详，尤具大家风仪，意甚怜之，欲携回故土。刘殊不愿，自云前随某宦来瞻，娶一番妇；其后宦去，刘被撤差，恋番妇不去，寄住岳家。有私蓄数十元，与退伍之某连排长等合组，开采磨房沟金矿。

磨房沟去瞻化里许，余往观之，彼等六人，自备伙食从工，自雅龙江砂岸层断壁，向磨房沟口山基，凿一小穴，已深五六丈，达于浸水处，正用木龙（龙骨水车）抽水，力向内掘。盖磨房沟口，昔日曾为金厂，遗留矿洞尚多，皆自平地直向下掘，以取金窝之沙。诸人中有一人，昔曾在此挖金，谓山基嘛呢堆下有金窝，昔曾有人打洞下掘，至金窝处，为浸水所阻；洞口过高，无法抽水，其矿遂废。故约彼等改自江岸凿洞横入，抽水取金。彼等亦深信嘛呢堆下必有宝藏，谓喇嘛必其地有宝物始能建塔镇之也。六人合力开掘，阅三月久，腰缠用尽，始达目的地。取沙淘之，竟未得金，相与失望而散。刘益贫困，求余荐充县署缉队。余欲将渠夫妇同携回乡，其妇似不愿，刘亦自信草地谋生甚易，有非致富不归故乡之意，竟未偕行。

民二十年，瞻化为藏番攻陷，刘与知事张楷等被俘至昌都。刘通番语，得潜逃回瞻，仍恋番妇不肯回里。刘常语人："人视番地为地狱，余视为天堂。若内地之土狭人稠，政乱民敝，斯真地狱也。"

一一五、麦科金

瞻化麦科，为西康第一金窟。民三西姆拉会议决裂后，英人尝以瞻化为产金名地，为利至巨为词，以游说我国政府，希图依照会议划界划归西藏，西人之重视麦科可知。我国人士，则知有麦科者甚少，政府更无论矣。

麦科神山，在瞻化极东，道孚、炉霍接界处，附近地层，含金甚富。自此流出之水，向北为麦科河，向东北为仁达沟，向东为一日沟、甲斯弓河，皆产沙金。而麦科河为最富。向来由番汉人民自由采掘，无公司组织，知事衙门酌收金课而已。

其地高寒，每年只能淘采四月，粮食、薪炭，皆自县城运往，又多土匪，故出产不盛。金质号称西康第一，金粒大小不等，余确于金商处见其大粒有如黄豆者。

采金者汉人较巧，番人较拙，番人多妒视汉人，常有排挤之念。汉人金夫，什九为退伍士兵，常住县城附近，暮春上山，仲秋回县，四月所获，差足一年费用。瞻化县治，常住四五十户，二百余人，每当麦科封山，即增五六十人，为原住人口四分之一也。

一一六、可　惜

西康沙金矿床甚多，瞻化、理化为最著者。凡沙金富集之地，概在河床平坦、水流纡曲之部。河床平坦则积沙甚厚；水流纡曲，则易于改道。积金之地，应在河身下部，河道屡改，故不易踪迹；积沙甚厚，尤不易察识。

采沙金者，应先察河流状况，辨其故迹，依次试探，探得富集地带，依次采掘淘洗。废砂堆叠，皆须选无矿地方，如此始能无失败，无弃利，无枉功。

今边地淘金者，率皆漫无组织，又不明了金集情形，三五合伙，随意乱挖，遍地点掘，废砂狼藉，成败得失，听于天命，以致矿床破碎，脉络断绝，地形淆乱，埋没金窝，无由鉴识。虽有智者，莫如之何，良可惜矣！

一一七、大金河与小金河

雅龙江经瞻化、河口、九龙三县，流至木里之洼里地方与里塘河会合。里塘河与雅龙江中上游地方，皆产金名地。金屑随激流而下，在木里境内，遇平缓处，陆续沉淀于沿岸积沙之下，故木里金矿，富冠川边，西人称之为"水流黄金之国"也。土人以两河沿岸皆有金矿，故称雅龙江为"大金河"，里塘河为"小金河"。大小金河，在木里境为巨大之曲流，故又称为金河套。

木里土司富有黄金，然禁百姓私擅采金。百姓采金须先呈报，缴纳极重之金课，否则以盗金论。以故木里土司之库内，贮藏黄金甚丰，外人谣传其金库中积金如粟，出纳皆以斤记。民十八年，美国洛克博士过木里，受其土司优礼，导观其库藏，后来炉城，亦盛夸其藏金之富云。

一一八、洼里金厂

洼里，在盐源、木里、九龙交界间，当大小金河会流处，在九龙三岩龙南二百里，本瓜别土司属地，现隶盐源县。清末叶，川政府组织公司，招工开采，立定章程，每棚得金一两，征课金一钱，不足一两者免课。光绪时厂务旺盛，曾致工丁一万七千余名，每月可收课金数十两；此种课金，瓜别土司得百分之十，盐源县库得百分之十五，工丁消耗百分之十，其余百分之六十五，除金厂员薪日用等开支外，即为公司红利，此外又须上瓜别土司税银二十两，因其与木里接界，恐其纵匪行劫也。

民国元二年时，云南开化人张宝书为公司会办，以开多金峡得多量金产有功，升为总办。后有伍孟冕来任厂长，亦著成效。近年则金脉已空，厂务废弛，经费拮据，至以公卖烟膏渔利津贴，大约已无前进经营之望矣。

前数年间，又有岳阳人汪星灿者，亦在洼里经营金厂，招工百余人，数年以来，资本数千元，获利颇厚。据云，曾于一日间，获金二百余两，又一次得九十余两云。

此外又有汉人四千余人，在洼里上下游，作小规模之采掘，然皆病瓜别土司之苛政与粮食接济之艰难，大多无甚利益。

有一曾经在洼里经营金厂之宁属商人，本年在省与余谈洼里金矿状况，据云：金窝在大金河岸段丘之下。大金河水流其急，河身甚狭，两岸岩石甚陡，产金之地，亦沙岸壁立，其上方成为两个沙台，金窝即在沙台底部，贴近岩石之处，须从沙台掘穴深入，取沙淘之。公司所采，先为上台金矿，后采下台金矿。

河身变化，自不似图示之简单，必有漾洄纡曲，或当岩石中陷之部，金与水并潴其中。河身低落后，此种金窝，因有潴水，不能采掘者。相传曾有周永庆者，民国初年，在田子坪地方，击破十六丈六尺厚之石壁，泄水取金，才二月余，获金数千两云。

一一九、隆大金厂

隆大①在木里之西，稻成县贡噶岭之南，云南丽江之北、中甸之东，属金沙江流域，为木里土司辖地，故间接隶属四川盐源县。实则自盐源西去，尚有一千余里，去西康甚近，去宁远甚远也。

隆大亦系沙金，相传其金粒重一二分至一钱，最易淘取。前明已有木天王者，从事挖掘，清道光时云南鹤庆人李肇宜者复往开采，其后又有四川布政使某之弟赵全者募工采取，其时木里土司尚恭顺，未加阻挠。后因金厂工丁七八百人多不守法，四出劫掠，民怨沸腾，木里土司怨之，阴结乡城匪百余人抄掠金厂，厂中戍兵二连战败覆没，工丁死者三百余人，金货财物损失罄尽，赵全仅以身免。厂由是塌。民国二年时，又有张武南者，招工千余名开采，请兵二营护厂，仍为乡匪所劫，杀毙工丁数十人，劫去财物，厂务停顿，至今未复。

盖隆大与乡城、贡噶、中甸接境，凡此诸处，皆乡匪出没之地，木里土司恶汉人争矿，又从而勾结之。驻兵有限，匪来无时，虽屯营旅，于厂无益，非经木里改流，乡、稻受抚以后，此厂决不能开也。

隆大河为稻成东义河之下游，与贡噶岭河合流入金沙江，二河沿岸皆产金，金沙江之金源，实以此二河为中坚，将来乡、稻、木里之政治稳定后，此带必为最新而最有利之金矿。

一二○、铜　河

俗称大渡河为铜河，以沿流铜矿甚富，从来以采铜著名也。现在则凡属交通便利，设治较久之处，铜矿多已采尽。唯交通不便，人素未探知之地，尚可开采。

此河流域，约可分为五大段，最上为金川，即今丹巴等县之地，自乾隆朝已设屯官，其境内著名铜矿如铜炉房、绒岔沟等处，早于咸同开采尽，现已无甚希望。

第二为孔玉、鱼通段，昔为明正土司地，民国以来划隶康定县与天全县，现正筹备设治。道险水疾，山高林茂，汉人素鲜到者（唯孔玉地方，清代曾开金厂外，现遗有汉人百余户），地蕴矿藏，从未开发。据康定县知事黄煦昌请设治呈文，谓有

---

① 隆大即隆达之异译。

紫铜沟铜矿曾经试验，每百斤可炼净铜四十余斤云。

第三为泸定段，原咱里、冷边、沈边三土司地。清雍正朝设官布防，已盛有汉人移殖，今已完全成为汉人地方，全境亦不复有矿产存留。

第四为河道段，即汉源、越巂两县间之河道地方。就中富林、大树堡附近，为数千年商旅大道，纵有矿产，早被掘发，唯老鸦漩以上、紫打地田湾等处，旁及二四营一带，尚为秘密区域，包含铜矿甚多，近年始有结资开采者。

第五为峨乐段，即峨眉、峨边、乐山三县境之河道。已经可通船，唯金口以上，滩峡奇险，道路皆绕瓦山而过，沿河有无矿藏，尚不得而知。若金口以下，则龙池等处，尚有铜矿可采云。

铜矿，常与银铅铁矿并生，故铜河流域，银铅铁矿亦富，其采掘情形，与铜矿略同。

一二一、西康煤铁问题

西康建省，不久将成事实。建省以后，势必从事建设，建设之母，在于煤铁，西康恰无煤铁二矿，交通又不便，亦难自他省输入济用，故煤铁问题，西康一绝大经济问题也。

相传赵尔丰建筑平西桥，工费三千余万，此桥长不过五丈，而钢铁皆自上海运来，故所费如此之巨也。建一铁桥，其难如此，他之建设事业，可想而知。解决此问题之方法，唯有建筑川康铁路，开发川省雅属之铁矿，以为西康钢铁之给源，此外实无他法。

由四川雅州修铁路，经打箭炉至甘孜，路线平坦者多，施工颇易，此路修成，则川康货物流通，不只运铁而已。

煤铁二物虽常狼狈为用，然在西康，则唯缺铁可忧，缺煤并不足虑。西康有极强猛持久之风力，与极湍激伟大之水力，以为各种工业之力源，确无借重黑煤之必要。而伟大之森林，更可代煤担任一切燃烧工作也。

一二二、无工业之地

西康，古游牧之地也，幕天枕地，食肉衣皮之民族也，其社会原不需要工业，故工业极不发达，直可谓为无工业之地。大约当南北朝时，此区牧民始知农作，始有房舍锄耰；唐以后，始有佛教，始有寺院佛像，雕刻、冶铸、绘画诸艺始自内地与印度传入；又至元明清代，始渐有汉人入草地经商，因其需要，传入诸种日用小工艺；清之末世，经营川边，移民日多，百工始备，然在西康土著视之，工业殆无助于彼辈，将谓徒为汉人设之耳。

一二三、木 工

西康木工，全系名山木匠包办，前已言之。此种木匠，散布于商业比较发达诸市场，待人雇请，遇有大工程，则远向他市场搬请其相好者合力任之。

大工程有三种，一为建筑喇嘛寺，二为建筑土司头人之官寨子，三为建筑大桥梁。此外，如番家建筑房舍、汉人制器物桌椅等，皆为小工程。无论大小工程，每工每日工银二钱，伙食由主人供给；不给伙食者，每日工银藏洋一元至一元半。

番民木工，大小木作，皆须名山木匠。故名山木匠在草地者，每县当以千计，手艺甚拙，番民则认为甚精。亦有具赞请业者，名山木匠秘其术，不以尽传也。木匠初入草地，只负斧凿数事，所至有人雇用，绝无向隅。番地无零用，每日净存银二钱，艺精走运者，年积六七百金，或挟资回故里，或娶番妇，在关外者领垦落业，成为商贾；技拙无运者，偷情吸烟者，或频寄银回家，身无余钱而遭疾病者，抑或沦为贱役，或且客死，然大都投番家为赘婿，承其财产，拥其子女，不似在故乡至困顿。赘婿本应受岳父母与妻子管束，易遭凌虐，唯名山木匠不然，稍不如意，辄逃扬他处，他处仍易入赘，有艺足以自存故也。

一二四、番房修造法

草地建筑房舍，虽高楼七级，广厦千间，木匠无须如何设计，但只自下而上，一间一间依次叠砌，随意增减并无限制，恰似幼稚生为积木游戏耳。其各间修法，颇似内地装仓，用巨木作架，较小之木骈列装壁，木骈列盖顶后，再从上方如式修之，上下木柱并不衔接，任随横拓若干间，上砌若干层皆然，故稍经震荡，即全倒塌。炉霍民国八年地震，全县官民房屋塌尽，以此故也。所谓官寨子坚碉房者，亦不过于房舍之外，筑坚厚土石墙壁包围之，土石坚牢不倒，借以支持木屋，故能耐久。

草地木材端正硕大，番屋各间皆矮，故其柱粗短，立地如础，不易偏倒，纵使偏倒，拆卸重修，亦不大牵动他间房屋，吾人视之，觉其建筑方法太愚；番民视之，则以为极智也。

番房顶部，皆于骈列木条，纵横架搁小木条或柴薪，于其上铺垫泥沙，人力捶平，露者即为屋顶，可以打草晒麦，亦供游眺。家神为一木杆上悬印经之布，称为经旗，即供屋顶最上部，每晨焚柏枝祷之。屋内地面，亦如前法填土捶平，富家或更于土面，铺木板一层以资清洁，中产之家皆只薄土。人住楼上，如住地面，可不用火盆而燃薪御寒。闻炉霍官寨建筑甚美，某年，官兵驻扎寨内，因衣铺畏寒，昼夜燃薪于屋内，热透泥土，传达其下垫薪，而兵不觉，由是起火，将全寨烧毁云。

一二五、名山木匠未到以前之木工

名山木匠未到西康以前，草地需要木工情形，尚可于今日之牛厂见之：番民持其所佩之番刀，向森林中，砍取臂状木干二条，削去枝叶，截成同长，荷之回家，以为牛毛帐房之支柱，此外无须木器。参天古木，其人视为无用之物，与内地农人之憎恶岩石正同。

现在牛厂亦有木工，专制造驮运货物之驮鞍。用三木棍，嵌连于二弯曲之木板上，即算完成，闻此方法，亦系名山木匠所教；名山木匠未至以前，牛厂虽已用牛马运输，只以绳缚木叉缚牛马背以载物，并无木鞍，若人骑则至今犹习光背马也。

去年边区风物展览会陈列宁属倮人所制豹舌刨一枚，系取豹舌剥皮，塞木条其中而成。其木条为番刀所削，棱角乱起，致刨舌亦凹凸不平，可以想见其为未有木工之社会，名山木匠未至西康以前，将与此同。

一二六、甘孜疑案

去年至甘孜，闻一疑案，出孔撒乡俄绒村，姓名未记，其事概述如下：

有名山木匠某，数年前入赘俄绒番家，赘家男丁皆已出家，无另一男子，妻之姊妹、生母，并与木匠奸通。年前，木匠因事使气逃往德格，行艺不归。赘家多方觅得之，托人劝回。去年七月木匠与赘家妇女同在麦田割麦，忽称病回家，岳母责其女回家服侍。木匠有一兄弟，亦在德格行艺。另一同乡木匠住甘孜，带有小儿一人随学于木匠，亦常住赘家。当日之夜，小儿因人声喧腾惊起，灯光下，见其岳母与数男子按持木匠，从木匠手夺取小刀递于其妻，木匠与其妻皆有刀伤，举家号哭扰乱，不知何故。其中有番甲长在，喝小儿云"无事去睡"，小儿返睡。翌晨，木匠死矣。小儿报于同乡，同乡与儿渡河往视之，尚未葬，确有刺伤数处，因阻其葬埋，赴县使小儿出名控之。

韩知事传闻，诸番供谓其人疯魔，杀妻未遂，因而自杀，小儿来时，我等正夺其刀，阻其自杀也。验尸，刀伤外，又有跌打伤数处，诸木匠控为争风杀人。韩知事鞭掠番妇，又坐软板凳，番妇称冤，其岳母供词最趣，云："我一家爱之如活宝，去年私逃，百计始求得之，岂肯杀他。"番妇与其三女皆受刑，其一背烂指脱，称冤不已。狱由是宽，判赔命价银百元。木匠帮虑其弟回甘翻讼，不敢领，韩竟放番妇回家。木匠辈对知事颇有浮言，未知其弟竟再讼否。

一二七、番金工

西康金工，成立较久，冶铁用木炭，其铁来自云南，炼钢为佩刀，颇利，价则甚昂；小刀用割肉，称为吊刀，则同白铁。除此两种刀外，别无铁工。

西康银匠、铁匠为一种工业，铁匠兼营银匠之事，其工作极笨，赤金耳环恒重一两一只，亦镌花样，粗陋不堪言状，工价亦甚廉；大抵番民戴金银饰，以分量沉重为阔，不甚注重花样也。

一二八、土石工

西康无木工，只有石工，善以乱石砌墙，又善筑土墙，墙厚数尺，屋倒而墙不倒。草地无竹无瓦，装壁以木以薪，覆屋以薪与土，故无泥工。换而言之，内地百工出关皆有用，独石工、泥工无用也。

一二九、雕绘工为贱业

西康少木雕，刻石工则颇足观。有一种番民，专刻麻柳堆堆石上之经文与陀罗尼，皆不先墨写，但以意信手镌之，行列整齐，字体一律，无论繁简大小，莫不如意。亦有镌佛像、塔像及其他花纹者，则多兼营画业。

绘画工亦多佳者，其画必须勾勒墨骨，然后渲染颜色，无素描者。其色料多取自矿质，如石绿、石黄之类，遇水不化。故所设色，历久不变。以古代美术史揆之，约可当于宋明之世，虽未及今日之妙肖，而如仇十洲辈，亦自杰出也。

西康之雕镌与绘画，殆为宗教之专用品，雕镌限于经文，绘画限于仙佛鬼神，不重其他之自然物品。绘画工人，殆完全讨工作于喇嘛寺。任何喇嘛寺大殿壁间，无不绚烂悦目，所绘大小神鬼混杂，形色万端，皆有谱帖，不能臆造。试指壁上任何人物询问喇嘛，皆能举其名字与历史。尤善画宗喀巴像，小逾一寸，大过数丈，一见可以辨识。凡此皆非内地画工之所能。故内地画工出关，非向番画匠学习多年，亦难以艺生活。

西康虽尊重宗教，而甚贱视为宗教服役之雕工与画工，通常以镌勒陀罗尼之雕工为叫化子，摈不得居家室内。此辈常居高寒无人户之沟谷间，用乱石叠砌石窟，屈处其中，镌刻石片石砾为经文或陀罗尼，持向牛厂娃献之，借得食为代价。牛厂娃尤信佛，故无往不售。

去年过塔泥坝野宿，遥望前方溪边有矮屋连椽，约十余家，以为村落，迫而观之，皆此辈也。画匠虽得居村市，为编民，但人视之亦甚贱，曾于札呷喇嘛寺见一巧画师，多方向之求画，皆不肯作，盖羞以画术名也。瞻化有一美妇名充拉真，系画师女，为陕商妇，与县署前后员司多有染。员司娶有番妇者，常谏其夫云"此画匠女儿也"，意似甚贱之。

一三〇、纺织业

西康无棉花，棉布与丝织品，皆自内地输入。土产衣料，皆羊毛所织，称为"躲波"，汉语为"毪子"。各地妇女，多会纺织，瞻对、昌都两地所产，最有名。

其羊毛大半自青海戒谷输入，质颇佳，上品纤白如棉，细韧如丝，但常杂有劣品。番妇取毛，用手扯泡，附毛坠上捻之为线，其法恰如内地绩麻所用之麻坠子。毛线粗细均匀与否，系于绩者之手技。绩成之后，挽成线团，亦照织布法牵引于机。唯其机轴甚窄，织成毪子只宽四寸许，长以人张两臂量之，称为"郎巴"，汉语为"扒"，每匹长十扒左右，可缝藏袍一件，汉袍二件。价值好坏不等，昌都毪子细如呢者，值二十元；瞻对毪子较粗，值十四五元；他处所出，较劣，值七八元；最劣者，粗劣如麻布，多销打箭炉缝军服，每匹值五六元耳。毪子不销内地，以其粗劣也，然内地力夫特好之，每力夫至打箭炉，必购毪衣一袭带回。

番妇女又能织毛毯，亦用羊毛绩线，牵机上为经，只纬线织法不同，用笔杆木棍一条，横压经线上，每线隔一二经，挽棍一转，以次将全经压过，以刀拍紧，随用刀在棍上一划，缠棍之毛线断为两列，再如法编缠，如次划之，全机织成分许长毛绒密压之毯料，剪断缝合，即为毛毯。有纬线全染红色者，即为红毯，绒恒较密，每幅值十一二元；又白色微具红绿色之条线者，为白毯，绒恒较稀，每幅值七八元，有贱至五元者。

一三一、氆氇

氆氇，亦称普罗，亦为羊毛织品。长宽俱如毡子，质较匀细，多半染成酱色，或红黄色，或点染黄绿色为粗陋之花纹。不产于西康，系从西藏输入。康人甚重视之，凡富家与僧侣，皆以为衣，以为较英国输入之呢与四川输入之缎为美。每氆氇番衣一件，值七八十元。余妇有一袭，行至打箭炉时，或谓此衣粗陋，入关后服之，必为人笑。妇遂以之与人，掉易旗袍。

一三二、地毯与马氆

西康人习于地坐，坐垫以栽绒毯为最阔。栽绒毯者，即天津所织之地毯，京剧台上之氍毹，其特大者耳，系以割纱绵为经，编五色羊毛而成，羊毛以色配花，极其精致。天津人但知销行海外，不知其所销乃为我国边地，西藏、蒙古等处也。此物自天津输出，载至印度，再越喜马拉雅山输入拉萨，再由拉萨输入西康，凡喇嘛教分布之地，皆为此货之销场；有西商专营此业，随时考察藏人嗜好，造成图案，交与天津工厂，织成时新花样，幅面大小，皆极考究，其能畅销边地，此亦原因。

边人善骑，装马之具亦甚讲究，大都以特制之栽绒毯饰鞍上，称为马氆，与鞍并重。昔日规矩，唯汉官与喇嘛始能有氆，近则富人皆得备之。番民不识汉官大小，只以马上鞍氆情形估量之。故汉官出关，有私马与精美鞍氆者，番人自能敬重，否则即易受欺侮。私马不必有，鞍氆绝不可无也。

西藏输入之栽绒毯有二种，一种来自天津，工最精美，每一马氆，值四十元左右，坐垫以面积大小定之；一种来自青海，系西宁某公司所织，毛质工作皆不敌前者，染色更劣，价廉三分之二。前者称为京货，后者称为土货，京货以棉线为经，土货以毛线为经，一见可以区别，盖天津毛贵棉贱，西宁棉贵毛贱也。

西康人只知栽绒毯自西藏输入，不知其为国产，余初亦误以为是英伦所造，以为所谓京货，是英货之讹，后回成都阅报，见天津地毯业发达概况，追忆从前参观编毯工厂情形，始知平津货物如此纡曲以入于康藏。

又《大公报》津济附刊载，北平地毯业，系咸丰十年胡僧所教，所谓胡僧，即指西藏、印度之云游僧。今日西藏，只有上述之毛毯工业，无地毯工厂，然则平津之地毯工业，原系自毛毯业改良而来耶。

一三三、缝　工

西康原自有缝工，称为"肉"，汉译为"番裁缝"。番裁缝无熨斗、尺子、灰包等具，只有剪刀与针；剪刀与针皆自内地输入，价值甚贵，番未易得。故番裁缝之所以见重于康地，不必以其艺，以其器械也。尝见番裁缝作工，铺一坐垫于地下，盘脚坐其上，所缝无论绸缎、氆氇、布匹、毡子，概捺地下剪裁缝纫，故新衣皆沾泥土；食酥油、糌粑后，亦不洗手，即行工作，故新衣亦沾油垢。其衣无尺码，估量长短以臂，番民穿衣，亦不较长短宽窄，长者宽者折腰较多，短者折腰稍少即可也。

汉人所在，皆有汉裁缝，大都当兵役流落关外者，其艺虽不佳，已较番裁缝高出十倍，不只汉人用之，番民亦极欢迎。除名山木匠外，汉人出关谋生最易者，恐莫如裁缝。据余沿途所见，汉裁缝摊，无辍工者。

余等去年在甘孜制备冬衣，自驻军中觅得缝工三人，每日工资半元，供食，每日消耗酥油、麦饼，糌粑一袋，工作迟滞，余等三人，各制皮衣一袭，皮帽、皮袜、皮裤、皮手套一具，工费至二百余元之多，亦骇闻也。

内地贱视缝工，闻科举时，缝工、优伶、剃头三行子弟不得应试；边地则尊重缝工，多有喇嘛操此业。

一三四、针　线

番缝工昔时用土针、毛线，针大如锥，线粗如索。直至今日，始有广针，然尚有以内地之打鞋大针、土针缝衣者；线则早已改用棉线，其线概自雅州输入，系土纱所纺，绞为二寸长之线纽，染以五色，粗无韧力。每元买六七十纽（僻地只三四十纽），专销番户；坝充携之下乡，亦可换取麝香、虫草之属。是故旅行草地者，如多带针线送番家，可为上宾。近年汉裁缝增多，风气渐变，丝线、洋棉线、广针更受欢迎。

一三五、剃头业

西康工价最高者，莫如剃头。余至打箭炉，住县署，召人剃头，觉其艺太劣，给二千文，已合银二角矣。嫌少。其后召之不来。另来一人，竞争出价，予三千文，尚有不满之色而去。余初不解，使人问之。对云："工价亦无定，达官大贾皆给一元，番人赶乌拉来炉城者，或剃头，亦给酬半元。"始觉所酬过少。其后出关，每剃头，皆酬一元，匠师亦无悦色。

番民不剃头者有之，剃头者不假工匠，家人互剃而已，无剃刀、磨石，即用腰刀剃之；或用净水铜碗打破，用其新棱剃发；亦有自炉城购剃刀者，然不善磨刀，数次即成圆口，钝于腰刀矣。

曾于理化温泉见诸番剃头：先磨刀一小时，皆寻常钝刀，久磨亦钝；一人趋入温泉掬水洗头，发长寸许，淋漓满头，趋而出，坐阳光下，时方严冬奇寒，战栗不已；一人持刀按头断发一幅，依次刮下，恰似屠户刮猪，只较舒缓耳，着半小时，未刮完一头。

上瞻总保独吉郎加，番家之富且贵者，余尝劝其赴汉剃头家剃头，摇首不肯，仍命其小娃子，持刀刮之。番民之吝如此，汉剃头匠又大抬身价，故番人愈不肯就之。假使剃头匠入康者多，取价能廉，番人自必弃苦就甘，剃头业亦可发达。

一三六、高老陕

瞻化一县无剃头匠。县署官吏，皆延请一商人剃头。其人姓高，陕西籍，向以壮年经商来此，曾作鹿茸、麝香商人。娶番妇，生有子女。后因迭遭匪劫，资本耗尽，与他商店充当"坝充"。又嗜食鸦片，多有亏耗，为主商所弃，因陷于瞻对。

当其经商时，苦草地无剃头者，自购剃刀一把，俾与侪辈互剃头发。其后业败，遂以剃头自给。又不受剃头匠名，有人雇彼，必婉言曰："闻你有剃刀，请往替某剃头。"虽县知事亦然。酬金，一二元不等。员司清苦贫窭者，或酬半元，必婉谢曰："高大爷，劳你手了，念我清苦，仅备茶资半元。"始能受也。

高老陕仅有一剃刀，无磨石及其他物件，刀钝技拙，剃时剧痛，高亦自惭，以陕语自解云："刀钝未磨，叫委员受疼。但又较蛮剃头好。蛮子剃头更疼。"言时，以刀向其皮靴上摩擦不已。

一三七、张剃头

前年周其昌作甘孜知事时,自打箭炉携一剃头匠往,姓张,月给工资三十元,仍听其暇时向外觅工,并资以伙食。此人月入既丰,娶一番妇。周卸任,张出衙住,绊于番妇,不能回炉。军政官吏驻甘者,嘉其艺,议由官仓月济麦粮二斗,俾得安居甘孜剃头。

甘孜大市,汉官、汉商颇多,张行艺于此,月入颇丰。瞻化县官吏闻其艺佳,曾驰人召之。甘孜至瞻化四百余里,马程五日始至。张允每月到瞻二次,每住三日,为汉人剃头,每头取费一元,由县署派乌拉接送。又欲兼往东谷与绒坝岔包剃。二地距甘孜并一日程,各有汉商数家故也。剃头小技,乃亦渐重于时如此。

一三八、制 革

西康为大牧牛场,牛皮出产甚多,从前因交通不便,牛皮概未输出。番民将皮泡软,包裹各种用具,或缝成硬革囊,或割条代绳用。近世渐渐输出生皮。

光绪三十四年,赵尔丰筹办制革厂于巴塘,资送西康聪颖子弟赴沪学习制革,并由海外购机器,制造兵式靴鞋鞍鞯等类。此制革厂,现犹存在,但因成品输销困难,营业不振,已非清末民初之规模也;革厂工人,渐窃其术,向外埠经营,现今甘孜、道孚等埠,皆有革厂。甘孜制皮红色,称红牛皮,最受边民欢迎。

一三九、铸 工

西康出铜佛像,从前列为贡品,所谓藏佛是也。又出铜铃、铃杵等件,皆系铸工。然余旅行康地十余县,皆无铸业,闻此等物品,出于德格。德格现陷藏番,拒汉人游历,不得往;又闻德格寺规模宏大,有木板印经,康藏之木雕印板,唯德格与拉萨云。

查理·贝尔:"扎什伦布有班禅之金工厂,工匠约三十名,铸造神像,颁布全藏各寺院。又有印经处,用木板印经,雕刻甚劣。"云云。是宗教品之制造中心,在藏为扎什伦布,在康为德格也。

一四〇、水力发电

西康水湍流疾,随处可安水磨,前已言之。现在西康水磨房所占皆属河床较平之部。果系激流,尚未利用,因尚无利用激流之能力,亦无应用激流之必要也。激流随处皆是,用不胜用,其最占地利者,首推打箭炉河。

打箭炉河集折多塘、榆林宫、二道桥三水而成,自打箭炉合流,穿长六十里之大峡,自瓦斯沟入大渡河。此六十里,高度差至一千二百米,沿途又有若干小瀑布连接而成之峡流,二道水等处,飞湍激石,溅沫数丈,其水力之雄伟,可想而知。即炉城市街所挟之一段,奔吼之声,远闻数里,若使稍加整理,约水发电,不但炉城电灯、电信,与其他一切电气工业,使用不尽,即以之建筑成康电车路,似亦无不足。

安息日会安洋人,曾引溪水至其教堂内,手制极小木车发电机一具,发电点教堂之电灯,去岁即已成功,可谓炉城电气工业之櫜矢。

一四一、风力发电

西康风力之猛,着实可惊!每晴日午后,无故风起,飞沙转石,怒吼如雷,直至日落始休;土人旅行,多于午后即息,避烈风也。此犹就低平地方言之;若夫四千米以上之高地,则无论阴晴,皆有烈风,夏季自南向北,冬季自北向南,盖地正当亚洲著名之季候风带,地既高挺,则与季风摩荡更厉也。

去年冬,住里塘,昼夜狂飙撼屋,呜呜作声,使人战栗。一日出赴温泉沐浴,行当北风,推马不能前进,衣袂向后,挺直如矢。既抵温泉,赖有土屋遮护无苦。浴罢,望见附近山石奇诡,趋之欲登,大风扑入,几堕者数。其风掠空而行,亦呜呜如哨。后回康定,逾高日寺山,欲绘地图,置日晷于地,以作南针,甫释手,为风掠起吹去,追之百余步始获。

西康邮电局,皆用电池发电,以无煤也。设能利用水力、风力发电,不亦善乎。

一四二、衣内火花

余去岁旅行西康,衣一狐裘,丝衫衬内,以减鞍马摩擦,每夜临寝脱衫振之,衫内火花四射,毕仆作响甚久,持向妇人试之,妇人惊骇,以为衣已焚坏也,而实无损。盖草地寒燥，空气干而稀薄，狐皮与丝衫昼日摩擦发电，因空气干燥不导电，电不扩散，蓄于衣中，一经振动，即相触放电而成此象也。

因忆生性畏寒，在家乡日，夏夜必拥丝絮，去岁出关，亲友盖代忧之，原期入秋即返，不料隆冬犹不能归，又恰于极寒之月，过西康高原中极寒之地，且须野宿露处，寒风如刀，推马欲仆，坚冰胶须眉，摄氏表降至零下二十八九度，而竟未病，亦不觉甚冷。本年在成都过冬，前日气候才降至七八度，便瑟缩不堪，手足俱冻，木僵不能作字，觉较里塘更冷。此其故难解，其或即衣中蓄电与不蓄电故耶？

一四三、番兵工

番人大约自唐时已知制造弓矢，至清代，弓矢更改良，与汉人制品，无大殊异。宣统元年，赵尔丰征石渠，番人犹有以弓矢拒战者，为番民所造。接近云南边境之番族，尚用木弓竹矢，陋而甚劲，又善傅毒，在土人视之，觉有便于快枪之处。

番人戈矛，皆用木柄缠铁丝，其长不过一丈，以牛毛染为红饰，今世战阵虽不用，商旅出行，犹有仗之者。

至于枪炮，番人不但无铸造之工人，亦无铸造之铜铁。番人所用之枪炮，无论新旧大小，皆自内地，或俄国、英国、法国、日本购入云。

一四四、番刀削铁

相传：倮㑩生子，落地即称其重量，并称等量之铁藏之，每满一岁，取铁锻炼一次，至十五六岁时，打铁成刀，锋利无比。以刀授子，告以仇怨之人，责其报复，此子即仗刀复仇，力不能复者，如法传之其子孙。西康当佛教未输入以前，俗亦如此。其后佛化日深，民性渐变慈祥，此风渐衰替，直至今日仇杀之事虽犹有之，授刀教子之习已不存矣。然番人尚善用番刀，刀亦锋利非常。光绪三十二年，赵尔丰攻克乡城，官兵搜山，于岩穴中遇一番匪，方欲捕获，番跃起挥刀砍之，官兵仓促以九子快枪架格，被刀砍断枪管。见《建省记》。

一四五、番　碗

番人用木碗。其木碗概自云南阿敦子输入，番人不能自制也。阿敦子在云南西北，原为巴塘土司辖地，雍正五年划归云南。西藏、西康与云南贸易，以此为要埠，亦犹四川之打箭炉、甘肃之西宁也。阿敦子有一喇嘛寺，不知与德格喇嘛寺系何关系，每年须送木碗与铁、粮于德格寺，故西康北部诸番，皆购木碗于德格，不知者以为德格出产木碗也。

木碗有多形，大体似内地饭碗，腹较膨凸，口缘外翻为不同耳。其质料不同，价值亦异。最上者为葡萄根碗，系檀木之虫瘿刳成，故质甚致密，花纹尤美。番语称虫瘿为葡萄根，非真正之葡萄也。其次为一般檀木，最下者为一种比较密之黄色木材。做工甚光平，或以油漆浸渍之，或以银皮包之，或只用银填包碗里面；大喇嘛、大土司之碗，有用金皮包嵌者，工作并佳，皆滇人所作也。

康地盛传葡萄根木碗能辨毒物，毒物入碗即沸腾；又传金皮碗、银包碗亦然。皆不可信。

番碗皆翻口，打箭炉有汉商，自景德镇订烧番式之翻口瓷碗运康售卖，可谓善于经商者。然只打箭炉市通行；关外诸番，嫌其脆薄易破，不宜放怀中骑马旅行，故罕购之。

一四六、重商原因

西康尊重商人，卑贱农工。社会阶层，商人在官吏与喇嘛之下，其原因，与宗教有大关系。僧侣为坐食阶级，日用物品，不能自致，不能不仰给商贾；点缀寺院，常求华美，以动人之羡慕，所需绢绸等物，须转运于万里外，亦不能不仰给于商贾也。于是各喇嘛寺有商人，各土司家有商人，因喇嘛、头人经商而商人地位亦益高。

宋代以前，番汉商旅，以打箭炉与西宁为界，汉不入番，番不入汉。元代西征后，始有陕商入康。清季西征后，始有川商入康。川陕商人入康，皆于武力宣扬之后，番敬汉人，故亦敬汉商。草地商人，大都为喇嘛、头人、汉人，此其所以足贵也。

一四七、陕 商

"豆腐、老陕、狗，走尽天下有。"此川康间流行之俗谣也。今日西康汉商，陕人多于川人数倍，资本之雄厚，规模之阔大，态度之佳良，目光之锐敏，在康地商人中，皆为首屈，谓现在西康商业在陕人手中，殆无不可。

此固由于陕人善于远道经商，历史上亦有关系。元代用兵西征西藏、青海，西康诸部臣服，以此诸地，划属陕西，当时之陕西省，实包有今日川省之雅州、荥经、天全、汉源等处，雅州、黎州官吏上任，皆自西宁、洮州取道西康。官道既通，商人遂得缘之而至也。

一四八、川 商

四川虽为康藏茶、布、丝绸之给源，而川康商业，实为陕人所开发。即在今日，采办茶、布、绢绸之大商号，仍多为陕籍也。川人不善经商，尤畏远道，故不能与陕人竞争。现在西康所有之少数川商，大都为从军、开矿或作吏入康，居住日久，羡慕陕商，而姑以小资本，尝试成功者，或川人为陕商司柜，积钱后自己经营者。

一四九、喇嘛商

西康各大寺院，皆自经营商业，资本由各喇嘛凑集，公推经理一人，称为"充本"，负责经营，并无薪水。每二年结账一次，换推一人，但亦可连任。赚钱若干，全数缴纳管家大喇嘛，作为念经、祀神、祈年禳劫之费。大寺每有商号数家，由寺中喇嘛自行结团集资经营，资本以秤计，每秤五十两，有至二三千秤者，例如甘孜寺有四家：扯腻家，资本二千秤；呷青家一百秤；墨龙家一百秤；阿巴家向亦资本二千秤，现负债四十万两，濒倒闭。寺中属于阿巴家之僧侣，已经无力跳神大祷；扯腻家则仪仗益辉煌，服饰益华丽云。

喇嘛寺经营之商业，以茶为主要，大都自炉城运茶入藏，又运藏货回康，绢绸、布匹、皮毛、药材与其他各种日用物品，亦都采办。又兼营借贷生息，利息概为每月五分以上，有大至一分者。如有欠账不还者，喇嘛寺于跳神诅咒之。番人畏咒，无敢欠者。

一五〇、土司商

西康各土司，大都经营商业，资本派于民间，委头人之能经营商业者经营之，称为"涅巴"。亦二年一换，不给薪水，赚钱缴归土司，作念经、修造、祈祷等用；蚀本则由涅巴赔偿。盖苦差之一种。亦敛财之一道也。

一五一、西康度量衡

西康度量还很原始，傅华封《西康建省记》记之甚详，谓：

"西康度量衡，各土司呼图克图'野番'自为制造，彼此不相同，各村落亦不一。丈尺一端，康人工匠、商贾俱无之。修造房屋，概筑土墙，所用木料，但相其高下长短，断而用之，结构处并不凿孔，又不用桌椅凳；其土司寨、喇嘛寺皆雇汉人工匠建造，于是番人亦间有学之者，然仅学其粗而不学其精，并不讲求度法。商人买卖，如氆氇之类，则以两手左右伸而度之，呢绒布匹，以方为记，亦不用度；至于升斗，康人无升有斗，斗称为克，无论什百千万，皆以克为数；又有批，或二十批为一克，或三十批、四十批为一克，各处不同，或称批、克之名亦异；若秤与称，番人无秤有称，称名架码，大小不等，或康称一斤为汉称二三斤，或康称一斤为汉称十两；又有戥，名曰索拉，所衡轻重，与汉人不同，若衡金银，康人则以三钱二分与一元之卢比相衡，卢比有铸成半元者，重一钱六分，又有八分一起，康人皆以之为秤码焉。宣统元年，边务大臣赵尔丰始由川省购工部尺，于打箭炉造升斗，每斗盛米三十斤重，并购制库平秤，运出关外，发给各属，令民间照制使用。"

一五二、番人交易

西康多数地方，至今为实物交易，牛一头易粮若干克，盐一克易皮若干张，既无可用之度量衡，也无可用之货币。比较进步地方，则以砖茶代货币，茶每甑有一定形状大小，品质优劣，番人亦略能辨识，以狐皮一张易茶若干甑，麝香一枚易茶若干甑。坝充购物，多系如此。各大市镇，始有银币、铜币，炉关以外，铜币仍甚少，以宰破银币充斥而已。

交易不用居间人，亦无袖内捏手之习，对面硬议；如有参言者，议成必由双方买酒酬中,故番民多不喜有此参言人也。议成付价,如系银币,必须由卖者伸掌,买者持钱一枚一枚加放于其掌中,随念曰:"姐(1),你(2),数(3),以(4),喤(5),珠(6),得(7),唧(8),果(9),假(10),假姐(11),假你(12)……"以次数明其数;至于数百数千,亦须如此,不像内地一五、一十数之也。如数过巨,难记清楚时,则用念珠记之,或每十记一粒,或每百记一粒,交完全数,点验念珠,综而计之。

一五三、藏 货

西康称自西藏运来之货,曰"藏货"。多半系自印度输入西藏之货,少数为自新疆南部、中亚细亚输入之货,只极少数为西藏土产。试举其著名者,并言其来历如下:

藏片,即细呢也。完全为英国产,由印度输入西藏。亦有少数为俄国产,由中央亚细亚,经印度西北输入后藏,再由西藏输入西康。色唯红、黄两种,余色概难行销。

藏绒,即普通之细绒,亦英国产也,英人为投藏族之爱好,多有织线于绒中者。

喜绒与斜纹布,喜绒即佛郎绒,番人最喜红色者。斜纹布则喜白色者,多以之缝汗衣。番人不洗衣,汗垢渍衣,最易坏布,斜纹布密厚,耐久不坏,故颇喜用之。二种皆英印产。

灯草绒,为棉织之绒,条纹突起似灯草,板片厚密耐摩擦,宜为番地衣料,亦英印产。输入番地者,有红、黄、黑三色。

藏绸,即辅绸。为柞蚕丝所织。自山东省出海,经印度入藏,转入西康。

藏褥子,即地毡。为天津造,却自印度输入。此二种货,产于中国,销于中国,而产地不知其销场,销场不知其产地,转将大利操于外人,诚国人之羞也。

藏枣子,为小亚细亚、波斯等处所产枣椰子之果实,自克什米尔输入西藏。

藏青果,亦名橄榄子,与内地橄榄全异,肉质干燥,无核,小如扁豆,色暗黑,嚼之有赤汁颇似槟榔,云能清火。不知所自来,察其物性,当为热带所产,必不出于藏。

藏红花,为一种菊科植物之花瓣,为妇女血症良药,价值甚昂,闻产于西藏雅鲁藏布江之谷中。

藏香,为一种香木磨粉所制,出于西藏。西康之德格、昌都闻亦能制。专销汉人。番民自用檀香,不用藏香也。西康高寒地,产生一种香草,晚春开花,及秋而萎,地下宿根圆细如线,香馥刺鼻,不能久闻,颇为藏香气味仿佛。愚意藏香必掺此质。俗称藏香有麝，非也。

藏鞍子，西康贵族所用之鞍，木质铁缘，前后嵌鲨鱼皮，笨大而华美，俗称藏鞍子，指自西藏运来；然西藏无鲨鱼皮，又察其木质致密似梨枣，非西藏所产，当亦系印度或新疆输入之货也。

藏鞭子，西康马鞭，用一种藤茎所制，粗如芦竹，外观似斑竹，而中实，长约尺许，两端用银质包裹，嵌有花纹，一端系绳备套手上，一端牛皮编长条，用以策马。其中间必用藤棒一尺者，恐马行近岩，致擦伤腿脚，有藤棒可以抵拒岩石，使不擦身也。此种藤产于南洋热带地，硬劲更甚于斑竹，除作马鞭输入康藏外，又为长杖，配以铁锥，宜行冰地，多有商人购之。

金丝缎，用金线织成之缎，亦有花纹，光彩绚烂，番民好之，贫者以作领带，富者以缝衣服，闻自印度输入，大约是缅甸所产。

藏葡萄，新疆所产，输入后藏，亦有自西宁输入者，则陕甘所产也。

氆氇，为西藏雅鲁藏布江谷住民所织，亦有自新疆输入者。

此外，宝石、珊瑚、玛瑙、琥珀、砗磲、松耳石之属，销番地甚多，男女之耳珰、念珠与妇女之首饰、衣饰上，莫不有之。有自新疆来者，有自波斯来者，有自海道来，西藏土产者绝少。

一五四、成都销行西康之货

昔时西藏、西康所用之一切商货，皆系四川供给，其丝织物，则概出自成都。近世英货入藏，川商大受打击，川货销场渐渐退出西藏，即西康亦有难于保持之势。唯丝织物，因非英国所产，遂能维持不衰，只英国呢绒，能夺去其一小部销场而已。兹将成都销行西康之货，列举如下：

织金摩木缎，成都皇城坝所织，丝地枣红色者，最能畅销。金花为圆形与寿字两种。亦有不织金者。西康土司贵族之衣，多为此物。喇嘛则唯跳神服装用之。

幔绸，即内地之里绸也，质薄体轻，番人以为神幔，或幛官吏行台之壁，或为跳神服。黄色者最易销，其次为红、蓝二色。

喀达，成都九龙巷织之者甚多。用丝线织，疏如网，色白傅粉，亦有染红、黄、蓝色者，最佳之喀达，细密如绢。

绫，绫销西康，大都为喇嘛剪条挽松卡（护身符）用，百分之九十九为红色，百分之一为黄色，小部分为衣料。

经旗布，经旗布疏如喀达，棉线织，喇嘛印经文于上，人民购悬于屋顶神杆上，为状似幡。神山所悬尤多，有以绳张之者。

一五五、茶之运销

川货之能维持康藏销场，不大退败者，唯茶一种。其茶树产于四川西部各县，嫩叶制细茶，销川境；老叶制砖茶，销康藏。

砖茶制造处，全在雅州。茶质粗劣，饮之割喉，番人偏嗜之，非此不生。自宋以来，成为操纵西番之法宝。雅州茶商，将茶叶装甑内蒸熟烘干，脱甑即成砖形，大小亦似一砖。或以四砖编一篓，或以六甑编一篓。篓长如鞭，篾皆粗劣，度能运至打箭炉而已。每篓称为一包，雇人背负，步行至炉城，每人负二三十包，重有至一百五十斤者。至炉城，商家雇甲作娃①用牛皮缝包，分满包、花包两种，满包者系运往西藏之茶，品质较花包者佳，价亦较昂，故用牛皮密包，如闭箱中，始耐长途撞荡也；花包者，多系劣茶，销于西康地方，途程较短，故只用牛皮条泡湿，将篾篓重叠捆紧而已。其包作长方形，每包十二甑或十六甑，是为半驮，亦曰一只，每二只为一驮，雇驮脚娃用牛马运送，分赴各市场。其牛马日行三四十里，见有草可牧之地即息。卸驮放牧，途无宿栈，亦未携有刍秣故也。以此运行迟缓，自打箭炉运茶至甘孜，需时月余，运至西藏，需时半年。运脚价皆先包定，指定地方交货，不问途中如何运输。

雅茶销行之地极广，西康全部，西藏全部，尼泊尔、锡金、布丹，与印度西北之克什米尔，及青海之大部，向皆专销四川砖茶。英人常欲以印度茶与川茶竞争，但此带番人偏嗜川茶，对印茶强毅拒绝之。英人用尽方法，皆属无效。现在印藏交界之喀林邦、亚东诸埠，仍销四川茶也。唯自达赖由印度回藏后，藏人亲英，印茶乘时占有西藏销场之一部。闻现在西藏亲英之贵族家庭，皆购饮印茶矣。

一五六、四川布

蜀布销行天竺，远在西汉时。故自唐代以来，西藏、西康、青海、金川、宁远、昆明等处，皆衣四川布匹。其布产于上川南道之嘉、雅各属，系土人妇女手纺手织，

---

① 即缝茶包工人。

纱粗而匀,布厚耐用,宜于销行番地。大清末叶,夹江、洪雅、丹棱、眉州诸邑,为此布之中心产地,有商自湖北购棉连同供给纺织。近年则多直接输入洋纱为经线,自仁寿、简阳购棉纺为纬线矣。织成之布,时有小贩收买,肩挑于富林、西昌、越嶲、打箭炉、懋功等处脱卖;另有商人贩运深入边地各处。最近则仁寿大布,亦颇销行边地。

自洋布输入川省,川人几不复有衣土布者,民间纺织,殆全停顿。唯此上川南道,以此种特殊关系,机杼如恒,每年养活平民,当以十万计。惜尚须仰给棉纱于汉口,而英印布匹又尽力争夺其西部之销场,尤觉危险。昔时西藏尽用川布,今则尽用英国布,川布绝踪矣。民国初年,全康尚用四川布,今则巴塘、甘孜以西皆通销英国布,川布亦将绝迹矣。宁远亦然,昔时川布销过会理,今则只能销至越嶲。

川人如欲与英布争过去之销场于边地,已不可能,英布之成本低,运销便,川布皆不能有也;如欲与英布争持现在之销场,则尚可及。须知英国工商业,现犹进步未已,我若亦有相当进步,便可能在现在状况之下,维持均衡;若徒让人进步,我仍株守旧境,则其惨败,正与过去同辙。英布自边地倒销入川,亦不无可能。

一五七、其他自川省销行边地之货

茶布绢绸,为川省输入边地货物之大宗。此外,为下列各类(宁远向属川省,故自宁远输边之货亦并列之):

纸张,西康向用番纸,近年颇销夹江纸,汉官驻地消费尤大。草纸亦然,只番民尚少有用之者。夹江门神与农历书,亦随纸挑输入。边地汉人,最喜贴红纸对联、门神、门上花钱之类。门神大如人者,皆夹江所制,特销打箭炉一处。由炉城分销关外各市,每年冬季成为大庄。

糖,内江之冰糖、白糖,皆销康地,常有小贩运往打箭炉;关外各大埠亦皆有运售之者,但唯汉人用之。番人只食碗儿糖。碗儿糖系红糖融凝杯中,冷而脱出者,产于宁远,亦蔗糖也。大如浅小酒杯,每二枚合为一副,稻草缚之,输入打箭炉者甚多;出关汉番,必备此物,凡逾大山,气喘口渴时,则含一枚口中,生津润肺,可不心慌;另有自云南输入之碗儿糖,大于前者数倍,为形恰似一银锭(圆宝),味微酸,无沙,胶结甚固。凡巴塘、瞻对等处之糖,皆是也。

米,汉源、荥经、雅州、天全与宁远之米,皆输入西康。糯米、粳米皆有,唯汉人食之,番民不用也;驻军所用之军米,亦自此等处采运。

盐,牛华溪之盐,销入打箭炉与金川地方,又销入宁远,常有小贩运卖。不宁唯盐，盐胆巴亦销边地，且价奇昂，因边民饮多含腐殖质之水，常长猴包于颈，唯饮盐胆巴可以治之。嘉定值数十文之胆巴，挑至富林，值一千文，至越嶲境值二三千文。一舆夫为我言，昔曾挑胆巴至懋功，当街熬水零卖，赶集之人，争来购饮，每钱一百，饮一木勺，一锅胆水，卖至三十余千文。

酒，绵竹大曲，销边地颇多，只汉人购之。

海味，只销打箭炉。甘孜、巴塘等地虽亦有之，譬如凤毛麟角，不可常得也。

烟叶，金堂、新繁等县之烟叶，分从灌县、雅州两路，行销康地，为量颇大。汉人吸食，番人以为鼻烟；绵烟亦有去者，则唯少数汉人用之耳。

花生、瓜子、甘蔗，皆自宁远地方销入西康，汉源亦出微量；瓜子出于二四营与田湾，自九龙输入者多。

草鞋、挂面，汉源富林之草鞋与挂面，大宗输入康地。打箭炉至汉源道间，随时可见此种小贩。

香料，茴香、八角、甘松三类之属，多自雅州、宁远两处输入；花椒则大渡河谷皆产之，不只输入西康，亦且输入川省。

针线，已如前述。

念珠，西康无论僧俗，人各有一串念珠，以黄杨木制者为最贵，黑檀木次之。前者产于川省，后者产于云南。英人近年颇用人造珊瑚、玻璃等制成念珠输入，然只妇女购之作手钏用，无持以念佛者。

其他，如麻绳、麻布、花药、竹器、篾器之属，皆不成庄。

一五八、云南输入西康之货

云南输入西康之货，以自大理经阿敦子至巴塘为主要运道；自中甸经贡噶、稻成至里塘，自丽江经木里、九龙至打箭炉，皆为小道；又有一部分货物，经宁远至打箭炉。其货以鸦片为大宗，洋货次之，他如木碗、糖果之属，则已分详上节矣。

鸦片，川人吸烟者，以云土为珍品，康人则无贫富贵贱，所吸皆云土也。陈光宗先生游幕在康，烟瘾甚大，困顿不能归，每谓人云"此地官小俸薄，天寒地荒，着处逼人归去；所可勾留者，鸦片独佳耳，使张季鹰而嗜鸦片，当亦不复思莼鲈矣[①]"。鸦片输入西康之量，历无统计，使有谋作统计者，不必稽查税关，只调查汉

---

① 西晋文学家张翰，字季鹰。以思食家乡莼羹鲈脍为由，辞官归里。

人多少而估计之可也。因汉人十分之九嗜烟,兵士尤甚,民七绒坝岔之战,汉兵云集甘孜,一时鸦片暴涨,多数商人由之致富。番人全不吸鸦片,近虽偶有番商为之,亦无上瘾者。

洋货,如面巾、面盆、肥皂、香水等物,因云南铁路运输便利,输入西康者多;川省输入西康之洋货,似尚不及。

一五九、甘肃输入西康之货

陕西、甘肃货物输入西康者,从西宁、洮州转道运行,数量率皆不大,商道不良故也。其货为陕枣、柿饼、葡萄干等,率无足称。不过,甘边人皆奉喇嘛教,珍视氆氇等藏货,商人运藏货往,顺便运回各小品货物耳。

一六〇、西宁马

西宁马在草地甚有声名,凡康北一带之良马,率西宁马与草地马之改良种也。草地阔人,皆以畜有西宁马为豪雅,一匹价有至银八十秤者。常有商人专往西宁采办,故西宁马亦为输入草地商品之一。其马高大雄骏,仪态甚美,无论何色,额正中有白色小花纹,虽其杂交之第一二代,白纹不灭,只不如亲体之整齐耳。尾毛甚长,常垂拖及地,亦辨识之一法也。

一六一、青海羊毛市

青海亦游牧世界,与西康同。然其地较高寒干燥,牧羊业较西康发达,羊毛产量丰富,品质亦佳,长八九寸,微波状,有绢丝光,弯曲亦良。青海、西康交界处之戒谷(亦曰结古,或盖谷多,或押甘多,即玉树),为羊毛最大市场。由此东经甘孜、打箭炉至雅州,浮筏入江,输出海外;南下昌都、巴塘,入云南,输出安南;西经拉萨、江孜至大吉岭,运出印度海口;北经西宁、西安,运至天津出海。西康所织上品毪子之毛,亦由此处供给。

近因关卡妨碍,戒谷外销之羊毛,已大减少,唯西康产之不良羊毛,尚循此道出口。

一六二、番盐产地

番盐为供给西康西北大部分人民食用之盐，恒至俄洛"野番"地界运来。传其盐出至湖泽，水为盐汁，夏季涨，浩渺不可近；冬日干燥，湖水蒸发，盐自结晶，铺于地面，土人扫之，即为商品。西康商人，运粮往贸。每粮一斗，换盐七斗。运至甘孜，粮盐平兑。再运至瞻对、里塘之间，则每七斗粮始能掉兑一斗盐矣。传者未能举产盐地名，余以地图准之，当是青海河源附近。

一六三、盐井之盐

西康西南部，行销盐井之盐，西康土产之销行西康者，仅此而已。《西康建省记》云："其盐产澜沧江之两岸，水由岩穴而出，江东之盐，其井深数尺或丈余，康人掘井，负木桶入井取水；江西之盐，其井深二三尺，盐水半皆温泉，亦以木桶负水。不用火熬，但于两山架木如楼，楼上筑泥格成土箱，宽长均只七八尺或丈余不等。俟泥干可以行人，将所负盐水注于其内，风以动之，日以暄之，一日即干成粒，用帚扫之，每一土箱，得盐五六斤。唯江水泛涨，盐井淹没，天雨连绵，则不能晒。每年只出盐二万驮上下之谱，销售边地及云南维西、丽江一带。光绪三十一年冬，设局征厘，每驮收银四钱八分，至今六年，每年只征银六七千、八九千，及万金者仅一年耳。"

一六四、甘凉粉赤手暴富

以下举在草地经商致富者实例数则：

甘正全，为现甘孜市中汉商之资本最大者，然在十五年前，尚为一贫无立锥者之流氓；虽彼自己，亦不曾梦想至有今日也。甘为四川秀山县人，随赵尔丰西军二营出关，充记名差遣，在甘孜娶一番女，甚相爱悦，而贫不能自存。宣统元年，随防军驻扎甘孜汉人寺，偷卖寺中铜铙被觉。张统领惭怒，将杀之以谢番人，汉籍绅商跪恳免死，插耳箭逐出甘孜境。甘逃至朱倭为乞丐。明年，张统领他调，防军未移，甘恋番妇，潜回甘孜。初匿不敢出，后渐求人，说通新统领，得许出市为小贸。住甘孜汉商悯其穷，捐集铜钱七八千文，使作资本，卖凉粉自活。无磨，则假于汉商李德元家。时边地军饷足,土民富裕,凉粉初见于市,军商争购食之,取利甚厚,渐以赢利添本,扩张营业。每日售钱二三十千文,其时藏洋每枚合钱四百,每日收入值四五十元至七八十元不等。由此起势,渐开杂货店,自打箭炉买针线、糖果、点心等物来甘孜;贩牛皮、番盐、虫草、杂药下炉城。逐年获利,渐由小康,而致巨富。现有资本银一万两,生意做至八九万两,为川商首屈。(番商虽有资本十万两者,皆合股商,不如甘之独拥巨资也。)除已扩大杂货店外,又开硝皮房一所,硝染红牛皮,役工匠八人,有资本八千。甘孜红牛皮颇驰名于草地,自甘正全创之也。

一六五、冯兆祥

冯兆祥,川北安岳人。安岳、遂宁一带固贫瘠,其人随制军来康者甚众。冯初至康定,以专跑灯盏窝金厂,收购零金,售与炉城金店博微利糊口。光绪三十年来甘孜,帮商人刘思成跑生意。刘死后,自做小贸,苦乏资本,旋买旋卖,逐百一之利,聊以自活;住甘既久,渐渐有人信任。宣统三年,向孔撒土司家借银十秤,合藏洋一千六百元,向大金寺买氆氇,雇李正山经理,运售于金川之梭磨、松冈(二土司地,并在杂谷、懋功之间)诸土司地。购鸦片回甘。其时金川盛种鸦片,而云土尚未输入甘孜也。此种贸易,平时皆对本利,故冯敢大胆贷本为之。李正山一去数年无信,咸以其为死或逃矣,债账逼迫,冯几觅死。

民国六年,李忽自回甘孜,带转鸦片千余两。恰逢绒坝岔战事发生,边军七营,会集甘孜,士兵数千人,尽吸鸦片,烟价暴涨至每两二十四元,有时至三十元(原价每两仅三元一咀而已),于是获利至二千两之谱。由此起家,佃河岸民屋开水磨房,积资巨万。民国九年,回安岳一次,带回银二千余两,民十五年又回安岳一次,所遗磨房与资本三四千两,交其番妇与侄冯成章经理。番妇淫荡,与其侄,并多外遇,争窃取家财贴人,好吃懒做,三年中耗去二千余金。民十八年春,冯再从安岳来甘,见资产半耗,营业不振,已有息业回乡计矣。

一六六、李德元

李德元,河南南阳府人,光绪中,随乔统领军出关,办瞻对善后,充任什长。光绪二十八年,退伍为商。娶林葱番家女,开杂货店于甘孜,时仅有资本钱八九十千而已。至民国三年,积资万余金。自河南招其兄与弟来此,助理生意。其兄与弟皆农人，不习商务。其弟年轻暴富，流于冶荡。德元留兄于此，以麦科金一百五十两于弟，使携回家。其兄质朴，惜钱如命；德元教以商情，使售货于打箭炉，以为虽不习商情，犹较委托他人可靠也。于时麝香价甚高，德元使其兄携五百余枚，至打箭炉出售。凡麝香，过干则失秤，香价以分两计，故奸商多于售前投沸水中浸之，约数呼吸顷取出，则香吸水膨胀，分两增加，而质已微败，非商之正也。李性悭吝，惜小费，经纪人恨之，诱以浸水可增分两。李不识其弊，泡水一夜久，又未塞脐孔，麝香皆沉底质坏。其时香价二十换，每枚值银十五六两。及其晒干贱售，才七八两，共损失三千六百余两。同时，牛皮羊毛及他杂货，尽皆折本，一年之内，共损失一万七八千两。欠债一万余元，由是歇业；勉强支持杂货门面待机会而已。民国七年，绒坝岔战事初发生时，西路客贩烟土入藏者，被阻于甘孜。大小金川之地，称为西路，谓出成都西门也。甘孜虫草价九元一斤，西路卖十六元。西路客贪虫草运回之利，皆欲脱鸦片，以鸦片一两四钱，易虫草一斤。鸦片时价，已值十四元一两矣。时李虽歇庄，尚有朋友凑借之虫草二百余斤在号，尽数与西路客人掉换鸦片。汉军来渐多，鸦片涨。售鸦片后，复购虫草，待西路客来换之。前后共掉虫草四百余斤，足未出户，净赚四千余元。于是复业，商贩于甘孜、炉城间。两年之内，悉偿旧欠，新积一万余金。民国十年，雇王济中经商于昌都。昌都风气淫恶，赌嫖吸烟为当然事；王自冶荡，加以偷窃，两年回甘，亏本五千余两。现在李德元生意平常，有实本三千余两，外债待收者二万余两。有一子，已十二岁，常严施训练，俾为胜任愉快之草地商人云。

一六七、赵建侯

赵建侯，川北保宁人，气宇轩昂，好大言，行事不循常径。陈遐龄时，曾办炉城警察。后至甘孜、德格、邓柯等处经商。曾于大金寺附近神山采药，为僧侣所攻，几不免。民十五年，西康财务统筹处设专款局于甘孜，分局于东谷、绒坝岔、炉霍、道孚等处，专收屠宰酒税，委赵为东谷委员。其后专款局印发伪票事发，查办员至炉霍，赵趋前自首，并揭证伪票各据，以求减罪。初系甘孜狱，寻得保释。只带余犯赴炉审办。已而统筹处索人，赵逃入俄洛"野番"地，客住牛厂中。牛厂地产秦艽，赵时有资二百藏洋，悉购此药。民十八年案松，携药回东谷，适逢秦艽价涨，运炉城售之，得银七百两，合藏洋二千余元，盖十倍利也。于是居东谷为商。民十八年，余至东谷，渠自言如此。

一六八、丁蛮王

道孚团总丁培芝，即今西康公民驻京代表丁君之父，虽汉商，人称之为"丁蛮王"，以其有威名，为番人所畏服也。原籍未详。今已五十余，貌甚精悍。习边情。草地汉商重哥老，丁以名袍，宿重于汉商。改流之役，傅华封对于北道番务，多听其言。由是名更噪，隐然为北道客民首领。丁亦已经商致富，筑碉房于道孚市，有快枪二支，火枪十余支自卫矣。辛亥八月，道孚喇嘛寺率群番作乱，破衙署，焚天主堂，掳去设治委员与法国司铎，窘辱万状；全市汉人皆投降喇嘛寺；丁自度不能见容，乘碉自保。时番民无快枪，不能破碉，自高山转石冲之，亦无功。丁得支持十五日。至八月二十八日，汉军至道孚，攻杀又半月，丁助汉军，累有劳绩。既克叛番，破喇嘛寺，寺僧仓促奔散，珍宝粮食，委弃寺内，官军寻即受调他去，善后之事概委于丁。丁由是致巨富。其时草地番乱蜂起，官军疲于奔命，汉官多半逃匿，番人既经创惩，亦俱惶恐听命，地方事权，落于巨绅；此丁所以得任意处分，且获"蛮王"之号也。民元以来，丁之权力，直与县官比肩。渠为道孚团总，令番民入团籍者不当差，但须于入籍时纳团款若干元。番民畏差徭，争来入团；积团款至万余元，丁亦不甚公开，官民莫敢深究。民十七年，与阎姓商人互控于西康特区政务委员会，讼败，威望顿损。遂有番民借鱼科乌拉费为名，蜂起与丁为难，丁竟赔款了息。团款亦已有人倡议责其交出。察其地位，似已大不如前。然番民纠葛，仍多请其调解处断，视之如一土司。北道汉商，尚无第二人具有此种资格。

一六九、姜保正

道孚姜保正，忘其名，状貌魁伟，亦丁培芝之流也。然财势皆远不如丁。民十八年，余自泰宁赴道孚，当越松林口。松林口左右百里无人家，向称匪窟。泰宁无团丁可资调卫，与行李十余驮，冒险前行。路人皆注目，同行皆悚惕。行至坍官寨附近，丛莽夹道，呼应俱绝。余虽有胆，亦懔然内危。恰逢姜保正自炉城回道孚，携有小娃子数骑，佩快枪四支，息于道旁，方拾柴烹茶，食牛肉、麦饼。近与攀谈，希得偕行，借资保护。须臾，姜之另一小娃子自道孚驰来，与姜番语。姜作别曰："此娃来报小妾病危，我亟须回县，不能待君矣。"言罢，与其从者鞭马疾驰而去。余惘然如失保障。

一七〇、何耀如

丹巴何耀如，原西充县人。其父作小贩，流落边地，微获资，娶妇开店于丹巴。民国五六年顷，二楷金厂旺盛，何贩粮食油盐，大获利，遂成富商。时耀如尚幼，丹巴有学校，送之读书，粗识字义。以富商交通官吏，得为丹巴县教育局长兼实业局长，居绅士首座。边民信乩，打箭炉之金玉坛甚有名，耀如设分坛于丹巴，自为乩生，以是在地方中更有势力。历届知事，皆深与结纳，以求少事；款项解炉城者，皆托耀如汇兑。耀如气日嚣，不免有招摇多事之处。尝为公民代表，许官留官，大有声名。去年，王知事钦若与征收课长戴中郢不和，耀如左袒王。迄王案勘破，牵涉耀如。逃赴成都，在军部上控，为王洗刷。后闻其家财被查抄，老父忧死，不敢回县奔丧，四面托人翻案无效，竟被军部捕解回炉归案。与何同来者，尚有公民代表二人，皆其同党，及是大骇，反讦何之奸状不已。

一七一、德泰合掌柜

以上所言，皆独家经商成功者之实例，如打箭炉诸大商号，多系数家合伙所营，其组织亦颇有趣。兹举德泰合一家为例。

德泰合系陕商所创，开设炉城，已一百余年，号东早已绝，现在系该号诸掌柜合力经营，大抵皆陕西鄠县人也。共设号口六处，打箭炉为总号，收买麝香、鹿茸、虫草、贝母、狐皮、猞猁等草地输出之货，亦发售茶、布、绢绸等川货于草地。雅州分号，采购茶布；成都分号，办理汇兑；重庆分号，办理炉货出口装运报关等事；上海分号，发售麝香、贝母、毛皮等出洋货物，皆无门市。又于陕西西安设坐号，专司汇兑红息，周转成本之事。各分号统受总号指挥，分号之大掌柜，统由总号掌柜指派。

总号初收学徒，称为小伙计，练习商业，兼供奔走役。掌柜察其商情已熟，性情勤慎者，升为帮柜，得上柜台，料理门市；帮柜考绩较优者，升为二柜，经理账目，地位较高，事务较闲，担承亦较重。二柜能积银钱至数千两，存于号内者，升为掌柜。业皆掌柜主持，无所谓经理也。掌柜、二柜、帮柜、伙计皆无薪水，只有零用、衣服费，每年数两至数十两。其报酬专在分红，每年总计各号盈亏一次，共有红息若干，先提二厘本息，余依等级分配各员司。掌柜分最多，剩余之数，分配二柜以下，成分不一。员司分息后，如肯积存号内，至数千元，仍得升为掌柜，即股东也。分号掌柜，每六年一换，但得连任，积有劳绩者，许回坐号休养，照常分红。掌柜物故，许于十年后退本，不退本者，仍可送遣子弟入号学习承继。每年中分号，有亏本者，有获利者，但获利者常多。综计算红息，系综合各号会计，故常年皆能分红，失本之号，并不责其掌柜赔偿，唯查有拉亏舞弊者，得议处罚，停其红息；伙友有违背号规者，亦即开除。其组织似粗，而实严密，各方皆能顾到，故少失败；人各乐于努力，乐于积存，故其业有兴无败也。

我国之旧式商业，山陕人最为擅长，凡此规模，即其所创，后来川商之合伙经商者，亦多半采用此办法，今固不只炉城之陕商如此。然导师则不可忘，故举出之。

一七二、番医生

余行西康，未见番医。病者多半延喇嘛打卦，查问是何鬼祟，即延喇嘛诵经禳解，或施艾灸，或造刍灵贴符立郊外，以枪击之，或焚糌粑造之鬼魅，亦有服子母丸、黑香、白香、甘孜丸、茸麝等药者，总以打卦禳鬼为主。傅华封则谓："亦间有番医，而验病之方，不察明堂，不究息脉，但以病者之溺一碗，用木枝挠之，观其颜色泡影而已。至于用药，其药名与汉人不同，然亦不外草木、鹿茸、麝香之类，仍有传书，而用医药者少。"（《西康建省记·西康医药记》）是番亦有习医者。

上瞻总保独吉郎加，有心痛疾，已四五十年，每发，辄延大喇嘛诵经施术，费数百元，年必数次，胸前灸伤殆满，喇嘛总谓鬼祟，念经可解；其经堂中，焚香不绝，至于床头亦安经筒一具，使于睡梦中摇转之，以补昼中所不及。终无瘳时，亦不悟也。余知其为脾痛，谓宜服甘结粉等西药，彼摇首。问喇嘛治疗有效耶？曰："念经后实较佳，只不能断根，由孽重也。"

一七三、汉医不行于番地

西康番人固不用汉医，即移殖之汉人，亦少用汉医，为康地寒冷干燥，空气清洁，微生物少，不易感冒；又移垦之民，多半身体强健，不易中病故也。唯打箭炉一处，内地人到者甚多，地寒而湿，市街不洁，风俗奔放，食物复杂，故人之病者较多，中医、西医皆有，营业亦皆旺盛。西医系教堂所办，平均每月医一百人；中医劣者甚多，最负时誉者，一为前委员会委员吴芷沅，现已病殁，一为现任康定知

6. 能认识药物，解其效用。

7. 能识金脉。

上列各条，任有其一，到边地去，生活方面绝无问题。苟能兼具数长，则立业致富，如反掌耳。

任乃强全集·第二卷

考察报告

西康视察报告*

---

* 1929年夏,作者应川康边防指挥部之邀,以边务视察员身份,一年为期,对西康各县进行全面考察。先后考察了康定等9县地方,每县撰"视察报告"一篇,另撰总报告一份。1930年起,陆续在《边政月刊》上发表。

第一号——泸定县视察报告

泸定县境作长方形，南北 160 里，鸟径约 120 里，东西 150 里（就县治至东西山脊言），鸟径约 30 里。东与天全、荥经、汉源以大山山脊为界，南与越嶲分大渡河之谷，西与康定、九龙以大雪山脊为界，北与康定、鱼通土司分大渡河之谷。面积约 3500 余方里，县治设泸定桥，县佐一员治化林坪，地方自治分五区，界划不甚明晰。约如下表：

区别	区团总办事处	地域
中区	泸定桥	县治附近
东区	冷碛	中区东南大渡河以东
南区	咱威	中区西南大渡河以西
西区	咱里	中区西北大渡河以西
北区	岚州	中区东北大渡河以东

地势 大渡河纵贯县境中央，河谷为最低部。沿河曲处，每每有小面积之冲积平原，土质肥腴，灌溉便利。如冷碛、沈村、咱里、烹坝、县治附近等处，皆有稻田，余亦为小麦、菜蔬等主要产地，人口稠密，市肆发达，为县境精华所荟。两侧大山，自河岸斜上，直入雪界，斜度平均 40 度，分低山、高山、老林、雪山四级。假定泸定桥依东西方面横切地面，则其断面切线，以大渡河最低（假定为"0"米），东岸有小平原，即县治所在，自此山麓斜上，及 200 米高处，皆为低山，殆已全部开垦，禾菽成熟较早，唯倾斜过度，耕种甚难。自 200 米至 400 米高之地为高山，实为大山山腰，常有小高原横出，便于耕犁，唯气候高寒，禾菽成熟较晚，多有尚未开垦之地为柴坡或为牧场。400 米以上概为老林，千年古木，参天蔽地，阴森如海。近县治部，虽有因樵采过度成童山者，亦丛薪蔽地，无农作物，高寒过甚，不堪种植之故也。600 米以上为雪山，四时积雪，虽在盛夏烈日中，亦不尽融化。任取泸定某处，东西横断，其地势莫不与此相同。不过北部海拔较高，雪山面积较广；

南部海拔低，罕见雪山耳。是故泸定地势，凡可分为五级：

地势阶段	分布地方
河谷平原	县治附近，大小烹坝、咱里、冷碛、沈村、龙坝、咱威、得妥等处
低　　山	冷竹关、大坝、瓦角、加郡、磨西等处
高　　山	岚州、三岔湾、松林坪、喇吗寺（场名）、化林坪等处
老　　林	干海子、纸厂、桂花坪等处（多有特有地名）
雪　　山	概无特有地名

气候　全县以河谷底为最温暖，此时每日平均30℃，较内地更热；低山部次暖，与成都相似；高山部凉爽，此时每日平均25℃；老林部更低，平均15℃；雪山高寒，人不能至，未往实测，约不过摄氏一二度而已。气压表示河谷687，高山683。湿度无定，此时高山较大，低山较小。每当盛夏，南海潮湿空气循大渡河流入，则低山甚湿，高地亢燥如常，故降雨各部不同，燥年高山多雨，润年低地多雨，俗有"低地热则高山歉，高山热则低地歉"之谣。

地质　全县除化林坪至龙坝一带溪流两岸成石灰岩外，隶属花岗岩，别无他种岩石。凡花岗岩，自长石、石英、云母之细晶粒结合而成。长石风化为黏土，石英风化为粗砂。黏土细而轻，易随水流而下，沉积河岸低地；粗砂面糙质重，不易为山水漂走，故多阻留高山部。以是之故，泸定全县土壤，河谷土最佳，其肥沃与成都相似；低山为含黏土较多之砂质土；高山为颗粒硕大之砂土。唯因山坡急斜，巨砾滚转入河谷甚易，故任何河谷平原，皆含巨砾甚多，欲使成良好耕地，须先除去石砾。现唯冷碛、沈村二处平原，已将石砾除尽，且有溪水灌溉，其生产力量，冠于全区。

物产　泸定全县物产，可依地势阶段分别举之如下：

地势阶段	主要物产
河谷平原	稻（沈村、冷碛最有名）、麦、蔬菜、玉蜀黍
低　　山	玉蜀黍、马铃薯、莜麦、豆类、罂粟、花椒
高　　山	麦、玉蜀黍、马铃薯、莜麦、青稞、罂粟、薪材、黄牛、山羊、绵羊（岚州最有名）
老　　林	杉、松桦、白杨、大黄、羌活、黄芩、南星、豹、熊、狼、野猪、獐
雪　　山	虫草、贝母

该县之老林木材，因运道不便，悉委弃于地。药材除大黄外，亦不成庄。畜牧除岚州外，概不发达。县之南有癞病，能自鸡、羊肉、卵传染于人，人且以食鸡、羊为戒。故草山遍地，罕有牧场。唯农业甚普遍，高山峻岭，悉无放弃，农垦地面已无推广之可能，唯有改良余地而已。至于矿产，概不足称，旧时曾开铁矿、锑矿数处，旋因矿苗罄竭而罢。缘该县地质简单，原非宜矿之地也。

交通 自飞越岭，经化林坪、冷碛、泸定桥、冷竹关至康定瓦斯沟为川康孔道，驮马背夫相属于途，路亦修整，食宿较他处皆便。此外，南通磨西，北至岚州，旁通鱼通、长河诸小道，升降食宿诸端，皆不及大道远甚。往来行旅，日或数见而已。大渡河水量不亚岷、沱，而激流如矢，横渡皆难，更无沿溯之利。

商业 泸定人皆业农，经商者极少，唯地当川康通衢，出入商货甚多。由川入康，茶为大宗，盐、布、洋货次之；由康入川，羊毛、药材为大宗，皮货次之。本县消纳外货，以布为大宗，盐、杂货次之。本县输出之货，有大黄、花椒输出川省，米及蔬菜输往康定，数量并巨；岚州羊毛、皮货亦先输往康定，然后输出。至向时康区所用茶布，皆自川省输入。泸定桥有陕商八家，经营堆店。近年自云南、九龙、稻成输入康定之茶叶、布匹为量甚巨，雅州茶课，由15万引减至10万引，犹难销足。泸定商业遂亦无形衰败，现已无陕商留住，仅余小店数十家，供给日用物品而已。

人民 全县住民约万余户（现无确实调查），半在河谷平原，半在低山、高山二部；半自川西北及上川南移来，半为土著。土著者本属夷族①，今则概已汉化。唯南境磨西以南之地，犹有保存旧俗之保㑩，然已畏服汉官，数世从无作乱者。民俗淳谨畏官，识字者少，男女同等力作，毫无轩轾。女子承嗣，赘婿易姓，死则复赘，恰如内地娶媳然。

吏治 泸定县民风淳朴，官威甚重，吏治设施甚易。知事某，自十六年六月到职，至今且满二年，曾办无息贷本处、牛痘局、女学校各一所，民团亦曾购枪械。考其实，虽无优异之成绩，特此皆泸定应办之事。前此知事所未能举，施知事能造端，固亦佳矣。唯闻其初到任时颇能注意建设，一年以来怠惰日甚，夜则斗牌，昼反高卧，午后始起，每日料理案牍，不过一二小时，甚且擅加票费，纵差扰民，泸人无不蹙额怨叹，又复钳制建设筹备员，以饰其非，受鱼通土司之贿，纵容犯法。为政如此，良堪浩叹。

财政 地方财政设有征收课理之，粮税、屠宰税、印花、酒税等，总计全年收

---

① 夷族，作者此指康巴藏族。

入共9000余元。行政费、团务费、教育费、电报费等计全年支出共12000元左右，不敷约3000元。按：该县县公署经费，原规定月300元，自施知事到任，始请加为600元，每年增费3600元，此即不敷之数。

窃泸定全县地面狭隘，住民稀少，风俗塞陋，经济窘迫，一切政治设施，尚无头绪。治理之道，当以招徕人民，编制户口，发展地方经济为急。目前可垦之地，殆已尽垦，纵使农民子弟来，亦将无法安插。唯高山草原弥望，最宜畜牧，亟应提倡牧业，奖励畜主，以求利用荒地，增加生产。果能提倡成功，则全境年可产羊60万头，牛马称是，皮毛销行内地，运费较康区为省，肉类消于县境，亦可改良素食，诚两得也。至于农业，亟应奖励种茶，茶性好石英砂之花岗岩土，宜于高山倾斜地面与潮湿温和气候。凡此条件，泸定之低山地带，无不具备，试行种植，必获奇效。况康藏茶料，仰给邛雅，须逾大相、飞越两岭，人力背负，备极艰苦。苟由泸定供给，省却运道五站，假使军事有变，川康梗塞，康定茶商亦可少受影响。窃以为种茶、牲畜两事，为发展新泸定之基础事业，果能及时倡行，三年即有成功。地方经济由是充裕，远道垦民，自然趋集，然后编练保甲，振兴教育，江浙之盛，不难追踪，关系康边经营，尤为重大。他如改良丝业，增辟水田，皆次要之事，应并提倡。若夫官吏贪污，差警扰民，均应严行禁革，以副民望，而资安集。

第二号——康定县视察报告

境域 康定县境，跨大渡河与折多山，在泸定之北、丹巴之南，全境作不规则之三角形，县治即打箭炉，当三角形弦上之正中。自此东至瓦斯沟，交泸定界60里；东北经鱼通河，交懋功界300里；南到雅加埂，交泸定界80里；西南至木居城子，交九龙界300里；西至高日寺山，交雅江界250里；西北至大炮山，交丹巴界180里；西北至中古梁子，与道孚、泰宁交界200里；另有上牛厂一区，突出泰宁以北，以松林口与道孚角卡交界，距治350里。面积大于丹巴六倍、泸定四倍，共分八区：

第一区，亦称中区，辖打箭炉城及雅拉沟全沟、南较场、折多塘、榆林宫、申亢等处，共约1200户。

第二区，亦称木雅上乡，辖折多山以西安良坝、瓦泽、东俄洛、长坝春、甲桑卡、八哈、自龙、白桑、巴桑、达然、他喀11村。

第三区，亦称下牛厂，辖折多山与木雅上乡之间，游牧牛厂约200户。

第四区，亦称上牛厂，辖泰宁以北革西麻大草原，游牧牛厂约200户。

第五区，亦称木雅下乡，辖毛家沟以南阿泰、格洼卡、色乌绒、木居城子、提龙5村，又其东南有吉曾、义代2村，拟设第九区未成，现亦附属此区。

第六区，亦称瓦斯沟，辖打箭炉东瓦斯沟、日地、柳杨、达冈4村。

第七区，亦称鱼通，为前明正土司附庸鱼通土司属地，辖瓦斯沟北谷查、佘奈、黑日、威功、墨笨、江嘴、初咱、日脚、明乓、班笨、哪加11村，皆在大渡河谷。其属鱼通河上游之部（即边坝以上），称上鱼通，多药山老林，农村较少，本鱼通土司①属地。该土司与穆坪土司世为姻好，每以上鱼通土地相赠，现鱼通划隶康定，穆坪自为一县。此部境界，甚不易分，以地势言，固应属康定也。

第八区，亦称孔玉，为前明正土司孔玉百户属地，共有9寨，皆在大渡河谷，

---

① 原为明正土司一家，清康熙时分出。地界明正、穆坪间，辖地包括今康定县之姑咱、麦本一带。

地势险要。治理之责，委之区长、寨首，常年课税而已。

以上八区，唯第五区未经步勘，地形部位或有谬误，余区皆经步测，附图一幅（图略），具详区界，篇幅有限，未克详细注明村落位置，容将来有必要时，另绘详图呈查。

地势 康定地势可分中、东、西三部言之。中部即第一区辖境，为一高耸之盆地，折多山脉隆起于西，北连海子山埂为大炮山，折南抵打箭炉，东为郭达山，又渡柳杨峡起顶打箭炉南为跑马山、五色海子山，度雅加埂为石笋山，仍遥与折多山衔接。诸山高度，皆在海拔4500米以上，如海子山、石笋山，则高达6000余米，终古积雪矣。诸山之间，为一凹形之高原，雅拉沟自北南流，夹窄沟自南北流，折多沟与毛家沟水会合自西东流，齐会于打箭炉附近，称康定河，穿柳杨、日地60里之深峡，自瓦斯沟入大渡河。打箭炉当此凹盆之最低部，海拔2540米，附近河岸，为适当之农业区域；距河稍远，概为附着山腹之带状高原，丰林茂草蔚郁之地；又上，则雪山冰河，无复生物矣。东部即鱼通、孔玉二区，为大渡河谷之一段，地形与泸定、丹巴酷似，河谷低至1600米，两岸渐次急斜上升，直达4000余米之冰雪界。孔玉之部，岩层皆与地心垂直，自西南走向东北，大河横断岩层而过，成为封齿状之连峡，水流与山路，并极曲折艰难之奇。西部即上、下木雅乡与牛厂地方，为绝广漠之大高原，绿茵绵邈，一望无际。东面沿折多山脉之部微高，西面沿雅江县境较低，故水皆向西南流，迂徐舒缓，无激石惊湍可见。沿河平原，地势较低者，始有农业，余皆牛厂娃之乐游园也。

气候 康定气候，亦可分三部言之。东部鱼通、孔玉、瓦斯沟三区，与泸定、丹巴全同。中部打箭炉附近，每年有三月积雪。阳历六月初，每日最高气温不过18℃，七月初升至22℃左右，极热时至27℃而止（室内温度）。故居炉城者，无需单衫。西部更冷，长坝春一带，草原中，剧热时虽亦至24℃，然天阴则气温剧降。八月六日，野宿港泥坝，晨起检查气温，才9℃而已。每年五六月间，为康定雨期，阴雨连旬，罕见霁日。此后晴雨无定，每于天朗气清、烈日映晴时，骤来倾盆大雨，须臾雨过，烈日如初，盛夏之际，常日如此。又时降冰雹，入秋以后，则皆降雪矣。高原地势，风甚强烈，每晴日，午刻起风，入夜不息，唯雨日无风。幸此县高原唯茂草，无沙漠，故暴风成灾者犹未之见。

地质与土壤 康定附近，如海子山、跑马山、石笋山等，皆远古之积火山也，故其附近多海子与温泉，岩石含各种火岩悉备，长石尤多。唯大炮山至郭达山一带，斜入孔玉为变质岩，多含金属质，无海子与温泉。故全县土壤成分，异常复杂，约而分之，可别为三区：

1. 鱼通与瓦斯沟，其土壤基于火山岩，地势又急倾斜，水流湍急，细土难保留于地面，故其土壤含石英多，黏土次之，含云母少。

2. 孔玉与雅拉沟东面，土壤基于变质岩，含云母碎片甚多，颇似丹巴。

3. 雅拉沟以西，此带地壳，昔多长石，地势又平坦，故黏土多而土被甚厚，通常在十丈左右。黏土约占十分之四，石英十分之五，腐殖质约占十分之一，含云母甚少。沿山之部，含角砾颇多，如折多山附近积土层，角砾殆为土壤之三倍。

农业 康定农业中心在鱼通、孔玉二区，其地河谷低深，气候温暖，农作情形，与丹巴相似。沿河平原种小麦与玉蜀黍，较高地种玉蜀黍、洋芋、荍、豆、油菜，无稻，年皆二获。瓦斯沟一区，气候与鱼通无异，而地在逼峡中，耕土狭隘，产量无多。以上三区，可垦之地概已开垦。次于鱼通、孔玉者，为上、下木雅乡。其地较鱼通高寒，以小麦、青稞、洋芋、圆根为主要产品，玉蜀黍已不相宜。草原甚广，多可开垦，土人不甚以耕为重，无专开垦，大半兼畜牛马，放牧草场中而已。又次为中区河谷，自中谷折多塘、榆林宫以下，本皆可耕沃土，唯以高寒较著，年获一度为限。边民又素轻农业，垦耕于此者甚少。昔明正土司盛时，恃各方差粮，划此带为狩猎区域，丰草长林，充塞山谷。晚清经营川边，汉人居炉者多，粮食虽由丹、炉供给，而蔬菜不足，遂有迁流农民开垦附城河坝为蔬圃，栽培甘蓝、莴苣、白菘、葱韭、洋芋、豌豆之属，尽获厚利，垦地始渐展拓至距城十里左右。又明正土司失势后，其家人屡将南较场至榆林宫间河坝荒地当卖与天主教堂，教堂雇人开垦，今已垦足四百余亩，正在推广。此带地方虽仅年收一季，唯以道近巨市，蔬菜、粮食、稿刍需用并巨，土又肥沃，经营农业，获利至易，使能以政治力量辅导之，数年之内，可成粮食之仓库，不然将尽沦于外国教堂矣。上、下牛厂地方，沃野千里，初视之若可垦殖，实则高寒太甚，除种药材、牧草、青稞外，无他希望。

林业 康定中部（第一区地）原系大森林区域。昔因打箭炉城迭遭火灾，附近大木多已砍尽，又炉城无炭，住民千余户，日用薪材，冬日填炉之物，皆自附近山林中取之。山无主者，人贪近路，取之无禁，用之有竭，距城10里以内，早成童山，树根掘净，无可萌蘖。姑向较远之处取之，近年樵采，皆在距城30里以外，朝出夕归，日数百人，人负百斤左右，悉皆径一二寸之树干枝桠，细枝碎棘，弃不携取。尤有恶者，恶细枝难剪与丛棘碍足也，辄先纵火烧之，延烧数里或十数里，听其自熄，于是草莱无存，枝桠净去，仅余焦干枯茎，屹立如柱，而后刈之。故所取者少，所残者多，而又无能培获栽种之者。昔日老林，次第告尽，残毁之象，深可怜惜。夫康定森林，较全康任何县为少，而需森林，则较任何县为亟。全城千余户之建筑、燃料所需无论已，即以交通言，将来开发西康，无论电政、路政，当无不自康定集中，亦无不需用极多之木材。故今日康定林政，亟宜讲求。

讲求之道，第一宜禁烧山滥采，以护旧林。第二宜即栽种附城之已荒之山，积储后用。除禁烧山，已经杜知事执行外，其栽造荒山一事，经政委会历年植树节次第栽造，皆无成绩。盖人民习认为官山，有树即砍，徒栽无益也。兹拟由政府出示卖之，薄取地价，永为私有，而限制其于若干年内植树成林；一面以政府严厉保护，禁人民侵伐。如此，庶几有济。唯以此事体大，未敢辄自商由该县知事执行，谨附呈于此，乞下康定县知事议呈办法核行，康事幸甚。

牧业 康定草原牧场，十倍于可耕地面，地概高寒，适于牲畜健康，而草茂水甜，又远甚于新疆、蒙古等处。且地近内省与大城，牛羊皮毛、乳酪、良马之属，销售最便，此本国最佳之牧场也。现全县营畜牧者，约占全民十分之四，唯其畜牧事业，非常幼稚，除放畜吃草外，不知其他。又无定居，不列编户，唯以一二头人对付官府，政治势力殆不能及。计其必须整理与改良者甚多，约举最要者数端如次：

1. 设模范育种场，输入良畜，改良品种，以求增加生产。
2. 提倡栽培牧草，积刍备冬，以便增加畜数。
3. 创办罐头乳酪公司，加工制造，以利乳肉输出。
4. 筹设新法制革厂与织毛厂，改良制造，以尽物力而利销售。
5. 编制游牧户籍，详订游牧地界，以便统治。

上陈各条，说明繁重，亦非目前治务之所亟，容于总报告中详细条列，呈请施行。

矿业 康定矿产较丰，地在孔玉区。孔玉金矿甚多，悉已于清季开掘。孔玉狭隘险远，而有汉户百余家者，即当日金夫之安家于彼地者也。现在金矿无望，铜矿、铅矿尚丰，徐凤祥、邓蟠村等，皆曾集资探采，看其矿苗，悉皆佳品，他日收效，似可预卜。中部治城附近，旧有偏岩子金矿、二道桥银矿，今亦采尽，虽微露有煤苗、铅苗、硫磺苗，察其地势，不能有大发展。至折多以西，则随处草原，厚土覆地，不见矿苗。

人民 康定人民据粮册才 2411 户，距实际不足二分之一。即以打箭炉一城论，据建设筹备员访问为 700 户；团局去冬调查为 900 户，政委会旧案载 16000 余人，以平均 10 人一户计，亦有 1600 余户；据西人估计，则为 20000 人，是合 2000 户矣。大抵炉城及其附郭，1500 户不少；瓦斯沟、鱼通、孔玉有 1600 户左右；木雅上下乡，约1300户；上下牛厂，有游牧民800余户。共计约5200户，合五六万人。其种族与职业之分配如次：

1. 纯汉族4800人。其中工业200人，住炉城或游住各区；商业800人，住炉城或瓦斯沟；垦农2000人，住炉城及孔玉、鱼通、瓦斯沟；宦游300人，住炉城；兵役1400人，住炉城；乞丐100人，住炉城。

2. "混血族"10000人。其中商业3000人，住炉城及各村镇；垦农4000人，住中区及鱼通、孔玉、瓦斯沟；工艺2000人，住炉城及各村镇；官役200人，住炉城；贱业800人，住炉城。

3. 纯番族①42400人。其中农牧20000人，散处各区；游牧10000人，住上下牛厂；喇嘛10000人，住各寺院；工业1000人，住炉城；商业400人，住炉城；贱役1000人，住炉城及各土酋家。

以上估计，不必其确，要其大体分配如此。所谓"混血族"者，皆汉人娶番女所生子女，谓为汉族，亦无不可也。

打箭炉五方杂处，多有烟寮、饮食、游戏之处，风气较奢，汉人之堕落者尤多。然较内地都市，已为淳朴矣。番民无论贫富贵贱，皆衣粗陋污垢之衣，日食酥油茶与糌粑三四次，住宏壮而秽浊之屋，席地以坐，藉衣以寝。裹粮不用货币，夜寝人家，酬以糌粑一撮而已。故任何硕大之村落，皆无市肆。婚丧赛集，亦重排场，其豪侈者，扎仗马数十匹迎送，跳歌装一二日，亲戚贺吊，不用礼物，或仅不值钱之薄仪而已。主人亦不宴客，或各给肉一方，但饮此酒，即日归去。无子赘婿，故难绝嗣。嗜鼻烟与酒。汉人所在，常有市肆交易，屋宇卑陋，而好贴对联。无论农工，大半兼营商业，善储蓄，赤手致富者多。婚丧嫁娶，诸守汉俗。川北盐亭、西充、遂宁、安岳人最多，川西邛、雅、成都人次之，致富后多回故乡，留康者不及半数。

上、下牛厂②百姓，既无恒产，亦无定居，帐篷转徙，日月易处，无仓储囊橐之积；以畜多为富，饱则酣卧，饥则行劫，不知文字，不知礼教；妇女产子，即就帐外溪河浴之，创伤以牛屎为医药，实最质朴顽健之民。

炉城住汉人久，汉语人人能解，番语称炉城官话者，可以通行西藏。各区又有地脚话，牛厂娃有牛厂话，鱼通娃有鱼通话，唯彼乡人可以互语。故康地经商者，多能解数种语言。

---

① 番，为当时人对藏族的通称。
② 牛厂，即牧区的俗称。此上下牛厂，即今康定县的塔公、新都桥一带牧区。

关外喇嘛寺之势力多超越政府之上。康定虽有大寺数处，率循谨不敢多事，人民信仰喇嘛，亦不似关外之深。

治城 打箭炉为康定县治，亦为康区政治、文化、交通与工商业之中心。地当折多水与雅拉沟会合之处，跨折多水为街二道，长各二里许。南岸为蜂窝街、大石包街、马市街，北岸为营盘街、诸葛街、老陕街。建四木桥，通联南北，曰将军桥、上桥、中桥、下桥。中桥当老陕街与蜂窝街之间，商务最盛。设有东、北、南三关。自蜂窝街出东关，为入省大道；马市街出南关，为赴藏大道；自诸葛街出北关，为赴丹巴大道（道、炉、甘、瞻四县驮商，亦有取此途者）。三关俱城门式，各有短墙，延接山岩，此外别无城垣。县署在北关内。政务委员会、财务统筹处、十旅旅部，并在将军桥北之故军粮台衙门内。团务局、图书馆、西康农事试验场，又在其东，故明正土司署也。西康师范学校在南关外，女子师范学校及女子两等学校在图书馆对面。男子两等学校在政委会后方关岳庙内，此为政务中心也。天主教堂与其附设之医院、拉丁学校、修道院、孤儿院、农场、养蜂场，皆在南关外市之极端。另有康化两等学校、礼拜堂、钟楼，在图书馆之东，规模之伟壮，组织之缜密，内容之整饬，潜力之硕大，殆足与政府抗衡。外有英人之福音堂，在康化学校内；美人之安息会，在县署附近。亦各有学校、医院。此外人潜布之势力中心也。

昔明正土司盛时，炉城各方供役、纳贡之人，四时辐辏，骡马络绎，珍瑰蚁聚，炉城市肆所由繁昌，商业所由兴盛，专在于此。其属下头人候差所居，皆为骡商集息之所，称为"锅庄"，共四十八家，最大者八家，称为八大锅庄。现明正覆亡，丁男死绝，唯有寡妇数人，退居锅庄，守其私产，毫无号召番民能力。各大锅庄，各拥其资财，操纵其商业，虽无前之淫威，犹有簸荡社会之余力。历来县尹于地方事务，多所迁就，以避困难。如今团练局长充祥琳，身兼数差，积弊如鳞，而历届官吏不能裁判也。昔明正大头人所居，称瓦斯碉，在二水会流处，建筑华丽，推炉城第一。积蓄之富，亦冠全城，大宗商业，概集于此。有番商长，即大管家也，唯富厚畏祸，与充不同，而号召番民，较为有力。此皆番民之团结中心也。

全市有喇嘛寺四所：盎雀寺在城中，南无寺在南较场，皆黄教，寺僧各七八十人。杜查寺在大较场，多吉寺在子耳坡，皆红教，寺僧亦各数十人。番民布施各寺及延四寺僧来家诵经祈禳者极众，疾病疑难，倩大喇嘛掷骰决之。又金玉坛乩设关帝庙内，能默问所疑，乩答若合，则汉人常去地也。

全市基础筑于商业，市民百分之八九为商贾，一二为工人。政府征收，亦以关税为最重要，骡马驮包，每日出入三关者，恒数千头。街市之间，粪秽狼藉，旧无清洁之政，粪尿皆遗于街中。唯天主教堂时引南较场河水冲过长街，借为洗涤。本年五月，杜知事联合军团，举行清洁运动，刮垢磨光，顿改旧态。

交通 县治为西康交通中心，自此出东关，穿瓦斯沟之狭谷，沿大渡河至泸定，为川康唯一通路。出南关经折多山，穿安良坝之广原，逾高日寺山至雅江，为康藏中路孔道。出北关，循雅拉沟，逾海子山埂，至泰宁、道孚，为康藏北路孔道。清季皆筑有台站。民国以来，台站多毁。海子山一带，劫匪猖獗，行北道者，改逾折多山，经长坝春至泰宁。雅拉沟路，仅为赴丹巴要道。

自康定赴九龙、稻成，为关外南路。清季未筑台站，民国更无设施。官商往还，歧途纷出，或自营官寨，或自折多塘，或自榆林宫，分向南行，会于木居城子，以入九龙，皆小道也。就中，营官寨至木居城子一路，人户较多，行走较易；余道皆须打野露宿，商贾往来者甚少。

此外，自瓦斯沟北上鱼通、孔玉，为该两区药材、粮食输出之要径；自中谷逾山至孔玉，为公文传送该区之捷径；自榆林宫逾雅加埂至泸定磨西，为茶酒输入康定之要道。炉城以东称为关内，以西称为关外。运输之具，关外唯牦牛，关内为人力；代步之物，关外骡马，关内肩舆。

商业 康定为巨商荟萃之地，货品以茶为主，绢布、药材、羊毛、烟酒又次之。经营此者，概住炉城，分汉、番二大派。汉派分雅州、名山、邛州、天全、川北、成都、陕西、云南等邦，各以地为畛域，运售其土产，及炉城而止，不出关外。现始新设总商会，试行委员制。番派无组织，凡关外各地富商大贾、土司家、喇嘛寺之有资力者，率能驱其驮队，运羊毛、药材、鹿茸、毪子之属至炉，易茶与杂货、布帛而归。居间交易者，恒为各大锅庄，瓦斯碉即其首领也。另有汉人出关，零收麝香、药材、毪子、羊毛之属，成趸运回炉城出售者，皆小商人，自无驮队，雇佣驮脚娃运之。

炉城商货出关、入关数额，历无统计，现方托财务统筹处精细计划，容于总报告详报。

教育 康定虽为康区首县，汉户甚多，番皆向化，而历来司治者，除赵尔丰时代外，从未有人言及教育。全县官立学校，仅有清末成立之男女两等学校各一所与国民学校一处，历十七八年，未有增益。教育之费，委于喇嘛及教堂。初抵康时，察见天主堂所办之拉丁学校、康化学校，学生既多，成绩亦美，反观政府所办之两等学校，内容阒茸，生徒寥寥，不禁慨叹久之。当即商准杜知事，痛行改革刷新，已有头绪。杜又筹设国民训练所13处，以为社会教育之基础，并拟推广各区国民学校，与改良私塾办法，正计划中，果能力行，康定治化，应有修举之望。关于全康区之教育问题，早经政委会在炉筹办有团务学校、师范学校，各得学生五六十人，刻已先后毕业，派回各县，整理地方事业，凡所布置，皆中口肯。唯惜各县初级教育，未有根底，关外派来学生，多以当差视之，程度不齐，教化难施，夷考成绩，固难尽美也。至于女子师范学校，仅有学生十一二人，名为一校，实只两等学校之高等班耳。

团务 康定团务，足当"弊薮"二字，充祥琳任团务局长，恃为军部所委，上则抗衡官厅，下以鱼肉百姓。据尹自云，每月收门户捐600余元，养常练30名，私人垫款已巨，尚无着落。细察该局，常丁不过10名，每名每月给伙食千余文，并未关饷，亦从未担负保护地方责任。官府因公调用，例给甚厚报酬，如政委会问案一次，调丁站堂一时，须酬大洋4元。团务学校，借卫兵一名，每月大洋10元。视察员行赴丹巴，康定知事调兵3名护送，每日每人亦估索伙食洋5元，外要护送费，沿途复敢当委员面搕索百姓。嗣后面责该局长，虽曾责斥敷衍，未闻其实，积弊如此，非偶然也。其他因公调用者，一律如此恶索，毫不讳饰，盖以出差为调剂团丁之法，故团丁不领饷不怨，而敢公然为恶也。本年五月内，折多塘炭窑子连出劫案，县署调丁下乡堵截逃匪，竟未至出事地点，仅往附城大村驻扎二日，而搕索乡民，夫马折价、汤打役费与茶酒钱不少（据教士言）。对于团务宗旨，全不顾及，徒能扰害百姓，虚糜公款而已。充又以团局长兼保正公所所长与地方经费收支处长，其中陋规积弊尤多，向与知事暗通，中饱乌拉费年14000元。乌拉费者，因康定支差较繁，向例由道孚之查坝与康定弯远各区，缴纳乌拉费年13000余元于保正公所，倩其就近代雇乌拉。至于附城各区村民，则支应长短乌拉，未有定价。保正公所于是会同知事全吞此款，拨公济用。凡此积弊，不胜枚举。名虽数机关所为，实附丽一团局。康定人民久有闲言，皆无能奈何。近因折多匪案，木雅乡民聚众罢差以反对充，实积怨已久，而自然溃决者也。现杜知事方规划改组保正公所，裁抑充之办法。观其大纲，甚合情势，渠已缮草呈核，此不更赘。

吏治 康定土民受五百余年土司之统治，服从性非常巨大，不但敬畏官府，即村长、头人亦奉如神圣，支应差徭，奉行公事，从无不敬慎勤力者。道遇汉官，皆避路直立；遇村长、头领，皆鞠躬询问，实谨淳易治之民也。唯憾归流十余年来，亲民之官，深居高拱，徒以剥掠炉城商民，饱填宦囊为事，从不顾及各区治化之道。试问老吏故胥，与曾经服官康定人员，炉城以外，地区若何分划，村落若何分布，人民作何生业，社会若何组织，民间疾苦、利弊、信仰等详细情形，什九不能置答，答亦惝恍不详之语而已。而番民亦因不通汉字,莫克时达其情于官府,所有交接官府之事,一切由番绅包办。是故官自为官,民自为民,令教隔阂,治化无由见也。如此政象中,村长、头人、番绅首等,但能逢迎官府,即可鱼肉乡民,其利在蒙蔽,不在通明。故凡属沟通官民隔阂之政,皆格不□。官吏谓非敷衍番绅,则不能令行禁止也。令教徇其情者十八九,而真正民意莫由知之,上下含糊,而治化益不可致。人民积压不伸,或至于极,则发为骚动,或弃业逃走。近年以来,汉民未增,而逃户屡见于此,近日木雅村民之聚众抗差亦于此(抗差事系反对保正公所充局长。离康时,业经杜知事派员晓谕村民利害,风渐平静)。现任康定知事杜象谷,颇富于事业心,视察员与之旧识,抵康时即住署内,朝夕以事业相勉,深见容纳。近月余来,屡有革新之设施,对于抑裁土绅,发舒民意,亦甚留心,自云将于木雅风潮平息时,巡行各区,讲演兴学办团之要。果能如此,固康定之幸也。

至西康军、政、财三机关,虽皆设于炉城,其所办事业,则非康定所能囿,拟于康区视察终了后,另呈陈报之。

财政 康定县现已设有征收课,各区粮税仍由村长、头人收齐合缴来课。据粮册,各区纳税户数与粮税种类如次:

区别	纳粮户数	税粮名称	完纳总量	说明
第一区(治城及大较场、雅拉沟三村)	144	正粮 差地粮	麦 43.1075 石 银 347.4924 两	治城及大较场商户,民多户少,故才 30 户,差地粮意义无考
第二区(上木雅)	427	正粮	麦 362.4924 石	
第三区(下牛厂)	174	牲畜税	藏洋 732.225 元	每牛、马 1 头,藏洋 1 咀,羊 10 头准牛 1 头
第四区(上牛厂)	62	牲畜税	藏洋 449.275 元	同上
第五区(下木雅)	598	正粮	麦 338.055 石	
第六区(瓦斯沟)	61	正粮	麦 8.101 石	
第七区(鱼通)	679	中粮	麦 85.020 石	每斗折征藏洋 2 元
		下粮	麦 30.610 石	每斗折征藏洋 1 元
第八区(孔玉)	133	中粮	麦 54.316 石	每斗折征藏洋 3 元
		下粮	麦 26.933 石	每斗折征藏洋 2 元
义代、吉曾(拟设第九区)	44	正粮	麦 23.975 石	每斗折征藏洋 3 元
	89	正粮	麦 16.000 石	

共计粮户 2411 户,年征粮银折合藏洋 30079 元 7 角 9 仙(正粮有时收粮,有时收银,收银则以每斗折藏洋 3 元计算),拨充康定政费,有余解统筹处。又,地方税收支所,收入各种杂费,各月收入无定。本年五个月内,共收入藏洋 229 元,钱若干文,作为县署各种杂费开支及教育经费。

此外,杂税收缴,财务统筹处计:屠宰税,年约收大洋 4100 元;契税及契纸,年约收大洋 400 余元;印花税,年约收大洋四五十元;烟酒牌照税,年约收大洋 300 余元;禁烟税(仅孔玉、鱼通、瓦斯沟三区有之),年收 11221 元;煮酒税,年约收 200 元。共计康定全年岁收大洋 20000 元不足,东、南、北三关关税在外。全年支出行政费约 12000 元,教育经费全年支出藏洋 9809 元,合大洋 3930 元,详细节目,另详调查表。

土司 明正土司旧时辖境,南抵云南界,西抵雅江,北至道孚,东包丹巴县大部及孔玉区,鱼通、穆坪、咱里、冷边、沈村各土司皆其附庸,境土万里,为西康第一大部。清末,赵尔丰迫令缴印归流。土司甲宜斋于民国初年屡聚故部民作乱,并经大军剿平,系之康定狱中,旋越狱逃逸,走死康定河畔。其子甲联芳去岁承袭穆坪土司,为其下所杀,明正绝嗣。唯存寡妇数辈,守其财产,全无号召能力。鱼通土司甲安仁,现任康定第七区区长,犹能设刑具问案,唯对官府甚卑谨,不敢多事。

教堂 康定虽有福音教堂,英、美各一所,信奉者不多,其最有潜势力者为天主堂。全康区与四川懋、抚、绥、崇,云南之维西、阿敦子为一天主教区,康定天主堂为其首座,其地位直属于罗马教皇。设主教一人,统治各地教民。此教堂成立迄今,已五十余年,办事极有条理。现设医院一所,每年来诊治者恒数百人,康定无中医,恃此院而活者,年亦数百人。又设孤儿院一所,收养贫家弃儿,恒十余人,并曾施以相当教养,长则婚嫁之,代选职业。拉丁学校一所,有学生数人,十年毕业,授以拉丁文及经典,毕业后为牧师者,已有数人。康化学校一所,准普通小学办法,现有生徒三班,70 余人。又有蜂场、果园、花畦、蔬圃,成绩优美,并足为康区模范。礼堂、钟楼等,建筑宏丽,推西康第一。又典买康、泸等县各土司荒地,招民开垦。据华主教[①]言,现康定已开垦 400 余亩,泸定已垦万余亩,康定犹未收租,泸定收租 1800 余石。考其实际,皆不仅此。教民数目无考,大约全县仅 400 家,教堂庇护教民垦户,甚为周至。故教民有事,率多诉于主教;有灾荒,亦求赈于主教。

---

① 指时任天主教西康教区主教之华朗廷。

查天主教传入康地，为时在法国占领安南以后，与修筑滇越铁路以前。其动机为侵略滇康，自无庸讳。其经费实得该国政府之帮助，不必全恃罗马教皇也。其教士悉精熟藏文藏语，与土人谈话，毫无扞隔。又喜游历乡村旷野，凡康地之民风物产、地势土宜，莫不尽悉。凡深山穷谷、劫匪巢穴，汉人不敢经行之地（如查坝、木茹等处），法教士皆能安全出入。游迹所经，必有地图呈缴于主教处。故天主堂所有地图虽粗陋，较任何官版地图为确。

两福音教堂成立未久，虽非康人所信仰，而为英美探险者之居停，其于西康内情，亦有甚大关系。余初至炉城时，即有美国地质学会所资遣之洛博士①携带24壮士，自云南来炉，分工采集植物、矿物，考察地质，摄影数百张，凡住20余日，花费2000余元，饱载而去。才十余日，又有一印度茶商（美国人）与一英国教士，自云南来此，秘密考察茶叶销行情形，仍兼采集生物，皆住福音堂内（我国人之入西康考察地质、采集生物者，恐唯此次同行之成大学生三人而已，可叹）。近世西康内容之经科学记载者，皆欧美人士所为，而其调查台站，即为教堂。

---

① 即美籍探险家洛克（Josephf. Rock）。

第三号——丹巴县视察报告

境域 丹巴县境，当大小金川会流处。约略成六方形，跨北纬31°左右，东经102°—103°之间。自县治东至懋功县界一支碉120里，西至道孚界党岭180里；自县治东至懋功县界马来110里，西南至康定县界大炮山270里（鸟径东西27里，南北30里）。面积约1000方里，凡分六区：

第一区　辖县城附近汉籍200余户。

第二区　辖治西南旄牛河流域12村500余户。

第三区　辖治南大渡河流域12村500余户。

第四区　辖治东小金川流域六屯三营与宅龙土守备千总百姓共400余户。

第五区　辖治北大金川流域巴底、巴旺二土司地1200余户。

各区位置、形势、历史等分详于后。

地势 县境由五大河流与五大山脉，错列为菊花式之碟形地盘。县治恰当五大河流会合之处。正北为大金川，即大渡河之上流，自绥靖、崇化南流来会；东为小金川，自懋功西流来会；西北为丹东河，自党岭发源，会丹东草原诸水，向东南流，合大金川来会；西南为旄牛河，自大炮山发源会热水塘沟水，向东北流来会；四水会合，向南经康定之孔玉、鱼通二区入泸定县境，即大渡河也。凡此五水，等分县境为五大谷，恰如星鱼之有五指。介于五大谷间，即五大雪山脉也。（山脉主峰，四时积雪，为人迹不到之地，故无名称。）五大河谷，海拔高度自1700至1900米（气压表测定），两岸皆数十米至数百米高之绝壁，为倾斜地及河岸平原者，不及二十分之一。唯夹岸之上，每每有小平原，横踞山腹，肥沃可耕，如小巴旺、革什咱、勒丁、中路、大寨、梭波、蒲鸹顶、格宗、大马、察纳、井壁、旄牛、六屯等地皆是。其地产之饶，村落之多，甚于河谷底部。全县精华，萃于此矣。自此以上，皆高出海面3000米之山岳，嵯崖怪石，不任耕种，为绝大之森林区域。再上600米，复多平广之高原，唯树木稀少，野草繁殖，为天然之牧场。其有高出海面4000米之地，则冰川积雪，寸草不生。

地质土壤 丹巴岩石，云母片岩占十分之九，玄武岩、辉绿岩、石灰岩间或有之，花岗岩绝少。故虽与泸定同在大渡河谷，而地质土壤，迥然不同。岩层恒直立向上，以南北走向甚多。云母片岩不易风化，而易因压力摧散。凡江流所冲，溪涧所泻，皆成峡江者，职是故也。岩层既直立，不易风化，故多锐锋。凡近雪山之部，连刀比剑，备诸奇观。草原界以下，除绝壁外，复有厚土壤被之。厚自数尺至十余丈，多与砾相杂。故初垦地，皆为砾土。殆耕四五年，以次耙去石砾，始熟土。其土壤含云母片甚多，石英次之，黏土甚少。云母、石英并为细片状，含水力甚弱，不耐旱。故耕地多在山凹处，赖山面草茂林密，浸水常流，耕土能润泽也。

气候 丹巴地势，高于泸定300米（据西教士测量泸定海拔1500米，丹巴城1800米），又同在大渡河之纵谷中，能接受南洋潮湿温暖之气流，故其气候温暖润泽，去内地远。计在丹时，正当盛夏，气温常为24℃至31℃，低至20℃、高至34℃之时甚少。此就县城言。去城渐远，地势渐高，气温亦渐低降。七月十八日，野宿大炮山下河坝。晨起，当日出时，气温才摄氏9度，手足僵冻，与成都严冬相似。每年阳历五月及九月，为丹巴雨期。冬季无雨，唯有大雪。高海拔2500米之耕地，三月解冻，故年仅收获一次；2500米以下之地，冬令可种小麦，纵或积雪，不害禾稼；若4000米以上，则仅解冻一个月；5000米以上，则虽盛夏犹皑皑射目也。

边地多大风巨雹，丹巴独不甚巨。唯二三月间，谷风甚大。其风循五大河谷吹来，会于丹巴城外之白神山下，互相抵触拥挤，成为旋风，扶摇上升，有时卷起江水为螺旋柱，腾达数丈始散播而下，恰如海中之有龙卷风，丹人呼为"白神戏水"。（白神绝壁，三面临江，岩顶多矽岩，略作人形。下临三江会口，俗称为白罗汉。传有神话甚多。）他县无此特殊之地势，亦无此特殊之旋风也。

农产 丹巴耕地，概在海拔3000米以下之河谷两岸，面积约占全县十分之二。其田可分三品，区别如下：

1. 沿河地——大河北面之月状平原与小溪入河处之扇状平原属之，皆冲积土。质较细密，地位低，气候温暖。又多可引水灌溉，不虑天旱。每年可收二次，以小麦、玉蜀黍为主要农产。小麦秋季播种，初夏收获。麦秋前预播玉蜀黍于行间。刈麦后，苗适出土，仲秋穗熟，再播小麦，以为恒。艺蔬菜与豆类者甚少。

查此带气温，本可种稻，但田不贮水，开花时又多大风，每每不能结实，故县境无稻。

2. 低山地——即沿河陡岸以上之高平地，约占全县耕地面积之半。土质亦颇细密，气温较低，无灌溉之利。五年中，三年可以双收，亦以小麦、玉蜀黍迭互种为主。但春来较迟，收获期逐年后移。若翌年仍填种玉蜀黍，则不及成熟，霜雪已至，只可以茷麦及芫根（一种甜味萝卜）与马铃薯迭互种植者。其农产不似沿河地之简单。

3. 高山地——即接近老林之山坡地，面积约占全耕地十分之三。其土粗而薄，又更寒冷，霜早春迟，年收一次。隔年又须间休一岁，以养地利。六年三收，谚云"三年两头收，三年两不收"是也。农作物以青稞、马铃薯、芫根为主，大麦、燕麦次之，豆类、罂粟、油菜又次之。

以上各区农产，本县消费不尽，输售于懋功及康定者约1000余石。其次为玉蜀黍，输往懋功者，年亦千余石。又次为茷麦、马铃薯、芫根、大麦，皆消费于县境。豆类及油菜，虽皆微量，然大豆与清油亦皆为输出商品之一。昔陈遐龄治康时，劝民种烟，丹巴烟土与懋功齐名，近年除绒坝沟与六屯山地犹见烟苗外，俱皆绝迹。

林产 丹巴森林之富，殊堪惊异。全境十分之五面积，皆老林也。千年巨木，枝柯相抱，不知人世有斤斧。生长既密，硕大老树，得水不足，则自枯死，根腐干斜，则自倒地。小苗之强者，蔚起代之，终不使林中有隙地。自大炮山至奎容间，如此倒卧塞途之巨木，约千余条，皆大数十围，长十余丈。治道者不能去之，仅斧截数尺，以通行旅，人行其间，如过门阈。或恶倒木害途，纵火烧之，延烧辙数方里，枝叶燔去，焦干并列，如密植电杆，竟无取之者。

自雪山草原，下至河谷，林木分布，略有一定。最上为落叶松带，其树高不过数丈，径不逾二尺，边人以为弃材，无过问者；稍下为枞带，土人呼为雪杉，干直如矢，高20余丈，径四五尺，枝皆横出，载叶如塔形，皆支重雪数百斤，为建材良材；又下为桦木带，树形似桃，干不甚直，高八九丈，径三四尺，木质坚重如红豆而白韧胜之，为器用良材；又下为枞、桦、白杨、松杉及多种灌木混生之森林，因与农作界接近，历世滥伐，林象渐呈不佳；又下为农作界，唯有梨、胡桃等果树挺立田间耳。

林下产大黄、羌活、贝母、麝香、野熊、鹦鹉，土人仰挖药业、狩猎为活者数百家。常有外县商人坐收药材、麝香等物于县城、犛牛、东谷、林卡等处。

畜产 丹民重农轻牧，虽有草原，不能利用。全县唯丹东有牛厂200户，余皆农民。无专营畜产者，唯亦颇重家畜，每户必有牲口（番俗谓牛、马、骡、驴为牲口）一至数头。牛、马并有良种，因常支乌拉差，习于驰骋故也。饲猪尤普遍，无论番汉人户，必有猪数头，猪皆敞喂，其肉多运售懋功，或制为"香猪腿"，行销外县。羊唯山羊，与猪同牢，昼则纵放岩坡间，唯贫家喂之，家才数头而已。

矿产 丹巴遍地皆云母，映日灿然，若黄金世界。步行一日，袜履如涂金银，俗人不识，以为遍地金矿也。其实丹巴矿藏，并无甚大希望，不过岩层甚古，随地皆有矿石耳。兹举其著者如下：

1. 绒坝沟金银矿——民国十八年，丹巴米知事曾集款开办，成效未著。（清咸道之季，矿务最盛。现存川主庙一座，即当时矿夫所建，殿阁宏丽，剧台皆全，足想见当时矿夫富力。）去年彭知事，复集资开采，未及见矿而罢。大抵此带矿藏，清季业已采罄。现仅浮砂杂石，不足大有为矣。

2. 陡水岩银铅矿——东谷陡水岩峡江上部，岩石皆含银质与铅质，去年彭知事曾创铅厂开采，仅开一微隙而已。

3. 黄岩腔铁矿——梭波下黄岩腔，峡江断岩，含铜、铁二质。其旁又有大理石岩，为边地所仅见，向来无人开采。

4. 青冈坡铁矿——青冈坡上游片麻岩中，多含有菱铁矿之晶粒，唯为量甚小，未宜采冶。

5. 日波山云母矿——巴旺对河日波山，产大块白云母。昔时宽度达方尺以上。民国初年，有公司开采，运沪销售。后因矿片渐小，不合应用而罢。余处虽皆有云母，晶片过于细碎，无用。

6. 弓槎银矿——弓槎附近银矿，清季曾经开采有效，民国以来，不复有矿矣。

7. 二楷金矿——二楷非丹巴地，在丹巴、绥靖、道孚三县界间，属曲司家土司。民国四五年间，袁世凯、梁士诒等组织裕华公司开采。金矿盛时，淘工14000人，日出金粒100余两。远自清溪①、泸定、灌、懋等县运粮往给，必取道丹巴。于时丹城林卡等处，商业极盛，从而致富者，实数千人。其后袁氏败亡，裕华解散，金夫辈各自挖淘。又一年，值"八角之乱"，曲司家附逆，倡言"洗汉"。金夫逃散，厂败，至今未复。二楷沟长数百余里，昔日淘采不及50里，若能复集巨资，以兵力慑土司，重开金矿，固利国富民之道也。

人民 丹巴人口，向无统计。据粮册汉番完纳粮税者，共99村，3909户。实际调查，漏村、漏户与数户合称一户者颇多，大概有4600户以上。以每户平均4人计，约有20000人口，汉人约占六分之一，番人约占六分之五。番人法，田业传之长子，无子以一赘婿承嗣；次子以下，或为喇嘛，或为赘人，或以工商苦力自活。故番户有定，番口无定。又其田业，不准买卖，故汉民杂居番区者，只能佃业耕种，不能自有产业；唯第四区六屯三营，为汉人自垦地。兹为列表如下：

---

① 即汉源县。

丹巴六区民户表

区名	族别	大概户数	居住地	职业	来历	首领
第一区	汉	200	县城及附近河岸	商、吏	自乾隆设章谷屯官后,汉人之为商为吏者,陆续来此。	区长
	番	无				
第二区	汉	20	牦牛、东角、弓桠、坎远	经商与佃农	经商或开矿来此,因而安家。	区长
	番	500	牦牛河域各番寨	耕、猎、采药	原明正土司属诺米章谷二十四村百姓。	前土千户,今为总村长
第三区	汉	30	绒坝、江达、成都	耕	绒坝沟金矿盛时金夫与金商之落业于此。	区长
	番	500	大渡河沿岸各番寨	耕、经商	原明正土司二十四村百姓。	前土千户,今为总村长
第四区	第四区为六屯三营二土官地,内容复杂,另表详列。					
第五区	汉	20	林卡街、大巴旺、小巴旺	工、商、佃农	二楷金矿盛时,贩运粮食、杂货之汉商落业于此。	区长
	番	1180	大金川流域巴底、巴旺二土司地	耕、猎	原巴底、巴旺二土司百姓。	土司今称总保
第六区	汉	10	革什咱沿河地方	佃农	丹东土司叛乱后被罚,卖沿河沃土于天主堂缴罚金。教堂招佃耕种。	区长
	番	1200	全区各番寨牧厂	耕、牧、经商	原丹东土司百姓。民十革什咱首领与丹东分离,故有二土司。	丹东、革什咱二土司

第四区民户分表

族别	区划	辖地	团寨数	大概户数	来历	首领
六屯(汉户)	上甲屯	卡垭山、卡垭桥、约咱街	1团	40	乾隆金川之役,番户逃亡。乱定,招民领垦,分地调练以备,称为六屯。设屯官于章谷(即今丹巴治)治之。(当时共设恋、抚、绥、崇、章五屯官,各有辖地,即今之恋、抚、绥、崇、丹五县也。)	每屯设一保正,隶于区长,保正下分设团首
	阿娘屯	阿娘砦、阿娘沟、班古、关州	2团	40		
	墨龙沟屯	墨龙沟	1团	20		
	核桃坪屯	核桃坪、翁古街、喇嘛寺街、勒衣	4团	70		
	黑风顶屯	黑风顶、火龙沟	1团	30		
	下甲屯	三岔沟、一支碉、太平桥	1团	30		

续表

族别	区划	辖地	团寨数	大概户数	来历	首领
三街（汉户）	约咱街	约咱街河谷之南	1团	10	乾隆置屯之时，复修三街，招商居住，以通有无。各街设一汛。有沿河沃土为兵地，佃人耕种以租养兵。民国废汛，并入六屯。	隶上甲屯，隶核桃坪屯
	翁古街	亦名半扇门，在石家沟口	1团	20		
	喇嘛寺街	在火龙沟大喇嘛寺对面	1团	10		
三营（汉户）	上孟营	丹扎山下、卡尔金		30	乾隆末年，虑屯兵单弱，不通番语，特调保县三营共60名，屯驻此地以通消息。其地瘠寒不能养，每年由保县给饷14两济之，今夷为民户。	每营设团总一人属于区长
	下孟营	牧厂沟左右		30		
	九子营	丹敢山下部		30		
番户	宅龙土守备辖户	上勒丁、斯交、约咱、下宅龙、吉尔目、丹扎山、丹敢山	4寨1土署	200	清中世，土司雍某从征，以功荫二字世袭守备千总，准率其民，开垦六屯余地。	土守备雍天顺
	宅龙土千户辖户	上宅龙、各乐寨、三木札、大石寨（半属懋功）	2寨半1土署	100	千总原无辖户，八角乱时守备附逆，千总及不附逆者，脱离守备，自为一司。	土守备雍鹤龄

丹巴番人，无贫富皆住高碉。碉以乱石垒成，高七八丈，有楼三四层或五六层。下层养牛马；二层为卧室及厨房；三层为楼屋，空一面为台，供眺望曝晒；四层以上，由眺台以独木梯升降，室敞一面，仅供贮藏稻穗杂物用。楼与屋顶皆以木条纵横搁架数层，填土其上，或铺木板，或否。禾稼既熟，即放屋顶晒之，辊轴之，簸扬之，即入仓，别无场圃。无富贵贫贱，皆如此建筑。又常数家聚修，称之为"寨碉"。其外观俨然如西式之洋楼，宏丽不亚欧美，唯室内秽浊黑暗不同耳。其墙虽以乱石砌成，坚牢更甚于砖。又有守望之碉，基方丈许，高十八九丈，犹有空穴可登，亦以乱石砌成，数千年不圮，其功之巧，不可思议。若汉人所居，则概为矮小鄙陋之屋。番汉区别，一见了然。

番人体力强健，面目黝黑，男女力作如一，不知学问，无机械心，性淳谨，有先秦风。敬畏土司头领如圣神，畏官府差吏为虎狼。不通汉语者，百分之九十八九。每遭头领差吏蹂躏房虐，忍忿终身，莫由雪其冤苦。望之只觉可怜，无可畏可憎处。汉人则多内地亡命之无赖，因生活逼迫来此者，身体孱弱，嗜烟好讼，为其通病。心地奸险者，十居八九。咸以剥取番民自肥为志，上者以商贾工技取之，下者以挑逗巧夺取之，最恶者投身胥吏，借官搿索之。边地社会本无弊，弊皆汉人教之作之也。

工业 番民除砌碉外,无他长技。木石等工,皆请汉人为之。全县有酿酒、榨油户 60 余家,亦皆汉民操之。此外无工业可言。

商业 丹巴商业,可分五类:

1. 坐贾 皆外县客商资本较雄厚者,长住县城、林卡、旄牛、东谷等处栈内,坐收药材、麝香等土产,运往炉城、成渝或沪汉售之。皆预借钱于猎麝、挖药之土人,俾以采获来售抵账。麝香每枚价藏洋 20 元至 40 元;贝母出山,每斤 2 元;羌活每 100 斤粮 1 斗;大黄每 150 斤 40 千文。运入川境,其值数倍或数十倍矣。

2. 丹懋行商 懋功接近成、灌,洋广杂货布帛器用,并较丹巴廉。地产鸦片,乏粮食。丹巴土人,常以其骡马,驮粮食赴懋易鸦片、布匹、茶及杂货回丹,亦有雇人力背负者。每 2 人准 1 牛马,负粮 2 斛(合 4 斗),脚价十二三千文。每驮来回,净赚钱五六千至十五六千不等。多于农闲时为之。土民需布帛者,亦各取粮一斛,负往懋功,易所需物而归,则非商贾也。

3. 道孚行商 丹巴食盐,仰给于道孚(番盐)。其运道由党岭循丹东河往还。道险多匪,商队甚稀。

4. 丹炉行商 丹巴茶业,从懋功输入者少,打箭炉输入者多。其粮食又运销于炉。旄牛、东谷、县城、革什咱之驮商,每有通其有无者。唯以道经大炮山,200 里间无人户,近年劫匪时出行劫,非有枪火自护不敢行,故商队不及丹懋之多。

5. 境内行商 皆内地小资本商人,以针线、土布之属,负运来境,穿行各村寨,零售与番民,逐什一之利者也。

交通 丹巴生产地带为五大河谷,交通大道,亦皆循此敷设:

1. 出县治西关,溯旄牛河逾大炮山至康定,为丹巴唯一出路,最为宽坦,骡马往来颇便。中间通过陡水岩之促峡,青冈坡之巨木,大炮山之高岭,由海拔 1800 米之低谷,渐升至 2650 米之高地。数日之间,历三季气候,尽山水之奇观,极寒燠之剧变。大炮山为劫匪出没之地,行者畏之。

2. 出西关,渡西河桥,溯丹东河,逾党岭至道孚,为丹巴运盐要道。沿途情况,有似旄牛大路,而修整逊之。

3. 出西关,渡西河桥,又渡索藏桥,循大金川西岸至崇化,为巴底、巴旺入城大道。二楷金矿极盛时,此路驮商最多,道颇治。迨抵崇化界,便险恶难行矣。

4. 出东关,渡甲索桥,溯小金川至懋功,为丹懋商路。乾隆时即已开辟,原有得胜、班古、关州等桥,横通两岸,以避绝壁。民国十六年五月二十三日大水,完全冲坏。官府不能倡修,百姓亦皆坐视。中有十余里地,商旅皆攀崖扪壁而渡。骡马折行山路，远三十余里而后达，其余皆坦途也。现商王知事，督率屯民，修复旧桥，或凿开岩路，以便商旅，未识其能果行否。

5. 出县东关，循大渡河西岸至成都（小村名）。溯绒坝沟河，逾喀龙梁子，历羊马七寨，至康定之孔玉、鱼通。此路奇险难行，盛夏尤甚。因随处皆绝壁危崖，未经开凿，多于江岸附崖砌石埂以通往来。夏水涨没埂，沿溯俱绝，则唯番民赤脚能攀岩棱而渡。此次视察丹巴，原拟由孔玉、鱼通回康定，完成康定地图，及试行至黄岩腔，值水涨路绝，以长绳系腰，倩乌拉差牵挽之，始得过岩。至绒坝沟，闻前途更险，遂折回，仍取大炮山之路。然此路果能开凿，则丹、康、泸三线，联贯一气，政治经济便利诸多，亦治边之要图也。

以上五路，自丹巴城五方辐射，不能互通。故各路视察，皆往复行，费时20余日乃竟。

此外小道，唯牦牛溯热水塘沟至泰宁，与牦牛溯爬村河至孔玉二路较有名，余皆猎夫、药夫往来之小径而已。

金融　丹巴番民交易，犹有以物易物之风，不知储蓄金钱，以备缓急。粮食有余，则驮懋功售之，购布帛、杂货而回，不留一钱也。汉人虽善积金，金多则兑回或携归故乡，留丹周转甚少。故市面货币缺乏，金融窘滞。忆至丹时，函征课拨旅费百元，戴课长连日措办，数日始齐。中有妇女已作衣饰，穿有数孔之银币数枚。可以想见现金枯窘之状。历年烟款难办，实由此故。

其地货币，概自懋功、炉城运入。银币以藏洋为主，不用大洋。铜币有当十至新二百等种。当十者，作50文用；当二十、五十、一百者，皆作100文用；当二百者，新旧皆作200文。藏洋每元换铜元4600文，大洋才换8000文。

岁收　丹巴岁收，以正粮为大宗，杂税甚少。其粮税之复杂，莫可言喻。兹列表说明之如下：

丹巴粮税表

区别	完纳户数	名称	粮石	说明
二十四村	1076	地粮	小麦215石200合	明正土司原征百姓之粮，归流后，照完于官府。
巴旺	535	地粮	小麦48石150合	巴旺土司原征百姓之粮也。
巴底	638.5	地粮	小麦80石878合	巴底土司原征百姓之粮也。
丹东	400	地粮	小麦39石100合	丹东土司原征上六百家百姓之粮也。
革什咱	558	地粮	小麦65石100合	丹东土司原征下六百家百姓之粮也。

续表

区别	完纳户数	名称	粮石	说明
六屯	109	兵粮	玉米70石861合	旧三街汛兵粮地,民八出售,其地所完之粮,称为兵粮。
六屯	197.5	科粮	玉米19石588合	清代旧定,六屯民完纳于屯官之粮也。
六屯	300	草子粮	杂粮17石98合	※注详
三营	60	科粮	杂粮5石321合	清代旧定,完纳于军粮户之粮也。
本城	11	垦荒	小麦1石100合	近世招垦所认之粮也。
本城	28	息粮	玉米13石831合	民九天旱,附城汉民借官粮为食,不能还,民十王廷珊知事改征其息。
合计3913户,各种粮共576石227合,除解小麦200石于炉城外概售充政费。				

[注]草子粮者,宅龙守备之百姓旧无粮税,只当差谣。民国六年,"八角之乱",驻康边军由丹巴进讨。宅龙番户逐日供应马料薪草,为额甚巨,后渐折为钱粮缴纳。乱定军退,政府即原额定为粮税,故名。向宅龙番户送草料来军时,例赏酒席2桌劳之。定为粮税后,每年番户上粮,仍须给酒饭2席,否则咆哮不去,必得而后已。其粮豆、麦、莜子、玉米混纳,只有一定石数,成数未经规定。粮价小麦、玉米每斗3元,胡豆、豌豆2元,莜子半元(官价)。向时小麦多,莜子少,今则莜最多,小麦备位而已。

丹巴杂税表

税名	全年收入总额	说明
屠宰税	钱694千文	每屠猪一头取钱2千,牛一头4千,全年屠猪317头,牛15头,合收此数。半为教育经费,半入官。
契税	大洋412元609文	每买价100元,取税6元,其款解炉。
契纸	大洋30元500文	其款解炉。
印花	大洋30元500文	照契纸收,款解炉城。
酒税	大洋97元600文	治城酒户24家,六屯11家。二十四村与巴底共19家。向由县绅包收,每年十冬两月,收缴官府。
牲税	藏洋200元	丹东牧户200家,每户纳税1元(无粮)。由丹东土司代缴。
烟税	藏洋17000元	说明另详疾苦条。

吏治 丹巴知事俸工,向仅大洋250元,司法、案牍等公费在内,其不能养廉,固属事实。大抵历届知事到任,唯筹掠夺人民、侵蚀公款之法,罕有能体上峰抚徕边民、整顿边事之心者。此种风气,养成于民三以来。历十余年,积重难返。本军接防以来,虽迭选贤员,严申法纪,层层节制,以杜弊端,官风较清,而吏风未戢。前司徒知事,最称仁廉,而其胥吏奸虐,至今犹在民口。新卸任彭知事,甚为番民所称,而汉民之诉其差吏者,乃至痛恨泣血。民间有不愿为边地官愿为边地吏之谣。此就消极方面言之也。至于积极方面,更无可称。纵有兴举,皆非体要,或徒有名目,无当事实。例如教育实业,毫无根蒂,而已成教育、实业两局,委一乩生为兼

局长，沐猴而冠，贻笑汉番。又有农工商会会长，皆一事不做，有名招摇而已。番民有事，皆就决于土司，罕讼于县署者。唯土司与头人之间，每有讼案，向例皆以金钱贿官求胜。官吏以番家有无讼案，定官运好否。关外各县，几成通病，不仅丹巴为然。汉人好讼者多，负讼，则换官家复告，能饱吏欲，无塞官囊者。

教育 丹巴番民，不肯读书，仅少数喇嘛能识藏文。通汉语者颇有，绝无识汉文者。汉民子弟读书者十八九，唯都识字而止，不重学问，时读时辍，及壮而罢。县城有两等学校一所，现为徐、吕二建设筹备员主办，有生徒30余人，内容颇佳。六屯旧各有一私塾，民国改为初级小学校，教师由各屯保正聘请，年修只藏洋数十元。近年又向各番区筹设官话学校，皆未开办。

团务 丹巴向无驻军。民二以来，迭遭变乱。办理团务，似甚切妥。现在团练局仅有败枪十余支，练丁十余名。经费支绌，未能扩充。民间亦未举行门户练，幸经三土司暴动痛惩后，番人安静，一时无事。然如宅龙千总雍鹤龄、革什咱总保彭满泰，实力既雄，性复骄蹇，驾驭失宜，难保无事。纵使丹巴番人敬畏政府，则整饬团务，增加实力，为最要图。

土司 丹巴土司分述如下：

1. **巴底土司** 旧宣慰使职。辖17村600余户。民国元年缴印归流，二年与巴旺、丹东叛乱，乱定后颇恭顺。现土司年17岁，政权操纵于其姊及大头领。前年汉人戴泽普创会党于林卡街，汉番附者甚众，势倾土司。土司姊擅杀附戴之保正二人，戴逃去，会党解散。土司以擅杀官委保正，畏罪避往炉城，旋以政府不罪得归。

2. **巴旺土司** 旧亦宣慰使。辖16村500余户。与巴底、丹东同缴印归流，又同叛乱。乱定后老土司瘐死丹巴狱。今土司17岁，与大头领根雀互讼累年。家资荡尽，现由老土妇主政，亦恭顺。

3. **丹东土司** 辖丹东河上游600家。三土司之乱，丹东为首恶，受创亦最深。老土司瘐死，现为小土司主政。其地偏在县西北，与官府发生关系甚疏。粮税皆土司代缴，政教文告，奉到而已。

4. **革什咱总保** 辖丹东河下游600家。原隶丹东土司，设一大头领。三土司乱后，与丹东分离。头领威权，直如土司，唯无土司名，从民国制称总保。现总保彭满泰，原头领伴当，通头领妻，弑而篡其位。前某知事，封之为营长，故又称彭营长。其人有才，通汉语，有死党百余人，快枪、叉子枪甚多。昔与戴泽普相仇，互至县署咆哮，司徒知事不能制，对新卸知事彭斗胜甚恭敬。

5. **诺米章谷千户** 原明正土司辖地。凡24村，1000余户，置土千户统治之，世袭如土司。归流后，直属于丹巴知事，改称总保长。现千户杨国材，性仁柔，颇得番户心服，对政府亦颇恭谨无野心。

6. 下宅龙守备　清季番户雍某以军功授世袭守备职。有番民9寨，居六屯山地。"八角之乱"，守备雍天顺附之。乱平被罚，割5寨为千总百姓。现辖4寨，颇恭顺。

7. 上宅龙千总　原隶守备。"八角之乱"，千总不降，被杀。乱定官府嘉其忠，割守备属5寨于其子雍鹤龄统辖，其中二寨半在丹巴境，二寨半属懋功。鹤龄又兼领懋功、汗牛守备千总二印。与阿日土司为婚姻，恃其奥援，骄纵逾度，对于丹巴之差徭赋役，多顽抗不支。现懋功土团冲突，阿日土司已有叛乱之迹。雍鹤龄能否牵入漩涡，深可虑矣。

人民疾苦　此次视察丹巴，遍历乡野者20余日。所至，汉番陈述疾苦。约举数端如下：

1. 差徭　昔明正土司时，除每户粮1斛、银1元外，又有力役之征。诺米章谷二十四村，除常供伴当60名外，又每月送汤役20名，供土署采薪汲水之役。京差往来，则支乌拉，无定额。改流以后，粮银照完于官府。汤役乌拉，唯对汉官与公事人员供役。行之既久，支应益滥。厮养女仆，及与公事人员接近之商贾行人，皆得支用乌拉。自丹巴经东谷、旄牛，逾大炮山至康定一路，公事人员往来，即无间日，此带人民，支应乌拉、汤役，亦无虚时。前陈镇守使规定，旄牛乌拉，一直送到康定。其间长300里，途程4日，2日无人家，乌拉娃皆坐地露宿，日则负重赶程，苦于牛马。且去时皆有军队护送，逾山无虞；归则赤手驱马行，劫匪利其牲口，时出拦劫，劫则尽驱牲口，剥衣物而去。旄牛人民，言者泣血。又时有不肖之军人胥吏，行则多填马票，强迫人民多支乌拉。至则挑别肥瘦，故意为难，逼人折价，每1站索价4－5元，3元为最少。其地金融枯窘，土人狩猎、采药数日始得1元，而乌拉须时时折价。故每闻公事人到，无不疾首。（全县唯第三、四、五区，不当官道，受乌拉害小。）二十四村人除支乌拉、汤役外，又当供应县署之火药、鸡蛋、鸡，修缮木材与递送隔县公文之役，悉无代价。汉民与丹东、巴底、巴旺各土司，皆不当应此种差徭，其首人等有专呈，呈请饬各土司百姓平均分担，业交由政委会转呈矣。

2. 差吏　上言各种差徭，唯番户供应，汉民例不当差，无此苦楚。唯衙署差吏，多不通番语，其搪索技巧，不适行于番户，唯对汉民优为之。每持票下乡，所至需索，稍不如意，则鞭笞首人，威胁百姓。或有抗拒，辄锁系来城拘禁，上官不得知也。纵属守善自好之人，苟有余积，亦必挑逗团邻，造事累之。虽或被人告发，恃与知事亲故，轻则含糊了息，重则逃扬不究。琐事繁多，不胜举证。

视察日程 六月二十三日，自康定行赴丹巴。二十六日，逾大炮山入丹境，当日宿奎容。二十七宿旌牛。二十八宿东谷。二十九抵丹，接洽官绅一日。七月一日，自丹巴行赴巴旺。二日，赴巴底。三日，赴白松塘抵崇化界，回宿巴底。四日，回宿巴旺。五日，赴革什咱，回宿丹巴。六日，参观丹巴各地方机关、法团、学校、教堂。七日，自丹巴赴六屯，宿卡垭。八日，宿三岔沟。九日，登三木札绘三营地图，回宿太平桥。十日，回丹遇雨，宿约咱民家。十一回丹巴。十二独行赴绒坝沟，宿江达。十三自江达赴绒坝看金厂故迹，赶回丹巴，至宋达天晚，步月回丹，已夜半矣。十四、十五两日，绘丹巴地图，记丹巴杂事，待回康乌拉。十六日自丹巴回康定，与卸任彭知事同行，当日宿东谷。十七宿旌牛。十八宿青冈坡打野。十九逾大炮山出丹巴界，二十抵康。计凡在丹巴境二十三日，在城三日，在乡二十日。全境唯丹东一角，未曾亲往，余俱往返视察，所至测量地形，记载自然状况，探询社会情形，未尝休息。

第四号——道孚县视察报告

境域 道孚县位雅龙江支流炉霍水①之下游。原孔色、麻书、明正、丹东、鱼通诸土司辖境。清末划五土司地为道坞县,民国易今名。自县治东至党岭接丹巴界140里;东南至松林口接康定上牛厂区60里,复为本县泰宁乡,又80里至中古梁子接康定下牛厂界;正南逾查坝乡至雅江县界230里;西以麦科山脉与瞻化接界;西北至将军梁子接炉霍界80里;北至鱼科寺接曲司家土司地界120里。全境作大钩形,分为六区三乡如下:

城区——辖县治市街及铜佛山汉民共200余家,设有汉保正2人。

明正区——辖治北新垭、明正、足窝三沟番民100余家,原明正土司属地,现设保正1人。

孔色区——辖将军梁子以西、大河以北番民200余家。原甘孜孔撒土司属地,现设保正1人。

麻孜区——辖大河以南,至麦科山脉之倾斜地内番民100余家,原甘孜麻书土司属地,现设保正1人。

革西区——辖党岭以西、松林口以北、县治东南番民300余家,原丹东土司属地,现设保正1人。

瓦日区——辖瓦日沟及下甲斯弓二河谷番民100余家。原明正、丹东、麻书三土司分属之地,设治后合划一区,设保正1人。

查坝乡——位置县极南,分牙槎、俄德(上查坝)、啄托、朱你(中查坝)、葛德、甲拖(下查坝)6村,共有番民600余户。原隶明正土司,设土百户6人治之,归流后改称村长,划为一乡。粮税完纳道孚,差徭支于康定。其地路险人凶,为著名匪窟。除少数番民能出入收税外,政治势力殆不能及。

泰宁乡——辖格达梁子以西,草原中农民番汉共200余户。其地位大高原中,

---

① 即鲜水河。

四面牛厂，俱属康定。唯农户向皆受教育于惠远寺。寺距康定280里，距道孚180里。故设治后，隶属道孚。现此乡置汉团总1人，保正3人，地方事权，仍操于喇嘛寺。

鱼科乡——辖明正区北大草原中牧民200余帐，原鱼科土司属地。宣统末年，鱼科土司家因不肯缴印归流，被剿并诛，以其地划隶道孚。土司有弟为喇嘛，方在藏中，后回鱼科寺。牧民事之如土司。其地人无定着，施政困难。每年除征牲税600元外，一切听喇嘛寺自主。

六区三乡外，又有特别区域四处：

木茹——瓦日沟支流木茹河谷中，农民牧户100家，故隶明正土司。其人十九不事生产，以劫掠为业。归流以后，历同化外，汉官汉民，不能入境。唯每年仍完牲税30元，农粮附明正区完纳。

竹窝、汤龙——为革西、麻牛厂2村。番语"麻"者，本源之意。谓此带牛厂为革西区农民祖先之遗嗣也。革西、麻牛厂凡分10村，东8村游牧于松林口以南，龙灯坝子一带，现隶康定，即上牛厂也；西二村即竹窝、汤龙，位木茹之北，铜佛山之南，隶道孚，每年自完牲税120余元。（竹窝，公文中或译为朱窝；汤龙，或译为沓朗。）

曲司家——曲司家土司官寨。在绥靖县北，距道孚五日程，与道孚鱼科接境，辖农牧共约万家。宣统末年，代理边务大臣傅华封，檄曲司家与鱼科土司同时缴印。曲司家遂缴，鱼科抗拒，征服，其地并划归道孚委员管理，拟设治未成。地距道孚设治太远，历任官吏，从未顾及，遂复还为自主区域。

固衣——孔色区与炉霍罗科马接界之地，有番民十余家为一寨。从未完粮当差，居然化外。其民风慓悍善斗，历届官吏，置之不理。

以上各部，唯明正、孔色、麻孜、革西、瓦日五区，为道孚精华之地。沿河一带，村寨鳞比，麦浪如云。全县差粮，半出于此。另呈道孚县境图一幅（图略），详具区界与主要村落道路河流之分布。其泰宁、革西、明正、孔色、麻孜，各区形势，皆经实地步测。至木茹、查坝、鱼科、瓦日四区，为视察足迹所未至，系以天主教士古德纯步测图稿补入。

地势 道孚全境为大高原。北自康定折多山麓斜行入炉霍境，数百里中，长平如几。虽丘陵河谷，纵横密布，亦犹雨湿纸面，微有皱棱耳。其间松林口最高，约为海拔3800米。道孚治最低，约3000米（据生物观测）。此几状高原之两侧，皆大雪山。东北曰党岭山脉，斜与大炮山接，为道孚、丹巴之天然界线；西南为麦科山脉，斜贯县之南境，与康雅交界之高日寺山衔接。几状高原之水，分自瓦日、泰宁两区，横贯大峡谷，会于查坝，流入雅龙江。北为炉霍河，自炉霍流入，经治城南，曰瓦日沟，入查坝境，曰查坝河，水量最大，为全县主流；南曰泰宁河，分自松林口、格达梁子、中古梁子三处流出，会于靖达，入于查坝，为南部干流。二河下流，即当瓦日。查坝境内，水激滩多，岩岸陡峭，颇似丹巴。

地质土壤 道孚高原带，砂质土壤与拳状角砾，盖被三四十丈厚，通常不见岩骨。弥望丘陵，皆土山也，入龙步沟，渐见云母、片岩与角闪岩、花岗岩、石灰岩之露头。党岭山脉，由是构成。南部高山，森林密蔽，未往视察。察山脚石砾，以长石为多，高原中部土壤之厚润，盖由是化成之黏土丰富故也。

气候 附郭五区，气候并甚温和。余至适当八月，各日平均温度在摄氏 20 度至 24 度之间。时方收麦，高田苦旱，麦实不能甚饱而熟。尚无冰雹、暴风之害。泰宁乡地势太高，霜雪甚早，夏秋每有雹灾，故可耕之地，荒弃八九。鱼科乡更高寒，竟无农作。瓦日、查坝二区，山高谷深，地斜向南，能长受南洋温暖气流，故其河谷，最为温暖，直与丹巴中部全似。唯山岩险急，农地无多。高山之部，虽有平野，则已寒如鱼科，不足耕矣。

道孚雪山，唯党岭附近高部盛夏不融。余部虽有高山，夏不见雪，唯绿草不生，知其断白未久而已。

农业 道孚可耕面积，就气候、土质言，应占全面积十分之四，而实际耕作面积，不过十分之一。其惰耕原因有六：

1. 番民以耕地为差粮田，每 1 差户，耕地若干，俨如均分，禁止买卖分析（边地殆皆如是）。每家 1 子，承产当差，余子均寻他业，或为僧，不得有土地。故承产者无增产欲，不愿多事开垦。

2. 番民以未耕地为神山，禁止人民动土。

3. 番民凤所放牧之丘陵原野，认为私有牧场，拒绝耕垦。

4. 道孚夏季乏雨。麦类含苞期间，必须灌溉。农作非在水滨谷口，难望丰收。故土丘高原，纵甚宜禾，人弃不耕。（曾登海子冈，见丘上所种小麦、青稞、豌豆，皆甚丰美。其地高于河谷 30 丈，同高之土丘，数十方里，皆旷土。知非不能耕，不愿耕也。）

5. 道孚土民专横骄纵，汉民善垦而不敢垦，土民能垦而不垦。

6. 沿大河部，差徭频繁，农民率多他徙，弃地不耕。中古、八美，其著例也。而荒地尤以泰宁乡为多。

道孚农产，以小麦为最，青稞次之，豌豆又次之，洋芋、芫根、蚕豆、菜蔬又次之，不种玉蜀黍。豆麦皆三月下种，阴历七月收获。麦质甚佳，豆粒渺小，仅及内地之半。农人不知耕耨、除草、施肥之法，唯知下种与收获而已。地内石砾叠积，野草丛生，不顾也。沿河各坝，皆年一收；高地及泰宁，间年一收。耕地用长辕木犁，二牛挽之，入土仅寸许，耕沟间约一尺，不相密接也；一月后，再正交耕之，成井字；一月后，再斜耕之，成对角线。其粗笨情状，令人掩口。诚能吏治上轨，劝农得人，使之倍获，易如反掌。

林业 道孚山地，皆有茂林。林地面积，占全面积十分之三。木材以雪枞为主，概集山阴，森然比立，俨如插针；微转山阳，即无巨木，或为草原，或为矮柞，或为他种阔叶灌木，绝无枞、杉形迹矣。是故任立道孚何处，自北南望，遍地皆林；自南北望，遍地皆草；自东西望，则森林草原，错列如栉齿。游此县者，无须南针，足辨方位。森林最著地方，为松林口、龙步沟与瓦日、麻孜二区之北向山坡地带，并与丹巴青冈坡相似。林内产麝、鹿、熊、狼、文豹、鼯鼠、松鸡、马鸡之属与秦艽、贝母、羌活、大黄等药材，县治与泰宁二处，为药材、兽皮之集散地。

牧业 道孚牧场面积，约占全面积之十分之六，而牧业并不发达。汉民及五区康民，概以农业为主业。唯少数富家，雇养小娃子，放牧牛马数十头，自供乳酪与转运之用。唯鱼科与革西麻（大半属康定，详前条）为纯粹牧业区域。其牧场组织、牧业情形，与康定上下牛厂全同。牧畜以牛为主，马次之，羊又次之。牛有黄牛、牦牛二种，黄牛供挤乳，制酥油用，价甚高；牦牛供驮运支差用，牛厂娃之包运货物者，称驮脚娃，其主要财产即牦牛也。又有仅供肉用者，称为雅牛，价甚贱，每只值数元而已。马种较丹巴、康定种佳，而因产出过多，养者不甚注意训练，故鲜名马。羊以绵羊为主，供肉用及皮毛用；山羊供挤乳用，养者较少。

交通 自康定逾海子山埂、格达梁子，经泰宁城、松林口、道孚县治，逾将军梁子，至炉霍、甘孜，西由昌都入藏，向称关外"北路"。与经巴塘入藏之"南路"对称。清末经营川边，沿途有台站，道路宽平，往来甚便。民国初年，海子、大炮山一带，匪风猖獗，官商北来，改道长坝春、中古、八美、少乌石一路，割松林口大道。先是北路乌拉替换法，康定支三道桥，三道桥支中古，中古支泰宁，泰宁支道孚。此道废后，改由八美，则康定支长坝春，长坝春支中古，中古支八美，八美支道孚。此路民户少，民三以来，关外剧乱，此道军行频繁，中古、八美之民，不堪扰害，相率远徙，以避差徭。于是田土荒芜，房屋尽毁，长坝春至中古乌拉，无人替换，由官役人等，强拉过站。此风一成，他处转相效尤，乌拉弃乱，不可收拾。

甲站既估过下站之乌拉,他日甲站差民至乙,乙亦估逼过站,以为报复。于是北路各站,乌拉马匹一经支出,数月不返。乌拉娃携带口粮多少,不能预料,每每远行数百里不能自归,至于卖马乞食,流为劫匪。民国九年,始于泰宁增设乌拉站,以替八美。(八美遗民,皆附泰宁支差。)于是南北往来,皆由长坝春,经中古、泰宁,割松林口。唯过站之风,仍未弭息,差民苦痛,毫无衰减。民十五年,道孚欧阳华莅任,始召各站头人结约,永禁过站,违者严罚头人,仍偿脚价。此风既弭,匪患亦息。唯松林口丛林参天恒30里,其东南北三面,又皆旷茂草原,百里无人居,木茹、查坝与革西麻番户,时出行劫。仍赖知事欧阳华邀木茹、查坝番至铜佛山(木茹、查坝番,从不受召入城)晓谕祸福,诫勿劫掠。同时严饬松林口附近牛厂,严防劫掠,如或出事,唯牛厂首人是问。昔松林口为著名险路,近年则清静与关内相同,北道安宁皆欧阳之力也。

以上所记,为北路干道,另有支路数条如下:

1. 循龙步沟,逾党岭,至丹巴。沿途皆山谷。
2. 自县治北经明正区,至鱼科寺,更循二楷沟至曲司家土司地。沿路尽草原。
3. 自县治南渡皮船,至麻孜,沿河至角卡。复渡皮船割将军梁子大道,自角卡沿河至炉霍仁达沟,沿途皆河岸沙坝。
4. 自县治南渡皮船,循瓦日沟、查坝至雅江之八角楼,沿途皆山谷。
5. 自泰宁经八美、塔光寺、耙桑、白桑至康定东俄洛,沿途皆草原。

人民 道孚人民,据粮册,业农者2132户,牧户无册籍可查。唯道孚粮税,久未整理,漏户极多。就观察所见,自可卡至将军梁子之间,沿河平原,人民之密,过于全康。闻瓦日、查坝,亦甚稠密。唯泰宁乡住民稀少。大略估计,全县农民,约有3000户,牧民1000户,就中汉民占百分之三,番民占百分之九十七。汉民唯县城、泰宁、觉乐寺三处有之,其移居历史如下:

县治——道孚县治。土名"日失你",有孔色、麻书、明正、丹东百姓合建之喇嘛寺。(几区百姓,距各主管土司住地,并极弯远,故合建一喇嘛寺于此。喇嘛寺为番民之信仰中心,亦其政治中心也。)前清中叶,已有川陕商人,贸易于此。民国初年,平复喇嘛寺,以寺产充公,招民耕垦,又增加垦民30余家。现治城市街与附郭垦民,农商合计共200余家。有快枪百余支,足以自卫。团总丁培芝,保正阎朝清、阎朝禄等,并以商业雄长番中。

泰宁——泰宁城,系年羹尧所筑,在惠远寺对岸平原中。方广各2里,建街房40余间。置把总1员,戍兵12名于此,称泰宁营。城内隙地,划为50余区。当时原许戍兵娶妇生子，比于旗籍。每兵给地一区，自耕自食，余区为把总饷糈。其后兵备废弛，化为农民，子孙繁衍，析产增垦。现共四十余家，兼营农业。

觉乐寺——觉乐寺，清季称为觉乐汛，设汛官戍兵如泰宁。清末汛废，兵化为民，凡20余户，多为汉番混种，习俗、语言，概已康化。

以上三地外，全为番家分布之地。其俗强悍，拒绝汉民领垦置产，有时拒绝游历，唯对官府敷衍差粮而已。其民，男女力作，毫无轩轾，忍饥耐劳而不善治生，不知储蓄。同村之人，利害祸福共之。一人有怨，全村为其报复，往往寻仇数世，相杀而已。信奉喇嘛，凡事待决于卦。每家必有一人以上为僧，大家皆自设经堂。无论男妇，行坐之间，喃喃诵"唵嘛呢叭咪吽"六字不绝。男女一长袍，不着裤，女子未嫁单辫，既嫁双辫。男女相悦，不得请于父母，相继逃入林中，寝处数日，通知其家，则无不偕矣。

商业 道孚县治与泰宁二处，为二商业中心。内地汉商，多派人来此坐收鹿茸、麝香、虫草、贝母、秦艽、大黄等药材。本地汉户之富者，与喇嘛寺并自经营商队，或自养驮牛，或雇佣驮脚娃，贩运关外土产、兽皮、药材、盐巴等于打箭炉。自炉运茶、布、洋货于关外，每三四十驮为一队。携犬及枪，以防劫匪。随地就水草而牧，日行五六十里，不住栈房，不带草料。除炉城外，无关税厘卡，故其利率，较内地经商为胜。每年每家，贩运数次，如无劫掠，终岁温暖有余矣。

至于各区番民，衣食起居，安于粗陋。除茶以外，无需外物。即珍货满山，亦弃不采。故除汉人住地外，悉无商业可言。

工业 道孚无工业，小如烤烧饼，亦唯一二汉人。建屋用全木架壁及屋顶，虽高碉数重，亦层层砌叠，柱不连贯，且即此工，亦倩名山木匠为之，番民不自建也。

矿业 道孚遍地浮土，不见石骨，故无矿苗露头。唯泰宁河垭沟沿途浮砂，中有沙金。清末开厂，一时颇旺。近已废弃，卸任丹巴彭知事，现在上流开厂淘金，已将一年，才得二两。据锤手言，金在河底，现正凿沟觅穴。

吏治 道孚知事欧阳华，自民十五到任，今始更换。新任林知事，尚未到职。查欧阳为人，昔颇明断，近年好佛，慈祥自喜，鞭扑以二百为重，对人民无疾言厉色。深信通事羊马札西，诸事听从其言。羊马札西系番民，对于番务，多所顾忌。道孚番俗，本甚顽悍。欧阳全用德化，慈祥无威。虽能一时敷衍治象，而番志渐张，欺逼汉民。前途隐忧，种于此矣。抵道孚日，汉民皆以知事柔懦为叹。番民亦无称颂之者。然详查欧阳政绩，确有数端，冠冕北道：

第一，整顿北道乌拉，消弭匪患。

第二，去年北道大赃案，正酝酿时，炉、甘、瞻三县知事，迭邀加入，欧阳超然自持，不入漩涡。

第三，在县四年，无人道其有贪赃枉法之绩。

第四，道孚骄番悍绅颇多，虽不能屈之，亦颇持正守体，不为所屈。

盖关外吏治，敝坏极矣。浊流污世中，求一廉正清明之士，实不可得。如欧阳者虽有数短，不掩此长。诚能助其奋发，更求建树，诚良吏也。

教育 道孚仅两等小学校一所，创自清末，现由建设委员陈惠中办理。高级班仅学生4人，初级班20余人，皆汉籍。办理尚属认真。番民以学喇嘛受教育，不肯读汉文书。

团务 道孚现无团局，仅有团总1人，副团总1人。团款闻约10000余元，团枪10余支，并在团总丁培芝手。先是丁商番中久，习番情番语。归流之役，官府颇倚任之。辛亥喇嘛之乱，汉人尽降，唯丁有快枪1支，守宅不附。夏营来讨，丁暗助之，乱定，丁有威名，号"丁蛮王"。政府鉴于前祸，饬汉户成立汉团，丁为团总。又召诸番入团者不当差，但纳团捐银若干秤，称家贫者议定。诸番畏差徭者，相率入团，故积团款甚富。亦未成立团局计划组织，但每年由丁集绅算账一次。丁既雄于道孚，人不敢问。后丁与阎姓讼败，威名顿挫。去年秋，五区番民，谓丁暗吞鱼科差费，聚众作乱，声言逐丁团总，实与汉民为难。（鱼科案定年帮五区乌拉费600元，历数年未帮，丁与鱼科娃相善，故人谓丁实吞其款。）适与炉霍朱窝战乱时，丁思拨其款。诸番亦闻向营行将出关，惧而宁息。自是汉人咸议，终由丁认赔鱼科欠款。欧阳仁柔，亦不能决行。本年西康团务学校毕业学生，分发回县，栖托无着，欲拨此款入手。然团务生皆年稚望轻，仍非县人所愿也。窃道孚汉民100余户，涣如散沙。丁为人精干多才，遭遇挫败，众犹畏之。十六年中，两遭番民威逼，办团自卫，诚属要图。况团款已积10000余金，快枪100余支，办理基础，已甚完备。历任官府，不能注意此点，诚可惜也。但观察目前县人俱唯把持团款是求，不解办团旨趣，则此款此枪，任在何人手中，皆属无益，人亦不服。计唯由官府方面，督促团务生，拟具办团方法，集众议行。正式成立团局，先就汉户，编制门丁，切实训练，务使调遣灵活、军容严整，人解联合自卫之义，无自利之私。然后足以威服诸番，消其妄念。俟汉团有效，再图推办番团。训练番团，要在诱其向化，不必真教战也。果能循此步骤，庶足以折服众心，于事有益。当曾对团务生建设丁团总及地方汉绅，逐一详论此旨。劝其俟新任到县，议请实行。边民顽顿，未知其果能行否。（边地情形，各县不同。如道孚断不能不办团，炉霍则不必办团，甘孜则断不能办团。详情容于各该县报告中陈述。)

泰宁远在道孚南境，四面牛厂，多劫匪。中间汉人聚处圮城，旧有团局，置枪10余支。民九，丹巴遭戆匪之乱，陈边使调泰宁团丁往攻。一战克捷，而子弹损失罄尽。事后政府并未嘉奖，亦未偿还子弹。现泰宁团局仅存空枪，藏匿民家，不敢外露。亟宜发给相当子弹，恢复团局，使往来护送海子山、中古梁子、松林口一带行商，肃清道路，严防私售枪弹与人可也。

税收 道孚未设征收课。税粮由县署兼收，其各项收入如下：

粮税表

区名	完纳户数	粮石（石）	说明
附城区	256	26.571	每斗向例折收藏洋4元，每年开征或粮或银，听民自纳。如奉令预征时，每斗以藏洋3元折征。
明正区	149	44.287	
孔色区	226	58.023	
麻孜区	177	49.535	
瓦日区	165	44.445	
革西区	334	84.385	
泰宁乡	228	186.488	
查坝乡	567	189.129	

观上表，附城与泰宁乡各200余户，已征粮共200余石。附城区实包铜佛山垦地在内，与泰宁乡皆高寒薄土，粮税尚如是之多，而革西、孔色五区，号称道孚精华之地，皆100户以上，征粮不足300石，可见道孚粮税，最不公允。加以整顿，可增收500—600石。

牲税表

区名	银数（藏洋元）	说明
附城区	26.3	附近富民有牧厂，在松林口等处，附完牲税于城区。
木茹（明正区）	50.00	木茹牲税案定50元，木茹娃自云30元，每年欠20元。
竹窝、汤龙（革西区）	123.2	原额145元，民十五因有逃户，呈准豁免21元2咀。
麻孜区	24.0	麻孜头人边坝然丁、次绒格西，有牛厂在门土山上，自完牲税。
泰宁乡	120.0	泰宁寺有牛厂，认完牲税。
查坝乡	210.0	查坝上中下三村，每村认完70元。
鱼科乡	600.0	鱼科无粮，只完牲税。

查牲税例，每牛马1头，年征税1咀，羊10头1咀，道孚年征牲税总额仅1153.5元，合牛马4614头，实际不及五分之一。诚使政治势力能达各乡，亦可整理增加。

杂税表

月份	契税（大洋）	契纸（大洋）	印花（大洋）	酒税（藏洋）	屠宰税（藏洋）	金课（藏洋）	学租
一	18.8	1.0	0.5	提	提		
二			0.9	提	提		
三	9.2	1.0	0.8	20	81.2		
四	1.0	0.5	0.7	20	33.1	5	
五	1.6	1.0	0.3	20	34.0	20	学产在泰宁年收租金291元1咀（藏洋）
六	4.2	1.0	0.6	20	39.3	20	
七			0.2	20	53.0	16	
八			0.5	20	52.0	16	
九				20	46.2	16	
十	4.2	0.5		20	85.2	16	
十一	1.68	0.5	0.1	20	399.3		
十二	1.2	0.5	0.6	提	提		
合计	41.88	6.0	5.2	……	……	109	291.25

屠宰税例，宰牛1头，取税2元，猪1头1元，旺月由财务统筹处派员专收，兼收酒税，直接报解。故县署无卷可查确数，表中填"提"字者是也。

统计道孚全年收入，共粮600余石，大洋50余元，藏洋2500余元（专提者在外）。约共合大洋10000元。支出行政经费、教育经费与惠远寺衣单银等，共大洋6200余元。

教堂 道孚县治有天主教堂，附设小学一所。清末遭喇嘛寺之乱，焚毁。法教士谭司铎，被喇嘛捉入寺内，裸缚拔须，后回康定死。事后中央赔偿，重建教堂，现法教士宝元楷因番民排斥，无所施展，终日以钓鱼消遣而已。

喇嘛寺 番俗，一村有一喇嘛寺，一区有一大寺。道孚喇嘛寺之多，不胜记载。最大者为惠远寺与灵雀寺。

惠远寺 在泰宁故城对岸大平原中，俗称泰宁喇嘛寺。创建于雍正间。雍正未克西藏时，曾安置达赖第七世于此。其后征克西藏，达赖徙居拉萨，派一堪布来寺，主持教务，以后世世遣堪布为寺主。寺僧300余人，有寺产100余户。每年收租数百石，发给寺僧人十斗，余存公仓，为商本。又清时，每年由朝廷发给该寺银770余两，供僧零用。故寺甚富，僧众颇骄横。光绪末年，因拒开金矿，曾杀一都司。经痛剿后，寺被毁重修，规模大减。民九康藏划界后，堪布不自安，去年回藏不返。现由寺院僧公推二人为当家喇嘛，暗中仍奉达赖喇嘛甚虔。唯道孚百姓，多附灵雀寺。此寺百姓，仅泰宁农民200余家，武备缺乏，不敢为乱。此寺有直辖差民百余家，设乌拉站后，中古、八美、少乌石、吉垭等村，亦附之支差。年帮乌拉费于该寺，故该寺设站后，不唯无损，且有余利。其前站康定属之长坝春，仅30余户，与之同样支差，力实不支，屡向康定县署呈请函催道孚恢复中古乌拉站，以轻负担。视察员至长坝春时，村民亦环诉所苦。查考实情，诚有难支之势。目前海子山道，既未恢复。长坝春支差过苦，恐一旦超过弹力，仍蹈中古、八美故辙，相率逃避，则北道势且断绝。随至中古、八美，留心考察，见荒墟满目，逃民未还。及至泰宁，察其支差能力尚大。拟即改订章程，使泰宁支过长坝春之乌拉，延长至康定。俾长坝春只支北上乌拉，不支南行乌拉，负担减轻一半。移于泰宁，在泰宁力固能胜，不足为苦。且其充本（喇嘛商曰"充本"）常整驮队至康定运茶，空马而往，载茶以归。此后即由乌拉驮回，亦颇合算。此意已函商政委会施行矣。

灵雀寺　为道孚第一大寺，在县治之侧。容僧1800余人，合住外各僧，共3000人。院宇大于市街全部，明正、孔色、麻书、瓦日、革西五区百姓，皆出家于此。寺僧骄淫不法，居大多数。宣统三年，赵钦使过此，受人密告，单开不法喇嘛百余人，交设治委员查办。僧众遂率五区百姓作乱，焚教堂，捉设治委员与教士入寺，备诸窘辱。旋由夏海清、朱宪文二营受檄来攻。历二月余，始克讨平。当时因川省有路潮之事，边军不能痛剿，寺僧逃老林中，凝结未散。尹昌衡入康，崇信佛教，妄为抚绥，召回前僧，仍住该寺。其后历任道孚知事，皆无威重，僧焰渐张。五区百姓，仍受指使，动辄要挟官府，威逼汉人。陈遐龄时，往来北道，驻宿该寺。寺僧乞还已充产业，陈面许之，而公文不准。番民遂谓已准，力逼垦民周兆熊等，退还产业，骄妄无法，不近情理。欧知事苦无驻军，不能裁制，唯使人婉阻之而已。视察至道孚，垦民来诉。当传寺僧来寺，宣传本军威德，反复开导，始允不争。及传案讯结，竟推诿不到，但具切结，不敢再受贿而已。该寺主僧有二：一为无卡佛都督，年才20余岁，颇知大义。近因调停鱼科帮差案未成，忿而入山，静坐诵经，不预世事。一为奔龙佛都督，即前次作乱首领，野心不死，时思蠢动，暗中逼勒五区番户，各购快枪，时时潜出点团，其意可知。先是各区番户，各推老年人十人，评议民事，有指挥番民全权。奔龙并与结合一气，挟持官府，阻挠施政。前岁借口鱼科帮差案，整兵入城，几成大乱，皆奔龙等所为也。此人不除，终酿巨祸。唯目前民团驻军，两无所恃，欲以文吏去此大憝，亦大未易也。窃炉霍民风较驯，其喇嘛寺经去岁惩创后，亦颇恭顺。所驻军队一连，似宜移驻道孚，以抑其焰，而护垦民。驻军到时，便可因案逮捕奔龙，取销50老人，整饬法纪，清理粮税。使政治势力，永臻巩固；北道门户，无复隐忧。诚防患未萌之计也。

土司 道孚现无土司，唯有前明正、丹东、孔色、麻书各土司之世袭土百户而已。鱼科土司于宣统三年被诛，其弟在鱼科寺为喇嘛，受部民推戴，俨如土司。

视察日程 八月八日，自康定长坝春出发，逾中古梁子入道孚境。九日宿泰宁营，考察八美荒地与河垭金厂一日。十一日自泰宁渡松林口，宿河卡。翌日至道孚。十三至十六日，绘康定县地图、康定治城图，撰《康定县视察报告》。十七日接洽官绅。十八日赴龙步沟绘图，翌日回寓。二十日调查灵雀寺争地案。二十一日发铜佛山，绘瓦日沟地图。二十二日与欧阳知事商结灵雀寺争地案。二十三日赴炉霍宿大寨。翌日逾将军梁子，出道孚境。以上计往道孚十七日，在城七日，在乡十日。所至测制地图，绘入日记。调查民风，记于另册。

第五号——炉霍县视察报告

境域 炉霍县跨东谷河与泥坝沟之下游。相传东谷河为炉水，泥坝沟名霍水，县治当二水合流处，故名"炉霍"也。① 东以将军梁子与道孚为界，去治 80 里；西以罗锅梁子与甘孜为界，去治 150 里；南以麦科雪山脉与瞻化为界，去治约百里；北以罗科马与俄洛"野番"接界，去治约 150 里。全境作斜方形。对角线鸟径并约 20 里。凡分七区如下：

本城乡　辖县治市街与附郭老河口、加基河坝等处汉番户约百余家。

斯木乡　辖县治东南大河以南 12 村（附距县治之里数）如下：

腮腮龙 12，札交 15，扣目 20，中古 25，瓦达 30，阿冲 35，吉冲 40，中仁达 50，押学 60，仁达（即马晓村）75，头关（即春阳）80，二关 95。

宜木乡　辖治东大河以北 6 村半：

吴日 20（原与宜拜乡之闪达为一村，设治后分隶二乡，各得半村），章达 30，（上甲基龙）甲基中德 40，（下甲基龙）甲基中麦 45，绒坝 60，呷拉宗 80，阿拉沟 90。

雅德乡　辖治西北大河两岸地方共 5 村：

新都河坝 3，察洼（灿龙沟）15，瓦角（甲姑村）40，邓达 50，札巴 90。

宜拜乡　辖泥坝下沟 7 村半：

曲湾 10，不你 25，四季 30，呷巴 35，凝巴（或译宁巴或银巴）40，几热 50，金雀 70，闪达（半村详前）。

以上斯木、宜木、雅德、宜拜四乡地，为前章谷土司辖境。所有乡村区划，皆沿土官旧制，每乡设头人一人，现称保正；每村设"学巴"一人，现称村长。斯木乡每村所辖约十余户，余三乡每村约辖 30 户。

---

① 所传非是。东谷河，藏名"达曲"，意为"月亮河"。泥坝沟水，藏名"尼曲"，意为"太阳河"。"炉霍"之名实取其为打箭炉厅属霍尔章谷土司地方之义。作者后来已修正。

朱倭乡 原朱倭土司辖地，凡12村：

林达50，卡抙60，当卡（亦称郎多村。当卡至雄鸡岭皆属之）70，勾底70，虾渣80，颠古100，朱倭（土名植物学）120，东班130，充谷140，阿堵（阿登龙）160，埂达140，绛达（在泥坝沟，距治200里，属朱倭，唯官粮册与朱倭土官所举朱倭属村皆无其名。疑附属于埂达村）。

罗科马区 罗科马大草原，在县东北境，面积广大，皆牛厂娃，每年只缴牲畜税150元，不受官府约束。

以上各区，除罗科马外，余区皆经实地观察，随手绘图，附呈炉霍地图一幅（图略），难免累黍之差，足为聚沙之助。

地势 炉霍南屏巨岭，北依广原，中间为丫字形之长谷。东谷河与泥坝沟并自俄洛"野番"地界入境，经甘孜县东谷地界，夹乃龙山脉东南流，会合于县治之北，是为炉霍水，绕将军梁子入于道孚。水流纤缓，无激湍怒涛，沿岸多小平原，海拔3400米左右，农业兴盛，村舍繁多，为县境精华地带。去河三四里地，海拔3600米左右之高原。南极麦科山麓，东尽将军梁子，北包罗科马牧场，西逾罗锅梁子入甘孜地境皆是也。高原之水，泻为溪谷，会于炉霍河。沿溪之地，每多急斜峡谷，天然森林，多被其间。若高平地，皆良牧场也。县南境之麦科大雪山脉，西北境之乃龙山脉，皆高出海面4000米以上，终年见雪。麦科山脉尤高（大约海拔5000米以上）。西逾雅龙江与甘孜之喀洼洛里山遥接，东入道孚南境，为道、炉、甘三县之天然屏障，仅有山埂数处，与瞻化交通。

气候 炉霍气候，较道孚微寒，雹灾较道孚微烈。余与道孚全同。

地质土壤 麦科山脉、乃龙山脉并由变质岩成，岩层向地心直垂，历受冰雪侵蚀，锋棱怒立，风致奇诡。山顶盛夏，雪厚数尺。可远望不可登临，就山麓石砾察之，泥板岩最多，长石角闪石次之，花岗岩绝少。山麓迤及高原全部，尽被厚土。厚土之内，包藏角砾，与道孚同。任何地方，皆为黏质土壤。石砾成分占土壤十分之六，惰农因之；勤农除去大者，犹存十分之三四。

物产 炉霍物产，因其地势，判然分为数级如下：

1. **农业带** 沿溪河底部之平原是也。农产青稞为最，小麦、豌豆次之，洋芋又次之。附治地方产胡豆、白菜、甘蓝、萝卜、葱蒜少许。其农作方法与道孚同，上地年一收，唯麦与豌豆相间种植；下地间年一收。无耕种于山陵上者，因县境较道孚高，山陵概高寒故也。统计农地面积，约占全县面积十分之一五。

2. **森林带** 小溪河侧面北之斜坡多是。其林以枞为主，他如松、杉、桧、柏已甚少见，若阔叶树则唯少量之白杨与矮小之野樱而已。麝、鹿、狼、狐、雉、鸽、秦艽、羌活之属，为林带副产。有多数名林，番人认为神仙，禁人砍伐与狩猎。

森林极盛区域在泥坝沟，全县建筑用材与燃料，十六七仰给于此，其次为斯木乡东南部，宜木乡之阿拉沟，雅德乡之灿龙沟、邓达沟等部。统计林地面积，约占全县十分之二。

3. 畜牧带　全县高平之草原带，约占全县面积十分之六皆是也。罗科马为最大牧场，其附近有阿色麻、瓦西等部，皆同化外。其在六区地界之小牧场，有下各部。

本城乡——热马冈、老河口、札呷沟等处，共有牧场15方里。

宜拜乡——四季沟与宗达附近草原，皆为罗科马之牧场。

朱倭乡——各村皆有牧户，牧场之广，牲畜之多，次于罗科马，绛达、棒达二村，尤为发达。

家畜为马最多，牛次之，羊又次之，放牧情形，与道孚同。

4. 药材带　附近麦科大雪山脉与乃龙山脉地方，近林之地，产秦艽、羌活、独活、泡参；近雪之地，产虫草、贝母等并富。山驴、麝、鹿、雪狐等动物亦多。每年药户、猎户，定期结队往取。

交通　自道孚逾将军梁子，经呷拉宗，循炉霍水北岸，渡章达桥，逾热马冈，过县治侧寿灵寺外，循东谷水南岸，经朱倭寨外，逾罗锅梁子至甘孜，为康北干道。宽平如马路，行者无颠簸之苦。旧于呷拉宗、朱倭二地设有台站，长住台书一名，经理公文往来传递之事，由附近百姓当差听使，月支薪水16元。自清末开办，至民国十五年，办理得人，尚无遗误。嗣因道孚可卡台书舞弊，私受差民脚价钱，另以公文信件交邮差传递。邮差十日或十余日始一至，至时或值台书不在，或因公物堆积已多，不能尽受，遂致公文叠压，积数月不能达，经前胡仁刚处长请准裁撤。窃台站即古传邮旧法，在邮政未兴以前，文书往来、公物传递，莫善于此。关外电信未设，邮政仅各县治设代办处一所，每十日或十余日走信一次。又不寄递包裹、书籍，紧急文书与厚重器物，仍须专差传送，所费不必省于台书，而滞迟乃十倍之，似宜仍令恢复台站旧制。但饬政财两处与各县知事，严督台书，使无弊窦。收益之大，百倍所费。不然即宜与西川邮政总局严重交涉，增加邮班，至少当以间日一发为度。庶关外消息灵通，治理较易也。除上干路外，另有小道数条如下：

1. 循灿龙沟、仁达沟，逾麦科山至瞻对3站，沿途皆山谷地，有民户，路颇治。

2. 循泥坝沟，逾乃龙山至甘孜东谷2站，沿途皆山谷地，有民户，更由东谷溯流，经"野番"至甘肃洮州1月程。民国九年，中央接济陈边使枪弹，陈遣使张光典往接，取道于此。查此路通甘肃，较取道界谷（即结古）、西宁为近，且便。特因俄洛"野番"，未经改流，通行其地不易，故道不通耳。俄洛"野番"，皆牛厂娃，与鱼科娃、罗科马相同。凡此数十部族，不相统率，其地介康、甘间，横约千里，纵约三四百里。果使大军出关，征服之亦甚容易。诚使此路一通，则康藏与甘肃间之商业，皆将自界谷移集于甘孜、炉霍二县。界谷现隶藏番，岁收税数千万元。此事果成，其有利边事可知。

3. 自朱倭循河右岸至东谷，或由日多沟入"野番"界，割前路通洮州。民九张光典运枪回康，取此道。

商业 炉霍县商业经营者，寿灵寺喇嘛为巨擘。该寺为斯木、宜木、雅德、宜拜四乡百姓所建。四乡百姓集有公本，由喇嘛推举数人经商，所获红利，即为祀神修庙与购枪械等用。其营业范围甚大，西入西藏，东入炉城，北至西宁、界谷，凡康人喇嘛之日用品、珍奇玩好、兽皮药材、鞍马金石之属，无不办理。而其最要者为茶，四乡百姓，殆无不仰于此。其次为觉黎寺，为朱倭之喇嘛寺。商品限销于朱倭乡。又其次为治城内之汉商，多系陕籍，到边已数十年，有历三世者，共七八家。营业以收买药材为主，兼营兽皮、香茸、茶、布、杂货业。初时皆小资本经营，后渐获利致富，为大庄客，安家置产，居然富翁。侯保正、王德禄二家，其尤著也。又其次为虾拉沱汉户，皆川籍垦民，清末随差入边，领地垦耕，并建屋如街，聚居于此。其地当孔道，有教堂。适于兼经商业，唯皆乏资本，率小贸而已。

工业 炉霍无工业可言，与道孚同。

矿业 朱倭乡之雄鸡岭（河边村名）、加钞，雅德乡之瓦角，斯木乡之瓦达、仁达河边，皆有淘沙金者，并不甚旺。此外无矿产（麦科山金矿，属于瞻化）。

人民 炉霍民户，未曾查见版籍确数。以视察所见村落估计，农民约2000户，牧民约1000户。就中汉民占百分之四，番民占百分之九十六。

汉民住地，本城乡最多，约60户，居县治市街者皆经商，居老河口、加基、新都河坝者，皆垦民，共有垦地50余亩。其次为虾拉沱，有纯汉人30余户，垦地40余亩。又其次为瓦角、呷拉宗、瓦达等处，各仅汉民数家，垦地数亩，大抵近年新移来之垦民也。垦民分布，遍于全县。又分三大群落：

1. 斯木、宜木、雅德、宜拜四乡番民，原章谷土司百姓，世称章谷娃。土司覆亡后，以寿灵寺为团结中心，其人重农轻牧，风俗习惯，与道孚同。

2. 朱倭乡番民，原朱倭土司百姓，与章谷娃历世相仇。其俗农牧兼重，强悍好斗。女子发结小辫无数，披于脑后，有夫者戴"意鼓"（形似茶盖之空圆锥体，银与珊瑚结成），无夫者不戴，颇与甘孜东谷风俗相似。

3. 罗科马、阿色麻一带，皆牛厂娃，无农业。其俗轻慓，多劫盗，与俄洛"野番"相似。

土司　章谷土司，于清光绪二十二年，反对天主堂作乱，经庆钦差平服，全族被诛。寻有改流建省之议，遂未复委土司。其各乡土百户、学巴等，原系世袭，改流后改为公举。年易一人，名为保正，由县署加委，此为关外特有之例。此县在北道中独称民驯易治者，全由于此。

朱倭土司原辖本县朱倭乡与甘孜朱倭乡百姓，共五百余家。缴印归流后，因地势形便，分隶于瞻、甘二县。其土署在炉霍境，甚崇丽，即称朱倭官寨者是也。其土司早死，土妇已为尼，遗一女招德格头人为婿，承土司位。女寻死，续娶明正土司女。今又死，尚未续娶。土司名称，虽早经取销，而部民敬奉，仍称土司。使命部民，无异向日。老土妇现年四十左右，精明有口辩，虽为尼，事权概操其手，德格娃负名义而已。对于官府，差粮无缺，颇以恭顺称。唯与章谷喇嘛寺相仇，从来不敢赴县，惧为章谷娃所害也。

喇嘛寺　炉霍人民较道孚信佛更甚，每家必有一子以上为僧，甚有家有二子，全使为僧，而以女招赘承产者。其庙寺之大者，推寿灵寺与觉黎寺。

寿灵寺　在县治后山大路侧，寺宇大于县治，绕有坚垣，容僧1900余人，号3000人。主僧羊马额周，次察尔札西，俱颇熟悉汉情。能伺官府意志，投机揽权。又能号召四乡百姓，为其效力。自有章谷土司以来，即有该寺。未经毁损，建筑宏丽，积藏珍奇甚多。其充本凡四大家，资本皆数万，或数十万。年获净利数万金。购藏枪械、子弹、茶粮并甚富厚。前李知事任内，运动得委八大喇嘛为团总，可以调遣汉番人民，势焰益张，遂酿去岁战乱。向营出关后，战事弭息，判该寺赔偿朱倭损失银四百秤。合计前后所费，实已30余万元。该寺不因之而有窘象，其实力之厚，可想而知。究竟该寺因土司早灭，村长保正无权，人民畏服官府，后盾无恃，不克畅所欲为，历来对于官府，貌为恭敬，不敢顽抗。苟非官吏利其财贿，则彼亦无从得志也。

觉黎寺　在朱倭乡充谷村海子旁。有僧五六百人，皆朱倭百姓。寺亦有坚垣可守，去岁朱倭战事，瞻对百姓屡攻此寺，皆未攻克。

此外小寺之有名者如下：

泽登寺　在县治北河岸山麓，属曲湾村，有僧十余人。札衣佛都督养静于此。

札衣自云菩萨转世，已历36劫。撰有事传。其人年才20余岁，和善可亲，经典博通，为道、炉两县第一高僧。其性亲汉人，喜好汉物。原为寿灵寺主僧，因不满羊马额周等所为，避居于此。

纽几寺 在泥坝沟，属凝巴村。（以上皆黄教寺。）

宗德寺、洞本寺 并在罗科马牧场之西境，属罗科马。与阿拉沟之宗科寺、仁达沟之勒洛寺、甲姑村之交拉寺、雄鸡岭之木娘寺，皆红教。

邓达寺 在邓达沟，为黑教寺。

吏治 炉霍民驯易治，为关外所仅有。惜自民元以来，吏治敝坏，奸贪成风，积重难返。亲民之官，以贪黑为故常，循谨成麟角。廉干之士，则渺不可求矣。前周知事，赴任之初，即酿朱倭、章谷战乱。直至去任，境无宁民，周乃于此惨痛期内，侵没灾粮，诛求百姓，饱其宦囊。余视察至炉之日，番汉赴诉者连日不绝，丑诋周任，殆无完肤。初疑卸任之官，例有诽谤，嗣因详查械斗与灾粮二案，具悉其实。始信人言，未为尽诬。除人民口述诸小节不录，又械斗案另条详列外，兹略记灾粮案真相于下：

关外地方，无年不下冰雹数次。雹小者如豆，大者如雀卵。雹来每在收获期间，随雷电驰走，只害一县，如内地之雷雨然。受害重者，例请免粮。历届知事，办理灾案，皆因案浮报，以充私囊。上峰接报，照例派员勘灾，亦照例呈复是实。故昔关外知事，皆以报灾为利，已非一年一县之事也。前岁炉霍雹灾，本不普遍，只朱倭与思密（扣目）村民，曾经报请免粮。周知事遂嗾其何收发命"重依"（番民任书番文者称"重依"）捏造票五张，皆用五乡保正名义，呈报被灾八百余户，姓名皆由何捏造，交周报请免粮。政委会初委李视察员邦君踏勘，便调停朱倭、章谷争斗案。李似偏重调停斗案，未注意勘灾。呈复政委会，全认为十分灾、九分灾。第二次建设筹备员奉令重勘，又皆受贿报实。遂得如请邀免。而周收粮如故，不免分厘。时当战事激烈，朱倭娃不暇言粮。唯思密村民，抗不肯缴。周拘禁其首人，追比累日，仍倔强不缴，始得免征5石1斗1升而已。当报灾时，周与甘、瞻两县知事调停章谷斗案，会集于朱倭者有日，朝夕谈心，暗结同恶，报灾办法，遂取一致。三县建设员之一齐受贿，实由于此。局外传言，事由某人主谋，某人串结，皆无实据。大抵关外官吏，报灾例有陋规。三县知事，不无成见。特因会商一处，益敢恣意纵欲，变本加厉耳。现任张知事到职未久，尚无政绩可称。唯清俭自守，力反周任所为，颇为人民所称道。炉霍民风既驯，差风遂恶。遇仁柔不敢察下或贪黑可恃之官在任，每每公然舞弊，借案搕索。或因差估向村长保正恶索脚价。据土人言，此风现犹未杀。

教育 炉霍旧有两等小学一所，设治城关帝庙内，学生20余人，皆汉籍。视察炉霍县时，正放麦假，内容未克详考。此外有官话学校三所，一在治城，一在虾拉沱，闻各有汉籍子女十余人；一在朱倭，朱倭汉民极少，故只学生三人。据教师云，官府屡有公文促朱倭保正派送学生，皆抗不遵从。询朱倭保正，云：赵帅时规定，番家有子弟在学校者，即不当差。恐免差人多，则支差无力，故未送来。当向演说番家学习汉语之益，劝其仍多选送，养成该区通译人才，庶免官府通译狡猾欺凌之弊。该保正又言，此校自清末成立，当曾派遣学生就学，经十三年之久，仍不能道汉语半句。目前教师又不良，故不愿派送就学也。当复宣示康定师范学生，行将毕业派来任教，是即为悯番民不通汉语之苦，特别开办训练教授官话之专员也。保正始喜，允即选送。窃普设官话学校，为"化夷"初步之最重要工作。赵使创此，具有远识。乃后之治边者，概以具文视之，江河日下，内容不堪，致为番民所诽讪。近年政委会虽严令整顿，而地方官与办学者，因循故旧，或虚立名目，对付公文，或有名无实，徒糜公款，未能化人，先使人轻政府。似宜严令各县，量力切实整顿。数量不必求多，实质必须完美。教师报酬，须略从丰。教导必求尽力，由县知事随时考核，一年以上之学生不能应对通常汉语，三年以上学生不能书写简单汉字者，罪其教师。如此循名责实，费当其事。然后人可化，教可立也。

团务 炉霍县治与虾拉沱等处，虽有汉团名义，其实无团。各乡番民，虽无团练组织，其实枪弹充实，调遣灵活，胜于内地汉团。番俗一人之恩仇，全村为其报复。纵酿极大祸患，亦乐共之。每每劫掠焚杀之事，相报无已。司调遣者，为村长头人，土司时代已然。归流后，权操于区保正。斯木、宜木、宜拜、雅德四乡保正，随年更换，权力不坚。寿灵寺颇欲总揽其权。于前李知事任内，借口"甲霸"骚扰，请准委任大喇嘛八人为团总，得遣四乡汉番百姓。其后甲霸果告肃清，而喇嘛寺骄横难制。朱倭战祸，由是酿成。汉人被派为章谷娃前锋，死伤颇多。其后向营出关，镇平战乱，取销八大喇嘛团总名义，追出委状。向营赴甘，周知事行将卸任时，喇嘛贿周，仍得退还委状。新任张知事到职之初，喇嘛曾请其屏从人入守议公，谓各乡首人俱在，自有通译，无烦官署通事同往，张必要与驻军何连长同赴，喇嘛拒绝，竟未成行。其后吐实，盖即请其入寺商贿求复团职也。张屡追该寺缴出委状，皆不肯遵，现尚在追缴中。

岁收 炉霍粮税，尚未查见粮册卷，仅就县署开来数目，列表如下：

粮税表

乡名	税名	粮石（石）	雹灾绝户减免数（石）	实收数（石）	折银（元）	说明
本城乡	正税	163.20	22.40	140.80	4224.0	1斗折藏洋3元。雹灾绝户9家
斯木乡	正税	288.165	58.248	229.917	6897.51	雹灾绝户47家
宜木乡	正税	259.241	120.00	139.241	4177.23	雹灾绝户84家
雅德乡	正税	164.408	12.90	151.508	4545.24	雹灾绝户21家
宜拜乡	正税	141.567	28.40	113.167	3395.01	逃亡空庄绝户42家
朱倭乡	正税	539.498	无	539.498	16184.94	
各乡	垦粮	108.622	无	108.622	3258.66	逃亡者多年收70余石
各乡	契买官地粮银				26两6562	
本城乡	折色粮银				44两0740	
合计		1664.701	241.948	1422.753	42682.59元 70两7302	

牲畜税表

区名	税额	说明
罗科马	160元	民国十三年后即未照数缴足
中德	210元	民国十三年后即未照数缴足
中麦	210元	
甲申	100元	
扎交	50元	
穷科	50元	
朱倭	169元	
阿色麻	130元	牛厂已他徙，十三年后即无收入
瓦西	50元	
合计	1129元	

炉霍畜牧甚旺，而牲税收入太微，能苟整理，可增十倍以上。

杂税表

税名	契税	契纸	印花	酒税	屠宰	官地租金
实收数	3.3元	3张	7.5元	528藏元	463.2藏元	248藏元

上表系十七年度周知事经收数，专款委员提取者未计入。

统计炉霍每年收入藏洋 45000 元余，又银 70 两 7 钱 3 分零 2 毫，支出政费 7984 元，学费 4238 元，士兵开支 600 元，建设员薪俸 1597 元，月需军费藏洋 1000 元、粮 21 石 6 斗，全年合藏洋 19776 元，全年共支出 34195 元，尚余 10000 余元，又 70 余两。

驻军 去岁向营出关定乱后，以二连入驻甘孜，一连入驻炉霍。连长何海宴治军尚好，舆论颇佳。唯目前已欠饷 8 月（每月每兵只得支大洋 1 元，菜钱 8 角），兵无留志，屡有私逃者，详情容于甘孜报告。

灾异 康地为古代之断裂地带，属地震区域。现虽地壳硬固，罅裂填塞，而余震年年有之，特不大耳。炉霍县境，现时犹为震动频数之区，自光绪十九年至今，业已大震三次，小震无数。成灾最烈者，为民国十一年二月初八，判为二级。当日初更甫过，全县突然震动，自县治迤东，至道孚大寨间，所有房屋同时倾塌，及 2700 余人。县治唯三家未倒，各村未倒数亦仅数家。虾拉沱教堂，建筑最坚，亦同时圮塌，压死司铎及其妻子仆婢共 6 人。幸为时仅十许分钟而定，避逃出屋者，皆得不死。及今，全县境山陵，多有皴裂未合，或裂而复合，诚奇灾也。

炉霍甲基龙至章达桥一带河边，平旷膏腴，为全县所仅见。而历世荒凉，无耕种者。近年汉民出关，认案领垦于此者，凡 30 余家，建街市于虾拉沱，天主教堂亦因之而立。然此地有虫灾，每三年发现一次，耕者不获，故诸番弃之。汉人未悉其由，贸然领耕。初时适逢无虫，其后虫至，认为偶然。今始知其不可扑灭也。本年适为虫灾盛期。视察至此，垦民导观，其虫长一寸半，白体黄颚，齿锐如锉，植物之根为食，盖金龟子之幼虫也。生三年而化为蛹，蛹二年化为金龟子，飞翔食树叶，交媾产卵而死。其卵恰似酒米，聚附耕土内，繁不胜数。经冬后，化为此虫。冬匿深土内，春夏禾生，出啮其根，根尽而苗死；根或不尽，苗亦枯萎，不能结实。禾尽则食草根。故虾拉沱河坝，虫盛之年，不唯无禾，亦无茂草也。他处土浅，或底土甚紧，虫育其地，则冬令不胜冷冻而死，或有水灌溉之地，虫在土内，被浸而死，皆不成灾。唯此河坝，土壤疏松，达数丈厚，任虫升降，以避冰雪，又无水可引灌溉，故虫灾独盛也。

附 朱倭、章谷械斗始末[①]

初章谷娃有贩布至藏者，朱倭娃因有旧仇劫之。又有朱倭棒达村之喀里与章谷雅德乡接界，地名安披山，有草场，旧由寿灵寺乞为牧场。年上朱倭喀带[②]一条、牛肉一腿，为佃礼，已历数世。寺僧忘物主，礼物不至。朱倭怒，焚其牧场，遂成仇隙。朱倭土司，名为保正，从不敢至炉霍。官府有召，派头人伺候而已。寿灵寺于李知事任内，取得调遣全县民丁之权，唯朱倭不受调。恶之甚，必欲报之。周知事莅任之初，该寺僧借与银十八秤，实贿之也。因诉草场事，并言朱倭保正屡抗官府，应予惩治，以正纲纪。周新至未谙地方情形，以为然。行文召朱倭，朱倭不至。不得已自往谕之，寿灵寺僧谕之云，朱倭娃心叵测，余等必不敢听监督轻身亲往，如必亲往，请以民兵若干护行。周许之。既至朱倭官寨，朱倭娃传言，知事率章谷娃来，欲袭擒土司。朱倭寨与大道隔河，仅通一木桥，朱倭娃守桥拒周。谓周如欲面谕土司，请单身入寨。周欲行，喇嘛牵衣不许。且激之云，我等决不等监督陷贼手。于是章谷娃退住热日中（章谷、朱倭界）备战，并约瞻对娃、罗科马与俄洛曲宗家夹攻。

先是民国五六年时，瞻对娃来朱倭阿德龙（阿德村）行劫，被朱倭娃追逐下河，淹毙一人，朱倭亦伤二人。其后瞻对匪徒五人，在甘孜行劫，被甘孜朱倭乡百姓捉送县署枪毙。番俗致死者皆相仇，不甚计理曲直。章谷寿灵寺既仇朱倭，遣人说瞻对娃寻仇。六月，甘孜五保头人约三处头人，说和于罗锅梁子。议朱倭为瞻对娃赔银70秤，赔寿灵寺15秤，仲一村长8秤。仲一村长者，原朱倭头人，有子与朱倭土司有怨，曾赂朱倭小娃子药毒土司，被觉，挖双目，逐仲一全家。仲一家避入章谷寿灵寺，图报仇者也。朱倭不服，各家撤帐前，和议不成。瞻对议出兵，朱倭娃刺杀瞻对家尔充头人，并生擒一人回寨。于是瞻对先出，寿灵寺亦调兵应之。八月，政委会派视察员李邦君至炉霍，调解此事。李邀炉、甘、瞻三县知事，议和于朱倭寨，先议止瞻对兵。瞻化张知事亲赴瞻对营，归云已允退兵和议矣。炉霍周知事往热中谕止章谷娃，章谷娃头人已回寿灵寺。周复回治论之。则已民兵四集，不可解散。周遂奖民兵茶，演说朱倭罪状，勉励进攻。于是开战，章谷娃焚卡排等村，攻孔马岗，至加钞。瞻对娃攻觉黎寺，焚掠充谷、阿德等村。罗科马攻札龙，焚勾底。

[①] 此文与《西康诡异录》之《记朱倭、章谷之战》所述多所不同，但后者在《四川日报》发表时，因编辑擅改及印刷故，错讹甚多。——编者注
[②] 即"哈达"之异译。

曲宗娃攻卡赖、埂达。朱倭调甘孜县朱倭乡百姓百余人与村民分头御战。番民无战略，兴至即攻，兴落即退，战时不重杀敌，而重劫掠。时当秋收后，被攻克各村，粮食、牛马驱运既尽，则焚之。章谷、瞻对娃所至，焚掠尤惨。攻战一月，双方死亡不足百人，而财产损失以百万计。开战时，李邦君与甘、瞻两县知事犹困朱倭寨中，买人送信与周止兵。寿灵寺推于瞻对，次如故。李与二知事皆来炉霍。攻战月余，向营出关。李邦君复来朱倭议和，朱倭允为瞻对娃和银80秤。已交，瞻对娃去未竟。仲一家村长适自章谷绕瞻化来攻阿登龙，焚之，死瞻对娃数人，朱倭娃击走仲一家，瞻对谓朱倭杀其人也，反而攻之，大肆焚掠以去。朱倭怒其背约，集敢死百余人，将袭之。适有藏坝娃（西藏人称为藏坝娃）二人者，有商货以战事阻滞于炉霍，来朱倭寨，阻之云，不听者，将召藏兵攻之，朱倭始止。先是朱倭与德格土司，世为姻好，方朱倭危时，德格议出兵助之，闻向营出关始止。

计朱倭11村，380户，除朱倭、东谷、当古三村未受敌军外，余8村遭烧杀劫掠者，凡190户。勾底、棒达、卡扸、阿德等村，焚烧几无余室。据土妇言，因受焚劫无力完粮者，共199石1斗。（查该区粮额539石2斗，去年实完318石1斗5升，未完221石零5升。周知事给朱倭保正札，汉文云"候呈请减免"，番文云"已呈请减免"。又，十七年朱倭雹灾，曾请免粮50石，已经批准。周仍征收，现朱倭粮案纠结不清云。）朱倭娃共死20人，伤35人。子弹乏时，以每粒2元向外购买，先后购入甘孜大金寺3驮、阿巴家喇嘛寺1驮、东谷1驮半、觉黎寺半驮、德格2驮，土妇自出2驮，余由百姓自备，合计子弹损失值2万元。外和瞻对银80秤，战前周借银4秤，保无事，事后以作扫衙钱。合计损失在10万藏元左右。

至寿灵寺方面，向营出关，判赔朱倭灾民损失银400秤。（亦罚朱倭银100秤，在400秤内扣除。）送向营案费40秤，周知事索扫衙门银15秤（此款寺僧请在18秤借款内扣，周初不肯，后经寺僧大哗噪始允）。外贿周藏洋1000元，求判朱倭投降牛厂30家归寺。（此款缴后，周尚未结判。牛厂娃逃回朱倭，周亦未退此银。）此外用费，寺僧不肯明言。大约与朱倭相垺。

至寿灵寺赔偿朱倭灾民之银400秤，实只缴银130秤，茶合200余秤，牛马合70秤。知事发与朱倭时，除扣罚款100秤，十七年地粮欠20秤，及寿灵寺欠缴尾数，实只发下银20秤，余皆牛马、茶叶而已。目前烧毁房屋，尚未修复，孔马冈前后与阿登龙一带，触目凄然，良可悯叹。朱倭保正自云，将罄其私财，为民修复，恐未必然也。

视察日程 八月二十四日,自大寨逾将军梁子入炉霍境,当日宿虾拉沱,翌日至县治。二十六日,视察寿灵寺,询问朱倭赔款事始末。二十七日,参观各籍贯,接洽官绅。二十八日,渡新都河,访札衣佛都督。二十九日,考察泥坝沟,归已二更时矣。三十日,原定行赴朱倭,因发现通译李国霖向区保正与喇嘛寺要马脚钱事,留县审办一日。三十一日,自炉霍赴朱倭,留住一日,查询战斗案真相。九月二日,自朱倭赴甘孜,逾罗锅梁子,出炉霍县。综计在炉霍十日,住城五日,朱倭一日,在各乡考察绘图者四日。

第六号——甘孜县视察报告

境域 甘孜县，跨雅龙江上游，当炉霍之西，与藏番接境①。全境作药刀形。自县治东至罗锅梁子，交炉霍西界50里；东北逾东谷至泥坝沟，交炉霍北界80里；东南穿自呷格龙峡至门坎石，交瞻化北界60里；南为大雪山；西南自林葱入打火沟至瞻化西北界阿色120里；西至约白拿则卡梁子，交德格玉隆界100里；西北至杂科鸭波村，交德格上杂科界150里；北以大塘坝与俄洛"野番"接境。东西鸟径最短处40里，最长处60余里；南北鸟径50里。在北路各县中，面积最小。昔为霍尔五土司与东谷土司之地。设治后分为九乡如下：

麻书乡 亦曰麻孜乡，辖治东雅龙江北岸12村500余户。旧为麻书土司百姓，现归孔撒土司管辖。其保正头人，由孔撒土司委放。

孔撒乡 辖治西及雅龙江南岸11村600余户。原孔撒土司百姓，现土妇甚横，另条详述。

白利乡 辖孔撒西9村及罗锅梁子之喀沙郎达1村，共300余户。原白利土司百姓，前附孔撒土司。现复自有土司，另详土司条。

林葱乡 辖大金寺附近5村，200余户。原遥隶炉霍章谷土司。改流后，划属甘孜县。村长保正，由百姓公举，二年一换，与炉霍宜雅四乡同。

朱倭贡陇乡 辖白利至绒坝岔间沿江民户9村300余家。原隶炉霍之朱倭土司，分设绒坝岔朱倭与阁老农二土百户管理之。改流后，划归甘孜县，改称土百户为保正，称朱倭贡陇乡。其保正仍由炉霍朱倭土司委放。

阿都乡 辖绒坝岔附近2村100余户。原隶德格土司，有一世袭之土百户管理之。赵钦使改流设治时，以其地距德格远，甘孜近，划属甘孜。其土百户亦与孔撒土妇相善，愿同隶一县也。民七，康藏划界，其地仍属甘孜。遂与德格脱离关系。现土百户称保正，权势与土司无异。其民既少，复与朱倭百姓混居，保正官寨亦相

---

① 当时，德格等地尚为西藏地方军队所占。故作者称甘孜"与藏番接境"。

密接。诚为治理便利起见，宜使合为一部。唯目前官府尚无委任保正头人之权，彼等历史关系各异，势不能合耳。

杂科乡 辖雅龙江上游10村300余户。原隶炉霍章谷土司，设县后，与林葱土司同划属甘孜县。保正民推，与林葱同。

蒲永隆乡 辖罗锅梁子西80余户。原为炉霍章谷土司之土百户辖地。设县后划属甘孜，由县署委任保正一人理之，每二年一换。民国八九年时，官府事事倚任孔撒土司，知事汪庆润使举人为蒲永隆保正。后遂沿例由孔撒土司委放，不问官府。民十，苟知事萃珍造报甘孜粮册，竟以蒲永隆列为孔撒之一村。视察至此，曾劝知事查究前案，收回委任权。知事畏孔撒家逼，不肯为。

东谷乡 辖东谷河上游17村与泥坝沟1村，共500余户。原东谷土司与东谷喇嘛寺百姓，设治后，划属甘孜。其地窎远，民风慓悍，政治权力不易行使。

此外有大塘坝一区，在县正北，地位高寒无农业，唯有牧畜。旧为麻书土司百姓，改流后，规纳牲税2000余元，名义仍为孔、麻二家百姓。又，大雪山南有昌塔牛厂，与瞻化阿色村毗接，其地无粮税，唯每户年上柴100斤、银20元于孔撒土司。名义上为孔撒百姓，是间接为甘孜百姓也。

地势 雅龙江为甘孜主流，自石渠经德格之上杂科入境。初时缓流，沿岸多小平原，为杂科乡繁富之地。折流穿大峡谷，至林葱北，受绒坝岔水，折东流于广阔平原中。再为缓流，至治南江面益阔。岔港支流，扩二三里。又东受西泥沟水，折南境穿喀洼罗里大雪山脉，成为自呷格龙之长峡，入瞻化境。自绒坝岔至西泥沟间，两岸平原广阔，横如一字，土壤膏腴，村寨繁密，为甘孜产业与人民集中之地。自此以南，雪山突起，是为喀洼罗里大雪山脉，与江并行，横如长垣，高度约海拔6000米，积雪流冰，不分四时。逾山而南，即阿色草原也。平原之北，土丘叠起，渐北渐高，至绒岔沟北端，为甲波纳山。逾山而北，则大塘坝草原也。大塘坝之东，为日多沟之峡谷。逾沟为东谷山脉，尽属草原。又东为东谷河之峡谷，即东谷十七村分布地。又东为乃龙大雪山脉。乃龙为东谷神山，奇峰怪石、林泉洞府之美，足拟苏杭。幽奇尽处，始为雪岭。逾岭而东，为泥坝沟之峡谷。下游即炉霍之宜拜乡，中间岩岸险逼，不易通行，甚于雪山。

气候 甘孜平原，地势较炉霍高，而气温较炉霍为暖。地势平阔，日光能直射故也。南北皆大山横亘，故少风灾。唯雹霰雷雨，较他县为烈。其原因为平原逼临大雪山，地面太热，高空太冷，又无森林调节气候，每值烈日下照，地面极易发生低气压，轻则激为雷雨，重则凝成冰雹。盖以雪山沿线，尤易发生。住甘孜月余，时已暮秋，平均每三日必见雷雨一次。概起于雪山，东西驰走，偶逼折逾江，即时息灭。又查历年雹灾，概以沿雪山带为特厉，故知其然也。

地质土壤 与炉霍全同。

农业 甘孜农业地，概为沿河平原，面积占全县百分之十五。农产品，唯青稞、小麦、豌豆三种。县治附近，有汉民培植蔬菜，萝卜、甘蓝、松芥、菠菜等亦颇佳。农作方法，异常简陋。一尖头阔脯之重犁，配长丈许木辕，端缚横木，缚二牛角上，挽之而耕。牛角非得力处，长辕不便转捩，尖头阔脯不便翻土，故其用力多而收效微。每地年耕数遍，犹未耕也。又不知施料与改良土壤，地中石砾重叠如瓦，禾从土中生出，须曲折数次，始能见天。幸土地肥腴，年年栽植地力不竭，故无间岁闲休之事。唯以豌豆与麦轮种，颇合学理。每年三月播种，七八月间收获，全县一致，殆无差池。粮稿收入，堆于屋顶。九月即屋顶打之，不知用风车与簸扬法，但高举抛之，借风尘屑。诚欲增进甘孜农产，宜先改良其犁。关外农地皆平原，拟自宁沪购西式五齿犁，运入仿造，改易番犁，则力省而效宏也。

林业 甘孜森林在杂科一乡。杂科河谷狭逼，山岩陡峻，除少数河沿平原外，农牧皆不宜。故天然森林，颇为丰富。甘孜全县之建筑材料与燃料，完全仰给于此。野兽、药材亦以此区为多。其次为东谷之泥坝沟，唯因运输未便，不能利用。

此外各乡，因人民重视牧业，喜蓄草场，旧有森林，薙艾净尽。除少数喇嘛寺附近蓄有白杨陪衬风景外，殆不可见树之痕迹。材薪昂贵，尽烧牛屎，此实甘孜民生之大缺点也。窃查甘孜森林缺乏，实为雹灾酷烈之最大原因。案之学理，雹为地面暑热炙沸空气，突异腾至极高处，接触低温，凝为冰块所致。如地继续暴热，气流继续腾沸，抗抵冰块，重复上升数次，即成巨雹，超过气流抗力，下降达地，即成大灾矣。是故欲求减轻雹灾，当先求地面不发生暴热；欲求地面不发生暴热，则莫如培植森林。森林能发散水汽，吸收日热，减轻辐射，调和气温，在任何烈日之下，不使空气升腾也。关外唯道孚森林最富，雹灾亦最轻；甘孜森林最乏，雹灾亦最烈。其相互关系，可以想见。再查甘孜雹灾，雪山一带最烈。此带雪山，上层同时积雪，为无生带；中层九月以后积雪，三月中化，坡陀斜急，薄具土壤；下层坡陀缓斜，土壤颇厚，年仅积雪两月，而耕者牧者，并弃不用，老林樵采罄尽，仅存荒草。似宜以政府权力强迫土民，从事栽植松杉，以尽地利，以弭天灾，以裕民生，而衬风景。至于河谷平原之北、大塘坝之南一带土丘，虽为各乡牧场所在，未能全蓄森林，亦宜于农田、牧场界间，丘陵边缘，栽培成阔半里之森林带，如此布置，雹灾便难发生。纵使发于雪山及草原，当其行过森林带时，即易消灭，亦难灾及农地。农民由是材木不匮，而无害于牧户之草场，实培植元气之至计也。

牧业 甘孜各乡，皆有牧场。大塘坝尤为纯粹之牧场区域，总计牧场面积，占全县之七分。家畜以牛马为最，羊次之。马多西宁种，神骏者十之六七，驽骀下驷者一二。乘骑搬运皆用马，间用草驴。牛唯供乳肉用，耕地则用黄牛。羊则绵羊，产额不甚大，故羊皮、羊毛，皆自界谷、俄洛等处输入。

药材 甘孜药材，颇多异品。秦艽最富，虫草、贝母次之。泡参鲜者大于臂，干后犹粗于指，味似党参。玉竹干者如佛掌参，明润硕大，为内地所未见。其他珍品尚多，喇嘛、土司禁止采山，概未开发。目前政治势力薄弱，汉人入山采药者，悉被捶辱，利弃于地，诚可惜也。

矿业 甘孜无矿业，唯"野番"地来盐甚多，与青稞对换，南北路各县，咸仰给焉。

工业 甘孜为关外大埠，各种工业咸备。最精者为佛像铸造绘画等工，皆番民擅之。木匠悉名山人，银匠兼金铁诸业，汉番皆有。各村皆有水磨房，以番民食糌粑，故此业发明最早。

交通 甘孜为关外北道之中心，自县治东逾罗锅梁子，经炉霍、道孚至打箭炉，西渡雅龙江经白利、林葱、绒坝岔入德格，经昌都入藏，为近世川藏往来孔道。（巴塘、里塘旧路现已荒废）。旧有台站，现废，唯于县治（孔麻二乡支差）与蒲永隆、白利、林葱、绒坝岔（朱倭、阿都二乡支差）五处设乌拉站，运送公差，尚无抗差情形。

自县治西沿雅龙江北岸至杂科，山路曲折，曾经修治，尚堪乘骑往来。又上通上杂科，则路险难行矣。

自林葱大金寺分道向南，入打火沟出境，有三道：一通德格，民七藏兵内犯由此；一通白玉之曾科；一通瞻化之阿色。皆小商路。沿道皆山谷，少民户，无站口，不支乌拉，故官役罕往来其地者。

自县治东渡西泥沟，穿自呷格龙峡，经纱登、日巴、大盖、波惹、热洛各站至瞻化，340里，为甘、瞻往来孔道。从前瞻化屡叛，用兵往来，常取此道。山径虽险，历经修凿，除夹道外，余俱平治。

自县治北循绒岔沟，经门达，逾山入大塘坝，为牛厂娃牵牛易粮之孔道。

自蒲永隆向北至东谷。东谷另为一小交通中心，自此北循东谷河入俄洛"野番"，可达甘肃洮州；南经阿德龙至朱倭割大路，民九中央接济陈遐龄枪械，由此运回，"野番"娃之货物出入，亦取此道；自东谷东逾乃龙山至泥坝沟，可通炉霍。道皆不治。

商业 甘孜可称西康第二商埠。盖打箭炉外，旧推巴塘繁盛。现因川藏交通移于北道，巴道冷落，甘孜日益发达也。计查甘孜共有陕商 8 家，川商 7 家，西宁商 1 家，番商 3 家，喇嘛寺商 7 家，土司家商 2 家，资本大都千两以上者。兹以调查所得，列为甘孜商家表。

字号	商籍	主人姓名	资本额	营业项目	备考
利盛公	陕籍	刘青唐	10000 两	药材、茶布、杂货	炉城分号
吉泰公	陕籍	张吉泰与玉福和合	8000 两	药材、茶布、杂货	炉城分号
玉奉公	陕籍	薛登荣	1000 两，现负债	药材、茶布、杂货	炉城分号
德聚合	陕籍	刘兆才	6000 两	药材、茶布、杂货	退军籍为商
协盛荣	陕籍	杨玉全	现因赌负债	药材、茶布、杂货	炉城分号
春发源	陕籍	石成玉	现因赌负债	药材、茶布、杂货	炉城分号
德胜源	陕籍	邵正公	5000 两	药材、茶布、杂货	炉城分号
顺兴合	陕籍	李德元	10000 两	药材、茶布、杂货	退军籍为商
正全合	川籍	甘正全	8000 两	同上兼制红牛皮	白手成业
源泰长	川籍	刘荣魁	千余两	茶布、药材、杂货	退军籍为商
裕兴祥	川籍	冯兆祥	千余两	同上兼做磨房	白手成业
吴正荣	川籍	吴正荣	数百两	零生意	
赵良臣	川籍	赵良臣	3000 两	鞣革	
马国霖	川籍	马国霖	数百两	鞣革	马现已死，仍雇人经营
徐绍源	川籍	徐绍源	2000 两	零生意	
大兴隆	甘籍	西宁娃娃冈	10000 两	川康京沪甘藏各货咸备	
扯腻家	寺籍	甘孜喇嘛寺公本	2000 秤，即 100000 两	藏货、茶业、皮毛、药材	
呷青家	寺籍	同	100 秤，即 5000 两	藏货、茶业、皮毛、药材	
墨龙家	寺籍	同	同	藏货、茶业、皮毛、药材	
阿巴家	寺籍	同	旧与扯腻家并称，现负巨债 400000 两	藏货、茶业、皮毛、药材	因充本侵没逃扬至于息业
竹撒家	寺籍	竹撒家公本	300 秤，即 15000 两	藏货、茶业、皮毛、药材	
仙根家	寺籍	仙根喇嘛	1000 秤，即 50000 两	藏货、茶业、皮毛、药材	与孔撒家合作

续表

字号	商籍	主人姓名	资本额	营业项目	备考
孔马家	寺籍	孔马寺公本	20秤，现负债	藏货、茶业、皮毛、药材	
孔撒西根涅巴	土司家	孔撒土司	160秤	藏货、茶业、皮毛、药材	"西根涅巴"为土司户生意之意
麻孜西根涅巴	土司家	麻孜百姓公本	70秤	藏货、茶业、皮毛、药材	
泽翁仁亲	番籍	麻孜百姓公本	5000两	藏货、茶业、皮毛、药材	
仁清大吉	番籍	麻孜百姓公本	因受阿巴家拖累负债	藏货、茶业、皮毛、药材	
绛喀巴	番籍	麻孜百姓公本	100秤	藏货、茶业、皮毛、药材	

土司家商，经理者名"涅巴"，由土司委部民任之。（麻孜涅巴现仍由公推。）三年一换，无薪水，赚钱归公，充念经、修造等用，失本自赔。喇嘛家商，经理者称"充本"，由众公推，每二年一换，唯须待六年后，始能将账交完，盖关外商场，恒有巨账也，亦无薪水，赚钱归公念经，失本不赔，得连任四次。

此外东谷与绒坝岔，各有汉商数家。东谷寺、大金寺皆有大资经营商业，与甘孜寺同。甘孜商业，以炉城运茶为主，粗茶在炉城值1元1甑者，至甘孜可值2元，抵货可作3元，赔偿物价可作4元。买茶时不必现金，悉以信用验茶运销。数年后，始偿茶价。故本银百两，可做生意数千两，为利甚大。其茶除小部分销于本县外，大部分输入西藏与"野番"地，交易土产，如藏货（实由英国输入西藏者，毛褥、呢绒、鞍具最多）、药材、麝香、皮毛等运回，再售炉城，易茶而还。其次为青海地方之盐，俗称番盐，尽池盐也。盐产地不出青稞，番商载粮往易。每驮青稞，换盐5驮，大半由"野番"地方运回，少半由界谷、石渠运来。抵甘孜后，分运销于南北两路各县。较远之处，每驮盐又换五六驮青稞矣。又其次为布匹、绸缎、喀带、针线之属，概自成都办来，自炉城输出，销于全康藏民间。昔时西藏排英，此项商业，为我专擅。近年英国衣料，输入西藏极多，已有倒侵入康不可抵制之势。甘孜上等人家之服物，大都英产（俗称藏货），非中华物矣。又其次为羊毛，大都自西宁、界谷、押甘多等埠输入，或直走炉城易茶，或即甘孜交易。羊毛之大部分，供土民织氆子，为衣料，小部分输入川省。又其次为牛皮，或运炉城鞣制输出。又其次为狐皮、猞猁、麝香、鹿茸等山货。每年夏季，各商家派人分赴各县乡收买，称为"坝充"。秋后回店，聚集运炉售之，为利颇大。又其次为烟草、洋货等物，概自炉城同茶布输入。又其次为鸦片，大半自大小金川一路输入，小半由云南经炉城来，唯汉人嗜之。民七绒坝岔之战，汉军骤增，烟价暴涨至五六倍，多数商人由是致富。

人民 据民国十年户口清册，甘孜一县，共79村，3215户，有男4043丁，女5710口，是就当差民户言也。合喇嘛寺、土司家与汉户计，大约全县有20000余人，汉户仅县治、东谷、绒坝岔三地有之，尽商人，陕籍者为多。

番民男子大多数皆学喇嘛，女多男数倍，多数女子，不能得夫，故汉人入赘者颇众。

农地概称"庄田"，每家一份，不能买卖。庄田由土司头人主之，认做庄田者，当差徭乌拉，非全家死绝，不得弃其田业。甘孜差徭繁重，故人多不愿受庄田，子弟宁尽使为僧，而招赘外人也。

甘孜差徭，孔、麻两乡最大，约举其项目如下：

1. **正粮** 每年秋后完官。赵钦使时丈量规定，大约以下种若干、上粮若干为标准。

2. **牲税** 赵钦使时规定，每户除牲税13头外，牛马1头年征藏洋1咀，羊10头合1牛，零羊1头当十铜元1枚。

3. **马差** 官役与土司头人往来，按户轮流支应马差，称为"乌拉"。

4. **步差** 无马之家，派人负官役零物上路，番称"蔑穷"。

5. **汤役** 人民之无力支马差者，充任"汤役"，于官役与土司头人住地，任供给汤水、柴薪之役者也。

6. **打役** 供官役与土司头人放马之役者。

7. **乌拉** 官役或土司头人家修造建筑土木诸工，无论大小，例得调百姓当差，使一小头人称"鄂巴"者督之，不给工钱，食粮亦自携带，盖即力役之征也。

8. **贽物** 每官府人员与土司、大喇嘛、大头人下乡，至某村，小头人例往觐见，见时例贽敬喀带一条，物或牛肉一方、酥油一饼，或鸡卵一盒，或他种物品。其物系头人向人民凑集钱买来，土官头人必收之，汉官或不受，或赏以钱物，俱归头人得去。

9. **雇物品** 关外无市，旧俗汉官、土司食品，皆饬番头人向百姓雇买。土司大都不给价。官府给价，亦为头人所吞。百姓视如当差，输上而已。近政委会通令禁止催索矣。

10. **喇嘛粮** 各寺大喇嘛秋收后，尽出讨粮，每人收有至百余石之多者。

甘孜娃信佛最虔，淫祀亦多。治南石堆，传为番城隍，百姓往磕长头，动辄以百万计。周围砌有拜石，无论何时，磕长头者恒十余人。大佛都督郎章喇嘛等，每日皆有数十人前往磕头。每出行，远远避道而拜。治东红庙子，传为麻孜某土司之弟，死为活鬼，能操纵天年，人民奉之尤虔谨。

甘孜人死不葬，延喇嘛送至高山，割尸喂鹫；罪人死则投入水中；大喇嘛死值建塔供奉者，纳尸于匣而焚之，以炭藏塔内。即所谓天葬、水葬、火葬法也。唯汉人有坟。

番民生活简单，世所仅见，无论贫富贵贱，为衣为被，只一皮袄；为饮为食，只求酥茶；千里万里，一马去来，不携他物，露宿饮水，亦无疾病。差徭频繁，头人苛暴，似无足乐，乃随地讴歌，毫无戚容。虽仓无足粮，腰无长物，朝不保夕，而乐自有余也。

吏治 藏番虐民，甚于汉官百倍。甘孜民习见其事，故对官府颇识怀戴，唯事事操纵于头人。头人为维其安富尊荣，每梗治化，民意民情，终难上达。每事于头人不利，即不得行。人谓边民难治，非民难治，头人难治也。果有清严官吏，头人亦甚畏之。惜自民元以来，边地无清官，甘孜去炉霍远，稽核疏，吏尤不堪。每有讼事，辄闭囚求贿，以凭定谳。即查灾勘案，亦处处向人要钱。番头人等初因畏怯官府，渐经一二事得官吏情，恃其长短，便不可羁勒矣。番民每临讼有一惯语自慰云"汉官爱钱耳"，历年贪风可以想见。近年军部与政委会，察吏甚严，旧病渐革，唯人民说贿之风，犹未衰息。在甘日曾亲见之，虽汉官发怒严拒，犹辗转托人关说不止，未识由昔之贪吏养成此风，抑由此风造成昔日之贪吏也。

本年卸任知事周某，现任知事韩某，建设筹备员李育伦、宋济元等，长短臧否，另呈杂记中。视察员在甘孜，亦曾办理三案，容另呈报。

征收 甘孜地面不及道孚三分之一，而粮税四倍之。关外各县，此为最旺。其粮牲二税清册，陈镇守使任内曾经整理一次，堆积档案，尘封数寸，历届知事皆开总数移交，不点旧卷。盖各乡粮牲税，例由保正头人收齐缴纳，无查询户籍之必要也。视察至此，翻查旧档，发现册籍，核其所载数目，与周韩二任移交卷数目微异。何时增损卷册紊乱无考，兹从旧卷列甘孜牲粮税表。

乡名	村数	户数	人口	粮额（石）	牲税（元）
孔撒	11	666	3269	544.400	639.2元，又当十铜元27枚
麻书	12	528	1940 合大塘坝、蒲永隆计	469.200	276.3
大塘坝	……	未详	未详	……	2153.3元，又当十铜元25枚
蒲永隆	1	87	未详	68.000	无
东谷	18	528	1072	291.700	24.0

续表

乡名	村数	户数	人口	粮额（石）	牲税（元）
白利	11	310	1035	267.709	266.2
林葱	5	235	735	283.000	73.3
朱倭贡陇	9	370	1209	286.810	88.1
阿都	2	144	635	203.600	442.3
杂科	10	347	855	174.200	113.2
旧卷合计	79	3215	10750	2588.619	4075.9元，又当十铜元52枚

甘孜各乡，唯东谷向只折征未得实粮外，余区或实收粮或折征，俱唯官府命令是遵。其粮概定为青稞，折征每斗合藏洋3元，实际价值4元许。故村长头人皆愿折征，足多渔利也。收粮由县署派土兵通事，往各乡丐收。向有积弊，丐尖斗，粮入斗，又须频频摇之，摇出斗外者，并由土兵扫去，故土兵丐粮一次，所入甚丰。积习如此，百姓亦无抗者。去年周知事土兵丐征大金寺粮亦如此，几与大金寺喇嘛械斗。本年各乡头人向视察员陈诉其弊，据韩知事言，百姓所上尽湿粮，入仓贮久，失斗甚大，故须丐尖斗始足抵偿损失。查近年统筹处所发粮斗系促口，尖出有限，果如所云，尚未为弊。至于摇斗，据云驻军领粮，概须摇斗。盖丐入不摇，则亏短甚大。摇斗与扫去溢麦，汉番习俗皆无之。窃甘孜地狭民稠，粮额冠北道，人民艰苦，倍于他县，似宜特予禁止以轻民负担，驻军领粮，亦禁摇撼，以清弊源也。

甘孜杂税，唯屠宰税最大。初冬为旺月，番家收获后，家必屠牛数头。其时屠税，日数十元，全年总额，约八九千元，与酒税、烟酒捐等向由知事公署兼收，年才报二三千元。民十五年，西康财政厅饬知事朱宪文严稽，增缴2000元，朱不悦，请派专员收。于是设专款局于甘孜，分派委员于东谷、绒坝岔、炉霍、道孚四处坐收。未几，发生专款局私造伪票案。盖甘孜弯远，交通不便，消息不通，稽查虽至，掌财务者本易舞弊，而历年吏风又足以促成青年之堕落也。目前由统筹处印发之联票簿填收，弊窦渐塞。唯小弊尚难尽除耳。专款局收入各税，按月拨济向营军费，详数未准开示，无由填报。

甘孜契税、印花殆等于零，近兴烟灯捐、屠宰附加等款，筹师范学生学费，收入亦俱有限。

土司 孔撒、麻书、白利与炉霍之章谷、朱倭，昔称霍尔五土司。其领地犬牙相错，清设麻书汛于甘孜统领之，清末裁撤。

麻书土司，同治时因瞻对叛变来攻，曾赴成都告变，瞻对平后回职，遂请开埠，招汉兴商。甘孜之得为北道巨埠，开基于此。其土司三年一贡，十年四贡，贡物八品（番枪刀各1、狐皮32张、镀金藏佛1尊、番经1部、摇铃1只、氆氇1轴、藏香1束）为定制。光绪二十五年，土司扎喜无交，淫虐其民，因狎部民女宿柳林，为怨家所刺，嗣绝，遗一幼女。民国初年，孔撒土司宜美势盛，娶此女，遂兼麻书土司。未几女死，孔麻遂未分裂。

孔撒土司，本麻书附庸，清末世浸大。光绪初，老土司无嗣，收汤役娃西姐为女，赘德格娃承土司位。后因奸妬逐其夫，自为土妇。赵钦使初过甘孜，土妇拒汉官入城，赵忍宿汉人寺一日而去。既而平定三岩、德格诸地，土妇畏罪，移家逃，欲赴藏，赵派军捉回，拘之待审。赵再至甘，适奉督川令，得以缓刑，判保释待罪，财产充公。赵去而清室覆亡，西姐为土妇如故。叶由志署甘孜时，受土妇贿，抽毁前卷，还其财产。土妇生二子，长宜美，袭土司位，次即仙根喇嘛。宜美长，使娶麻孜与白利家女，麻孜、白利土司皆无嗣，遂兼麻孜、白利土司。又娶东谷家女，隐然有总制霍尔五家之势。陈遐龄办选举，宜美赴炉贿陈，得委土兵营长名义，与陈甚亲密。署甘者莫不与宜美交好，政教诉讼诸事，概委之。番人敬土司而畏汉官，如此反能令行禁止，宦囊充塞。自叶由志、汪庆润、蒋营长、陈殿章、苟萃珍、朱宪文等莫不如此。于是孔营长势焰超凌大府，瞻对百姓皆逃附之。民十三年，宜美死，仍由老土妇主政。宜美遗一女，名德清汪母，今才13岁，赘德格娃承总保职名，事仍决于老土妇。土妇病瘫，事由所亲头人主持。对官府甚骄横，盖历任知事皆拜其裙下，积威有渐也。（琐细另详杂记。）

白利土司在霍尔五家中境土最小。其土司民元死，嗣一女巴龙，嫁孔撒宜美。夫死两年，巴龙有孕，惧议，回白利生男，白利人大喜，奉为土司，今才二岁。巴龙为土妇主事，对官府甚恭顺。

东谷土司，不在霍尔五家内。当清末世，土司弟为喇嘛于东谷寺者有权力，得部民信仰，得分下4村为其差民，代土司进贡。世称东谷为喇嘛寺辖地，非也，不过东谷重心在喇嘛寺耳。今其土司犹在，土署在自热村，上14村百姓仍往土署当差，唯事权大半在喇嘛寺手。

杂科、林葱、蒲永隆，皆炉霍章谷土司地。绒坝岔、朱倭与阁老龙为炉霍朱倭土司地，头人非世袭，无甚实权。

阿都现与德格脱离，已如前述。前保正（土百户）与孔撒土妇私通，孔宜美与仙根喇嘛皆其种也，自有子名乌呷，现为保正，聪明活泼，邀结汉官，全与孔宜美相似。说者谓其具有野心，思代有孔宜美当日地位。然所凭借甚小，志必不成也。

喇嘛寺 甘孜人信佛极虔，僧民极多。喇嘛寺发达冠于北道，著名喇嘛亦甚多。兹撮举其著者。

甘孜寺 在县治北，占市街之大部。为甘孜县百姓共有之地，经营商业甚大，前述之扯腻、阿巴、墨龙、呷青四大家，皆此寺公本。共有僧侣千余人，仍分四家。扯腻家最富，阿巴家最贫。该寺注意商业与祈禳，不预政刑，故尚和顺无恶迹。

仙根寺 在甘孜寺侧，仙根喇嘛之私寺也，寺产甚富。仙根喇嘛者，孔撒土妇次子。土妇欲操纵政教全权，贿买藏官，伪云考为佛都督。僧侣初大哗不服，嗣因畏土司家势焰，渐不敢言。百姓不识究竟，以其为土司子，尤尊敬之。每年喇嘛粮，仙根家十倍于他家。又借孔撒家财经商，使用孔、麻两乡差民，故能特富也。目前孔宜美死，老土妇病，多数事皆决于渠。前周知事甚与交好，现与官府隔绝，骄蹇自如。

郎章寺 在甘孜治山后，为郎章喇嘛之私寺。郎章为甘炉三圣僧之一，传为财神转世，已历30余劫，具有神通，能前知。有私产数百金，放阿巴家，经商倒塌，以甘孜寺房一院抵偿，郎章长居此房中。其人体肥硕无朋，终岁持帐于厅前静坐，不入屋庐，性亲汉人，嗜好汉物。甘孜各寺喇嘛之能不滋事，实郎章力也。番民敬郎章如活佛，每日入拜者，僧俗数十人。每出游道路，望见者必拜。又喜歌舞游戏，凡狮灯、杂耍、歌舞之技，有必召之。甘孜番女，每日初暮，相约赴座前跳歌庄，辄五六十人。除暴雨外，无日不至。跳毕则拜，拜毕又唱番戏而去。谓博此喇嘛欢，能却病得福也。向营未出关前，郎章日教其土兵小娃子，制青天白日旗、下汉操以自娱。出关后即止，人谓其预知汉军来，示此兆也。

竹撒寺 在甘孜治西里余。

日加寺 在甘孜治南里余。二寺各有一佛都督，为甘孜大佛都督之一。

孔马寺 在治东二里，为孔、麻二乡共有之寺。有一佛都督，才十二三岁，甚清秀。传系自藏中迎来，本寺故老孔马喇嘛转世生也。孔马喇嘛有道行，传红庙子之"活鬼"即其所收。

札呷寺 在治南雅龙江岸札呷沟内，为札呷喇嘛之私寺。札呷喇嘛为甘炉三圣僧之一。（其一为炉霍疯子喇嘛，名甲居智多。）经典之熟，冠于全康。传为千手观音转世，所至不招男徒，女尼从之者百数十人。因不承认仙根为佛都督，与孔撒家有怨。其寺在孔撒乡内，屡遭驱逐，近始得回。日督诸尼金书《甘珠尔》全部，自云经成示寂，不预世事。远近来朝者甚多。川人大勇法师与其徒七人由此入藏，阻藏番不得进，遂结庐研经于此。能海法师本人入藏，枉道来朝。札呷已病，拒客，门外磕头而去。八月十三日，札呷圆寂，体缩如小儿，纳尺许匣内，建塔祀之。其翌日，大勇亦死，焚尸建塔，其尸一人可举，人皆见之。

  大金寺 大金寺声名，出关便已震耳。盛传其效顺藏番，汉官过寺，概须下马，否则被石击矣。视察至甘，特往查之。其寺在绒坝岔与林葱之间平坝中，仅容僧三四百人。系林葱、朱倭、阿都、杂科等乡共有之寺。历经商业，积资甚厚。制有快枪数十支，合附近百姓所有凡数百支，富民冠北道。民国六年，乡城娃2000余人远道来劫，攻寺三日未破。于时林葱驻汉兵一营，近在咫尺，不肯救援，故怨汉人。绒坝岔之役实助藏番，事后未经惩治。其僧侣益骄，妄自尊大，蔑视汉人。视察员至日，先有林葱头人入寺告知大喇嘛，业经告诫沙弥勿动，出入迎送，亦颇循礼。入其大殿，沙弥尤狰呼脱帽，其平时势焰，可以想知。大喇嘛自云对汉官、藏官，一样支差，人不犯寺，寺亦不犯人。无论藏汉官吏，苟以无礼加寺者，寺必以无礼报之云云。其语言狂妄犹如此。

  东谷寺 在东谷河东岸，乃龙沟口，容僧侣300余人，俨如一小城市。墙外有汉商数家，收买牛皮、羊皮，运销盐巴、茶叶。该寺亦自有充本，居然一小商场也。东谷全区事权，在此寺中。寺僧罕亲官府，常梗政化。历任知事恒放弃不理。旧因乌拉帮费案，与孔、麻两乡为仇。此次曾亲自往调处，查知其民风仍甚谨厚，僧侣戒律亦甚严整。特因历年官吏偏袒孔、麻，差役委员来即搕索，僧侣养成不信任官府之心性，故治化常梗也。

  扎拉格龙寺 在大塘坝正中。距甘孜三日程，为大塘坝牛厂娃之寺。全坝唯此为房舍，余俱帐房也。

  蒲永隆寺 在蒲永隆北，为该乡大寺，容僧200人。

  所住寺 在杂科官寨北，为该乡大寺。

  此外容百人以下之小喇嘛寺甚多。另详调查表。

  教育 甘孜唯县治有两等学校一所。现由韩知事兼办，校地即设署内，生徒30余人，有学地为常款，成绩平常。

  番民不入汉学，优秀子弟，概送喇嘛寺学习经典仪式，是即其教育也。

  团务 甘孜无团务局。本年西康团务学校学生，派回甘孜者，韩知事遵令派往孔、麻、绒坝岔、杂科、东谷等区办团，饬各区保正筹薪水20元。团既无从办起，薪水亦无着落。韩虽押惩各保正，仅得其认缴，或缴一月而停，前途殊无甚希望也。

  查甘孜番民，家有快枪，如孔撒家规定百姓上户每家壮丁一人、快枪一支、番刀一把、骏马一匹、藏绸裹衫一件、番皮袄一件；中户，番叉子枪一支，刀马衣物同上；下户唯有番刀一把，当汤打役。每农闲时点验，传锣即至。缺一项者，立施鞭挞重罚，重者没其庄田。其他各乡大都如此。故每锣声一传，千万壮丁登时齐集，备盗拒匪，毫不拮据，此已足为良团也。特其权在土司头人，官府不与闻。土司头人，最崇人望。今欲以资望毫无之青年学生，当官府毫无权力之时，攫取团权，安可得耶？果使其能从村保手中取得团权，则其人之骄横不法，又将若何？夫番民文化低浅，武力固有余。目前治番，但当驯之抚之，使其就范，断不可言办团自卫。昔李树棠在炉霍，以团权委喇嘛寺，遂酿朱倭战乱。前车之失，后事之鉴。夫内地人民文秀，尚有团阀专横之祸，边地土司势力尚未取销，漫言办团务，其祸可深测耶。唯汉人在边地，宜严办汉团，白政府补充实力，直接自卫，间接即卫政府。如泰宁、道孚、炉霍等处，汉人多者，皆宜如此。甘孜无垦民，则断不须此矣。

驻军 甘孜现驻马旅、向理琯一营，全营三连，何连（7连）驻炉霍，张连（5连）、甘连（6连）同向营长驻甘孜，名额、枪支俱足。张连士官，皆边军故部，何连、甘连皆本军学生，气味微不相投，尚无逆目暗争之事。唯各连士兵，每日仅得菜钱1元，借支1元，排长月才借支30藏洋，薪饷已欠发11月之久。士兵有娶番丫头者，有染鸦片癖者（尚系少数），日用不给，饥形菜色，衣服褴褛，颇有不堪之象。向营近与马旅不和，屡请辞职，意态消极，对于训练部队，不甚留意。新到甘连长亦与各排长不睦。士兵谓出关时，马团原说按月发饷，今已十月毫无影响。即借支伙食，亦以鸦片折发，转卖市街重受损失，谓为军需舞弊，诟怨向营。窃甘孜逼接藏番，番情叵测，驻军久绝，番有肆志。去岁向营出关时，民风为之一肃。故朱倭战乱，迎刃而解。孔、麻各家，无不惕然。乃才静驻半年，便渐恣肆。前有孔、麻头人，要求汉军移驻白利之举，微有拒绝支差口气，若已窃见汉军无能者然。目前似宜及早整顿部队，刷新军容，以威胁番民，消其肆志。然后驻军有作用，国防可无虞。唯关外士兵，弃家千里，入此穷荒，米珠薪桂，借兑无门，苟非发足薪饷，势难固其戍边之志。近来逃兵迭见，实有以致之。纵以道路四塞，逃走艰难，勉强留戍，心实不安。欲得其力用，固不可能。即言整顿军纪，亦殊不易也。据财务统筹处云，每月拨济军饷虽未如旅部预算之数，核其部队实数，固已敷用。据马旅长树藩云，彼得一钱发一钱，从不克扣丝毫。据向营长理琯云，欠饷历催不发，伙饷借支亦时不济。窃观马旅长廉正刚直，向营长亦老练习事，所言必不欺人，究竟因何拖欠如此，其中情弊非外人所得知。唯边关戍兵之宜发齐薪饷，切实整顿，则刻不容缓者也。

下附记绒坝岔战事与藏番戍军情形，借供筹边参考。

附 绒坝岔战事

初边军统领彭日升，与镇守使陈遐龄构怨，昌都被围，告急日数至炉。陈令团长朱宪文坐镇道孚，不准进援。昌都既陷，藏军犯北道，势如破竹，连下三岩、白玉、邓柯、石渠、德格诸县，进逼甘孜。朱闻德格有失，始与团长王正和进扼甘孜，驻于绒坝岔、朱倭、阿都官寨，实只步兵六连。绒坝通德格有三道，中道逾约白拿则卡梁子至玉隆，为康藏孔道；北道由杂科通玉隆，路险曲，难行兵；南道由打火沟支流阿色沟逾山达曾科，路亦未治。原有临卡奇险，有兵一连、机关枪一挺守护，敌不敢犯。朱、王失机撤卡守绒坝岔官寨，藏兵遂大至，驻水须龙、郎卡、叶作诸村，与汉军各据平原之半，隔溪射击。大金喇嘛寺，怨汉军，出助藏番，遂陷察纳桥。林葱驻军李作人被围，绒坝岔粮道断绝，甘孜震动，孔、麻、白利诸乡输诚藏番，停支汉差，雅龙江封渡。知事陈殿章拟逃，马已备矣，陕西李德元者知兵，劝陈镇静待援。焦劳一日夜，营长马成龙率一连人至，人心粗安。李劝马乘夜拾渡白利，应援林葱军救眉急，马军由河北至白利喇嘛寺渡。时白利已受藏军札，办站俟其来驻。马至一宿，进援林葱。适遇藏军来驻白利者，激战于途中。藏以有备退去，甘孜稍宽。于是何、周、张、曾、戴、王、盛七营相继至，凡二十连人，循雅龙江北岸，着着进屯，衔接绒坝岔粮道，藏军始倡和议。甘孜之不陷落仅而已，使甘孜陷，则道炉不足守，而全康坏矣。

附 藏番成兵

绒坝岔和议成，甘孜迤西诸县划归藏番，藏委三代本驻昌都、查垭①、德格、邓柯戍之。代本者千人长之义，所辖皆民兵。自查垭以西诸部调来者，每代本所辖实不足千人。据汉商调查，邓柯驻500人，德格之玉隆（距绒坝岔30里）20名，上杂科之波日寺50名。其军容极劣，平时不操演，不训练。每日暮，鼓牛皮大鼓，点名一次。军士散乱无行伍，坐而应者，卧而应者，吸烟自如者，皆有之。每棚11人，每日发茶3甑、酥油10斤、"渣恩"16枚（渣恩为钱币，每枚合藏洋1咀，合大洋1角）即为饷粞，食粮皆自备。每采药期，代本令其兵士入山挖药。每人每日挖知母2斤为保本，给工资1"渣恩"；4斤加倍，不足者挨打。他种另有计算。非采药期，则其兵四处讨口自给。其讨口法甚奇，每2—4人一路，直入人家，恶索酥

---
① 即察雅，又写作"乍丫"。

油、糌粑、牛肉等。主人给食物，须每兵1份，如误共给1份，分量虽重，只1人享用，余者仍照量恶索，惩其不敬也。番家概畜獒犬，甚狞猛，藏兵讨乞，恶獒吠，辄拾石投之，每至伤死。暮归过僻处，见牛羊则杀之，分装其肉于糌粑袋内，见者不敢问。曾有邓柯百姓受害者，持所遗牛皮、蹄角，赴诉于代本。代本抚之云，此征兵也，他日尔等被征赴藏，亦如此耳。（传藏兵初出康时，汤打役外，有妇女差。每棚每日一妇，曾被奸死十余人。现禁此差。）是故，番民怨藏兵如狼虎，日盼汉军来。多数番民，见汉人即问，皇帝出世否？官军何时来？德格、邓柯等处所遗官府衙署，诸番过者，犹下马脱帽吐舌致敬意。藏兵离家久，亦俱思归。番俗呼汉人为"伯伯"，有过汉商而窃问者，曰："伯伯，汉人不能再来耶？来者，我等快乐归故乡去矣！"（商人赵建侯言）

视察日程 甘孜为北道巨埠，内容复杂，亚于康定。至之日适秋收后，番民皆闭户赴坝会，唱番戏，娱乐半月，恰如内地过年。兼办东谷藏番诸案，又添制冬衣，故留甘孜甚久。计凡五十日，计开。

九月二日，逾罗锅梁子入甘孜界，当日至甘孜。

九月三日至五日，接洽官绅，访郎章喇嘛与札呷喇嘛。

九月六日至十二日，起草道孚视察报告、炉霍视察报告及图稿，待邮寄之。报告用纸缺，未缮发。闲看坝会。

九月十三日至十六日，移帐看坝会，察民风。

九月十七日，为阴历秋节，酬酢休息一日。

九月十八日，邮差寄到报告用纸，先缮寄道孚报告，十九日成，因邮差即日行，未及缮炉霍稿。

九月二十日，查阅积档，考东谷帮差案始末。

九月二十一日，赴东谷，在东谷五日，绘东谷地图，谕解帮差案，二十六日回甘孜。

九月二十七日至三十日，连召孔、麻头人，说东谷帮差案，详情另案呈报。内一日看喇嘛跳神。

十月一日，缮呈炉霍报告附邮。

十月二日至四日，访住甘绅者，询甘孜故事与商情，并记之于册。

十月五日赴白利，六日赴林葱，七日赴绒坝岔看界，入大金寺，返林葱，八日自林葱回甘孜。

十月九日至十一日，助韩知事谕遣藏番，另案呈报。同时嘱董委员赴杂科测绘地图。

十月十二日，赴红庙子绘图。

十月十三日至十七日，清理行装，整顿杂记，复政委会托查事件二函，录杂记十三则呈边政处，同时嘱万委员赴绒坝沟测绘地图。

十月十八日，杂科民许树楠，来控县署韩通事搕银二秤案，韩时同韩知事赴朱倭查灾，录供待之。又有炉霍朱倭百姓诉求饬交逃差汉民张银山案，理解遣去。

十月十九日，重测治南地图。

十月二十日，理韩通事搕财案，详情另案呈报。

十月二十一日，赴瞻化渡门坎石，出甘孜境。

以上共五十日，办理事件，纷繁复杂，原难分析，上系就当日主要项言之。甘孜巨县，户籍详备，而图谱阙如，特与董、万委员分道详测，除大塘坝与昌塔外，县属地方，无不亲历测绘，详备无余，行军施政，俱可参考。除东谷藏番、韩通事之案另报，及地方兴革事件直函政委会外，附呈改善雅龙江渡船计划书于此。

附　改善雅龙渡船计划

雅龙江为关外巨流，岸高水激，横断康藏间，甚妨交通。幸甘孜一部水流平缓，河岸低平，易于横渡。近世康藏商旅往来概取甘孜者，实由此故。番民不知舟楫，用柴条编框，蒙以牛皮，树脂涂其缝口，圆如巨盆，借以浮渡，称为皮船，只容四人。一人打桨，盘旋水中，逾时始能达岸，载货只堪二驮。有时中心偏侧，全船覆没，牲畜牛马，皆泅水浮渡。时逢夏涨，每每漂没淹毙。皮浸水久，又须晒干然后可用。边地商队，动辄数百驮，每过渡一次须二三日，其不便利甚于绳桥。甘孜治南之雅龙江渡，为入藏与西康第一总口。旧有皮船数只，渡济商旅，为孔撒土司所设。乘危搕索，每每酿事。赵钦使时提归公管。凡过商货十驮，抽取藏洋一元，全年收入2000余元。于渡头建筑货栈，以便待渡者，拟造木船尚未进行而死。民国四年，甘孜尹叶由志受孔撒土司贿，盗卖此渡并渡头税捐局于孔撒家。明价才藏洋2000元，恰值一岁收入耳。现孔撒家委数西根涅巴管，年取净税400元，余千元船户与涅巴分之。官差过渡不上税，仍予奖金。民七绒坝岔之役，林葱被围，孔撒家私通藏番，停支差马，拒渡官军，援队皆从白利取渡。事后汉官孱弱，亦未惩治。视察及此，窃念关津税卡，关系国防与税权，岂宜委之土司，受其操纵，曾商韩知事又琦设法收回。据云前任卖却有案，未便食言。盖孔撒家目前势焰甚高，历任知事皆曲顺之。韩自量其力亦未能使之听命也。

再查甘孜雅龙江，下自经喀龙，上至林葱百里间，平流无滩，江阔十丈，与炉霍水俱可通行木船。前曾具文呈请开办道炉水运在案，如蒙核准施行，便可借其船工，收杂科大木，造船于甘孜。先将此渡另添木船，木船较皮船便利百倍。开渡之后，番汉商旅自当来归。孔撒皮船自然淘汰，收回津渡。改善交通，更进试行经喀龙至林葱舟运。万一康藏开战，战守二局，皆当侧重于绒坝岔一点，林葱至绒坝岔数里，舟运诚通，利不可言，又不仅收回税关、改善津渡、便利商旅而已。

第七号——瞻化县视察报告

境域 瞻化县境，位道孚正西，甘孜正南，理化正北，西与陷藏之白玉县接界。全境作斜方形，南北鸟径 80 里，东西 85 里，人行径无里制，大约四倍于鸟径。旧名"瞻对"，为土酋工布朗吉所据，旋沦为藏占。清末以武力收回，置怀柔县。民国初易今名。① 自藏番统治时分全境为四大区，民国因之。

上瞻区　辖雅龙江北段纵谷中 12 村，1134 户，总保住饶禄。

下瞻区　辖雅龙江南河谷左右及甲斯弓之 12 村，1200 余户，总保住理化属之穷坝。

河东区　辖治东雅龙江谷至麦科山脊，南及噶坝凡 15 村，1200 余户，总保住甲拉溪。

河西区　辖治西自雅龙江谷至昌泰高原 1000 余户，总保住雄龙溪。

附呈瞻化地图一幅（图略），河流委曲、产业分布、村场位置，皆经实测。唯下瞻曲羽与河东噶坝诸村，未往实测，仅召下瞻头人而询地形，补成全图。

地势 瞻化岩层，概自西北走向东南，平行斜列，整然不乱，故所有溪河皆向东南或西北方面流走。唯雅龙江自北而南，蜿蜒纡曲，多有斜断岩层之处。此江为县主流，水量颇大，而湍急不堪行舟。全瞻本一高原，被此江凿成深八九百米之狭谷，谷之两面，每每有小平原，瞻化繁盛村落尽属此部。入江之水，受主流影响，亦每成为狭江。唯上流部多属阔谷，为农村、牧场所聚，瞻化次要之地也。此外则雪岭冰川，除盛夏有人放牧外，唯寒风皓雪笑傲其间而已。

地质土壤 瞻对地层，殆全属古生界，硬砂岩与泥岩相间，岩层斜立，自西北走向东南。县北境者为最显者，地亦最硬，经数千年之冰雪侵蚀，犹巍然屹立，锋

---

① 瞻对，藏语义为"铁疙瘩"，今四川省新龙县。清初为五土司地。咸丰时，中瞻对头人工布朗吉兼并其他土司，统治全瞻，梗阻大道。同治四年，清廷令川藏会剿。平定后，清廷将瞻对赏给西藏管理。西藏地方政府派一代本及堪布驻瞻，常干涉川边土司事务。宣统三年，赵尔丰逐走藏官，将瞻对改流置县。

棱崭然，即甘、炉二县界间之大雪山也。南境地层较软，受冰雪风化较易，软泥被地，厚数百尺。除峡江外，罕睹石骨。其泥悉轻松细软，带淡青色，不含石砾，为纯粹之土壤，生产能力颇大，惜地势太高，低暖处又多绝壁，乏平原，农产故不旺耳。

物产　瞻化物产，可因地势与高度，判为数区如下：

1. 小麦区　雅龙江河谷两岸，多有小平原，或高于江面丈许，是为河原，或高于江面五六十丈，自山腹突出，是为腹原。二者海拔并不过3000米上下，土腴而燥，为小麦生长适宜之地。下瞻尤温暖，产麦更多。北道各县，除道孚外，当以瞻化为麦库也。农人颇知轮种，每种麦一二年，必种豆一季。上瞻唯种豌豆，下瞻则蚕豆、大豆、油菜并多，以其较上瞻低暖也。

2. 青稞区　凡雅龙江河谷两侧最高部之坡与雅龙各支流之溪谷内，平旷可耕土地，海拔在3500米以下者，皆有农村。所种以青稞为主，小麦则收获不良，故罕种者。其农亦行轮栽法，唯不以豆而以荞麦、芫根等。此带农民，所上粮皆荞粮也。

3. 森林区　自雅龙江江岸起，上至海拔3600米处，凡属山岩壁立、未堪耕种之部，莫非森林。唯阳山多系灌木，阴山始尽乔木耳。其木以枞为多，柏次之，松与桧又次之，常绿柞又次之。林内生产麂、鹿、熊、猞猁、野羊、马、鸡、狐，麝香、鹿茸、兽皮成为瞻化名产，以林富故也。

4. 畜牧区　瞻化除极微量之河谷外，全属高原，平均高度为3800米。大部分地方，不宜农作，亦无森林，唯野草繁茂，特宜畜牧。牧场约占全县面积之半。凡瞻对娃，殆事畜牧者。其畜以牛为主，马次之，羊又次之。牲税年收7000余元，实仅得其五分之一耳。牧者夏驱牛羊于高山；九月以后，高山积雪，则渐向河谷下移；至严冬则移于雅龙江岸附近；翌年春暖，再向上移，以为常。草原亦产大黄、秦艽、贝母之属，向来山禁，无采掘者。

5. 金矿区　瞻化为产金名地，实亦非遍地有金，唯麦科及其附近有之耳。麦科山脊，岩层含金甚富，且其质甚纯，全康金矿俱不及此。然四时冰冱，无能取岩金者。自山流出之水，皆夹金屑，沉淀于上流河床，可以淘沙法取之。麦科河（亦名敬达沟，自大盖村之敬达入江）源，正当岩金旺部，故其上游河床淀金独多。上下百里间，皆金厂也。淘金者，番民十之七，汉民十之三，掘地为坑，深达河床，汲沙洗之，金粒或大如豆，或小如尘，每人每日所得，足用而已，罕有余积。然瞻化年出金数百两，皆自此粗拙法中得来也。麦科河高寒，十月冻结，淘金渐难。冬月至三月间多停工，年淘金八九个月而已。其他自麦科流出之水，虽亦有金，然量微。

麦科金未尽，尚无人顾及之。县治附近磨房沟口，旧曾为金厂，未几即尽，今已废矣。

6. 高山区　瞻化高原中，间有高山连岭、夏季积雪者，土人概呼为神山，禁畜牧挖掘。其山悉产虫草、贝母，无人敢取。

总之，瞻化地势、气候，并似丹巴，而产业幼稚，则愧丹巴远甚。盖瞻对娃顽固守旧，饱受酗嬉，饥则劫掠，从无趋时厚生之志，故地利不能尽也。诚使诸番向化，劝农得人，则此县产业，有可改善者三事：第一，为治果园，如梨、胡桃、葡萄、苹果等类。以瞻化地势、气候、土质言，并极相宜。目前瞻化竟无果种，此可叹也。甘孜不宜果，而人嗜果，年自炉城、丹巴、西宁等处运入，为额亦巨。瞻人诚能培植果园以济其乏，当必有利。此意已向县农事试验场员言之。第二，为牧羊业。瞻化妇人概能织毛，所成毪子甚精致，西康人悉称道之，每年有商贩专来购买，运销各大埠。然瞻化不产羊毛，毪子原料，概自甘孜购入。（甘孜又系自西宁、戎谷等处运来。）瞻化既多高山，牧场固自宜畜养毛用之地也。土人不知自给，妇女殚心胼手，徒为他人作嫁，良可悯矣。第三，为增加农产品。瞻化山地，甚宜马铃薯；河谷宜果、蔬、葱、薤、菘、蓝之属。凡康区所能种者，瞻化无不宜。然马铃薯及葱，购自道孚，余物购自甘孜，始得入口。昔番人俭陋，糌粑、酥油、牛肉外，一无所需，农作简单，固无不可；近年诸番渐染汉习，口腹之欲日侈，则增加农产品，实满足人生一要义也。

商工业　瞻化县治，仅民户50家，又无喇嘛寺在其附近，故无商业。民户少则货品滞销，无喇嘛寺则小贩无从借贷资本也。前数年此处扎有汉军，各种小贩亦较多。近则仅存茶布店二家，营业亦甚寥寥。此外各村落，概无商店，亦无市集。各喇嘛寺，除大盖、日巴等数大寺外，俱无充本。每年仅恃绒坝岔等处之挑担行商，游走各村，贸易日常用品。又有汉商一二家，游走各乡，零购麝香等山货而已。

瞻化亦无工业，县治仅有铁匠一家，兼铸金银饰品，成器拙劣。历遍瞻境，所见民家日用之物，亦无一件足当工艺品三字也。然妇女悉善织毪，瞻对细毪，驰名全康。

交通　自县治北循雅龙江，逾呷格龙大峡，出甘孜西泥沟，为昔工布朗吉据瞻时屡出北征霍尔五家之路。修治最早，现犹为瞻境最完美之路。

自县治南循雅龙江西岸至麻日，逾山至理化，为瞻化次完整之路。昔赵军征瞻，主力由此进攻，沿途焚毁村落，今犹荒废。

自县治东登拿格顶，经麦科入炉霍，至仁达接北道干路，为清季官商往来瞻境之捷径。近年因麦巴娃逃徙，差站中绝，此道遂废。瞻化与打箭炉间行旅，改从道孚取热噜、甲斯弓、拉日麻至瞻化。此二道并须逾大山数重。冬季雪厚，未易通过，则仍改向甘孜也。

此外小道：（1）自县治循谷黑沟经格绒惰至穹坝，亦通里塘。（2）自格绒惰分支至噶坝及曲羽诸村，循雅龙江可通河口，道险，行者甚稀。（3）自县治西经通宵、古路至昌泰，可通白玉。民国六年彭营长率军，由此自白玉退回甘孜。近以白隶藏，官书断缺，此路亦殆废矣。（4）自大盖西溯阿色沟，逾阿色岭达牛厂，可通绒坝岔，别支循坐达沟通甘孜，此外无道路。

瞻化乌拉差徭，本因地僻，较道、炉、甘等县为少，然其人性较他县强悍，政治势力，亦较他县薄弱。故抗差避差事，较他县为多。计四区中，上瞻最恭顺，支差最妥；余三区，总保命令不能彻全区，官府更不能制，差徭应命而已。故官吏行役乐走上瞻，而畏走其他三区。又赵钦使时，规定瞻化、理化间乌拉，理化直支至瞻化；瞻化至理则分段支差，瞻化支博孜，博孜支麻日，麻日送至理化。前吴知事时，受民私赂，妄给一谕，今麻日乌拉送至乌虾而止。乌虾以南理化境内山路四站，并不交涉理化接差。自是以后，由瞻赴理者，皆自乌虾自雇夫马，备受勒索，每每稽延数日不能成行。理化百姓，亦常借口此事，不肯支差赴瞻，以致瞻理交通，形同断绝。此差一免，不可复兴。是故知事贪彼小利，遗患无穷。关外劣吏之自坏治道，陷边事于不可问，此其一小证也。

人民 瞻化人口，据粮册为20000余，男女略等。其实约亦不满30000口。就中有四分之一为僧尼，四分之二为丁，其余一分为牧户。

其人性强悍，劫杀仇杀事，年必数十见。自奉甚俭，虽大富贵家，衣被一布面羊裘，饮食亦酥茶、糌粑、牛肉而已。除茶叶外，甚少使用外来货品，无治生增财之欲。男子闲放终岁，急则劫人，得余一日用，则沽酒沉醉以为常。女子理家政，善织羊毛。少有积蓄，即布施喇嘛。人死悉掷大河中，行火葬、天葬者甚少。婚姻无繁仪，男迎女子来家，对坐一日，即成礼也。

吏治 瞻化地位偏僻，村落骛散，道路奇险，夙号难治之区。清末世，沦于藏番者三十余年。藏官穷征暴敛，残虐百姓，无复人理，然善利用豪强为之鹰犬，故瞻民始终无敢叛者。赵钦使既定全康，屡请收回瞻化，瞻民始有乘机赴诉者。赵既以武力收复瞻化，瞻民如解倒悬，以敬畏藏官之积习，含感激汉官之诚忱，此宜易理矣。然瞻对征服未久，西康吏治已坏。历任官吏，言行阒茸，渐为诸番所轻，渐复纵肆不受约束。官吏多欲无刚，因循日甚。延至近年，已成千疮百孔之局矣。前知事张绰在职三年，时患断炊，诸事委之四瞻头人，划诺而已。然张宿吏，悉番情，能以小惠结诸土酋欢，亦不曾枉取民财，故虽威令不行，而人无闲语。其长在官守无伤，其弊在官权日替，此固近世边吏之通病，未足以责张一人也。现在知事张楷，豪宕有干才，在边日久，亦悉番情，而驾驭手腕，超越前张知事百倍，莅瞻数月，百废俱举。举其政绩之著者：

1. 四区总保轮值县署候差，无敢擅缺。张对言语，能饰威仪，不假借辞色。

2. 各路乌拉差谣，重新厘定，奉行无违者。道孚至瞻化路，中间虽有数站无人户，亦有牧民支帐房候差无缺。即麻日至理化一路，虽乌拉中断，无能复续，然历届要差赴理，皆饬四区头人派差直送理化，未使公务阻滞，亦无旧日索取保送费等陋规。又各要道俱饬番民守隘盘查，无敢或废。

3. 往昔粮税尽年不能征齐，现除大盖因案未到外，余皆于十月以前一律扫纳。

4. 县署旧虽养有土兵，全属徒手，张至饬各区总保各借快枪5支、子弹百粒，发土兵使用，军容整然。

5. 大小案件不假头人办理，虽其间亦有不能办动之事，尚无委曲迁就、堕损官威之迹。

6. 麦科山旧有牛厂曰麦巴，十年前麦巴娃因与附近之热噜牛厂有仇，乘双方说理时，袭杀热噜娃十余人，全村徙居俄洛，投"野番"，不敢复回。麦科差站，由是断绝，道路阻废。张到任，使人说热噜娃与麦巴娃和案。因遣人往俄洛招麦巴娃回牧，填实麦科，规复台站，麦巴娃已允明春说和回往。此事果成，亦异绩也。

7. 教育另详专条。

查张知事所以能有如此成绩者，为术固非一端。而挥霍豪侈，赏赉优隆，宴集频数，实为其一因。北道各县署员司优备，土兵足额，公费奢靡，亦皆无能及瞻化者。

土司 自工布朗吉伏诛后，瞻化无土司。唯四区总保，位置、权力，俱与土司无异。以其关系治理甚巨，附论于此。

昔藏官管理瞻对日，择各村豪强枭杰者，予以代本名义，代本犹土兵营长也。藏官鱼肉百姓，全借代本力。代本亦借藏官威势，钳制其村民。瞻对村落散漫，欲以一官管理之，非此法不能有效也。设治以来，仍选四区中代本之尤有势力名望者，任为总保，使管诸百姓。废代本名称，另委村长。然各代本势力养成，非空言所能剥脱，村长供其役使而已。只因无名分接近官府，初不能不屈身于总保之下。积之既久，前各代本或变为总保之小头人，或因渐得接近官府，遂与总保抗立。迄于近藏，总保、代本势愈固，官府反或为所制也。总保、代本皆世袭，番民通奉之为官，对之支差上粮（粮仍转纳县署），较奉官府为谨。兹析举四总保佐治情形如下：

上瞻总保　独吉郎加，其先固工布朗吉之党，以杀酋投诚，得赐逆产为差民。其后当收瞻之役，协助汉军逐藏番，累功为上瞻下六村大头人。设治后，升上瞻总保。历世效忠官府甚虔，取得奖状甚多。传至独吉郎加尤有才，上瞻十二村二十余代本俱虔奉之。四瞻中总保权力能彻底者，唯此区耳。

河东总保　穹穹工布，其先在四总保中最有势力。署瞻化者，概须与之结纳，始能顺利。自为赵大臣笞责后，势力顿衰，现尚能制服全区。唯狡黠不甚诚奉官府，最近曾有劫囚抗命之事。

河东之噶坝有百姓200余家，在下瞻境内。其代本工本汪青原为匪魁，交结里塘崇喜诸土司，甚有势力。受米知事安抚为县署夷情调查员。其势力直与四总保相抗，河东总保与之深结，直有分治河东区之势。近因通卖大盖案事发觉，被撤职捕禁县狱，另呈大盖案文内。

河西总保　巴登独吉，为人庸碌，势力只及雄龙溪一村。凡事尾从河东总保，该区人民争讼，在前官府未理时，多凭上瞻总保解决之。

河西之通宵、古路两村，200余户，代本梗青，从来不受总保命令。尝云彼我皆代本耳，唯汉官可以令我，故今知事有通令瞻民者，他三区下总保，此区则总保与该村并下，始不格。该代本近亦甚效忠勤于官府，奉令办事，常较总保为速且当，若有篡夺总保位置之意云。

下瞻区总保　杜噶，其人住里塘之穹坝，家世富有，带纨绔气，各事委其小娃子阿噶办之。各村代本多自肆，杜噶负名而已。

窃瞻化地面辽阔，村落散漫，治理之道，不能不借重头人。然一头人辖管过度，则仍有鞭长莫及。昔藏官每村放代本一至二人，每人所辖不过百户，管理致密，政令易行，故虐暴其民三十余年，犹无叛者。归流以来，只任四总保，每区所辖，纵横各数百里，传布令教，往返数日，民易失驭，事遂多乖，治理益难。目前上瞻，最称命令彻底之区，犹有大盖难理之案，其明证也。不唯如此，各总保既有广土众民，果其势力完固，一朝生变，亦不可制。夫甘孜地面，不过瞻化四分之一，分为九区，尚有孔撒、东谷骄纵之酋，况瞻化一区九倍其地乎？窃拟即令于瞻化四区，各增设副总保一人，上瞻设于日巴，河东设于噶坝，河西设于通宵或麻日，下瞻设于曲羽，名为助理，实则分权。此副总保既系新设，便可打破世袭制度。（总保世袭已数十年，未易打破。）由部令规定，每二年一换（照炉霍头人例），仍许连任，唯禁世袭。行之数岁，可无形分全瞻为八区。且新分之四区总保，既由政府委任，亲汉之情，自较故总保为切，有裨治权不鲜。如此布置，有三大利益：划四区为八区，以便统治，一也；分总保权势，渐图打破头人世袭，二也；旧四区境界犬牙错入，管理困难，如前分割，则各成整幅，三也。

教育 瞻化向有国民学校一所，仅县治汉人子弟数人，甚无起色。本年张知事楷履任，奉到政委会增设官话学校训令，召四区头人商讨兴学。缘瞻化番民不愿读汉书，认读汉书为当差，甘愿出钱雇人代读。因商定每区每月缴出藏洋50元，由县署代雇学生，县署即将此种学款改为学生津贴，每生每月发粮1斗，因是学生骤增。现有男女生60余名，分高级、初级两班。校地为县治之关帝庙，曾经培修，尚称合用。建设筹备员陈焕章为校长，教员悉由县署聘请，员额并足，教授合法。全体番汉各生，皆识汉字，勉通汉语。中有数番生，成绩反在汉生之上，此北道各县所未有也。上项学款出纳，概由县署征收课经手，据云年收2000元，按月发给学生津贴，榜告公开，余钱指为特种津贴，本年曾有为学生全缝制服之说，尚未实行。

喇嘛寺 瞻化每村有一喇嘛寺，全县共40余座（小寺不计），僧侣各数十人，上百人者不过数座。红教占十分之八，黑教占十分之二，黄教则绝无也。大盖喇嘛寺，为东西大盖二村所共建，有僧200人，为瞻化第一大寺。主僧阿登赤乃，甚横恣，屡为不法。民七，绒坝岔战役，赤乃迎藏军入瞻，议和后始去。去岁朱倭、章谷斗案，赤乃率章民助攻朱倭，尤蛮横无理。今岁以私仇擅杀该寺大喇嘛乌金夺吉全家，并拘系其妇女，抄掠其财产。经人告发后，抗传不到，筑碉守卡，布防拒捕，即轰动康北之大盖凶案也。现虽然勉强告结，该僧等横恣自如，非有汉军实难镇摄。

日巴喇嘛寺，为日巴村百姓所建，规模颇大，僧侣百人，主僧智陀罗，有道行，为红教中最有名之觉者，对官府颇恂谨。此外寺院，率无足称，统于调查表详之。

征收 瞻化四区48村4578户，年征正粮977石2斗5升7合，歧粮421石5斗8合，牲税藏洋6492元3咀，又羊税当十铜元3173枚。各村详细数目，另详调查表内。此种粮税概各村村长头人经收，汇缴县署。往岁拖延，年底常难缴齐。唯因急款折征，首人有利可得，因而抬垫者始易齐集。今岁来缴颇速，在瞻日适逢上粮期间，察其收粮，仍用尖斗摇斗，百姓亦无微怨，盖安之既久，无免去想也。各村上粮毕，例以酥油、牛肉大批分献署中人员，算账给结，云是藏官时遗规云。瞻化杂税甚微，契税、印花全无；屠税年约300藏洋，系民十六年创兴；酒税年收200藏洋，由四区分任，并民十六年兴；官地租金年收418元1咀；金课无定额，殆成陋规，不缴解。

此外学款年2000元，团务学生经费年960元（团务学生4名，每名每月薪水20元，由四区分担）及乌拉费等，并非解款。

视察日程 计自十月二十一日，自甘孜逾石门坎入瞻化境，至一月十一日逾麻日大山入理化境，中间共在瞻境八十二日。测上瞻地图六日，履测河东地图七日，履测河西地图四日，赴理沿道测河西地图三日。余除考察县治、附近村落民情、差徭、教育与询问下瞻地形各区宗教民风外，所有时间，概消费于办理大盖案一事。缘大盖距县治二日程，寺僧顽强，不肯就审县署，官府亦未便枉道审理，累饬四瞻头人喇嘛，往返宣意。每往返一次，大盖会议一次，始得答复。县署又下谕一次，起稿书真，兼译番文，又二三日矣。计公私人役，为大盖案而奔走于县署、大盖之间者，自抵瞻化日起结案日止，共凡八次，每次费五六日至十余日，中间几结而叛，既叛复遵，钩心斗角，备极困难。详细情由，已另案呈报。初拟于十五日内履遍全瞻，即赴巴盐诸县，不意因是稽滞二月余久矣。

第八号——理化县视察报告

境域 理化县境位西康高原正中，全境作斜方形，跨东经 90°30′ 至 101°10′，北纬 28°50′ 至 30°40′ 间。面积在全康各县中，居第一位。高寒旷邈，不宜农作。以当南路中枢，清季曾设府治于此。究以游牧民众，耕户少，政教措施，多感困难。迄至今日，尚无明确区划，约分为五区二土司地如下：

东路　辖莫拉石 5 村 500 余户，现任保正莫拉孔村，实由名罗绒血若者当事。

西路　辖甲洼、雄坝、藏坝、龚坝（以上合称濯桑村）、喇嘛垭、邓波等村，400 余户，现任保正康巴降错。（老粮册称为南路）

南路　辖德窝（亦称迪窝）、拉波、墨洼 3 大村约 200 户，现任保正彭错唐开，又名阿忒公都。（老粮册称为西路）

北路　辖穹坝、霞坝 2 大村，约 300 户，现任保正党却（亦称党秋）。瞻化之噶坝，亦称格哇村（"坝"与"哇"，番语俱作某地解），旧原属理化。民国初年瞻化米知事招隶瞻化，现理化刘知事正请划回。其地与穹坝密接，应属北路。

城区　理化市场颇大，约共有大小商人百余家，附户数十家。汉籍为多，现任保正金泽濡。

毛丫土司　辖治道迤北横阔约 300 里之大草原，约有牧民 1200 余户。

曲登土司　辖县境西北隅之大草原，约有牧户 300 余帐。

此外有格母娃者，居县喇嘛垭附近之格母山原，有牧户 80 余帐，久成化外，不受约束。

地势 理化地势如覆掌，腕在西北，指端向东南，县治若在中指节下，适当北纬 30°。30° 以北，概为海拔 4000 米以上之大草原（唯穹坝、霞坝有 3500 米以下之农作地），间有达 4800 米以上之雪山；30° 以南，概为 4000 米左右之高山与 3000 米左右之纵谷相间排列称为骈指之状，主要农产区域与森林，俱在此部。

理化北、中、南段剖面图（略）。

地质 理化为往古内海底部之拱起者，岩层概水成岩，水平重叠未乱，砂岩层上，堆积浮土一层，厚约百尺，砂质土壤也，微带青绿色，甚腴美。惜位置过高寒，不宜地热。此就大部分言之，亦有一小部分，为火山质，如治西温泉附近之石丘，即砂岩裂罅之喷出物堆成者也。

气候　理化位西康高原之中心，干燥寒冷，为全康冠。县治附近数十里内，夏夜可衣裘裳。九月以后，土冻数尺。唯因纬度颇低（北纬30°），地高而平，空气干燥，地面受日光辐射作用大，每值日出，顿成燥热灼肤之天气，所谓绝对之大陆性气候也。理化地面既高平，风势极猛（夏日每有飓风，冬则北风长号），人畜难禁，奔牛逸马，为之却立。独阴晦日则无之。

理化南部，五六月间为雨期。谷中雨量较大，高山上部甚小，北部草原，唯夏有暴雨，余皆燥季。冬虽严寒，仍不降雪。雪则秋季降地，遂不融化。

物产　理化主产地带，可依地势高低分类如下：

1. 农产区——在30°以南诸河谷底部与北境之穹坝、霞坝两河谷，面积占全县百分之五。农产为小麦、青稞、马铃薯、芫根等，农民多兼营牧业。

2. 森林区——在30°以南诸河谷两侧之险峭部。树种属松柏科、杉科最多。全天然自生之林，未经砍伐。林内有麝、鹿、野羊、岩驴、豹、熊、猞猁、马等。森林面积，倍于农地。

3. 草原区——凡30°以北之地与南部诸大山顶部皆是也，面积占全县百分之八十。遍地浅草，只宜畜牧，县治附近属之。亦有试行栽种者，仅能收荞、菸等品一次，尚多霜旱之虞。然浅草间自产大黄、知母、贝母、虫草等甚丰富，又有老鹳草与雪猪。设能栽培豆科植物为收藏牧草，则畜产与药材，将为此带之绝大富源。

4. 雪山区——海拔5000米以上之高山，唯西北境有之，面积不足全县百分之五。若4500米以上之高山，即九月以后积雪不化者，在县境则最多，皆浅丘式，有草，季春至仲秋间可牧，虫草、贝母，产于此者较多。

5. 金矿区——理化遍地可含金质，盖远古为内海时，海底沉淀之沙金，非有岩金也。此种沙金皆遍含混于浮土内，随溪涧冲洗，渐次转移入于较大河沟而沉积，采金者概于河谷沙中淘之。县治迤北草原中诸河谷，殆无不为金厂。现时最有名者，为角角母金厂、大河坝金厂、江卡渡金厂、霞坝金厂，并为毛丫土司管地，番民自行开采，抗纳金课。此外有德窝金厂、拉波金厂，并抗。

交通　理化县治为康南交通中心，自此东经火竹卡、扎马拉洞、西俄洛至雅江，达康定，580里；西经头塘、喇嘛垭、三坝逾大索山至巴安，430里，向称关外"南路"。为川藏交通孔道，经清季历代修治，甚为广阔，沿路建筑台站、尖卡，安设站丁，传递官书。又有电线，通连巴塘。民国初年，以邮局已设，裁撤台丁。旋因番乱，电线亦被砍毁。其后巴塘多事，商旅赴藏，尽趋北道。此路台站，十九圮颓，旧日繁关，顿然冷寂矣。清季勘定此路之初，似因迁就台站粮食供给之故，使路线偏近南方纵谷，致使坡陀起伏过大，不便行旅。自台站撤废后，沿途匪风骤炽。商旅往来，遂另辟新路于北偏草原中，以其平坦宁静。虽无尖宿站，番民野宿惯，固无碍也。如此者，称为小路，亦曰新路。现小路驮马络绎，大路殆废。

自县治北经霞坝、麻日，过瞻化治，通甘孜，为连接南北两路之干道。自县治南经雄坝、藏坝、德窝、拉波至稻成，为乡、稻唯一通路，乡城娃数次出巢，皆取此道。

此外小道，并详地图（图略）。

商业 理化在清时为南路大城，街市颇繁盛，自数经乡匪之祸，渐形衰落。南路废后，更无振兴之望。现存民户百余家，较大商店十余家，以收买虫草，或自云南、乡、稻等处贩运鸦片、碗儿糖等来此分销康地。现时市价：鸦片1元1咀（两）、虫草13元（斤）、贝母11元（斤）、知母3元半（斤）、麝香4元（两）、鹿茸100元（两）、赤金100元（两），均藏洋计。商人资本，喇嘛寺占最大类。陕商次之，番商又次之，川商甚少。下列理化商家调查表：

商号	业主	营业项目	商籍	历岁	资本概数
嫁多	莫拉村喇嘛寺	杂货、药材、山货、藏货	喇嘛寺	无考	20万元大洋
德盛昌	额拉阿村	杂货、药材、山货	番商		10万元
生根	里塘喇嘛寺	茶布、药材、鸦片	喇嘛寺		1万元
宣教师	洛桑降泊	同上	喇嘛寺之堪布		5000元
德盛祥	李茂林	杂货、药材、山货	本城汉人	30年	5000元
兴瑞祥	刘俊卿	同上	陕帮	10余年	3000元
马春浦	马春浦	同上	本地汉人	40年	4000元
衡记	夏恒易	杂货、山货、药材、藏货	川商	2年	1000两
彭错唐开	同名（濯桑保正）	药材、鸦片	番商		3000元
金盛源	文姓	杂货、药材、山货	陕籍	2年	3000元
九集成	耿大	同上	同上	2年	2000元
俊德成	郭俊文	同上	同上	20年	2000元
恒发昌	王季发	同上	同上	10余年	2000元
周云孝	同名	药材、鸦片	同上	6年	2000元

续表

商号	业主	营业项目	商籍	历岁	资本概数
罗世芳	同名	同上	同上	30年	千余元
官文通	同名	同上	川商	20年	1000元
官文达	同名	同上	同上	20年	1000元

人民 理化人口据现粮册为3000余户，实则此县户口未经调查。光绪末年改土归流时，因土司叛乱，未曾移交粮册。乱定后，熊军粮户延诠（字仲卿）饬番民按户来署领给籽种，多少按所报地亩之数发给，明年即照种量一五成征税，并据所报户数造册。此种册籍甚不正确，后又屡经变乱焚毁，如法屡造新册。至今号称牧户1580，农户1382，城居110户，实约得其三分之二而已。

古之言治理者，谓民不地著，则轻为邪。理化牧户超过农民，农户又尽穹远隔绝，故其治理之难，为全康最。劫杀之风，充满全境。西南邓波等村，东南之莫拉石、墨洼，正西之格母娃尤著。其他各村，虽亦上粮当差，然其目中只有喇嘛寺，无官府也。至于牧户，则同化外，除其土司可以调遣外，不知当差纳税为何事。

理化风俗，又与瞻化微异。男子经商者多，其商皆小资本，或以牛马编群为大商驮运茶物。女子亦能经商，装饰较他处更复杂，头戴三披带，饰银盏七只，腰围银带之属累累如璎珞。虽衣不蔽体，此物不废。抵抗风寒之力，较北道诸番为大。沿大路部，久沾汉俗，微有汉化者。

土司 清康熙朝岳钟琪等西征，平定里塘，设正副营官于此，管理大小寨堡15处，喇嘛寺45座，百姓5320户，喇嘛3270余名，与五瓦述酋长辖地番民6529户，喇嘛3849名。其地即今之理化、乡城、稻坝三县与雅江、义敦（义敦县现废，宜复）之一部。外设军粮户一员，与正副营官并驻里塘市。外于火竹卡、博浪弓设守备把总，以兵戍之。此正副营官皆番人，后世称为大二营官，实为土司之别称。光绪末年，巴塘以杀凤全事，川兵往攻，里塘大二营官暗助巴塘。赵钦使杀其头人二名，擒二营官押赴巴塘军为质。乱定，迫大营官缴印归流，大营官逃赴稻坝、乡城，聚土人作乱。赵军攻克乡、稻，大营官逃入西藏。二营官押解成都，至火竹卡，惧罪吞金死。大营官寨堡在里塘市外数十步，民国元年，因乡匪叛乱，为顾营长所焚。民十三年，大营官自西藏回理，由知事孙兴仁呈请陈镇守使遐龄赦免前罪，大营官葺故寨栖住，旋即病死。遗一妻，现颇有势，潜结各村头人与喇嘛寺，思复土职。渠有二女，长赘毛丫土司之舅父名苟噶，次赘崇喜土司之次子，其娘家又与巴塘大营官家为嫡亲。值此汉军衰弱、官府无权之时，固宜其有妄念也。大营官系宣抚司印，原未缴出，现供其经堂中，每值胜会则陈列夸众，且御其黄缎朝服，一如为土司时。苟噶例应承嗣，现仅称大头人，然横甚。历任知事皆虚与周旋以羁縻之。渠任金课委员，历抗不缴金课。现任知事拟撤销之，渠即怂恿毛丫不支差，巴理粮运为之停滞云。

毛丫土司① 原五瓦述头人之一，雍正朝授土百户，领率里塘草原牧民之一部，归大营官管辖。清末缴印归流，认纳牲税。然自营官死后，汉军屡为乡城娃所败，知事无能，番人轻视，毛丫土司渐骄肆。现除包运巴理间大差外，牲税、金课，分文不纳。即认运巴理大差，亦索酬金甚巨。人皆称为"请毛丫保险"，不云支差也。（理化乌拉，在百头以下者，由莫拉石、濯桑、穷霞坝三大村支应；百头以外者，由毛丫、曲登两土司支，毛丫千头，曲登500头，依次轮支。）老土司起梅夺加死已三年，生三子二女，长子索加，即现土司，年20余，去岁娶崇喜土司女为妇，与曲登亦有戚谊，现方议以其女与曲登土司结婚。此辈借姻娅联合，以厚势力，故虽皆小土司，官不敢忤。毛丫凡38头人，牧民分38村，无房舍，帐房迁徙无定处，虽土司帐房亦然。大抵夏日牧于陵阜，冬日徙里塘河谷。

曲登土司 地在理化西北境，南连毛丫草原，西与巴安之冷卡石接界。（冷卡原隶义敦县，义敦废后，改隶巴安，遂不复纳粮当差。其人皆牧民，好劫掠，有土司领率与曲登同。）北与昌科接界，民户300余家，分为4大村，15小村。其土司亦故五瓦述头人之一，雍正朝授土百户。自毛丫雄强，曲登隔在西北，进不能效忠勤于官府，退不能独立自保。常与毛丫、冷卡石诸酋联姻，依违其间，以自苟全。老土司名热登旺加，已死。其子阿额嗣，去岁与冷卡石斗，战死。其子某嗣，年16岁。阿额有二女订婚于毛丫、崇喜二家。其土司亦住帐房，迁移无定处。

格母娃者，为一小部族，仅民户80余家，游牧于喇嘛垭附近之格母山，向为西区保正管辖。民二三年后，抗粮抗差，退为化外。其人习于劫掠，慓悍凶横，从无外人敢入其地，自有头人，亦如冷卡石之有土司也。

喇嘛寺 理化原系红教，清定西域，专兴黄教，建大喇嘛寺于市侧，额设堪布二人管理之，即今之里塘大寺也。此寺为理、乡、稻共有之大寺，足容僧侣1000余人。各村农民、牧民，皆遣子弟就学于此，潜势力极大。乡、稻失陷后，其力犹足支配理化全县。堪布者，西藏达赖喇嘛下高级僧侣官名，相当于明清之尚书。其位

---

① 毛丫，又作毛垭。

置甚高，且多系高僧，不肯接洽下级汉官，故改流后，喇嘛寺内，由堪布委任"传号"一名，司传达官府令教之事，犹僧界之保正也。理化人事喇嘛甚虔敬，公私事务，多取决于喇嘛。传号原系有势力之僧侣，今又常与官府接，故理化之人敬畏传号甚于官府。自二大营官败亡后，官府办理番务，皆假手于传号，收粮也，支差也，评断纠纷也，防匪拒寇也，皆委于传号。于是传号势力超凌知事与驻军，理人无论番汉，皆知有传号，不知有官府。习之既久，任何事体，不出自传号者，即格不行。后届知事，莫不以屈身交欢传号为唯一仕诀。直至今日，全理化政务，皆操于传号之手，人民诉讼皆赴喇嘛寺。（前王知事在理三年，只问两案，皆汉人与汉人争斗之事。）传号自有庭，亦自出告示。县知事有何令教，非与传号会衔，即无人理。支差催粮之役，皆由传号指派专员司之。保正村长皆受其约束，此实关外独有之怪象也。

然里塘大寺戒律颇严，其传号每二年一换，每届皆选公正喇嘛任之，其评断诉讼、处理民事、管理差徭，公正廉明之德，常胜官府。里塘人民之乐归其统治者，即以此故。理化虽官无事权，而民事固甚理也。现任传号名降泽，与前任王知事甚善。故王在职三年无苦。现任刘知事初到任才拟稍裁抑之，便大受困矣。

理化除里塘大寺外，各村俱有较小之喇嘛寺，莫拉寺与拉波寺，其著名者也。

吏治 理化一切事业，操纵于喇嘛寺之传号，既详上节。县官到任，竟无事可做。所可做者，为对付上峰之公文，或为往来官吏军队及其他公事人员开乌拉条与保正，及介绍上峰之文告于喇嘛寺三种而已。故官吏到任，皆不必携带员司人役，只须有录事一人兼办一切事务，勤务一人兼司阍差役诸务，通事一人司交通传号之事而已。

理化旧有军粮户衙门，民国元年，因乱焚毁，后来知事皆住喇嘛寺内。民十八年，知事王致和于旧守备衙门地址重修，建造官衙，例饬番民当差。此役，番人谓"汉官为汉番共同之官，所办亦汉番之事，应饬汉番同样当差"。结果住理客户，皆任力役。监工者皆系番人，汉人负担反较番民为重。又王任曾整理市政、淘通沟渠，皆由汉户与番户平分工作云。现任知事刘明哲，到职未久，任事尚勤。此县旧管噶坝一区，民初改附瞻化。刘到任日，喇嘛寺屡称噶坝去后，理民支差困难，请设法划回。适其时噶坝头人工布汪青在瞻化因罪被囚，越狱逃去，不复敢再至瞻化。瞻化亦觉无力复管噶坝，划之主张，得以实现。刻闻马旅长已决意改划矣，刘又欲请给毛丫土司俸公，责其改善巴理粮运，现正计划中。建设筹备委员金、梁二人，亦无事可办。现只办关岳庙小学，至日值年假中，成绩无所见。

征收 理化差粮地亩，未经丈量。光绪三十四年，赵钦使平定里塘，改设县治，知事刘鼎彝，焚县署，纵掠全市，财物一空，街房门壁几并折尽。军匪接火数十乡，死数人。

民国十三年，乡城匪首甲古倾尊来里塘经商，同行者有携手枪小娃子八人。时团长谌煜驻理化，甲古倾尊至，厚赞往谒，谌不理，甲忿而出。副官米昭东（与谌皆湘省溆浦人）率军跟踪追出，拟提枪拘人。甲番退守营官寨番房拒战，击毙副官与彭连长，并士兵数人，从容离去。自是以后，无汉军再驻里塘矣。

理化地域广漠，村落散漫，职等驻理才十余日，调查实未详尽，要其大体情形如此。窃此县南俯乡稻，北制瞻对，西接巴盐，东连康雅，为南北路联络之枢纽，当西康军事地理之中枢，久无驻军，官权毁败，不亟整，且遗后忧。宜速检派重军，坐镇此地，呼应南北，镇摄叛夷。军威既张，官权可复。然后整理粮税，改善运输，倡种牧草以改良畜牧，开放药材、金矿以启利源，招商兴业以增税收，建无线电台以通声音，庶几可重造巨镇，永固封疆矣。

第九号——雅江县视察报告

境域 雅江县境，跨雅龙江中流，当康定、理化之间。北界道孚之查坝与瞻对之曲羽，南接汉源木里（黄喇嘛）地界。全境作杯形，东西200里，南北300里，原为明正与里塘二土司地（以江为界）。清设渡船于娘区卡，称为中渡。设兵守之，称中渡汛，又称河口。清末置县。民国二年，尹昌衡经略西康，始将疆界划定。

境内山高谷深，交通不便。向来官吏，只顾卧龙石至西俄洛一线地方，余处形同放弃。区团分划，非常含糊，虽询宿吏，不能尽悉。抵河口日，曾屡集土署汉民之曾往各村狩猎采药者，详询山河委曲、道路纵横、村寨散布之状，准以地望，参考他籍与县署卷宗，制成地图一幅（图略）。疆界、道路、河流，并可与他县地图镶嵌无误。虽非实测，较之官卷地图，精粗差度，未可道里计矣。兹将图中所列各区，分别说明如次：

河东部——原明正土司属地，现设汉总保一人，李成光专办支差。

城区 县治35户，附郭及麻子石垦民60余户，皆汉人，不支差徭。查此地旧名"娘区卡"，原为明正土司一番村。清设中渡汛，后汉人渐多，不知用何手段，尽据此地，现设一团总（周辉汉）、一团正，为一团区。

卧龙石 卧龙石沟旧时亦为番村，似因岳钟琪西征之役，驱逐番民，招致垦民。现在八角楼一带，住民100余家，大半皆汉户也。又卧龙石本河谷森林地，清设台站于此，台书站丁渐开垦之为耕地。现有12户，人亦汉人也。此带汉人，不支差徭，设有团正一人，称下东区民团。

白孜 在城区北河岸一村，仅30家人，系番户。有一村长，与八角楼番户伙。对官府支差至东俄洛（40头以下之乌拉）。

宜马乡 辖宜马宗、竹桑、拉牙、真打、茨巴绒（次巴龙）、奔子绒、米声、陈章8小村，差民172户。昔明正土司置土百户于宜马宗。雅江设县后，以此为一乡，以土百户为村长。

夺娘 亦译德亚宗，在宜马东，凡30余户，有村长。

八衣　辖八衣绒、火郎扒、门学扒（墨学）、格领扒、格日5小村，70余户，设村长于八衣。

宜马、夺娘、八衣称为拉日西巴三村，现设团正一名于宜马，称下东区民团。三村番户，对官府支河口至东俄洛之大差，在40头以上者。又每年帮河西乌拉费300元（此钱常被县署通事中饱，河西未得。）

河西部——原里塘营官辖地，民风较河东刁横。设治初，设番总保一人理之（名"新保正"）。已死未补。另设番保正一人（名噶他），汉保正二人（李承嗣、张完骏），办乌拉差徭。

河西村　辖河西、麻盖宗、麻拉3小村，70余户。（甲灰附属河西。）番保正噶他住此，对官府支河口至西俄洛差。

下渡　辖鲁窝、唐足（唐吉弓）、格七卡、麻鈔错、志巴、德巴、登牙巴、唐俄8小村，110余户。里塘原设土百户一人理之，改流之后，规定年帮河西乌拉660匹。其后官府权替，下渡往附崇喜土司，不肯帮差。前年董知事至西俄洛，与崇喜土司议，改为年帮370头，半牛半马。该区仍只帮牛。此辈历来轻视官府，差粮非由崇喜转饬，即难支足。

崇喜　崇喜土司辖地，在县西北境，与毛丫土司牧场相接。原只游牧80余户，现增崇喜汉农民十余户，凡百余户，归该土司直接指挥。对官署只上牲税，支西俄洛至理化至河西乌拉。

西俄洛　辖西俄洛沟上中下3村，60余家，原里塘营官直辖之一村，近年附于崇喜土司，听崇喜分配乌拉。

马岩　辖唐刚、唐吉、牙根、恶古、博思、麻河、孜河、雨热、大哈、热衣、下热、马衣穴12小村，200余户，自为一区。民俗凶悍，多为劫匪。改流以来，即不受约束。匪首名麻日洛腮，住恶古，常率村民出劫河东各村。民国九年，受知事梁仁俊招抚，委为马岩总保。然至今日，犹禁私造皮船，以防其渡江行劫云。

钟宗堂　辖马灰等3小村，60余户。地位极南，近木里，久已抗粮抗差，成为化外。

地势　雅龙江纵贯全境，成为一大纵谷，支流卧龙石河、麻盖宗河、西俄洛河（即崇喜沟）、马岩河，皆长百余里至400里，此等河流，尽属峡江。缘雅江全境，皆直立层之坚硬砂岩，自西北向东南斜走，恰如骈板斜立。上入海拔4000余米之高，下方深不可测。雅龙江纵贯此层而南，或直破岩层而过，或循岩层而走，水流湍激，破坏力强，遂古至今，遂凿成深2000米之深峡。每当江流与岩层正交之部，岩壁峻峭，猿猴不通；偶与岩层并行之部，始有小平原，自岩腹撑出，或距江面十余丈，或数百丈，县境重要村落与农地，概属此部；自此以上，尽属峻坂，老林密生而已。雅龙各支流，亦同此样情形。唯上游部每有长数十里之平原，河贯其中，沿河亦成重要村落。如八角楼、西俄洛皆是，其海拔在3000米以上，3000米以下，皆峡江也。

河口附近平面图（图略）。

河口附近纵截面图（图略）。

气候 雅江气候，最称和暖，关外除却巴塘，皆莫能及。夏季最热，不过25℃；冬季最寒，不过5℃。全年可御夹衣，亦无暴风、巨雹。究其原因，由于（1）河谷正对南方，南洋温暖潮湿之气流，可以尽量流来。此种气流，行经云南高原，滤去湿气，温热之一部抵于此地，恰臻中和。（2）河谷深狭，高原上面，干燥寒冷之气流，随疾风自上层掠，罕有降落谷内之时，故虽冬季不冷。（3）河谷两岸之山岭，海拔概在三四千米之间，山腹岩壁，密生茂林，颇能调剂气候。然此情况，限于雅龙河谷，若其支流之较高部河谷，则与道、炉、甘三县相似，仍绝对之大陆性气候也。

物产 雅江物产，可分数带述之。（1）雅龙江河谷底部，气候温暖，砂土疏松，为全县主要农作地。农产以玉蜀黍为主，小麦次之。居民大都以玉蜀黍为常食。养猪业颇盛。惜地势逼窄，无方一里以上之平地，危岩绝壁，相继不断，此其缺憾。此带农业，限于地势，无兼营畜牧者。（2）雅龙江各支流，距大河40里，或百里以上，多有海拔甚高，面积较阔之河谷平原，为县境次要农作地。农产以青稞为主，小麦、芫根等次之。农家皆兼营畜牧。以地近草原，山势亦较坦夷也。以上二区，为雅江县村落分布地，占全面积十分之一。（3）大小河谷两侧之山岩，凡属海拔3500米以下之地，概为森林。阴山则杉、松、白杨等有用大乔木；阳山则柞为主人，柞本灌木，在雅江则已成乔木，有高达二三丈，延广数十里者。在河谷底部，又或胡桃等杂树，胡桃产额颇大。其他梨、栗、苹果、桃、李、柑、橘之属，本宜生育，而无其种。林内麝、熊、猴、豹、马鸡、松鸡等动物甚多，岩高路险，无人采猎。尚有他种珍物与否，亦未探明。（4）各河谷峡口以上，即海拔3000米以上之地，概为土阜，丘陵起伏，大体平坦。树木稀少，牧草繁茂，为雅江之牧场地带。面积占全境十分之五。且支离破碎，不宜组织广大牧场。康区各县牧业之不发达，无有过于雅江者。畜类以牛为主，羊次之，马最少，河东之宜马乡、河西之崇喜沟，较为发达。（5）草地之最高处，达于四时积雪之境者甚少，唯九月积雪地方，约占县境十分之一，各河流分水处大山是也。此等大山，夏季仍为牧场，雪融之初，盛产虫草。（博浪弓山之剪子湾，为最有名。）其余大黄、贝母之属，亦随地有之。

交通　自康定经安良坝、东俄洛、卧龙石至河口渡江，经麻盖宗、西俄洛、扎马拉洞至理化，为从川藏南路往来军台大道。清代于上列各地，建设台站，每站驻营兵十名，台书一名，保护道路，传递文书。又于八角楼、高日寺、博浪弓等处，设有尖站，驻兵守卫，现皆撤废。沿路敷设之电线，亦因乱毁减。此路垂直曲线太大，虽屡经清代修治，成为关外第一宽广之路，然如高日寺山、博浪弓山上下二道，仍斜度过急，人须匍匐抵地，始得升降云。自此以外，概属羊肠小道，沿溪开凿，仅可通人。就中以沿雅龙江左右岸者，联络村寨甚多，最为重要。路线概在距江十里左右之山腹间，有时过大峡，则逾山行，或凿岩壁而过。北通瞻化之曲羽与道孚之查坝（通常至白孜而止，无入查坝者），南通康定之宜代、吉曾与盐源属之木里。其支路循西俄洛沟，通西俄洛与崇喜寨；又一支溯马岩河逾山至莫拉石，更进通稻成、乡城；一支自次巴龙逾山至宜马宗。

宜马宗为一小交通中心。北逾大山，循古迹沟，或甲拉沟，皆割卧龙石大路，通河口；东经夺娘宗，通东俄洛与营官寨；南逾山通康定明乌绒进至九龙。此外无道路矣。宜马宗经次巴龙渡河至马岩乡，旧于大河上设溜筒渡。民国以来，因马岩匪常过河行劫，为河东百姓所毁，官署亦禁私设渡船（皮船亦禁）。河东、河西，自此隔绝，除县治之中渡外，别无津渡。下渡、上渡，徒存其名而已。康定与巴、理间邮政，频通过雅江，每三日一班，实则因管理不良，每十日不走一次。官文往来，非常濡迟。

县治外之中渡，康熙朝创设木船二只。自雅州调水手20名，居此服务，每人月给饷银5两、粮2斗。赵尔丰建钢桥于河上，名平西桥，工程伟大，费银30万两。桥工民国二年完成，渡船遂废，指定足呢邦地为船户垦耕衣食之处。民国四年，陈步三之乱，经过此地，船户乘乱毁桥，希图复业。乱后，政府再造木船一只，以旧船户20家分二组轮流掌渡，薪饷待遇如旧。有船捐委员管理渡口，非得命令，不准擅自开渡，防河西匪患也。此法不便小民往来，故沿江番民，常自设皮船备渡，以免受船捐局搕掯。船户亦设有皮船官渡以取渡费。

商业　雅江县治仅商店十余户，大都贩卖零用物品、饮食之属。因此地系南路过道，无通连大消费区域之支路，本地出产亦甚少也。

八角楼、卧龙石二处，亦有街面，唯俱只售卖汉人零用物品，不足言商。

唯过道货物颇多，昔时北路未通，川藏货品，殆全须通过此处。近世英货侵入西藏，云茶流行康西，北道又日趋繁盛，南路商业锐减，河口通过货驮，年少一半。其大概数额，本可由船捐局收入，作一统计——船捐局往来货物，每驮取税半元——然局弊资太大，历无确实登记。即以十八年度收入言，册载总入为5030元，西行驮税3343元，东来驮税1687元。然炉关输出之茶为10万引，即50万包，合8万余驮，只以四分之一配销南路，亦该20000余驮。今河口收入出关驮税才3000余元，使其货品尽数为茶，亦才6000余驮，不足出关茶额之什一也。又查，出关之茶，不经河口渡，必经甘孜渡，他处无路可通。甘孜有孔撒家设之皮船抽税，每10驮抽1元，全年收入据云至2000余元。往来之货在内，今即请其不实，姑加倍计算，亦才4000余元，合40000余驮。又姑以茶占十分之三算（茶有往无来，而上项收入系往来货合计，此种估计实甚宽浮），亦为30000余驮。距出关总数，相差尚远，即再加倍算，才六七万驮。所以约20000驮，自必通过河口无疑，安得谓才6000余驮乎？（甘孜以东各县虽亦销茶，然地面小，民户少，至多不过消费3000余驮，只当出关茶驮83000余之零数耳。）大抵河口通过之货，出关者多，入关者少。出关以茶为主，土布、杂货等次之；入关只药材为主，麝香、鹿茸、虫草、贝母、大黄、秦芄占最大类。（鹿茸取税甚贵，大都说项通过，报税者甚少。）

土司 雅江原为明正、里塘两土司边徼之地，无大土司，仅有土千户、百户之属，权力亦甚微弱。现钟宗堂、马岩等土酋之横肆，与中渡、宜马等土酋之倨傲，皆官府纵养所致，非其势力足以貌抗也。

崇喜土司，原里塘五瓦述头人之一。辖农牧百余户耳（纳税者38户）。土司家住官寨内，时常为里塘营官、毛丫土司等所欺，官寨被焚数次，后与大营官、毛丫土司家连为姻娅，始免欺凌。民国初年，以其地划归雅江县。现土司名阿区。其父阿村已老，退位诵经，有小娃子60余人。生四子，长即阿区，承继土职，年25；次20岁，客岁娶大营官女；三子18岁，寄拜于毛丫土司；四子十五六岁，在里塘寺为僧，有堂兄弟亦娶大营官女。

崇喜土司旧管只崇喜沟以北之地，民国以来，势渐膨大，西俄洛三村首先附之，中渡各村，近亦投降为崇喜百姓。差粮各务，皆须由崇喜转饬。发生与他村之纠葛，亦须官府就崇喜土司而议解决之。官府失驭，使小酋坐大，良可慨也。该土司从来不敢入治城，惧为官府所辱。近因驻军行使钢洋，而收入仍要藏洋，故与不协，时吐怨望语。其力固弱，现尚无他种悖逆行动，但腹诽而已。

喇嘛寺 雅江无大喇嘛寺，西俄洛、中渡、马岩、钟宗堂各大村之公寺，但不过四五十余人，智慧较高之喇嘛，殆未闻见。富贵番家子弟，皆送里塘寺学习去矣。

河东岸唯宜马、夺娘、八衣三村有寺，亦皆不大，无可纪。

吏治 雅江人口，才1600余户。河东番汉共约600户，北部沿大路部多汉籍，约200户人，皆汉俗，行汉语，受官府约束，甚易治理；南部拉日西巴三村，番户300余家，性并驯良，差粮无缺，唯历以弯远，官府不甚注意，使其志渐张，不能尽听约束矣。河西番汉共700余户，番籍占600余户，汉籍数十户耳。北部唯河西村驯良受治；中渡以上，全受崇喜土司保护，差粮多不尽完；南部马岩、钟宗堂二区，接近里塘之莫拉石与盐源之木里，民俗刁悍，加以僻远，官府久不能问，但羁縻其头人，冀得收粮税之一部而已。

雅江民情如此，吏治甚难措施，不但一切建设事业，未能举办，即差粮各务，亦唯听其自然。诉讼事件，唯汉人有之，年约一二回。番人皆听决于其土酋，殆不知有官也。

现任知事杨维东，系驻军营长兼署，并兼船捐局长，声誉尚好，唯兼事过多，似有兼顾难周之势。且该县地域破碎复杂，老吏不能尽悉，即欲整顿，亦未易得着力点也。

去岁杨知事曾整理民团，割分团区，设上东（卧龙石、八角楼一带）、下东（拉日西巴三村）、河西（仅河西三村）三团及若干团首，并未进行职务。崇喜、西俄洛、中渡、马岩等区，竟未议及，钟宗堂更无论矣。

河口设有番民学校一所，校地在县治北，原关帝庙改建。有学生30余人，皆汉籍，八角楼、卧龙石等处子弟，皆须就学于此。至日适放年假，未得查见其教授情形。

征收 雅江正粮额定原为887石6斗5升8合，牲税藏洋844元2呾（民八旧案）。不知何故，现存粮额为377石3斗1升8合，牲税只400元，十年之内减免如此之巨。而此300余石中，有钟宗堂应纳之21石零6合，全抗不缴；马岩应纳80余石，实际只收半数；西俄洛三村应纳30石9斗9升5合，下渡10村应纳之23石7斗5升，皆不能收足。每年约收二百七八十石而已。牲税仅崇喜有之，额400元，每年实只能收二三百元。征收粮税，皆由县署派一熟习番情之差下乡向各头人催缴。一次不缴，则再催之。数催不缴，或缴不如数，皆听之而已。

此外杂税，以船捐局为最重要，系直属于统筹处之机关，年收藏洋5000余元（详情已具前项）。船局机关费，月项320余元，水手月薪需银50两，又粮价银50元，衰月常入不敷出。每驮茶征税半元之税率，关外认为甚苛，乃其所以入官者，至为微末，反有入不敷出之时，诚属奇事。觉财务统筹处对于整理此类事务，尚未尽职。

此外有屠宰税每月可收 12 元上下，酒税年可收十余钏，盐课年可收 150 余元（盐课系以人口计，每人纳课 160 文，亦奇税也）。

驻军 雅江现驻军队一营，共步兵三连，炮兵一连，营长兼任知事，军风纪甚好。军官佐与士兵并相安无间，军械亦充实整齐，军容甚可观。唯河口系过道小区，南北皆无通路，西南虽接近莫拉石、乡、稻，与木里地界，然路特险，且多匪，从来无军队通过，为省防所不防。似分一连士兵驻此守护渡头，业已足用。以如此劲军全营驻此，而听里塘空虚，似觉可惜。窃谓宜分军三连，进驻理化，防堵乡、稻，控制瞻对，镇抚毛丫土司，以护巴盐运道。

窃查雅江地势不良，交通阻塞，生产事业未易建设。唯倡种柞蚕一事，最有希望。缘雅江全城，所有阳山，尽系柞林，下达水涯，上齐山顶，碧绿如云，殆无杂树。似此广阔柞林，除土人采取万分之一二为薪炭外，余概听其自生自灭，未得利用，殊可惜也。又查山东与贵州遵义等处，盛产柞蚕，以蚕种放于山林柞、栎等树之上，听其自食嫩叶，长老熟时，下地作茧。采以缫丝，为性韧硬，所制之绸，宜作衬衣，称为辅绸，自印度输入西藏，由西藏转销入西康，为价甚昂。此种柞蚕，以壳斗科植物之叶为食料，柞叶为上，栎槲次之（内地通呼青冈），需要温度不高，颇宜饲于本县。昔遵义亦有柞无蚕，清代某循吏自山东传入此种，劝民饲养，至今蒙利，百姓为之立祠。谈厚生利用者，无不称之。雅江既有如许柞山与适宜气候，又密接销行辅绸之康藏，而不知种柞蚕，可谓利弃于地矣。窃谓宜令该县农事试验场专行试办此事，即于本年冬季，购入蚕种，明年春后放饲诸山，加意看护，如有成效，百姓仿行，不但大裕民生，亦大裨益国课。

至于河口船捐，更须整理。果如今日之入不敷出，徒负苛捐之名，无宁裁撤，以利商道。顾其地既僻远，监察困难，如遵前法，实难整理。窃意莫如招人投标包收，每年净提若干归公，余利由承收人自得。一二年后，人见有利，承包者多，预料竞标结果，可较现时收入增加数倍。因是念及甘孜一渡，亦宜增加木船，整理渡捐，以便与此处对核收入，而知偷漏情形。整理甘孜渡船计划已陈甘孜报告中。他如征服马岩，肃清匪患，裁抑崇喜，清查漏粮，亦雅江所宜必办之事也。

康区视察总报告书（节录）

西康地文与物产概况 西康为川西一大高原，海拔平均4000米远。其地质大部分属砂岩，岩层平列，间有竖条直立之岩层，成为连峰，自北南走，又东部有火山质之纵列山岭，并皆高出海拔5000米以上，即地学家所称之横断山脉也。由此诸山划分高原之水，汇为数大纵谷。除西部已陷藏番外，现归本军治管之区，为大渡河谷、雅龙江谷、金沙江谷，此三大河谷之高原，恰似平板上之裂缝，深达海拔1000米左右，两岸十七八为绝壁，十一二为狭小之平原。另呈西康地文图表（略）。高原、平原、山岭、河谷之分布与其面积，据生物学理推定，南北纬30°左右地方，海拔1000米以下之地宜稻，3500米以下之地宜麦，3600米以下之地宜林，4800米以下之地宜草，以上则唯冰川积雪而已。西康恰当北纬30°左右，故其物产分布与地方高度截然易别。农业中心，概在3000米以下之河谷；畜牧中心，则为海拔4000米左右之草原；森林在3600米以下河谷两岸急斜之山侧上；矿产以大渡河谷最富，打箭炉西无煤矿等矿，唯沙金遍地，采取不竭。森林与草原地方蕴藏药材尤丰，属于植物性者，大黄第一，贝母、虫草次之，秦艽、羌活又次之，泡参、玉柱、知母、独老、鹳草、雪莲花等不胜举；属于动物性者，麝香第一，次鹿茸，次之熊掌、鹿筋、雪猪油等不胜举。故农业、畜产、森林、药材、沙金为西康五大利源，唯须待开发与改良者正多，容另缮计划书呈明。

西康民族与社会制度 西康人民，番众占十分之八而强，汉民十分之一不足，汉人与土著之后（俗称扯盖娃）约占十分之一。土民体格强健似苗族，而性质驯谨仁慈。汉民多系流徙西康之商人与兵士及罪徒亡命等，忠厚者少，狡猾者多。土民、汉人之混血则质多似汉人。其地社会与我国夏殷之时正同，文化甚低，阶级最严。人分僧俗两类：俗人以土司为最高级，大头人次之，小头人又次之，农民与牧民皆当差徭，称为差民，为最低级。同阶级者，始能婚配，能会议。低级者对高级者，绝对服从，生命财产、子女牛马，并当受主管之高级土酋支配，赴汤蹈火，唯命是从。僧侣以佛都督（呼图克图转音）为最高级，比于土司；大喇嘛（管事之僧与熟习经典之喇嘛）为次级，比于头人；札巴（即沙弥）为最低级，比差民地位略高。康民信奉喇嘛甚虔，教育医药、祈禳占卜、艺术珍玩，皆归于僧侣。僧侣衣食住各费概由俗民供给，且皆出于自愿，无强取之事。

番民善骑马射击，能耐酷寒烈风，地多偷盗（中有数区，竟以劫为业，常有头人率之劫掠于千百里外），故番民概居碉房，购枪自卫。然其枪复杂腐旧，子弹奇乏，仅能御匪，非能持久作战也。又番民对陌路人甚慈祥，对仇家则甚残忍。仇杀之事，日有所闻。其团结力，以村为单位，每村约百家，一家有事，百家同仇，攻杀频年，无肯悔退。数村为一部落，酋长得指挥之，使一致对外。使无酋长，则各村不复团结。大土司有管十数部落者，昔时亦能指挥各部落一致对外。自清末改流之役，各酋长一律撤销事权，今已无能号召千家以上之土头存在。旧时各大部落，什九涣分为多数小村，团体势力益薄。凡谓康番有若何势力若何可怕者，皆汉官妄自惊扰，自相恫吓之语也。彼辈枪皆旧式，子弹奇乏，无大炮，无团结力，安敢侮官军乎？不过因近世官吏不贤，欺诈婪索，残虐其民，番人畏避汉官，转亲土酋或喇嘛寺，狡猾之徒，或因而凝结之，供己利用矣。前年向营出关，朱倭械斗不调自解；去年王营出关，定波、六玉不战而克，皆可为证。

西康政治军事概况　西康人民受数千年喇嘛寺之陶养与土司头人之压迫，养成敬畏鬼神、敬畏官长之积习，深入骨髓，牢不可拔，实为极易统治之民族。其人信奉喇嘛教极虔。喇嘛斥异端，排外人甚力，对汉官则认为当然之上司。故英法诸帝国欲引诱其人就范甚难。昔时酋长当政，御民极贪暴，经赵尔丰改流之役，次第铲除酋长势力略尽，一时人民如释重负，至今畏威怀德，称不绝口。无如赵氏败后，历届主康事者，皆无整顿边事之心，唯以刮削番民是务。上无道揆，下无法守，吏治阘茸，军容窳败。番之狡黠者，渐能利用怨民，潜使凝结，归己利用，造成新时代之酋长，以与官府为难。汉官不识番情，妄云难治，动辄畏缩退让，但求无事，以避上峰之责备，敷衍自己之官守。遂使官权日蹙，酋焰日张。驻军复杂腐朽，为番所轻，军官概与文官同病。是故乡、稻脱离藏番而德格不守，即现管各县中，自康定、泸定外，亦各有抗差抗粮，形同化外之村落存在。自本军接管以来，吏治军事，并已逐渐整顿，略有成绩。曩日叛民渐来归附，究以军力薄弱，观望者多，收服全功未能立遂，吏治亦因夙病已深，积重难返。若言彻底澄清，尚须稍假时日。

....

康区交通概况与其建设计划　西康除康、炉二城有电报邮政外，其他地方，概无电邮之便，军船之利。运迁之物，唯有牛马。横渡大河，除雅江有一木船外，余只皮船与溜索。幼稚程度，直可噱笑。实则宜车宜船之处尽多，就北道言（炉城至甘孜入藏称北道），康定经大炮、海子、泰宁至道孚可行小车，稍加修治，可行运货大车，或即成为马路；道孚经炉霍朱倭至东谷，可行船；朱倭至甘孜可行大车；甘孜至绒坝岔车船并宜。已详呈道炉行船计划书内。就南路言，折多至东俄洛与西俄洛至大索，皆可行车，唯中有数段只容步行耳。若夫渡船，则全改木船俱可。康江虽多滩泷，求数丈平流可为津渡者，则随处可得也。甘孜雅龙渡口为康藏咽喉，水尤平衍，亦用皮船，尤可叹息。如照雅江改设木船，收税年可得4万余元。（计康定每年出茶10万引，合6万驮。概照经雅江、甘孜二渡入藏，雅江已设木船，其船捐局每驮收取藏洋半元，年报3000余元。尚有来货在内。据当局云：实收5000元，亦才合1万驮。是自此输出之茶不足1万驮，而通过甘孜渡者年为5万余驮也，仿此收税，只茶一种应得25000余元。加以他货及入口货，当为4万余元也。）改良此项津渡计划，已详甘孜报告中。

邮政一项，因番民不肯写信付邮，关外邮件稀少。邮局不设分所，经本军与邮政总局历年交涉，只设代办处于当道各县，邮差三日或十日一发，实则每半月难到一次。官府公文，概由专差递送，为费不赀，且濡迟误机。旧时本有台站传递，为统筹处长胡仁纲撤销，拟仍复以补邮便，已呈炉霍报告中。

电线当赵使时深达昌都，后为乱所毁，唯康定以来仅存。现马旅请续安设至河口。职觉仍嫌费巨效微，不如率性改装无线电为愈。诚以关外番乱不常，电线最易受损，一柱有伤，全线成废，无益军情。且电线等物自沪运来，费亦不小，不如选定巴安、理化、康定、甘孜数处建筑小规模之无线电台，驻军守护，较为安全有利。西康虽无煤发电，然康定可利用水力，里塘可利用风力，甘孜与巴安用木材燃烧发电或电池皆可。理化风力最猛，一日之力可当万斤红煤，地又适中，最宜建一大电站。虽风之起止不时，只需装配一蓄电机以调节之足矣。

铁路建设，非康区目前所敢望，然非不可能也。自康定西至甘孜，东连泸定桥头，可无须架桥梁、凿山洞即成铁路，并不艰难。再由泸定凿山经宁远逾金沙江，以衔接云南铁路，工程虽较难，犹比滇越铁路为易。诚欲开发西康实业，唯此路能有最大之成功。南路则垂直的曲线过大，无建筑铁路之可能。

....

视察经过 自十八年五月二十一日自部出发视察康区，至本年二月二十三日回部，共费时九个月零三日，经历泸定、康定、丹巴、道孚、炉霍、甘孜、瞻化、理化、雅江九县。各县皆周历乡村，踏遍四至，随时考察地势，测绘地图，询问耆老，采访民风。凡属地质、物产、交通险隘、政俗利弊、土务情形、农工商业诸务，并经逐一调查，分县呈报。计前后缮呈报告书十本，地图十四幅，计划书四册，杂记五万言，图表及兴革意见不及单独呈报者，概附各县报告中。其附呈之调查表，经专属董委员兆孚、万委员腾蛟所办。视察旅费，蒙准在各县征收机关领取，实支实报。现正嘱董、万二委员清理结算，另文呈报。至巴安、盐井、九龙三县，原经列入视察计划中。巴、盐两县，因理化县署无款拨济旅费未往。拟请暂时将此行九县视察所得加以整理，编成《西康图志》，作为上集，呈请赐序付印，作为边务人员之参考书。将来再于相当时期出发视察巴、盐、乡、稻、得荣、九龙等县，完成图志下集。

任乃强　民国十九年三月

西康札记 *

---

* 此文为作者应《新亚细亚》月刊之请,从西康考察笔记中摘录的一部分,于 1931 年连载于该刊。其中有部分与《西康诡异录》内容同,因二者记述略有不同,故均载录。

一、记泸定张菩萨

　　泸定县境皆汉人也。距化林坪不远，有丛林曰青灵山。民国初年有张某居此，自炫知过去未来之事，以判人祸福惑众，自称张菩萨。迷信之徒，尊为活佛，焚香顶礼，问病求卜者，相率而至。不数年间，泸定县人皈依菩萨者十之六七，皆可使赴汤蹈火，听命唯谨。官府有不能判决之重大案件，但须张菩萨麈尾一挥，便可了息。前泸定县知事向真修以其有号召力，委为齐心会会长，使御小山盗匪。张自得此头衔，大作威福，自制八抬肩舆一乘，杏黄旗帜八杆，又大红麾子一架，上书"通天达地，控制阴阳，驱邪降福，大掌教齐心会会长张菩萨"字样，随时出巡各地，全副仪仗，传锣吼道，摆马抬枪，延续数里。男女弟子，捧香随侍。所过民家，无不焚香祷拜，待法辇过，始敢起立。张于山巅安置警炮，遇有匪警，则鸣炮集众，远近居民，无不荷械趋至，听候调遣。以故天全、荥经一带股匪皆畏惧之，不敢犯境。

　　张菩萨既养尊处优，渐肆淫欲，每欲于信徒中物色一称心女弟子。适附近冷碛富绅董某率其妻女入山祈福，女年及笄，天生丽质，冷碛绝色也。张一见倾心，即托神言，命董某遣女入山修行，董及其女，慑于神威，不敢拒绝，择日舆送入山，亲受法炙。未几，私生一子，丑声传扬，菩萨威灵颇为减色。唯一般无识之徒仍迷信如故。迄至私生第二子时，所有在山修行受教男女弟子渐有收拾返家者。张觉信徒渐减，不免惶急，尝妄鸣警炮以觇众心。民众荷械趋集，知为张所戏弄，于是烦言啧起，怨谤四溢。及董女产生第三子时，除少数至愚尚为所利用外，更无复有人山受教者。化林坪县佐周某闻其事，派队将张菩萨及董女在卧室一并拿获。得贿赂银十五锭，释之。张释后怨周，欲图报复。会周与泸定知事不睦，张便以"借事敲诈"控周。泸定知事袒张，与周互讦，周竟以是失官。旋判青灵山庙产仍归张菩萨，但使其暂避居岚州，以避众议而已。

二、泸定风水

泸定县治无城郭，在大渡河与韦驮山间之极小倾斜面，有烟户百余家，县署即建于此。署前有泸定桥，为康熙年间所创建，长四十丈，铁链横系两岸，上铺木板一层以通行旅。大渡河长四五千里，激流奔湍，不能横渡，唯赖此桥以通川康，其重要可知。桥头有观音阁，正对隔岸韦驮山。俗传观音为女性，韦驮为男性，男女对峙，不能无情。此桥横贯其间，联通两岸，正如银河之鹊桥也。如此传说，已属荒唐，有好事者更于县署后韦驮山麓浮土下，拨出长圆大花岗石一，正对观音阁，指为韦驮之势，又指观音阁倚着之石岩裂缝为观音之阴，谓二者均系泸定风水。迷信之徒常往烧香礼拜。

不过天然岩石，虽然形似，竟难酷肖。好事者以为美中不足，更雇请工人加以钻凿，使其形毕肖，以神其说。烧香礼拜者，反因而益众。据闻历届知事到任后，亦必暗向此石敬香，始获顺利。

余曾语该县知事施某云："贵治石生殖器明系好事者为之，荒唐伤雅，颇关风化，何不命人毁去？"知事正色答曰："天生此物有年矣，何可擅毁！"该知事之见识如此，无怪其袒护淫乱之张菩萨也！

三、洛 克

美国探险家洛克先余十余日自云南丽江经九龙黄喇嘛界来康，从行二十四人，猎枪数十支，分头采集动植物标本，考查地质气候，摄影片数百张。凡住康定十五日，用二千余元而去。余至康第二日，往福音堂访彼，适彼已束装上马回丽江，仅得识面，未及谈话，至今犹觉抱憾。闻顾牧师与龙主席言，彼系美国地文学会资遣来滇康考察，到康时未有护照，龙询及，彼即宴客于福音堂，赠各机关长官照片，为政委会往二道桥一带视察矿产，告各地矿苗强弱，尽力联欢要好。又云，九龙黄喇嘛有枪三千支，势力甚大，行旅未经许可，不得通过。洛克路过该地，备受欢迎。黄喇嘛留宴数日，导观其武器库、金库、粮食库。人疑黄喇嘛骄横排外，汉官常遭蔑视，何至优礼此无护照之外国人？意洛克或以枪械等赠之，故能得其欢迎也。

四、天主堂垦地

泸定、巴安二县皆在河谷，气候温暖，土地肥沃；其余康定各县亦多沃土宜垦。唯向日荒芜田畴。赵尔丰曾办移垦，惜未见效而罢。今之芊芊原田，百分之九十四五皆天主教堂所垦也。泸定最肥美富庶之地为冷碛、沈村、磨西与县治附近，其余田殆全由天主教堂收买开垦。现在每年收租约二千石，除供该县教堂费用外，并供康区各县教堂费用。康定现在之农业区域，为二道桥及榆林宫二河沿岸，其中半属喇嘛寺与锅庄，半属于天主堂。自康定城至榆林宫长三十余里之河谷，皆天主堂用银三千余两向明正土司收买，招人领垦者。包垦每亩八元，垦后照播种数量收租，上土加倍，最上熟土有加至十余倍者。现已开垦十之五六，尚在招雇垦户。闻巴安教堂垦地尤多。如此广原沃土，汉人管理二百余年不能垦辟，而法国天主教堂乃代垦之，其可耻当何如乎！

五、康人风俗

康定等县土人男女绝对平等，男子可以易姓嫁于妇女（谓之赘），女子亦可易姓嫁于男子。男女不嫁人皆可承继财产。男女皆赤脚力作，负担无轻重轩轾。男女社交绝对公开。人家概以乱石叠墙，木板盖屋，高大似洋楼。不知盥浴，衣唯毪子，冬夏不离皮毛。好饮酒吸烟，尤嗜茶，极贫家中随时煮茗在釜，唯茶质极粗劣，饮之刺喉。女子辫发，无裤，圆领，长袍，加腰围，好歌。康定谣云："乱石砌墙墙不倒，闹倌进门狗不咬。□□□□□□，本身丈夫替他跑。"

六、康定气候

康定晴则号风，雨辄兼旬不霁，夏日犹着夹衣。高山积雪，皑皑终岁不融；河谷则禾苗丰满。诚异地也！

七、海子与温泉

西康高原中，随处皆有海子，康定一县尤多。约略数之，跑马山后有五色海子，较远约当榆林宫后有蛇海子、白海子。白海子山腰有干海子，榆林宫、雅加埂间有联三海子，雅加埂有吊海子，康定、泰宁间有海子山，周围皆海子也，稍南面大海子，其水自牛窝沟入于打曲。其他未为余所知者，尚不知有若干。即康定南较场桥畔之乱石坡，亦乾隆时跑马山海子溃决漂石所成也。各海子大都在山顶部，高险难至。大者径二三里，或有决口，或否；其在山腹者，多作曲狭长形，如蛇海子长二里，阔才数丈；联三海子亦长湖之有隔埂者，此种海子概有决口，为激流飞瀑诸奇景。凡海子四周多火山岩，盖古火山之喷口也。山腹诸海子为最早喷火口，故其周围岩石坚而不露，细土密被，牧草茸生，为康定夏季最好牧场。山顶诸湖为最后复喷之火口，故位置最高，岩石晶细而致密，受风化、水蚀、日践，岣嵧峻峭，寸草不生。因其死灭已久，故康定不但无火山喷焰，即地震亦少见。

温泉有榆林宫、折多塘、二道桥、中谷、热水塘等处，其涌出地恒在有海子之山下。榆林宫温泉温度最高，殆达摄氏九十度；二道桥最低，为摄氏四十度；中谷为摄氏四十二度。

八、康定地质

中国适当之地质研究所恐无更宜于康定者。康定岩石之复杂，为余游迹所经十许省所仅见。即以铺街砌墙之石而论，岩石已多至五六十种。火山岩中，凡一切深造岩、喷出岩，莫不具备，又多变质岩，并有煤、铁、金、银、铝、锑诸矿石，又有角砾、圆砾之砾岩。城后子耳坡，为纯长石所成之小岭；对面郭达山，为云母片岩与砾岩所成之绝壁；榆林宫有硫磺矿与石灰岩。其地种类繁多，不胜枚举。唯砂岩须于一二百里外觅之耳。其山之岩层，有褶襞如卷纸者，如绉布者，如鱼鳞积瓦者，以板状结理相叠而直立者，斜立者，方形互叠如堆箱箧者，块然如镕铁骤冷者。形形色色，备诸奇态。任何设备完善之地质学校恐皆未能及此。

九、康定两格西①

藏地之"格西",犹中土之博士。凡喇嘛学成后,往拉萨受考。考时集诸高僧问难,穷诸经典,受考者能对答无穷,始得为格西。故格西多有学行,为僧俗所尊信。

康定南无寺有一老格西,于寺后辟一小室,静坐已四十年,军政各界皈依为弟子者颇多。传其能前知,判吴芷沅死、内地政局迁变,并奇验。余抵康,特往验之。其人年八十余,甚肥壮,目已昏暗,辨物无误。时天气已暖,犹坐火炕,拥絮,鼻燥塞,时排鼻涕,殊滞苦。少言语,每问一事,必打卦然后对。打卦者以骰三枚握掌心,向口微吹,溜入盒中数次,辨其色点变换,以定吉凶,似与牙牌数同术。言语模棱,不必真能前知也。特其修持功深,颇可敬。皈依者信仰既笃,不免附会神异。例如其人自言八十余岁,传者遂谓其已有百余岁是也。

跑马山喇嘛寺有一充格西,为团练局长充祥林之长兄。其人有口辩,善讲经,精熟汉语,内地来学藏经者多居此寺。前有大勇和尚于此求法,后往甘孜,今已去世,尚有其徒五六人在此依止。

十、南无寺两佛都督

"佛都督"者转世之义,相传藏王、活佛、格西、大喇嘛有道行者皆能转世。临死自言所生;或不自言,由其相善者打卦求之。得于某家后迎入寺,能自认其故物无讹,则留寺供养,继续修持。握西藏政教权之达赖、班禅,即以此法嬗位权。其弊之大,早已见诸载籍。

余于康定南无寺见两佛都督,其一为"藏王转世",生于后藏,游云南募资建寺,自九龙来康,年已五十,态度安详和善,为人决疑亦恃打卦。闻其抵康日,僧俗往迎者数百人。老格西数十年未出门阈,当时亦出迎之,云是其前世师傅也。

寺内又有一小佛都督,才五六岁,河口人。老格西云,是其屡世禅友,相嘱转世后互为弟子,相导引,俾勿迷本性,故迎来此寺依渠,辟静室居之。外间传此孩生而能言,数请来寺瞻睹。五岁随其父母来此,遂推挽不去,悉能识其故物。但询寺中大喇嘛,不云有此异征也。余初意此孩有异相,既见之甚觉可怜,衣陋如贫家

---

① 格西,即前文之革西。

孩，面有哭容，入瞻其室，卧具甚薄，仅一癞废喇嘛伺之。问其思家否，导引喇嘛云："此不得言也，言之则受鞭扑。"疑是所谓佛都督者，或以生人小儿矫揉造作以成之偶像耳。前旅长李树棠君长公子，前亦有甘孜喇嘛寺僧众来迎，云为寺中格西转世。李不肯与，现为小学生如常。昔达赖死后，四方送来转世活佛必数人，拥之争位者至于相杀。乾隆始创拈阉法息争，今犹奉之。事实如此，而藏人信敬甚深，亦可笑矣！

十一、蛇与农业

康定沿河皆沃土，气温虽低，种莱菔、白菜等冬作蔬菜甚宜。地附大城，收粪与销菜并易也。清末经营川边，汉人来者渐多。泸定桥成，菜蔬米粮随之输入，然价概奇昂，趋时者遂渐有开辟菜园之举。现附炉城园地约三百余亩，经营者多安岳、遂宁人。曾访河东龚姓业菜者，自云赤手来此二十余年，现有押租三百余两，娶妻生子，赡养有余也。初辟田圃，不知所艺，历以稻麦各物试之，或不结实，或无利而废。蔬菜亦试多种，唯甘蓝、白菘、莱菔最宜。前数岁仍歉获，以地下害虫多也。既而以竹筒自泸定输蛇入放之，虫害灭杀。康定有蛇，实自是始。蛇为地气所限，不得大种，启蛰期亦甚短，然虫害实赖以轻，园业由之而振云。

十二、汉番家宅鉴别法

旅行西康，夜宿汉人家，较番家便。汉人家与番家分别，一望可知。其鉴别法：汉人家门侧概有纸对联及"开门大吉""对我生财"等字。从打箭炉至西藏，更西至喀林邦、大吉岭等处皆然。番家之城居者，每每沾染汉俗，亦倩汉人书春联孝对，若乡居者则绝无之。

番家皆住高碉，称为番寨子，用乱石叠砌，酷似砖墙，其高率五六丈以上，与西式洋楼无异。尤精美者，为丹巴各番寨，常四五家、十余家聚修一处，如井壁、中龙、梭波、大寨等处，其崔巍壮丽，与瑞士山城相似。若汉人居，则概矮小湫隘，罕有高楼，虽亦以乱石叠墙，高才丈许而止。

番家屋侧恒有哨碉，汉家无之。哨碉为守望之碉，高十余丈，或二十余丈，方直如塔，基宽方丈，顶宽方三尺，中有空梯可登，有窗通光。精者为八角形，称为八角碉。曾于林卡南街见一方碉高二十八丈，已修数百年，历地震无数次而不圮。

近年盐井大地震,波及此处,仅损碉顶数石而已,其工之精巧可惊也。

番家概养獒一头,锁于屋顶,客至即吠,吠声喑嘶如雄鸭。汉家养狗,体小而毛短,不在屋顶,不易吠人,吠则声刚脆如敲铁。

以上四种鉴别法,在丹巴境完全适用。

十三、边地风俗之一般

文人慕古者,常憾不见上古时人;诚欲见之,莫如出边地去。边地之社会风俗纯同先秦,举其著者:

(一)民俗质朴。此条无庸解释。

(二)迷信巫觋。边民有病不医,求治于巫觋。巫云服某物,则服之。或求喇嘛打卦或祷于麻柳堆。(番人树木桩或白石为神,称为麻柳堆。)我国古时,巫、医并称,想与此同俗。

(三)席地之风。我国古时无床榻、桌几,坐卧饮食,皆借地面,老者扶矮几而已,西康番家完全类此。

(四)衣服装饰。番家裘褐之外,无他衣服。其衣服形式,圆领大袖,亦与我国古俗同。尤奇者,家有寝衣,长一身又半,衣则褶叠束腰间,以背为囊,寝则覆体以代衾。又人皆有所佩,佩番刀、吊刀、匕箸等。男女皆有耳珰,腰带,着靴。无一不与我国古俗契合也。

(五)均田之制。均田之制,汉以后儒者穿凿附会,实未得《周礼》真解。今日西康番户,殆真行此制者也。其法田地不准买卖分割,传之长子,或赘一婿承受,余子不得受田也。土司如古之国王,彼有汤役田、打役田、乌拉田,由当差者耕之,此即公田也。故番贵富之差甚微,无田连阡陌之事。

(六)贵族阶级。西康土民社会阶级之严,与先秦正同。土司之子恒为土司,头领之子恒为头领,村长之子恒为村长,百姓之子恒为百姓,奴隶之子恒为奴隶。唯同阶级者始得互通婚姻,例如土司可以随意召幸下级妇女,土司妇亦可随意置下级男子为面首,但正式婚姻,名誉夫妇,则不能不求于土司家。小土司之子女可配大土司之大头领之子女,以下则不能矣。

(七)奴婢之制。西康番民之较尊者,得买番民为黑头,土司家、头领家尤多。例如,番民负人债不能偿,贵番代偿之,则此家即为贵番之黑头,终身服其指使,赴汤蹈火不敢辞。其家子女,亦由主人配婚,稍有不当意,鞭挞流血,或至于死,家人不得怨谤，旁人亦不以为虐。黑头及其家人见主人及其家人皆跪。

（八）嫡子、庶子。番家亦如我国古俗，有嫡子、庶子之分。正配之长子为嫡子，受财产。余皆不得承产，或为喇嘛，或以苦力自给，或赘别人家。

（九）燔燎之祭。我国古时以燔燎为大祭，今日祀孔犹行之。今日西康番家，祀神不用香烛、纸帛，唯用矮桧之枝焚之，大祭则有燔燎大火。祀神不用鸡豚，用牛羊，亦大牢、少牢之制也。

（十）歌谣之风。行边地者，随处得闻番歌。番人男女行路，目有所见则歌，心有所念则歌，情有所适则歌。歌不重词而重腔，声长如啸，市街稠人中亦为之。我国古诗数千章，实即民间随意歌啸抒情之作耳。

（十一）狩猎之风。番人春蒐、夏苗，以猎为乐，土司贵人家尤酷好之，此亦如我国古俗也。

（十二）板屋茨墙。康地民家，十之七八为板屋，十之二三于板上施土泥，此亦先秦遗俗也。又农耕之圃，家屋之篱，皆砌石埂而树茨薪，亦墙茨不扫之意也。

（十三）税赋徭役。番民之税，有米粟之征，有力役之征，一切与殷周无异。

十四、巴底土司

二十世纪生长之开明人种，及见十九世纪以前专制皇帝之威焰者，其唯小说中与剧台上乎？余乃于番族中亲见之，则土司出行俨如也。巴底土司辖地，跨大金川河谷，南北才三十余里，东西以山脊为界，凡六百余户，分十七寨，有八大头领，十七寨首分领之。其土司有衙门两道，一在河东岸沈洛，一在河西郡桑，中设一皮船渡，往来理事。老土司早死，民国以来，有老土妇主事。民十五年，土妇死，小土司才十五岁，有弟才四岁，各头领挽留其及笄之姊不嫁，主持衙务。有汉人戴泽普者，创兴"烧山大会"，招集兄弟数百人，番汉皆备，自谓势足敌土司，且欺其幼弱，图娶其姊，杀其弟，承袭土司位。其姊已有允意，小土司奔打箭炉，依其长姊。（其长姊为明正土司甲联芳妇，现当权者称为二小姐。）已而戴泽普所放头人为番民所杀，戴惧，走崇化。小土司亦得政府援助，随彭知事回丹，故甚德汉官，对汉官恭敬。余至巴底，住喇嘛寺内，召之谈话。其人渡皮船来，赤双脚，荷靴于背，从者四人，先入其寺内特备之休息室，送一喀带来。喀带者，白布，疏如网，宽掌许，长一二尺。番人见上客，以此代名片用。已而携通译来，命之坐，不敢坐，言必屈膝，辄况余为父母，为天神。聆余言语后，益感动。闻余将往白松塘绘图，即命其从者解所乘马乘余，自徒步奔走从之。道旁耕者，皆释锄垂手屈膝，待行过然后遥尾以窥之，不敢逼视也。过林卡街，有一头人，已铺一方栽绒藏毯于平石上，前置长方木盘，承酒一壶，生鸡蛋一碗，主人跪迎土司坐毯上，另以酒一壶插麦秆一枝，跪献其从者，从者以次衔麦秆饮之。土司以余在，未敢坐绒毯，延余坐之，自倚石墙据地饮酒。主人跪于五步外，其老妻与九岁幼子亦出户跪于十步外，俯首敬候土司饮。附近各碉番民妇孺，咸升屋顶窃窥，仅敢露其目，未尝有咳嗽。土司从者饮酒尽，收鸡蛋于腰带中，还其空盘，未尝有赏赐。主人跪受盘，退入室。既而余行，土司牵马前导，主人跪送，其妇及幼子亦跪送，距离远近与前同。马行数步，则送者起，屈躬行数步再跪；土司未尝反顾。凡三跪送，始自归去。土司虽为余牵马扶镫，其人目中仍只有土司，未尝有余也。此土司今年才十七岁，衣粗淡黄布袍，白布裤，污垢如厮养，步行从余三十余里，晒赤日下，汗流浃背，浅发沾濡，衣冠仪表若无可敬；政权操于姊氏，未能祸福人；出奔之后，赖部民逐戴泽普而后返位，威信无足道，而乃受人尊敬如此，真怪事不可解者！又闻土司与人涉讼，无论何所为，讼费皆部民担之。其土木与丧葬、婚娶事，皆役部民，不给一钱。其妇女如厕，皆有人跪伺于厕外。（尝入土司家觇之，亦污浊与寻常番家无异耳。）民国元年青步阶为丹巴设治委员，对番民言将取销土司，俾番家与汉族平等。番人大骇，遂有三土司之乱，番民为之死者数百人，为之倾家者无数。乱定后，仍不敢严惩土司，罚金而已。今丹巴土司地，各为粮民，实事事唯土司办之，不过土司听命而已。

十五、巴旺土司

巴旺土司地在巴底南，亦据大金川谷，形式面积与巴底同。有四大头领，十六寨，六百余家。土司宣慰使职，未详所自始。清末世，土司名大丹旺青早死，遗孤南梭尔奔巴尚幼，土妇当政，悦大头领根雀以为面首，浸以其财实悉移根雀家，已亦从之同卧起至于死。生子某，根雀以为嫡子，谋袭土司位，老土妇未允。南梭尔既长，怨根雀。三土司之乱，巴旺民附丹东，因老土妇为丹东女故也。乱定，老土妇忧死。根雀欲杀南梭尔，赂丹巴县，讦南梭尔叛状，瘐死丹巴狱，才二十二岁。有子娘格郎吉袭为土司，母杜基格妈主政，根雀复欲通之。时根雀已老，杜基格妈不悦，悦喇嘛寺一僧，佛都督也，延之署中同卧起。时根雀势盛，为副土司，辖下四寨，欲以其女嫁娘格郎吉（土司制非土司女不娶）。诸番首议曰："其姑也，不可！"婚于阿日土司。于是根雀亦嗾使辖下四寨番民哗曰："杜基格妈私喇嘛，其子不足为吾人主，愿析地戴根雀。"双方讼于丹巴县，争为贿赂，前张知事分之。张去后，讼于司徒知事，司徒合之。司徒去，有讼于彭知事，彭使杨千户往调，仍判合，然双方皆已破产负债矣。

民国制改土司为总保，根雀为副总保，现擅政于其子门口（即老土妇所生之私生子）。余至巴旺日，并来见。根雀之貌阴狠，娘格郎吉腼腆似女儿。询其负债之由，自言如此。问其母所私之喇嘛，云今为根雀所仇，避往阿日去矣。

十六、吊鹿子

西康随处产麝香，丹巴、九龙等处尤多。麝鹿大如乳羊，雄者为麝，雌者为獐，土人咸并呼为獐子。业猎麝香者名"吊鹿子"，其猎不用鹰犬火炮，但以绳缚之。獐性顽固，饮食往来皆有定途；又善痒，时以后腿向道侧树枝立石摩擦，其毛刚脆易落，猎者能因脚迹、脱毛辨其来往途径而布机焉。掘途为坑，小碗口大，中伏一活套绳，他端系树桩上，坑上屈竹为弓形，钉于地，横一圆木枝，称"滚筒子"，靠弓侧；两端旁弓处，又横靠木枝各一，上下以线套之；屈系绳之木桩，结系此线之他端，于是滚筒逼紧靠弓，不得下坠，再以二寸宽杉木板一，一端倚坑沿地，一端靠滚筒，以土及草掩之，使不见坑。獐来脚压杉板，则滚筒向下，獐脚随杉板入坑，被屈木桩倏弹复直，绳之活结遂紧系獐脚，悬之空中矣。猎獐者布机后去，续布他处，人凡数十百机，每七日巡视一次，獐或犹活，或已死，或为虎豹衔去，或为采药者所得，布机者未必即得也。又獐肉人不食，毛皮无用。所贵为麝香，唯雄者有之。而獐之雄，每少于雌，故系百獐不必得十獐，得十獐不必得一麝。一麝值二三十藏洋耳，故猎獐者无不穷。猎獐者多迷信，祀山神极虔，必七日一巡视，不能有伸缩。取獐必死之，不论其有用与否，谓违者将不复得獐也。猎獐者皆穷人也，日食常不给。收买麝香者，例先借吊鹿子资。猎得麝香，自来上之，不另售人。谓或别售亦不复得獐，故放麝账者，但恐吊鹿子不能得麝，不虞其拖骗不偿。

雄獐每生三年始有麝香，六七岁麝始佳，因猎獐者不分老稚雄雌皆杀之，又常为虎豹狼犲所害，故老麝不可多得。售者善作伪，非老于此道者，不能辨也。麝香长于雄獐之脐囊中，色黄褐，粉状，润湿，佳者晶粒形，脐眼大如小豆，常开，獐擦痒时，每有沙粒、麦实等羼入，售者借是作伪，用银灶灰及血猪肝、炒粉等自脐眼贯入，以加重量，每能欺人。作伪似非山神所禁，故吊鹿子者习为之。

十七、赶烟会

　　丹巴与懋功毗壤。懋功旧产玉蜀黍、青稞、马铃薯，粮足自给。近年大种鸦片，粮皆仰给于丹巴。丹巴烟禁严，税重，民不敢种也。丹懋道中，贩运粮食者，四时不绝。麦价每斛丹巴值四十千，懋功值六十千。运道一百八十里，路险窄，须四五日始达。负者每人仅胜一斛，运费须十三四千文，实无厚利。大抵丹巴布帛、杂货，皆仰给于成都，货先至懋功。丹民每思缝衣服、买杂货及鸦片者，即以其仓粮负售于懋功，易所需品以归，非必商贩也。汉人嗜烟者什九，实丹懋粮运不绝之最大原因。每年五六月间，懋境鸦片成熟，丹境汉人每户必有一二人，甚至五六人，负其土产豆、麦、梨、红椒之属，赴懋功乡村交易鸦片而回，谓之"赶烟会"。虽各乡校教员、村堡绅首、衙署吏役，亦争赴之，弃其职守若当然。其交易法亦别致，赶会者至产烟村寨，不择人户，以土产赠之，受者必以烟泥少许投报，多少称所值，亦不争多少。如或主人不愿交易，则不受其馈赠。时当新烟入屋，家家满箱满篓，视之甚贱。且看家者多妇孺，但珍外来物，不甚计其价，每每报烟之价，数倍所馈，以故赶会者如蚁赴膻，自成盛会。

十八、赘　婿

　　番民男女同等操作，毫无轩轾，社会待遇亦绝对平等。无子有女者，得赘婿承嗣，谓之"上门"；有子者，唯长子得承受田产，余子皆学喇嘛，或赘人，或力作自活，女子嫁人。其习惯法如此。

　　赘婿或有赔奁，或空身借人衣服入赘，恰如娶媳然。入室即易姓名，事妻父母为父母。言行有不适意时，妻得随意殴詈之，妻父母更无论矣。番俗不尚智巧，唯重气力，壮男子能负重致远，任耕作如牛马者，则为佳婿。力弱者，受鞭扑无虚时，多逃逸或磨折死。即壮男子，昼役于风露，夜役于帏薄，绝无息养时，故亦多早死。死则另赘。逃而被获，其挫辱亦如汉俗之治奔妇也。汉人处边地者，染番俗，无子者亦得招赘，易姓名为己子。其子为孙，唯不以长承产，且不虐待赘婿如番人之酷，虽夫妻勃谿，亦互殴詈而已。

　　番汉不互赘，汉女亦不出嫁番民。唯汉男得娶妻番女，谚云："汉不入夷。"

十九、康定团丁

余自康定赴丹巴，须逾大炮山，其地多劫匪，商康定杜知事，调拨团丁三名护行。其一才十余岁，厚朴无言语，一路步行直至丹巴。其一三十岁许，嗜鸦片，一路事班长甚谨。另一即班长，姓费，年二十左右，满面烟容，临行时来见余云："局长拨我护送委员，刻已临行，尚无口粮，请暂发伙饷二十元，以便起身。"余甚惊异。沿途军团护送已历六县，从无向我索口粮者，意或该丁等薪饷早已预用，偶无上路口粮来借用耳，当即如数给讫。既行，见该丁等除马上稍有糌粑三升许外，仍未携有若干口粮，意其沿途购食耳。直至丹巴，沿途村宿，亦未闻该丁等购买食物，大约除野宿一站外，晨夜伙食皆由村民供应故也。

出康定第一日，宿三道桥，应换乌拉。乌拉匹数，例据马牌调换。余等一行并成都大学采集团及团丁三人，共骑马十四匹，已于马牌注明。该三团丁又自向保正公所求一马牌，注马三匹，遂向三道桥村长要骑马十七匹。被余闻之，喝令只要十四匹。该丁等默然。已而闻舍外大哄，出视，则嗜烟二丁追击村长头破血流。村长奔向余住室，二丁追击，余喝禁不止，经董、万二委员等亲出阻拦，村长始得逃去。问团丁何事？但猙猙寻人，不答一语。后经村民泣诉，始知费丁向村长要乌拉折价，每站五元，村长以现有骡驴供差，不愿折价；该丁又以不骑骡驴为难（该村无马），村长又只肯以每站三元折价，遂被殴挞也。第二日宿中古，须换乌拉，中古无马、驴，各委员及成大学生皆骑牛。该团丁逼村民要马，村民无奈，以每匹七元雇用丹巴驮商之马四匹。一匹给余，一匹给通事，二匹给嗜烟二丁；一丁愿仍折价步行，其折价为班长所得。当时余未知，到旄牛后始知其事。

当日出逾大炮山，山脊奇峻，夏犹积雪。左右皆草原，无居民，为劫匪出没之地。团丁初不敢登山脊，催驮夫先上。余谓枪宜先上，以便照护，鞭马先登以为之率。团丁无奈，亦先登。抵山脊时，后方人员夫役驮子，因牛行甚缓，尚未抵山腹，仅成大生一人步行赶至。团丁即鞭马疾驰下山，向北奔去，行七十里至奎容村始息，弃人员驮物于数十里外不顾。余初未虑其遂去，尚从容途间以待来者。已而乌拉娃奔来云："团丁去远矣，此处匪窟，速行，恐失我马！"余始着急，疾驰追呼团丁，竟无影响。直至奎容，彼已烟足饭饱，眠一觉矣。召费丁责之曰："护送云云，当如此耶！"丁无言，入室弄枪，对我嗒嗒翻机柄示威，若甚怒者。余窃笑不理。自是始照护人员与行李，然亦日日出丑语讽成大学生，有不许同行意。将抵丹巴，又数传语勤务兵及通事,向成大学生索钱云:"我送视察员,非送成大学生。"成大生既与以钱,每人二元,嫌少不受。已而受之,大言曰:"某次送某人,伙饷几百元,奖赏几百元;某次送某人,击毙若干匪,伙饷奖赏外,赔子弹费几百元。是戋戋者,本不能受,姑念非专送,权以吃茶。"云云。

余初拟自丹巴转孔玉、鱼通回康定,即以此三团丁长相从。及是见其不法事太多,令其先回康定。费丁云:"前领伙饷二十元,至牦牛已用尽,因见委员无钱,未便问讨,沿途向村长头人拉借已多,请补发。"余问:"应补发若干?"答:"规矩每人每日伙饷一元半,三人共四元半,途中七日,该三十一元半,住此一日,该四元半。归途照来时算,又该三十一元半。共六十七元半。"问:"尚须奖励否?"答:"奖赏在外。"问:"亦有定规否?"答:"此无一定,三百元、五百元皆有人拿。"问:"沿途乌拉费应扣除否?"答:"乌拉费在外。"余计此三团丁所费超过我等六人旅费数倍,不胜忿怒,因其言规矩如此,未便与争,只得罄囊中所有与之,许余数回康定补发。已而征收课支旅费三十元来,彼闻钱响,又来逼讨,不得已又罄所有与之,尚欠奖励费全数与伙饷数元,再三说明回康定补发,彼始肯去。

回康定后,以此情形告杜知事。杜怒,诘充局长。充来道歉,余问:"团丁护送每人每日伙饷一元半,果是例规否?"充嗫嚅久之云:"是只要一元。"问:"团丁平时不给饷耶?何得再向人索伙饷?"充面赤云:"已自有饷,每日一元,系奖励也。"问:"既云奖赏,岂能规定数目?"答:"恐其多索。"已而曰:"三人一日一元足矣。"充回局,打二烟丁两腿流血,送交县署监禁。函县署,谓一切弊端皆团丁所为。嗣经详察,充全吞团练费,每丁每月仅发伙食数千文,全恃出差苛索,以为调剂,故该丁等敢无顾忌也。从来受害者,畏其势焰,一例忍受。此次不幸遇余,不能自解,始责丁敷衍耳。充后被人告讦,畏罪自杀。

二十、康定乞丐

余初至康定东门外,突有数人拦舆放爆竹道喜乞钱。视之,老幼男妇数人,皆汉语乞丐也。着随人与钱一千。丐等追随求益,尚未遣去,又有放炮道喜者,如此不止十余次。迨行至康定县署时,追而乞钱者已数十人,从人报赏钱十八千余,尚不能去,直避入县署始宁。其后出街常有戒心,然竟无乞钱者,意渐懈。赴丹巴日,甫至北关,群丐又纷集,盖此辈日候于保正公所,见有大批乌拉,故追踪来也。余出不意,未有钱,给一元使分,咸呼不足。追里许,牵马不得行。抛一钱远处,云:

"拾者得之。"群丐趋争，始得逸去。其后回康定再赴道孚，群丐又集于南门外，炮声突起，马惊反奔几堕，怒使从人鞭之，便围从人索钱，空其钱囊而散。乌拉娃戴博士帽，佩银镯、吊刀，着皮靴，亦混群丐中乞钱，尤可笑。

二十一、牛厂娃

牛厂娃生活大高原中，依牛为命，其地无山无谷，无寸木寸石，唯流泉缘草，一望无际。其人以牛毛帐为家，牛马为财产，牛毛毡子为衣服，牛粪为燃料，牛角为器具，牛乳、牛肉、酥油为食料。其地无主权者，任意游牧，水草无禁。每得一善地，张帐住数日或数十日乃去。数十户为一家，数十家为一村，各有世袭首领以统治之。每迁徙，各家不得太泛散，俾首领得知其处，以便分派差役。各村有一定地域，不能互犯，犯者相仇。通常劫其牛马以示罚，他村又必报复之。或有杀人者，则仇至数世不能解。

牛厂娃家人父子同帐宿，卧地唯借一毡，行时用垫马背衬鞍，坐以为褥，寝以为床，以衣为被，蜷其中，占地不过二方尺。不盥浴，无烹调，熬茶调糌粑为无上美味。无储蓄，无仓箱，有所需，则负乳酪或驱牛马向都市易之。婚姻仪式极简，不周堂，不神祀，女子一早至男子帐内，夫妇对坐一日，即为成礼。亲邻有贺者，不用礼物，或有薄赠，入帐调笑男女，扰主人乳茶数碗，自散。帐篷甚简单，或仅如人字，或加两帏，唯供寝息，避雨雪。锅灶便尿皆在帐。人与风露雨雪烈日相习久，体极顽健。妇人产子即自抱往水边浴之（里塘娃以牛屎涂儿体遍，仅留命门，满月始洗），粪尿仍向外，风雨勿避，无所谓"月母子"也。

康定上牛厂为一村，下牛厂为一村，各有数十家（官册上则称村为区，家为村），四百余户。牧场各纵横数百里，对康定当乌拉差，由保正公所随意分派，每月二次或三次，每次九十头牛，不支马。

牛厂娃无理性，好窃小物，悍者为匪，知有官，知支差役，知不可越界放牧，知完牲税，此外一无所知。即此简单之知识，亦明正土司治理时之教训。从来汉官袭首明正之制以使役之，知收其牲税，役其乌拉，知有区长二人。究其内容如何，分布何处，亦从无人知之也。

二十二、炭窑子劫案

至康定未久,闻两路口炭窑子连出劫案。适游榆林宫(去炭窑子十五里),因同杜知事往炭窑子考察地形。其地在雅加埂下,方溪沟侧,有一路店。附近唯牛厂二家,无居民。店主遂宁人,夫妇来此才数月,恃康定、磨西间往来商旅宿费自给,无储蓄,店亦板屋一间而已。出事日,有磨西汉、番七八人,自榆林宫上山来宿此,疲极,卧床如死人,匪三人各持番刀跟入,胁主妇索银。闻系新来,释之。客一人闻警跃起,匪拟以刃,遂不敢动。于是二匪守诸客禁勿声,一匪遍搜之,铜元、粮食并劫去。诸客皆贫,不厌匪欲,并剥其衣。一老人衣已破,但着一新裤,亦劫之。一贩鸡客来此,不知有盗,连呼恭喜入室,亦被劫,毁其鸡笼。搜括讫,见釜有食物,尽食之,扬长去。诸客骤出不意,昏不知所措。匪去惊定,始出呼牛厂娃协追。四面荒山,不可踪迹。报入城,知事饬团丁与榆林宫村民坐守隘口缉匪,竟无影响。团丁仅住榆林宫二日,不敢至炭窑子,而反日索汤打役、乌拉各费,村民被扰不堪,唯祷其速去而已。

二十三、降法神

大喇嘛寺皆有法神殿,其神貌奇丑,头胸间悬骷髅无数,殿柱与壁间亦有衣甲之属扎成人形,持枪刀弓箭,头或为牛鬼夜叉状,或为骷髅;壁上绘画,亦狞丑凶恶诸征象。人谓此神能附喇嘛身与人言休咎,称此喇嘛为法神喇嘛,与坐台喇嘛、掌经喇嘛、铁棒喇嘛,同为大喇嘛,位在群僧上,唯多数喇嘛寺皆无之。北道诸县庙宇,唯道孚灵雀寺有。其法神喇嘛为汉人,名孙达,原俗人,有妻子儿女,每病羊痫风,历治不愈,往甘孜求治于郎章喇嘛(甘孜三圣僧之一)。郎章云:"非羊痫,灵雀寺法神附尔,未开咽喉,故作此状。"因为之诵经开喉。孙达遂能言休咎。归道孚,炫于僧俗。灵雀寺僧大哗曰:"寺僧两千余人,宁无一人堪为法神附体,而必附于俗人,且又附于汉人耶?"不肯迎入寺。好事者迎入关帝庙降神,至一年久,言无不验。先是郎章遗孙达云:"汝归,寺僧必不肯迎汝,第自于他处降神,渠辈终当来迎也。"孙达归,果于逢三日入关帝庙,法神自降。此一年中,灵雀寺屡有灾异,大殿中霹雳自起,火焚大殿金顶,僧震惧,始相率迎孙达入寺,为大喇嘛。旧例,寺僧为人诵经祈祷,所得酬金分散于众喇嘛,法神喇嘛所得六倍于他僧。孙达不识经典，坐享此利，一跃而为富人，饱暖无事，渐回家与妻子同宿，为法神所怒。一日降神后，腿粘地，数人不能举。主僧奔龙佛都督跪地代悔，久之始得脱。孙达讳其事，曾对余云："我因出家后，妻子无蓄养者，欲弃僧为商，法神留我，故粘腿不得去也。"

余至道孚，人传此事甚详，因于七月十三日自往寺中验之。孙达盥沐入殿，着法神衣帽，就法神座，左手持弓，右手仗戟，瞑目坐。群僧诵经吹喇叭，大号请神。法神衣似为战袍，前有最大铜护心镜，背有皮夹，插旗与幢幡数杆，腰扎皮带，帽缘饰铜制骷髅十余枚，顶上亦插旗幡甚多，高五六尺。神来时，一僧以带紧缚孙达喉，若欲气绝。孙固瘦黄，至是面部充血涨如满月，屡俯首折腰，向前低回数次后，怒目左右顾，僧众知神来，饮以茶，吹乐念经一遍；神已能言，其声甚微，每两音为一读，连续言之，皆番语，听者皆能辨。时灵雀寺正与垦民争地，讼于余，余欲验孙正直否，前与语。神初托护持该寺，嗣云："地旧属本寺，今已为汉人开垦多年，无收回理，望善调处两方，总以不生事为感。"同时上余喀带，又挽一刀赠余（用双手挽番刀为月形，僧云辟邪）。并呼奔龙佛都督语云："凡事听委员断，不得违。"该寺强迫垦耕十余年之汉人，无条件退地归寺，蛮横无理，经历次上峰令驳，毫无胆怯，威逼日甚。其能忽然就我范围，具结息争，实法神力也。法神谈话约一个小时久，念《观音经》一遍始去。谈话时口鼻出血，眼泪不绝，想系喉间缚带过紧所起之生理现象。

二十四、番家报仇

丁团总谈番规矩二事，甚有趣：

其一，二十五年前，道孚瓦日区番民高宗情培偷跑至曲司家纵柯地界入赘，后与人合伙贸易，送麝香回道孚，便往瓦日看娘，被仇家挡获，谓其曾作匪人内线，劫去瓦日骡马四十五匹。诉于孔色亚地拖村土官降巴札喜，拷掠无供，拟抛河，高宗破镣逃归，率纵柯娃二十四骑来报仇，杀降巴札喜，掠其财物而去。番俗，一人恩仇，全村报之，祸福亦全村任之。自是孔色娃尽仇纵柯娃，徒以地隔鱼科，不能往报。纵柯尽牛厂，其人须时至道孚卖牛马、酥油、麝香、鹿茸之属，易茶以归，以此故亦怯至道孚。相持至本年，降巴札喜之子倾遮喇嘛托汉人之商于两地者丁保之等说合此案。丁于七月初四邀纵柯头人汪让等至鱼科说此事，议数日，决赔命价银二十八秤；掠去货物，据倾遮报，值二千四百元，议赔一半。此时高宗情培已死，家赤贫,其余凶手死者十二人,逃亡者数人,仅三四人到。赔偿金费,皆纵柯村民合任之。又番俗凡赔偿以银议值,实皆无银,徒以物折合,其所折价又皆高于常价数倍。其物以马为首,取向前也;叉子枪次之,谓叉枪像搭桥也;刀最后,谓能断绝也。此回赔法:马十一匹,准银八秤;又三劣马,准银一秤半;铜锅二口,准一秤;火枪八支,准四秤;一雅牛(宰杀品牛也),准四十元;合命价之二十八秤,尚欠十三秤零四十元,限期交牛作赔。耕牛准八十元一头,雅牛半之,照算。掠去财物赔偿法:三耕牛准二百四十元;铜镜一副、铜瓢二枚,准一百六十元,余数限期以耕牛、雅牛照前价算结。事了,酬调停者牛马各一。

其二,道孚孔色区大寨村后呷热山当大道,时出劫贼。去年冬,道孚知事饬孔色百姓清山,见三人可疑,呵之不去,击毙一人。此三人系瞻对娃,偷跑投阿色麻者(阿色麻牛厂属炉霍县)。阿色麻娃向孔色索命价云:"渠不曾劫孔色娃,胡为杀之?"并云:"命价非九换不可!"九换者,谓银重须九倍于尸重也。孔色以奉令搜山,击杀"甲霸",不认赔。本年七月初,孔色娃有撑帐房于呷热山牧牛者,阿色麻娃探知,袭杀之于帐内。孔色娃闻信,协追至独柯(阿色麻界),降法神云不宜追,舍之而回。自是阿色麻避仇北徙,孔色莫由报复。近日有阿色娃改牧南旋,为孔色所知,追往击杀一人,马二匹。道孚、炉霍两县知事,为此公文往来,各欲制止,终无法解其仇。

番俗杀人、劫物皆相仇,不问其杀之当否也。仇则全村为之报复,不计亲疏也。报复则敌之全村皆可施,不问是否仇家也。相杀不能自已,唯第三者可以调停之。负理者赔偿财物,从无偿命之事。仇隔数世、数十百年,犹相报复,非经调停不解。唯官府办人,虽冤不仇;如系他人擒致之,则仇擒致者。诚奇俗也!

二十五、道孚番乱

道孚本故明正、丹东、孔色、麻孜、鱼科五土司地。宣统三年,赵钦使饬各土司缴印归流,鱼科土司不肯缴,副使傅华封以兵讨之,鱼科土司率部民顽抗。其时番民无快枪,一战败溃。鱼科尽牛厂,无房舍城寨可资守御,一溃不可复集。土司弟兄及其一甥与死党数人,逃入曲司家纵柯地方一岩穴中,叉炮死守。罗科马奉檄协剿,与汉军追至,惧其困斗,莫敢近。罗科故与鱼科婚姻,往说来降。诱之出,砍头献清营,得赏八百元,鱼科乱平。此辛亥六月初旬事也。

于时四川路潮起,赵尔丰在巴塘,清廷调使入川,移傅住巴塘。赵自瞻化回川。

经仁达，孔色人民诉乌拉费为头人吞食。赵至道孚，审五区头人拟斩，改罚藏洋万元，赔偿百姓，谕道孚设治委员杨宗汉办理。杨追齐半茶半银，堆喇嘛寺待发。先是赵临行索乌拉不齐，杨受责，靴帽走泥泞中，自催乌拉。赵既去，杨怒诸头人，笞村长、什长凡六十余，自晨至暮，棰声不绝，由是遘群番怨。又赵临去，查得喇嘛寺不法僧俗二百人开交杨查逐，内有五十余僧皆骄贵有力者，语激群僧，不受点检。八月初八，杨往喇嘛寺点名，僧皆怀石持挺不肯出。杨退回署，使人谕寺僧，皆团结不受点。十一夜，番民以领赔款为名，马队纷集于城外草田中，谕遣不去。杨发与银茶，又托言分账，不去。而来者渐众，凡万余人。夜半烧天主教堂，法人谭司铎奔投治署。设治署有九子枪六支、杂枪数支、保郎宁手枪一支，闭门拒守。番兵纷纷入市（道孚无城垣），住汉人家。道孚有汉商八十余家皆降，唯丁保之一家有快枪二支，拒守不下。番兵无快枪，围之二日不能克。十四夜，诸番止攻，索汉人银一千六百元，纷纷下乡"洗汉"去。十七日，诸番酋忽来逼杨宗汉与谭司铎出境。杨见番兵紧围，无隙，不敢走。午夜诸番缘梯入碉（设治署设番家一碉房内），缚谭及杨与其家属从人共十余名入喇嘛寺。裸缚谭大殿柱上，拔其须净尽（谭须髯甚美）；裸缚杨夫人，使杨跪其侧，而喇嘛辱之而死。八月二十八日，西军左营夏海清管带率三哨人自巴安来援，连战于新垭沟与喇嘛寺外，溃之，夏部亦阵亡二十余人，退守东门外番寨内，屡以二三十人出驱市街中番，皆不利。九月初五夜，寺僧募敢死二队，袭夏营，为丁保之家探知，募死士送信于夏。夏有备，击杀五十余番，获枪八十余支，番始丧胆。初九，朱宪文自石渠来援，取回道孚市。十三、十四、十五日，停战议降，始取回谭杨等十余人。群番回寨，唯喇嘛寺僧惧罪，不肯出见；令其缴械，亦不肯。相持至二十三夜，官军攻寺，约二小时，僧众溃走。朱宪文故开一径纵之，才杀六人，焚寺一半。政府令以寺产赔偿市民损失，寺为县署。民元，尹昌衡入康，喇嘛出林投诚，愿出资修县署，赐还其寺。先是夏营被困，子弹且竭，丁保之赠六百响；及寺破，珍积多移丁宅，丁以此暴富，势压诸番，边人咸称"丁蛮王"云。

二十六、通译舞弊记

相传赵尔丰在康，骂某番酋："王八蛋。"番语："娃把"为狐皮，"顿（蛋）"为七，通译因语番酋云："大帅叫你快缴七百张狐皮销案。"寻赵以事遣此通译他去，番酋缴狐皮来，他通事不解，直语赵。赵杖毙前通译。盖番人与汉官对面不能达情，通译当面诈索，毫无障碍。番人见汉官只知要钱，故呼为"汉叫化子"。其实官吏亦有贤者不要钱，通事借官要钱耳。

余此次出关，在炉雇通事时，人皆以此为警。余谓视察非行政官可比，且监督严，不使有舞弊机会。雇得李国霖一名，住巴、里塘甚久，官话纯熟，唯有烟容，自云："不吸烟，病耳！"月薪只要十二元。出发日恳云："母老子幼，祈发足三月薪赡家，上路后饮食、乌拉皆仰于主人，不需钱。"与之。上路后渐觉其烟瘾甚大，日费不少，虑其穷迫扰民，议日教藏语一小时，加月薪四元，责以安分。其后渐觉小有不法，时时严责之，谓："此次出门查弊，事事须示人轨范，不能少留劣迹贻人话柄。"该通事唯唯若甚明白。其后或受责，必先举此数语以对。又自述其亲老家贫，有财产在巴塘，道远不能自达，此次附载得往，唯恐沿途有过遭革云云。余辈以为情诚如此，防闲较疏，但日责其廉谨而已。行至炉霍，未觉有事。七月二十五日，订往泥坝乡考察，乌拉已集，忽接道孚来信，谓该通事在道时，妄云视察员有急差赴炉城，向候差房为开烟馆之耿少坤支乌拉一骑，因在长坝春与头人争闹逞凶发觉。当将该通事移交炉霍县署拘押待审，另调县署通事同赴泥坝。归已夜深，往县署假刑具。张知事云："此小事耳！渠近向五区番保正索马脚四十元，又向喇嘛苟索银若干秤，皆云系委员要，道孚已有前例云云。两处不给，且日日向之催讨。"闻说气极，当降该通事镣铐收监，拟集士绅讯明呈请枪毙。

甫归寓，又接道孚欧知事少君德舆来信，谓该通事在道时，借案苛索喇嘛寺藏洋三十元，致道孚物议沸腾云。先是道孚灵雀寺于辛亥年结五区番民叛变，已志前记。尹经略招安后，未予深创。该寺喇嘛由七八百渐增至二千余人，仍受五区百姓敬戴。主僧奔龙佛都督骄横不法，颇倡排汉议。近年私自点团，强迫百姓购枪，隐有抵抗官府之势。寺外杨柳林河坝，经辛亥叛变，充为官产，招民周兆熊等十余户领垦已十余年，奔龙忽倡言收回，送各垦户喀带一条、茶一包，即为收回代价。各户畏该寺者，次第送地入寺，唯周兆熊等十余户不从，讼于官府。历奉上宪批责喇嘛寺，该僧等悍然不顾，威逼日甚。知事欧弗杉苦无兵力，但能婉转开导，劝垦民议价售卖入寺。寺僧又只出时价百分之一二，垦民危甚。

余至泰宁已闻之，抵道孚，周兆熊率先来讼。余假法神言，召全寺大喇嘛当事等至，反复说明，地无收回之理，宣示军部治边好意与威德，谓如敢再言收回垦地，即当移军一营驻此，保护垦务。最后谓该寺前次叛乱，尚在追究中，今日寺僧既自云非昔作乱旧侣，则故寺僧所管产业，现在寺僧不得指为己有。从晨至午反复开导，群僧颇知畏服，因商欧知事，会衔召集两造与番汉保正，于七月十八日讯结此案。

盖欲严重宣示政府威德，折服番心，而俾知事判结也。届日寺僧托故不肯出庭，着县署通事催之再四，但请缓讯。余已定翌日赴炉霍，虑行后该寺仍不受县署判断，命其具结息争，静听讯结。县署通事羊马扎西云："乞与委员通事同往。"许之。旋结具来，遂未庭讯而去。及是始知该寺等之不来，实李通事教之也。余初已虑李通事翻话不忠，故凡对寺僧谈，皆用羊马扎西译。李通事无隙可入，临传前二日，寺僧尚来催请早结；已而李以余与知事商语告僧，教其勿出庭受辱，因谓送委员三十元可免出庭。僧辈与之，以为可无事矣。临审日晨，李通事译陈寺僧委曲，求缓期，余大怒骂出。后着羊马扎西传僧，不至。羊盖已知不至之由，故求与李同往。同往而结至，不知该通事系如何措辞。及是闻知，深恨数日唇舌，坏于垂成，又疑有受他人银钱事，拷问具吐其实，云受周兆熊六元、姜保正三元、刘某人三元云云。当夜曹委员自道孚来云："道孚人言，军部派出人员，亦受赃贿。"小人之坏事竟至于此，可恨可喟！翌日借炉霍大堂当众审讯，托张知事押赴道孚。函托欧知事集众审讯，追还原赃，重笞二百，以谢番民，再押送康定县狱，待余等视察回康时，查明在康丹两县有舞弊事，再行拟办。

先是余往炉霍寺，询朱倭赔款数目。还，通事便往索贿。该寺一大喇嘛识汉语，知余等意甚清正，以告知事，李通事由是败。余每至一地，必劝番民学汉语，以防胥吏苛索之弊。每举此事为证，番民皆感激。

二十七、疯喇嘛之神异

至边地者，莫不知炉霍虾拉沱有疯子喇嘛，神通极大。余过虾拉沱，特往访之。此喇嘛栖一土洞内，洞系土屋圮塌，木架土而成，出入仅一圆穴，蛇行始能入。洞内除疯喇嘛卧地外，仅容一人坐。喇嘛裸体屈膝跪坐，体无寸缕，头发蓬松如乱草，前有火一爝，煨水一罐，酒一碗，地尘灰厚及寸，杂煮熟胡豆甚多。时方有僧俗数人朝拜去。同余来者，董、万二委员外，一通事、一士兵，以次由余递所献物品及喀带。通事献酒，甫递入，喇嘛即大呼"哎哟"，莫测其意。余等问途中清静否。答"清静，此行如日出"云云。又数指余足反复说"七十五减六十"等音至数十遍，不知其旨。时已大醉，语音概含糊。余欲考试之，请指一阴事。彼不发声，呼数十遍不应。出洞回寓，已暮。往天主堂，白司铎演电影娱客，深夜始回。翌晨万委员重携通事往访，董委员初拟同往，嗣未果去。万委员回云："初见喇嘛即云'昨夜往洋人处去，年幼一人想来又不来'，意似不满。要万一藏洋，已而退还；索通事披毡一架，云：'数日后有好处。'余语皆模糊，觉无意义。"余等大异之，盖余至天主堂与董之欲去未去，皆无他人知也。既抵炉霍，董委员重往访之，见其着单衣出洞向阳，答董问语较前明晰。代问余阴事，竟不答。问指足何意，怒曰："说他好，屡问何为！"余等所见之疯喇嘛如此。他人传说更奇妙，或云某连长往朝，索其连枪军装曰："从此无用矣！"该连长至康定遂遭枪毙。明正长女往朝，疯喇嘛裸弄其阳具曰："你爱此，你爱此！"从者皆匿笑，谓诚然也。大地震（十二年二月初八）之前日，村民有往朝者，喇嘛大哭，历数自炉霍至大寨村名，摇手悲号，民尽不解。当夜大震死二千七百余人，屋房倒尽。尤奇者，炉霍知事周某往朝，喇嘛掷一土块，中其头，唾曰："父母官不是的，洋钱尽多着！"甘孜知事周某上任时往见，喇嘛初大笑，后大哭，不发一语。瞻化知事张某往见，馈物，喇嘛掷去，后皆以赃败。凡朝喇嘛者，见其喜笑或赐食，皆度喜自慰；掷土块者，必有祸败；索物者，皆凶兆，或为禳解，或否，历试皆然。

闻此疯喇嘛初为角卡村民小娃子，后忽得道，能腾身。札衣佛都督者，为炉霍高僧，经典智慧并甚高超，亲汉人。余询疯喇嘛系何根底。答云："非转世佛，特经典甚熟，神通颇大，确能腾身，余亦时往朝之。"甘孜郎章喇嘛有圣僧之称，世传其座前每设茶二碗，即疯喇嘛来与谈时也。

二十八、周景南轶事

周景南上任即酿朱倭之乱，直至下任，皆在战乱期中，理民事之时间最少。凡有所理，莫非滑稽可笑之事，聊举数则，以概其余。

虾拉沱旧有汉人垦户三十余家，垦地为沿河平坝，背后土山，直抵俄洛"野番"界，皆罗科马牧场，无寸薪尺木，以牛屎为燃料；汉垦户之燃料，仰给于河南岸之林山。此带林山，喇嘛寺向禁砍伐，谓此神山，犯者有雹灾。山下平原为若海村，与虾拉沱隔河相对。番民奉喇嘛笃，唯恐汉户犯此山，每新官上任，若海村民必以贿赂求示禁蓄，已积有历任谕单三四纸。然因汉人势盛，每年来砍，皆不敢出阻。近年汉人势衰，渐阻侵伐。周上任，若海娃未有所请，汉户侦知，本年春往请于周，乞谕单未符，往采材薪。周不知往事，与之。汉户结三十余人入山砍伐，若海娃亦集全村男妇出阻，各出官府谕单为言，遂成械斗。汉户受伤七人，一孕妇伤尤重，狼狈回街，赴诉于县署。周系若海村长至，见历任谕单，不能折，系番于狱，隔夕释去，谕汉保正云："前谕单未具番文，故番不识，致敢出阻，持来补译番文于后，则不敢阻矣。"汉民信为然，献之，周遂置此案不理。垦户失据，徒呼咄咄而已。汉户与法教士皆言周之纵囚，追据，寝案，实有受贿，或不尽然。

章谷村外旧有木桥，为渡炉霍河要津，民十二年大地震，桥毁。汉民姚美兴，原边军连长，落业于瓦达村。因地震后上峰已免全县灾粮，而周知事估要征收，灾民率家逃走，已逾将军桥，姚美兴出头招抚回村，请免灾粮，遂为番汉村民所悦服，隐为斯木、宜木二乡首领。姚议重建此桥于瓦达村外，自董其役，报账一万余元。木材伐自泥坝乡，山中工役多系番民当差，其实所费不过千余元耳。然姚在两乡有重望，番汉人等皆证之，无讦之者。周之亲故侦知此，说周传姚至，收于狱，招告讦，无至者。由县署自动饬人清账。为事已隔四五年，历年收入桥捐，亦姚经手。姚为人识字无几，账簿零乱不可清。周判认工费一半，桥捐另委专员经收，旧时已收桥捐抵去工费外，尚应补姚拉垫之工费银二千八百元。至周交卸，收入桥捐，已抵八百元，尚欠二千，周移交册，只列一千，其一千元实已收桥捐而入周囊者。姚美兴自惭旧事，不敢争。自对余言，但恨周，不敢较也。边事之一塌糊涂，诸如此类。

章谷喇嘛寺与朱倭土司有宿怨，常欲借官府力报复。周景南初至，寺僧即来游说。周亦微知其情，先托政费无着，向寺僧借银十八秤，此银只有收条，无借券与利息，县人传言，实贿之也。周遂力逼朱倭总保（即土司）来见。该番以与喇嘛寺仇故，从不敢至炉霍，而差粮无缺，恭顺未渝。周无可奈何，就见之。喇嘛寺因以武装护行，实图袭朱倭，遂酿大战。向营出关，喇嘛自认理屈，受罚不怨。向营受劳军费四十秤，周亦因而索案费银十五秤。喇嘛出兵，周曾犒之以茶，鼓励猛攻，及是反索案费，因怨周，不与，而势不敢抗，遂索前债，请以相抵。周执不肯抵，僧众鼓噪，经向营往说，始认抵。

先是炉霍多甲霸，李树棠委任喇嘛寺八大僧为团总，假以调遣番汉之权，甲霸果清；而朱倭之战，实以酿成。因汉人应受该寺调遣，遂备前锋，战死者较番为多。向营出关，咸知其弊，乘势追其委状，不许寺僧办团。寺僧虽败，意存俟机报复，百计图复团总职权。周景南闻更换消息，受喇嘛三百元（此系传闻，未有实据。或谓周应还寺银十八秤，扣十五秤案费外，应还之三秤，其实未还，即此贿也。），检还前所追之委状。周既去，张知事莅任，寺僧密请入寺，唯通事从人皆乞屏绝。张知有弊，谢绝之，谓与驻军何连长通行，不入寺。最后僧实言，欲从周前任例，求委为团总。张未肯，并追其委状，僧亦未交。余至该寺，寺僧犹含糊吞吐，自陈前团总功状。余已知其隐，切责献出委状，安分修持。僧唯唯。问周重下此委状时，贿银若干。僧笑言无之，笑容尤可疑。

二十九、李文虎轶事

炉霍建设筹备员李文虎、李畏之现皆在系办中。炉霍人民对于二人评议,一优一劣,相差悬绝。李畏之之被拘,炉人咸为呼冤,多来言于余。余以其受赃贿,有人质证,真否须待上峰查办,概斥去。若谈李文虎者,耐听之事甚多,略举一二,以见其人之劣根性。

李畏之曾思一番女,谓似其恋者。女父坚不肯婚李,李遂成疾。李文虎询知,慨然以黄衫客自命,大言恐吓求婚,仍不成。遂着人拘其父至,囚办公室楼上十余日,终不允,李亦无如之何也。

周景南阴事,李文虎具知,挟以讹索挪借,有求必应。本年春,李复向周庶务索钱,一语不合,持刃逐之,伤其臂,衙内外人奔救得免。李哮咆震屋,市民聚观如堵,周不敢言。甘孜新任知事赴任过此,大怒,责周过懦,始敢收监。炉、甘、瞻灾粮案之发觉,此其主因。

李文虎日游市街茶坊烟馆,见可欺者,辄曰:"某甲讼汝。"其人惧而乞援,许之。寻复谓甲曰:"某乙讼汝。"其人求助,又许之。已而分头说和,分头索谢。此伎俩曾用数次,始因两方对语发觉,至今传为笑柄。

三十、土头之劣性

甘孜土头支差,旧甚疲顽。赵时有云南唐某,率军赴邓科过此,应差多劣马。唐至德格,已半日,行李始至,唐立杀二人,割六人耳,余尽重笞遣归。嗣后差马精良,无敢延缓。丹巴太平桥,应由雍鹤龄(土千总)百姓支差,雍固骄蹇,不受汉官约束,其百姓亦屡抗差不支。该县司徒知事颇有仁廉名,卸任时百姓泣送者数十人,过此,番民抗不支乌拉,滞候一日,竟不至,终由送行百姓代运行李,步行至懋功。唯彭知事之宴队长(警备队长名义,实差首)性粗暴,因过此无乌拉,曾缚吊其头人毒打一次,其后太平桥番民每闻宴队长将出差,便速分派人马伺候于此,对他人则仍抗支如故。我等过此时,渠辈亦不应差,不得已,以前站乌拉延送一站。翌日归途过此,仍无差马,怒拘其头人,午时差马至矣。去年朱倭与章谷、瞻对之战,经政委会特派李邦君赴炉调停,舌敝唇焦,不能制止;及闻向营出关,不待劝解而罢。

甘孜多赵帅时故吏，言："赵治边无他能，肃威仪，严法纪，不以丝毫辞色假借其民。杀人不多言语，察其可杀，只道一杀字，其人无活理。综其在康除攻战外，不过杀三十余人，而威刑已立，无敢复尝试者也。尹昌衡初来，其民闻赵钦使且为所杀，益皆震惧惕悚，唯恐有罪。殊尹妄言怀柔，处处求要好百姓，凡为土司所轻，曰：'乳臭儿耳！'汉官威严，自是衰落。迄陈遐龄以内地水溅手腕对付番民，而边事遂不可问矣。"

三十一、陈遐龄之罪恶

陈遐龄在边五年，足迹不出炉雅，视关外如敝屣；所遗罪孽，罄竹难书。至今边民言往事者，莫不切齿痛恨之。陈在边罪恶太多，约举其尤者数端：

陈与边军统领彭日升相怨，欲利用藏军铲彭。昌都被围一年，告急文书如飞雪，不顾，且饬甘孜驻军不得越境一步，致边军覆没，藏兵东侵，失陷昌都、白玉、邓科、石渠、德格等十余县。

绒坝岔结约，丧地万里，认西藏为英之"保护国"。

军纪废弛，长官公然发卖枪弹于番民，致今日康藏民枪多于汉军。

受各地已废之土官贿赂，尽委以土兵营营长名义，使仍管其部众，致土司复活，边事不复宁矣。

官吏创调剂例，吏皆贪鄙，政以贿成，番民熟知汉官丑处，朴者窃怨，反依土司；黠者挟持长短，狼狈为虐，边事敝坏，至此而极！

三十二、庆钦差办章谷案

清光绪十一年，庆钦差出北路调查番务，所带堂勇四十人耳。至道坞，章谷百姓讼喇嘛寺（寿灵寺）僧不法状于庆。庆度力薄不能传问，佯不理。至章谷，住土司新寨内，先往喇嘛寺降香，托故调寺僧人入寨诵经。初调无罪案者，数日一易，渐掺唤有案者来，仍礼遣去，使不疑。如此延至三月久，集会诵经者劳赏于寨，突宣案拘审。喇嘛不屈服者，立用巨柴杖毙二十余人，余皆拘系。刑时，囚惨呼，声达喇嘛寺。寺众知变，急调数千人，陆续围庆于寨，咆哮索人。庆自屋顶宣布罪状，割首级三十余颗掷曰："此辈于法当死，不能生付尔等矣。"诸番大骇惧震，投械伏地曰："天使处置甚当。"炉霍民风之驯，实自此始。盖番性如峰，拼死卫其首领，不问善恶是非；苟首领已失，则自瓦解，亦无豫让、田横之俦也。昔班超以三十余人横行西域，全守此诀，庆盖师之也。庆既诛章谷诸大喇嘛，威名震北路。朱倭百姓亦有讼其土司者，庆召土司，土司不敢不来。既至，审实有恶，立即杖毙。朱倭头人请尸归葬，不许，必枭首示众后，乃准领回。所杀即今朱倭土妇之翁，朱倭家之恭顺汉官自是始。讼土司者凡二十余户，后投章谷喇嘛寺；朱倭、章谷之嫌怨亦始于此。

三十三、水地与火地

关外以水地为上田，水地者，麦田之可引水灌溉者也。凡麦含苞期宜雨，否则结实不充满；而关外夏季恰无雨，麦即含苞于此时，故水地足贵。水地道孚、炉霍并多，引水之法，亦甚美备，往往十余里外皆可引致。曾见道孚纽尔村人引龙布沟水，工程之大，亦若可惊。纽尔，高原也，虽临江，高于江水二十五六丈，村民远自二十里外引急流沟内水，辟渠，缘山岩曲折引水达此高原，俨如小溪；山岩屈曲处，则以木槽引度，植白杨于侧以荫蔽之，其技巧足比汉人之善治水者。

火地者，本非地，低山老林也。每每有汉人择土厚处，举火焚之，草木焦烂，灰入土壤皆黑，即便锄土下种油菜、青稞之属，无不丰收。唯续种一二年须弃之，盖地力尽也。火地道孚大寨附近最多，焚山时木干焚不尽，倒卧青稞、油菜间，如冰纹窗子糊黄纸然。关外林地日促，由火地也。

三十四、道孚之恶谑（略）

三十五、"甲"与"来"

番语呼汉人为"甲"，呼茶亦为"甲"，犹西人呼华为"支那"，瓷器亦为"支那"也。番语呼青稞为"来"，忆《说文》"大麦为来"；欧文黑麦亦呼为"来（Rye）"，并大麦也。

三十六、男荒之地（略）

三十七、名山木匠

名山县地瘠民贫，习木匠者多。至清末有亡命到草地者，行木匠艺，大受番民欢迎，于是转相延引，相率而来者年数百人。至今日，草地各县名山木匠人数并以千计，大县至五六千人。其手艺甚拙，番民则认为甚精矣。木匠初来，只负斧凿数事，所至有番户供养之。作工一日，工银二钱，伙食由主人供给。番地别无用费，艺精者年积六七百金，便有番妻妾如富翁矣；或因吸烟，或有疾病，或因时时寄银回乡，身不能存银者，亦必有番家求赘为婿，承其财产，拥其子女，不似在名山时之困顿。赘婿本应受岳父母与妻子使命，易遭凌虐；唯名山木匠不然，稍不如意，辄逃他处。他处仍易入赘，且有艺无虑不能自存。赘家失婿，必四处求之，边地男子缺乏故也。求得木匠，必重与订约优待始归。本年甘孜孔撒乡出一疑案，即一名山木匠赘于番家，昔曾因事逃于德格，赘家求之归。本年七月农时忽疯魔杀妻并自杀，汉人疑是番家争风杀毙，讼于官。官拘其妻母取供。此番妇已四十岁，自承全家与之通，毫不羞涩，并云："我等爱之如活宝，忍杀之耶！"

名山木匠在边地所以特占优势者，以其艺也。番人羡其艺者，亦遣子弟学之，取赘礼甚厚，而艺不尽传，故番木匠终不能排去汉木匠。草地除篾匠无用外，其他技艺，并甚幼稚。汉人之挟技来者，无不致富云。

三十八、甘正全

甘孜为北道第一大埠，共有汉商十六家，番商三家，喇嘛商七家，土司商二家，小贩贸者不计其数。汉商之独人经营者，以甘正全为最大，现有本银万两，生意做至八九万两（番商有资本十万两者皆合股商）。然甘在十五年前，固一贫无立锥者也。兹记其起家历史，以见边地谋生致富之易。

甘，四川秀山县人，随赵帅西军二营出关，为记名差遣，娶一番女，甚恩爱，而贫不能自存。宣统元年，随军驻甘孜汉人寺（文成公主庙），偷寺铜铙被觉，张统领将杀之，汉籍绅商恳免死，插耳箭逐出甘孜境。甘逃至朱倭为乞丐。明年张统领他调，防军未移。甘恋番女，复潜回甘孜，初匿不敢出，后渐求人说通军官，得出为小贸。初从亲友处假得本钱七八千文，借顺兴合石磨推凉粉。时边地军饷足，士民富裕，凉粉初见于市，购食者多，日售四五十元、六七十元不等（时藏洋每元值钱四百余文）。

渐开杂货店，自打箭炉买针线、糖果、点心等物来甘孜，贩牛皮、番盐等物下炉城，逐年获利，逐成巨富。现以硝染红牛皮为主业，役工匠八人，资本八千金，为甘孜首富。

三十九、冯兆祥

冯兆祥，川北安岳人。安岳、遂宁一带固贫瘠，其人随制军来康者甚众。冯初至跑灯盏窝金厂（即打箭炉头道桥之偏岩子金厂，清末甚旺，现已废矣），收零金售于炉城为业。光绪三十年来甘孜，帮商人刘思成跑生意。刘死后，自做小贸，苦无资本，糊口而已。宣统三年，向孔撒土司借银十秤（一千六百元），向大金寺买氆氇，雇李正山运售于梭木、绒干二土司地，（并在杂谷、懋功之间），易鸦片回。甘孜此种贸易，平时皆对本利。李正山一去数年无信，人以为死或逃矣，债账逼迫，冯几觅死。民国六年，李忽自回甘孜，带回鸦片千余两。适逢绒坝岔战事发生，边军七营会于甘孜，士兵数千人尽食鸦片，价骤涨至二十四元一两，有时至三十元（原价仅三元一咀一两），获利近二千两，由此起家，佃河岸屋开磨房（边地尽水磨），积资巨万。民国九年，回安岳一次，带回银二千余两，寻来甘孜。民十五年，又回安岳一次，带回银二千余两。所遗磨房与资本三四千两，交其番妇侄冯成章经理。番妇性荡，与其侄并多外遇，好吃懒做，三年中耗去二千余金。本年春，冯再从安岳来，见资产半耗，营业不振，已有息业回乡计矣。

四十、赵建侯

赵建侯，川北保宁人，气宇轩昂，好大言，陈边使时曾办炉城警察，后来甘孜、德格、邓科等处经商，收卖药材。民国十五年，西康财务统筹处设专款局于甘孜，分局于东谷、绒坝岔、章谷、道孚等处，专收屠宰酒税。赵为东谷委员，其后专款局印发伪票案发，赵被系于甘，寻保释回东谷。已而统筹处索人，赵逃入俄洛"野番"地，客住牛厂中。牛厂地产秦艽，赵时有资二百元，悉购此药。本年适逢秦艽价涨，赵运炉城售之，得银七百余两，即合二千余元，盖十倍利也。

专款局案已松，复出居东谷营业。余至东谷时，渠自向余言。

四十一、李德元

李德元，河南南阳府人，光绪中，随乔统领军出关，办瞻对善后，李为什长。光绪二十八年，退伍为商，娶林葱番家女，开杂货店于甘孜，时有资本二百二十元。至民国三年，积资万余金，自河南招其兄弟同来助理生意。其兄与弟皆农人，不知商。弟年轻暴富，流于冶荡，德元交瞻对赤金一百五十两，使携回家，竟在途花费大半，音问断绝。其兄甚朴实，爱钱如命，李教以商情，使售货于炉城，谓较他人可靠也。于时麝香价甚高，李使其兄携五百余枚至炉城出售。凡香过干则失秤，香价以分两计，奸商多于售前投沸水中浸之，约数呼吸顷，则香吸水膨胀，分量增加，而质已微败，非商之正也。李商性吝，经纪恨之，教之浸水可增分量，李不识其弊，泡水一夜，又未塞脐孔，香悉沉底而坏。其时香价二十换，每枚值银十五六两，及其晒干贱售才七八两，共损失三千六百余两，同时牛皮羊毛及他杂货尽皆折本。一年之内损失一万七八千两，欠债一万余元，由是歇业，勉强撑持杂货门面，待机会而已。民七，绒坝岔战事发生，时西路客贩烟入藏者，被阻于甘孜。甘孜虫草九元一斤，西路卖十六元。（大小金川地称西路，谓成都西门也。）甘孜每斤虫草换一两四钱鸦片，每两鸦片售十四元。时李虽停庄，有朋友凑借虫草二百余斤，李尽数换鸦片于西路客商，售烟后复购虫草，待西路客来换之，共易虫草四百余斤；足未易地，净赚四千余元。于是复业商贩于甘炉间，两年内悉偿旧欠，新积一万余金。民国十年，雇王济中者经商于昌都，昌都风气淫恶，嫖赌吸烟为当然事，王自冶荡，加以偷窃，两年回甘，亏本五千余两。现时生意平常，有实本三千两，外债待收者二万余两。

四十二、王剃头

王剃头，上川南人，清末随军入西康，后退伍营剃头业。关外剃头价，官绅皆一元，贩夫、走卒、乌拉娃辈皆半元，无以钱计者。凡剃头八年，积六百余金，娶二番女，为小商人也矣。

四十三、甘孜市

草地旧无市场，人民日用之物，除茶向喇嘛寺兑买外，余皆自家手制，其生活固甚简单，无需市肆也。甘孜昔为麻书土司官寨，麻书在霍尔五土司中为最大，差民最多，故官寨附近，原有差房数家（各乡头人候差之房称为差房）与住民十余家，名甘孜村。大喇嘛寺亦建筑于此。清同治时，瞻对"雅龙瞎子"造反，攻霍尔五土司，孔撒土司投降，麻书土司不投，逃赴成都告变。瞻对平后，麻书土司回境，因其在成都时，见商业繁盛之状，羡之，遂请四川总督，招汉兴商于甘孜村。总督奏行之，并设麻书汛官于此，常驻兵四十名，以卫汉人。其时打箭炉已有商店，陕籍尤多，陕人经营草地商业者已数百年，习知甘孜地当北道冲繁，交通西宁、戎谷、洮州、俄洛、昌都、瞻对等处，兴商甚有希望，故多设分号于此。民国以来，日益兴盛，现全市已有大商店三十余家，资本共三十余万两，为打箭炉外首屈之商场矣。

四十四、麻书之亡

麻书土司扎喜无交，少年得意，不知恤民，穷奢极欲，暴敛部民，以民事悉委头人，日唯征民少女入土署跳舞寻乐。部民怨之。光绪二十五年，因狎民女携帐房宿柳林内，为怨家所刺。时乔统领（失名，河南人）方在章谷办改流案，闻讯来甘孜办善后，捉得凶手二人，其一为蒲永隆娃，登时正法；其一为主谋，即麻书土署之仲依（书写番文者），监禁一年，百姓请保释，逃赴朱倭去。（此人后因刺朱倭土司被逐，去年犹参与章谷、朱倭之战。）以麻书土司印暂交孔撒土司护理。时麻书土司仅遗一女，在襁褓中，川督鹿传霖奏请麻书印暂由孔撒兼摄，待其女长字人时还之。孔撒土妇贪兼麻书，使其子宜美娶此女，遂得长兼麻书地。麻书土民概呼"麻孜"家，唯古印文作"麻书"，麻书官书因之。

四十五、孔撒世家

初麻书弟兄三人，长最朴，承土司位；次为喇嘛，即传为神于红庙子者也；季最狡险，谝其兄求异居，其兄为治一室于官寨南名孔撒宗居之，给六十家人为"科坝"（犹言佃户也）。其弟日诱其民，来投者不纳粮、不当差，于是麻书百姓投孔撒宗者四百余家，其兄不能制。孔撒家遂得渐贿川督为之奏，凑列入小土司，随麻书进贡，比于附庸，给铜印，称孔撒土司（同治以前事）。

孔撒老土司无嗣，收德格小娃子之女酉姐为女。酉姐有才色，能得老土司欢，光绪十五年，赘德格大头人子泽翁彭错为婿，承土司位，生孔宜美与仙根喇嘛。酉姐外宠多，泽翁彭错诉之。酉姐怒，逐其夫。泽翁彭错回德格率其部民与孔撒家战。时瞻化为藏番领地，驻藏官名势甚大，酉姐夫妇战久不相下，并赴诉于瞻对藏官。藏官判离，并守义不得嫁娶，每年由孔撒家给泽翁彭错银二秤，青稞三十斗，回德格居住。酉姐于是为"觉母"（番语"尼"也），泽翁彭错后回邓科为大头领，酉姐不给银与麦，彭错亦另娶，人事汉官甚谨，现存。

酉姐幼时，曾至成都，颇知中国之大。为觉母后，入朝藏王；既归，遂轻汉人，尤恶外国装束。光绪二十八年，章谷统领李治可率堂勇四十名来甘孜调查番情，其通译先来甘孜觅栈。酉姐嗾部民逐之，谓李兵有洋气也，拒其入境。李仍进至蒲永隆，酉姐遂令部民围之，倡言"洗汉"。时张玉堂为麻书汛官，兵弱不知所为，方议避入白寨子自救，适闻汉军大至，"洗汉"之说始息。盖李被围时，急调炉城汉军来援，时已行至罗锅梁子，孔撒惧，始求张往调停，认暗退军费银一百秤，仍拒汉军入境。李与援军竟取银去。孔撒之蔑抗汉官自是始。

赵尔丰初至甘孜时，酉姐仍拒汉军入甘孜市，城中戒备如临大敌，赵忍气宿汉人寺一夜去。既而平定德格、邓科、石渠、白玉、昌都、察雅各路，威震康藏。酉姐惧罪，求麻书汛封云五给文书入朝藏王，贿银四十秤。封既予之，酉姐遂率其二子与大头人羊马丹芝、绛泽等五六十人，卷其宝货重器，移宅西行。封惧祸，以酉姐移家入藏，报于巴安赵行营。赵檄新军右营管带朱宪文（时驻邓科）截捉。酉姐等至竹庆为朱军所围，乘夜逃由杂科入大塘坝，仍回甘孜。朱军尾追至白利官寨擒之。赵令管押待审。宣统三年，赵尔丰至甘孜，设帐房于关帝庙外河坝，审甘孜积案，于时适奉督川诏，心喜，用法不复如昔之严，宽诸囚罪。孔撒家全犯，饬白利土司保出，候奏办，随传随到。赵去而清鼎革，遂成流案。民国初年，知事叶由志受孔撒家贿，抽卷还孔撒家。孔撒私产，赵原判充公，自抽卷后，孔撒仍据有之。

酉姐长子孔宜美，于陈遐龄时受名为土兵营长，世称为孔营长者也。其人性和易，喜交汉人，自经陈遐龄青眼后，历任县官皆袒庇之。老土妇酉姐，固奸猾，使娶麻孜与白利女，遂兼麻孜、白利土司。又娶东谷家女，直有兼并霍尔五家之势。甘孜喇嘛势力绝大，酉姐欲揽政教全权，贿藏王。其次子仙根喇嘛为佛都督，以孔撒家财助仙根，养成绝大势力，至今甘人闻本莫（本莫，番语土司也）酉姐名，殆无不吐舌也。孔营长娶麻孜家女，未几即死，东谷女后亦退回。唯白利女巴龙，有色有宠，生一女名德清汪母。民国十二年，宜美夭死，巴龙与管家格龙青披之侄通，酉姐常责之，不能绝。夫死二年而孕，逃回白利，生一子，白利头人大喜，奉为土司，由是孔撒与白利不协，然酉姐已老病，不能报矣。

酉姐近病瘫，不能下床，事务概由大头人理之，或决于仙根喇嘛。总保名义由德清汪母承之。才十三岁幼女，行立须人扶持，已招德格娃某为婿，来住孔撒寨，尚未婚。

孔撒寨（即前述之孔撒宗）与麻孜寨（即麻书官寨）俱在甘孜市南。麻孜寨现作县行政公署，已破败不堪。孔撒寨规模本逊于麻书，近年历经修饰，金碧辉煌，华美为全甘冠。昔孔撒降瞻对时，曾增筑一碉于孔撒寨南，名瞻对碉，本已充公，近亦围入孔撒寨内，为其头人候差房。甘孜人敬孔撒家，甚于汉官十倍，对于孔撒支差亦十倍于汉官衙门。孔撒私田数百亩，耕之获之，运入土署，待其干而挞之扬之收藏之，皆百姓当差，始终不给一饮一食一钱。酉姐与德清汪母行坐卧起之间，皆各二三十人服侍，如厕跪而捧净纸巾栉者亦七八人，虽专制时代之皇后、公主，不能有是阔也。

四十六、佛都督

佛都督即呼图克图之转音，意谓大智慧者转世生也。藏俗，凡某大喇嘛死之翌年，该寺僧侣必调查附近初生小儿，一一查明其父母之名、门朝方向、本人名字，填送拉萨，乞藏王考之。先卜取三人（谓人有三魂也），后于三名中重投神前卜之，得一主魂，木匣密封赍回，匣上注有开缄月日，届日当众开缄，按缄上所书姓名、门向迎之。事本无稽，故易舞弊。其弊在捧名入藏者。仙根喇嘛之考为佛都督，系孔撒家人捧名入藏。既归，行升座礼，圣僧郎章、札呷二大喇嘛哂之，由是群僧不服。孔撒酉姐之屡困札呷喇嘛，与郎章之装疯避祸，皆由于此。

四十七、札呷喇嘛

甘孜札呷喇嘛，为康区经典最博熟之高僧，能默诵《甘珠尔》《丹珠尔》各大经典，甚快，不错一字。昔曾于甘孜寺过经，群僧执经环听者数百人，目读之速，反不及口，故其在康区名甚大。其私寺在甘孜孔撒乡之札呷沟内，无男徒，有数十觉母依之。相传渠为千手观音转世，故亲妇人。其能严守戒律否，外人亦不知悉。以忤孔撒土妇故，孔撒家嗾甘孜寺僧侣讦其男女混处，率兵与战，札呷寺打败，避居大塘坝之阿罗（约光绪廿二三年时）。其后复为阿罗娃所逐，赂孔撒家银二百秤，得仍回寺居处。后复与仙根喇嘛不和，民国十年，孔营长嘱兵王绥之拘札呷于甘孜县署（即麻孜官寨）之顶楼上，将窘辱之。札呷竟逃去。人传其雪夜借披毡乘风出寨。据耆老言，实自大门出也。诸觉母仍追从之，避居炉霍寿灵寺山后。其觉母辈需索汤役，每与附近居民勃谿，寿灵寺僧复逐之，焚其寺。先是孔撒老土妇朝藏王于拉萨，传藏王责之曰："尔地自有活佛，而屡困窘之，来此何为？"土妇归，派人迎札呷回寺。（相传藏王即千手观音转世，札呷盖得其三魂之一魂者。）札呷回寺，日督诸尼金书《甘珠尔》经全部，自为校核，云经成示寂，不预世事。

余至甘孜之翌日，即偕韩知事渡河访之。时札呷已病谢客，川人大勇法师与其徒从十余人在寺习经。大勇亦病谢客，得晤其徒饶登、法尊、恒照等，具悉札呷生平，与大勇等留学于此之故。又云能海法师步行朝藏，枉道来谒，竟因病未见，只门外磕头而去。素知大勇、能海皆高僧，有卓识，尚倾慕如此，其人必有真智慧。切欲识面，倩饶登往通，以自军部来为言，且约定少谈话，得入。其人五十余岁，面目甚整，眼有光芒，仰卧榻上，已不能起坐。语仅微声，侍者能辨之。传语赠余喀带一条、黄护身符一只，摩顶一度，竟未通言而出。堂外女尼约四五十人，老幼妍媸不等，或刷洗经纸，或漆，或写，或调胶汁，忙碌非常。有数人写甚熟，字体亦佳，殊可钦佩。争传札呷待经成圆寂，近且不耐待也。八月十三日，经尚未成，札呷已死。翌日大勇亦死。徒众以札呷尸纳盈尺小匣内，修塔藏其中。大勇尸较大，砌石塔纳其中焚之。传高僧死后，体皆缩小，札呷缩才盈尺，大勇小缩，而轻可一个人举。韩知事亲见之云。

四十八、番　戏

任何民族皆有自有戏剧，艺术程度，虽有深浅，其大旨不外表演故事，供人娱乐，且资兴感，以助教化。言者每谓一民族之戏剧，可以代表一民族之文化，此语果信，则西康番戏，亦有研究价值。余至甘孜，恰当秋收后，各大喇嘛寺争演番戏，以娱乡民。甘孜寺阿色、扯腻二家番戏据传为北道第一，曾连日观之。兹详记其排场、演法，以飨内地好事者。

（一）戏场。番俗无剧台，选一平旷草坝，划一圆周，于圆内表演，众人围而观之。内场在圆外十步许远，搭一大帐篷房，使围观者缺一段为门，与藏房对，演员由此上下。表演时虽八方可看，仍有一主方，系大头人与佛都督座。甘孜剧场在汉人寺外河边，由孔撒家撑一龙梁金柱之绝大帐房，为剧场主座，首座为郎章喇嘛，左右为仙根、竹撒二喇嘛，又次为德清汪母与孔麻佛都督，其余头人、小娃子地座。亦欢迎汉官看戏。另设小帐于大帐侧，不得入大帐也。戏皆向大帐表演之。

（二）剧情。番戏表演一故事，须二日以上至五六日始能完结一部，亦无抽截一段表演者。其故事概系土司家传。忆阿色家演五日，第一日演狮子、牦牛、鹿、鹤诸杂记，与十余人戴面具舞蹈，非故事，犹汉戏之大加官亮行头而已。第二日演《友于记》，系土司二子落难逃山中，遭遇种种困厄，濒死不死，患难相顾，终得回部为土司也。一日演完，为番剧最短者。第三四五日演《妒鬼传》，叙一土司猎途中得仙女为配，生子女各一，专宠。前妇妒恨，变为活鬼，率其亲从往杀情敌，仙女预知升天去，土司失意疯狂，遭人禁囚。活鬼当政，遣人杀二子，刺客不忍，逃入草地，备历艰苦，濒死数次。后其子入赘另一土司家，兴兵复仇，攻杀妒妇，仍救出其父，仍为土司。扯腻家五日只演一故事，为《鹦鹉传》。叙一土司有美女，凡七土司来求婚，皆被拒，一土司得之，生一子承土司位，美女升天为神去。其子娶二妇，长者失宠，通其小娃子谋篡位。小娃子与小土司出游，有黑教喇嘛能念咒离魂，另投他体，仍咒而还，小娃子诱土司并习之，适见二鹦鹉死道侧，姑试其咒，二子并死，而鹦鹉活。小娃子先诵咒还投土司体，遂复得为土司，冒据其位，人不能觉。土司后还不见己尸，遂长为鹦鹉，后竟不能复人。剧中穿插仙佛神鬼、飞禽走兽、龙蛇犬豕，甚复杂，亦极热闹。余未看终剧情。

（三）演法。番剧演法极奇，亦有金鼓设圆场侧奏之，与跳神所奏全同；亦布景，无非插树枝为林，铺坐垫为屋而已。一场中可布为若干地方之景，自上场至息戏，剧中人不必下场，各坐一处不动，便如汉戏之入内台也。剧中人外，另有戴平面具，执纸花棍，围璎珞裙者十余人，终日立圆场边际，凡剧中人歌舞，此人必和之。据土人云，此皆仙佛，生于释迦佛前，余意其鉴察神也。剧情有一书载之。喇嘛执书立场中，每读一段，表演一段。试举《妒鬼传》中间一段表演情形，以见一斑。

场中布高坐垫一，长垫二列，表土司家；左侧坐垫一列，表其妒妇居于别处，妒妇与二小娃子坐之；右侧插树枝，内坐垫三，坐神女与其父母，表神女家在山野中。土司韬弓囊箭，持矛与其小娃子来神女家。

（前情从略）喇嘛读云："土司悦此女，向其父母求婚，并说，归即来娶。"读毕，土司唱二句，诸小娃子与周围戴平面具者皆和之。唱毕奏乐，土司与其从者扬手扬脚,似舞非舞,走回土司座。于时戴面具者皆舞蹈,金鼓骤停,歌舞顿止。

喇嘛读云:"土司回家吩咐其从者,前往接人。"于是土司唱二句,从者和之,随取喇嘛铙钵、旗伞、喀带各一件,鱼贯绕场走至神女家,授喀带于女。

喇嘛读云:"神女别其父母,随土司去。"演神女者,向其父母俯首四句,旁人皆和之。其父母演不舍状。神女既随众人去,其父立桌上望之大哭。众鼓吹迎女归,坐土司侧,鼓乐始止;神女之父母亦下场,自此不复入剧也。

喇嘛读云:"三年后生一女。"场口上一盛装女子唱二句,其意云:"我从此降生,作土司女儿。"唱止,仍扬手扬脚,走入土司处,坐神女侧。(凡番戏演员,不唱不演,只走路时,皆扬手扬脚行,奏金鼓。场周戴面具者舞蹈,唱时在场者皆和之。喇嘛读本事时,全场静肃为一定例,下不复述。)

喇嘛读云:"土司延一黑教喇嘛来家打卦。"场口上小丑二人,一扮黑教喇嘛,一扮演沙弥,负法器从上,演种种诙谐取笑状态;观者吃吃大笑,历时许久始下。(此小丑极善演剧,常演剧中配角,频频出台,扮无数人,各色毕肖,观者每见其出场,精神为之一振,故其所演过场占时最久,唯不能唱。唱词改为道白,对土司卜云:"此女仙根,后当大贵。"遂下,其实当唱也。)

喇嘛又读云:"三年后又生一子。"场口上一盛装小儿唱二句,走至土司处,坐土司侧。

喇嘛又读云:"土司延一道士来卜。"场口上又一戴羊皮面具者,走至土司处打卦云:"大贵多灾。"唱二句下去。此等人物上下表演时,余人皆静坐不理,不似汉戏之配角、主角一同做戏,互相衬托也。

道士既下,金鼓止时,喇嘛又读云:"土司既娶神女,相得甚欢,八年未幸大妇,大妇考问小娃子,得其情。"于是演妒妇者起身,呼其二小娃子问云:"土司许久不来,何故?"小娃子初不敢言,被逼不已,以实告知。妒妇戟指向土司唱二句,率小娃子同下。

喇嘛读云:"妒妇恨神女,变为活鬼,将往报之。"读毕,活鬼尚未装成,延长金鼓时间,场周戴面具者跳舞待之。金鼓既止,活鬼上场矣,戴鬼面具,蓬发,衣鬼皮,乳长尺许,手脚皆具长爪,与二小娃子对跳上场。鼓乐皆变节,观众怪号,跳踉久之,入前座处。鼓吹止,鬼指神女唱,唱已,跳踉如欲扑之。小娃子对跳阻之,久久始止,静坐。

喇嘛念云:"神女预知活鬼将来害己,对其二子言将升天去。"于是神女起立,对二子唱多辞,走立一桌上,二子牵衣若不舍状,合唱二句,神女又唱,唱辞并在于喇嘛所读之书内，喇嘛持示之，使对书唱，不似汉戏之须背诵也。已而神女下场去，喇嘛向大帐房一鞠躬，观众知将停戏吃茶，纷纷散去。场上人物依次各唱一句，跳舞下场。最后戴面具者皆合唱合舞下场。上午戏毕，吃茶与糌粑后，再依次上场继续演出。

（四）番戏考略。番戏起于何时，甘孜人不能晓。查其各戏剧情，率多夸张黄教神通，讥讪黑教，知其创于黄教徒。又演故事之先，必演狮子、寿星献酒等吉祥杂技，知其导源于汉。又开场时，必演汉人放大炮一则，其汉人戴冬帽，穿马褂，扎腿甲子，赤足（番人无袜，无可装饰也）穿鞋，开花脸（《妒鬼传》中亦有汉人二个，亦开花脸），则似清时始有之也。然其剧场布置与表演方法，则与西洋古剧相似。今日希腊、罗马所发现之古代剧场遗址，皆圆形，观众环坐场周，戏剧演于最中最低之平原上，所不同者，观众有座，且逐层增高耳。其剧亦布景，近写实派，同场内可设数家庭，数山谷林野；又似浪漫派，剧情逐段说明，夹以唱做，似宣卷，亦似弹词，亦似近世之电影，剧中夹演杂耍，似把戏。其糅杂中西各剧而成者欤？彼演剧亦有祀神，其神为"李老君"，装小箱内，供于剧场正中，插一大树枝之下，其旁即堆演剧时需用之杂物，此亦汉戏供太子神情形也。又《鹦鹉传》中跳歌装十余次，皆有人持马铃一挂节音，此制唯西藏为然，康地跳锅庄者，皆不如此。又开演之先，演剧者例办藏坝娃数人，鼓乐焚香，迎大佛都督入座。剧毕，如仪送还各私帐。据以上推测，番戏创于西藏，始于清代，由黄教喇嘛之曾游北京与印度者，摄取中西剧制而变通之，自以本地风光，编剧传演者也。

四十九、"活　鬼"

传甘孜有"活鬼"。"活鬼"者，鬼魂凭生人体（尽属妇人），生人不觉，夜寝后则离魂魅人；魅人不得，则害其本夫。故娶妻者畏惧得活鬼也，人皆传说如此，究亦未见鬼魅实况。

前日至郎章喇嘛寺，见其后楼上有一女子，与一喇嘛共居。此喇嘛名查喇嘛，对余言此女活鬼也，吉宗村人，前随人来孔马寺看戏，郎章喇嘛见而识之，召其父母来，使舍此女入寺住，并召查喇嘛来伴居，饮食皆由郎章供给。余欲详看此女何状，使通事呼之，不肯来。以钱召之，仍谢不来，以手遮面逸出门去。传活鬼见大人则畏怯心跳，不可直呼为"活鬼"，呼则惶急投水死。余偶高声言"活鬼"二字，查喇嘛必扬手乞低声云。

五十、查喇嘛神通

查喇嘛居罗锅梁子之岩洞中，系红教徒，持咒，传其能阻冰雹风雨，善圆光术，能照知人之前后身。甘孜唱番戏时，正八月上中旬，适为雨期，每年照例由渠阻雨；戏毕后，每家出青稞一碗报之。阻雨不住，当受孔撒家鞭扑。据余所见，甘孜演戏十五日，每日皆夜雨，早膳后晴，戏毕复雨，有时纵因河他岸雨势欲波及，竟疏雨数点而霁，未识果渠之力耶，抑天候固然也？其圆光术余曾召试之，亦微有中，但不可复试，再试则与前言不符甚远。初次言董委员前生为建昌马，十余日后再问之，云为白衣人，则前次所言万委员之前生也。余等由是不信。

五十一、喇嘛粮

凡佛都督，每秋获后，约九月、十月间，皆出寺，率其从者，周历该寺有关系之村舍讨粮。盛装骑马，行前一僧大呼云："某佛都督要青稞、豌豆。"村民闻声，各以豆麦出付之。最阔或有势力之佛都督，如仙根喇嘛等，年收至百余石之多。郎章喇嘛体躯肥重，不能出巡，则以其相片使一沙弥负之，并荷其所着之衣帽出巡讨粮。

五十二、番烈女

甘孜仙资①家（前孔撒土司管家）长女名某，前与朱宪文侄名某者私通，已有孕，为父母所觉，仙资不欲女嫁汉人，逼使绝之。女不可。适宪文知其事，逼侄回川，女遂削发为尼，竟不再嫁，诚烈女也。仙资女皆有色，此女尤美，曾于坝会中见之。

五十三、甘孜县署

甘孜县署即故麻孜官寨，改流时，麻孜已绝，改为县行政公署。其寨凡楼屋四层，崇墙围绕为方围，屋缘墙筑，纯番式，无贯柱，层层叠砌而成，有经堂宝顶与佛像，回廊互通，长梯陟降，颇宏伟。正寨凡屋五十余间，外绕廊庑十余间，后方

---

① 即前文之香资。

附寨相续，凡三层，屋二十余间，屋顶相连。现正寨下一层，仅一屋，充监狱用，余尽圮废；中层住土兵与其家眷，并辟大堂于此，败者什三四；上层住知事及衙内员司与其家眷，两等小学亦附于此，仍有坏屋三四间；最上层全空，四围廊庑，尽已拆毁。附寨仅屋数间可住人，现作保正候差房。

此寨未圮败时，宏伟崇丽，为北道第一。自作县署后，历任官吏传舍视之，听其圮坏，不肯修理。十余年来，由污秽而破烂，而罅漏，而倾圮，而拆卸。至今日，唯大堂与知事住屋不漏而已。其余各屋，雨漏贯三四层，木料霉败，廊壁倾斜，居者或值雨夜，衾褥尽湿。尤可笑者，碉内本有甚精美之厕，而居之者恶其偏远，率粪尿于窗外或空屋中，以致院内、室内，屎尿狼藉，臭秽熏蒸，俨同公厕；尿水从屋板下浸，挟土滴楼下屋中，使其顶板上垒垂满板如钟乳。土兵家眷概住寨中，甘孜柴贵，每拆屋为薪，大好官寨，夷为乞居，良可惜已！

在甘孜日，某知事迎住寨中，连夜大雨，不能成寐，数嘱某稍修理之，某调乌拉娃捶屋数百工，而漏如故也。盖甘孜俗：官署土木，概由民夫当差，不给钱粮，但以鄂巴（小头人）一名督之而已，以故民夫工作甚惰，随手敷衍，等于儿戏。番寨皆平顶涂土而成，无瓦，土不平，水潴成潦则漏，漏则屋败，故番俗概一年平土一回。官寨数十年不修，屋顶草满，水概不行，故漏也。修理之道，应重新填土，而差民工作苟且，但以木条拍之，故无益也。再促某知事修理之，乃复调民夫，铲土更新，屋始不漏，而随地便尿竟不能革。

服官甘孜者，每羡孔撒官寨之华丽，而自惭县署秽恶，颇有倡为另建县署于关帝庙之议，不知麻孜官寨，昔固华美十倍于孔撒，汉官自不修治，致此颓败，纵年修一新署，宁有益乎！果县官皆有十年之志，呈请薄拨公款，培修此寨，使复麻孜初亡时状，则碉房百余间，驻兵一二连以卫县署亦可，尚患无卧寝处，而必另建新署耶！

五十四、瞻对娃

瞻化县昔为瞻对土司地，官书作瞻对。清平瞻对，置怀柔县，民国以与河北怀柔县同名，改瞻化县。世俗犹称瞻化人为瞻对娃。瞻对娃慓悍横豪，驰名全康，邻县人闻瞻对娃名，莫不悺怯避之也。瞻对虽山地，而瞻对娃善驰马，能于疾驰中，自马背反身拾物地上，及射的贯革；又隐身马腹而驰，侧不见人；又自马背跃下，足履地乃复腾上。凡诸绝技，余皆曾眼验之。瞻化地薄，生业凋敝，其人多为盗劫，北道各险隘皆劫场也。昔在藏番治下，备受诛求凌虐。故于今日，颇敬畏汉官，唯亦敬畏之而已，欲使宛转从命，仍不可能。

瞻对娃似无理性，畏威不怀德，昔张茂轩署此县，务以柔德治之，其人遂益骄蹇不知法。朱倭械斗事件，张茂轩亲往瞻对娃营内说和，竟不谐。迄闻向营出关，则自卷兵回瞻，于是科以越境滋事罪罚银四十秤，亦遵缴不敢还也。张赐培继署瞻化，颇饰武威。瞻对娃重官胜于张茂轩时，然传案常不到，辄曰："不敢见官。"不敢见官者，拒捕之代名词也。张办各案，大抵委四品总保办之，总保所不能办者，案即停滞，大盖案与谷日案由是。去年瞻对娃往朱倭打战（事详炉霍报告朱倭械斗案），有道孚大锅庄与汉商阎朝禄商队骡子一群，行经战线附近，瞻对娃遂劫去五匹，道孚娃不敢抗，忍而逸去。本年张茂轩知事自瞻对卸任回炉，经道孚，因预征案交代未清，瞻对娃八骑追及之于此。张既已认账，大锅庄与阎姓亦乘势索骡。瞻对娃置不理，阎姓等调所亲民丁百余人，持枪佩弹，驻道孚市胁之，阻其归途。瞻对娃虽只八骑，佩枪游行自若，泰然如不在意。既得张茂轩手结，乃跃马欲冲回瞻对，道孚娃竟不敢开枪，尼之而已。其后县署倩人出为调停，始允清还而去，仍由道孚知事行文瞻化知事代清之。瞻化知事张赐培新到任，颇树威仪，诸番清还五骡缴县署，张屡函催道孚来取，阎姓与大锅庄竟不敢入瞻取骡。延至近日，始由瞻化县署专送往道孚。瞻对娃之声威，此见一斑。

五十五、瞻对娃凶杀案（略）

五十六、大盖番禀

大盖喇嘛寺凶杀阿噶弟兄三命，并扫掠其财产，拘系其家属一案，经张知事派员往谷日地方为之处断，判放出家属，缴还财产，赔三人命价三千藏洋，缴凶枪三支，县署外罚银一百秤。喇嘛寺不遵。县署宣言调兵讨之。余等行过大盖，该寺僧侣来诉云："命价赔到一千元一人，瞻对向来没这规矩。"随上一禀来，译云：

自赵帅到瞻化以来，各地杀死人命，命价高矮大小有例。阿色牛厂卡嘉家杀死七人，赔命价五秤，罚款一秤，以铜器作抵；拉日麻杀死六人，命价每人五秤，完全以铜器作抵；墨巴杀死热鲁代本桑约共九人，每人赔命价四秤，完全以铜器货物作抵，罚款未缴分文；朱倭杀死七人，命价四秤，罚款五百元，以铜器货物作抵；大盖阿吉村杀死乌金儿，命价罚款共四秤，以货物作抵；马营长的兵杀死三人，罚款命价，每人三秤，均以货物作抵；前任张监督任内，杀毙土兵泽翁，命价二秤，以货物作抵；投李旅长的札喜工布被杀，又杀死家属老少五命，命价罚款，分文未与；今监督任内，谷日杀死二人，命价罚款，分文未得；康立村日嘉马家杀死一人，带伤一人，命价罚款，分文未得；日须牛厂甲朱家儿被杀，命价未赔。以上命案甚多，并未派兵去打。大盖喇嘛寺所杀原是匪人，为地方除害，不唯不奖赏，反要出兵来打，实在不公！

此禀所言，足见瞻对凶杀案之多。内云以铜器货物作抵者，谓不缴现金，而以器物作钱。值二元者，可折价八九元，实数甚小也。后言今监督任内各案尚有数案未经报署，亦有曾报署者数案未列入，可知瞻对杀人事件尚不仅此。

又该寺上我一禀，说明其杀阿噶弟兄三命与扫掠财产理由云：

甲该家阿噶弟兄。第一条：喇嘛乌金夺吉不该将茂古喇嘛郎卡独吉大刀斫死。其在格拖喇嘛寺（德格县之喇嘛寺也）毒死堪布白马一喜，掌教喇嘛麦浪、札巴加恩弟兄，被他将鼻子割了，这几人一命抵一命。第二条：其兄阿噶在大盖寺当札巴时，麦科神庙及塔子被毁了，大盖寺会首为此罚了他四百八十元，又抢大会首登直七百元；竹庆会首泽翁等因闻阿噶要治死他，又送了五百元；又有老陕在寺，被他偷去麝香，房主被罚了一千多元；又抢去札巴阿泽四百元；又到东谷去抢人快枪一支，大盖喇嘛寺会首为此事赔了五百元；又抢劫宗堆坝马寺，又赔了一千八百元；又偷人麝香，喇嘛寺赔了二百元；初十又抢喇嘛寺会首名下二百四十六元；又欠铁棒喇嘛名下十一元。大盖寺阿噶偷人抢人欠账等，共赔去七千七百元，应以其家财作抵。第三条：此外，甲该家阿噶弟兄所为不法之事，喇嘛寺已拿得有凭据者，凡有私造义兴茶票印板，与私宰银元截抽中段之器具共二件。甲该家实系为非作歹之人，我们处死盗匪，不加奖励，反要处罚，请求委员大人作主！

该寺另有冗长之禀详述以上各事，持为该寺杀人抄家拒捕抗官唯一理由。究其实，全无凭证。所言喇嘛乌金不法事，皆云在德格格拖寺所为，与大盖寺无涉。而阿噶偷抢拖欠各款，皆在该寺为札巴时，其还俗已经五年，未曾提及，杀之而后条举，又无人证物证者也。唯私造义兴茶票与宰抽银元事属实，亦皆事前未报。乃该寺居然自诩除暴安良，抄家抵债，又"一命抵偿一命，处置甚公"，据为抗官口实，该寺之蛮横，大抵如此。

泸定导游

* 原连载于《康导月刊》1940年第2卷2—9期。

一、序　言

　　余性好游，登山必期造巅，涉水必欲穷源，古迹名胜必自验而后快，民情谣俗、市易之事，无不留心。口好问，耳好听，眼善察，足能跋涉，手喜抄记，故游迹所至，每能得其地概况。泸定在川边，为开发最早之一县，扼汉藏茶马贸道枢纽者一千余年。其间必多可观可记之物，可搜可采之迹，可歌可泣之事。好游如我，安可不获悉！二十七年冬间，赴泸避冷，得信步流连，遍履全境。搜奇索秘，小有所获，大都发前人所未觉，而资后来者摩挲寻味之材料也。略事整理，资治史者研讨。

二、康泸界标

　　康定、泸定两县县界，在瓦斯沟与冷竹关间之大岩口，地名大嘴。自此东下鸳鸯坝，越大渡河、三台子、入岚州大山；西上黄草坪，入大雪山；其北则大冈、瓦斯沟、鸳鸯坝、亢州，皆属康定。此民国二年泸定设县时所划界也。清末赵尔丰所拟划之泸定县界，盖不如此。赵收咱里、冷边、沈边三土司印付泸定巡检，即拟以三土司辖地为泸定县也。咱里土司与明正土司相交之地，为柳杨东出八里之大藏桥。今之日地、头道水、二道水、三道水、瓦斯沟、大冈等村，皆属咱里。本篇记述范围，仍从大藏桥起。

三、大藏桥

　　大藏桥，不识何时何人修。百年前为康泸间要地之一。在柳杨东八里（或云十里），此段河谷，比较宽敞。南山一水，瀑泻而下，小桥跨之，高出海面二千零八十四米。距桥各一二里，均有岩路，若锁闭然。其内有民居数舍，已甚衰敝。今尚称"文献街"，则可想见昔时兴盛之状。自此又东四里，地名大河沟，木桥跨溪，虬书"万缘桥"。民国初年所建，桥亭尚新。其西申亢附近之善缘桥亦然。独此著名已久之大藏桥，无桥亭，亦无题识，桥式陋敝，知其非极盛时之旧桥也。大抵打箭炉至瓦斯沟之河谷，岸山挟束，如绝壁对峙，山上雪水，泻下成溪，皆为悬瀑奔泉之势。所挟石砾、泥沙，随水堆叠于河谷低平大道所经之处，与岁俱增，分披左右，有如堤防，渐使河床隆起，成鸡胸式。故此上建桥，每数十百年，必为沙石所湮。盖河床高出旧桥之上，或竟为沙石所击坏也。余疑大藏桥为果亲王入康时所建，当时打箭炉同知与明正土司等，筹办大差，修饬津梁、行馆，因建此桥，亦未可知。"大藏"二字，必非译名。今则代久年湮，市街荒废，旧桥亦随沙石埋没，仅存遗痕已耳。

近查嘉庆《四川通志》"关隘"条，于"打箭炉"下称："大藏桥卡，在厅东三十五里。"又"铺递"条下称："深亢铺，在厅东十里。柳杨铺，在厅东二十里。大藏铺，在厅东三十里。日地铺，在厅东四十里。头道水铺，在厅东五十里。大冈铺，在厅东六十里。冷竹关铺，在厅东七十里。……"此所谓"大藏铺"，即为大藏桥地甚明。据此，尤足证大藏桥为百年前康泸间冲繁之地。

四、日地名胜

日地海拔一千八百米，在康定至瓦斯沟之幽长峡谷内，地势最为开敞。盖其地质为花岗石，易风化也。以是农地与民户独多，岸山倾斜，日照宜人，气候亦殊和暖。市肆兴盛，在柳杨之上。民国二十五年，建委会饬康泸两县大道各市建坊，表书道里、户口、物产、名胜，以道游人。日地坊所标名胜，有"华山积雪""宝灵古刹""喇嘛飞泉""石笋插天""天仙花桥"五条。询之土人，据云："华山，在南岸极高处。"查此峡谷由打箭炉水蚀断大雪山脉而成。其山脉南连木雅、贡噶，北连大炮、海子诸山，平均高出海面六千米以上，为汉康两民族之大扞蔽。唯此深陷数千米之峡谷，沟通两方。峡谷之岸，即六千米以上之雪峰也，冰雪侵蚀，多成花瓣矗立之状，土人呼为孽山，南北两岸皆然，不必日地之南也。然他处岩石壁立，障眼不能望见，日地之南岸较斜，故得望见积雪，拥为专有亦宜。宝灵山，在日地南坡老林内。寺供地母，传甚灵异，每年春夏，往朝者甚众。余见天仙桥侧有石砌大道上山，甚修整，询其所通，因知其事，未往游也。石笋，在日地西南山半，西行时舆中可望见之。天仙桥，即日地东端之木桥。"喇嘛飞泉"，闻在日地东五六里二道水山后，地名喇嘛嘴，有雪山水泻瀑，故名。查二道水与头道水之间，始见泻瀑。其瀑即小天都，疑即所谓"喇嘛飞泉"也。果尔，则应改为"天都飞瀑"。

五、头道水果亲王行宫

头道水、二道水、三道水，相去各约里许，并有人户。峡谷之水至此，如跌三阶，激冲巨石，怒腾百丈，珠沫飞溅，蔚为奇景。头道水位最东。百年以前，自川来打箭炉者，皆自冷竹关上黄草坪，逾大冈村，循金钗匾斜下，会路于此。（观前节所引《通志》"铺递"条文可知。）今其路基，尚隐约可见。盖其时冷竹关、瓦斯沟间之岩路，尚未凿也。当是时，头道水之地位，与今之瓦斯沟相当，市街枊比，不似今之双屋相守而已。

清雍正初年，西藏受准噶尔人之逼，清廷患其劫持达赖，迎达赖七世于泰宁惠远寺安置，设泰宁协护守之。十二年，准噶尔请和，诏果亲王与章嘉呼图克图赴康，自泰宁送达赖回藏。果亲王宿头道水，爱其飞瀑，题诗刻石云："才过鱼通栈几重，忽看飞瀑泻高峰。天将玉乳流悬壁，人道金山傍古松。到此顿教开俗眼，坐来直欲洗尘胸。十年山水经游遍，不信奇观意外逢！"当道遂营行宫于此以媚之。传果亲王自泰宁回，勾留于此行宫者数月，其行宫在瀑下桥侧。光绪五六年时，洪水暴发，山石随瀑崩坠，将果亲王诗碑、行宫与市街一并淹没。今则土人已于漂石积沙上重辟田圃矣。

头道水居民师正国，今已六十二岁，原化林坪营卒之后。九岁时，徙居瓦斯沟。为余言："头道水原系瓦房大街，果亲王行宫与诗碑在其西端瀑下小桥南头。大门三进，皆向北，雕画人物，甚为华丽。厕系坐式，为生平仅见。儿时曾试之，高不可坐，登蹬为之。时尚有人守看，但全房已朽矣！十二岁时，山水大发，将全宫及市街打毁，诗碑湮没。其时我尚居瓦斯。大水后始移居于此。"谈时，适有汉源负茶老人在侧，自云："今五十九岁。八九岁时，随诸父叔习负茶，力仅胜三包，每追伴不及而啼，为同行讪笑。过此地，识其为大街，有王宫在此，今尚能记忆。迨少壮过此，则墟莽也。"凡此均足证头道水市街与果亲王行馆，为前五十年被水湮灭，为时应是光绪五年或六年也。果亲王诗碑，在化林坪，与泰宁者皆存，独此地诗传而碑没。余昔曾遍访之，无能言湮没之事，幸赖此两老人传其厘略，即此已可见边区文献收采之重要。

查果亲王，名允礼。清世宗第十七子。受业于长洲沈归愚，颇以诗词名世。雍正十二年至康，十三年返京撰有《西藏志》传世。

六、小天都

头道水后崖间瀑布，在川边各瀑布中为最美胜。其右侧岩上，勒"小天都"三字，世传果亲王笔。余曾攀登崖壁，扪其款识，乃"乾隆五十七年仲□文华殿大学士孙士毅书"十八字。查果亲王前诗，与"天都"字义无关。又乾隆时，查礼等人题诗，皆称头道水瀑布，不云"小天都"。可知小天都之名，乃孙士毅所命。世徒知果亲王，妄以属之耳。

土人相传：打箭炉河，汇三池之水而成。二池在折多上游，一池在头道水上方。兹所谓"池"，即今人所称之"海子"也。《四川通志·打箭炉厅》"山川"条云："头道水，即三池水之一，雨后有瀑布可观。"盖即指小天都瀑布。余曾徘徊瀑下，细察瀑痕，古昔原自今瀑之左方二三丈处泻下，溜痕与滴痕宛然可验，今瀑盖五十年前大水后所迁。查其大水之由，必非雪山崩坠，殆由上游山间有池，偶然溃裂所致。此带雪山，常因冰河侵削，于山半成池，池亦常溃裂，酿成洪水之事。如康定南门外之乱石坪，即乾隆时"黑海子"崩裂时大水之所冲积是也。《四川通志》"三池"之说，必有所征。余询师姓樵子，据云：常攀登崖顶芟薪，未见有池。是昔有池而今无池，其为池崩所致，可知也。又昔时"雨后有瀑"，今则四时飞瀑，可知昔因有池节水，故必雨后乃瀑，今则雪水直下，故无间晴雨而有之耳。

此瀑除果亲王外，查礼、惠龄、孙士毅皆有诗。查礼诗云："山高出流水，百尺挂飞瀑。喷腾响震天，声若狮子叫。寒光洒急雪，或怪珍珠跳。入座闭目听，一洗心烦躁。终夜不成梦，神气多被耗。造物太好奇，故遣波倾倒。惜哉名胜地，乃结西南徼。"惠龄诗云："百战归来此心机，匡庐风景认依稀。玉龙倒挂将山隔，银汉斜翻作雨飞。练影何年开石窦，雷声终古响岩扉。悠然小憩空亭里，雪波如花欲湿衣。"孙士毅诗云："疋练斜翻织女机，天台黄海见应稀。谁教下界千畦润，端在岩层一道飞。壮观宜留韦镇节，安禅只少远公扉。骁腾犹似征西日，十万貔貅响铁衣。"（和惠龄）又："四面巉岘积翠重，寻源毕竟自何峰？涛奔绝巘惊沙鸟，雪喷炎天失火龙。好句传来金掷地，高怀定见宿罗胸。徐凝界破诗非恶，粉壁笼纱一关逢。"（和果亲王诗碑，皆步原韵。）

余考查礼，系宛平人。乾隆时再征瞻对及金川之役，皆预其事。著有《西域行》

诗集，嘉庆《四川通志》多收入之。后官四川布政使、湖南巡抚。惠龄，蒙古正白旗人。曾任河南、湖北、山东等省巡抚，乾隆五十六年，以四川总督衔，驰赴西藏，为参赞大臣。会同福康安剿办廓尔喀，督理粮运。五十九年，与福康安、孙士毅等同由打箭炉返川。孙士毅，浙江仁和县人，乾隆二十六年进士，五十二年，任两广总督；五十五年，调四川总督，寻改两江总督；五十六年，授吏部尚书，协办大学士，此其称文华殿大学士之由也。是年秋，廓尔喀扰藏，四川总督鄂辉领兵赴藏，命士毅往摄川督，士毅驰驻打箭炉，督办军糈。次年春，因台站牛病，转运不灵，复赴察木多督运。嗣因大军前进，复驰至拉萨，督办粮运。事平，授文渊阁大学士，仍偕福康安、和琳驻前藏筹划善后事宜。五十八年，以士毅年逾七十，改福康安四川总督，已而福康安率金川土司入觐，仍命士毅权署。五十九年，调福康安云贵总督，和琳四川总督，复因和琳入觐，仍以士毅署川督。以堵湖南苗乱功，晋封三等男，其年六月卒，谥"文靖"。是"小天都"三字，为士毅初赴打箭炉时所书，其与惠龄唱和诗，则班师过此时所为也。又士毅第二诗，系和果亲王前作，亦步原韵。而嘉庆《四川通志》，乃以果亲王诗与查、惠、孙四诗分系于头道水、小天都二条之后，又将头道水与小天都，分列于山川、名胜两门，竟不知其即为一地。又谓"小天都"三字为果亲王所题。当修志时，必曾饬地方官吏郑重搜访，乃亦讹谬若此，则其他辗转传抄之载籍，与信口雌黄之著作，更不可恃也。

七、瓦斯沟

瓦斯沟，海拔一千五百六十米，当打箭炉水入大渡河处。有上、下二市，相去二里许，共五十余户，皆汉人也。其地在泸定桥与打箭炉之间，相去各六十里，为一重要宿站，市肆相当繁盛。唯查嘉庆以前，此地尚无市肆，缘当时冷竹关崖路尚未凿通，官商孔道，系由冷竹关上黄草坪，经大冈村，下合头道水故也。嘉庆《四川通志》称打箭炉水为泸河，谓其"至大冈入大渡河"，不曰"瓦斯沟"，可以知之。

然考明以前川康交通，系由岚州下山，自瓦斯沟口渡大渡河至炉，即清嘉、咸以前之天全茶运，尚循此路。此地既为孔道渡头，不能毫无人烟。又查市头小学校，系关帝庙改修，遗有铁钟，乃嘉庆十一年六月铸，钟上序文，且谓"旧有钟一口，发音不洪，因而募资重铸"云云。则嘉庆以前，此地已有汉人建有寺庙可知矣。

大抵川边汉人之移殖，以乾、嘉时为最盛。乾隆金川之役，前后三十年（乾隆十二年至四十一年），恒分三至五路进兵，打箭炉与灌县两路，最为重要。史称其

"转运之艰，或数石而致一石；禁旅所至，以数夫而供一夫"。官兵夫役之外，商贾从而逐利者，当不乏人。当时汉人赴边者之众，可以想见。居边日久，或遂娶妻生子，垦地经商，乐此不归。所有瓦斯沟等处之汉人，当系此时徙置。其后廓尔喀之役，虽仅三年即平，但四川总督之自炉赴藏从役者，达于五人之多（鄂辉、惠龄、孙士毅、福康安、和琳），其他官吏、胥役、兵丁、商贾，可以推知。此役甫定，川中"教匪"之乱大作，川人避地不归者，应较往时更多。大渡河谷之采矿事业，此时最盛，瓦斯沟市廛与庙宇应亦由是建设。再十余年，即嘉庆十一年，而有铸钟之事耳。

再查嘉庆十一年所铸钟，称此地为"瓦寺"，不曰"瓦斯沟"。康语河沟内有农户者曰"石"或"寺"，可见此地原有番农户。"瓦斯"二字，系转译番名，"沟"字则为汉人所加。

八、瓦斯沟铁索桥

瓦斯沟有铁索桥，为泸定桥外第二大桥，交通价值，亦殊伟大。上下鱼通数百户，土客人民，对打箭炉之交易往来，无不出此。查其铁链，锤痕未漫，知修成未久，遍察四周，未有碑记。询之土人，云是鱼通某喇嘛所修，初颇信之，以喇嘛建桥，概无碑志，若汉人，则未有不竖碑者也。后闻杨开堂云，系康定王复春之先人所建，然亦不能道其详。余曾两访王复春，询得梗概如下：

王之先世，原湖广人，清初入蜀，落籍新津。五世祖世美，受明正土司聘，来炉掌书记，俗称"稿爷"。历明亮、昌怀至祖父用林，皆以办稿为业。用林生三子。长宣楼，次远斋，三子早卒。宣楼从里塘土司幕，又从马提督维骐军幕，历保候补县。远斋少曾失明，以惜字自忏，渐复能视。父子发愿成一善举，以赎历世舞弄文墨之咎。用林殁于光绪二十一年，所遗房产外，有银六百两，嘱二子以修善举。适瓦斯沟沙乡约来炉，谈鱼通喇嘛修桥事。缘瓦斯沟原有溜索桥，地陷，水急，河阔，竹索易断，渡者时有漂失。鱼通某喇嘛，发愿修铁索桥，土司闻其多金，入以罪，勒去，桥功不果，闻者莫不叹息。远斋问其所费，谓约六百金，遂以自承，立兑一百两至荥经，雇工购铁，运此开炉兴工。修桥余款，遂凿宽观音崖石路。瓦斯人士义其事者，愿为立碑，未果。王姓以独立建桥，外未募化，既无报销，亦未自立碑也。

王姓住家，在今中正街邮局斜对，巨宅宏丽，据云祖先所购，契纸署值百余两，今其时值约万余元。大约光绪中叶之六百两，亦相当近日之三万元左右，书生以笔墨起家，能斥如此巨款，为地方建公益，而不求誉于后世，亦贤矣哉！余故乐为传之。宣楼民国九年卒，年七十一。远斋民国二十六年卒，年八十六。

九、岩蟒

瓦斯沟坊古迹栏，标"铁索桥，石岩蟒"二语，不知"石岩蟒"谓何。于观音岩上，遇木匠杨姓，述其故事如下：

往时瓦斯沟有巨蟒，岁吞一人，于十月十三日行之，成为定例。自瓦斯沟上至日地、柳杨，人烟尽绝，转向鱼通觅食。章谷（在观音岩后方，为鱼通最南之一村）有孝子奉母以居，蟒悯其孝，久留未吞。既而余人已尽，次当及于孝子之家，母谓子死母亦难活，不如舍母，孝子固不肯从。期既届，母子抱泣于室中。有铸铧匠者，盖仙人之流，过此闻之，询得其故，曰："皆无庸死，我能除之。"于是设冶鼓铸于其家，但熔铁而不铸铧。届日之晨，大风雷雨，巨蟒果至。张口于门，上颚承楣，下颚卧地，方将呼吸，铁匠突以铸汁倾其口内。蟒痛极，反身奔走，入观音岩下穴中，五脏焦灼，震撼崖崩，而蟒亦死，全身化为铁质，嵌在崖间。

杨姓导余至岩蟒对岩观之，其地在铁索桥下数十步崩崖上。有褐色蟒影，头向瓦斯沟，半埋岩间浮土中，颈与腹酷肖，径约三尺，形式蜿蜒，唯尾部不全，如截。隔数丈外，复露一段。盖岩层罅裂，为铁矿填充者。探矿家所谓影道，亦曰矿脉者是也。鱼通人民，迷信此传说甚深，咸谓此蟒影为神物，事之甚虔，每逢未年十月十三日，举行祭蟒大会。天旱之年，亦有喇嘛来投牛肉念经，以祭此蟒云。

十、追忆杨倬之

已故瓦斯沟名医杨倬之，其在炉城，活人无算。向以病，延至寓，始知同乡，居里甚相近。自云：光绪中，以其兄之妾有外遇，并奸夫诱杀之。亡命之黔，遇异人，得医卜星相堪舆诸技。鼎革时，起义于茂州，黑水诸部落咸附之，众号十万，杀官二十余员。民元后，尹昌衡使人讽以归政，遂弃所部，自投康中，以医自给。落业于瓦斯沟。又言数年前，自相眉有晦纹，当死，已备后事矣。于时有贫家某姓女，曾字人，年已逾，贫不能嫁。市中无赖少年，朝夕以恶态诱之，逾墙投石，终夜不能宁寝，其父母不能拒，朝夕痛哭。同市绅耆，于某宴席上谈其事，相与叹息。或讽之云：君尚无后，宜作此好事。遂慨然自任。此间风俗，嫁女者办陪嫁者外，须大会亲友，计非百金不办。杨时尚贫，自度不胜任，邀同席富绅分承之，诸绅中酒，皆慨诺，立呼女父来，命其受帖订嫁。已而诸绅皆悔，杨愤甚，竟独任之，家蓄不给，转贷以完其事。初时激于侠气，未尝望报，事后气平，视其晦纹忽灭，转现佳气。杨自信延寿。果又十年，至民国二十六年卒。无嗣，抚子即杨开堂，能承其医业，设药肆如故。

杨君所为义侠事尚多，不可胜记。当时皆未记录，不意其突病物化也。迄今念之，深以未传为憾。故存其一斑焉。

十一、好讼之习

世讥泸定人好讼云："家收十石谷，五石供衣食，两石完官租，三石备讼。"余于杨姓木匠谈话验之。当余游观音岩时，独人，持手杖，缓步从容，遇杨于岩端，行色初匆匆然，蓦见余，突驻足，熟视曰："客何来？"曰："打箭炉。"问："何官？"曰："商人。"问："到此何为？"曰："闲游。来看鱼通山水耳。"杨因反身导余，指说各村所在，意甚殷勤。既返，复谓余曰："先生非商人，是公事人。"曰："然。"曰："衙门何在！"曰："小公事无衙门。"曰："他日到炉城，诸烦撑拄。"曰："唯。"杨于是自陈将赴炉城兴讼，其辞曰："原籍陕西，世业木匠，老父时，曾于烹坝佃垦赵姓地，订垦工出自佃户，收获主佃均分。某年荒旱，所得不敷工费，弟兄行艺远出，地遂未耕，未退佃也，赵姓竟以转售他姓，未曾付还垦费。老父在时，曾与理论数次，所给之钱有限，今其地价值甚大，故当讼之。"问："赵已售业若干时？"答："三十余年。"问："曾控有案否？"答："昔曾控于泸定，未理。"余不甚窃笑，劝其罢控。夫三十年前已结之租佃纠纷，尚欲翻控，则其人之好讼可知矣。因其好讼，故喜结纳公务人，其间弊端百出，人民吃亏不尽，而终不能自悟，殊可怜也。其他类似此者不少，举此，可觇其一般。

十二、性的故事（略）

十三、大冈战绩

大冈,在瓦斯沟后岩顶上,有番民三十余户,高碉巍峨,自观音岩可以望见。往时冷竹关、大嘴一带崖路未凿,往来炉城者,自冷竹关越深沟桥,循盘道上黄草坪,过大冈,依金钗崖道斜下头道水,既纡且险。大冈当山梁脊部,三面悬崖,一面雪岭,中间盘道一线,成为军事要地。清康熙时,打箭炉地方原归青海和硕特部所委营官管理。营官,番曰"喋巴"也。打箭炉以东至大渡河岸为长河西鱼通宁远宣慰使辖地,即明正土司也。大渡河以东,有岩州(即岚州)、杂道(即察道)、冷碛、沈边、黎州等长官司,归天全土司管辖,皆已投诚清廷,受四川总督保护。青海营官建大喇嘛寺于打箭炉之跑马山,颇以教权干涉土司政务,每与土司冲突。喇嘛恃营官势,竟将明正土司蛇蜡喳吧殴毙。清廷派侍郎满丕率兵查办。营官昌侧集烈遂率番兵攻陷明正全境及岩州、杂道等地,进窥天全。四川总督锡尔达、巡抚贝和诺、提督唐希顺等会疏进剿。橄化林营参将李麟,先率所部,进兵河西,占领咱威、奎武、紫牛、咱里、烹坝等处,唐希顺督大军三路进攻:游击张自成,自紫牛攻哪吒顶;参将马尔植,自烹坝攻大冈;希顺自率游击沙虎、魏国珍等自咱威攻磨西面。昌侧集烈以悍目率兵四千人守大冈及哪吒顶;自率五千人在磨西,拒守磨冈岭。希顺命李麟率军循大渡河而下,绕攻磨冈岭后,岸道奇险,扪索彻夜不能通,惧失律,遂自岭前争先仰攻,卒克之。大军继进,连战五日,克磨西面,自雅加埂入打箭炉。张自成亦破哪吒顶来会。共夺番营十四座,斩首千余级,唯大冈一路,苦攻不下。

番人之守大冈也,因山为垣,垒木石其上,俯瞰冷竹关,见清军来攻,即投木石,人随木石颠坠,不得驻足。官军徘徊沟下,束手无计。番且时出奇兵,袭陷烹坝等处。泸定把总王允吉、天全土官杨自唐皆骁勇善战,为军锋,失利当斩,贷死三日,限破贼赎罪。允吉等探知由雪山丛箐,可以绕出冈后,因无路可登,守军未设备御。乃募健卒五百人,饷以牛酒,令其醉饱,相约共死。括羊数百头,以火绳缚角上,乘夜,令老弱驱至大冈下,大鸣钲鼓,发巨炮,示欲正面仰攻。守军悉登栏御敌,下木石,不悟其诱也。允吉、自唐,潜与五百壮士攀藤葛猱升悬壁,践荆莽丛箐,一夜绕出冈后,排刃突起,纵火焚碉,守军大乱溃窜,斩首千余级,生擒数百人,遂下大冈。清军会师打箭炉,斩昌侧集烈,抚定关外土司五十余员,是为"西炉之役"。王允吉号满江,安岳人,有膂力,能日夜行六百里不疲。以此役战功第一，擢化林营守备，后官至总兵。杨自唐，字翊清，猿臂善射，饶胆略，以功晋右都督衔，雍正七年，改土归流，安置江西。

康人于康藏军事，但知有"岳公爷"，任何战功皆归之。故今康人皆言"岳公爷打大冈"，且为之绘声绘色云："诸将攻大冈屡败，归报云：大冈难打，深沟难填。岳公怒云：深沟难填，人马填；大冈难打，我去打。于是冒死进军，人马填深沟略平。岳公践尸而上，遂破大冈。"又或云："守大冈皆瞻对悍卒，险不可破。敌中有通汉者，吹喇嘛号音指示云：欲破大冈，必须绕道湾东磨西面。岳公因分军绕道先破炉城，夹攻大冈。有逃脱者，分往金川与瞻对，复为后日作乱根苗。"查所谓岳公爷即岳威信公钟琪，四川提督岳昇龙子也。唐希顺平西炉后病卒，昇龙始继提督任，钟琪时稚龄耳。康熙五十年，始纳捐同知入仕籍，安得预大冈之役乎？昔诸葛瞻为仆射，蜀人追思武侯，每朝廷有一善政佳事，虽非瞻所建倡，百姓皆传相告曰：武侯之所为也。世有不虞之誉，其瞻与岳之谓乎！

十四、冷竹关岩路

瓦斯沟至冷竹关十里间，乃凿岩成路，工程甚大，然无碑碣传其开凿年月，殊憾事也。由大冈之役，可知康熙时此岩路尚未开凿。使其有之，则奇兵自瓦斯沟绕进，大冈亦无如之何，何用羊鼓伪攻，窃绕雪山耶？再由小天都诸题咏，可知乾隆五十六年至五十八年，征廓尔喀，诸大臣往来，行军转运皆自头道水上下大冈，则此岩必尚无路。又据《四川通志》所记川炉驿铺，皆由大冈。可知嘉庆二十年修志时岩路犹未通也。自是以后，无可考据。然康、泸一带，嘉庆时所建寺庙甚多，足见此时移民之盛。瓦斯沟市街，亦于此时成立，则此岩必已新开有路矣。然度其所开，亦不过容趾鸟径，骡马决难通行。当时"苗乱""教乱"，川省正多事中，炉边无人注意，政府必不暇营此岩路。人民之力有限，仅能凿石结栈，勉通行人而已。此路之通行骡马，如不出于光绪二十年鹿传霖改流瞻对之际，即为三十年知厅事刘廷恕所开。刘所开之路甚多，自飞越岭至炉城，沿途不下数十处，多有碑志，唯此失之。然以刘之努力路政，断不至遗此段不凿，除刘以外人，恐无此魄力也。

此岩路经民国以来多次炸修，已属宽坦易行，迥非百年前比。然而上仰绝壁，下临湍流，胆怯者过之，犹不免于目眩心骇。近有伧父以浓黑抹大字于道旁岩壁云："蜀道难，蜀道难，蜀道真难，难于上高山。"可发一噱。

十五、仙人掌之地

初到冷竹关、瓦斯沟者，殆莫不为仙掌巨林所惊骇，不知此正造物者之妙用也。泸定为正南向之河谷，平时气候干燥少雨，有风自南来，常挟多量湿气，成为雨泽。故凡迎风之地多雨，背风之地少雨。自瓦斯沟以下，河系自西北向东南流，过察道象鼻岩，始折向南。故象鼻岩至瓦斯沟间，东岸多雨，西岸少雨，地既干燥，山岩又陡急，沙石屡崩，民生憔悴，赖有仙人掌出而慰藉之。仙人掌为燥生植物，枝作掌状，外被蜡，以防水分之蒸散，内为空疏之海绵组织以利储水，叶变细针，亦所以防水分之蒸耗也。无论全掌、半掌，但与土壤接触，即能生根自固。其根吸水力强，茎之储水常富，故能燥生。岩石、干沙、败垣、枯树，但有微埃，即为乐土。如在顺适境地，可长成高丈许之树林。不因暴风崩崖，遂遭摧灭，每年夏花秋实，每掌多者十余果，称为"仙桃"，味甘软略似香蕉，细籽密布恶于草莓。然殀渴去火，于人有益，秋日绿色，每枚仅值百文；冬日红色，味转美，值四百文。壳有细刺，入肤不见，使人烦痛，故售仙桃者皆代剥也。

仙人掌对于此带功用绝大，非可以臃肿斥之也。

（一）此带硬岩之外，概系粗松沙土，农田道路，俱易崩溃。得仙人掌繁殖于边缘，遂能坚于石砌，历久不坏，可使斜坡成为阶田，行道人无眩晕之苦。

（二）此带森林缺乏，仙人掌代之，固持土壤外，亦且涵濡泉源。如无仙人掌，则大路沿线，饮水缺乏，将无住民，安有店肆。

（三）自咱里至日地之间，年产仙桃不下二十万枚，所值五六百元。秋冬之季，无业土人，裹粮负筐，入山采撷，裨益土民生计不小。道旁仙桃，徒供负贩解渴，未在此数计内也。

十六、冷竹关

冷竹关，海拔一千八百米，以大冈之役著名。今仅破屋数间，不成市肆，亦无关塞。唯其下深沟石峡，跨峡木桥，桥下泻瀑，桥上盘道，及深沟上流之丛林掩映，雪峰突兀，蔚为奇景。关上立木坊标古迹名胜三，语曰"华雪映照""仙岩蟒影""隙地涌泉"。"华雪"，谓深沟上源之雪峰也。本为康定榆林宫后之黑白海子大雪山。《清一统志》曰"南无脊山"是也。土人呼为华山。四时积雪此地可见。"仙岩蟒影"

注云"在山下溪内，每年有人祭之"，则所指为瓦斯沟石蟒。"隙地涌泉"云在黄草坪。坪内住民三户，饮水资之。偶天雨泛滥，夺岩而下，常坏北壁岩路。

十七、"岳营背水"

自冷竹关五里回马坪。又五里烹坝。自回马坪山道中，可以望见烹坝外河岸沙洲上有石砌大圆垒一、较小方形垒一，白沙黑痕，甚明了。另有较小圆痕二，在北首较高处乱石间，与石相混，不易明辨。其垒墙约可厚三四尺，高六尺。圆如规，方如矩，确为古代营垒旧迹。土人传为岳公爷西征时所留，故曰"岳公营盘"。沙坝曰营盘河坝。"岳营背水"为泸定八景之一。

查岳钟琪西征，在康熙五十八年，以永宁协副将，为都统法喇前驱，非专军也。虽由此道，但当时炉城以内，皆系官军驻防地。钟琪扎营，不过一宿，安得搬运石柱成此伟制。土人传说，凡事皆曰岳公爷，殊可笑也。张培恕《泸定乡土志》知其谬传，而不敢易此岳字。又谓为"岳昇龙打大冈之驻兵地"，亦谬。大冈之役，在康熙三十九年冬，为提督唐希顺任内事。四十年，希顺病卒，昇龙始继任提督，未曾预此役也。不过平西炉后，建修泸定桥适在岳昇龙任内。故列名于铁碑。事在康熙四十四年，去平炉已四年矣。此营垒为攻大冈时所筑，故无疑。当时三路进兵，每遇阻拒，则扎营为持久计。此去大冈，虽尚有二十余里，中间并无可以屯兵之处。冷竹关、回马坪皆不过能驻前锋数百人耳。唯此地内卫烹坝，外济冷竹，地既平旷，又复临水，樵汲皆便，攻守两宜。又不与大冈相望，足避敌人窥测。其为马尔植营盘遗迹无疑也。"岳营背水"，应改"古垒临江"或"平洲古垒"方合。

如此营垒遗迹，不仅烹坝外有之。冷碛佛耳崖对岸之盘河坝，亦有两座，一方一圆，规制与前者全同。过佛耳崖者，无不见之。疑是西炉之役李麟最先渡河时所筑，内与冷碛、沈村相犄角，外以控制咱威、紫牛等地，形势极适合也。军马所聚甚重汲道，故二营垒皆临水次。目前虽已出水丈许，但近水一面垒壁，多已被河水漂坏，可知筑垒时，实与河水密接。其时必系荒凉沙洲，未有耕作，无主权者。三百年来，河身下陷，出水渐高（今约一丈）。似当清末，始由公家招人开垦。故今其地，皆为学田，非私产。烹坝之营盘河坝，省府近设省立苗圃于此，始建房屋焉。

得妥附近亦有如此营垒遗迹。后详。

十八、烹　坝

烹坝市街，海拔一千五百米，距瓦斯沟二十里，泸定四十里，为负贩苦力往来必宿之地。在一三角形小河原上。有稻田，资小溪灌溉。有皮船渡，通岚州、察道。有市集，值一、四、七日，为泸定北境唯一之市集，岚州、察道、沙湾、冷竹关、瓦斯沟，各地土民交易粮食、盐布皆赴之。近日出入康定者亦多宿此。地虽褊小，颇重要，大冈之役番军屡争之。附近又曾开金矿。扎营与开矿，似皆为此地兴设市集之诱因。康中创设市集，极不容易。瓦斯沟、咱里、瓦角、沈村、化林坪、三交坪，皆曾由当地土绅竞力经营，仍不免于失败，以番人无市集习惯故也。如烹坝附近未曾有多量汉人聚集，市集决不能成。此地既有市集，外来物品，有赶集者竞卖，价较附近任何地方为廉；土人出售粮谷，亦较他处便利。若干年后习惯养成，虽营撤矿荒，市不复废矣。

往时此为纯粹之番人村落，咱里土司设大头人于此。兴市以后汉人迁居者众，土人逐渐汉化。今日过此者，不觉其为番地，实则土著保持其旧俗，尚未尽废也。市西山上，有喇嘛寺一，为泸定境内仅存之喇嘛寺，其僧侣多来自炉城或鱼通。土人延之诵经作法者尚多，收入足以自给。市头有转经楼一所，虽敝败，经幢犹有存者。想见数十年前，此地尚存转经之习。

烹坝坊，所标名胜古迹有"古关帝庙"，遍询土人，指云市南端转经楼侧圮庙是也。莅之，殊渺小无奇，亦无碑志，修建年月不可考。疑是西炉用兵时随营商贾所建。市之北端，有金沙庙者，颇修整。祀州主，有戏台，又有出会仪仗。查梁上字，系光绪二十三年建。正殿"护国宣威"匾额则又光绪二十二年督办瞻对军务统领舞阳周万顺献，不识何故。大门上，有知打箭炉厅事刘廷恕题"德威普荫"匾额。疑系开金矿时所建。前者汉人少，故庙小。后时汉人多，且有周统领倡导，故庙大也。

十九、沙湾特产

烹坝至咱里十五里间，江水凡与山崖摩擦三度。每一度摩擦之下，即留一小三角形河原，皆与烹坝形势仿佛。自烹坝越一崖道为沙湾，以产梨著名。川边产梨凡四种：一种曰金川梨，主要产地为靖化县。与河北省昌平等处之雅梨酷似。疑是平定金川后屯兵自北平传来此种，惜无可充实证据。丹巴县传植其种者，已不逮靖化之佳，他处更无论矣。真正金川梨，柄下有小突起，作肉型柄基，是为特验。甫落花，即可摘食。成熟时，异香四溢，置案上，一室馥满，如兰麝。入口无渣滓，治内热火症极效。在靖化，值极贱，三四百文，负至康定每斤需力钱二角余，售值不过二角。一种为汉源梨，形色与金川梨酷肖，唯无肉质柄基与异香。产地为汉源山中，销行颇广。食之亦无渣滓，富水分，无香味。疑是金川梨种，迁地则变质，物性然也。一种为巴乌梨。形圆而小，黄褐色，皮粗质细，味极甜，易腐败，产泸定北境瓦斯沟、亢州等处高山上。俗呼糖梨。低山植之者变质，味不佳矣。一种为沙湾梨，为此地特产。皮质甚窳，肉多石细胞，形大而圆。未熟时味涩，成熟后更放置若干时味乃佳。质孱软，颇似西洋梨。疑是外国教士携来此种，但无考据。

秋冬过沙湾者，沿户堆砌梨实求售，价甚廉。又沿途售可生食之萝卜。负茶苦力过此，必左右张顾，职尤便宜者。

二十、咱里土千户

自沙湾越一崖道为小烹坝，小烹坝越象鼻梁为咱里，为三小水骈列造成之齿状梯形河原。分上、中、下三村，各相距半里许。上村为故土千户驻牧地，距泸定十五里，有市街。

咱里土千户，即古代长河西土司也。元以前，大渡河东有六土部，谓之"六番"，大渡河西有三土部。自冷竹关以下，至磨西面、湾东，曰长河西；冷竹关以上，鱼通、打箭炉地方曰鱼通；折多山以外噶达、木雅等处曰宁远。元时始合河西三部为一土司，曰长河西鱼通宁远军民宣抚司。明清因之。唯传袭既久，土司势衰，各部渐复有小头人崛起，演成分化之局。清初遂悉为青海和硕特部所并，归打箭炉营官管治。土司恃系清廷赐封，不受青海营官钤辖，被营官杀毙。是为"西炉番乱"。其时咱里土酋权势已降，避营官威势，自甘为民。康熙既平西炉，求得各土酋，复其封爵，统辖于明正土司，以固西鄙。咱里酋古鲁策零，授土千户职，拨管土民一百零八户，岁纳赋银九两四钱七分。以其南部扯索以下地方，划拨于沈边土司，酬助剿功。而划大藏桥以下，瓦斯沟、大冈等地入咱里。始不复称长河西土司，改曰咱里土千户。自是以后，土司世承汉姓古。其后渐就汉化。至清末改流时，土司家子女，已能入学校读书矣。

民国二年泸定设县，咱里与冷碛、沈村三土司划入县境。土司虽已缴印，余势尚存，每欲凭借官府，维持其旧日局面。凡易一官，必有馈遗。或传其例为四百两，未知确否。无如易官甚频，而官亦视其例为当然，未尝庇护，且利其富有，每每借事鱼肉之。相传往时泸定知事，恒以三土司家有无讼案，卜其宦囊之丰啬焉。官既如此，胥吏可知，地方人逆知官吏心理，亦常故与土司家滋事，以为诈搕。如此数年间，三土司由巨富变为赤贫，负债累累。唯咱里土司古之邦，能延绅为之主谋，巧于应付，尚能撑持未败。

余十八年过泸定时，撰有《新西游记》，其第三回回目云："勤务兵拉夫成劫案，土千户献产发横财"，似反语，皆实事也。缘改流前，人民对土司当差纳粮，听凭征派，无敢抗者。改流时，责令土司自报粮户，移粮入官，土司贪役民之利，匿报甚多。官亦无从调查。故民国初年之土司，不过失去十分二三之财赋耳。其所匿留民户，初时奉事土司尚谨，为日既久，渐知土司无能，始则抗差，继则罢粮，既乃与土司断绝一切关系，亦不报官升科。土司无如之何，官亦无从稽征。初时一二户如此，土司听之，继而数十百户，既而全部民皆如此，土司贫困，向旧部民举债，利重而催索不少假借。土司不胜其愤。值刘禹九治边，拍卖公产益军资。或教古之邦赴官献产，谓："愿将所留部民产业，除酌留自给外，全部献与政府，听凭政府拍卖助军。请派员同往调查。"为刘办款者喜甚，备予旌奖。一时古之邦声誉飞扬，地位突起。而派往调查者，仍恃古之邦指点人户，无从自行查考也。旧日漏粮民户，闻其事，大为震骇。争往古之邦，恳其列入保留产业内，自甘赔缴历年欠粮，服从今后命令者，不可胜计。盖当时官贪吏暴，一经移产入官，纵不拍卖，亦必新科重赋，多所婪索，其人皆有破产之虞，不如仍附土司，为有恒赋也。此后，古之邦所献，不过值数千元，而自所新获者，不可数计。名实俱收，诚奇策也。古之巧于应付，大率类此。

古之邦吸烟，多妻妾，前年新死，仅四十余岁。其故署，在上咱里后街，旧毁于火，由之邦新建。余倩一市童导往观之。门上有"千户司"立匾。前厅尚未完工，已就倾败，后厅甚宏敞壮丽。附近皆古姓居宅，意其族人也。堂上灵房数座，孝联颇多。访其家人，仅一小脚老妪同一妾在。请见其妾。久之，一妇着孝服入室，脚跛。理茶丹，冲茶，复入室去。初以为婢。久待其妾不至，询市童，市童努嘴指跛妇曰，即此是也。再待妇人，询曰："是古太太耶？"答曰："不敢。"声殊响亮，应对微具大家风度。言下频称古之邦曰"古老爷"。土人亦如此称之，想见其在时声势。据云：古之邦大妇为巴底土司女。一妹亦嫁巴底土司。一妾已死，皆无子。此妇，康定龚家锅庄女，现三十岁。有一女，仅九岁，呼见之，尚清秀。抚族中一儿为子，现与大妇赴讼于泸定未归。所讼为一债案。缘古之邦在日，负债甚多，既无生产，大都举债还债，或就息转债。有已偿而未收回借约者，其人以债具控。家中尚存有收款时据，讼者指为伪造，经控已久。兹县府已判明，不日可结案矣。大妇年六十余，能识字，目前赖支持门户云。询该家现有财产若干，债务若干，坚不吐实，但云穷甚。大抵畏人知其实况，积习已然。

咱里坊标题古迹名胜，有"白塔坪""龙困石"等，四望无塔，亦不知坪何在。市童云土司家茔地是也，在土署后山。龙困石，在象鼻梁道侧，有龙卧痕，尾斜上，印迹尤显。俗谓眠为困也。但余再往觅之，竟无所见。咱里土署，与"象鼻吹沙"，确为咱里两名迹。

二十一、泸定桥

咱里南五里昏水沟，又十里泸定桥，海拔一千四百米，号称川康第一大桥。康熙四十年，平定西炉后，四川巡抚能泰、提督岳昇龙奏建。四十五年桥成，长三十一丈零一尺，宽九尺，骈铁索九条为之。左右扶栏四条，铁质重，桥长易垂，两端各系于桥亭地下数重大木轴上，强力卷张之。然每当暴风震撼，铁链摇荡，易折。故例定三年小修，五年大修。小修仅换铁链一部，大修每每拆桥另煅，有专工司之。宣统三年，代理边务大臣傅嵩炑，拟改建钢桥，预算经费二万五千两，业经咨准川督赵尔丰在筹定成炉路工经费银二十万两内开支，因鼎革而罢。民国以来规定小修费三千元，大修费五千元。积年所费，已属不赀。二十四年，因阻红军过境，守军纵火并泸定市焚毁，后中央拨款饬川康边防总指挥部重修，一仍旧制。

桥东为泸定县治，有清圣祖御制记文碑、刘文辉题"古泸定桥"碑及重修桥记方碑；桥西为郭达庙、观音阁及西街，有清圣祖书"泸定桥"碑及能泰、岳昇龙铸铁碑。其康熙"泸定桥碑记"已渐剥蚀漫漶，录存其文如下：

蜀自成都行七百余里，至建昌道属之化林营。化林所隶，曰沈村，曰烹坝，曰子牛，皆泸河渡口，而入打箭炉所经之道也。考《水经注》，泸水源出曲罗，而未明指何地。按《图志》，大渡河即泸水也。大渡河水，源出吐蕃，汇番境诸水至鱼通河，而合流入内地。则泸水所从来远矣。打箭炉未详所始，蜀人传汉诸葛武乡侯亮铸军器于此，故名。元设长河西宣慰等司，明因之。凡藏番入贡及市茶者，皆取道焉。自明末蜀被寇乱，番人窃踞西炉，迄至本朝，犹阻声教。顷者，黠番肆虐，戕害我明正土官，侵逼河东，罪不容逭。康熙三十九年，乃遣发师旅，三路徂征。四十年春，师入，克之。土地千里，悉隶版图。锅庄木鸦万二千余户，接踵归附。西炉之道遂通。顾入炉必经泸水，而渡泸尚无桥梁。巡抚能泰奏言："泸河三渡口，高崖夹峙，一水中流，雷犇矢激，不可施舟楫，行人援索悬渡行，险莫甚焉。兹偕提臣岳昇龙相度形势，距化林营八十余里，山址坦平，地名安乐。拟即其处，仿铁索桥规制，建桥以便行旅。"朕嘉其意，诏从所请。于是鸠工构造。桥东西长三十一丈一尺，宽九尺，施索九条。索之长，视桥身余八丈而赢，覆版木于上，而又翼以扶栏，镇以梁柱，皆镕铁以庀事。桥成，凡命使之往来，邮传之络绎，军民商贾之车徒负载，咸得安驱疾驰，而不致病于跋涉。绘图来上，深惬朕怀。爰赐桥名曰泸定。任事著劳诸臣，并优诏奖叙。仍申命设兵戍守。夫事无大小，期于利民。功无难易，贵于经久。今既肇兹举，俾去危而即安，继自今岁时缮修，协力维护，皆官斯土者之责也。尚冀永保勿坏，以为斯民贻无穷之利。是为记。

桥之两端，旧有铁铸蜈蚣、犀、独角兽各一，皆嘉庆七年天全州知州王廷、泸定桥巡检胡延蟠所铸。铁牛上有"铁牛重一千斤，永镇泸定桥万年不朽"等字。查天全州职官题名无王廷。疑是大兴桥工，督院委来董理其事，特加州衔耳。铁碑、铁兽，皆铸炼余铁为之。查礼诗云："昔读桑钦经，略知大渡水。源发西徼西，流入氐羌里。泸定以地呼，实为大渡耳。上下名不同，地异水即此。""蜀江多尚竹索桥，松维茇保跨江饶。几年频陟竟忘险，微躯一任轻风飘。期桥镕铁作坚链，一十三条牵两岸。巨木盘根系铁重，桥亭对峙高云汉。左冶犀牛右蜈蚣，怪物镇水骇龙宫。洪涛奔浪走其下，条条波际飞长虹。碑石穹窿耀宸翰，辉煌金碧岩间灿。白马青车日往来，低头不敢闲瞻玩。规模宏壮足大观，层层栋柱围雕栏。驿传乌斯内外藏，去回无复违惊湍。我今奉檄缉群盗，啸倚商飙恐落帽。携书担剑桥上过，乃取铁桥为近号。"礼字恂叔，亦字俭堂。过此桥，始号铁桥也。

岳钟琪亦有诗云："泸水环遒城，天然界汉羌。通津横铁锁，扼险壮金汤。影落鱼潜遁，虹悬鸟避翔。丰碑留御笔，千古镇蛮荒。"其他咏此桥者尚多，不具录。

二十二、泸定繁荣史

泸定县治，旧称泸定桥，亦曰桥上，海拔一千四百米。明以前为西番村落，番名"阿龙"，属杂道长官司管辖。清初，从音译曰"安乐坝"。今之安乐坝，其时与此河原相连。大渡河水，傍西岸山崖流行，天主堂侧之沙坝，乃为河迹。石龙过江，乃当时之东岸。与今日山河形势迥然不同。又其时川康间之交通，分为两道，北自雅州经碉门（天全）、岚州、瓦斯沟入打箭炉，有时亦自岚州渡烹坝，由大冈入炉，曰雅州路；南自汉源逾飞越岭经化林坪、沈村、咱威、磨西面、雅加埂，为黎州路。中间唯自瓦角渡紫牛，为自南路斜合北路之小道。沈村、紫牛、烹坝三渡，称为泸河三要津，此外皆非冲要。安乐坝僻在一隅，无人注意。故西炉之役，全境骚动，独安乐坝无闻。炉乱定后，选地建桥，以通川藏。以其地名吉祥，水势平稳，遂勘安桥基于此。康熙四十五年桥成，拨化林营兵戍守，设把总一员。桥头始有汉户，经营小贸。雍正六年，天全、黎州皆改土归流，雅州升府，始设巡检于此，管理桥工水利、茶榷，及沈村、烹坝两驿站。始渐有商店成市街。其后屡因修葺铁桥，运矿开冶，且为西炉商贾往来要站，汉人渐增，经商之外从事垦殖。旧日番户，或被同化，或被逼徙，俨然成一汉人村落矣。乾隆末叶，西陲多故，打箭炉市渐兴旺，雅炉之间货运日盛，桥之西端，脚店蔚起。嘉庆中，内地扰乱，川边矿业勃发，汉人赴边者多，泸定始有数十市户，亦皆农商兼营。其后天主教传入西康，教人引水灌溉，垦辟稻田，泸定地力大启，人口日增，化林与桥上，皆属汉人势力集中之地，百业渐兴。然羊圈沟水害剧烈，岁有冲毁，故市肆仅集于桥之两端。沟水附近，尽属农业区域。光绪中，刘廷恕创"羊圈"治水，市肆始展至沟之南岸。时则河水已逾石龙过江之石堤，冲抵西岸崖壁，划安乐坝为上下二部。对岸之沙坝，变为农田。天主堂乘时购地，建筑教堂于此。自是以后，专称下坝为安乐坝，上坝曰桥上，安乐故名亦失矣。

改土归流后，人民摆脱土司束缚，政教集中于县府。于是桥上益臻繁荣，市户增至三百余户。改筑马路，市面一新。

近日川康公路，经过县治，市面再一改变。现正在拆改中，市情不免一时憔悴。他日川康、康滇两公路会合于此，另建钢桥以代铁索，可使汽车驰达两岸。桥成后，此地将成新西康省之交通中心。加以气候温和，物产颇丰，生活比较廉便。他日市场繁荣，预卜在炉城以上。

二十三、泸定八景

泸定八景，不知何人所拟。乡土志未经收入，迄今土人传说不一，有极鄙俚可笑者。经与通人讨校，大约所谓八景如下：

铁索横江，谓泸定桥，作"铁索横空"。

风塔凌云，治北五里山峰，上旧有塔，称为风塔。泸定多风，震撼铁索桥，时致断折。巡检年祭此塔，以禳风灾。民国以来，县知事亦如之。十六军曾驻此，拆塔修碉，遂毁。祭祀亦罢。"凌云"，盖夸言也。余及见其塔甚小，座山亦卑，去云层远甚。

马鞍积雪，马鞍山，在治东北五十里。为通天全捷径。属邛崃山脉主干上之山口，秋冬春三季积雪。泸定东西两山脉，四时积雪、奇瑰伟丽者极多，马鞍其卑薄者耳。

象鼻吹沙，在察道与咱里间之象鼻梁。确属奇景。后详。

佛耳神灯，在冷碛佛耳岩。后详。

岳公故里，旧云"岳营背水"。已详前节。

菱湖荡桨，在沈村海子山。后详。

花石弄箫，在加郡与得妥间大渡河东岸，地名花石包。旧云"花石吹箫"。后详。

此外有列"白马古冢""东华夜月""古柏连云"等条者。"古柏连云"一语最不通（详冷碛名胜条）。东华夜月可代岳公故里条，与佛耳神灯匹对。东华山，即泸定东岸大雪山之通称，邛崃山脉诸雪峰皆是也。相对西岸一带大雪山，通称西华山。白马古冢在沈村，后详。

二十四、泸定内八景

土人皆传，泸定有外八景，有内八景。外八景，谓景趣外露，一见可识，前节所标八景是也。内八景，谓景趣内蕴，非寻常所能看出。颇似堪舆家言，又似谜语。其所标目，字句长短不一，文尤鄙俚不堪。今已为土人所不尽悉。盖士大夫羞言之也。好事如我，不忍任其湮没，亦不忍听其鄙俚太甚，特就原意修改标目，并为注释如下：

犀首望月，原名"犀牛回首望太阳"。谓县治后山，下连风塔山嘴，颇似犀牛卧地，回首东望也。嘉庆七年，巡检王廷与天全知州胡延蟠，铸铁犀于泸定桥头，以象此景。

独角窥泸，原名"独角望泸水"，为治北五里沟（自马鞍山流出，入大渡河之水）后山，有孤峰挺立于大山绝顶，似独角兽踯躅，遥瞰大渡河之状。俗人皆谓大渡河为古泸水。此峰在远处万山之后，故曰窥也。胡延蟠与王廷又铸有独角兽象此。

山蜈下饮，原名"蜈蚣饮江水"。谓泸定桥西首观音阁后，山岩间突起一埂，蜿蜒似蜈蚣就饮也。王廷与胡延蟠同时铁铸大蜈蚣象之。今与犀及独角兽皆存。疑此内八景之说，创于嘉庆之世，与此二人有关系。

石龙横渡，原名"石龙渡江"，在泸定南门外江中，有巨石蝉联，成一列，当沙坝水近。故老传言：旧在江中央，渐向西岸移徙，今遂在西岸矣。泸人以为大奇，标曰石龙渡江。今尚标在古迹名胜坊上。余考其物，即古时东岸岩石之偶因质坚未为风化水蚀所泯灭者也。往时沙坝为河床，石龙为东岸之坚堤。其后江水受观音岩反激，向东射出，在石龙之上方冲开河道，石龙遂在江中。其后西岸愈填愈高，于是沙坝成为桑田，东岸愈蚀愈宽，于是安乐坝上下断绝。石龙于是傍近西岸。其实江道迁，石龙自未动耳。近来洪水时，尚有一支自石龙西侧流下，漕渠故痕可验。想见三五十年前，石龙左右皆属江水。近乃遂在岸侧。详验沙坝上流头沙堤堆叠之状与南关外滥漕湾路旁土岩积年受江水侵削之深，此谜当自解耳。

一箭穿云，原名"一箭射青天"，谓"风塔凌云"也。泸定唯此一塔。行家以塔为箭。

二曜锁水，原名"日月锁水口"。谓石龙过江之下，东有安乐坝，西有沙坝，成日月二象，对挟大渡河也。

三瓦遥联，原名"铁线悬系三疋瓦"。谓泸定桥两端，有三大碑也。其一为桥西端之康熙御笔"泸定桥碑"，其一为东端御制泸定桥记碑，其一为西端之建桥铁碑，较小。今有刘主席题"古泸定桥"碑代之，恰相称。以碑为瓦直似一谜。不愧称为内景。

群鲤分跃，原名"鲤鱼三扳江"。扳为川之土语，义为"翻腾"。谓上中下田坝之山形，如三鲤自江中跃出也。上田坝为一鱼之尾，其首向北为泸定桥西之海子山，身段颇有肖处；中田坝为一鱼之尾，其首西向；下田坝为一鱼之尾，身首南向。皆因山势造意，不尽肖。自大坝至安乐坝间，金开花大道上望之，甚为清楚。穿凿附会者谓尚有数小鲤杂于其间。

二十五、瓦角狐仙

泸定南行五里安乐坝，又十里大坝，又十里瓦角，亦称桑林镇。有关帝庙，内办国民小学一所，想见昔时尚非冷落。今唯断橼残垣，破败十余家。闻系民国二十六年二月遭回禄所致。舆夫息此烧烟，余得详询土人，其事甚可怪笑。直记如下：

往时后山有狐仙，居高山无人处修炼，历有年所。道成，始附山上人体发言，为人说休咎祸福。历年余，不复附人，径来此地关帝庙显异。使人设沙盘乩笔，置之龛上，致所祈祷情意。翌晨往，沙盘成字答之。积久，渐当众走乩成字，与人问答。但见乩笔旋转，不见持者。以是信奉者甚众，远近奔集，求符、祈药、问事、叩卜者，日塞于门。称为仙姑。县府谓士绅诈欺愚民，派员查验，皆不谬，亦遂听之。于是附近绅耆，为之集资，制仪仗鼓吹、出驾之物。将于二月某日，驾游附近各地，为人禳灾。随即募款建庙。当是日，远近会者甚众。叩乩，谓火星甚重，应辰时出驾，午时归位。殊人多饭迟，巳后，始克出驾。赴大坝后，再赴甘露寺，迨回瓦角，已申后矣。甫造午膳，天火发于屋脊，色微绿，滚腾无定。众方相呼观赏，烟焰突发，风势助之。时方久旱乏水，势如燎原，顷刻间全市皆尽，唯数家有火墙遮隔者得免。方火起时，群众慌乱，或奔避，或抢火。会首数人，仓促异神舆，掷关帝庙后。一返身，而其家已无片椽矣。自是以后，仙迹渺如，乩不复动。山下有民家妇，自谓仙姑附之，续掌此庙烟火，尚能惑众。同时称仙附体者尚有数人，唯此妇最灵异云。

余谓仙既知有火警，而不深戒显示之，使其皈依弟子蒙此大劫，致令香火断绝，怀惭而去，可谓不智也。众会首忽视仙乩，知火不警，敢违时限，亦可见非真信服，特欲借此为戏，或敛财耳。片椽无存，亦自应获之报。乃民妇尚敢借言附身，诈取人民香钱，人尚信奉不衰，真愚民也。闻该民妇每初一、十五来庙降神一次，平时在家亦可降神，香钱或一千或六百，外须米粮供养。匆匆过道，询知概略。特以未及亲见为憾。后阅定乡土志，物产狐条，亦谓桑林镇有狐仙灵异。可知土人所云"县府派员查验"属实。鬼神妖魅，科学时代或亦认为有，特皆游戏小计，无大效用。此狐之技，尽可知矣。

二十六、甘露寺香桃

甘露寺距瓦角五里，为一汉式古刹，未考何时所建。今其山门已破败。川边佛教会，曾设于此。寺后有青冈林与松林。泸定大道沿线，唯此为森林地。但其树皆不大，当是道咸以后所蓄。再以山门形式估计，此寺修建不出百年。再查冷碛土司，明初称瓦部哈工等处都纲院院抚司。而冷碛附近无古寺，此距冷碛十里，为泸县唯一丛林，或明时为大喇嘛寺，清代始改汉寺耳。

甘露寺与其附近，特产香桃一种。形大于常桃二三倍，气味清香，多汁，微似天津水蜜桃，绝非川康固有品种，疑是明清时僧侣或贡使自北方携回此种也。

西康土桃，形小于香桃远甚，多毛，熟后乃落，质脆不香。近颇有取甘露寺桃木嫁接于土桃上者，其形质皆不逮香桃原种，通常冒香桃售之。故欲得真香桃，须于甘露寺订购。

二十七、冷碛兴衰

甘露夺南行十里至冷碛。海拔一千三百米，当黑沟入大渡河处。黑沟自二郎山流出，在泸定东岸诸支流中为最长者。河口所成之三角河原，面积阔大，形势开展，均为县境第一。冷碛位于其上，故其市街繁盛，冠冕全县，为西陲商业发育之胚胎地也。现在全市二百余户，一千余口，略与桥上相当。有市集，集期二、五、八。三百年前，泸定桥未建筑，此地已成飞越岭西唯一骄傲之市场。据雍正元年重修冷碛佛耳崖大道碑记，其时打箭炉杂货客商仅五十九家，而冷碛亦有二十八家，可见西炉未开以前（康熙四十年以前），冷碛实为西徼唯一之商场，约与近代之甘孜、巴塘相似，地势之作成市场正应如此耳。

自泸定桥成，打箭炉发达以后，冷碛地位，忽然降落，今已成多数土人赶集与往来商旅负贩寄宿之所，无大商业可言，但旧日之大商店、质店、火墙大院，尚有存者，皆可想见昔日商业地位之高。民国二十七年市遭大火，焚毁甚广，现尚未能恢复。火场中，此等店肆大院，较之平时更为暴露，可历历指验。

顾冷碛之兴，虽在打箭炉与泸定之前，但亦不过明之中世。缘明之初世，佛耳崖尚未开凿，冷碛并不当道故也。佛耳崖之开凿，大约在永乐与嘉靖之间。永乐以前，由化林坪经沈村渡河，入磨西面，为黎州入康唯一之大路，不经冷碛。当时之冷碛，应只有越山小路以通沈村耳。

再查冷碛庙宇，大都系嘉庆以后所建，最早者不过乾隆之世。故知冷碛商业极盛时代，在乾嘉以后，虽称极盛，亦不过二百余家，去今日情势未远。只此极盛时代之前，曾经为西徼第一市场耳。

二十八、佛耳崖

"佛耳神灯"，为泸定八景之一。其实仅以岩险名，"神灯"盖蛇脚也。岩去冷碛市数百步，临大渡河，系页岩层傍砂岩层垂直相倚而成。页岩易风化，逐年内陷，砂岩质坚，不甚受风化、水蚀，千百年依然屹立，于是渐使整齐之岩壁，形成凹槽。

上方山水，又复沿槽冲下，使页岩内陷益深。逐年开凿新路，亦复逐年崩溃，上方风化之小石片，又复随时坠下，阻塞道间，雨水时尤甚，往时有打死人畜者，有打人畜坠入河内溺毙者。以是行旅认为畏途，谈之色变。畏怖之下，迷信萌焉。岩槽南侧，为巨大砂岩之墙壁，坚牢不败，修路时，截断一层以为路基。路之内方，以第二层为立壁。好事者镌刻佛像、碑文于其间，或更因而凿岩插木，建观音小庙于壁上，大仅容膝。往来舆夫苦力，畏此险道，迫于祈神，莫不虔叩默祷以去。于是售香烛、纸钱者，依岩成市。过客不下舆，舆夫辄掷四八百钱，乞卖香者代烧，曰"我某名，烦代乞保佑一路无病"云云，群传为灵，不知验在何所。

岩上观音庙，香火既盛，遂有庙祝仰之为生。点清油灯一具，冷碛夜见，此"佛耳神灯"之取义也。灯固无奇，土人故神其说曰："此灯无论上油多少，皆通夜光明，故为奇迹。"其为妄言，不待辨矣。

二十九、冷碛访古

余欲得一碑碣，查证开凿佛耳崖年月，下舆步行过崖，左右搜觅。虽本望无所获，意外殊多发现。先于冷碛市外，得"修理桥□功德碑"，字已磨灭难辨，似雍正十六年立。正中三行皆官衔，中行字大，尚可识，曰"镇守四川化林□□□地方管辖汉土官兵控制夷副总兵加一级杜"，左右两行为韵语四句，曰："恩波□□有，感戴实□□。万姓知难报，我侪尽此衷。"立碑旨趣不可解，大约是化林杜副总等捐廉建修市外桥亭，百姓为之立碑纪德耳。

过桥一店肆，当崖左侧，有红粘板岩石大碑，额镌"永垂千古"，字尽完整。首行曰"重修冷碛佛耳崖大道碑记"，殊无记文。全碑皆捐资者姓名、官衔，亦未注所捐数额，亦异事也。然当时川边之官吏商人，备列无余，足供修史者参考。康区文献残缺如此，此碑大有价值。计全碑所列喇嘛官一员："钦差管理打箭炉事务税课大喇嘛董"；文官五员："刑部员外郎常，理藩院员外郎巴，理藩院文林郎伊、巴、那"；武职正印官二员："协镇四川化林协副将新升松潘镇都督府周"，即周瑛也，"化林协标中军守府王"；土官二员："长河西鱼通宁远军民宣慰使司桑"（即明正土司桑结也）、"冷边长官司周"；武职佐杂九员："化林协标左司厅陈、右司厅石、左部厅石、又左司厅杨、原住左司厅奎、陕西督标后营司厅高、四川黔彭营左部厅雪、军功候选训导马、沈村驿邮政厅章"；土司一员："明正大头人烹聪"。雅州茶商二十三家，荥经茶商十八家，打箭炉杂货客人五十九名，冷碛客人二十八名，土头人四名。"雍正元年癸卯仲夏月吉旦"。《四川通志》云："平炉之后设协镇于化林弹压之。分把总一员、兵五十名驻防打箭炉。设钦差喇嘛一员，理藩院郎中一员，刑部员外郎一员，理藩院笔帖式三员以司税务。雍正八年只设部郎中一员，笔帖式一员。"可与此参证。笔帖式，掌翻译者也。又查周瑛，松潘人，以武举熟习番务积升化林协副将。雍正元年，青海用兵，奉命以松潘镇总兵衔进驻察木多，实未之松潘任也。后以边功升四川提督。

佛耳崖岩上有咸丰元年镌"永垂万古碑"。有募化小引云："……佛耳崖自先年开凿大道，路通西衢。今一二载，忽然地裂山崩。往来人等……秉烛祷告，神灵显应。是日山上诸君商议，内塑金身，新修庙……将募化布施金名录于石碑……"此碑最可笑者，先列化林都司，冷边、沈边两土司捐钱数，乃镌"募化小引"，最后镌其余捐资人名钱额。于当时人民对于汉土官及神鬼之心理，宛然可见，且可知佛耳岩观音庙所自始。

观音庙外岩石上，经余剔除摩挲，得万历时摩岩。字大如拳，书法似山谷，而文殊费解，曰"发心修桥这番那斯以合穴，万历廿二年丁丑"。有栏，除"丁丑"与"以合穴"五字不甚分明外，余俱了了。历字作日上双禾，确是明人笔。意者，当时有名士充配到此，集工修桥，未成而殁，临终愦愦遗笔，好事者怜而镌之耳。康定杨仲华君，谓冷碛尚有一万历镌岩，在橙子坡下来安桥侧，字皆倒镌，似镌岩后石崩倒立所致。余再过冷碛，周详探觅之，竟不复见。或曰桥南刘姓毁作田塍矣，惜哉！

三十、刘公德政碑

佛耳崖外，有刘公德政碑。光绪三十年二月立。谓"府尊仁斋刘公……捐资修理岩路四载，捐廉三百千有奇。特恐后贤不继，兴猪厘以休，期于永利行人"。查仁斋名廷恕，湖南善化人，光绪二十八年任打箭炉同知。兴实业，畅交市，惠民之政甚多。其著于泸定者有三：其一，泸定桥头之羊圈沟，山水暴疾，挟沙砾而下，冲坏田户，岁有损害，致市廛为之不安。刘创本栅填石为堤以制水，称为羊，山水沙石，始不复任意漂走，故曰羊圈沟。后人因其制，筑堤两道，挟水入江，称为刘公堤，并于沟侧大石上刊"刘公石"三字，以志其惠。其二，创佛耳崖岁修之制。初仅每岁捐廉为倡，嗣更兴猪厘为常修费，川康之间，无复痞塞。此外，尚有开凿鹰嘴崖、金开花等处工程。其三，创兴磨西面水堰。引南门关河水，灌喇嘛寺磨西面一带，辟田种稻。当时虽未成功，而规制已立，今之磨西开田实承其利。其他善政未及知者，当尚不少。往时康藏官吏，自伤僻远，大都高拱衙里，守印候代而已。刘公独能实心实政，创诸伟绩。使其地位能如赵尔丰者，成就未必逊之。世皆知有赵尔丰而不知有刘廷恕，亦贤宦之屈也。碑称府尊，盖打箭炉即于是年升直隶厅也。

三十一、冷碛名胜

冷碛市坊标古迹名胜四条云："古柏连云""佛耳莲灯""天然石斗""灵蟹吐霞"，前区长姜某所定也。除佛耳莲灯外，世人多不知。遍询十余人，得与姜某同订者，指示如下：

古柏连云，谓市外大白果树高与云连也。聆下忍俊不禁。白果，曰银杏，曰公孙树，从无训为柏者。此树即在坊侧，往来者无不见，寿龄不过百年，高不过三丈，以为胜物，已奇；诬为连云，又奇；诂为柏，可谓奇想三绝。

天然石斗，据云在黑沟内半崖上，地名五蜂巢。远望酷肖，险不可近。

灵蟹吐霞，据亦在黑沟内。有三脚蟾，能兴云雾，致冰雹。某年有二外国人前往盗取，被冰雹击毙，停天主堂内入殓，搬尸回国云云。所云荒诞，而强云确凿。即如所云，以蟾为蟹，雾为霞，亦殊荒谬。

冷碛附近，有佛耳崖万历石刻、对岸营盘河坝之古垒、金竹坪之周土司世茔与近今新开盘悬空际之马路，及利济全坝之堰水，皆极有标题价值。冷人未取，而为此荒诞标语，亦可惜。

三十二、冷碛周土司

冷碛土司，明初曰"瓦部哈工等寺都纲院院抚司"。洪武二年授职，永乐八年改长官司，与岩州、杂道、沈边、黎州、天全，共号"河东六番"，俱受天全六番招讨司管辖。明末受青海营官逼胁，失职为民。清顺治九年，土酋阿撒投诚，缴明印信，谕令回边待命。撒子周长命，西炉之役，身扮乞丐，入炉境为间谍，结锅庄、木雅诸番响应清军，以功复授土职，康熙六十年，始给印信号纸。传子周维新，自是子孙世姓周。辖地自佛耳崖以上直达亢州，故亢州、杂道两长官司地皆入之。凡辖土民一百七十五户，年纳赋银四十五两二钱三分五厘。建衙冷碛，颇宏丽。清末土司周辅臣任内，被赵尔丰收印改流，复经历任官吏鱼肉，富力丧尽，反以举债为生，故署常受驻军骚扰。知事向修真任内，以前宅捐为小学地，抵所认学租；留署后一进为住宅，与学校同门出入。辅臣民国十四年卒，妻妾皆先死。有四子，长启权，今年十八岁，新娶本街韩氏女，因吸鸦片，深自讳匿。县府曾假以公务职名，实昏愦不能理事。有沈村余某，住其外宅，为之应付一切。弟启衡、启兴、启发，皆在小学读书。余宿冷碛，访周启权，由余姓导入。时薄暮，周与其妇方坐谈，甚不愿客入室，渐知无恶意，放入，其妇犹目怒也。索观其承袭谱系、故土司遗物，皆云缴印时其戚李某捆载而去，云代保存，后皆散失。询其世系，云仅识三代：曾祖永年，祖天恕，父贤辙字辅臣。生母李氏，天全人，庶也，民十三年卒。询其今昔产业，云旧时年收租百余石，曾被驻军携赃款骗，指为窝匪，如此类横事非一，渐至贫困，现仅存此后房，地产三四石，稻田产三石，勉强糊口，余产悉以抵债云云。大抵已非富有，然尚不能一寒至此。

土司世茔在橙子坡上数里，地名金竹坪。土人相传，中有二墓当川康马路，饬迁，迁时棺下有鱼鸟之异，得古瓶古器，皆藏土司官衙，匿不示人。余见其堂上陈设皆敝陋，不似能以古器殉葬之家。唯见一小龛，供周天恕夫妇黏土捏像，极佳。

冷碛市头，原有一贞节坊，传为旌表土司周朝相之寡母李氏立，今被人剔去旌旨，另涂"紫气东来"等字。相传节妇为成都人，能诗，遗诗残句有"柏舟自在中流内，毋也天乎不谅人""布裙荆钗寒士女，岂忘敬哉与无违"，又"念我如收廿五春"等句。然此似青年死节者语，不当出于土司之节母，疑有误传。

三十三、龙八铺

冷碛东南行十里龙八铺（实只六里），海拔一千三百米。龙巴，番语"河谷"之义也。有河自化林坪山中流出，会鱼通沟水，经此市外，至沈村入大渡河。岸山虽急削，河谷宽坦，与番语"龙巴"之义合。故知此带原番地，属沈边土司，清代设塘铺于此，始曰龙巴铺。民国初，设市集，始易佳名曰兴隆堡。市场颇兴旺，以当川康宁远要道，附近饶农产，逾飞越岭者，宿此较便，纵宿化林，亦必早膳于此故也。集期一、四、七，有小学校。市外河道，迭被大水冲坏，石砾零乱，不可耕种，人民搬石运土，渐次填成破碎小耕地，与水争食。桑柘果树，杂植其间。砌渠饮水，兴研磨灌溉之利，诚有日臻兴隆气象。然堤防无计划，各自为政，终必再罹惨劫耳。

市后崖侧，有古道路遗迹，高于今数尺，缘崖而通，多已断绝，可知此市原为河迹。沙水直逼崖下，其后河床下陷，水道迁移始有此市。究竟兴于何时，亟欲得一碑石为证，历扪数碑，皆不关痛痒荒谬鄙俚之文。询故老，则多同光后迁来者，无能举其概焉。

三十四、青灵秽迹

　　自龙八铺望见青灵山，如丛剑戟。其上有寺，云烟淡笼仿佛仙境。或云仅十里，或云二十里。近之，寺基亦颇平展。寺三重，足容万人。寺原不大，民初，化林坪人张某，自云在盐水溪后一碗水地方遇见仙人，赠以麈尾，得道术，能前知。踞此山为人言休咎，人以为齐验，凡泸定、荥经、汉源等县之民皆信奉之，八方奔集，山门如市。收罗男女弟子数万，常留念经者亦数十人。一般称其人为"张菩萨"，其人亦自称"张菩萨"，真名不可知矣。张倡募捐建寺，弟子纷奔效力，数年间，扩拓殿阁三重，遂成今式。又建红灵寺、莲花山寺及三交坪九老洞寺，为其"行殿"，规模略相当。此外，小寺甚多，皆其弟子居之。青灵山为大本营。泸定县长向修真，苦荥经、汉源境界间土匪出没难治，委张为齐心会会长，使纠合附近民众防匪，如民团。张假神道，纠众治匪，匪患顿戢。于是制全副仪仗，随时下山巡行各村市，如神道出赛，沿途民户皆焚香烛纸帛顶礼送迎之，俨然出入幽冥，为一方政教主宰矣。时张年二十余，礼仪都美，顾影自喜，不能遏于情欲，与女弟子董三姑娘奸宿，杀婴堕胎者不一。丑声驰播，弟子渐疑，遂觉其所言事，不尽验。携离者甚多。张复伪传匪警，以警众心，众集无匪，大笑哄散，信望锐减。化林坪县佐周某，利其多金，率役潜往捕之，与董俱获，索得银四十两而罢。泸定知县施廉，素与县佐不合，闻其事，使人唆张入控，张使弟子以劫控周于县而身自匿避。施拘化林胥役究办，与周互控半年，俱罢去，时民国十八年也。张初匿岚州，徙天全，转荥经、汉源等地。现住荥经之寺坪。仍称菩萨，言休咎，弟子从者颇多，唯声势远逊于昔耳。

　　董三姑娘，亦称董三小姐，沈村世族女也。笄年随母氏入青灵山，为张所诱。丑声既播，两兄痛绝之。唯母氏溺爱女而慕张，左右庇之。张逃匿后，尚追逐相随。每归，其兄必唾骂殴辱之，不以人齿，亦不怨也。近复追张于寺坪。年三十余，张四十矣。谈者谓张得道之初，每有人赴谒，能先道其姓名与来意，所言无不齐验。徒以丰神美妙，为董所缠，不能自脱，遂至堕行败道。言之惋惜，若深为张冤苦者，亦殊可笑。

　　自张菩萨败后，泸定人之托言神附，自称菩萨，为人言休咎者极众。青年男女弃家入山，共寺修诵者亦多。青灵山，现有戴姓女子主持，其下常往修习者尚有男二人女一人。其他住家中,号菩萨者,各村往往有之。龙八铺青年张晋仁谈,附近菩萨,女性尤多。每值妇女群集作会,常有一人,突作战栗、谵呓,自称神附。众妇扶之坐长凳上,问事者麇集,答词怛恍无定,模糊含混,似内地师巫。凡言神附,虽扶坐凳上,必腾突不已。有时故作凶怒,腾起数尺,而臀不离座。张等出身学校,固恶之,乘其腾起,抱三棱石置于凳上,神不觉也,臀落剧痛,手不敢扶,再起再落,则稍移左右,张等忍笑又移就之,或抽其凳,使跌地下。见者皆大笑,不复成礼,神乃扶臀窜逸,不复降矣。

三十五、化林坪今昔

自龙巴铺东行五里两河口,为慧蜂河与鱼通沟合流处。循鱼通沟而上,逾蒲麦地大山入荥经界,循慧蜂河而上,经化林坪逾飞越岭入汉源界。慧蜂河,又曰大扦沟也。两河口道旁鹰嘴岩,有刘廷恕凿崖开道碑记。再上十里盐水溪。又五里化林坪。化林坪为山腹横出之小平原,海拔二千米,两面倚山,两面绝壁,中间阔数百亩,土厚而腴,流泉甘美。任垦牧,宜屯戍,为从来控制西陲之要地。往时西番互市道,自磨西面渡沈村,逾飞越岭至黎州。侵犯西蜀,亦多出此。卫黎州者,或置戍于沈村,或置戍于化林,或置戍于泥头、三交。然沈村平旷,去腹地远,易受番人侵袭;泥头、三交,拒在门内;唯化林近在飞越岭下,东南倚山,西北绝壁,俯盐水溪,傍飞越岭,进有高屋建瓴之势,退有依山结险之利。故明、清两代皆委沈村于土司,官军专戍此坪。明代制未及考,清初招抚边地,设汛于此。康熙二年,改汛为营,设守备一员、标兵一营。三十四年,添设参将。西炉之役,参将李麟率营兵为大军前锋,四十一年,以功迁升去,代者为晋人杜汝琨。四十三年,改营为协,升杜为副将,辖中军守备一营,驻化林。分辖把总三员,驻防泸定桥、打箭炉、泥头三处,各配兵五十名。西陲人民及汉、土官兵皆受副将统辖。尝于关帝庙铁钟见杜所铸衔云"分守四川化林等处地方,管辖汉土官兵,控制蛮夷,副总府杜汝琨",盖其地位隐如近世之镇守使也。杜凡在职十四年(参将四年,副将十年),对于开发附近农垦工商各业及建设城市祠观各务,致力甚勤。于时化林人口增至六七百户,蔚为川边第一重镇。历赵宏基、杨尽信,至周瑛(康熙六十一年任),遂以青海用兵,率所部深入炉边(其时称西康为炉边)招抚各土司,断和硕特南窜之路,以功升松潘总兵,复以勘划川藏界址等功升四川提督。其业实肇于化林也。

雍正七年营泰宁城,备迁七世达赖喇嘛来住,移化林副将于泰宁,化林改置都司，辖标兵一营，与中渡之德靖营、打箭炉之阜和营、噶达之泰宁营、道坞之宁安营，同受化林协统制，已而改称泰宁协。于是西陲重心始移于泰宁。化林繁盛稍杀，驻民减至五百余户。雍正十二年，达赖回藏后，泰宁市场渐难维持，而打箭炉日趋繁盛。乾隆九年，移右营都司驻防清溪，复移泰宁协副将于打箭炉，称阜和协。自是以后，打箭炉蒸蒸日上，曩日化林、泰宁之势焰悉移注焉。然泰宁虽一蹶不振，化林以地位险要故，尚能为川边第二重镇。其都司兼辖泸定把总与泥头外委，为阜和协外之独立营，仍带"控制蛮夷"衔。化林城内除都司外，有领哨千总一员，俗称砖城部厅，各有衙署，又有敷文书院及安抚使衙门。其都司署有左司、右哨二官，及六房、四行诸吏。六房者，掌稿房，掌上下文书；吏礼房，掌军书仪典；兵房，掌军籍操练；工房，掌枪械弹药；粮房，掌钱谷糈饷；刑房，掌惩戒刑罚。四行者，曰旗牌，曰伴当，曰传号，曰仪从。全营额兵五百名，皆偕妻子，有室家。按时传集操演校阅，虽有营房，不责常住，听凭经商领垦，赡养妻子，按月领饷，得世袭之。兵饷几分三级，马兵为上，岁饷四十八两，养马一匹得领草料；战兵次之，岁二十四两，皆得调往他处作战；守兵为下，岁十八两，匀分十二月发给。往时粮贱，守兵一名，月领六钱，足购三斗。余饷分三节支发，足支家用。凡兵五百，有眷口，兼营农桑，无不家给人足矣。地既冲繁，财用饶足，于是随营商贾、工技、倡优杂色人等，以及负贩、苦力、虞牧、农地之人，辐辏而至，全市常有人二千余，附近农户不计焉。川边自打箭炉外，他处皆不能及。

迨打箭炉日臻发达，泸定边民日渐汉化，化林地位，遂亦日就轻微。至光绪中，裁制营，废都司、城守诸官，解散军士，罢给饷糈，化林顿成萧条气象，随营杂色人等次第徙去。地既高寒，种植不足给，营户亦陆续流散，数年之内，由五百余户减至百余户，百余户减至数十户，皆恃川康往来行旅食宿消耗为养家之计。民国十四年冬，屯垦使刘成勋入康，往来过此，父老恳复营制不可，请设官以维市面，许设县佐，得理民刑诉讼。衙弊层层，但市民乐其利，稍能维持市面不败。二十四年，红军过境，县佐逃逸，遂裁不复设。于时龙巴铺市场日兴，往来商旅驮脚，多舍化林，就宿于彼，市民益难自给。再恳设官，近复自冷碛移区公署于此。所辖冷碛、沈村、加郡、得妥等处，地方纠纷，皆嫌化林偏僻险远，不乐赴理。区署门可张罗，未有益于化林也。今化林市场，标列五十四户，五百五十人。据余考查，实去此数甚远。

三十六、化林市街与古迹

化林城初建时，有六街大道：北与断崖平行者为前街，都司署与关帝庙在焉。南与前街并行者为中街，城隍祠、金花庙在焉，亦称大街，左右各有雉堞。又南与中街平行者为砖城街，千总署在焉。最南平行者为后街，左方横连前、中、后街者为东街，川主庙在焉。其北端为小较场，有果亲王诗碑亭。自此折东，为飞越岭大路。右方横连前、中、后街者为西街，娘娘庙在焉。自此出南门为大较场。今城隍庙侧一节，已中断矣。六街之外，有城绕之，城内环筑营房，唯中街及砖城街为商肆。极盛时，市场更向中街之西端发展。出城外直抵崖际，又循城垣折南至"青山排闼"坊止，是为半边街，为康泸往来大路。又一街在城隍庙后，西联半边街，东通安抚使署，似穿旧城小西门过，姑称之曰小西街。其他里巷，皆已湮灭。

制营裁后，各衙署营房，次第圮败。民国初迭被拍卖拆卸，人户迁徙。今唯中街两面有商店，后街南侧、东街东侧、半边街与小西街之一部有住户而已。其残余建筑物，列记如下：

西门残址，在中街西首城隍庙外，形式尚雄伟，城门城楼尚存。行人往来经其下，不知其为西门矣。

都司署址，在前街与西街、中街之间，康熙初年建。初为副将衙门，后为都司署，占地绝广，传大堂大厅外有天井九所，外包崇垣，辟三门，面向正西，今唯大照壁残存。

关帝庙，在都司署后。亦西向前后三层，康熙四十五年，副将杜汝琨建，今唯大殿存。塑关壮缪像，青巾包头，着甲持书，丰神甚佳。有杜题"过化存神"匾及所铸钟。殿外竖石碑多通，皆戍卒颂其主官体恤恩惠者。中有乾隆十三年竹全中撰书一碑，文字并佳。

城隍祠，在西门内，康熙四十九年，杜汝琨建。有杜所撰碑。兹录其有关史实之文："化林之僻处飞越关下也，界至半山，城不满雉，土无居民，西去数里为藏番所据。自有明以迄今兹，不过设一百长，统百余兵丁以戍守。……迨我皇上，不忍以鹿视穴居之民，置之度外，于康熙三十九年，勒兵摄服。是时，余即随师进讨，得取瞻对、喇滚、绰斯甲、革什咱、把底各土番，及大小木鸦、上下鲁密，收入版图，或给以土司，或授以千户，俱袭其世职。复念边地辽阔，民皆新附，亟需镇摄，余遂承天子命，加衔晋秩，改为协镇，以守是邦。受事来，兵勤操练，民加抚恤，负耒占茆者集，烟火渐繁。独是礼乐刑政，责在守土。其间两旸寒燠之不时，水旱灾祲之洊至，不可不设立城隍，以庇斯民也。是夕即梦有神人告余曰：'神从夔州来，竟不得尺地以居。因思朝廷酌移夔协兵丁，以镇兹土，即或皇上即量移夔州城隍附兵以佑斯民耶？'余起而步阅城垣，周详审视，于西门内河隙地，有阜崔然，去余署一间。于此设庙，……山右杜汝琨良玉氏实经营之。……"此庙嘉庆七年重修，有王廷贵等捐资碑。

果亲王诗碑，在故东门内，有亭覆之。东来者入市即见。碑云："泰宁城到化林营，峻岭临江鸟道行。天限华羌开此地，塞垣宜建最高坪。雍正乙卯二月果亲王题"，"化林坪都司赵良臣摹石"。乙卯，雍正十三年也。系果亲王返京过此作。

安抚使署，后详。

娘娘庙，在西街与后街之交，北向，今存正殿与一募化石碑，建筑年月不可得。正殿塑女像三尊，今尚完好，甚精致，作风与关帝像略同，疑亦杜汝琨时建。以其两面壁街，必去建设街市时不远也。

千总署，在砖城街，西向。形势同守备署，占地较小。今大堂尚存，夷为民宅，何时建筑无考。大约亦在康熙之世。或系旧时中军守备署，废协后改千总署也。

土地祠，在砖城街，千总署后，俗呼升官土地。

川主宫，在小较场，正对中街。建置年月无考，大约在嘉庆之世。民十五年，改修县佐衙门，今作区公署。

金花庙，在中街，同治初建。所祀金花太子，不识是何神也。土人传其常率阴兵助战，瞻对、乡城之役皆预焉。鼎革时，助同志军阻西军入援，几为西军毁。土人奉之甚虔，每年正月十五赛神，仪仗甚盛。有同治二年铸鼎，列捐资者衔名，有都司何胜先、千总李廷玉、桥汛把总桂启龙、敷文书院掌院冯镇岩、安抚使汪朝贵，及营弁若干人。当时职官，赖是传焉。正殿有同治三年川督骆秉章题"灵彰西蜀"匾，将军崇实题"大有威德"匾，全市唯此庙完好未败。

青山排闼坊，在半边街南端。同治甲戌古龙潭林占魁书。甲戌，同治十三年也。坊外转下至菜园子，降百余米，为入康大路。近人多自中街口直下绝壁，此道始废，坊尚完好。

三十七、化林汪土司

余闻陈德滋言，其第二妾汪氏，里塘营官家女，长于化林，私怪其言不类。营官，番酋之最高者也。里塘营官，何以家于化林，而以女为人妾？追过化林，遍询汪土司，得汪国才于汪姓面馆，即德滋之岳丈，获闻其详焉。

里塘于康熙五十七年岳公西征时投诚，设正副宣抚司各一员，曰大营官、二营官，安抚司一员，曰三营官。宣抚司辖莫拉石、濯桑等地方，安抚司辖毛垭、崇喜、瓦述诸牧部，职在捕匪。宣抚部民多为匪，安抚捕之，以此相仇。乾隆中，安抚赴诉于川，川督不能理。奏请给田雅州，听其自行择地安置。赐安抚汉名汪如汉，遂世姓汪。因成都、雅州、清溪皆苦热，自请安置化林坪，仍赐雅州庄田，建署化林，岁给养廉银一千两（查里塘正副土司额定廉俸一百五十两，口粮折色银正土司九十四两，副土司四十八两。汪土司虽照给廉俸，应不能逾此额。千两云云或是夸诞）。毛垭、崇喜、瓦述百姓，仍按月分班来此当差。如汉四传至文全，生三子联福、联禄、联芳。联福承袭。仍从习俗，兄弟同娶，生子国珍、国栋、国才。国珍于光绪中年承袭，岁俸减为一百六十两。宣统末停俸，印尚未缴。民国元年，国珍病殁。三子皆壮，以开店兼农耕自给。其雅州庄田往时年收租银一秤（即五十两）。鼎革后，被官拍卖。其土署在金花庙后，由小西街出入，规制尚未大败。

三十八、化林周姓神道碑

自化林东行数十步，道旁竖清诰封武显将军周冕、周文光父子神道碑，光绪八年，文光子兴田、兴禄所建也。查《泸定乡土志》宦达栏："周兴禄，邑人，咸丰时由勇目出师甘肃，保优先总镇，任四川普安参将。"无冕与文光。观此则皆子孙贵显后，追封武显将军耳。又查观音阁同治时铸钟，镌周冕捐银若干。有官衔，已不能记忆。又金花庙同治二年鼎有"左司额外周冠捐银五钱"文。冠、冕字义似兄弟，意者冕、冠皆外籍，道、咸、同间，以武职来戍化林，遂落业耳。

土人言：周兴禄于征剿回疆之役，功绩甚著。迭更巴图鲁号，已去勇字，一任参将，不足赏其劳也。于是周氏为化林旺族。其孙周守成，任民兵大队长。民国二十六年，被建委会枪毙。大抵自化林裁撤制营后，住民不聊生，强者多相结为匪，行劫于飞越岭一带，放眼线于康定，每值大贾怀赤金、麝香、鹿茸等出，则拦截之。官府令化林组织民团治匪，匪团相通，凡官商倩其保护及强有力者之财货，皆不劫。是年眼线吊得辛姓运金香越岭，不知其新与杨秘书长结婚姻也，劫之，周实知情。既得建委会电，伪云派团追击，原货全追而未获一匪，情节显然，遂与一匪目同遭枪决，周氏深讳之。然飞越岭匪患，由是遂息。世人皆痛恶匪，咸谓办团可以治之，不知团不通匪，则不足以治匪；团而通匪，则团之弊害可知矣。化林有人而无以资生，势非作匪不可。周之罪诚当死，然其为地亦可哀也。俗谐神道碑音为"乘倒背"，谓凡建神道碑者皆不祥。说虽荒谬，亦殊有验。夫荣辱虽造于本身，而所表显者在他人眼目中，不可强自彰也。自建神道碑以张荣，则其侈泰之情，势必流延子孙，以致祸败。周守成之为化林匪徒死，不能谓与此碑无关。

三十九、观音阁

自神道碑又十余步至灵官堂，路分为二：一自瓦窑坪上飞越岭；一经观音阁下上山王冈，即荥经小路也。灵官堂旧为观音阁之山门，跨路为楼，上供木雕灵官，往时每年正月十五金花神出会，必先接灵官于此。后被毁，今存梁栋三五根耳。其下露立木牌一道，为厚数寸之整木雕成，背面风化坼裂甚深，幸稍前仆，髹漆雕面未坏，字皆完好。上下文与年月皆被人劈去，存文略云："观音阁由来久矣，建自先年督府杜……迨至五十一年夏五月初旬，忽遭地震，山鸣谷应，殿宇钟楼，俄然倾塌……僧目击心伤，爰起苦行，借善行善，引进作福。仰荷上宪诸公，仁宦兵民，善男信女，不惜锱铢，共襄厥成。……武英殿大学士福公助银二十两，川东兵备道符助银三两……"此所谓福公，当是福康安。其五十一年地震，据得妥土主庙碑，当是乾隆五十一年，然则此碑当平廓尔喀后乾隆五十八九年立耳。相对有道光石碑一具，无关文献。又有一巨石埋路下，露出部作龟背纹，大约是周姓建神道碑时未用之碑座。

自灵官堂前进约三里为双桥湾，大沟水自飞越岭来，小沟水自山王冈来，会于观音阁下，叠成双瀑，银涛素练，极水之奇胜。双石桥跨其上，古桧五六株，耸两瀑间，皆千百年物也。双桥之上，二水之间，一峰翘举，三面悬绝，古树盘郁，清气欲流，杰阁掩映其间，俨然仙境。余屡过化林，非晨即暮，望之神往，无缘一游，此日乃得徜徉畅志焉。自双桥间有盘道，迂回上升，出于阁下，大门苔封不常启，从右阁下绕登侧殿。房室甚多，每年正、三、六、腊诸月集会时，住香客者也。神殿三重，因地施设，高下不一，杂以楼阁，光线晦暗。大殿供观音、文殊、普贤。右侧二女像甚奇：一为陈娘娘，传明代皇妃，四川井研人。查《峨眉山志》，亦盛传此人布施，有其塑像。然明代蜀女无妃后，想是蜀藩妃耳。一为红花圣母，谓是本地女子修成神者，极灵验，为此寺主神，殊荒诞也。其上有玉皇楼，排列二十四诸天塑像，绝佳，各立小方木板上，高一尺，极沉重，两手不能举，身材、面貌、衣冠、气象，无不各肖其人，技巧绝世，质料亦佳，当是杜汝琨建阁时遗物，诚珍品也。余像皆不佳。前殿有同治时铸钟，尚工致。"观音阁"竖匾被人取下，易以"佛静山"三字。

阁内住持男女各二人，皆自称菩萨者也。前有女菩萨戴氏，冷碛人，青灵山戴菩萨之胞妹也。戴姓姊妹三人，家贫，皆从张菩萨学道，遂皆得菩萨号。张菩萨败后，戴氏姊妹为众所推，一主青灵山，一主冷碛某山，一主此寺，皆与人言休咎，募款建庙，如张菩萨。主此山者，添建前殿，年二十岁死。另一董姓女子承其衣钵，本年六月新故。遗女弟子周姓，不能诱张，有另一寺来之孙二姐助其香火。男菩萨名陈正学，居此五六年矣，自言初有神附，今已失去，业医及卜决。另一男菩萨云游去。一寺内男女成对修炼，人不以为怪，亦泸定异俗哉！

观音阁侧，另有一小阁供佛，殊荒凉，未知何时何人建。此寺清幽僻静，化林人常来此戒烟。当日见二人，携油米，张榻寺中，且吸且戒。又见一男子，云鱼进沟人，来此烧香，并无香帛，乃径入女居士丹房，卧于床上，两女子坐伴之。此其中难保不有奸盗，皆可禁也。

四十、飞越岭

邛崃山脉，高入雪线，绵亘千里，为四川盆地与西康高原之天然界标。在懋功、理番之间者为洪峤山，为巴朗山；懋功、宝兴之间者为夹金山；金汤、宝兴之间者为狮子山；泸定、天全之间者为马鞍山，为二郎山；泸定、荥经之间者为香炉山，为蒲麦地，为山王冈；泸定与汉源之间者为飞越岭，为扁罗冈。其实皆山脉之最低部，恰如内地呼为"垭口"者然。真正山脊，则四时积雪，非往来者所经，多不为世人所见，遂无名字。偶有望见之者，谓其蠡虮如花，通称之为华山。泸定县境，有东西华山，皆包括数百里连山之总称。东华山即邛崃山脉，西华山即大华山脉。东华山脉，当马鞍山与二郎山之间，磅礴臃肿，蔚为山胝，中产野牛，又谓之野牛山。飞越岭可以望见其一部。

东华山脉自飞越岭南北，各分一支东出，北支为大相岭，为东西瓦山，渡大渡河峡构成大凉山彝区；南支为汉源南之鸡公山（亦名后城山），渡大渡河峡为乔白马山，为羊糯雪山，为小相岭，构成小凉山彝区。二支之间，水汇为流沙河，自飞越岭经三交城、泥头驿、汉源街、富林营入大渡河，往时宁、雅两属，皆循此河谷以通于西康。此飞越岭所以成为要地也。

飞越岭海拔二千八百米。在唐曰"飞越山"，见《元和郡县志》。今俗讹为"乌鸦岭",对大相岭称"小山"。实则尚高于相岭数十米,特以山座较相岭更高,行旅以为低于相岭也。岭脊薄削如刀背,升降之难,甚于相岭。岭口曰飞越关,昔曾筑塞置戍,高险狭促,给养不便,戍撤而塞亦旋毁。近复筑石室,置守望,以防盗匪。自此俯视,化林即在脚下。对面望见打箭炉南北诸大雪山,晶城皑皑,四时如一;大渡河及其支流,大小河谷,皆如指掌。北可望见野牛山,唯南部因为左翼山峰所障,不克窥及木雅贡噶为憾。回首东瞻,则伏龙寺、三交城、泥头诸村邑棋布眼下,云雾开霁,相岭瓦山亦可望见焉。山高气薄,路险而多雨露,行人骤遭此苦,多病晕困,每每倒毙。既登者仰胁略息,匆匆径下,唯恐不速,罕有闲情逸致赏此风景。故人皆能言小山之恶,莫能颂及小山之奇者。

自化林上岭二十里,五里瓦窑坪,五里松林口,十里登山,皆盘道。若至岭下化林坪则十里,瞬息可达矣。

四十一、附飞越岭至泥头

飞越岭为泸定东界,记当断此,然往时化林都司兼辖泥头外委,兹故附记岭东概略。

自岭东下,十五里伏龙寺,上山亦作二十里。寺祀关帝,盖瓦,道光二年建。有石碑云:"伏龙古刹,肇自元代,起工建立,至大明洪武时工竣。后崇祯二年,有前辈先哲补修,至八年成。自古迄今,历有年世,因被风雨飘零殿宇倾颓,神像毁败,国朝嘉庆乙亥年,承信商高刘二公乐捐银一百八十余两,布告本处,□公等补修……浙江信商刘承魁上银一百两,张居士上银六十四两,尉泥头厅郑善长上银十四两七钱……自元年起,至十年止,前后共用去钱一百六十二千零七十文。住持僧净玉,道光十年仲夏月立。"民国九年重修,今复破败。其旁住民四五家,仰往来行旅宿息为生。

伏龙寺又下二十里林口,中间地名曰放哨坪、三道桥、二道桥、核桃坪、头道桥,皆有人户,属林口村。又五里韩泥沟,《清溪县志》作"唧恩沟"也。又五里三交坪。林口、韩泥、三交皆有市街,三交最有名。地当流沙河与黑石沟会合处,山坡缓斜,土沃产饶,唐代筑城于此,以控飞越,三道交会,故曰三交。其后城戍虽废,市场不衰,清代泥头繁盛,此始凋落。黑石沟逾大山,原通磨西面,今已封绝,亦为三交衰落之一原因。市街住民二十户,皆骆姓。有两家挂"钦点乙未科状元及第骆成骧"立匾,询之仅联宗耳。市中有关帝庙,小学在焉。其后方为观音阁,嘉庆四年建。有巨钟，道光十二年，骆张氏及其堂兄弟廪生骆钦元、庠生钦明，从九钦梧等集资铸，颇精。镌有钦元业师远村冯蕙峦遗作一首云："唐作三交城，西羌久不战。韦李善筹边，名王供珍膳。筇马与牦牛，耕凿民风变。如何异带来，谰言犹互见。（自注讹作三角）兹地民物丰，平畴俨芳甸。划然山水间，绿野开一线。斜铺秋陇平，禾黍饶葱倩。四周云水调，牛羊满溪涧。昔闻桃花源，不知秦与汉。此中有□人，高歌白石烂。"三交无诗咏，得此亦有足存也。市后山有大寺九老洞，近年新修。寺下岩间有洞深数丈，未往游，不知其详。

自三交至泥头二十里，河谷成绝峡，危崖对立如截，高各百丈，中泻一线水，非由侵蚀，盖地裂所致。横裂为流沙河所经，纵沟斜出，多在北面，即大道所经之部。中有二裂口甚长，不能绕越，其一为丁字坪下之高桥沟，上通九老洞寺下；一为老君关下之关沟，深长十数里。岸山如天然城，并为军事要地。

泥头即唐飞越县也，高宗仪凤二年，析汉源置，又置大渡县，均隶雅州。武后大定元年，置黎州，辖汉源、飞越、大渡、阳山等县。长安二年，省大渡县，并其地入飞越。中宗神龙三年，废黎州，仍属雅州。玄宗开元三年，复黎州，仍以飞越等县还隶之。天宝初，废入汉源县。宋代为镇。元明属黎州长官司。清初设把总一员驻此，隶化林营。另于清溪、富林设守备、把总各一员，隶建昌镇。雍正七年，废黎州、松坪、大田诸土司，设清溪县。泥头为十三乡之一，曰泥东乡，分清溪典史驻之。乾隆九年，移泰宁协右都司于清溪，为泰宁右营，辖千总一员、把总二员、外委三员，分防富林、万工、汉源街、黄泥堡等地，而泥头之把总隶化林如故，寻改外委。雅茶输边，概须于此查验换运，故市场甚为发达，俨如县治。清末裁汛。民国改清溪县曰汉源，设县佐于此。现废县佐改设区公署，辖富庄以上至于飞越岭之地，距汉源县治及汉源街均六十五里，一作七十五里，川康往来，此为必然之宿站。市民六百余户，集期三、六、九。西康省银行设分行于此。

四十二、化林八胜

化林坪市坊标古迹名胜四条云："果亲王诗碑""黑人石精""明代古树""美女仙洞"。遍询土人，知所谓"黑人石精"者，在对岸照壁山。山与观音阁隔小沟，南侧成绝壁，正对化林，故名照壁山。岩石红色，凹凸不平。每雨水所及变为黑色，新崩之部则呈白色。其间适有一幅黑白配合，仿佛人影。相传能为妖幻，遇男子则幻为少女，遇女子幻为美男，惑之至死，薄暮则出，某都司以炮击之乃绝。询所惑究有何人，亦莫能指也。"明代古树"即石桥湾两瀑间之古桧，其一巅枯。相传树藏宝珠七颗，被某西人盗去，树遂枯死。"美女仙洞"在灵官堂与瓦窑坪之间，道边有大砂岩，破碎相叠压，覆成小岩穴，其内裂缝相缀。传循缝深入，更得巨洞，床桌天成，昔有仙女居之，入者辄死。凡洞府，非自石灰岩成者皆不佳。砂岩叠隙，绝无能居人者，天然床桌，断不能有。以其缝小不能匍匐出入，故未入窥。要皆荒诞之说，不足征信。化林胜处，正不在此。余戏拟八则，略注如下：

飞越雄关，自化林仰望飞越关，翠树胜涌，云天诡幻，中开一隙晴光，如窥天阙，盘旋屈曲于绿丛中，如银河一线，拗折下注，雄奇为西陲第一。

观音杰阁，化林绝胜处，详三十九节。

海泉清流，化林东南山半有滥海子，凹地中涌泉数道，水味甘冽，号为海泉。里人修木槽引水过涧，灌注全街，食用不竭，兼溉蔬畦。

蜂溪银瀑，观音阁下石桥湾双溪，即慧蜂河也。双瀑注已详三十九节。

亲王诗碑，在小校场北端，详三十六节。

狐仙石屋，姑取"美女仙洞"一则。

翠嶂环拱，化林对岸照壁山，迤连观音阁后山，历世皆禁樵采。此外群峰，自西北之青灵山起，回环包绕，历东南之飞越岭，复至西北之唐家山止，恰似半环，扣于化林市与照壁山之间，云树绵亘，苍翠欲滴，秋则满山红叶，冬则万树晶华，各自成趣。

云岭对灼，化林山谷，阙在西北，正对康定南黑白海子后诸大雪山，晶光闪灼，直扑眼帘，隔数百里，如在咫尺。

四十三、唐杖义城考（附唐清溪关及黎州诸城戍考）

余考化林坪，即唐杖义城也。《新唐书·地理志》黎州洪源郡下注云："有洪源军，有定番、飞越、和孤三镇兵。又有武侯、廓清、铜山、肃宁、大定、要冲、潘仓、三碉、杖义、琉璃、和孤十一城。"唐黎州境，为今汉源县及泸定县地。凡此一军、三镇、十一城，均当于此中求之。《新唐书·李德裕传》云："筑杖义城以制大渡、清溪关之阻。作御侮城以控荥经犄角之势。作柔远城以陃西山土蕃。复邛来关，徙巂州治台登，以夺蛮险。"如此各地名之可以确定今地者：飞越为今泥头。三碉为三交坪。大渡为沈村。清溪关为今汉源县治。荥经为今荥经县，唐高祖武德三年分严道置也。柔远城在汶川县境，与黎雅无涉。邛崃关即大相岭之大关，台登为冕宁县。嶲州原治越嶲，今西昌县是也。文宗时嶲州南部陷于南诏，故徙治台登也。杖义城，必在大渡与清溪关之间，控扼险阻足以制夷者，其在飞越岭左右无疑。飞越岭内，既有三交城与飞越县矣，不致于其附近再增城守；飞越岭上，险窄不堪为城；飞越岭外，唯沈村与化林地势开展足置城戍。沈村既为大度县，则唯化林足以当之耳。故曰化林坪为唐杖义城也。《明一统志》谓城在黎州安抚司城南九十里。意指今汉源县之杨泗营，与古今形势皆不合。"大度"一作"大渡"，"杖义"一作"仗义"，古字皆通。

《明一统志》《四川通志》《清溪县志》皆谓唐清溪关在大渡河南，距清溪县治一百三十五里，是其地在今越嶲县境也。盖因《新唐书》嶲州有清溪关，而《南诏传》青溪关亦屡见，皆在大渡河外故也。余查黎州、嶲州皆有清溪关。贞元十四年，内侍刘希昂《出使南诏行程记》云："自清溪关经大定城百一十里至达仕城。西南经箐口，百二十里至永安城。城当滇笮要冲。又南经水口。西南度木瓜岭，二百二十里至台登城。又九十里至苏禄县。又南八十里至嶲州。"未言经黎州，世遂以清溪关唯嶲州有之，误也。查唐黎州，大足元年置，治汉源县，今汉源街是也，无城。景龙三年废。开元四年，复置黎州，徙州城于邛崃山下。《元和志》云"其城东西南三面俱临绝涧"是也。考汉源县治为洪源军，黎州在清溪关内，刘希昂发于黎州，故站程自清溪关始也。试以今日道里逆推之：西昌至冕宁一百一十五里，在唐则嶲州、台登相距一百七十里，足见唐里绌于今里约三分之一。清溪关既在台登东北四百五十里，准今为三百里。以今汉源县治（以下省称今清溪）当之则合，以大渡河南任何地方当之皆不合。永安城为滇笮要冲，在台登北二百二十里，准今为一百六十里，逾一岭，渡一水口而至，以今汉源县美罗、八排等地当之则合，其他任何地方皆不合。此清溪关在其东北又三百三十里，安得在大渡河以南乎？如以此清溪关为今之清溪，不唯地名有渊源，验之刘希昂使程及唐代史事无不合者。大定城，今汉源唐家坝之小关子也。达仕城，今富林北之柘林也，距清溪六十五里，合唐一百零五里，与一百一十里合。箐口，今羊脑山也。永安城，今八排也，距柘林一百四十里，与唐二百二十里合。自此渡大河，即水口也。扼水为固，故曰要冲。木瓜岭，今冕宁北之菩萨冈也，有磨些人，木瓜为磨些别称。自纳尔坝至菩萨冈，皆循河，逾山而南即冕宁县，故曰台登北谷。今越嶲县东部，在唐为勿邓番所据，其酋号为"鬼王"，虽附唐而暗结吐蕃，闭绝驿使，事具《新唐书·南蛮传》，故唐时黎、嶲两州往来，皆取道台登。台登之西为剑山、泸河，铁桥入吐蕃境，其南近南诏。故唐代军事重地，亦在台登。嶲州诸县陷没后，李德裕徙州治于此，可知其地位之重要也。

贞元五年，韦皋复巂州，"遣将刘朝彩出铜山道，吴鸣鹤出清溪关道，邓英俊出定蕃栅道，进逼台登城，大破吐蕃军于北谷"（《新唐书·南蛮传》）。可知当时地理形势也。

附考：

唐洪源军，为今汉源街。李雄踞蜀国号汉，置县于此，曰汉源。犹之晋改江原县为晋源也。桓温灭蜀，废之。唐改洪源军，为黎州外卫，故曰黎州洪源郡。

唐定番镇，即定番栅。《元和志》谓在通望县东一百八十里，《明一统志》谓在黎州司东南二百二十里，应是今金口地方。邓英俊进军系由金口沿大渡河北岸赴台登。唐时转嘉眉粟赡巂州亦由此，所谓阳山江道是也。

唐和孤镇，名不常见，距黎州当最远，故叙其镇与城皆最后，疑在今泸定县境。其时黎州三镇兵，一驻定番，一驻飞越，一驻大度县境，乃与洪源军配置适合。

唐武侯城，在今清溪东北，曰"古城"。《元和志》云"贞元元年韦皋于黎州城北故武侯城，迤逦筑堡三所，为州城之援"是也。

唐廓清城，《元和志》云："在黎州西一百八十里，其城临大河，河西即生羌蛮界。"疑是今泸定县境，得妥或加郡地方。

唐铜山城，《元和志》云"在黎州西北五十里"，《寰宇记》云"在汉源县东二百里"，皆无据。查《新唐志》①记雅州荥经县云："有邛来山，有关，有铜，有金汤军，乾符二年置，并置静寇军，故延贡地也。"疑"铜"字下遗有"山"字，即金汤军屯驻处也。荥经为汉严道地，有铜山，其名易致，其地当在今小河场一带。刘朝彩自此出军，由大渡县赴台登，与三路进军形势正合。又贞元四年，吐蕃分兵寇清溪关及铜山，于形势亦合。

唐肃宁城，无考。

唐大定城，今汉源小关子，详前。《元和志》："在黎州南一百三十里，乾元三年改和集镇。""一百"二字当衍。

唐要冲城，据《明一统志》为今汉源之炒米寨，在富林东北。

唐潘仓城，《四川通志》云："在清溪县东北，唐太和中筑。"

唐琉璃城，《寰宇记》："在大渡河南，唐太和五年李德裕所筑。"应不出大树堡、纳尔坝、安顺场一带。

唐和孤城，应即是和孤镇兵驻地。

---

① 《新唐志》《旧唐志》即新、旧《唐书·地理志》的省称。

四十四、化林之衰灭

今日化林，正如油尽灯昏，实有不能维持之势，非只回复康雍之盛不可能，回复光宣之概亦不可能，今后即欲维持目前五十余户、五百余口之憔悴状况，亦不可能矣。大凡市肆之兴，必须具备一基本条件，即附近有相当之农产品，足以供给都市中人之日用消耗是也。如此未备，则需有最便利之交通工具为之飞挽供给，否则纵以人力提挈，勉强使之繁荣，亦如蚕丛花市，不能持久。过去之泰宁，今日之化林，皆不能免于此辙。

化林当极盛时，六七百户粒食衣被，完全仰给外方，其后虽开垦附近坡陀，年获一季，亦不过稍给百分之一二而已。使人不贪禄养，安能守穷市仰食于数百里外哉？故裁协为营，立减为五百余户。此五百户，十九皆营兵也。故裁营后，又减为五十余户，其能不尽流散者，不外恋其垦地、房舍等薄产，兼营食宿诸业，暂以苟活，冀将来气运转移，复臻荣盛耳。化林故城，久已圮废，往时满城房屋，今已拆去什六七，即此保存之什二三，亦各空虚敝败，萧条不堪。

余为化林行将死灭，故特搜罗其碑铭，考订其故事，记叙其景物，绘制图谱，以备他日志史者用之，谓为化林坪志，无不可也。

四十五、川康骡队

以上，为泸定境内之川康大道，骡队、肩舆、背夫，为此路之三大交通工具，往来纷纭，趾踵相接。其作息情形、生活状态，并附志之。

自打箭炉以西，所有汉人需用之食粮、杂货、金属用具、嗜好物品，以及番人日用之茶、烟、布匹、绸缎、针线杂物，皆自宁雅两地，以骡队运入之。此种骡队，俗称"驮脚"。经营之者，称为"赶脚"，汉源人最多，越嶲、西昌、会理、冕宁、荥经、雅安等县人皆有之。其骡即产于此诸县，西昌、汉源尤多。体小而善走，能负重一百二十至一百六十斤，时价百元左右。偶有形体硕大者，能负重二百斤，有值六七百元者。有骡之家，三五相结，组成骡队，承运商货。骡运地域，东至雅州，西至康定，南至昆明，皆须经过汉源。运费以斤计，自雅州至康定，时值每百斤十八元，凡九日运到。其宿站第一日麻柳场，二日黄泥堡，三日清溪，即汉源县治，四日泥头，五日三交坪，以将过飞越岭，宿此以休畜力也，六日龙巴铺，七日泸定桥，八日瓦斯沟或二道水，九日抵康定，是为正站。康定甫卸货，即返宿二道水，以为常，康定草料、伙食并昂贵，故不留宿也。平均每日行七十五里，偶有差池，亦必于次日赶至正站。自康定东行货品，仅羊毛、药材数种，脚多货少，运费甚廉，以驮计，每驮一百二十斤以上，运至泥头，仅值三元耳。故赶脚者多空骡放回，不肯承运，空骡行速，第一日宿二道水或瓦斯沟，二日宿冷碛，三日即达泥头，可省店费火耗云。

凡骡队住宿之地，无论正站、小站，皆有专营住宿骡队之旅店，称为"脚店"，备有厩舍、槽道、水草。每宿每骡取费一角五至二角，视其地草价而定。康定脚店，近已涨至四角矣。店主供给宿骡之草，以尽骡马食量，剩草于槽为度。稻草最上，山草次之，麦稿为下，并须剉碎，饲于槽中，饮水亦由脚店供给。往时化林坪与二道水皆为正站，因无稻草，骡队弃之，移于龙巴铺与瓦斯沟。瓦斯沟亦乏稻草，赖向四季、烹坝等处运入，故其店费每骡三角云。各骡除每夜由店主供给水草外，并由骡主自购玉麦、蚕豆、麦麸等饲之，称为"马料"。每骡六斤为率。骡性忍饥耐渴，一夜饮食，供一日消耗，上鞍后，直行七八十里，不息不疲。脚夫夜宿脚店，不另征宿费。草贱之站，尚由店主供以豆腐等小菜，唯饭须自备。此辈以玉麦粑为常食品，夜食之余，昼携以行，故能与其骡马，竟日行走，无打尖用膳之烦。

康、宁间之骡运，情形与康、雅间同。其正站自三交坪起，翌日富庄，与康雅路歧别，七十五里富林，又七十五里平夷堡，又七十里海棠，又八十里保安，又七十五里中所坝，又七十里翻山至登相营，又七十五里泸沽，又八十里礼州，又八十五里西昌。计康定、西昌之间凡十四站，多于富林换脚。西昌换脚至会理八站，会理换脚至昆明亦八站。骡队喜行熟路，故长途商贾，多换脚运输也。

川康骡队，使用桥鞍，货件缚桥鞍上，自收货至交货，只缚一次，每日早晚上下货驮，只须二人举鞍，一人牵骡穿过即了，故货物不易损坏。骡队皆有室家田产，不虞逃逸。雇骡者于脚店觅之，成议付货，不必以人随押，届时交货于指定地点，决无失误。其运输方法，较关外之"驮脚娃"，远胜十倍。关外驮脚，因无脚店，必须随地放草，故每日仅行二三十里，得水草地即息。驮鞍过于简单，捎缚货件不能牢固，上下货驮，每日解缚各一次，货件极易损坏遗失，必须用生牛皮包缝，方可入运，油酒玻磁空虚动荡之物，行三数日，鲜不损废。驮脚娃来自牧场，出没飘忽，非有人押货同行，即有飘失盗窃之事。故其迅速、安全，皆不逮关内骡队远甚。

康、宁、雅三区，山高气薄，路险粮贵，交通之术，车运、人运，皆不易施，唯牲畜运输相宜。关内之骡队方式，殊堪称道，惜其组织尚未良好，未能尽其利也。

四十六、背　子

　　运泸货品，一半专恃骡队，一半委于背子。背子以汉源人为最多，天全、荥经、泸定等县人次之。凡汉源人除富家巨室外，子女皆习背负，自八九岁已然，强壮时，能胜一骡之量，农暇为之，与之终身。为人搬运，称为背子。所运以边茶为多，生肉等食品次之。

　　边茶自雅、荥运输康定，概于泥头换运，各茶店均于泥头设置分店料理之。其茶每四砖为一包，篾篓盛之，作长方柱形，重十七斤上下。自雅州运泥头，每包运费一元左右；自泥头运康定，时值一元三角，往时仅值八角，近年以来，迭涨至此。背子以农暇相结，至泥头各茶店承揽运输。各领茶七八包或十余包，大力者可至十八包，亦有至二十包者，则重三百余斤矣。妇孺或只五六包，初习孩童只三包。其人将茶包层层重叠，扎成扇状，竹篾贯之，系以竹制背索，挂肩上行。手持木杖，如丁字，下装铁杵，称之为"拐"。负重行缓，十数步一息。前行者将息，以拐向地连筑，于是全队皆息，息时以拐支茶，与两脚成三叉状支立，不卸肩也。其进程分大站、小站二种，负量轻者行大站，以期速远，每日四十里。自泥头第一日三道桥，在伏龙寺下。二日沙坡子，在盐水溪下。三日瓦角，四日昏水沟，在泸定桥与咱里之间。五日迥马坪，六日日地，七日申亢，八日晨入泸交茶。负量重至八十斤以上者行小站，每日二十五里。第一日韩泥沟，在三交坪西，二日伏龙寺，三日盐水溪，四日冷碛，五日大坝，六日昏水沟，七日烹坝，八日瓦斯沟，九日大河沟，在大藏桥附近，十日申亢，十一日晨入泸交茶。无论大小站，皆于交茶日返宿瓦斯沟，翌日宿冷碛，三日返抵泥头。茶店发茶不给费，食粮由背子自备。抵泸交茶后，收运价。途中各站，每宿收费一角，小儿习背者免费。自备玉麦粑，每小站来回，所值三元许，合十三日宿费、菜费，共约值五元。以负茶十包计，收运费十三元当余八元许，力大者可余十六七元。行大站者，日宿费少，但所负轻，值亦相当。唯背子皆无钱筹备沿途伙食、站费，承运茶包后，必先向富室贷款，利率为每次每日一角，以十五日为限。二十六年，西康省银行分设支行于泥头，向背子贷款，每次每元取息二分五。但为防逃债起见，须有确实铺保，铺保亦索保费二分五，背子所出，实为每次每元五分，即全月每元一角也。途中阻雨阻水，每有耽延，实际每次净入为五至八元，视力大小而定，力小者仅敷糊口。负运生肉、挂面、酒、油、糖、饼等之背子，多汉源、越嶲、冕宁、西昌人。行程与茶背子略同，运费较廉于茶，然商人多利骡队简速，不喜雇背子运输。

四十七、高压下之谐剧

川康间行旅往来向恃肩舆，民国五六年后，改为滑竿。抬滑竿者号为"流差"，全为四川人。初出皆精壮青年，不吸鸦片，山高路险，行旅欲速，气力不济，则吸烟以兴奋之，日久成瘾，非烟不行。力价所入，仅偿烟债；渐至于不偿烟债，典卖衣物；渐至节食烧烟，有每日所耗饭食不过一二角，而烟费八九角者。偶染疾病，即为乞丐，终至倒毙路隅。直为定式，虽舆夫亦自信其不能免此。各地有轿行，专门收纳此类，无人雇时，供其烟饭、住宿，为之代觅主顾，议定力价后，扣还烟饭消耗外，抽取力价十分之一为偿。途间如有拐逃，由轿行主人垫付赔偿费，缉得其人而索偿焉。自雅州至康定，每舆二人，向约力价十四五元，近二年内突涨至三十余元，逾大相岭后，多弃其主顾亡入宁远，缘翻山后疲极难行，且畏康泸粮价昂贵也。以是雅州轿行多赔累，然亡去者终当至雅，故亦徐待其至而取偿焉。每每无钱可偿，为之抬轿终身，直至路毙而罢。其进程与骡队约同，唯自泥头宿化林、化林宿泸定一段路异。

雇滑竿者，照例于人体外，携带铺被衣箱杂物。全重一百五十斤以上，舆夫每人所负为七十至八十斤，但须赶站急行，其苦甚于背子，又系二人各力，足迹不合，则吃苦滋甚，故历传腿法，以资调洽。又后者不能辨路，故又历传呼应术语，以资警备。大抵前者为报告路上障碍之语，后者以滑稽语调报之，略叶前语尾音。或为指示语，如"照高""勾腰"是也；或为豪语，如"单桥一线""跑得马射得箭"是也；或为诒侮主语，如"青蓬拂顶""抬官过省"是也；或为隐语，如"一踢一咬""打他飞跑"，为有狗在路也；或为夸诞语，如"左手大石包""请个石匠慢慢敲"是也。最多者为调笑路人之语，如"左边娃娃靠""米贵我不要"，或"叫他妈来抱"是也。其尤酷者，莫如骂背子。

背子所负既重，临息杵时，已经力竭，不能向路侧移进，每每植立路之中央，最妨滑竿往来。苦力规矩，负担者让抬者，故舆夫为背子当让路，背子亦恨舆夫之刻薄，相值常互骂。背子有时群息于路，排列成"之"字，使滑竿不得过。舆夫责杵式何名，则曰"此名狗蹯洞"，乃徐改列让行，于是相与大骂。有时见滑竿来，故传语曰"驮子来"，于是相与大骂。有时背子颇恂谨，预息于路侧，作一长排，舆夫则以呼应语讯之曰"左边站一排""子子孙孙接我来",或遇单人则曰"左边高个子""是我幺舅子",于是又各大骂,其势汹汹,若将卸肩械斗。其实各在高压之下挣扎向前,口虽恶而心未尝怒也,相去已远,骂声不闻,乃复相与大笑,各自夸其口舌犀利,骂技工巧,欣欣然自鸣得意,竟忘其为行将委弃沟壑之苦力焉。唯见有穿军服者呵斥,则背子遥以息,舆夫默而行,碧油藤舆穿过亦然。

四十八、沈　村

化林坪西下龙巴铺,十五里与大道别而南出,五里沈村(实只三里),沈村在慧蜂河与大渡河会口之南,有街无市,号曰堡子。堡内住户约三十家,多属汉人,堡外为大三角形河源,引水灌溉,稻田腴美,形势与冷碛仿佛,因不当大道,行旅罕注意之,然实川边开辟最早之古镇也。在唐为大度县,废县后,为三王部落,明清为沈边长官司驻牧处,西番赴黎州互市者皆自磨西经此,逾飞越岭。堡外大渡河,有渡口名"泥若",为共济处,县境三大古渡之一也,西炉之役,官军胥由此济焉。

约当同光以前,龙巴铺尚未设市,川康往来,皆经沈村。自沈村而东过石桥,穿稻田而直上佛耳崖至冷碛,乃为通衢。于时沈村有市集,繁盛与冷碛相当,再上溯至乾嘉之世,则沈村繁盛,更在冷碛之上,故乾嘉《清溪县志》言泸定地名,屡曰沈村而不提冷碛也。自龙巴铺突兴,道改,而后沈村市集移,土司废,而后沈村寂也。

沈村有宁远寺,今为初小校址,其后石阜临江,岩上有石洞,正对扯索,疑是古代守望渡头用之。其他古迹名胜尚多,分见下列各条。

四十九、汉安县考

安上县名,始见《三国志·张嶷传》:"越嶲郡自丞相亮讨高定(元)之后,叟夷数反,杀太守龚禄、焦璜。是后太守不敢之郡,只住安定县,去郡八百余里。其郡徒有名而已。时论欲复旧郡,除嶷为越嶲太守。嶷将所领往之郡。……在官三年,徙还故郡。……旄牛夷种类四千余户,其率狼路……悉率所领将诣嶷。嶷厚加赏待,遣还。旄牛由是辄不为患。郡有旧道,经旄牛中至成都,既平且近。自旄牛绝道,已百余年。更由安上,既险且远。嶷遣左右赍货币赐路。重令路姑喻意。路乃率兄弟妻子悉诣嶷。嶷与盟誓。开通旧道,千里肃清,复古亭驿。"安定、安上,疑是一地。缘当时蜀与越嶲郡间，只有新郡一道也。再查《华阳国志·蜀志》云："章武三年，越嶲叟大师高定元称王恣睢，遣都督李承之杀将军梓潼、焦璜，破没郡土，丞相亮遣越嶲太守龚禄住安上县，遥领太守。安上去郡八百里，有名而已。建兴三年，蜀安南将军马忠率越嶲太守张嶷，将所领之郡……延熙二年乃还旧郡。"是嶷传："载'安定县'为'安上县'之误明矣。"查《后汉书·郡国志》与《晋书·地理志》，皆无安上县。其为蜀汉时新置寻省无疑。既经早废，沿革位置，俱无可考。两史徒云"去郡八百里"，未记方向，以情揆之，不出郡之西、北两方。汉越嶲郡治为今西昌县。则自西昌东北，取八百里距作一弧线，查验各点，可以得安上县矣。

《华阳国志·南中志》又云："建兴三年……亮南征，自安上由水路入越嶲。……高定元自旄牛、定笮、卑水，多为垒守。亮欲俟定元军众集合并讨之。军卑水。……既斩定元……亮渡泸，进征益州。"诚得武侯进军路线，于去西昌八百里地觅之，当可得安上县矣。

查记载武侯南征路线者，以《华阳国志》为最详，亦仅上举数语。"由水路入越嶲"一语最关紧要。世有谓武侯渡泸，为今泸州河者，谬甚。今泸州，汉为江阳郡。其南为牂牁郡地。武侯别遣马忠率军入牂牁，明见《蜀志》，何得与忠同入牂牁。且武侯所讨为越嶲高定元与益州雍闿，又往牂牁何为。一般读书人士咸谓武侯系自雅州逾大小相岭至越嶲，指周公山大相岭、小相岭及其他诸葛城等地名为武侯遗迹，甚有指富林大渡河为泸水者，亦不合。查此线路，系前汉司马相如所开。《司马相如传》谓"镂零山，梁孙原"，华阳志所谓"相如持节开越嶲"是也。武侯未尝经此。今汉源县境，为汉旄牛县地，以旄牛夷所居而名也。《张嶷传》既云"旄牛绝道已百余年"，则是后汉顺帝以前已因夷叛闭绝，武侯何得经此。果使经此，则旄牛夷王早经征服，何待嶷之抚绥而后复亭邑耶。武侯所渡泸水，近会理西南之金沙江也。

《蜀典》谓蜀安上县为今屏山县地，距离虽似，形势不合。武侯果由屏山县入西昌，则高定元何必于旄牛为垒守以拒之。且若自屏山县由水道入西昌，则是循泸水逸军矣，又何必斩高定元后乃渡泸耶。清谢钟英补洪亮吉《〈三国疆域志〉补注》，谓："故城当在峨边、越嶲两厅之间。武侯所由水路，即今峨边厅越嶲河至越嶲，复自冕宁县顺安宁河渡金沙江。"形势颇似，于史不合。查此越嶲河路，系明代景川侯曹震所开。《明史·曹震传》"询父老，自眉州峨眉至建昌，有古驿道，平易无瘴毒，已令军民修治"是也。以意度之，当时父老所能知者，纵称为古，亦不过宋元所开之道耳，岂能远知汉代故道。自汉迄唐五百年间，实属晋为夷族所据，不通中原，唐代虽开嶲州，而今越嶲县境尚为勿邓部所据，未置郡县。宋代又弃大渡河外不守。

今越嶲县境，其时为邛部地。虽通中原，出入皆自黎州，未闻向嘉眉。元以后，其地始复为郡县，自汉至元一千一百年矣。岁续有故道，亦以泯灭净尽，岂明代父老所能知哉。况今峨眉、峨边一带，两汉皆为夷地，多未开辟，蜀汉时安得反有通道。且峨边、越嶲间之倮人，历史上记其悍犷，甚于旄牛夷人，蜀汉时，旄牛尚且闭阻，此道岂能通耶。此路实较旄牛旧道为平且近，果为武侯所经，则张嶷不至憎其险远，多方规复旧道亭驿矣。

余考武侯南征，实循相如旧路，由雅州（当时汉嘉郡）出严道（今荥经县）循小河逾蒲麦地或山王冈至沈村，顺大渡河而南至安顺场，又溯洗马姑河逾菩萨冈至冕宁，顺安宁河渡金沙江。自严道起，全县沿涧谷进行，仅逾山岭二重，曰"由水道"也。此路亦非武侯行军所开，相如旧道，既已闭绝一百余年，则自后汉末时出入越嶲郡者，皆已由此矣。此道亦不只汉末通行。虽在唐世亦仍通行。韦皋复嶲州，刘朝彩出铜山道进逼台登城，即此道也（参看四十三节）。大抵数千年来，此线附近与其四方皆番族据之。此线以东则倮族据之，倮人凶犷，远甚于番。而番人畏热，不喜占据大渡河谷之地，谷中即有番民，亦较柔善。如此两大强夷中之一线低压地区，适宜为汉族势力伸入滇宁之桥梁。惜其较相岭大道险远。每当汉强夷弱时，则道相岭以取捷；夷强汉弱时，则绕沈村以求安。数千年莫不如此。蜀汉之际，旄牛闭绝，赴越嶲郡者，取道于此，亦自然之势也。

此说既定，可以寻求安上县址矣。"安上去郡八百里"是汉代八百里，非今日之八百里也。汉今里长折合，未暇详考。姑即以《张嶷传》文揆之："定筰、台登、卑水三县去郡三百余里。"定筰，今盐源县。台登，今冕宁县。卑水，今西昌县南境安宁河下游地方，治城非今德昌即潘连街等地。皆无可疑。其去西昌，咸在二百至二百五十里之间，是汉里约较今里短四分之一也。汉八百里合今六百里。恰是沈村至荥经九把锁间之地。除沈村外更无堪设县治之地形，以是可以决定汉安上县在今之沈村。

再就《张嶷传》考订安上县之四界，当可证其为今之沈村无疑。传云："嶷将所领之郡，诱以恩信，蛮夷皆服，颇来降附。北徼捉马最骁劲，不承节度，嶷乃往讨，生缚其帅魏狼。又解纵告喻，使招怀余类。表拜狼为邑侯，种落三千余户，皆安土供职。诸种闻之，多渐降服。嶷以功赐爵关内侯。苏祁邑君冬逢、逢弟隗渠等，已降复反。嶷诛逢。逢妻，旄牛王女，嶷以计原之。而渠逃入西徼。渠刚猛捷悍，为诸种深所畏惮，遣所亲二人诈降嶷，实取消息。嶷觉之，许以重赏，使为反间。二人遂合谋杀渠。渠死，诸种皆安。又斯都督帅李求承，昔手杀龚禄。嶷求募捕得，数其宿恶而诛之。始巍以郡郭宇颓坏，更筑小坞，在官三年，徙还故郡……"凡此皆张嶷未徙还故郡者，寄安上时所办理事。可知安上县，与捉马、苏祁、旄牛、西徼、斯都等地皆甚接近。捉马无考。苏祁，汉县名。前汉书作苏示，故县为今越嶲县西部安顺场、洗马姑等地方，另有考。唐以后始于今西昌县之礼州附近置苏祁县，非汉故县也。旄牛今汉源县是也。西徼，汉时通称今大渡河以西地方。今康定、九龙以西诸县皆是。斯都，部落名，亦作斯榆，一作徙。今天全县始阳镇是也。斯徙始古原回音，译字谬用。耆与叟，皆夷种名。都斯榆，置徙县。故斯都耆帅李承之为高定元□督杀太守焦璜，高定元败死后，必当逃回故土，仍为耆绅，故张嶷得募捕之。故汉安上县，必在今汉源、越嶲、康定、天全四县之间。其为泸定县境无疑。治拟以沈村，尤为合适。

或疑汉时沈村平原尚未出水，难设县治。查蜀汉去今一千六百余年。以烹坝与冷碛之营垒遗迹验之，三百年中，约可出水六尺，即平均每百年，大渡河床约可下陷二尺。蜀汉时，河面当于今日之三丈许，冷碛等地，诚尚未曾出水。沈村堡子，今已高出河面五六丈外，汉时正为距水不远之腴美河原，与下游右岸之加郡，西岸之咱威、奎武、磨西等处同为沿河农耕要地村。但西岸时虞乱，不宜设县，东岸唯加郡、沈村两处堪之。沈村形势尤属相宜。以安上县为沈村，于陈志合，于常志合，于之山势形势亦合，于民族分布情况及地文变化情形亦无不合今。故曰沈村，汉安上县也。

五十、唐大渡县考

唐高宗仪凤二年，析汉源县，置飞越县，同时并置大渡县，与汉源县俱隶雅州。武后大足元年，以雅州之汉源、飞越二县，嶲州之阳山县，置黎州（《新唐志》）。其明年，即长安二年，废大渡县，并入飞越（《旧唐志》）。玄宗天宝初，废飞越县入汉源（《元和郡县志》），计大渡置县凡廿五年（《旧唐书》作仪凤四年置，则仅廿三年）。唐大渡县为今世何地？诸书无闻，唯《明一统志》云"在黎州司西北一百里"，同书亦谓飞越故县在司西北一百里，是谓大渡、飞越皆在泥头附近矣，不合。然大渡既经并入飞越，则必为飞越之邻县。查《旧唐志》谓飞越"分汉源于飞越水置县"，《元和志》谓"于飞越山置"。则今飞越岭为唐飞越山，自此流出之流沙河为唐飞越水，水旁之宜头为飞越县，县因山水而名，其境当包有山水可知矣。以此判断大渡县在飞越岭西，县名大渡，顾名思义，可知其在大渡河岸。或由县以河名，或河以县定，要之县与河山不脱离关系。飞越岭西之大渡河流域，即今泸定县境也，故今之泸定全境，至少亦泸定东岸各地，为唐大渡县辖境。

《新唐书·地理志》黎州飞越县下记云："仪凤二年析汉源置，并置大渡县，隶雅州，长安二年省。"雅州庐山县下亦记云："仪凤二年置大渡县，长安二年省。"故世有谓青衣水古名大渡水，唐大渡县在芦山境内者。查青衣江在汉曰大度水，汉以后即失此名，唐代以后通以沫水为大渡河，是青衣与大渡，原不相混，且如大渡县在芦山境，则中间尚隔荥经县，无由并入飞越矣。唐芦山县境，包有今芦山、天全两县地，唯汉族分布西至灵关（今灵关庙）、碉门（今天全禁门关）而止，其西皆番人，与泸定境内之番人为一族，通声气，历唐宋元明皆然，所谓天全六番是也。疑唐大渡县，系因番人归附而置，北境实抵禁门、灵关，与芦山接境。故大度置县并注于芦山、飞越之下，非同时置同名两县，又同时省并也。

刘传经《清溪县志》谓唐大渡县在今县南大渡河外，意益以越嶲县北之大树堡等地当之，殊不合。唐飞越县之东为汉源县，汉源县之西为鸡冠山，山脉雄厚高险，直连飞越岭，其外为大渡河。若唐大渡县在汉源县南，则当省并时，应并入汉源，不能并于飞越，尤与芦山县无涉，不当入注也。

既知唐大渡县为今泸定县地，便易知县治为今沈村矣。唐代番人通于中原，北则取道洮岷，中则取道威茂，南则取道黎雅。道黎州者，皆过沈村渡口；道雅州者，则径赴碉门。大渡县既属黎境，则当在黎州道上。以形势地位测之，沈村均极重要，县治故宜在此。高骈戍大渡河以备南诏，或是因故县置，或是另驻大渡河岸地方，兹不复考。

考据之道，无非以书证书，然边荒地理，书记多缺，考证极难。历代地志，对于旋置旋省之县，暂筑即废之城，或仅存其名，或多所遗弃，虽欲考订，无可着手，于是学者弃之，视为无关重要，此亦国人轻视边疆之陋习也。偶有一二有心人欲为考订，无书可据，则不免滥采土人传说，或以管见妄推，辗转错误，为弊滋甚。

余亦喜考地理，每见《水经注》，所记西南徼外诸水，谬误满纸，不似西北诸水之精详，知其亦为引书之过。又见《禹贡锥指》，博引群书，连篇累牍，庞赜纷纭，乃定一义，仍难尽当，深痛引书证书之失，乃一切唯以山川形势与原书全部史事是否相合为断，非曾身游目验，亦不妄考，每有所获，多非前人所能料及，后之来者或亦无以难焉。

五十一、沈边土司

沈村历为黎西要地，自汉迄宋，屡有建置，汉人流入，想颇众盛，惜以鸾悬飞越岭外，屡为政府所弃，南渡以后，以其地位重要，常有土酋主之。相传明洪武时有江西吉安府人余锡伯（乾隆《雅州府志》作余伯），随大军征番，以守隘御寇功，授沈边百户。数传至余拔，清顺治九年投诚，从征白水江有功，授长官司职，改名永忠。传孙余明奇，预从西炉之役，始于康熙五十一年颁给长官司印信号纸，增管长河西扯索以南，咱威、奎武、磨西、湾东等地，合原管化林、加郡、得妥、雨洒坪等处，共番民一百二十户，年认纳杂粮一百石，共折征银五十两，与冷边长官司，俱受化林营都司管辖。查明初凉国公蓝玉、景川侯曹震等屡次用兵征剿西南民族。曹震并请征朵甘思，则委任从征汉人为沈村土酋，以制番渡口，亦属情理所许，土司既为汉人，能守汉俗，无番兄弟共娶之风，故其族姓，极其繁衍，不似周、古诸土司之单支传袭也。又传：清同光间，沈村有市，有何布客者，贸迁于此已数年矣，与土署中人有隙。土司有稚子，命小娃子抱之游市，玩弄布线，布客笑曰："大少爷盗我布耶？"小娃子以为侮辱土司，饰词入告，土司立拘布客至，杖毙之，事发撤职，瘐毙。其弟二人，争以金运成都谋袭，多金者得之，即缴印之土司也。今新旧两土司俱尚盛，子孙众多，有能读书自立者，比于周、古，如霄壤焉。

五十二、白马古冢（附唐三王墓）

沈村堡子外，有白马庙，所祀神不可识。其前有古冢，墓道以特制花砖砌成，作丁字隧，拱成圆顶，偶有圮处，尚未大败。寝宫已闭，内室不可见，亦无碑碣墓铭。冢上平地为田，田边树已合拱。取验隧上砖，砂与黏土合抟成，傅白色土粉一薄层，质甚坚重。敲之作金声，一侧稍薄，为便作圆拱也，薄侧凸花，蚓伏三折，凡六弧，弧装一长点，外栏方框，式殊古朴。余无力鉴古，不辨其时代。既无志乘可稽，故老亦皆不识，但相呼为"白马将军墓"。

余观此墓，形制巨伟，工作精坚，判其为高级贵官葬所，若从史事推寻其建筑时代，则可断其非清代物。如出清代，父老必能知其梗概，而为《雅州府志》《打箭炉厅志》《四川通志》，及近撰之《泸定乡土志》所收录也。亦非出于明代，明代未有若何伟大人物来此，仅余锡伯与其子孙为此地百户，百户决难成此伟制，纵使能之，亦必为其后裔所知。今余土司之族，莫能识此冢者。元代可以存疑，盖忽必烈自六盘山南征大理，实取道于康东地方，或有贵将名王道卒于此，营此巨冢欤？然军行仓促，未必能远招工匠，烧砖筑墓也。又非出于宋代，宋弃大渡河外不有，此虽在大渡河内，已属飞越岭外极边，名臣大将所不至，工匠器材所难集，孰能营此冢也？最可疑者，厥唯唐代，唐代吐蕃、南诏寇蜀，与蜀将拒战进讨，每每出于此途，自此逾飞越岭入清溪关，及循铜山道至荥经，城戍相望，商贾流行，成此巨冢之条件较多也。

《明一统志》谓："黎州司有唐三王墓，在故汉源县东五里，唐史黎邛之间有三蛮王，使伺南诏，其初刘志远为恭化郡王，郝金信为和义郡王，杨清远为遂宁王，然莫知所封始，卒葬于此。"余尝于汉源白马庙侧，见土人发掘古墓余砖，其墓道上方，亦拱作圆形，甚为深邃，隧上为农田，盖其前段早被撤毁，唯后段以田故尚存。因建中山堂购砖，土人掘之仅百余块耳。砖形前窄后宽，作扇面状，前方亦有凸花，直线斜交作菱形，颇细碎，砖质为赤砖土，多有皱裂，沉重与沈村白马冢砖相似。土人谓隧中空无物，但遗炭灰一聚，云系古窑。夫窑安有用细碎凸花纹砖砌者！其地去汉源街恰五里，汉源即故汉源县也，方位、距离，皆与《明一统志》所言唐三王墓合。尤可异者，墓旁亦有白马庙，每日以鸡豕还愿者平均一二十人，所祀神，官服长须，传为庞士元，殿楹间联匾无数，皆寓佐刘比诸葛之意，然尽清末所立。乾隆时碑则谓为土谷神。余以意度之，明代原为唐三王墓祠，清初祀作土谷神，后因巫言或乱语，指为庞士元祠耳！沈村之白马庙，殆亦清初比照汉源建立，为土谷神祠，以安古冢欤？

查《新唐书·南蛮传》："黎邛二州之东有凌蛮，西有三王蛮，盖筰都夷、白马氏之遗种，杨、刘、郝三姓世为长，袭封王，谓之'三王'部落，叠甓而居，号碉舍，岁禀节度府帛三千匹，以伺南诏，而南诏亦密赂之，觇成都虚实。"可知三王部落，为半汉化之西番部落，在黎邛之西，正当今泸定、天全及汉源西境之地，其人已能叠甓、制砖，且交通于蜀与南诏之间，受两方赂遗而不受兵祸，则富乐可知（西番与蜀交涉，亦必介其居间）。有三王世袭，则其王非聚居一地，更不能合葬一冢，汉源白马庙，仅为其一王之冢耳，沈村白马冢当是其另一王冢。以唐代形势揆之，三王所部，当是今汉源、泸定、天全三区。汉源在唐虽置黎州，大部仍为"夷地"，直至清雍正以前皆然，不独唐代为然也。汉源郝姓，世为旺族，至今犹盛，疑即郝王之后，《明一统志》所指之唐三王墓，疑即郝王墓也。故天全宣慰使杨土司，传为汉赤泉侯杨喜之后，元朝开西南夷，以功留镇于徙，遂为天全世族，历为土人首领，疑唐之杨王部落是今天全地也（天全唐代非郡县）。所余刘王部落，当即今泸定南境之地，疑沈村白马冢，即刘王墓也。又疑郝、刘二王，皆自称白马氏种，故《唐书》云然。以故世人称之为"白马王"，其祠为"白马庙"，墓为"白马冢"。今查沈村、汉源南之古冢，规制虽大，而无华表、翁仲，可知其非汉官墓也。无浮图，可知其非唐以后之番官冢也。墓道如汉冢，可知其为接近汉族之贵人冢也。葬式与猓族迥异，可知其非猓酋冢也。以此判为唐三王冢，极合。其第三冢当在天全境，待搜证。于此有可考者：《唐书》既云三王皆世袭，则王者非一，何乃各只一墓？余疑白马之俗无棺椁，人死焚而藏其灰，如今之猓俗，合祖孙共一冢。故唐三王只三冢耳。由其墓道仅容人体出入，无棺椁，而知之也。总之，沈村白马冢，为泸定最古之古迹，极有发掘价值，此事应由文化机关组织委员会办理之。

五十三、菱湖荡桨

海子山，在沈村后方，直上三四里，为一赤黏土台地，以出产玉蜀黍著名，住民五十余户，皆董姓。闻董姓始祖陕西人，经商起家，购地于余土司家，子孙繁衍已数世矣。台地中有一湖，形狭长，阔十余丈，长半里许，四时不涸。湖畔有余姓留业，辟稻数畦种红米。此米与他稻种异，似粗米，色微赤，作饭有香气，非耐寒之红稻也。湖内产菱，初夏菱熟，任土人扎筏采实出售，余姓取每筏菱二升为湖价。盖实小，例煮熟售于龙巴铺及冷碛市上，价甚廉，每铜元一枚可得十余菱。菱湖内又产红鱼，鲤之变种也，有红褐等色斑，供观赏用，川边各地池蓄之观赏鱼，皆取于此。泸定八景，此"菱湖荡桨"为八景之一也。

香稻、红鱼与果菱皆人工改进种，非边地所固有。除此湖外，他处亦不产之。以意逆揣，当是往时驻此之流官，或土司自内地输入此三异物耳。

海子山间曾有堰，自南山瓦斯沟之上源引水，绕山十五里来灌，故原辟稻田颇多。盖董姓购业时，一人专有全台地，故能兴此利也。其后子孙众多，地产分拆日渐破碎，各为私利，堰政弛败，渠道圮毁，今乃变为樵采大路，无复滴水，唯见一处有泉涌出保稻田得三四畦焉。

五十四、加郡之暮气

自沈村沿大渡河东岸南行，三十五里至加郡，初为崖道，约十里，亦曰观音岩，崖尽处有小沟入江，曰瓦斯沟，有人户，自此以下皆沿河狭小平地，桑柘、桐林、白沙与绿田相间，对岸即咱威河坝也，约二十里，经刘河坝上台地，沿山麓至加郡堡子。设有市集，集期与咱威同为三、六、九，赴市者甚少。土人皆呼"加眷"，政府美其名为"加郡"耳。

加郡台地，自江岸突起数十丈，沿江皆石阜砾原，其内少凹，为沃壤。有小溪自市后干海子山上流来，灌溉之，辟水田颇多。溪水量小，为农田吸收，涓滴不克入河，但无堰道与排水渠，每值山洪暴涨，则沙石随暴流，漫淹而下，为害甚巨。近年似曾酿大水灾，沙砾乱石，铺盖甚广，加郡之憔悴，于此大有关系。加郡既与咱威隔岸相望，乃同市期，而咱威之兴在后，想由咱威人不满加郡绅耆之所致，凡此者，可揣知加郡士绅之无人也。

加郡有一小学，余正午过此，入观之，校地尚不甚恶，尘垢满室，颇似数旬未开讲者。有学生四五人，跳跃其间，询其师，云"赶耽子会去"。此地人父母死三年内，常招道士在家念经，大会亲友，锣鼓喧闹者数日，吃肉块八碗，俗称耽子会，家家如此，加以婚寿庆祝，鼓乐之声，终岁少有辍时！小学教师，例当延请，故学生之听课，月不得三四日焉。泸定县境小学数量颇大，每四五十家之村落，必有一所，然余游咱里、瓦斯沟与海子山，皆不见有教师在，询其生徒，大都谓其师每星期五六回家，星期一二来校，是每周上课不过三四日耳。加郡教师，再加以耽子会之应酬，安得不尘垢满室乎。

五十五、花石吹箫

自加郡下山，过加郡沟有铁棒桥，得妥陈姓所建也，其南大渡河江面石岸夹立，康滇马路测勘队选定架桥渡河地点于此。再南行，路旁有一大石如屋，其上有小庙，土人呼此为花石包，谓系乾隆时地震山崩，自对岸崖上抛掷于此。此石现距河涯已二十余丈，下距水面已数丈，有沙台两级，皆成农地，且有屋二座建于其间矣。其石孤立无依，谓自对岸因地震抛来，亦颇可信。"花石吹箫"为泸定八景之一，询其取义，小学教员山君云："往时此石在水涯，风水激响，有似吹箫。"今石去水已远，水激之说当非似，或因其对岸漩水湾系绝壁，偶因风激，空崖传响，有如弄箫耳。

相传当石初裂掷此岸时，每当日夕，即有一妇立其上，向对岸号哭云："从此绝耶！尚能归聚否耶？"人或问之，云："夫在彼岸，不复相聚为痛耳！"以是土人为建观音庙于其上。又云，石初掷来，尚可摇动，久乃稳固。皆不经。其石系变质岩，于花岗石质地中多含披麻状之石英斑层，故曰花石包，实则加郡以下之岩石皆如此。

五十六、得妥巨室

自花石包沿河至得妥堡子，距加郡三十里，海拔约一千二百米，为大渡河东岸一大河原，产稻、麦、玉蜀黍及豆类，运销于龙巴铺及冷碛等市。附近又饶森林、药材，生活之易，远越全泸。往时沈边土司设大头人吴某驻此，故吴姓颇盛。汉人移殖者，山姓、陈姓最著。余至得妥，初住吴姓头人家，嗣移陈德滋家，曾撰陈氏谱，以记其入边之由与兴盛之故，已另载。

山姓来此，似较陈姓为后，山序东最有馨，所居曰粮台，在得妥堡子之北。其地上倚山崖，右为山阜斜抱，阜外绝壁，下临小溪，唯左、前两方，斜平迤下，接于大道，形势殊觉险要。其下有故垒及烹坝与冷碛营盘相似，唯不在浅岸沙坝内，而在高岸台地上，为不同耳，土人亦呼营盘。曰营盘，曰粮台，明示此地曾为军事要地，曾驻重兵，然属何时代，有何史实？历询无能言者，以余揣度，或是西炉用兵时，攻取磨西面之军屯，但史传载攻磨西事无及得妥者，又疑石达开自宁远北窜时，骆秉章等防河军队屯驻处，未知孰是。

山姓又有宅在堡北较远之猫子坪，崇垣缭绕，作西式。闻是山栋所居。栋方受委主持磨西开堰事宜。宅外有木船渡，通磨西。

得妥之南，逾一溪曰松林坪。农田腴美，与得妥相似。自此上山，通雨洒坪。又自此沿大渡河，通紫雅厂、哇角坝，入汉源境，经海流，渡河，通安顺场，是为河道。

得妥堡外，亦有木船渡，通对岸沙坝，亦曰松林坪。自此下经芝麻沱、湾东河口，入越嶲界，通田湾安顺场。自此上循岩路，通磨西。

得妥无市集。有小学校一所。又圣谕庙一所，每朔望，男女集会宣讲。陈敬三所创也。敬三以慈善著名，每年修路三百工，施棺木，修桥梁，劝人为善。今得妥道路修整，人民乐业，较之加郡，判若云泥。敬三之化也。

五十七、铁庄庙

得妥有铁庄庙，小学校在其侧。庙仅一楹，梁柱敝败，相传为明代古庙，可信。所祀神曰"铁桩土主"，未详所出。偶像蓝面，额涂白斑，甚丑。壁上嵌一小碑，文奇俚，照录如下：

永垂万古

乾隆五十一年大限地动山崩石立作山一皮金洞子

节水九日五月十四鸡明出水

铁庄土主太保孃孃尊神土地庄患金身

会首吴德玉　吴应龙　李宗

四川雅州府沈边长官司余为

　　此碑苟非有人解说，决难晓其意义；既晓其义，则一有价值古物也。碑意谓："乾隆五十一年大旱。已忽大地震，山崩石裂。金洞子（在今花石包附近）地方岸山坐陷，阻塞大渡河水。金洞子以上，积水九日。至五月十四鸡鸣时，河水始冲开积塞，向下游泻去。土人以为神力，特为铁桩土主夫妇，与庙前土地神换装金身。特请沈边长官司余，镌碑垂世也。"相传花石包，即此次由对岸山崩抛掷过岸。水塞积时倒流，上流淹没咱威等处，沈村以下皆成湖。五月十四日出水，洪涛巨浪，滔滔汩汩如银海翻转而下，沿流地方尽遭淹没。其时嘉定（乐山）南门外正搭台演戏，水至不及避，漂没人物无数云。

　　大约其事与近年叠溪事件相似。两百余年前巨灾，赖此鄙俚碑文传出，又惜以测知当时边地之文风，又可知乾隆以前此间已开金矿，又可知其时得妥仅吴、李等姓，无山、陈诸族，故此碑为有价值之物也。

五十八、"小鬼子"①

　　距今四十年前，得妥有"小鬼子"占吴姓女戌姑娘为妇，与人言笑交接，但不见形，今得妥老人，皆能言之，其事确凿。戌姑娘生于甲戌，故名，家松林坪，今六十余岁尚在。为陈德滋家佣，派紫雅厂守宅，余未及见。其遇"小鬼子"时约二十岁，尚未嫁也。自承被"小鬼子"占为妇，操作多得其助力，无所苦。亦未尝见形，但有声耳。初时声细如蚊，仅可闻。日既久，字字清晰，旁人亦能闻之。询其床笫事，亦不肯言。戌姑娘河下负水，人见其瓢自动挹水入桶，无人持之；入山拾柴，人见柴自投入筐中。戌姑娘云"小鬼子之力也"。然未尝盗入钱物食品。殊不类狐妖。其物自称大神。戌姑娘恶之，呼为"小鬼子"，亦应。久之，与人言笑，莫不

---

① 此为先生收集传奇故事。

狎昵，呼为"小鬼子"，亦皆应之。遂无呼于大神者。得妥男女有闻，辄往其家戏之。行时相语，曰"访小鬼子去"，至则笑言惬洽，无所侮；曰"弄小鬼子去"，则入室即遭斥骂，曰："汝某月日盗汝嫂，今复来弄我耶？"或曰："尔妇刻正与某暧昧，尔尚来调我耶？"或指他阴事，其人无不抱首窜去。有事群聚闲坐，忽有声曰："此聚甚佳。"众知为"小鬼子"来。延之入座谐笑，应答如响。稍侮辱之，即有物击背，甚者飞石侧耳而过。有时人家聚食，"小鬼子"来，曰："午饭香熟哉。"主人邀食，亦即入座，食量过常人，但见饭自入碗，筷动饭减，尽而复盛，辗转无已。家人或为啬诺答之，则釜甑间忽有秽物堆积，不可复咽。或邀其盗取瓜果食粮，则询曰："究何品物？若干量耶？"如索瓜，则见有瓜自梯上滚转而至，索米麦，则米麦转眼在前。咸疑其类己家物，食讫返家急验之，不翼而飞者适如其属。里有博徒，知对岸松林坪某家大会客，设订宝局。诱"小鬼子"曰："子不肯盗物，是正神也。然赌博场皆非善类，其财皆不义。子能知宝所向，潜以告我，使我得返其负，从此务正业，为善人，成全甚大。子固无所取，正如神之默佑耳。""小鬼子"许之。与同行。博徒恐其中变，行时频呼之，皆应。行及渡头，不复应矣。其守正不苟，大抵如此。吴姓恶其事，召巫师压之。巫至，开箱设神案供具，瞬息已罗列适当，多非手所及。造陈列鼓乐，神案忽失所在。用法衣冠时，鼓锣并失，已而作响于宅旁大树巅。巫不能制，叩头乞还原物而去。此鬼日夜不离戌姑娘者三年。一日，戌姑娘往某戚宅吊丧，入门后不觉有鬼随入，门外犬吠声彻日。饭后归途中，"小鬼子"复来近，曰："候子苦矣。其家犬恶，门上一物尤狞猛，令人怯退。升大树上望子，不得见。呼亦不应。以为子绝我矣。"戌姑娘告其父，其父往戚家验之，门上悬木瓢所绘"辟邪"，俗称"吞口"。取归戴戌姑娘头上。其怪遂绝。或云戌姑娘戴吞口，闻"小鬼子"遥哭詈骂。夜寝，以竿自窗外戳之，久而渐灭。或云"小鬼子"曾现一手，较人手为小，其人急取刀挥之，遂不复见。

戌姑娘已老，未复见"小鬼子"。唯三四年前，上山拾柴，忽晕跌立毙。已临葬，复苏。死二日矣。或疑"小鬼子"为祟，或疑"小鬼子"佑之。又传四十年前，周某之弟拾薪跌死。翌年，"小鬼子"出。疑即其魂也。戌姑娘，通呼如苏姑娘云。

五十九、雨洒坪道中

得妥至雨洒坪三十里。凡三道。旧路，自得妥后山，循干沟斜上，逾大山，为上雨洒坪。干沟，即得妥与松林坪间之小溪也。新路较捷：自松林坪，上一赤松林之土阜，其上有比较宽坦之地曰庄子坪，原有住民一二户，今已荒。自庄子坪直上，逾一小岭为王家沟，一狭深之河谷也，两侧高山皆大森林。有羊肠小路自森林间循崖蜿曲达于水次，又循水上溯凡五里至近源处，盘道直上，逾一大岭。密林间有湖狭长，与沈村菱湖略似。岭无名，姑名之为海子山。岭之南侧溪水绕山南流，曰隆达沟。山路旁谷逶迤达中雨洒坪。尚有一路，自松林坪沿大河南行逾菩萨河至紫雅厂斜达下雨洒坪，最为迂远。近年上下雨洒坪者皆取新路。

无论新路、旧路，皆狭仅容掌，或盘旋于岩际、森林之间，或踯躅于水湄、石砾之上，崩崖坠石、猛兽毒蛇，随时足为人害。冬季山岭积雪没路，冰凌腻滑，几无着履容足之处。余过此时正逢隆冬，上海子山时，已届薄暮，目不能辨路，风雪交逼，每每误践冰凌滑跌数丈。幸陈德滋先派其义子猓㑩陈荣廷同行。猓㑩践冰雪荆棘，昏暮不迷。余双手挽之，以人为杖，犹数倾跌。其苦难喻。然其风景绮丽，偿此痛苦有余。树枝藤蔓，水分附集，尽成冰花。不为六出薄片，面作小晶柱状，又不虚附枝藤，斜撑而出，或骈如编贝，或聚如织毯，又复层层斜出，枝上结枝，长逾数寸，千状万态，不可殚述。要莫不一体晶莹，无织尘垢，随名匠穿珠、良工凿玉、巧织结网不能如此丽也。弥望十里，莫不皆然。以手触枝，随振坠落，缤纷如雨。枝则绿色圆细如故，无复向之玲珑苕壮矣。余以薄暮过海子，睹此奇丽，流连忘行，遂以夜半，始达雨洒坪宿所。归途在烈日中，瑰瑶不解，光辉尤绝。此景为川境、康境之所无。唯泸定南境高山，最为普遍，盖空气中多含水分故也。

康滇马路，往时沈技正明伦选线，自泸定冷碛与川康路分支，南经沈村、加郡、得妥、紫雅厂渡安顺场入冕宁。嗣经中央派队测勘，改由泸定桥循大渡河西岸南下，经紫牛、扯索、咱威至加郡沟与花石包间过河，经得妥出雨洒坪、哇角坝渡安顺场，谓较省工。其所选得妥至雨洒坪路线，即兹所沿之海子山旧路。余过此时，该队正张幕于庄子坪山上与王家沟内，从事测勘。果使此路告成，则雨洒坪成为显衢。海子山冬季，琼林玉树，晶珠璎珞，将成世人共赏之物矣。

六十、雨洒坪与其异疾

雨洒坪为泸定县极南一村，一南向之高原河谷也。山脉自飞越岭南来析分为二支：西支为雨洒坪与得妥、干沟及王家沟之分水岭。得妥至雨洒坪，新旧两路皆须逾此山脉。新路所经即海子山也，自海子山而南抵大渡河岸曰菩萨冈。东支为瓮冈坪与雨洒坪之界水岭，亦即泸定、汉源之界山也。雨洒坪入瓮冈坪之处曰马颈子，其南曰扁罗冈，为自雨洒坪至哇角坝大路。两山脉间一水平流，两岸成串字状平原，曰上雨洒坪、中雨洒坪、下雨洒坪。下雨洒坪以下变为狭谷潺流，两岸皆无通路，入大渡河。

上、中、下雨洒坪，全面积约五万亩，高出海面二千余米，地势南向，故温暖湿润，秋日多雨，冬春多雾，晦日无多。土肥沃，产大豆、玉蜀黍、荞子、油麦、洋芋、花椒、辣椒、蔬菜。下坪、中坪，产红稻。上坪较高，种辣椒，不种红稻。油麦为一种大麦，能磨作糌粑，但非青稞。住民现约四十户，半数集于中坪。汉人三分之二，皆汉源籍佃户，倮㑩三分之一，皆熟倮㑩，通汉语。以农为业。所产粮食，除自食外，一概售与得妥。其地地权属于余、山两姓，取租较他处为廉。然水恶绕致奇疾，成人住此八九年后，皆患"冷骨风"。冷骨风者，当皆呼为关节疣症。凡住此地久，或指或胫或膝，关节间韧带硬化，骨端疣起，运动困难，久亦致死。土人认为秋季阴雨湿气所中。又其人食肉，每每吐泻而死。土人呼为霍乱，谓由食肉、受风所致。妇女生育如常，唯小儿养至二三岁间无不死者，速者数月即夭，绝无幸免。无论汉、倮㑩，皆然。是故地虽贱，租耕者少。倮㑩居此地者多属磨西而及越巂县境另营一宅，为育婴避病之用。其余佃户率皆以八年为最长租期，期满必弃云。是故此间无世业之人。然以其种地利厚，又以高险，催科罕到，俨如世外桃源，亦有离去数年复来一试者，亦仍数年复去，绝无连续租耕至十年以上者。

以无人持续住此之故，雨洒坪过去历史无人能悉。余往川主寺故址，觅得一偶像遗躯，整木雕成，甚伟大，掀之易动，缘木质已朽，故甚轻也。翻视下方，雕纹及彩绘尚可验。所存龙袍之胸部，龙浮雕，精致无匹。由此，可知往时庙宇之宏丽与神像之庄严，亦可推知其地方之繁荣。使如近日，则虽塑一土偶，尚不可能，安能有此精细之工巧哉。有谭友全者，居此已十八年，为汉人居此之最久者。出示其手脚关节臃肿拳曲之状，谓故乡无业可以归耕，待死于此。据云：初来时，上、中、下坪共有百余户，编练保甲，团规甚肃。上坝点团于真武庙，中坝点团于川主庙，下坝点团于金花庙。皆以一炮为号，炮鸣自集。如鸣三炮，则三坝民丁，齐会于川主庙，以为常制。因小儿不育，故多绝户。十八年来目见绝户三十余家！陈管事、姜绥之、雷金龙、彭南亭、吕师娘、王篾匠……不胜悉举！有时全家吐泻暴卒。有旁姓，除夕食肉，元旦视之，一家皆死。如此灾异不一。现存四十余户，户一二人者多。合弟兄妯娌，无达七八人者。真武、川主庙皆塌，唯金花庙尚存。有倮㑩证海云者，已五十八岁，据云：十三岁时，随父兄移家来此。时则上、中、下坝皆倮民。多有汉式木屋。其时瘟疫流行，死人如麻。每日见四山举火，就之，皆焚尸也。

问之皆云食肉所致。其后于六月兴火把会，宰牛禳之，食肉始不尽死。后因冷骨风与小娃子不育，迁居越嶲海耳洼之茨格达地方。住十九年，因被匪劫，迁回雨洒坪。已是遍地空屋。又曾迁居紫雅厂三年，复返雨洒坪。前后凡娶四妻，生十子，皆不育。本年六月生第十一子，未知能常养否。

谚云："好个雨洒坪，进出两个人，若还多一个，必是外来人。"目前雨洒坪多空屋。佃客甚难招致，云大抵此坪气候不恶，土质腴厚，初到者，无不有世居之意，更有初到者，呼朋引类以充实之。住既久，则去之唯恐不远。故其住民变动无常，有时繁荣，有时落寞。大抵旧为番人住地，属沈边土司，故其地主，大半属于余姓。其后番人死绝，又招猓猡填之。四十年前，猓猡大集，寻复死绝或迁去，又有汉人纷往填实之。真武、川主、金花三庙，皆此地汉人极盛时所建。其时似属清末民初之会，或有官府奖垦之力。山姓购业，当在此时。其后人罹奇疾，绝户日增，又复为之荒旷。于是凶名远播，无肯落业。唯有汉源佃农设为暂耕八年之计，来此承佃，维持现在之情状耳。

初至之夜，宿保长姜春圃家。据云：汉源富庄人，弟兄多，田业不敷耕种，来此佃山就业，压租银一锭。岁收玉米八九石，纳租八斗。酿酒售猓民，甚有利。历年小有收获。妇于此产二子，其一三个月即死，其一岁半死。今育一女已岁半，尚未死。近年渐患冷骨风，已退佃将去。来此承租者，均是富庄人。猓保长骆次平云："住此地二十年未患冷骨风。初来时八九十户，现存仅三四十户。汉人增减最无定，猓猡始终二十余户。"又曰："往时此地为世外桃源。民国以来，渐为外人所知。民国十四年，川边四师防堵第三军曾驻军队于此。二十四年，红军过川边，四月二十六过此，此外未见军队。"

余以为雨洒坪最宜修盖营房，训练军队。康滇马路经此，则交通便；附近饶森林，则盖屋易；农产有余，则给养足；不育小儿，于群雄无碍。冷骨风七八年乃成，无害暂住者，荒地多，则可施行屯垦也。

六十一、瓮冈坪与康熙鹏

雨洒坪之东，隔马颈子山脉，为瓮冈坪，为阶段式之舌状平原。全坪三面环山岭，一面临绝壁，地势向南，四时多雾，罕见天日，住民如处瓮中，故曰瓮冈坪，亦作文冈、王冈等称。产荞麦、洋芋、油麦，下坪较暖，产较丰，中坪次之。一百年前，曾经繁盛一时，住民达三百余户。光绪七八年间岁凶，洋芋烂于土内至不存粮，住民渐向四方迁徙，迄今只存李、苟、宋、王四户。王姓只一人业烧碱；宋姓家在火家沟，仅设小店于此兼营种植；苟姓系猓猡，贫甚，以猎为业；唯李姓系汉源垦民，住此二岁。皆住下坪，以故全坪皆丛树丰草，荒凉不堪。

汉源人之远出垦种者，多乐就雨洒坪。故老相传，往时有资州阳县人移垦瓮冈坪，大获利，戚邻相呼，襁负而至者，络绎于途，一时全坪达三百余户。谚曰："好个瓮冈坪，尽是资州阳县人。"又有康熙鹏、王德清等在二坪上建莲花寺念经阐教，能使浓雾开霁，气温暖于河谷，农产丰盛。又竖拜旗旗杆，信奉者众。遂纠众谋反，惧事者奔报清溪县，县尹集驻防军，调民团入寺捉康与王。王诛于清溪，康熙鹏解成都斩决。于是以张、黄、伍等豪姓为保甲长理其地，当时又有"张知府，黄知县，生死衙门伍三元"之谚。其时距今约七十年。富庄有姜瑞廷者，现年八十，言当时甫十二三龄云。地既僻远，催科罕至，户籍漏列，视同瓯脱。其后李、姜二姓争地互讼，遂拨为文庙祀产，由富庄文生郝永清承租，年供祭牛一只即为租价。郝姓曾大举招垦种花椒及薯，应者寥寥。延至又多逃去，今唯存四户，又每年赴坪采椒一次而已。又曾放牛三十余头于二坪，虽草佳水肥，但多狼，以次袭杀其牛皆尽。是后遂无复敢言开发此坪者。

得妥陈德滋言，民十四年率泸定民团来雨洒坪为川边防堵第四师，曾至瓮冈坪莲花寺。寺已圮，四大天王像仆地，形体绝伟，背上生树已大于拳。正梁上朱书年月已不能确记，似为嘉庆某年，下书"首领弟子康熙鹏建"，字颇工，云云。余疑康熙鹏系白莲教余党逃匿此地，辟土植谷，开发此坪。渠或系资阳人，故能辗转招诱，襁负来垦。大约至同治时再受太平军石达开及蓝、李党羽之游说将谋响应，因土民告发被擒。即或因翼王败后，有太平天国余党逃至此地与康等共谋举义，始被擒杀。要其事与石达开甚有关系。或传康熙鹏被擒时，须发皓然，精神奕奕。夫其人能拓地自立，行化得众，蓄志革命，从容就死，决非徐鸿儒辈可比。惜其赍志边荒，未克传世。

六十二、泸南猓猡

泸定南境得妥与磨西面皆有猓户。所居在山间，以种荞麦、洋芋等为业。性皆恂谨，从未与汉民滋事，汉语纯熟，所谓"熟猓猡"是也。雨洒坪猓户尤多，皆佃地耕种。其住宅极简单，用竹篾编制巨席围绕覆盖而成。其俗多忌，住宅必须一日构成，一日不成则弃之。其俗一切与宁远猓民同。记载猓猡之书已多，兹不复述。

倮民嗜酒而不自酿，沽于其邻之汉户。故凡与倮户杂处之家，无不酿，售速而利倍蓰。

世传白倮㑩为汉人掳而同化于倮者，是不尽然。大部白倮皆是苗族之一支，不过曾被黑倮征服，与被擒汉人，同为黑倮之奴隶耳。若余所见泸南诸倮虽皆"白彝"，且已半汉化，但与汉人骨相绝异。其行路时上体不动之功夫，尤非汉人所能学成。

六十三、香杉花板

泸南亦产香杉花板。往来雨洒坪，见陈德滋方雇人掘之于王家沟。王家沟两侧皆松砂浮土，森林密蔽。每年溪流暴涨，必有冲塌，或削左岸，或削右岸，每每发现昔年埋没木材，纵横满谷，皆不中用。唯一种系香杉埋地所成，斧之有气甚香，作金石声，掘取作棺，即所谓花板也。花板视木材之老稚与埋没之久暂，定其价值。最上品曰骄板，鐾磨成器后扣之若有绒毛；其次曰精板，受鐾磨后，骤视之，仿佛凹凸不平，而实中绳墨，由其纹理异也；又其次曰仕板；下品曰杂板。一棺之价自数百元至万元不等。

香杉树形劲直，峭拔不群，无巨枝歧干，远望如举烛然，叶片披针形，羽状拂列，以小枝丛着于直干上，心材具檀香气，年老者愈佳。其香含于各细胞内，历久不散。细胞破则香溢。故鐾香杉木材时，数百步内皆闻奇香。其木材埋土中久，矿质浸填于细胞空隙中，质坚如金石而香不败。此其所以为世所珍也。

雅江南境产土檀香，即千年香杉之老根材也。康藏僧侣所焚之黑香、白香，实皆松杉类之树脂。提炼之法，未为世传。大抵以香杉类木材干馏所得耳。

六十四、得妥磨西面

自得妥渡河至磨西面，凡三道。其一，自猫子坪下方渡过上松林坪，出于磨西河口之北岸。沿山合磨冈岭大道，为近年新开。曾见山栋骑驴至此路渡河，想尚平矣。其二，自得妥经渡下松林坪，出磨西河口之南，循南岸山壁至乌科。有住民五户，路奇险，以腹贴壁而行。自乌科下绝壁渡一桥，上磨西，全程约四十里。松林坪河边海拔约一千一百米，乌科一千三百米，磨西一千六百米。其三，自下松林坪循大渡河西岸南行经浸水塘、沙坝，至湾东河口，约十五里，海拔一千米，是为泸定南界。沿河而上，约十里至湾东。为河谷间之一大村，住民散落三十余户。自湾东逾桂花坪下八步沟至磨西二十里。此路虽迂回，较乌科路易于行走。自湾东逾猛虎冈而南，与自湾东河口顺河而南，皆通越巂县之田湾场。

民国十九年，余以私愿在探河道形式。自康定经田湾安顺场，沿大渡河出峨眉，泸定吴县长筱波，方集资拟开磨西稻田。余见康宁贩运人士旅行河道之艰苦，函劝其以此集款修凿磨西至田湾道路，经吴氏呈准政务委员会采行。余原函建议，系采乌科、湾东、河口至田湾一线，以其全路沿河岸行，无垂直的曲折，于负贩为利。唯如乌科望乡台寺处，须凿山开道，工程较大，当时督工者畏之，改用桂花坪翻山至湾东，湾东翻山至田湾一线。业已修成可通骡马之路。但此路并无骡队往来，贩运皆恃背夫，背夫非沿河行走不利。故当时培修之湾东大路殊与余建议目的相背。大抵政府中人，罕为深识远谋，一切建议，皆取易者为之，聊以谩世塞责而已。刘仁斋之所以为刘仁斋，俗吏之所以为俗吏也。

六十五、磨西面

磨西面，为长二十余里、宽六七里之一舌状河原。主流平自雅加埂流出。初行于急斜之山坡中，凡三十余里至长河坝，山势开阔，又三十余里至磨西面与燕子沟水合，自此以下复为绝峡约十五里，自上下松林坪之间入大渡河，旧亦称为泸河，余呼之为磨西水，俗谓磨西大沟。

磨西面水支流，以南门关河、燕子沟、磨子沟、八步沟为最大，皆自木雅贡嘎大雪山脉之冰河，东下急坂来会。除南门关河自南门关直入正流外，余三水皆并于燕子沟。大约万年以前，乌科至松林坪间之峡，刻削有限，磨西至长河坝皆为湖沼，雪山诸水，运积泥沙淀于湖内。其后乌河峡深凿湖水泻去，露此平原。今则磨西水依左侧山麓而行，燕子沟依左右山麓而行，各已深陷成为五十米左右之峡状，留出中间约百方里之舌状平台。于泸南万山中，拓为一农产丰盛、人烟密集之凹台，亦造化之奇制也。

磨西平原，共有住民八百余户，四千余户口，占泸定全人口之七分之一。有市场二所：南曰磨西场，市民六十余家，集期二、五、八。有完全小学一所，学生约百人。有邮政代办一所，通冷碛，三日一班。北曰喇嘛寺，近改名新兴场，又改复兴场。有市民三十余户，集期一、四、七。有初小一所，学生约四十人。两市相距十五里。最近户口编制，为两联保：磨西联保，辖磨西、大杉树、八步沟、蔡阳坪、湾东五保。八步沟、蔡阳坪皆在燕子沟两岸，蔡阳坪有短小一所。复兴联保辖喇嘛寺、堡子坝、燕子沟三堡。

磨西平原出产，以玉蜀黍为大宗，年约二三千石，销行康定等地；生丝约万两，销缅甸。

六十六、磨西水利

磨西平原，为高于左右两河面五六十米之台形积土。土难蓄水，故虽气候温暖而不能种稻。光绪末，刘仁斋宰打箭炉厅，引南门关河水，缘龙堡山腰灌入平原，自喇嘛寺至磨西场为渠。试行种稻。龙堡山者，在南门关河与燕子沟之间，为舌状平原之舌根。自南门关河开堰至喇嘛寺附近，长十二里，高差约二百米。自喇嘛寺附近至磨西嘴，长十五里，高差约二百五十米，故其水行甚顺。然自堰口至喇嘛寺附近，皆掘山腹斜壁为渠，渠外绝壁直下，约二百米为堡子坝。大河原住民五十户，耕地相称。万一渠岸不固，渠水溃溢，即有漂没危险。而此带极乏石材与石灰，山坡作埂，极难坚固。而南门关水，系自雪山流来，水量甚大，奔流纵肆，不易拑束。故刘公旧渠，开口甚小，不敢多放水入，以防殃及堡子坝居民也。入水既少，沿渠渗浸，入平原后，仅余涓滴，供沿渠居民饮用尚且不足，更无余力溉种稻田。其后似因刘公去任，堰土竟废。赵尔丰经营川边，对于康泸两地着力最少，未曾复兴此堰。民十九年，吴筱波任泸定县长，欲复堰工。余适过此，以为种稻之利，不能超过玉蜀黍二倍，而堤工疏虞，则害有不可胜焉，且增加磨西生产，终未足以解决康定之粮荒问题。莫以其款改修磨西至田湾道路，使宁远食粮容易经过磨西援济康定，则康、宁、磨西皆食其利也。此利获行而堰工复罢。

民二十六年，李竹修县长与磨西士绅，又复筹款开堰灌田，任得妥山栋主持其事，整理刘公旧渠，放入大量河水，灌溉稻田。据称本年获稻千余石。堰工完成，可岁获稻三万石。较之旧日徒种玉蜀黍者，收量与收获价值皆同时增进。农工大可减省。同时，并于坝中修筑水碾水磨，尽水之利。诚利民之盛举也。

王荆公有云，天下无有利无弊之事，亦无徒弊无利之事。磨西水利，利民之处至为显著。然亦不能过于乐观。假使堤工管理不善，水政管理失人，亦无在不逞其害也。

六十七、天主教堂与麻风院

磨西天主教堂,规模颇大。办有男女小学各一所,共有学生六七十人,皆教友之子女。医院一所,医生技术较康定修道院中医生为高。其成绩犹著者,为麻风病人之收容。

麻风为溃败身体组织之恶疾。俗称癞子。谓由食物传染,黏膜接触亦能传染。病菌寄生于病者细胞内,使细胞分生不已,致指臂大如腰股,或鼻塌嘴边,面目溃败,五官消灭,而人不死。又遗子女。西康唯温暖湿润之泸定南境始有之,丹巴、鱼通各境内,亦可感染。自打箭炉以上,其病菌不能发育。往时磨西境内颇多,辗转传染,无术弭止。天主堂特建此院以收容之,非能治疗也,聚而养之,使其不致传染他人而已。余畏感染未往观。闻其现所收容,已达一百五十余人。中有数人,面目脓肿,将就溃乱;有一人五官全失,唇齿皆已无存,仅余一小孔,受粥水,尚未死。

闻有一教士,发愿为麻风病人服役,供应饮食,扶持行动,已数十年,未曾感染。余曾见一麻风者,系中年时因食羊肉发病,脚、手、面目皆于数年内肿坏,小儿女三人皆生而麻风,但其妻并未传染,即往时同食羊肉者亦皆无恙。大抵麻风病潜伏时间甚长,甚至可以终身潜伏,如食羊肉、杂卵等熟性高价食品过量,或因他故诱致,乃突暴发。世谓泸定羊肉、杂蛋传染麻风,未必然也。且麻风之传染他人,亦不容易。唯绝无不遗传者。以其菌体窜入人之细胞颇难。若子女则根本由父母之细胞发育长成者也。麻风院使病者与人隔绝,不结婚,故成立甫三十余年,泸定此疾殆绝。

六十八、木雅贡噶

西康第一高峰,木雅贡噶山,高于海面24891英尺,即合7587米[①]。除喜马拉雅山脉中之埃佛勒斯峰(8840米)、力拉吉利峰(8168米)[②]及附近之二高峰外,应为世界第五高山。然其山座低于喜马拉雅山脉,故在未经测定以前,人多误以为是

---

① 后经现代技术重新测定,各山峰高度数据已更新。
② 分别为珠穆朗玛峰、道拉吉利峰。

世界第一高峰也。

此山与磨西鸟径距离不过五十里,高差几至六千米。但为脚山所障不能望见。望见此山,须在康定之玉龙石。往时,九龙尚未设县,汉人往来玉龙石者绝少。故此山虽近在川边,反不为汉人所知,为历代中国图籍所不载。番人奉此为神山,建一小喇嘛寺在山半冰河尽头,以主其祀。称为木雅贡噶。番人称玉龙石至营官寨、东俄洛一带为"木雅",而雪山为"贡噶"也。清末民初有英籍艾牧师者,探索康境殆遍,曾数见此山,知其名为木雅贡噶。后在成都遇见美籍探险家洛克,告之。洛克于民十八年自云南丽江,经木里来打箭炉往返玉龙石,探测此山,摄有影片多幅,并将木雅贡噶附近高峰七座,赐以名称,约测高度,连同游记及简图,在美国地学杂志发表。由是引起世界学者注意。

民二十年,广东中山大学组织考察队由瑞士籍地质教授哈姆导率,来山考察。因天气不良与设备不足未能登至山顶,仅将其附近之地图测定。曾由磨西方面测定燕子沟与八步沟上方各冰河,费时约半年,因经费用尽而去。适中山大学与哈姆解聘,哈姆遂未将考察报告缴纳,返国以后曾在英国《皇家地学杂志》等处发表其探测情形。哈姆之后有美籍华侨杨帝泽导同美国探险家布尔沙等一队,于民国二十一年攀登山顶,树立中美两国旗而下,并将其附近诸峰形势与高度测定。二十三年专书发表。兹据其书将木雅贡噶等八大山峰与其附峰之高度、位置表列如下:

汉名	西名	位置	高度英尺	备考
木雅贡噶	Minya Konka	玉龙石正东方	24891	
龙吉马因	Longemain	木雅贡噶西北七公里	20856	
附峰一		龙吉南二公里	20144	
附峰二	洛切马因 Nochma	龙吉西南六公里	18530	
达多马因	Daddomain	龙吉北三公里	21067	
附峰一		达多西南半公里	20850	
雷多马因	Roddomain	达多七公里半	20365	
附峰一		雷多南二公里	19727	
附峰二		雷多南三公里	19810	
泸溪贡噶	Rischi Konka(峰克)	雷多东北七公里	21653	
附峰一		泸溪南一公里	20739	
角罗斯峰	Mt. Grosvenor	泸溪西南三公里	21188	洛克纪念哈佛校长而名
奇布龙贡噶	Chiburong Konka	泸溪北三公里	19775	

续表

汉名	西名	位置	高度英尺	备考
喜拉卜山	Mt. Sherap	玉龙石梁子正东一公里	18069	榆林宫可以望见
曲山	Mt. Chu	木雅贡噶东南五公里	21467	哈姆所发现
娘波贡噶	Nyambo Konka	木雅贡噶西南七公里	20028	
松雅	Mt. Sunyatoen	木雅贡噶东北七公里	22990	哈姆所发现
艾牧司峰	Mt. Edgar	木雅贡噶北十六公里	21978	纪念艾牧师引导而命

峨眉山顶，可以望见木雅贡噶及其迤北一列雪岭及瓦斯沟南诸雪峰，远至海子山，为一雪墙，一般称为"西番雪山"，中国地图所称之大雪山脉，即此雪山脉也。国人管理川边数千年，虽知有些雪山，而不能辨其名位。必待西人数番探险，著于籍，播于世界，而后我国少数学者知其涯略，是亦可耻事也。

六十九、雅加埂

自磨西北行，十五里喇嘛寺，五里堡子坝，十里长河坝。海拔二千五百米，为平原尽头，亦农地之尽头也。自此以上，河谷两旁皆大森林。长河坝附近兼产竹，有纸厂。五里大桥，高二千七百米，有独木桥过河东岸行。二十里两河口，高三千一百米。十五里草坪，高三千五百米。渐出林界转入雪山。五里关门石，三千七百米。十里雅加埂，三千九百五十米，为雪山中之路店。再上逾山脊四千米，盛夏多雨雾，行人不辨四方，春秋冬皆积雪。冬时雪常深数尺，赖顶植标杆以辨道路。天气转多快晴，得逞眺望之乐焉。

雅加埂梁子，为木雅贡噶山群与五色海子山群间之低凹部分，亦即康、泸两县之分界。自此北下，过吊海子至榆林宫，三十里；至康定，六十里。唐以前，瓦斯沟至康定峡路尚未开凿，番人入通内地，唯恃此道。宋以后，番人为搬运雅茶便利计，始创瓦斯沟路，径自天全入购雅茶，此路仍未衰败。清康熙以前，此路与瓦斯沟路皆属同样重要。迨泸定桥成，此路始渐废也。

七十、咱威与奎武

自雅加埂折回八十五里至磨西面。自磨西面折东北过一深沟上山，斜行逾磨冈岭至咱威（一作杂维）五十里。旧为大渡河西岸一番人村落，有二三十户聚居于距河三四里之丘上，有街无市，是为咱威堡子。其地位重要与烹坝相当。西炉之役，官军曾以此为大本营，进攻磨西也。乾隆五十一年大地震，磨冈岭下金洞子壅塞，积水逆流淹没此间，未及堡子。其后水退，侵蚀西岸土壁，成为层峰叠嶂、山岭回环各态，蔚为壮观。土壁之下产生缘状河原长数里，土质腴美，农产丰盛。近世建筑市街一所，称咱威场，去年新改曰德威场。有市民二十余户，集期三、六、九，市象颇佳。市南一里太保庙，有初小一所。庙门土地，塑作纬帽补服，颇似丁宝桢像，殊为异致。

咱威旧曾开堰灌田种稻，有碑在市北二里许道侧。肩舆倏过，未及抄录。忆似亦为光绪时刘仁斋所开。近年兴市场后，又曾拓堰种稻，亦有碑在市坊内。水渐工兴，地利日辟。诚可喜事也。

自咱威，沿河南行十里至奎武（一作癸五）。有上下二堡子。土民多于咱威。有短小一所，其地与加郡相对，有溜索旧渡。自此与磨冈岭大路别，南逾一山嘴，曰瓦窑冈，又南沿河经沙坝至漩水湾，正当花石包对面，即乾隆五十一年塌岩处，岩路陡绝。又南上绝壁，得一小平台地曰干海子，有桑柘稻麻之利。自此下坡至得妥上渡。全路未经修治，升降极苦，不通商旅，唯土人赴市往来。

咱威场有木坊，注明三百户，一千三百五十口，似系合奎武言之。又标古迹名胜八条云："古堰遗迹"，即上所记旧堰也。"飞绳渡口"，即奎武溜索也。又有"青枪独立""黄粱似尽""仙人蹈足""山神搬石""洞滴铁泉"等。

杵泥循西岸北行十五里紫牛，亦喇叭状河原也。往时为西岸重镇，近世不振，成为杵泥之附村。自紫牛循岸北行三里下田坝，四里中田坝，五里上田坝，又十里经沙坝至泸定。

中田坝与上下田坝之间，有两水自雪山流出入大渡河。刻划附近诸山，为鱼龙起伏之势，俗所谓"鲤鱼三连汪"是也。中下田坝之间为松林坪沟，其上游曰松林坪，为一村落。自紫牛斜上山嘴达松林坪，再循沟登山，逾雪岭曰哪吒顶，可通康定。其海拔更高于雅加埂。往时行军偶出此径。私茶亦或由之。近已废为荒林雪窟矣。

七十一、泸定天主堂教产

泸定天主教堂凡三所，一在冷碛，一在磨西，一在沙坝。各有司铎一员。附设男女小学各一所，兼收养孤贫小儿。并附治疗所，为附近贫民医病，量施药物。医士概以修道任之。磨西医院最为完备，有修道六人，皆西籍，技术颇高。沙坝、冷碛两处，知医而已。

沙坝在泸定对岸，相去三里许，教堂建筑，已五十余年。现其司铎为汉人。此教堂兼辖沙湾、鱼通两教堂。附设孤老院，兼收容孤贫老人。附设小学在另一院内。往时泸定尚未改流，无学校，汉人子弟失学者众，赖三处教堂附设小学，灌输新知。奉教者因而日众。自改流以后，官立学校以次推展，近则全县已有完全小学四所（泸定、冷碛、兴隆、磨西），初小十所（桑林、咱里、岚州、沈村、化林、加郡、得妥、新兴、咱威、杵泥），短期小学七所（干海子、察道、岚州、海子山、蔡阳坪、奎武、扯索）。教会学校，生徒锐减矣。

泸定属西康教区，各教堂皆受康定主教管辖。查天主教西康区所管教堂，分东西两组，东部为康定、泸定、冷碛、磨西、道孚、丹巴、炉霍（在虾拉沱）、懋功、崇化等大教堂，及上下鱼通等小教堂数处；西部在巴安、盐井、雅海贡（三教堂在康境）及阿敦子、茨中、苍木通、康卜、维西（皆在滇境），及其他小教堂共二十二处。其经费，往时由罗马教皇发给。大清末叶，供量甚大。各教堂并于汉官素未注意之地方，尽量购置产业。在泸定者，尤为丰富。于法，教堂不能在中国购置产业。故泸教产，皆称租典，实则暗约以售卖。典入之后，兴水利，辟稻田，地价突增。佃人耕种，食其租利。现则全区教产收入，开支各项事业及传教经费有余，早已不受教皇助款矣。目前边疆开发，地价较原典时，增加百倍以上。业主后裔，咸欲赎回而苦无字据。教堂亦将此项租籍，秘藏不宣。虽宣言许人赎回，人亦莫知其原之界至与典额，无从言赎。依中国习惯，卖业由业主书据，买主执存；典业，由双方可立合同，分别执存；租业由租方书据，业主执存。当时似系用租典之名，行买卖之实，故业主皆无契据。教堂亦可谓狡矣。或谓假使教堂佃户皆抗租，则教堂必缴验文据，请政府追究，时则教堂不合法之租约，不能自隐，便可赎矣。是诚毒计也。然教堂之于西康，颇有功利。

七十二、泸定金石

康熙御题"泸定桥"碑，在桥西首。

康熙御制"泸定桥记"碑，在桥东首。并详前。

桥工铁碑，在桥西端桥亭南侧。文曰："巡抚四川等处地方提督军务都察院右副都御史加七级能泰，提督四川等处军务节制全省镇将提调汉土官兵总兵官岳昇龙，奏明皇上建此桥梁。康熙四十五年，岁次丙戌，四月初四日未时合龙口，拨兵看守以利行人。监工官，化林营参将杜次□，化林营守备杨君强，黎大所千总张鹏飞。抚标千总冯九□，提标千总汪弘臣，尔吉□。查阅官华□。"碑高四丈，碑文八块嵌合五级如冠一块。凡五级九块。龙云边文。旧封闭，近始开。康熙时附近无流官，桥由化林参将督修也。

铁牛、铁蜈蚣、铁独兽，并嘉庆七年天全知州胡延蟠、泸定巡检王廷铸。已详前。雍正七年天全、汉源改土归流，以后桥主似由天全州官督修。三物皆修桥余铁所铸也。

观音阁钟，"道光二十年仲夏月中浣日造"，文字书均甚精工。阁在桥西端岩间。当亦桥工余款所建，并铸此钟也。

将军庙磬，将军庙在观音阁下御题泸定桥碑后，祀郭达将军。铁磬道光二十八年铸。系沙坝镇铧匠杨枝济铸献观音阁者。文镌观音阁作"观音各"，铧作"华"。

"刘公石"勒石，在羊圈沟侧。泸定人士纪念打箭炉同知刘仁斋创立羊圈治水德政，光绪三十年镌。

"西征凯旋碑"，在县府头门内。光绪三十一年，四川提督马维骐并书。自记其勘定泰宁与巴塘番乱事。马，云南阿迷州人，由武立里随云贵总督岑毓英，转战积功至四川提督，宣统二年卒于任。嗜书。学颇有得，文亦条畅。

"凤威愍公神道碑"，巡俭宝琛，记凤全殉难事。光绪三十二年建。在县府头门外。

"衙规碑"，在县府大堂侧，忆似民国二年泸定第一任知事胡寿卿（炳权）刊。胡，贵阳人。甚著循声。泸定龙巴铺，有其德政碑。沈村等处，有碑刊其取缔衙弊规条。以上三碑，文长不录。

刘文辉题"古泸定桥"碑，在桥东首桥亭外。

刘文辉"重修泸定桥记"，在桥东首桥亭内。文镌两面。曾默躬书。文长不录。

以上只就县治附搜录。县治以外，唯化林、岩州较多，当更辑纂。其余或已散见各节中。

七十三、船　头

自泸定，沿河北行，一里余，过川王宫，庙宇颇宏大，而敝败不堪。庙侧，大操场尚存。庙内无碑碣，侧殿有一木雕神像绝佳，似文昌，又似药王。风雨飘摇，仪形渐败，殊可惜也。过庙又约一里，为船头，有市街，住民二十户左右。其外河面宽五十七米，有大木船济渡。旧制，冬月水枯为护惜铁桥起见，骡马、背夫、往来行人均由此过河，并将桥亭封闭。今不封桥，公务人员及步行人士，皆可由桥上通过，唯驮脚、背夫，被迫过船。故凡冬令，船头市颇形热闹。背夫、脚夫，多径宿于此。此辈节约，市间所售仅煮洋芋、玉麦粑与花生、酒、萝卜汤之类耳。房屋为军队驻扎，摧毁颇多，现尚未全修复。

七十四、干沟与嘉庆河坝

自船头北行渐入山路，三里四湾头，三里九槎树，为一山嘴，下沟后过桥五道至五里沟。去泸定十五里，为一村落。又过桥五道至盘脚，转入山道。凡十五里至干沟。又过桥五里油通口，皆有路店。自此曲折上山十里至马鞍山顶，高约两千八百米，为天、泸界山。下山经门坎山、两路口、南坝子等处至天全，为天全入康大道。其路捷而险，仅背夫往来。

自马鞍山回返循沟水出大渡河岸为嘉庆河坝，距泸定十里。有沿河小道，肩舆可通。五里沟水，自马鞍山流出，虽长二十余里，而谷狭山急，森林缺乏，无以涵濡水源，故晴则全沟涸竭，雨则洪水横流。沿沟两岸不能停留土壤，农地既少，道路亦难，干沟之名由此而得。嘉庆河坝，为一喇叭状河原，流水之部盖属石砾。距沟较远，始有农地。可以想见其水患之烈。相传此地因嘉庆时大水冲坏，故曰嘉庆河坝。余考康熙时，泸定地名已有岚州、杂道、嘉庆，均见西炉之役各传记。是嘉庆河坝，非由嘉庆时所开而名可知也。"嘉庆"或是译名，或因明嘉靖时所开而名，转写作"嘉庆"耳。

七十五、察　道

自嘉庆河坝沿江北行，五里曰察道，与上咱里及小烹坝隔岸相望，作等距离。住民二十余户，皆碉房，作西番式。往来咱里、烹坝间者，皆可望见。白壁崇墉，层碉比立，仿佛甲第聚处，既而察之皆破屋也。

察道在明为长官司驻地，书作杂道。为河东六番部之一。嘉庆河坝、安乐坝等处皆其辖地。西炉之乱，与岩州长官司同为西番营官所灭。平定炉乱后，遂以其地改属冷碛土司。大渡河自兖州至嘉庆河坝之间，两岸皆甚斜急，无河原。农地缺乏，村落甚希，乃有一土司驻此，殊可异也。今其建屋处，在山麓斜坡上。南北各半里外，稍平坦地，皆留作农田，无建筑物。可见昔人利用地力之尽。大抵某一时期，察道曾为要道，建此聚落，以利行旅兼为关隘，或曾繁盛一时，遂有土司。其后道路变迁，始就衰败耳。

察道有短小一所，设于瑭珉宫内。庙已颓败，碑碣钟鼎均无。壁上有"接圣母喇嘛与阿弥陀佛进川瑄序"。土人云光绪二十五六年事也。圣母谓"药水圣母"，神在药水沟，沟有铁泉，能治百病，土人谓有圣母主之也。喇嘛称"仙佛喇嘛"，在高家庙为神，土人于庚子年迎祀于此。又云庙内阁上原积藏佛甚多，金木土质不一。土质者皆摔碎，木质者已为薪，金质者亦皆失之。今见其上数神像，亦皆带龛，藏式色彩。大抵此庙原为杂土司之家庙，供藏佛，土司废改川主宫，近年始易其匾额为"瑭珉宫"。

七十六、象鼻吹沙

察道正对象鼻梁，象鼻梁一名风冈，绝壁临江，二百米，其上为台地名三冈坪，即咱里、烹坝间大道所经也。斜行稍上为百塔坪，当上咱里后，为咱里土司祖茔所在。又其上为大山与雪山相接，自察道河坝，望象鼻梁，恰如巨象伸鼻自北斜向东南，而又微转其鼻孔于东北，正对察道。大渡河自西北流来，至此折向正南，成一大曲。大渡河谷之谷风，皆北向，阻于象鼻梁，多向察道山坡吹去，近地面之风挟有多量河沙，经象鼻之阻不能沿河坠落，乃随斜行急风向察道左右之山坡射去，层层积累于山麓斜坡上，成为沙，原有至丈余者，成为数带，带有阔至数丈者。人畜行走其上，迹必后移，前进三尺，后退常四五寸焉，每逢风起沙落，作飒飒影。自察道望之，恰似从象鼻孔喷来，故曰"象鼻吹沙"。为泸定八景之一，诚化景也。

七十七、岚州（岩州）考

自察道北行，一里药水沟，有农田。自此沿河，有二路，一至亢州河坝，一斜行上山，至岚州。山道险窄，如行巨长壁上，无人户，亦无森林，凡三十里入岚州南关至乌泥冈，又十里至岚州大堡子。

岚州，应作岩州，为一耳形之盆地，高于海面二千二百米，高于泸定八百米，面积略小于磨西平原，居民二百七十余户，一千三百余口。分为五堡，曰大堡子，曰脚乌，曰昂乌，此三堡同在一平原上，相去各四五里。狭义之岚州，指此三堡言之，是为内三堡。另曰乌泥冈，在其南十里一山嘴上，经一峡谷及绝堡而后至；曰若泥冈，在乌泥之南五里，皆山肩平原，顶拔较高，外临大渡河。内三堡，隐于环山之内，直至乌泥，尚不能见，必待"升堂入室"始识面目。

岚州四山之水，汇于一溪。曰岚州，有东西二源，东源自铅厂梁子流出，最为湍激，凿两岸为深峡，使内三堡与乌泥、若泥不相连属；西源自马呷梁子流出，平流纡缓，历内三堡，至大佛顶下，亦成绝峡。西源与东源相会奔注入大渡河，数里之内，降落八百米，使两岸皆成七十度以上之斜坡，直至大渡河岸，始有狭小河原，村曰余家庄，故俗称此水曰余家庄河。

岚州之东，倚邛崃山脉，高度在四千米左右，是为岚州大山，山口低处，亦三千八百余米。此山向阴横张两臂，拥抱岚州，恰如蟹螯，在北为打苦龙包山，为烟姑梁子，为宁冈嘴，抵大渡岸，正对烹坝。自烟姑梁子延一浅脉，回抱内三堡，终于大佛顶，即东西两溪合流处，其山口曰马呷，有路通冘州、鱼通等处。南曰师刀山，曰若泥梁子，曰乌泥冈，正抱大佛顶外，其山口曰人字口，为猎人往来路。

其道路，东逾大山通天全，有数道；北逾马呷通鱼通；西北经观音崖、青冈嘴、王公梁子、下元州河坝渡瓦斯沟至康定，观音崖筑有石阙为北关；西自北关观音崖盘曲下峻坂，渡河至烹坝；南经乌泥冈经观音崖，下至察道。此观音崖附近亦有石阙，是为南关。南北两关皆羁縻万夫莫开之势，其他马呷等山口则高险难越。故岚州实为军事要地。

岚州以产玉蜀黍著名。除土人自耗者外，每岁售出二千石左右，烹坝为其零售市场，康定为其趸销市场。近年李竹修县长提倡种稻，曾经试种一季，秀而不实。大堡子附近原为沮洳沼地，灌溉亦便。土人对于种稻极感兴趣，第一年虽失败，尚拟继续努力。查柳杨海拔二千一百米，已不能种稻，岚州更高二百余米，温度必感不足。唯柳杨在东向横谷内，岚州在南向纵谷内，高度虽大，气温或较佳良。其能成功与否，当视夏秋季温度而定，余以严冬过此，不敢判其成与败也。

岚州人民生计，不单恃农功，其四山森林残败，适于畜牧，往时以产羊著名。草山之外，则为药山，贝母、羌活最多，虫草、大黄次之。药山之外，即天全界内，富有森林野兽，故土人多兼业猎。农产既丰，佐以牧猎、采药诸业，土俗质朴，消耗殊少，故其人殆无不富乐。民国九年，天全股匪拟劫泸定未遂，遂劫岚州而去。

岚州，古州也，清康熙官书皆作"岩州"，土人讹省为"昂州"，不知何故又书作"岚"，岚本音读如南，故戴院长为之改名曰"南安树"。三百年中，地名一变，至于不可迹寻，及今不为考订，后人其谁可知。

七十八、唐罗岩州考

泸定各镇，开辟最早者，南唯沈村，北唯岩州。岩州，在唐为罗岩州，羁縻州之最大者也。《旧唐志》列黎州所辖五十四羁縻州之首。《新唐志》属雅州都督府，列天宝前置二十一羁縻州之末，注云"初隶黎州都督，后来属"，则其后列，以度移故，非其地位低也。《新唐书·南蛮传》："雅州西有通吐蕃道三，曰夏阳，曰夔松，曰始阳，皆诸蛮错居，凡部落四十六。距州三百余里之外，有百坡、当品、严城、中川、钳矣、昌逼、钳井七部落。四百余里之外有罗岩、当马、三井、束锋、名耶、钳恭、画重、罗林、笼羊、林波、林烧、龙逢、索古、敢川、惊川、祸眉、不烛十七部落。五百余里之外有诸祚、三恭、布岚、欠马、论川、让川、远南、卑卢、夔龙、曜川、金川、东嘉梁、西嘉梁十三部落。六百余里之外，有唯梅、作重、祸林、金林、逻蓬五部落。皆羁縻州也。以首领袭刺史。"《新唐书》此项取材，大抵出于贾耽。同书《地理志》云："唐置羁縻诸州，皆傍塞外，或寓名于夷落……贞元宰相贾耽，考方域道里之数最详，从边州入四夷，通译于鸿胪者，莫不毕纪。……其山川聚落，封略远近，皆概举其目。州县有名而前所不录者，或夷狄所自名云。"以此知此项材料出于贾耽也。贾耽地图，凤号最精，然皆出于访问，非属亲历，故其道里大体可据，不得竟以为确。所谓"距州三百余里之外"者，所指大约属于邛崃山脉以内之地，即今天全、荥经西之地是也；所谓"四百余里之外"者，大约邛崃山脉以西、折多山脉以东，今泸定、金汤、鱼通之地是也；"五百余里之外"则今折多山以外丹巴、道孚、雅江、甘孜等地方是也；"六百余里之外"则今金沙江流域地方也。惜贾耽地图，今已失传，无从考订各部之位置，然如曜川、金川，皆今世丹巴、懋功诸地，唐曾置县，属雅州。嘉梁，在附国东，为今丹巴等地，有《隋书·附国传》可考，足以为据。罗岩州，既冠于"四百余里之外"之首，则为大部落，且距雅州犹近可知。试以泸定、金汤各地拟之，未有更较岩州相当者也。唐代曰罗岩州，明曰岩州，同一字，益见渊源。

大抵唐代剑南羁縻州二百六十一，各依来附道路，分隶各州。松州所辖者三，皆松潘今附近诸部也。茂州所辖三十九，皆今芦花、黑水、理番、杂谷与金川以东之部也。雅州所辖五十七，皆今天全以西，打箭炉口外，北至金川，南包木雅之地也。黎州所辖五十二，皆今汉源以西，泸定南境，越巂以北，包有九龙与下木雅之地是也。皆羌番部落也。巂州所辖十六，皆今建南之地，爨番部落也。戎州所辖六十五，皆今叙州附近，屏、雷以南，昭通之地是也。泸州所辖郡四、州九，皆今泸、纳大江以南川黔间地是也。皆苗人部落也。姚州所辖州十三，皆今川康滇间之摩梭部落也。罗岩初隶黎，后拨隶雅。可知其在黎、雅之间，而距雅犹近，盖可判其为今之岩州。

七十九、岩州在明代

川康间重镇，历有变迁，汉为沈村，唐为黎、雅，宋为碉门，元为河州，明为岩州，清康熙时为化林坪，雍正时为泰宁，乾隆以后为打箭炉。世皆知有黎、雅、碉门、河州、打箭炉、化林坪、泰宁，而不知沈村与岩州也。汉代去今已远，沈村之湮没，尚不足怪，明去今三百余年，岩州亦随明史湮没，故老无传其为要地者，则可慨矣。

岩州，明初为长官司要地，寻建军卫，设茶市易马，以控制西番。其茶皆自天全经岩州运打箭炉，岩州设茶仓，相度机宜，或运打箭炉交易，或即岩州交易。凭险以制西番，于事甚利。当时岩州茶市，颇似今日之宜东（泥头）。但当时打箭炉尚未兴市，岩州地位之重要百倍于今日之宜东也。

《明史·食货志》："番人嗜乳酪，不得茶，则困以病。故唐宋以来，行以茶易马法，用制羌、戎，而明制尤密。有官茶，有商茶，皆贮边易马。官茶间征课钞，商茶输课略如盐制。……凡犯私茶者，与私盐同罪。私茶出境，与关隘不讥者，并论死。……自碉门、黎、雅抵朵甘（今德格）、乌斯藏（今西藏），行茶之地五千余里。山后归德诸州，西方诸部落，无不以马售者。……川人故以茶易毛布、毛缨诸物，以偿茶课。自定课额，立仓收贮，专用以市马。……民不敢私采，课额每亏，民多赔纳。四川布政司以为言，乃听民采摘，与番易货（此'番'谓天全等处'内地诸番'，非谓'边外诸番'也）。又诏天全六番司民，免其徭役，专令蒸乌茶易马。初制，长河西等番商，以马入雅州易茶，由四川岩州卫入黎州始达。茶马司定价，马一匹，茶千八百斤，于碉门茶课司给之。番商往复迂远，而给茶太多。岩州卫以为言，请置茶马司于岩州，而改贮碉门茶于其地，且验马高下，以为茶数。诏茶马司仍旧，而定上马一匹，给茶百二十斤，中七十斤，驹五十斤（此处应增'于岩州交易'五字，方与《西域传》相合）。"此足证明初岩州为卫也。查《明史·兵志》："要害地，系一郡者设所，连郡者设卫。大率五千六百人为卫，千一百二十人为千户所，百十有二人为百户所。所设总旗二，小旗十，大小联比以成军。其取兵：有从征，有归附，有谪发。从征者，诸将所部兵，既定其地，固以留戍。归附，则胜国及僭伪诸降卒。谪发，以罪迁隶为兵者，其军皆世籍。"洪武二十六年，定天下卫所三百二十九。岩州卫预马，隶四川都司，属五军都督府。查《明史·职官志》，四川一省都司所辖，成都左护卫、右护卫、中护卫、左卫、右卫、前卫、中卫，皆驻腹地，宁川卫、茂州卫、建昌卫（后属行都司）、重庆卫、叙南卫、苏州卫（后改宁番卫，属行都司，即今之冕宁也）、泸州卫、岩州卫，皆驻边州。岩州竟与重庆、泸州、叙州、西昌、冕宁、茂州，同为川边重镇。其边州羁縻卫所，皆永乐后就抚土司设置。如朵甘、答龙等卫，不足与州比也。

又《明史·西域传》云："洪武时，其地打箭炉、长河西土官元右丞剌瓦蒙遣其理问官高惟善来朝。……授惟善礼部主事。二十年，遣惟善招抚长河西、鱼通、宁远诸处。明年还朝，言：'安边之道，在治屯守，而兼恩威。屯守既坚，虽远而有功；恩威未备，虽近而无益。今鱼通、九枝疆土及岩州、杂道二长官司，东邻碉门、黎、雅，西接长河西，自唐时吐蕃强盛，宁远、安靖、岩州汉民往往为彼驱入九枝、鱼通，防守汉边。元初设二万户府，仍与盘陀、仁阳置立寨栅，遣民戍守。其后各枝率众攻仁阳等栅。及川蜀兵起，乘势侵陵雅、邛、嘉等州。洪武十年，始随碉门土酋归附。岩州、杂道二长官司，自国朝设治，迄今十有余年，官民仍旧，不相统摄。盖无统制之司，恣其猖獗，因袭旧弊故也。其近而已附者如此，远而未附者何由臣服之？且岩州、宁远等处乃古之州治，苟拨兵戍守，就筑城堡，开垦山田，使近者向化而先附，远者畏威而来归，西域无事则供我徭役，有事则使之先驱，抚之既久，则皆为我用。如臣之说，其便有六。通乌斯藏、朵甘，镇抚长河西，可拓地四百余里，得番民二千余户，非唯作黎、雅保障，蜀亦永无西顾虑，一也。番民所处老思冈之地，土瘠人繁，专务贸贩碉门乌茶、蜀之细布，博易羌货，以赡其生，若于岩州立市，则此辈衣食皆仰于我，焉敢为非，二也。以长河西、伯思东、巴猎等八千户为外番犄角，其势必固，然后招徕远者，如其不来，使八千户近为内应，远为向导，此所谓以蛮攻蛮，诚治边之善道，三也。天全六番招讨司八乡之民，宜悉蠲其徭役，专令蒸造乌茶，运至岩州，置仓收贮，以易番马，比之雅州易马，其利倍之，且于打箭炉原易马处，相去甚近，而价增于彼，则番民如蚁之慕膻，归市必众，四也。岩州既立仓易马，则番民运茶出境，倍收其税，其余物货，至者必多，又鱼通、九枝蛮民，所种水陆之田，递年无征，若令岁输租米，并令军士开垦大渡河两岸荒田，亦可供给戍守官军，五也。碉门至岩州道路，宜令缮修开拓，以便往来人马，仍量地里远近，均立邮传，与黎、雅烽火相应，庶可以防遏乱略，边境无虞，六也。'帝从之。"于此文，可知岩州旧只有长官司。洪武二十年，因高惟善言，始置卫，并建仓贮茶，与长河西番易马。鱼通、九枝，于时始有租赋，大渡河两岸，始渐垦田，而岩州市烽火与黎、雅呼应。其地位之重要，恰似康熙时之化林坪与今日之打箭炉也。又于此奏，可知自唐以来，岩州即有汉人，因无汉官保护，常受番酋役使。则唐之罗岩虽羁縻州，实已有汉人侨住也。汉人移住岩州之原因，大抵为营茶贸。此地为西番入天全必由之路，而明以前番商购茶者，须自此绕越黎州以至碉门（即天全），不准径由此入天全，则汉人于此贸茶，自较番人近便，为利十倍也。查历代私茶之禁，张弛不一。例如元代因无须番马使用，故于川茶私运之禁不严，前后蜀及明夏时，偏安一隅，茶制亦未严密，近边汉人，遂得乘时规利。岩州汉人，大抵此诸时代迁来之私茶商人，故惟善云然也。又于此奏，可知岩州、杂道长官司，为洪武初立，盖平复后招抚诸番所设置也。

八十、岩州古道

岩州，现为孤绝之地。唯岩州人常至泸定与烹坝，而泸定人与烹坝人，则罕至岩州也。余向知岩州为古巨镇，揣其与天全、康定间必有古道。民十九年，自天全西循河谷，往探二郎山路，过南坝子之竹杠山，见有河自西北来会，土人曰岚州河也。因疑循该河谷，必可通岚州。盖岚州与天全诸河谷，中隔大邛崃山脉，水流断不相通，此河无由岚州流来之理，而有岚州河之名，则其有路通于岚州可知也。但询土人，又皆谓其河为穷谷，上游无通路。余按地图经纬，如果此河谷有路出岚州，下瓦斯沟，应为雅康间最捷之路。纵逾大山，亦有开发价值。二十五年冬，派赵仲适、张涤生两人深之，以冬令山高雪重，登铅厂梁子而返。据张涤生报告如下表：

地名	高度（米）	距前地步数	距前地公里数	备考
康定	2560	——	——	
瓦斯沟	1410	39601	32.77	
岚州大堡子	2170	22574	18.82	
山王庙	2410	4468	3.74	
万灵殿	3045	4958	4.13	过渡未计
东华山	3185	1460	1.22	
干海子	3445	3125	2.60	
铅厂梁子	3755	4389	3.66	
总计	21980	80575	66.94	

据云：再向东行，皆荒林无路，亦无住宿之所，又无人引导，不知所适，无由行达天全，故折回也。然自大堡子至铅厂梁子，确系废路，沿途店肆、庙宇均存。兹余既达岩州，广召此间猎户行远者询之，询得古道梗概如下：

"岩州向东逾大雪山，共山口二座。北为洞子沟山口，即循产岩盐之河沟翻山处也。逾山口为一生产盘香之高原，地势渐下，斜入森林，为土人常往狩猎之地。自大堡子至山口三十里。自山口穿林而下，又三十里至番岩窝，有洞穴，可容十人。又下三十余里为海子三坪，仍在森林中，平坦可耕，岩州任管事（廿五年死）曾在此地开垦，房基与油榨尚存。由海子三坪翻山至风洞口，亦约三十余里，有住民十余户。岩州猎户，多至番岩窝与海子三坪而止。民国九年四月，王正宾追匪入天全，第一日宿番岩窝，第二日午饭于海子三坪，经风洞口至门坝山，始日暮云。"又云："番岩窝昔时似有住民，遗有平磨一副，现被陈占云负至尖石包安用。"据此，则由番岩窝至海子三坪，即岚州古道也。惜自海子三坪至南坝子一段路线，无能言之者。查岚州河在南坝子之两河口与天全河会流，门坎山河又在其西三十里之两路口与天全河会流。海子三坪属岚州河流域，风洞口属门坎山河流域。王正宾追匪不自海子三坪径出南坝子，而翻山入风洞口，出门坎山者，似由岚州河岸道路久已断绝所致。

"在南山口（即铅厂梁子）。自山脚上山，经山王冈至观音殿，横过椅子山，有大庙，近年尚有龛，一人居此。红军过此时，曾驻此寺二日，因食尽，逾山而去。逾山口，过一盘香坪子入沟下行，再逾小山及溜沙河沟至铅厂，需时一日半，速行一日可达。民国十四年，川边军防守马鞍山之黄连长，为四师击败，从铅厂退回岚州，经由此路。又自山口分路，自草棚子下沟，经张家塔子（岩州张姓所建）、金背岩、孔明田，亦合马鞍山大路。铅厂梁子路旧曾为天全负茶入炉大道，沿途杵迹犹存。唯其路不自山王冈下脚乌，乃系自观音殿下店子上，缘山斜下岩乌村，今店子上之店基尚在。"查所云观音殿，即万灵殿也。所云山，即东华山也。自大佛顶皆可望见。大抵古时天全茶运入番，自岚州河经海子三坪、大岩窝至岚州。其后改由门坎山，经铅厂、东华山至岩州。雍正以后，因泸定桥之吸引，始改由马鞍山至泸定一路也。由雅至康，无论由飞越岭，由蒲麦地，由二郎山，由马鞍山，由岩州，皆须逾海拔二千八百米左右之山脊，高度相当，初无轩轾。至于水平距离，则愈南愈迂，愈北愈捷，不过迂则较平，捷则较陡耳。除马路必取迂、远以求平缓外，若人畜行路，则与其过远，莫如捷急。余以为岩州故道，仍有规复价值，纵无规复价值，亦有探险价值也。

又云："岩州南经若泥至打火地，约四十里，为老林中一大窝汤，有住民，红军曾搬岩州桌椅及粮食到彼驻扎五六十日。自此有山路通干沟，凡一日半程，速行一日可达，于干沟嘴上之乌金庙合大路。"

云："岩州逾马呷梁子通赶羊沟、鹅色、前溪、初咱、高乌诸地，皆鱼通境也。鱼通土司驻墨罕，距此一百里，速行一日可达。"余按以上诸地，即高惟善所云之"鱼通、九枝"也。

八十一、岩州散记

岩州王联保主任言："居此三世。据土人传，此地原为滥泡（即沮洳），背茶力夫，不肯穿原而过。明代开沟填土，始成耕地，今其下尚洳泾陷脚，故宜旱不宜雨。本年雨多，收成不良。"查所传填土开田，当是明洪武间设卫时事也。

岩州年只一获，平原以玉蜀黍为主，黄豆、豌豆次之，高山产麦、芫根、洋芋、油麦、青稞及各种蔬菜。春季上午多雾，九月降雪。气候、物产、地势，皆似雨洒坪，但较为干燥。余一月一日过此，未见积雪。

岩州大佛顶，有古庙，已圮，其瓦绝大且厚。闻其中多藏佛，铜制、泥制者堆叠一屋隅。民十五年，县长向修真至此，取去甚多。其地当五堡正中，双溪会处，地势略高于五堡，颇擅形胜。其北有藏式古塔，余疑其明以前为喇嘛寺，明始改为汉式喇嘛庙，巨瓦为明瓦也。清代培修，始改为纯汉式庙宇，塑汉神像，而委积藏佛于一隅也。

岩州将军庙，在大堡子。相传有天全茶夫，负巨木像入炉，山虎为之开路，既至此，虎隐而神不可移，因建庙礼之，传最灵异，烧香者众。有大钟，嘉庆七年五月十五日铸；"永护边隅"匾，道光二十八年立；联，同治八年挂；磬，光绪某年铸。所礼神曰"白马大王，银甲将军"，匾称"五堡之神"，非郭达将军也（康定、泸定、营官寨三将军庙皆礼郭达）。

岩州有圣谕庙，民国中建。以奉汉源宣教也，现为小学校地，在大堡子。又有娘娘庙，在山王冈下，脚乌之南，近年新建。

岩盐，石膏岩也，色白，俗呼"岩烟"，产于岩乌东之岩盐沟。听人凿取，运销泸定全境与康定、汉源、天全等县，专供点豆腐用，亦可制粉笔。泸定贫民无事则往凿取，售价约偿工力而已。

岩州猎户，皆购猎犬于越嶲县之田坝（今曰启明场，即阻击石达开之岭土司驻牧地）。犬有优劣，价值三四十元至六七十元。所猎不拘种类，獐、鹿、熊、豹、羚羊、岩驴、野牛皆取。林大兽横，猎犬往往为豹所杀。佳良之犬，能避锐而迹之，启导主人为助，玲珑机巧，有甚于人云。

曾见大堡子一户做丧，延道士与喇嘛念经。道士自天全接来，喇嘛自鱼通与康定接来。各设一坛，自为法事。闻岩州人做丧，大都如此办理。可知其俗，在汉、康之间。

岩州昔为番人住地，明清皆有土司管辖，行西康俗，为庄房制，世业当差，不得典卖。故丁男绝者，恒以女子招赘汉人承继差产，至今此间多赘婿。赘婿皆天全人，故此间汉俗皆天全俗也。

岩州久为世外桃源，民俗纯朴敦厚，接待外人，极其恳挚。余在途失道，遇一归者，倩其导引，即导余至大堡子，甚为尽心。每执路人询地理风物，无不驻足详答，绝无不悦之意。余于晨间登山制图，跋涉至一老妇宅后，其人疾招余下，煨火取暖，曰："寒甚，可稍休矣。"既已，其媳于火盆上煮玉米粉，老妇嫌初取者少，又命益之。既热，以汤献余，谓是玉米醪糟，食之果与内地米制醪酒无异。一碗不已，强尽二碗，意殊殷勤。彼不知余为何如人，亦未询余为何如人也。凡此皆非内地薄俗所能有也。他处醪酒皆粘米为之，此乃以玉米粉，亦有趣。

乌泥冈位于一山嘴上，饮水缺乏，住民十余户，皆远向五福桥侧山岩间挹取泉水。砌泉为大池，在道侧，旁植白杨数株，是为乌泥堡民之生命。

五福桥跨东溪，为乌泥至内三堡之要道，位于土壁绝峡间。旧为木桥，民国十三年改建石桥，十五年竣工，县长向修真来此踩桥。县长至岩州者，此为第一次。向住岩州一夜，大取古物宝藏而去。

八十二、岩州至瓦斯沟

自大堡子循烟姑梁子山下大道，走入岩际，有石门，是为北关。关外岩间有观音神像，故曰观音岩也。自此路分为二，直下岩壁，为赴烹坝路，二十里而达。横过青杠嘴，经青杠湾，至王公梁子，入康定界。王公梁子为山腹横突之一小岭，其下为二台子，与大冈山下之大嘴隔大渡河相对，为康泸界山。自王公梁子斜下绝壁，为亢州河坝，为一扇状河原，有住民四五户，皆汉人之租佃康番田业者也。番人畏热，弃沿河之地不居，自居高山斜地。距河坝七八里，是为亢州。此河坝属于亢州，故曰亢州河坝也。自亢州河坝沿岸上行，数百步至瓦斯渡口。旧有喇嘛寺，今毁。有木船，渡夫皆亢州河坝居民也。渡河绕出石蟒大岩之对岸，至瓦斯沟，约三里。

自渡口至岩州，约三十里。除亢州河坝为农田外，余皆绝壁盘道，行人不敢上下窥视，罹眩坠也。王公梁子与青杠嘴之脊部，稍有平地数尺，可以倚石瞻望而已。余虽肩舆自随，三十里中，未敢一用。然在明代，此乃驮运大路。盖道路非山险所能限也，治之则平，不治则险。自大相岭下清溪与自飞越岭下化林，亦皆行绝壁上。方其未治，则王阳为之弃官，及其即治如今日，则人徒恶其气喘力乏，不觉其在绝壁上行也。此路失修近二百年，宜其险如此也。

岩州、亢州，皆古代羁縻州也。察道，或以为古羁縻州，惜无可考。三地相距未百里，鸟径则才十里，而有三美名。相传昔日有人选官，得亢州，询西来者云："亢地美乎？"其人戏之曰："百里之内，两州一道，则富庶应可知也。"选人喜，行至岩州，已悔，至亢州，一气而绝。

八十三、泸定保甲户口

泸定旧分中、东、南、西、北五区，载籍六千二百八十九户，丁口二万零四百一十六（民九）。民国二十七年，建省委员会派员踏查，共凡五千六百四十一户，二万九千八百九十四人。于时全县编为三区，十三联保，四十八保。各保户口如下：

第一区凡四联保，共辖一千八百七十户，九千二百九十二口，区署设治城。

河东联保

第一保——治城省立完全小学一所

第二保——附城乡

第三保——附城乡

第四保——大坝

第五保——桑林（瓦角）初小一所

共：五七八户　　二七七七口

河西联保

第六保——上田坝

第七保——磨河沟

第八保——木角沟

第九保——干海子　短小一所

第十保——三叉河

第十一保——咱里　初小一所

共：六四四户　　三四二六口

烹坝联保

第十二保——沙湾

第十三保——烹坝初小一所

第十四保——冷竹关

共：二九七户　　一五三八口

岩州联保

第十五保——察道短小一所

第十六保——脚乌

第十七保——岚安村初小短小一所

共：三五一户　　一五五一口

第二区凡五联保，共辖二千一百二十五户，一万一千四百三十四口，区署设化林。

冷碛联保

第一保——冷碛完全小学一所

第二保——冷碛煎茶坪短小一所

第三保——爬沟

第四保——黑沟

第五保——别妥

共：五八三户　　三二八二口

沈村联保

第六保——沈村初小一所

第七保——兴隆完全小学一所

第八保——海子山短小一所

第九保——银厂沟

第十保——鱼进沟

共：六七三户　　三八六〇口

化林联保

第十一保——化林坪初小一所

共：一四六户　　七六九口

加郡联保

第十二保——加郡初小一所

第十三保——加郡

共：三三五户　　一七一〇口

得妥联保

第十四保——得妥初小一所

第十五保——得妥

第十六保——得妥

第十七保——紫雅厂

共：三八八户　　一八一三口

第三区凡四联保，共辖一千六百四十六户，九千一百六十八口，区署设磨西。

磨西联保

第一保——磨西完全小学一所

第二保——大杉树

第三保——八步沟

第四保——蔡阳坪短小一所

第五保——湾东

共：四五一户　　三三二〇口

复兴联保

第六保——堡子坝

第七保——新兴场初小一所

第八保——燕子沟

共：三八一户　　一七〇八口

德威联保

第九保——奎武短小一所

第十保——咱威初小一所

第十一保——半坡头

共：三五二户　　一八二九口

杵泥联保

第十二保——扯索

第十三保——杵泥坝初小一所

第十四保——松林坪

共：四六二户　　二三一一口

泸定学区凡十区，治城、桑林、干海子为城桑区；咱里、烹坝为烹咱区；岚州、察道为岚察区；冷碛、煎茶坪为冷煎区；沈村与海子山为沈海区；兴隆、化林为兴化区；加郡、得妥为得加区；磨西、蔡阳、新兴为磨新区；奎武、咱威为奎威区；扯索、杵泥为杵索区。并附于此。

八十四、川康公路小史

川康公路创议于边务大臣赵尔丰，于时汽车尚未发明，上海、天津等市场已有柏油大路，行驶马车，称为马路。赵大臣拟照陕、甘、新疆办法，建设成都至康定之骡车大道，称为车路，与马路示异。所选路线为自荥经小河场进沟，遥达泸定，避开大相、飞越二岭。因当时测量与筑路工程人才缺乏，路线未经选定，赵已升任川督，一时更有倡为川藏铁路之议者。辛亥以后，尹昌衡锐意经边，复建川康马路，当时并未测勘选线，遽行拨款，以周星甫为总理，自成都武侯祠向西缘旧路遥修。雷厉风行，颇有愚公移山之概。经工人员，既无筑路常识，率而操觚，茫茫不知所届，亦唯迎合上意，务为宽坦濡迟，苟混时日而已。甫自武侯祠修至新津，而川局遽变，胡尹相左，路款无着而罢，原筑马路复为农田。下逮刘成勋任西康屯垦使时，四川建筑汽车路之狂热正达高度，刘亦欲筑雅康马路，派员测量，选定路线，为自荥经小河场逾蒲麦地合龙巴铺旧路，其路线渊源，不出赵尔丰旧议。未几，刘成勋败，二十四军接防川边，成立西康政务委员会。政务委员会继续刘氏计划，派员修筑，唯改自龙巴铺入鱼进沟逾蒲麦地，为自龙巴铺经化林坪逾山王冈入大黄沟合荥经小河场路，先行动工，将化林坪至小河场一路开凿。路宽七八尺，不设阶级，仿马路式而实非马路，初欲缩减康雅行程而已，称为新路。新路所逾之山王冈，高度仍在二千八百米左右，附近数十里内，冬令结冰，厚达尺余，土内含水，经结冰后，容积胀缩甚大，致将筑土完全抬松。春雨发后，土随水去，路面复坏，积年愈甚。加以夏季山洪，破坏尤烈。而修路之后未招店肆，力夫往来食宿不便。行人既少，保路益难。今殆已不复可行矣。

民国二十年，青飞如任川康边区屯殖司令，锐意经营雅、芦、天宝一带交通事业，欲改从天全河谷径出泸定。既测勘马鞍山路线，认为不能建筑马路，访得二郎山路，可出冷碛山后，可以斜下泸定，无马鞍山下绝壁偏桥之险，曾躬往探之。余适游雅，亦预其役焉。近山之部，实未有路，攀草附木缘壁而行者三十余里，备极苦楚。既逾山，踣不能行，寄宿于冷碛山后之别妥。青殊矫健，斜行下转，遥赴泸定宿焉。此行察得二郎山口略低于马鞍山、蒲麦地与飞越岭，山之东侧循河谷遥出雅州，较绕行荥经，缩程三分之一；其西侧则缘山斜下，工程较马鞍山与飞越岭两处为易，岭间盘道亦不甚长，认为川康间最佳路线。其后余别青君自大渡河谷出峨眉返川，撰有《川康交通考》，比列康雅间各路线之优劣，说明此路线之价值，在《屯殖》与《新亚细亚》发表。

民国二十三年，军事委员长行营，饬四川省政府建筑川湘、川陕、川黔、川康各公路。川省府派队测量选线，其川康路，仍依荥经新路故道。二十四年，行营派西人开恩浩复勘，与二十四军交通处长姚仲良同行。开君认原选路线不可用，姚因导视二郎山路，开返渝后，力主改经二郎山。当即拨款饬由四川省府改测兴工。川省府注全力于川湘、川陕各路，此路迄未兴工。直至二十七年，始由中央另拨专款建筑，期以当年通达康定。然以工程艰巨，劳工缺乏，虽合中央、地方人民全力为之，恐亦须二十九年方能通车也。

川康公路自雅安至康定，全长二百一十八公里半。通车后一日可达。纵不乘车，即仍以肩舆、骡马负运往来，亦较相岭旧路缩短路程三日，较荥经新路缩减二日，而凿窄为宽，斫曲就直，化险为夷，去急为缓，其便利行旅之处不仅十倍，是为开发康省一大动力也。然而中央为此耗款之巨与民众为此死亡之多，牺牲代价，亦属不资。后之享其成者，应毋忘之耳。

八十五、康滇公路

中央于筹建川康公路之际，同时筹建康滇公路，先有康省府派技正沈明伦前往勘测。沈于二十七年夏秋出发，经泸定、冕宁、西昌、会理入滇，又由九龙转回康定，阅时半岁，选得路线。系由冷碛由川康公路分出，南循大渡河东岸至哇角坝，渡河至安顺场，循小河逾山达安宁河平原入滇。其后，川康公路路线改由冷碛山上绕行，经中央派队测勘，改其路线自泸定西岸分出，经涉沙坝、田坝、紫牛、杵泥、扯索、咱威、奎武至加郡沟口外渡大渡河，沿河岸至得妥。又改自得妥后山绕庄子坪、王家沟至雨洒坪，仍自哇角坝渡河。余赴雨洒坪时，正值该队在王家沟山间工作，绝壁荒林之中，劈山开路，野餐暮宿，孜孜不息，精神至可钦也。

川康公路完成以后，即将继续建筑康滇公路，然此路工程，或较川康路更难，而民工尤更缺乏。以余揣之，恐在三十二年内始能通车。川康路通车时，泸定尚不至即臻繁荣。迨康滇路通车以后，泸定乃成为康省之交通中心，必能为省府以外之经济、文化机关，他日康省政治中心。转移至此与否，未可卜也。

八十六、泸定特色

泸定在康区原有十九县中，面积最为狭小，物产最为丰富，人口最为稠密，历史最为久远，民族之同化亦最为彻底，此皆泸定之特色也，世人亦既知之矣。若其地势之特色，世人尚未知也。

泸定极南境之湾东河口江面，海拔九百余米，为康区最低之地。而其附近不远，康泸之界之木雅贡嘎山峰，海拔七千五百八十七米，为全康最高之地。其间相去约二十六七公里，而其高差约六千六百米，此世界最倾斜之河在侧面也。而此斜急之河谷侧面中，并无水河漂石之害，凡能从容间暇涌起磨西、湾东等广大平畴，成为人物集中之地，此特色也。

泸定全境纵长六十公里有奇，北部横阔二十公里，南部横阔三十余公里，全部地势，莫不与上述情形相同。北部、中部两岸山脊，虽较木雅贡嘎为低，但其距大渡河亦较贡嘎为近，中间仍有岩州、干海子、松林坪等村落，此地势之异也。

南部雨洒坪，为终岁雾笼之地，冬令树枝冰附，如琼如瑶，积厚数寸不已。北部则常年呈亢旱之象，仙人掌密生如棘，使移仙人掌于泸南，必萎悴而死。十公里之同一河谷中，气候不同如此，此天时之异也。

县境各地高度差异迥绝，故凡西康所产之物，泸定莫不赅备。东西两界极高处，为极带，所产雪茶、苔藓之属。稍下为寒带草原，有羚羊、雪兔等动物。再下为寒带森林，落叶松、铁杉，今之存者尚多。豹、熊、鹿、麝、野牛、岩羊藏匿其中。再下为温带森林，杉、桦、竹类，今已摧残殆尽，仅西岸少数地方尚存遗迹。森林败后渐有农地，化林坪、雨洒坪、岩州皆其著也。然多数地方已林尽泉竭，不能住人至复荒弃，变为灌木丛莜，熊、猴、野猪、狼、豹害农之兽，皆藏匿焉。再下原为暖带森林，松柏、桑、柳、果树、竹类早被刈夷罄尽，辟为耕地，或鞠为茂草，其兽则家禽、家畜、兔、雉、鸦雀之类，树为胡桃、梨、栗、桃、李、梅、杏，谷则莜麦、豆、玉蜀黍等。海子山、干海子、磨西、湾东等地皆是也。最下为温暖之河原，桑柘以外无木，稻、麦、豆以外无谷，牛、马、犬、豕以外无兽，大道之所经，商贾之所会，天惠人福，集于此区。是为泸定之精华，全康之乐土。凡农产，河原先熟，山地继之，高山又继之，绵延三时。举凡气候、物产之异，皆无足异，地势使之然尔。他处无此地势，故无此气候、物产。故泸定地势，尤为特色。

八十七、关于泸定之地图

余喜搜集关于川边之图书，十年以来，颇有所获，而地图尤备。关于泸定者有下列各种：

万分之一雅康路线图，民十五年，西康屯垦使署派队精测，十六年，二十四军接防后完成。自雅安经荥经小河场逾蒲麦地经龙巴铺、冷碛、泸定桥、咱里、烹坝、瓦斯沟至康定，凡三十九幅，属于泸定者十二幅。沿河两岸路线弯曲，高下村落，配置缘路地形，至为美备。二十四军司令部石印，非卖品。

二十万分之一川康地质图，中国地质调查所出版，民十九年，谭寿田（锡畴）、李赓阳（春煜）赴康考察地质时测制。虽亦仅据路线，但曾测量各要地之经纬度，故部位配置，极其正确，即路线图亦精细无匹。其属于泸定者，为自瓦斯沟至龙巴铺经飞越岭入汉源，及有龙巴铺经蒲麦地入荥经之二线。

川康公路雅安康定段平面略图，民国二十七年，川康公路工程处测制，五万分之一，凡三幅，中幅附"实测路线纵断面略图"。当尚有五万分之一以上之详图，未见，仅得蓝晒本略图，甚精制。其标高以雅安为七五〇米，二郎山为二九〇〇米，康定为二四二一米，及其他各点并与一般用气压表测定之高度，及雅康路线图之高度不合。（雅康路线图雅州凉关五五二米，康定东关二五三一米。）

川康公路康雅段路线平面略图，民二十八年，西康交通局就前图缩制，二十五万分之一。有等高线，未标高度，蓝晒本。

康滇公路路线图五十万分之一，民二十七年十月，西康交通局以四川陆地测量局图底，依沈明伦选线报告绘制。不精，蓝晒模糊。

荥经县至皂角顶合打箭炉大路图，荥经县某绅绘。赵尔丰经边时拟建川康车路，荥经某绅献议自小河场取道香炉山下皂角顶合泸定大路。绘具图说在案。民十九年，余闻其事，函请西康政务委员会抄寄一份，颇以抄者漏其姓名为憾。其图无缩尺，以人字符表示山位，法式绝旧，然准望与今之精图皆合，非无价值者也。

天泸路线图，民十九年，川康边防军边区屯殖司令部派员测绘。原图二万五千分之一，自天全经马鞍山至泸定，凡十四幅。余所得为十万分之一缩绘本，三色石印，等高线及方位皆不甚精。

测勘天芦旧道路线略图，民国二十五年，建省委员会职员张涤生绘。自康定至岚州上铅厂梁子，复折下察道，由马鞍山入天全。无缩尺，尚精当。附沿途高度步度道里表。

河道图说，民二十年，余自康定经越嶲河道出峨眉返川，沿路绘图，制此图说。其第二幅、三幅皆属泸定南境，汇寄泸定县长吴筱波劝其修治道路，在《边政》第八期发表。原图五万分之一，虽过道粗测，不尽精当，然较其他已发表之泸南地图为远胜也。

勒得尔路线图，勒得尔（Ryder）于清末入康经泸定抵巴塘，有五十万分之一地图，著字不多。

以上属于路线图者十种。

洛克木雅贡嘎探险图，民十八年，洛克自丽江来此探险，撰文于美国地学杂志发表，附此略图，注入木雅贡嘎及其附近八高峰之位置。其人未入泸定境。原图以一英分表十英里。

哈姆木雅贡嘎考察记附图，民二十一年，哈姆（Heim）自磨西面、八步沟、坝哇、玉龙石等处考察木雅贡嘎与其冰河，归国后在英国《皇家地学杂志》为文发表，附简图一幅，包有玉龙石、坝哇、磨西、湾东等地。磨西与木雅贡嘎之关系，得此图使明。原图以六米毛表一英里。

木雅贡嘎地图，三十万分之一，精制。民国二十一年，美国探险家布尔沙（Burdsall）、艾牧师（Emmons）等同美侨杨帝泽来山探险，自贡嘎寺扎营五座，节节遁升以达山顶，并选定基点数处，将附近诸要地之位置、距离、高度测定，归国后撰著专书，绘制此图。附断面图一幅。余购书未得，借摄此图，贡嘎真形，宛如在目。

打箭炉至雅州位置图，百万分之一。与前图同附一书，皆民国二十三年绘制。自东经 $101°10'$ 至 $103°5'$，北纬 $29°15'$ 至 $30°22'$，图式简略，包含材料则极可珍。

以上关于木雅贡嘎之地图四种。

二万五千分之一泸定县市图，民国二十七年，县长李林倩川康公路测量队测制，未印行，余借摹。

五千分之一泸定县市图，民国二十八年，省交通局就前图缩制蓝晒。

化林坪图，余二十八年夏过该地时自测粗制。无缩尺。

岚州地图，余二十七年经由该地时自测粗制，无缩尺。

磨喇水堰略图，五十万分之一，民国二十年，泸定县政府测制。

以上市落部分地图五种。

十万分之一西康地图，民国二十三年，川康边防总指挥部商请四川陆地测量局派队测制。凡四十六幅，关涉泸定者四幅。先是晚清末年，四川陆军测绘学校学员毕业，着手测制四川二万五千分之一军用地图，旋即成立陆军测量局，测制五万分之一腹地州县及边县地图。至防区时代经费断绝，局员守图待沽，不复能派队续测。其川省图尚未完备，川边更未着手，故川康边防部以若干元代价延请该局测制之。既属交易行为，一切皆甚粗率。亦未行三角定点，仅以路线图凑合而已。数仍以每五十米做等高线，与十万分之一四川军用地图拼合。但大多数部分皆以访问得之，荒谬不近情理，其于泸定离绘全境，仍只数段路线可信，较其路线精度，可尚未逮以上诸图，若夫路线以外，则全图凿空臆测，无所取材。

川边新图，无缩尺、经纬度，亦未开方，河流、城市方位多谬，唯列地名颇多，并列边军与陆军驻防之地方，未标县界。泸定为陆军驻地之一。图中尚称瞻化为怀柔，当是民二尹昌衡时代所制。于成都旧书肆中购得之。

川边地图，一巨幅，长三英尺又四，阔二英尺又二，民国十三年九月出版。四川督理署参谋长何畤、四川陆军测量局长王禄昌监制，无经纬度，亦未开方。有缩尺，以四十八米毛表一百里，省内着绿、红二色，表民二及民七失地。附川边县治表，注其建置存末，无县界。泸定部分着字不多。

西康特区全图，巨幅，宽三英尺又二，高二英尺。西康屯殖使署参谋处制，民十五年六月出版。无经纬，未开方，缩尺以六里表一百里，盖就前图改制，略增地名而已。有道界而不注道名，无县界。

西康地图，五十万分之一，巨幅，割为十幅，用红、蓝、黑三色印成。民十九年，西康政务委员会请广东陆地测量员魏大鹏、古振今编绘，二十年，川康边防总指挥部石印。有县界，有等高线，绘法明净悦目，而实荒谬绝伦。不但各地之方位准望不合，等高线皆无高度依据，但沿河流线信手为之，全康无一横截河流之等高线，凡属沿河之地，无不同一高度，此天下古今未有之奇制也。查魏、古两君系同哈姆来探木雅贡嘎者，撰有游记在《新亚细亚》发表，贡嘎山之四周皆其团体所经，乃所制图亦全不同，其他各县更无论矣。此图印成后，因识者劝阻，未发行。

西康各县交通道里图，民国二十五年六月，第十六军五十三师参谋处制印。二十万分之一，共四十一幅，绘图者三十二幅。系以四川陆地测量局之十万分之一图为蓝本，参补各县调查表报之地名道里。无等高线。附西康各县一般情形调查表。图虽精度甚小，而部位已较上列各巨幅图为进步。泸定县之部，收入地名甚多，轮廓亦已近似。

四十万分之一川康图，四川陆地测量局就前测十万分之一图缩制。西康之部有县界及以线条表示之山脉，三色套印，不佳。

黔滇康甘边区略图，四川陆地测量局就所制四十万分之一川康图，参考滇黔甘省地图缩绘。八十万分之一，凡四幅拼合，三色套印，甚粗略。

该局尚有缩尺更小之川康地图数种未收。

亚洲分幅中国地图，英国参谋部一九二六年出版。以经纬度割幅，自注参考图集十五种及路线图十九种。四百万分之一，有等高线，七色套印，精审绝伦。申报馆出版之中华民国新地图取为蓝本，放大五倍，而质量所增，未及什一也。余迭购此图未得，自李君借得，摩出康藏之部。

中华民国新地图，申报馆发行，二十万分之一，丁文江、翁文灏、曾世英三先生主编，以中华地质调查所所得各地图材料增拓。此图绘成，推倒一切坊间地图，完成中国空前杰构。其西康部分待修正之处尚多。于泸定仅著入地名。

西康省明细地图，亚新地学会出版。分县材料取自余之《西康图经》。各地名仍多采自《大清一统舆图》及申报馆，未能直采西图及考察路线图也。

川边土伯坦图，法国教士古纯仁绘，附于所著《川边与滇边》一书内。以六十九米毛为十公里，有经纬度及土司地界。古于泸定住八年之久，其后足迹遍川滇边境，观察周密，著述宏富，此图精度虽不大，要为法文康图中最佳者。

以上泸定地图之附著于康区地图者，皆就本图具有创造性与独立性，而将泸定境地全收入者取之，其渺小者如今日坊间出版之小册分省地图与商务书馆之康藏图，出于因袭者如中华书局之西康省新图（系翻译印度测量局出版之西藏与其四邻图，截取西康部分略为放大所制，译名大误，毫无新材），或本图虽精而泸定部分不完全者，如大卫氏之云南地图等，皆不著录。

川边各县舆地图，新繁蔡廉洲编辑，川边财政厅印行，民国十年一月出版。图表分订两册，图二十七幅，每幅一县。除稻成、得荣两县轮廓不误外，余县多有乖谬。泸定一幅，地名连缀尚无大误，轮廓方位则全非也。

川边各县舆地图，民国十七年三月，川康边政训练所取蔡廉洲原图翻印，增入西康各县路线图、西康各县总图及宁远各县图共三幅，对分县原图无所增损，并删除弁言、图例及文字。

以上地图集二种，实为一种。

泸定县地图，民国二十七年，泸定佐治员边政训练所毕业学员□□□绘制，未曾参采他图，完全由学员游行考察定，全部大体皆合。在过去泸定各图中，最为精当。余十八年过此,取其图加绘农地、老林、雪山三道色彩,附《泸定视察报告书》,登入《边政》,原本现尚保存。

泸定县境图,民国二十六年,县政府制,精度不逮前图远甚,盖未得前图为蓝本,一切又重新创制也。

二十万分之一泸定县图,为余近制二十万分之一西康各县分图之一幅。余既得上列各图之助,又复亲历各乡镇查对诸图,补缀其未备之部,按经纬定点,参以高度地形,绘成此图,自应为空前佳本。然高度线尚待修正之处尚多,亦有高山一村落数处尚待考订,非即能绝后也。

以上单幅泸定县全图三种。

八十八、《泸定乡土志》

余自得妥、磨西折返泸定时,询县府诸人以有地方绅耆习泸定掌故者否,以民众书馆主任兼农会会长任种德君对。当延入署征询泸定文献,时市民正庆祝省府成立,举市狂欢。任君以事不克做答,出所抄藏《泸定乡土志》代答。余于此,始知康区十九县中尚有一县有志。

《泸定乡土志》,民国八年,县视学张培恕撰,其例目云:"依部颁条例,分为历史、地理、格致三大类,于历史则讲乡土之大端故事,于地理则讲乡土之山川、道路及先贤之祠庙、遗迹等类,于格致则讲乡土之动、植、矿三物,凡关于日用所必需者,使知其作用及名称,所以便小学也。"

全文约仅万字,有县知事宁乡王世瑀序与任种德书后。据云:"张君培恕,雅安人,以写作名世,耿介拔俗,好饮善医,醉中挥毫,字较雄健,自命名羌渔。"

余得此书,喜甚。亟命人抄一过,璧还任君。既嫌其太略,且于史籍未加考订,拟撰《泸定县志》,以弥其阙。嗣念创修县志,必深资于采访,非政府力莫办,不宜于此多事也。因以游泸观察考订所得,并入此编,命曰"导游"。夫地志之体多矣,曰观,曰雅,曰志,曰记,曰典,曰书,曰谱,曰代答,曰记程,要其归不外导人游观而已。余恢记程之礼,兼志记之质,目为导游,且以代答焉。泸定无志,有此庶免于陋耳。

天芦宝札记*

* 本文系作者为修撰《西康通志》而对天全、芦山、宝兴三县地方进行实地考察的笔记。此三县历史上为藏汉民族交接之地，也是输藏边茶的主产地和汉藏贸易的主要市场。但因地势偏远，史志缺略。故作者考察备极详尽，足补史志之缺失。原文除部分章节曾散载于《康导月刊》等报刊外，多未发表过。本文按作者手稿整理刊出。

上部——芦山、宝兴散记

（1942年）

余于西康省地方行政干部训练团第一期结业后，身赴芦山、宝兴、天全三县考察，搜集志料。八月十八离雅安，九月六日返雅。二十日中，怀铅握椠，随地抄记，昼夜孜孜，五官并力。更得各地方官绅协助指导，所获颇富。除庄严志料留供省志采编外，兹剔其琐杂谐俗者，信手摘抄，付诸报纸。盖亦旧作导游之意，兼以记游云。

一、包城坝

余赴芦山，系先渡雅河，自青衣桥车站，沿马路行，借此一探包城坝古迹。包城坝者，雅州城对岸之冲积平原，自青衣桥至宋村渡，长约五里。《雅州府志》作"包陈"，今地图作"褒城"，义皆无取。县耆老云："县城旧在此坝中央，故曰包城也。"此说无史籍确据，亦未见城垣遗址。然古者建筑以土，遗迹甚易湮没。今成都西门外，自五里墩迤南，有多数土峰遥若衔连，即古城垣遗址。南门之外五块石，即故城门。夫以省会城垣，经徙城后，更若干年，便仅遗数点土堆、一片残石，则包城坝之无城垣残迹，固无足怪也。至于史籍、地书记载故城者，似自《明一统志》始。汉魏古城，传者自应希耳。雅州古为严道，严道故城，实曾屡迁。余考汉代在姚桥，隋唐宋在包城坝，元明清始为今雅安治所。今雅州石城，乃明洪武时所创也。（川康两省之石城、砖城，大都为明代所创，不只雅安）。

今雅安、名山、荥经、芦山、天全、宝兴六县，原为青衣羌人住地。秦并巴蜀，抚循其人，设置邮亭驿道，通于西南夷邛、筰诸部，间亦徙置征服诸部豪族于此。今雅安县境，秦曰严道，即因徙楚严王之族于此为名。今荥经县汉曰邛邮，盖皆邮亭所在也。《史记·淮南王传》"槛车送严道邛邮"是也。于时行政区划则隶蜀郡之临邛县，县治南河（今邛崃县治），而其辖境南抵邛崃山（今大相岭），故曰临邛也。汉高后时，青衣羌人作乱，平定后析临邛南境置青衣县。《华阳国志》曰"高后六年开青衣"是也。今雅、名、荥、芦四县，皆其故地。故县治则在今芦山县境。大抵秦汉通西夷路皆自临邛经火井槽，逾百步关，历青衣、邛邮及邛崃山入筰国，由筰转邛，由邛转滇，故青衣县最先析置。若今天全、宝兴两县以及泸定北部，于时为斯榆之夷，汉武帝令司马相如通西南夷。相如略斯榆，以为徙县（古徙、斯同音，得相假，亦可云译无定字）。同时，析青衣置严道县，今雅安、荥经两县地是也。徙县故治为今天全之始阳镇，严道故治为今雅安之姚桥。凡边区新开辟郡县，治所选地，恒在近腹之一隅。如汉犍为郡，辖境南包今之泸、叙与云南昭通等处，郡治武阳，乃为今之彭山，偏在郡境极北。秦临邛县，辖境南抵大相岭，而县治南河，亦偏在县境极北。严道县之治姚桥，徙县之治始阳，并如其例。其时严道县境，北至金鸡关，西至飞仙关而止。金鸡关，即所谓严道山也，若今名山县境，其时似分隶临邛、严道两县（旧说名山为汉青衣县，今考非是）。至后汉灵帝时，析蜀郡之青衣、严道、徙、旄牛（今汉源县，亦相如所辟）四县置汉嘉郡，郡治青衣，亦系取近腹之偏心位置。自晋流民乱蜀后，汉嘉郡严道、徙县并荒，仅存汉嘉一县（旧青衣县），至宋、齐后亦俱荒废。西魏定蜀，复设蒙山郡，辖蒙山、始阳二县。此时火井槽故道已废。西南通道改自邛崃，经百丈、名山入雅、荥（皆就今地名而然）。故名山已成要地，即所谓蒙山县也，辖境为今名山全县之地，始阳县则辖严道山以外。此时始阳县设治于包城坝，已非汉严道之旧，辖今雅、荥、天、芦四县之地，治城即在包城坝。盖汉严道原无城，大乱之后，故墟芜废，不可复居。而青衣与徙县，皆已复陷于夷，未能复置县治。故新筑城于包城坝，微具全县宅中之义焉。隋代复更始阳县名严道，仍治包城坝。唐高祖起事之初，先定陇蜀，为羁縻各地豪杰，多设郡县，以为守令。一时自严道县境分置者，有芦山（今芦山县）、荥经（今荥经县）、灵关（今天全灵关镇）、始阳（今天全始阳镇）、芦阳、长松、杨启、嘉良、大利等县（芦阳以下失考，其名见《唐地志·雅州条》）。太宗贞观初年，先后省并灵关等县，唯芦山、荥经两县遂存不废。灵关、始阳俱并入芦山县境（与汉代徙县境域相当）。碉门（今天全县治）以西，灵关以北，悉委于夷，有氐族高杨董卜韩胡等姓据之。直至清代，始改流云。

西魏以蒙山县（隋代改名山县）为郡治。似在唐初，乃以严道县为郡治，郡名亦经屡改，曰蒙山，曰芦山，曰临邛，曰雅州。中唐以后，专称雅州。雅州严道县城，何时自包城坝迁移南岸，史无明文。《雅安县志》云在宋大中祥符之世。查雅州东门外渍江铁索桥，系宋代所修，是足为宋代徙城之证。盖如宋代以前雅州即治今所，则东门外通衢，断无不建桥者。

二、大土坟

包城坝马路南侧，有一大土堆，占地方四五丈，有螺旋道自平地旋升达顶。顶上宽丈余，葬一坟，向周公山尾，无碑碣。四围倚葬小坟颇多，皆缘堆脚，四方分向。土人但称大土坟，未能指顶上葬墓之年代、姓氏，识为古墓，信为风水，未敢侵犯而已。相传堆内空虚，狐、兔、野猪等宅其中。余过此略一登览，见旋道已为耕地，但并未截成阶级。顶墓亦完好，四围有短垣围之。垣之四周，有野兽穴颇多，俱未破坏。足见土人颇能尊重其制，必有一番属于迷信之传说，惜匆匆路过，无从访问。私意度之，此当是严道旧城之遗物，或是故城遗存之一段，或是举放烽火之烟堆，或是城内之土山亭阁遗址。宋末迁城以后，留此以为隔岸守望贼骑，举放烽烟，通达情报之处。宋末大乱后，人民流离。明代外来移民，未识其用，异其突兀，以为风水胜地，有好事者营葬其上。经明末大乱后，清初移民来者，更从而奇异之，遂得以保存未剧耳。总之，此堆是一具有历史意义之古物，颇有发掘价值。若认为是某好事者，堆土累积成高堆，而后营葬，则谬矣。从来无此葬法，附近亦无取土之坑池痕迹。土堆甚大，须土甚多，人工不易垒成。葬者无碑铭、石马、翁仲之属，亦应非富贵有势力能成此堆者。夫冲积平原而有土堆如此，则其由来有故矣。

三、神禹漏阁

自青衣桥经多营坪，四十里飞仙关，为雅、天、芦三县交界处。有市廛，半隶芦山县。龙观山脉（在芦山曰罗城山脉）自此越青衣水，北连青城、玉垒，南接瓦山、峨眉，气势雄厚。江水历百千万年之侵蚀，凿成绝峡，峡岸壁立三十余丈，奇伟与瞿塘略似，世谓神禹所凿。市外江畔，有螺峰矗发，瞰江如堕。峰顶有二郎庙，祀禹及李冰子二郎。有光绪十五年庠生尹源莘书碑云："唐宋以来，有阁祀夏帝禹，盖报八年疏瀹之劳也。明初又建庙祀二郎英显王，秦将李冰子也。生禹千百年后而与禹并祀者，亦以疏凿离堆，扫除孽物，其功不下于禹……"

余按：此即昔人所传神禹漏阁故址也。漏阁之义，有人解云："世以雅州多雨，号为漏天。此阁为雅州绝胜，故云漏阁。"此解显然不合。余查古称栈道曰阁，剑阁、杨母阁（在荥经县境，世传其碑）、褒斜阁道，皆是此义。飞仙关山崖逼江，古人建为阁道，非谓二郎山庙为阁也。其称漏者，山崖滴水（今尚曰滴水崖，即在二郎庙侧）故云。其曰神禹漏阁者，世传禹凿此峡，因建此阁道耳。二郎山庙，建自唐时，以地势与历史言，自属雅区名胜，在雅属各县中，知名最早。亦以此故，附会传说颇多。或传此即李冰所凿之离堆。《史记·河渠书》称"李冰凿离堆以避沫水之害"，青衣江为古沫水，而此峰又适与岸山离立，此离堆说之所依。俗又传李冰子二郎伏孽龙于离堆下，此二郎庙之所由立。蜀有六离堆（灌县伏龙观、嘉定乌尤山、雅安水口场之龟都寺、南部离堆室、苍溪离堆山，合此为六），此其一也。又或谓阁下江水有丙穴，产嘉鱼。皆甚无聊。蜀人浅识者，得美鱼，即云"丙穴"；见离立小峰，即云"离堆"；惊绝峡，即云"神禹"斧工，不只对此为然。

世传灌口二郎神为三眼之川主，塑像英俊。雅州以西之二郎神像，悉甚丑恶，脸绘蓝点白环之大疮纹。此庙之二郎像亦然。他处曾见此像，人呼"土主"。此云"二郎"，未识何故。或云："此是五通二郎也。"若然，则此庙祀，已一再荒唐谬误，直如杜十姨（杜拾遗）、伍髭须（伍子胥）矣。

四、芦山石材与川康公路

自飞仙关离马路，折北赴芦山，三十里，一体石板大路。路线沿芦山河右岸之断丘敷设。罗城山脉之水，每每横出小溪，与路正交而过。各溪皆架有桥梁，曰老君桥（铁索）、堰沟桥、光裕桥、铁索桥（铁索）、万庆桥、朱氏桥、张家桥……大小共十余座。桥头多有石碑丛立。查其桥碑，大都乾隆时某人建，后因山洪冲坏，嘉庆时某人复修，咸丰时某人重修，光绪某年再修。修桥者，或由某人独立为之，子若孙继之，或某人倡议集资为之，罕有募及官府与道路之人者。其桥工率多艰巨。老君、铁索两桥为铁链桥外，其余为石桥，或砌为虹拱，或以二三丈长石条横架。因此带森林缺乏，山洪不时，岸基又乏硬岩，多属浮土，故桥之寿命三十年至六十年不等，罕有逾百年者。此带山溪短促，不逾十里，坏桥之力尚若是大，因念川康公路所架桥梁，虽力求一劳永逸，于势恐难能也。又于此诸桥碑，可见此带人民富厚康乐，喜谋公益。而所谓公益者，尤注意于道路交通。艰巨桥工，能以独力完成，且复修、再修，子孙犹能继美，此非地方富乐，人民慕善，安可能耶？

此带地层，尽属砂岩，岩层层层叠合，整齐不乱。唯皆一侧昂起，一侧下陷，构成龟壳斜仰式之山岳，与雅安同。盛产佳良石材，质硬而纤理绵结，易析成薄板，又易截为长柱。其取用之廉便甚于木材，而坚贞则万倍之。此带石路之修整，桥梁之繁密，碑碣之多，并皆得力于此砂岩地层。他日芦山森林罄尽时，必有以石材为梁柱及楼板建屋栖住者。使建筑马路而以此项石材铺面，其费不至大过碎石，而养路之费，则可减至最小限度（或至于百年，始翻修一次）。

川康公路之桥梁，目前多用木架，又无桥亭以避风雨。木材受雨水侵蚀，随时腐坏，鲜有保寿三年者。全路木桥百数十座，现在前方新桥尚未架设，后方已拆换朽桥。一桥施工，全路辍运，将来即翻换木桥工作，亦且终年不断。加以山崩岩溃，河涨梁摧，全路安得畅通车轨乎？诚使采芦山土人岩石，截条为长柱，以架梁之法，架设小桥。其大木桥则以长石筑堤固桥基，建桥亭以避风雨，或铺石板以寿桥面，则真一劳永逸之计矣。

五、舆人之宿命论

在飞仙关时，值康定刘向荣君过此，谈谭创之议长之死。谓其自下桥别同行诸人，循沿河马路，向中桥行。同行者方告以外侧河岸有缺处，即见所持纸烟火头，投入河中，瞬息没灭，未闻声音。久乃知谭坠水死矣。又谭死之前夕，寓李会办家，五次闻有呼其名者，拔关无所见。他人云未闻之，谭则审之甚悉。因叹人生死有定。同时一售纸烟人，忽倒地作羊鸣，四体挛缩，抽搐如欲死，羊鸣声直与真羊无异。有好事者取韭菜投其口，则羊鸣而羊食之。约三十分钟，癫已自起，汗湿衣裤皆透。余素闻"羊痫风"，至是初见之，聚观者数十人，莫不称异。于是神鬼之说顿起。舆夫李姓，成都人，识字，每遇余抄碑碣，辄旁立而读之，又健谈。当余别向荣君自飞仙关上路后，石道整齐，舆夫踏地作金石响，意趣甚乐，而谈论起矣。

彼谓其祖父晚年，有术士算命，判其光绪二十九年闰五月二十一日遭水淹死。届是岁，果闰五月。全家相戒奉之楼上，勿使近水。将午，其祖思鱼，命李往水田中觅鲫，拟往观，家人固牵不令往。李觅鱼尚无所得，家人狂呼之。奔回，则祖父必要下楼，乃共扶之下坐堂屋中，以人守之。时方天晴，固无淹毙之道。祖父思茶，取半杯令徐饮之。时已衰老久病，饮后即死。虽非淹毙，亦因水而绝，可知命定难避。舆夫此语，喻谭创之之死为命定也。

舆夫又曰："羊痫风者，前世屠羊之果报。"因论果报云："雅安萧某自嘉定来此，经营轿行，发家至十数万，人称为'万人供养之活佛'，此前生为高僧之福报也。何谓万人供养？凡从雅安东来者，无论赴康赴宁，赴天赴荣，亦无论军政商学，游逛士女，无不向萧雇夫。夫价值十抽一，每日收入，多至三四百元，少亦三四十元，此非万人供养乎？何谓'活佛'？出入西康省者，不能不仗肩舆夫马，胥待萧为之设备，济人于所急需，此其功是活佛矣。日入数十元至数百元，未尝强取豪夺，一切出人情甘，有如人之供养喇嘛，此其享是活佛矣。其人肥胖健康，言徐声细，气度雍容，此其貌如活佛矣。"另一舆夫斥之曰："剥削我等，岂得为佛？幺闺之死，谁之咎耶？"余问幺闺云何，其人曰："幺闺是小家女子，为萧外妇，萧供给衣饰花粉及每夜共餐费外，日给零用十元，并赡养其全家。屡商娶之，因大妇泼恶不果。今年萧近六十，幺闺十六，享用既奢，情欲亦纵，渐又与青年男子姘合。萧闻而责其兄，其兄素感萧之赡养，归乃痛责其妹，至于鞭扑，遂忽投水死。此昨日事也。"一舆夫云："萧虽义绝，给安葬费三百元，可谓有义。闻萧尚为俗人，有此何害其为活佛？"彼辈辩论至此，已近白家店，当憩，话止。余坐舆中静聆之。念此辈虽卑贱可怜之人，乃其言颇有理致。其人之未敢悍然为恶，或且汲汲于行善之念者，此类思想实驱使之，未可因其委琐而忽也。所言萧某，曾过雅安者，胥必见之，态度、年貌，一切诚如所云。

六、樊敏碑

西康省境古物，价值最高者，其唯樊敏碑乎？碑在芦山城南五里，田间道侧，汉建安十年所建，书镌皆出名手。历代讲究金石之书，自赵明诚《金石录》起，下逮近人所著，莫不收之。金石家之观赏评赞者，尤为不少。然多据拓本，未能亲莅摩挲之也。余既访高颐阙于姚桥，更来一探此碑。抵芦山日，先过碑侧，灵光焕召，不待有人指引，已自识之。下舆扪抚，暮乃入城。第三日，又复步访于此，观察附近纵横一里之地，求其墓址、阙址与翁仲诸遗迹。逐验碑文与碑阴勒字，碑上螭龙，田间石虎，依依然别之以去。他日复一再过境，一再访之。余虽非究金石者，欣赏之福，实胜昔贤。现县人正建碑亭，建亭之后光线晦暗，后来访碑者，亦将不逮余之爽快耳。

碑高七市尺半，宽三市尺半，厚半市尺，上方微削，圆顶。圭首作二螭龙，首各向，抵于碑肩，与姚桥高君碑略似。螭拱如虹，其下圭首镌"汉故领校巴郡太守樊府君碑"十二字，双行，行各六字，大篆。又其下有圆形穿眼。穿下方为碑文，五百二十二字，共十八行，行二十九字。铭文抬头，铭后空一行。空行后镌"乱曰"，五十一字，二行。后复空一行，末行低十三字镌"建安十年三月上旬造。石工刘盛息憭书"，十六字，字方一市寸强，八分书。碑下龟趺，首偏向右，凿背壳为深槽以植碑，竖官道侧。旧有碑亭，已圮，遗址犹存。复遗乱石甚多，似近年曾拟建石亭而未竟者。碑阴圭首无字，刻一鸟形，长颈，尾似凤，盖所传朱雀也。其上双螭与碑阳同式，两侧亦俱镌刻及肩，各为双螭之首。穿下刻字二列，上列为"崇宁壬午三月，知县事眉山丘常题跋"，亦八分书；下方为"绍兴己卯九月眉山程勤懋传书跋"，亦芦山令也。二跋并已漫漶，犹可识。

碑之左前方，相距约十步，有石虎陷田塍间，仅露首背，官道绕曲经其侧。右前方约十步处，一石虎，适立在一稻田中央，全露。缘此稻田较低也，立稻田中未被移去，亦未倾倒，足见其基安置于磐石上。农人就磐石为田，故虎露而不仆也。左侧石虎之被陷者，由农人截阶田时，就其处砌坎所致。虎昂首，有双层短翅，形制一切与姚桥高君阙前石虎相同。按汉制，此石虎应相向。高君阙虎旧亦相向（前年迁移后始并立）。此两虎，塍间被陷者作相向状，而田中露立者首向前，可见田中一虎，曾经被人移徙未遂也。双虎之前数步，田塍下陷为一阶级。再约十步，更下陷为芦山河。河之对岸为三棱山与坐观景山。碑之后方，段丘突起。土级道间，有一石羊，体较虎小，颈毛卷曲，无角，土人呼为石狮，又曰石马。亦呼二石虎为马。故此带地名"石马坝"，狮与马名皆误也。石羊亦应是一对，此仅存一。闻土人云，为近年倪县长所掘出。然则樊墓遗物，被埋没者尚多也。

石羊后土台，为一稻田密镶之大台地。后倚任家庵浅山。山麓有人户，其侧小平台，相传樊墓所在。一土人导余往观之，毫无遗迹可征。土人相传，余知事莅任过此，隐见其处旗幡森立，就之无所见，卜为樊君宅兆云云。大约余某曾来此地考察，判樊墓在此，曾予封识致祭，后人妄传见神耳。其地距碑与石虎，多于一箭，不足半里。虽微嫌远，然地势颇合，非凿空臆测者比也。

碑阴丘常题跋有"有兽已倒，有阙已摧"之句，足见碑前原曾有阙，宋代既已摧坏。今碑后土坎间，多有曾经钻琢之巨石，露出土面，疑即古阙遗物。果使宋元既没于土，则今日掘出，尚可得见完整之汉代雕刻。唯此项发掘费不小也。

顾亭林《金石文字记》谓此碑"重刻本字甚拙恶"，此"重刻"二字，极耐寻味。碑阴丘跋，后于建安千余岁，今其字已漫漶。碑文自魏晋以来，即屡被人摩拓，加以风雨剥蚀，多千余年，今其字凹尚深，一可疑也。丘跋称"其文尚可读"，则已将漫灭可知。乃更千年后，字刻转明，二可疑也。原镌"字画醇古"，作八分书，今碑文多有横轻直重之笔，为宋以后俗吏书法，俗手镌法，三可疑也。周凤山《汉碑释文》，力辩此碑未经重刻，疑顾氏所见本为拓工不善。余认为此碑必曾被人重刻。不过重刻时，原字画朗然可识者，即就原画轮廓镌刻，如第四行之"道度无文"等字，六行之"风"字，七行之"仁"字，八行之"国复重察"等，皆能保存汉隶风格是也。其原镌已模糊者，则多有妄为补镌之笔。原镌已就漫灭者，则于其各画间刻为较细之深画。故外轮可观，拓本则劣。总之，曾经被人重刻也。此种重刻，俗称洗碑。虽嫌好事，然赖以保存碑文及汉镌格局款式，不为无功。雅安姚桥之高颐碑，迟镌于此四年，因历世无人重镌，今遂一字无存，并其行列、款式，亦并亡之。尤可叹也！（高碑道光重出土时，已无一字。今所传高君颂残文，悉就宋拓本绎出。余另有考。）

七、重刻樊碑考（略）[①]

八、樊碑文义（略）

九、樊碑余话

樊敏碑石，暗红色，与雅安县姚桥高君碑、高君阙及樊、高两墓石兽等，并同为红色页岩。此种岩石，产于雅安、芦山两县耕地之下层，自细粒黏土坚结而成，略含石灰成分。初出土者，细腻坚润，与端溪石相似，唯不含化石粒块，虽有层理，致密难析裂，故为优良之雕镌石材。若以琢砚，则腻滑不易成墨，特宜作碑阙与石兽、石炉、石器等用。雅安、芦山多雕饰繁赜之巨墓，寺庙多石炉，河谷多石桥，胥赖有此。

此种石质之碑，如在屋宇庇护之下，虽历百千年，点画亦应无损。但如露立，与雨水接触，或为植物根叶所侵，或受地面重浊之碳酸气所蚀，则因其中所含石杂质解离，石质不复坚硬，稍细锤拓，即至剥败。姚桥高君碑，仅迟造于樊碑四年，今已一字无存。樊碑犹自完好者，由于高碑地当孔道，露立过久，锤拓过繁（宋拓已甚漫漶），樊碑地僻，拓者稀而碑亭亦较能保持长久，故也。

汉碑多别书通假字，运典或出逸经轶史，非今人所能解。世遂疑其非通人所为，与魏碑之音形讹谬意义鄙俚者，一例视之。樊碑虽植荒裔，而文仿北海相景君碑，运用经史极其圆熟，足知撰文者为足迹遍天下之绩学士也。康长素誉其书："虚和娟妙，如莲花出水，明月开天。"刘盛亦自著其名，足知其自负书艺，不在蔡邕、棠溪典下，非不通人也。碑中别字，如宓戏、汶汸、贯究、卓密、扰穰、投核、枕丘、

---

① 作者另有《樊碑集解》《樊敏年谱》《芦山汉石图考》等专著发表。此略。

朝娉、倡獩、軆蹈、台绲、松侨、袤术、与考、歇呼等，不得经史证验之文如鲁分为杨、断仁、米巫、青羌、秋老等，应当信其确有出处，足为补注经史小学之资。此樊碑之另一价值也。

杨升庵云："汉碑多不著作碑人姓名，而此碑之末，续书建安十年三月上旬造石工刘武良镌刻，何也？"曰："古人以镌石为一难事，故书之以传。魏受禅碑书钟繇镌，以一代贵臣文宗，而亲雕镌之役。古人之重文藻而必欲永其传如此。颜鲁公书，恒令家僮镌之。李北海书碑，多手自镌，其云元省已刻，或云伏灵芝刻，或云黄鹤仙刻，皆北海自镌也。今之立碑草草而付之拙劣之书，镌者又非良工，宜其贻庚子山驴鸣犬吠之诮诮矣。"又云："字书之碑碣，比之简牍，已难得刻手，精尤为难。古刻之存于今者，岣嵝山禹碑，是夏时刻工所存。石鼓为周刻。夏承碑、雅州高孝廉碑、夹江县酒官碑、新都县王稚子石阙，皆汉刻。然皆篆籀八分，笔画齐匀，无绾牵折搭，不见其难且工。晋王献之保母帖，自书上砖晋公刻之。宋潜溪评以为胜兰亭，盖刻工之妍也。唐颜鲁公书碑，令家僮刻之，恐俗工失其笔意。至李北海，手自刻之者数碑。碑中书黄鹤仙刻，或云伏灵芝刻，或云元省已刻，皆公自刻而诡撰此名也。元赵子昂书得茅绍之刻，手精，毫发不失。绍之在江南以此技致富。晚有会稽李璋者出，自云胜绍之，绍之试令刻之于字下，一砾一运而就。绍之乃服，绝艺信亦有人哉。"（并见《升庵全集》）升庵博洽，所论刻艺绝精，唯绎樊碑文大谬。又强以刘盛息憴为刘武良镌，殊足为盛名之累。康长素曰："今汉碑存其书人可考者，唯武班碑为纪伯允书，郙阁颂为仇绋书，衡方碑为朱登书，樊敏碑为刘憴书，华岳碑为郭香察书，或谓察者，察人之书，非人名也，或为蔡邕书。然后人附会邕书太多，未必即邕也。石经书字体不同，自蔡邕、棠溪典外，尚有赵域、刘宏、张文、苏陵、傅桢、左立、孙表等。上尊号奏，钟繇书。受禅表，卫觊书。鲁孔子庙碑，梁鹄书。天发神谶，皇象书。封禅国山，苏建书，此外无考。"康说与杨氏不同，并附于此。康言刘憴者，从李雨村、刘燕庭说，解息为子，以憴为造石工刘盛之子也。

天全、芦山两县，壤地相错，未尝有山河为之界划。历史沿革，亦分合不常，未有定境。天全土司，每向芦山争地。明之中业，土强汉弱，争执尤频。正德时，芦山尹滇人屠峦，尝教芦人蓄弓矢、究武技，以与土人相抗。攻占频年，力不相逊，始由兵车之争，变为理讲。土人指水东乡（芦山城东之一带平原，一连朱氏桥，今云沫东乡，谓芦山河为沫水也）为土司旧壤。县吏无以难之。李必钦揭此碑为据，水东一带始为芦有。见竹锡龄跋语，载《雅州府志》。盖碑阴两跋，皆芦山令所为也。独此碑能解天芦界争，而不能解示严道与徙县旧域，缘碑文未著樊君县籍。《四川通志》谓樊君严道县人，因谓今芦山汉属严道，实无所据。当时严道已辖今雅、荥两县，再益芦境，似嫌过阔，致徙县无熟地可指。余初疑樊君实徙县人，后得王谋墓于芦山，始知樊君为汉嘉县人，即故青衣县也，另有考。《隶释》谓樊碑在黎州，碑图指蟠螭为赑屃；王氏谓碑在雅安，又谓芦山县南五里有两面碑，皆由未亲见此碑故。

十、石棺与樊敏轶事

自樊敏碑过垂远桥，约三里为杨家坝。道上有杨氏双节坊，坊侧有石棺之墓，去大道甚近。墓已平，留丛棘未耕。石棺露前和之半，确是石制棺材。棺盖有波状起伏之长条镌泐，致和头作龟缘状，无他花纹。唯最中最高之一突缘，泐小曲线凹纹于其端，露出之部甚少。原红页岩，年久土蚀，变为暗黑色。石质坚贞，未见破败。有无刻字及其他花纹与暗碑，并无从知。余自其石质泐蚀情形推之，似亦汉魏人墓（因棺内尸骨已化尽）。或与樊敏同时。俗传其为樊侯掩埋狐妻之棺也，亦有传为樊君之墓者，说皆无稽。要是一有价值之古墓，最近亦当为唐人之墓，如发掘之，必有所获。（此墓经于三十一年夏季发掘，知为上计吏王晖墓。）

樊侯狐妻者，相传汉安帝时，樊敏读书石佛沟，偶道遇美女求寄宿。渐吐实云，千年狐也，能助立功名，遂为夫妇。狐有珠，每樊读倦，辄令含之，含之精神倍振，以是力，学成通儒。一日误咽之，妻遂死，化为花狐。樊以石棺葬之于此。今石佛沟有洞甚深邃，藤萝封塞，相传为狐故居。芦山旧志曾采载之，其文甚鄙，新志删去。

芦山治南十五里石蚕坝，有断石如蚕，故名。相传有大石蚕夜出啮禾为害，伤及人畜。有少年夜伺得斩之，土人为少年立祠，前广安州州判邑人李彦虎曰：少年即樊敏也。樊敏既为此方特殊之人，亦遂为灵异汇归之体，妻狐、斩蚕，皆其一例。樊既一代名士，声布朝野，德行学艺，必多过人。即樊碑所传者，土人亦多不解，更无从传益而播之，乃喜传此荒诞不经之事，殊属可慨。

十一、芦山县

芦山县城，当两河会流处：左曰龙门河，上游接于天全县之大川镇，近邛州界。右曰清源河，自天全属之双河场流来，会于县城西南隅。合称芦山河，南流二十余里，地名三江口，与灵关河合。再二十里至飞仙关，合天全河。芦山两河皆穿流于红色页岩层间，刻削岩盘成浅峡。岸皆壁截，高约二丈。截岸之上，则平原如坻，尽稻田也。平原尽处，小丘斜起，绵延成冈。冈后或间小溪，或径与大山相连。大山小丘，皆作昂首龟状，一面斜坡，一面绝壁，是为芦山地势定型。

县境地面甚狭，计只三百余方公里。左以罗城山脉之脊与雅安北区为界，右以钟鼓山（周村冈）与天全接界，北则截两河谷之上游为天全境。旧只辖一个半场（青龙场与飞仙关）。现除城街外，有市集者共五场。青龙场四、七、十日集，隆兴场三、六、九日集，飞仙关一、四、七日集，白家店三、六、十日集，下桥场一、五、八日集，仁嘉场一、五、八日集。旧分全县为三乡。曰水东乡，即芦山河左岸一带，石马坝、石蚕坝下至白家店、飞仙关并属之。曰龙门乡，龙门河两岸，青龙、隆兴等场属之。曰清源乡，清源河两岸，治城与仁嘉场属之。现以治城为芦阳镇，飞仙关为飞仙镇。其余各村析为沫东、凤禾、思延（思延坝半隶天全，半建芦山）、升恒、隆兴、龙门、仁嘉、清源八乡，共七千余户，三万余人。

雅属各县，皆包有童秃不能耕种之高山，唯芦山县不然。其山悉甚卑小，可耕，尤多平坝。故无弃土，而多良田。土质腴沃（多为页岩风化之红黏土），气候温暖，农产谷物甚富，年常销行于天全、宝兴等县。其人亦善农作，利用地力颇尽。现值夏秋间，纵观全县，作物只有三种，水田皆稻，旱田皆玉蜀黍与大豆，其他蔬蓏之属，约未能占玉蜀黍之百一。虽城市附近亦然，大豆种于玉蜀黍行间。目前玉蜀黍收获，大豆适在放花。大豆幼苗喜阴，放花后则需骄阳。如此配合种植，极合学理。逆料其大豆收割后，尚可种麦或油菜一季，此芦山食粮之所以能大量外销也。

康熙时邑令罗之熊《芦风》云："朴色衣冠古，勤劳妇女先。麦兼胡豆种，竹与树杉连。有地皆种柳，无山不垦田。莫嫌纠葛累，为爱邑地偏。"乾隆时邑令朱黼《乡居》云："乡居忠朴少营谋，但愿秋成皆熟收。一件布衣穿到老，那知夏葛与冬裘。"《妇力》云："妇力耕耘夫背茶，炉城一去远离家。瓮头苞谷余升许，邻舍都将富户夸。"光绪邑令胡微元《芦阳风土歌》云："……男子家居妇播种，蓬头赤跣事田畴。野蔬粗菜能充食，茅屋竹篱缘山陬。土风寒微不希贵，布衣直欲傲王侯……"质直之风蔼然入纸。

十二、芦山城与姜维

龙门、清源二水间，有长冈绵亘，形似龙卧。其脉没于县治城内，号曰龙尾。县城周五里，半在平地，半跨龙尾山，石条砌成，明正德时署县事汪浩所创也。城内街市作正十字，宽阔整齐，街户甚少。每一、五、八日赶集，非赶集日冷落如乡村。城内多农地，不种蔬果，玉蜀黍、大豆混植，与山田同。民俗之质朴，即此可以知之。其名胜则东北城角有金井阁，踞龙尾山，形势轩昂，占全城最秀胜处，东门外有铁索桥，跨龙门河，长四十八丈，仿泸定桥式。南门外有公园，当两水会流处。亭俯断岸，形式略似天全公园。而荒榛蔓草，阻拂游人，仅供刍荛畜牧辈出入而已。

公园旁有土城旧迹，传为蜀汉大将军姜维所筑，号曰姜城（见宋绍兴知县徐阆中引《芦山图经》）。城址今全可考，周三里。外临断崖，内达南门内数十步。汪浩新城，与此旧址相套。旧遗土埂未劚，故穿南街，须逾一埂。邑人因其埂建奎阁焉。奎阁之南，近南门处，有姜侯祠，南向。内塑姜维像，赭面，微似关帝。外有石狮与木坊。其寺颇古，大约宋代即已有之。明清两代，祀典隆重。近年祀衰，庙亦多圮矣。

城北金井阁，亦有姜像。阁前巨墓，有道光十六年知县事段恩荣所立碑，大署："汉大将军平襄侯姜讳维墓"，有题字云："谨案，姜侯志存汉室，功在全川，灵异昭垂，芦阳较著……龙尾山祠墓所在，神冯式之。春秋以少牢祀之旧矣……旧表在康熙丁亥年，县令张公绪，奉抚军熊，立石标之。今圮矣。为树华表而甃之，亦守土之职也。"相传此为姜维胆墓。忆《三国志·姜维传》，为北来将士所杀，剖其腹，胆大如斗。当时成都大乱，维为乱兵所害。被害后，尚扰乱十数日乃定，则维尸应无葬所，何况其胆。或曰衣冠墓，较近理。《三国志·姜维传》，虽未言其曾至汉嘉，但曾言其明晓边事，熟悉羌情（未查原文）。其时天、芦、宝一带，多氐羌。维曾命人筑城置戍以资控驭，理应有之，或曾遣部将戍此，戍将假其威名，而称姜城也欤。当后主出降邓艾，下诏各城罢兵之时，蜀中将士拔刀砍地，极感不服。维与后主书，有"将使日月幽而复明"之语。则其密筹恢复，布置甚周可知。此等地方，应为其布置军事之地。维虽败死，此城道远地僻，或有忠义之士未曾降魏，仍用维之虚号，号召羌氐。田横入海，郑氏存明，理固有也。惜史记阙轶，未传其人耳。如此推断属实，则遥招维魂而作之墓，正无足怪。今县境尚存姜姓，则维之族人当时有逃匿于此者，亦未可知耳。

芦山之传姜维遗迹，为时既久，诞妄之说，亦遂缘之而生。城内又有县主祠，相传姜维之妹，封县君，嫁于是邑云云。查汉制，唯帝室贵女得封县邑，大臣妻或亦得之，未有封及大臣之妹者，妇女滥赠县君为宋代陋制。蜀汉虽偏安，颇重名器，维妹安得滥封县君？意者或是某时代贤尹生祠，或是宋代士大夫之母受封赠者祠堂，后人妄以附于姜氏耳。又某寺有姜维书"大雄殿"三字匾额，尤荒诞。中国佛教虽自汉时已有，但仅行于黄河流域。姚秦以后，鸠摩罗什诸弟子辈，始分演其教于西蜀、江南。姜维时，蜀尚无佛寺，安得有大雄殿书匾？按其字似乩笔，盖扶乩者妄为之耳。蒙山文昌帝君之《紫府飞霞洞记》，西昌之杨升庵之《夜观火把会诗》，皆乩人妄托。与此为三云。

十三、芦山文庙

芦山县文庙，有可珍者二，一为孔子塑像，一为照墙陶龙。

塑像衣冠制度，悉与吴道子画同，微嫌矬短。考唐乾封间，始令天下郡县立孔子庙塑像。时去孔子之卒，千余年矣。先秦无写真之术，则此时谁能传孔子塑像耶？然既令天下塑像，自不能不有规定，以期一律。吴道子像，似即制于此时，盖亦略考古制，想象为之耳。自是以后，传为定制。应用既普遍，从雕塑者，胥能精熟其事，得心应手，无甚差谬。亦如西人之塑圣母玛丽，藏人之塑宗喀巴然。至明嘉靖九年，诏以塑像为渎，令天下改易木主。迄今四百年，孔子遗像，塑师莫能传矣。芦山偏邑，独得保存，顾非可珍者耶！

查《芦山县志稿》，该县文庙创建于宋绍兴中，则此像是否是宋代所遗，极有探索价值。考宋芦山城，即姜维故城，今城乃明正德中所筑。今文庙在姜城故址以外，则非宋代所建可知矣。（文庙亦有在县城外者。如荥经县文庙，旧在距城五里之小坪山，清初始徙入城。然此由于荥经故址原在小坪山，徙城时未徙文庙故耳。雅安东门外，有文庙坝。疑亦由往时县治在此坝内，其后徙城，一时未徙文庙，遂有此名。）志稿又谓："明永乐间重建，南向。嘉靖二十九年庚戌，邑令周棐改建，东向。万历四十五年丁巳，……迁复南向，至崇祯元年戊辰，阅十年完成。陈万策有《迁学宫碑记》。"陈记余未见，修志时必曾见之，当非凿空。据此，则永乐时庙址仍在姜城内。嘉靖时徙城，则周棐所建文庙，应已移建于新城。万历时，曾经竹密等大修，阅十年乃成，即今文庙也。庙既此时所建，则像亦此时所塑。时去嘉靖九年，已八十六年，乃尚不遵功令竖立木主，尚塑像者。似因嘉靖朝虽令天下易木主，各州县狃于旧习，并未一体遵行。忆《明史》记魏忠贤生祠事，谓刻像不及，多有以孔子像改作者。足见明末孔子像尚多保存，似由清代某朝，重申拆像易主之令，各县孔像始尽销毁。（囊曾见清人某笔记，言某御史奏请禁设孔子像，今已不能确记。）至于芦山何以独敢违此功令，原因不明。大抵由地方偏僻，令教偶未达耳。

照壁陶龙，自方砖九枚嵌成，正方，方各六尺，合嵌壁上。正尖角正向上下左右，鱼龙各一，作翔跃相戏状，云水相参，姿态生动入妙。花纹深浅不一，骤视之，似用厚砖浮雕。细审，乃精工细琢后，切为九块，入窑烧成者。其嵌合之巧，雕塑之精，并为近代所罕见。微有数部被人敲缺，大部均属完好。陶色灰黑。壁当东街，往来行人必过其下，然未有注意及之者。

余过此，若有鬼物相摄，一见警异。指与县府诸人视之，亦莫不叹绝。四百年前绝艺珍工，露立通衢，无识之者。物之显晦有时，良可慨哉。

十四、广福寺塑像

雅属寺院，人皆盛称始阳大悲寺，无知芦山广福寺者。实则广福寺建筑早于大悲寺殆百年，一切绘塑雕刻，并较大悲寺高。余游姜城返，偶过此，入作小憩，始悉其胜，亦夙缘矣。

寺在南街西侧，系明宣宗宣德三年住持妙宣等修。因工费浩繁，装彩未竟，至英宗天顺末（相距三十六年）邛州九顶山僧关证受天全高、杨二土司聘迎，飞锡过此，惜其未就，倡募续修，遂成丽刹。其塑像镌石诸工，皆延内地名手为之。建筑之崇闳，艺术之精巧，胥为天、芦、宝三县首屈。时天全六番土司高文林、杨恺，并风雅自赏，既以关证故，助成此事，乐其功业，广为仿建，始有天全之慈郎、大悲诸寺。使以佛教比儒术，则关证为此方之文翁，广福寺其石室也。

寺凡四进，塑像妙胜绝伦。首进塑八大金刚，已绝俗，尚非上品。次进四天王，余所见之天王像，高大、精细、美妙、庄严，俱无能及此者。再进大雄殿，绝宏敞。三大佛像，不唯以伟大、妙严胜人，即金碧色彩，亦皆用最上品。如两唇之朱，历四百七十余年至今，仍鲜逾大齐，不因尘暗。必系赤珊瑚研末为之，非普通丹砂也。两旁十二圆觉坐像，皆女容，菩萨装，花冠璎珞并相似，姿态则各异致。左侧第十位，两臂掉向左，垂手，身微扭，姿态曼妙，出入意想之外，尤为特殊。虽以聪慧舞女表演之，恐亦难逮也。

今日内地各寺院十二圆觉像，作汉衣冠，老少男女不一，且俗传有十二人成道故事。此则皆似印度之佛菩萨辈（以后所见天芦宝各寺圆觉像胥如此）。间有石香炉镌其名称，与汉俗所传大异。是亦其古香之一也。

大殿后塑普陀观音，俗称漂海观音，高二丈许，赤足相并，正向，身腹侧向右，首微向左（俗谓三掉身），手臂姿势配合均妙绝。后壁塑天龙八部，诸罗汉水怪，莲趺侧善财龙女，大小不一，莫不工巧卓异。游人瞻仰，虽田夫野老，亦莫不色然喜之。余所见各省塑像最佳者，吴兴吴道子塑像（今已残败）、峨眉铜瓦殿十八罗汉、化林坪康熙诸塑像，及此寺像。然铜瓦殿像多俗韵，而化林坪诸像有北人木僵之气（施主杜参戎系晋人，疑所延为北方塑匠）。此寺诸像，为深得佛家庄严妙曼之旨者矣。

大殿上石香炉，五级空雕，制与大悲寺者相若，亦成化年镌。惜忘抄其施主与镌工姓名。殿内细页岩嵌墁，不容纤尘。左廊明成化二年县训导石瑛所撰碑犹在，字皆可读。最后一层为藏经楼，系康熙十一年建，知县罗之熊有记。

又《雅州府志》载有教谕潘邃《广福寺碑记》，未收石瑛撰碑。邃，亦成化时芦山教谕也。今寺内无潘邃撰碑，而石瑛碑仍在，未识何故。潘碑云："城北三十步许，有古广福寺（按：成化时未建新城，县治姜城，故广福寺尚在城北）。因宋迁治大度（按：芦山，宋代曾改名大度县，相传其故城在龙门河东岸，其实非是），基址存于草莽。今复城堞南迁（按：意谓自大度故城迁还姜城也），朝贺拜祝，静智隔江未便（按：此间有脱文，待觅原碑校补）。僧妙铠，白于邑长，剪荆棘，除莽秽，鸠工遴材，正殿门庑完备（按：此指宣德时事，石瑛谓宣德戊申之初住持妙喧、妙登、妙星等修，妙铠当是其伯仲也）。欲作西方飘海景，无有功于塑者。俄焉，而西方回僧师弟，欣然任之。始和泥，未敷，一夕大雪，而回僧渺不见，及视宝璧，刻画已成。观音大士，飘飘如在海中，龙宫波涛鸟兽如生……"云云（原文多被抄者增删，致不甚通，兹略删浮字）。以此表塑像之异，未免猥琐，然据此碑，可知大殿诸像及四天王（碑称门庑）确为宣德年间所塑，且有西域胡僧（或系藏僧）参与其事。关证所募修者，仅属金刚殿及彩绘诸神与雕琢石香炉等工耳。又潘碑称天顺乙酉，关证过此，查天顺终于甲申，无乙酉，乙酉盖成化元年，边邑奉正朔迟，故仍称天顺也。

十五、白衣庵大士像与铁像

余既称道广福寺塑像于芦山官绅间，或云白衣庵大士像尤美，因同县府诸人往探之。庵在东门内南侧城隅，巨刹也，已就敝败。大殿塑像皆不佳，唯后殿塑叠石巨岩，白衣大士斜披半幅，侧坐其上，岩下童子外，别无云龙、花雨、佛焰、灵光诸饰。大士神情娴逸，妙趣宛然。以纯朴景物，衬此优美法相，如素瓶供一菡萏，别饶风致。匠师可谓善用其巧矣。察其作风，与广福寺宣德塑像如出一手。非能过之也。大约此匠塑广福寺时，应邑绅请，分其余力，留技于此。全庵塑像皆拙，独此美妙，故易为俗眼所觉。且淡素清婉，体态自然，尤合妇女心理，故妇女界尤称道之。

白衣庵外，旧有三官庙，铁铸水府三官神像三尊，俱高五六尺，重逾千斤。工甚拙，像背有"陕西西安府商人张九思等铸于万历十九年"等字。像卧草中，今复有人构屋一厦扶像祀之。又其侧即前教育局故址。

又传广福寺后有铁佛，匆匆过游，未及查觅，但见铁钟颇巨，系成化三年铸。有妇人施金耳串，铸匠即令以整形存于钟面传为奇迹。有传其声甚洪，有时不撞自鸣，号为灵钟。

十六、黄山谷《绿菜赞》碑（附史炎玉考）

南门姜维祠内有黄山谷《绿菜赞》碑，宋刻也，宋以后埋没尘莽中。历七百余年，至清乾隆二十二年，邑令李凌云得其石，字已泯灭，觅得土人所藏旧拓本，乃勾勒原拓，拓绘于原碑字位，重刻之，为跋其下。刻工未佳，不能传山谷风趣。然大体尚存仿佛。樊敏碑外，此为芦邑珍品。

绿菜者，苔类植物，附生于山溪内石块上。土人以布囊石，极力搓揉之，则菜脱石入囊，于是弃石淘沙，售之于市，或积压为砖曝干，货之远地。鲜时碧绿可爱，曝干者浸水后可食，色暗绿，味较逊。其质细碎甚轻，不可煮，但宜以五味拌而生食之，味香脆，微似蜇皮，清爽宜人，佳味也。售品多含沙粒，用时须细淘之。天全、芦山皆产，芦山尤富。江南及西昌向亦产之，唯色紫，曰紫菜云。山谷《绿菜赞》云：

蔡蒙之下，彼江一曲。有茹生之，可以为蔌。蛙蠙之衣，采采盈掬。吉蠲铣泽，不混沙砾。芼以辛碱，宜酒宜练。在吴则紫，在蜀则绿。其嗅味同，远故不绿。谁其发之，班我旨蓄，唯女博士，史君炎玉。

史炎玉者，名琰。眉山史襄之女，博学能文，工书善画，嫁汉嘉张祺。祺字子履，进士张阖子也。阖字子仪，以进士历官眉州、韶州诸知州，卒于太常少卿。凡三娶，首胥氏，生祺。胥卒，续娶钱氏。卒，续娶黄氏，江南按察黄廉之女，黄山谷族姑也。生子祉，官青神尉。时山谷谪居于涪，曾于绍圣之世，以中表谊，访张祉于青神，因遍游乌尤、凌云诸山。其时张祺已卒，炎玉寡居雅州。雅州学正杨巽，芦山人，大观三年进士，字兴权，张祺甥也。从炎玉问字请业，讲究诗文，时赠土产。炎玉从巽得绿菜，闻山谷游青神，因以遗之。山谷书赞以报。炎玉以其赞示巽，巽珍藏之。巽后返里刻赞于石。属知县徐闳中为之跋，时则绍兴二十四年，巽年垂八十，去山谷与炎玉之卒久矣。碑以上半刻山谷赞，字长二寸许，下半刻闳中跋。其后杨氏衰微，几经燹乱，此碑埋没蔓草黄埃中，字浸漫灭。直至乾隆二十二年，始复为邑令李凌云发现，重加镌刻。旧跋不可识，乃磨去之，就其地位镌新跋焉。今碑上有凌云跋。闳中跋文则见乾隆《雅州府志》。大约是李凌云抄存者，中多讹误，亦有窜入注语之处。旅中无书可校，略依山谷张祺墓铭，雅志史琰传与绍兴、乾隆两跋，考其人事如此。张祺以荐辟官火井尉，历嘉州司理参军，元祐四年卒官于果州。亦凡三娶，娶炎玉最后。祺亦擅诗文，夫妇唱和，有《和鸣集》。山谷撰张祺墓铭，系炎玉遣其子协请之。故叙祺善政甚详，于炎玉亦致称道，时为元符二年，去祺卒已十年。炎玉应亦五十许人也。

十七、芦山文峰

科举时代，一般人迷信科名可以培植风水得之，而塔与奎阁之建筑尤为有效，故谓塔为文峰。夫塔本为释子寄灵之物，乃竟变为儒生祈取科名之具，诚可笑事也。芦山人物，自樊敏外，历鲜知名，盖由偏邑文教未盛所致也。县人未谋及此，力以培植风水为务。境内凡有塔寺四座，皆不甚大。其一，在三江口，光绪二十年建。相传始阳一科入泮者三人，因建此塔。芦志则云，建此塔年学正廖湛华中式。其二，为佛图山塔，当县城正南，建于清初。其三，在周村冈上，又名钟鼓山，与佛图山相连，明代古塔也。光绪十九年移建于此，位城之西南方。县人相传，此塔为形家所误，移塔之岁，县城即遭回禄。此后地方多不幸，咸议拆之，而劻勷未敢行。本年雅州人谓白塔山塔为敌机目标，拆去之。芦人援是，亦拆此塔，以其砖建筑樊敏碑亭。余过此时，正逢拆是塔也。其四，白塔寺石塔。在仁嘉场白塔寺外，其寺元至正七年创建，明正统时重修，有小石塔在寺外稻田间，余判为寺僧埋骨所，而土人竟传为天外飞来，朱湔《白塔寺记》亦采其说云。

此四塔外，尚有奎阁甚多，最著者为金井阁，与南街奎星阁（即前所云城内土埂）及县北灵鹫山文星楼、延思乡魁星楼四座。各有记文，极论培植风水以助文教之义。自节录邑人竹密《金井阁记》以见一方心理。记云："按：芦山县来龙，起自七里山。辞楼下殿，分支劈脉，两水分界。傍自宝子山，结云锦之帐，搏换水星。

一里许，号曰龙尾山。成县治焉。东峙贪狼，西照太阴，火炎于南，土居其中。巍然成五星聚讲之局，亦云伟矣。自建邑以来，历唐宋至我明，科第兴起不常者何哉。金曰：为学宜南向。（按：学，谓学宫，即文庙也。）学后金井阁，虽蜿蜒而欠特达。出脉处，虽为水星，而少波浪。宜建楼阁以耸主星，余于丁巳年（万历四十五年）解绶归，捐金百余，率众改东南向。夫文笔在南方，火星也。以地之灵，值午之盛，故一时济美人才称盛，非天时与地力所致耶？是岁春正，偕学博黄君讳鉴，临邛人，陟斯巅而眺望焉，遂有建阁之谋。即命堪舆择向定基……庶几主星屹立，……吾庠之腾踏飞黄者，不止此也……"迷信之语，公然郑重入记，率如此类。

金井阁下有任、胡诸姓，于建阁后，日渐衰败。或云阁之为祟，诸姓每思仆之，浸将阁上神像掀倒，阁壁拆去，意在毁阁。然则堪舆之术，纵使可恃，亦有所培，即有所克，有所兴，即有所败。为一县培文风者，何不崇道兴学，而劳劳于此役耶？

十八、芦山科名

芦山人物，宋以前，除樊敏外，悉无可考。明清两代，科名始盛，且皆以竹姓为首屈。竹氏之先，名真者（又名竹八），为元梁王将。洪武十三年，傅友德平云南，真子斌举兵归附，授四川龙泉卫右卫指挥世职。斌卒无嗣，真弟信袭，从征松潘，阵亡。复以真季子竹十二袭，从征建昌失律降世袭百户，屯新繁右所。十二卒，子铭袭，洪武二十五年，移守御雅州芦山县盐井所，实授百户世职，赐铁券。同时，封王忠为副百户世职。直至明末，竹、王二姓，为芦山县境世官，与土司无异。两族既为世职土官，富厚多力，颇能向慕文教。先是邑人张斐，中永乐癸卯举，正统时官至广西道监察御史。乡党荣之，士始多习举业。有竹戴阳、竹密，皆以拔贡，官至知县，有政声。密由湖广城步县知县升广西维摩州知州，万历中调湖广楚王府长史，屡受诰敕崇奖，在诸竹中，最为知名。此外，拔贡未仕者尚有竹春、竹可高二人。

明末张献忠据蜀，诱杀各县士子。芦山生童，被杀于邛州之南桥者二百余人（明代芦山附邛州试），独廪生竹郎裔脱免。清康熙元年岁贡时，边邑荒残，书籍焚绝，赖郎裔口授手写以传学业。故有清一代，竹氏科名尤盛。雍正则举人竹全见。乾隆举人则竹全忠、竹之扬、竹全仁、竹全志、竹为翊，拔贡竹芝、竹德升、竹凤苞、竹廷熙等。同治以后，则举人竹成基，拔贡竹锦雯，文生多不胜举矣。

竹氏之外，程氏较盛。明代则有隆庆庚午举人程复礼，崇祯庚午举人程凤翔。

清代芦山岁贡四十三人，程氏得十九人焉。王氏虽亦世职贵族，文物远逊竹氏。明代有举人王之宾，武举王宣。清代有副榜王文泽、王运通，拔贡王家焕，岁贡王家璠等。

科名最盛，为乾隆之世，嘉、道、咸世极衰，缘"教乱""发乱"相承故也。同、光之际，文学又渐起焉。

十九、《芦山县志》

《芦山县志》或传宋代即已有之，然无所见。元代芦随雅州隶陕西行省，受宣政院管治。盖经元初大屠杀后，地旷人稀，多有羌戎窜居雅属诸县。故以与西藏划为一行政区域，而付治权于宣政院，则其时地方文献之凋落可知矣。明代虽设县官，亦兼以世职守之，而其所守，又实只今日龙门河两岸局部之地。清源河以西，即为天全土境。即县城以南芦山河东岸地方，亦为汉客与土人争攘未决之地。故自盐井竹氏外，殆无文士。此时只有《竹氏宗谱》（省称《竹谱》），无所谓县志也。正德徙城以后，土汉界务解决，地方安靖，学校始渐普及，人文渐起，志料始有资焉。先是孝宗弘治中，思南李一本为县尹，其人淹雅好学，搜访县境古迹，得宋宇文仕绍兴圣德讼碑于旧城之南，已就漫漶为重刻之。访樊敏遗迹，考订碑文。其他名刹胜地，亦多所探索。唯当时县人皆陋，无可语此者。志料虽具，难与人言修志。万历末年，竹密致仕家居。县尹陈珮，从询乡邦人物，有意修志未果。清康熙初，邑进士竹全仁字冬茁，名宿竹水生之孙也，家多藏书，习于乡土掌故，思扩《竹谱》为县志。适值清廷筹修《一统志》，屡饬各省县编纂县志呈缴，而浙江进士杨廷琚宰是邑，倡导风雅，即嘱冬茁偕孝廉竹锦堂、副榜王化行与诸生竹恒龄、陈启泰等设馆修志。阅时三年，成志二册。内容多所未备，刊本近已无存，即私家抄本，亦多残缺。民国元年，邑人周凤山，即著汉碑释文者，自冕宁训导解组归，徜徉山水，以乡邑志乘自娱。

时绵竹拔贡陈子周兴庠，知县事，以复修县志嘱周。未竟业，陈受代去。继任罗致英、汪承烈、傅振举、徐芝、邹畏之诸人，任期皆不越年，虽俱续聘周为总纂，唯每因筹款无着，随时停顿。民国六年，萧菊畦继芳，任芦山知事，始筹得款，俾周君完成之。民七书成，分天文、气候、舆地、风俗、食货、物产、学校、选举、职官、人物、武备、艺文十二志，合序文、凡例、杂记共十四卷。业经录正。因县人各以私议抨击，揩挂，遂未刊行。直至最近县长宋孝持复倡修志，始获成书付刊。

时周君已卒矣。新志内容，大体略就周稿增删补订。现付印中，余未获见。所见为周凤山原稿之一部。平情论之，实佳构也。其中有两特点，足为此志生色：一为凤山所撰汉碑释文，编在《艺文志》中；一为据《竹谱》等书，抄存明清制诰二十余通，其他考订，亦多卓见。周君名瑞枝，光绪丁酉拔贡。其子玉堂，字焕然，能绍其业，预宋志编修。

二十、杨君之铭

周凤山《芦山志稿》，辨姜祠前"石月"，打破前人谬传，亦可称道之点。

石月者，半圆形巨石，弃在姜祠石虎前，芦人谓二石虎为狗，此石为月，合呼"天狗蚀月"。以姜维系八月中秋遇害，邓艾、钟会如二狗，以蚀月喻遇害也。暗示其石与兽皆汉魏间人镌以悼姜侯者。又谓其石夜恒有光。又传明正德时，天全土人争芦地，与邑宰屠峦相攻时，夜见二白犬遍蚀土军之金，咬其弓弦。通营见之，不能发声，如哑。翌日，土人饮食者皆病，临战弦断，遂败走。人以为姜侯之灵云云。此种传说曾被采入《雅州府志》，大约康熙竹志所旧有也。

周凤山辨云："谨按：石月，形如碑帽，发掘视之。上有'杨公之铭'四字。不是汉隶，其断处，每行皆有'上计'字。似当日纪簿之碑。其二石犬，直同汉樊敏墓前石虎，当是姜侯祠中仪仗。汉官威仪每如此，好事者沿讹而妄言之耳。"又另条云："宋进士杨巽墓，失考。唯平襄侯庙碑帽，有'杨君之铭'四字。"意盖以石月为杨巽墓表残石，而未敢断定也。

余考杨巽即史炎玉之甥，刻山谷《绿菜赞》者也。今《绿菜赞》碑与此石同在姜祠内，疑杨巽古宅或祠墓即在此处。盖宋代之芦山县城，在龙门河东岸，有广福寺碑可据。姜城故址，时为郊外乡村，亦尚无姜侯祠（今之姜祠当是明清间所建）。拟为杨巽故宅，或其祠墓地，皆可能也。余到姜祠，拟自此残石字体，考其时代。时值秋熟，满祠堆积稿秆，略无隙地，觅石无所得。唯见二石虎立祠外，镌刻确非汉制，而剥蚀衰残，亦非近凿。谓为宋代作品较合。窃疑杨巽故宅、祠墓，原在此处，故藏《绿菜赞》刻石于此。其后子孙衰败，更历沧桑，祠改为姜侯祠，墓夷为殿基，石虎改作姜祠仪仗，墓碑断折毁减，仅碑冠残存耳。抑是明弘治时李一本访得杨巽故墓，为之补立华表，镌作铭语（其时姜城为县城）。后因兵燹毁拆，文遂失传。盖一本曾补镌绍兴圣德颂于城南崖上，又洗剔樊君碑，对于地方古迹，多所建立。追怀先贤，为之封树，亦正如雷太守之建姚桥景贤堂欤。此说如果成立，则所传姜祠者，原是杨巽祠堂，其初并祀姜维，入清始专祀姜维耳。然究未见此残石，志此存疑，更俟异日考之。（其石经于三十一年夏掘出，考知其为汉桓帝时蜀郡，属国都尉杨君之铭。唯石兽一对系宋明时物，另有考。）

二十一、芦山汉物目录

芦山县治附近所存汉代物品，经考证确实无讹者，截至三十一年十二月止，计有下列各种：

（一）建初八年砖　梯形，完好，反文，字极浑朴。县民旧得于城内土中，无人注意。本年因发现王晖等墓与汉砖多种，始为人所知。其造作去今一千八百六十年矣。为康省现存古物之最早者也。

（二）永元八年砖　残片，正文。三十一年夏，余拾之于城内菜圃败垣间，造作距今一千八百四十七年。

（三）永初元年砖　长方形，反文。县民近年治屋得之，仅残年字下数字，余俱完好。造作距今一千八百三十六年。

（四）杨君铭残碑　仅存穿以上，额存四字又半，碑阴二十一行，行存一二字或三字。考为桓灵时蜀郡属国都尉杨君之碑。造作时间当为距今一千七百六十年至一千八百年之间，以一千八百年时为较可靠。

（五）樊府君碑　详前，建安十年造，距今一千七百三十八年。

（六）樊墓石虎　二枚，其一无损，其一半埋在土中。建安八至十年间造。

（七）樊墓石羊　今存一枚，尚完好。建安八至十年间造。

（八）王晖石棺　本年发现，有墓志，有人物雕饰。建安十七年前造，距今一千七百三十一年。

（九）王晖砖椁　已残，现存砖皆长方形，或有字，已得"羊""大君"二种，或具花纹，已得十余种。质色亦殊不一。建安十七年前造。

（十）王晖墓明器　陶质，已残。见存文吏，仆、裸偶各一，残体二，头三，鸽二，洗一，靴支之武吏残体一，其他残片多块。建安十七年前造。

（十一）王谋墓石狮　一对，其一仅缺左前脚，断尾；其一无头颈，体亦层裂，工甚精巧。蜀汉建兴中造，去今约一千七百一十年。

（十二）王谋墓石羊　仅存头颈，有角，身亡。刻工精细，本年夏发现。亦蜀汉建兴中所作也。

（十三）姜维衣冠墓　相传在城内龙尾山头，今云金井阁，清代修墓，立祠，群书俱信其然，而实无据。维死于蜀汉炎兴元年，距今一千六百八十年。

（十四）卫继墓　在县署后，巨石塌乱，无碑碣，卫姓每年祭扫于此。传为卫瓘墓，继之误也。继，汉嘉人，与姜维同时遇害。

凡此十四中，除樊敏碑知名于两宋外，余皆本年所发现。其他无字无文之砖，已失碑碣之墓，未经发现及无确证者，尚多有之，足见后汉、蜀汉时，此邑文物之盛。余初过芦山，以其县志正印刷中，无庸更访志料，今略考订樊碑及县城内诸艺术品，勾留二日而去。时逾一年，始再发现上列诸物，兹补其目于此。

二十二、芦灵道中

自芦山出北门，十里仁嘉场，悉河原坦道，稻田芊芊，村落相衔，为县境富庶之区。往时多任姓，故曰任家坝。近以苏姓为盛，改称仁嘉也。市场甚小，集期一、五、八日，与县城同。此为早市，县城午市。盖虑此市小，农人售物不能尽，可再向治城售之也。市外白塔寺，前已及之。

仁嘉场至天全属之双河场十五里，皆峡道，峡分两部。东段长七八里，势较缓，称为峡口，属芦山县。西段长七八里，为砾岩层之深邃裂隙，劈地三十余丈，以泄双河场之水。两壁相距，自踵至顶，俱仅二三丈，一线天光，非亭午不能达地。行人缘壁，如入洞府。景趣奇绝，为游迹所仅遘。瞿塘、巫山未足喻也。土人不呼为峡，曰"大崖腔"。峡道曲折处，时有土匪劫人。有仁嘉场民团，于一、五、八、三、六、九日驻此保哨，二、四、七、八日，无敢过此者。四川盆地之西北，有一大砾石带，长达千里，横为一线，斜入陕西，构成若干奇异风景。青城、窦圌诸名山，皆自此质而成。此峡，其西南尾部一裂罅也。砾岩为远古石砾受高压时与黏土石灰等质胶结而成，刚坚易裂，裂罅辄深寻丈。青城、窦圌，裂而为山者也。大崖腔裂而为峡者也。

出峡为一开敞河谷，两河会合处有市街曰双河场，属天全县。前年遭回禄，现正修造中。有十余家，竖柱架梁已年余矣，尚未装盖。露立日久，木材已坏者亦有之。然其结架，悉甚高大崇丽，非财力薄弱者所设计也。或曰此带多盗匪，人之财富无能为确切预算，森林既富，材木易给，故当兴修之初，人皆务为崇宏，以为装盖之费，自当有之，未虞无定收入之意外减退，故成如此现象也。或曰地方不靖，砖瓦装修工匠不易招至故也。总之此带距天全远，政化未及，多小盗匪，属实。有乡绅乐梧冈者，曾任懋功知事，现为此间哥老首领，地方一切秩序，赖以维持。余过此，先倩人致函介绍。既至，投刺访之，求派人护送。乐君力言地方安靖无匪，余得其言即行，舆夫则栗栗危惧，若将不免者。既出市，见前有一便衣荷枪人，前行十五里翻垭子口小山，息于山麓路店，时则荷枪人复返双河场去，各不相语。疑是乐君派人传语于沿途人也。路店破败不堪，附近数里无人户，此时有六七徒手少年聚息于此。余下舆小息，示系因公，而行囊无长物，始逾山去。

双河场海拔一千一百米，当两川会口，曰东川，曰西川。西川沿岸属灵关镇。余即沿之以行，沿河多水臼与制香人户。水源既尽，为垭子口小山脊，海拔一千三百五十米。民二十四五年时，国军拒红军于此。今其上下木级路，尚为李家钰军长所修。下山十五里至灵关镇，沿途民户较繁。

二十三、灵　关

扬雄《蜀王本纪》，谓蜀王杜宇，以褒斜为前门，灵关为后户，灵关之名始著于此。左思《蜀都赋》引之，与玉垒并称。盖此地外控羌氏，内屏邛雅，四周则山道险隘，河谷则田畴腴美，诚边疆屯戍要地也。因其地接番，故言地理者，多以之与司马相如所开之灵关道相混。查《相如传》云"镂零山，梁孙原"，孙水今冕宁之泸沽河，零山今越嶲之小相岭也。《汉书·地理志》，越嶲郡有零关道（县名），今越嶲县是也。其字率书作"零"，作"灵"者笔误，尤与此灵关无涉。汉越嶲郡所辖十二县，皆是今宁区之地，其北为沈黎郡，后废郡曰旄牛县，今汉源县境是也。旄牛县北为严道县，今荥经、雅安两县境是也。严道北为徙县，今天全、芦山两县境是也。灵关又在徙县之北，安能悬属于越嶲郡乎？

《晋书·符瑞志》"咸宁二年，黄龙见汉嘉灵关"，乃是此灵关耳。大抵灵关、零关，原是二地。后人因其同音，缘古同音相假之义，每乱书之。后之言地理者，转相讹误。兹故依据地形，略辨正之。

此灵关向为关戍，虽晋犹然。《四川通志》援《晋书·符瑞志》文，遂谓晋灵关道属汉嘉郡，亦误。灵关道乃汉县，应属越嶲。晋汉嘉之灵关，只是地名，非县也。直至唐武德初，始置灵关县，武德六年即省，故地并入芦山县境。至明犹然。明于灵关设巡检，稽董卜诸姓出入。清雍正时并天全六番与董卜韩胡两土司地为天全州，灵关始改隶天全，巡检署则明代既废，清未再设。

灵关河为宝兴河下游，沿河两岸皆平坝，分上中下三段。市街在下坝，旧为天全第二巨镇，有市民四百余户，陕商数家住此，经营商业。近遭匪乱，全市被焚，今仅二百余户，街市尚未修复。上中下三坝之外，河谷复被巨岭封锁。汉番逼处之地，绝峡重峦之中，有此腴田沃野，容数千家，其著名之早，良无足怪。唐初置县，不无理由。

灵关，俗呼灵官庙，旧闻其灵官之神甚灵，实则并无此庙。仅有一城隍庙，亦无灵官。于此可知不学之人，据音成义，辗转伪讹之甚，非亲历考察难为纠正也。

二十四、灵关复县议

灵关虽仅唐代置县，六年即废，但就今日天、芦、宝情势言之，仍有复县价值。约举其理由如下：

（一）天全全境，如巨锤偃地，灵关以北为锤柄，一线远延近二百里，包绕芦山、宝兴两县，与邛崃、大邑、崇庆、灌县等县境毗连，其中包括场镇六所。灵关距县治最近，亦八十里，双河场一百一十里，太平场一百四十里，保胜场一百五十五里，公议场一百八十里，大川场二百余里。各场人民赴县皆由灵关。近年因灵关与县城间道路为匪徒阻绝，人民赴县皆须绕道芦山县，数日始达。遂以此故，与县城脱失政治联系。县府令教不能达于诸场，诸场人民亦渐忘却县府。地方事务由各场绅首，各自为政。地既贫薄，数县毗连，不逞之匪麇集其间。现除灵关一镇外，全已化为匪窟。设非改设县治，加强政治力量，不足拨反乱局，成就治象。

（二）天全县境二千七百余方公里，大于雅安二倍，芦山九倍。纵使地方安靖，灵关六场亦为鞭长莫及之地。查天全现辖一万八千余户，灵关等六场得五千余户。设划为县，则天全失此五千余户，尚存一万二千余户，不失为康省人口较多之县。灵关以五千余户置县，户口尚较宝兴、昭觉、宁南及康区各县为多。此就面积、人口论，灵关尽有设县资格也。现灵关士绅感于县城之悬隔，颇多主张设治者。曾询其地方财力是否可以供设治开支，并对云能，果使设治不致增加省库负担，则此区设治，似若更无问题。

（三）双河至大川五场，河川皆入芦山县境，其交通对芦为便，而芦山地面过狭，故芦人主张此带自天全渡入芦山。宝兴县人则谓宝兴地域偏在治城西、北两面，治城东、南无辖境，又其户口过少（宝兴全县二千七百余户），亦争以灵关六场划入宝兴，以设东、南两区。天全县府，因此部早同脱离，无所争执。灵关等六场人士，则多主张设立县治。查此带为天全土司旧境，其人与芦山、宝兴，向乏政治隶属关系。一旦移隶芦、宝两县，必多纠纷，两县府未必即能治理。今因其自然之势，划为一县，于天、芦、宝三县各无所损，界务纠纷自弭。

凡设县必须有一核心区域，建设县治。灵关等六场，唯灵关地势开展，户口繁密，地当孔道，形势重要，历史久远，称其为一核心区域。从来天全地方区划，必以灵关至大川为一区（现称第三区），而设区署于灵关。故如析此区为县，县治亦应设于灵关也。

灵关设治，自亦多有问题。目前似宜暂先设为省府直辖区，即以区署筹备设治。二三年中考察民情，如果地方士绅对于设县一切建设，俱能同心一德，协力扶助，即行正式设县，不然则以双河至大川五场划隶芦山，灵关一场划隶宝兴，裁废区署可也。

二十五、宝兴县

自灵关北行，过舒家岩为中坝，更逾一狭岸为上坝。上坝尽处曰小关子，往时设卡稽查出入处也。自此入长二十里之山道，无人户。往时沿江岸为路，多设偏桥栈道，人畜多失足坠水，夏涨时每每阻绝。民十八年，灵关上坝善士苟树堂，倡议改修为山道，遂成此路，当时称为马路，实则肩舆亦难通行，唯背夫极感其便。其经费之什九，由苟氏一人担任，亦可称也。苟君现存。

下马路山，复达河岸，地名宾兰宫，始有农户（马路山有路店三家）。宾兰宫，一呼鼻梁骨，地绅云："兵难攻之讹也，以其地险故名。"余疑"兵难攻"之称，似雅而实俚，雅人不至命为此名，俗人亦不能命为此名，大约是番语译音。汉人就音为义，亦如"打折多"为打箭炉也。宾兰宫又十里为宝兴县治，去灵关凡五十里。

宝兴县民十七年就故穆坪土司地改流置，县境包硗碛、陇东两河谷，县治在两河合流处稍南，旧土署所在也，海拔一千一百五十米（高于灵关约三百米）。旧有市街，有江西、湖广、陕西商店，市况与灵关相当。民国二十五年被毁，现存二百余户，市房尚未修复。土司时曾建城垣。倚山面河，临冷卜沟辟北门，临较场沟辟南门，有土司题额，并曰定西门。盖乾隆平金川后，纪念定西将军阿桂所建也。冷卜沟北，山岗横起如龙尾，为旧土署遗址。王索索之乱，毁于火。土署移建城内，改流后为县署，二十五年被焚后，更建县府于土署之南。

旧土署侧，近定西门有喇嘛寺，旧名永福寺，为土司家庙，俗呼经堂，现改城隍庙。佛像已毁，唯大殿四壁所绘天龙八部、欢喜佛及诸密宗佛像尚存。定西南门已毁，其南有真武宫、川主宫，皆乾隆时建。真武宫外有定西碑，亦为平金川后纪念定西将军阿桂立，有红军改镌革命口号。官军收复宝兴后，以其古物未忍扑毁，以石灰涂之。余拨灰识其残字，中行为"定西将军大学士吏部尚书"等字，上款为"阿公讳桂字广庭"等字。碑阴为藏文，未毁。余命人拓存之待译。

自县治溯硗碛河四十里外朗，产佳石，二十里盐井坪，九十里硗碛。又四十里新寨子，为甲金山麓，穷河源逾山，二百六十里至懋功，为县境主要山道。硗碛海拔一千六百米，地气渐寒，附近为番人住地。现设区署于此。甲金山高三千六百米，为县北界。

自县治溯陇东河谷，西北行二十里羊村，二十里陇东，一百一十里小卡子，高三千二百米。又二百五十里至金汤设治局，为往时土司往来鱼通与穆坪要道，沿途多有其遗迹。

县境古为氐族住地，唐时氐人同化于吐蕃，宋代有董卜韩胡等七姓首领分王其地。元代建制未详。明初蕃酋苍旺业卜率董卜韩胡四姓归诚，乃合为一司，曰"穆坪董卜韩胡宣慰使司"。懋功之别思满与康定之鱼通，皆其辖地，省称穆坪土司。清代因之。雍正七年以天全六番土司地改流置天全州，穆坪虽隶于州而仍土制。金川之役，穆坪为进军五大干道之一，随军商贾云集，始建街市。其后汉人移居者渐多，土著亦多汉化，现唯硗碛一区，土人保持其俗。余部皆汉人也。

二十六、穆坪土司与明正土司关系

清顺治十八年，穆坪董卜韩胡宣慰司坚参喃哈向平西王吴三桂投诚。康熙元年，呈缴前明所颁印。十九年，改颁穆坪宣慰司印，坚参喃哈传子乌儿结。乌儿结为其弟坚恭朗结所弑，董卜六姓头人起兵诛朗结，立乌儿结之子。其子旋死，沃日瓦寺诸部，均谋兼并穆坪，穆坪大乱。天全土司杨自唐，知朗结有庶子雍中七力在藏为僧，请抚军召回承袭，穆乱乃定。

康熙三十九年，打箭炉营官喇嘛昌侧集烈杀明正土司蛇蜡喳吧作乱，犯大渡河东岸岩州、察道等地，进窥天全。四川提督唐希顺等率兵进剿，征天全。穆坪等土司随军效力。雍中七力率土兵一千，自裹食粮，从大冈一路进攻。首入西炉，又招抚口外喇滚、咱里等五十余土部归诚，以功加署都督佥事，仍管宣慰使。盖七力以喇嘛还俗袭职，故诸部土酋信任之，就抚者众也。

明正土司者，元代置碉门鱼通黎雅长河西宁远等处军民宣抚司，隶陕西行省。所辖为今康区全部与黎、雅、建昌之番族人民。其下有鱼通路军民万户府（驻打箭炉）、长河西管军民万户府（即近世之咱里土司）、天全六番招讨司（驻牧碉门，即今天全县）、朵甘思管军民万户府（即近世之林葱土司）等土官多员，穆坪六姓，亦其属部。其后宣抚司力弱，不能控远，仅能管辖打箭炉附近诸部。明太祖时宣抚司阿旺坚参投诚，改称长河西鱼通宁远宣慰使司，天全、朵甘、穆坪、黎州并各自为司，与之平衡。明之末年，青海和硕特蒙古顾实汗兼并康区地方，有打箭炉之白教喇嘛先降附之，顾实汗设营官征其赋税。宣慰司噔争叱吧奉红教，出降，被逐。值清军平蜀，叱吧走投吴三桂军呈印款附，清廷仍还其印，令仍为土司。盖当时不明边疆情形，姑以羁縻远人而已，叱吧恃清廷声援，还住炉城（考衙门在两路口）。时顾实汗亦附于清，故营官能容之。明正土司之名自是始有，传子蛇蜡喳吧，因与营官争势，被铁棒喇嘛击毙。（时营官建大白教寺于跑马山顶，土司驻两路口。）清军既平西炉，诛昌侧集烈，焚其大寺，求明正土司后，不得。乃以喳吧妻工喀，权袭土职。一女名桑结，嫁穆坪雍中七力，以酬其庸，兼借其势，以号召新抚诸部。清廷得西炉后，以新抚四十余小土司悉隶明正，七力之力也。

康熙四十九年，宁番卫三渡水（今冕宁县泸宁营）倮人叛乱。雍中七力率土兵八百名随征，阵亡。有子坚参达结尚幼，以其妻桑结权印，即明正土妇工喀女也。五十六年，工喀病殁，无可嗣者。廷议以桑结兼管明正土务。桑结每年往来炉城与苏城（即穆坪）间，轮住料理土政，亦如今日木里土司之于三大寺然（木里寺、枯鲁寺、瓦靖寺）。雍正三年，打箭炉地震，桑结被压死，廷议复以其子坚参达结兼穆坪、明正两印。雍正七年，改流天全，高、杨两土司俱被迁江西，设天全州，兼管穆坪土司地。穆坪之得免于改流者，即由一般认穆坪与明正为一司故。

坚参达结娶小金川（今懋功县）土司汤鹏女，名喇章，无子。又娶妾名王幺幺，生二子。雍正十一年，坚参达结死，廷议权以喇章明正权印，王幺幺权穆坪正印。穆坪始与明正分立。其后，喇章死，以王幺幺长子坚参囊康袭穆坪土司职，其次子坚参德昌亦袭明正土司。王幺幺复循桑结故事，往来于炉城、苏城之间，助其二子处理土务。乾隆三十八年，终于穆坪，与坚参达结合葬。故自康熙五十六年至乾隆三十八年，凡五十余年间，穆坪与明正实如合为一司云。

二十七、王幺幺与果亲王

王幺幺者，穆坪大头人目目之养女（后节详考）。土司坚参达结慕其艳，纳为妾。时当雍正初年，西藏有准噶尔寇扰，清廷徙达赖于泰宁。打箭炉遂为冲繁要地。

达结兼明正土司，应驻炉城办理差务，故留正妻喇章于穆坪，自携幺幺驻炉。雍正十一年，准噶尔请和。清廷派果亲王同章嘉呼图克图赴泰宁，主持护送达赖返藏事宜。果亲王至炉，勾留甚久。

果亲王者，雍正第十七子，时甫二十余龄耳，风雅能诗文，行役边荒，触目成憎，曾作《七笔钩》词，讥诟康地风物者也。时王幺幺妙年新寡，艳名籍盛，复以土妇权明正印，获与王周旋。慧解人意，王甚宠之。其时炉城文武官吏为果亲王建筑头道水（即小天都）、榆林宫等行宫，罗致奇花异木，供王游赏，王常携幺幺游之。相传幺幺二子，乃寡后所生，故今明正、穆坪两土族，皆自夸为"龙种"。余查《雅州府志》："坚参达结病故，二子俱幼，不能承袭，乃议妻喇章权明正司印务，次妻王幺幺权穆坪司印务。"则似达结死时，幺幺已生二子矣。"龙种"之说，所出无稽，唯官书讳饰处多，亦未可尽信。两俱存疑可也。

今康定一带，盛传明正土司（指坚参德昌）确为果亲王之子。谓王改书"坚参"为"甲木参"，谐"坚参"音，暗寓"果"字，故近世明正土司姓甲云。余查雍中七力于康熙四十九年阵亡时（据《雅州府志》《芦山县志稿》，则云康熙五十二年），达结尚幼。则雍正十一年时，达结应只二十一二岁，其纳王幺幺时，不过二三年，未必即已有二子，谓其次子为寡后所生，属果亲王血系，颇可信也。

王幺幺与坚参达结合葬墓，在碓窝山，距宝兴二十里。先有雍正十一年坚参达结葬碑，字尚可识。王幺幺系乾隆三十八年葬。原有小碑，今不存。同治八年，重镌巨碑，题云："大清乾隆三十八年季冬月中浣之三日原建。"故知幺幺系乾隆三十八年卒也。碑外石狮翁仲，亦同治时造。墓与石坊，则仍乾隆旧建。有联云："入世居然两对坐，辞尘还是一双栖。"额云"扶桑齐美"，署"乾隆癸巳江襄川题"。查穆坪城隍庙钟，为坚参囊康所铸，上有"湘南代幕江山秀"名，当即是此江襄川。盖王幺幺延以助其子者也，然其文艺亦可知矣。

王幺幺贞节坊，在宝兴县署后，旧值土署门前，今为农地，文皆可识。两横梁，一书"旌表木坪已故土司坚参德结之妻，现任土司甲勒参德浸之母，大头人目目之长女，王幺幺贞节坊"，一书"钦赐诚勤巴图鲁四川木坪宣慰使司宣慰使甲勒参纳木喀□恭纯四川明正长河西鱼通宁远军民宣慰使司甲勒参德浸"。中间巨石镌督抚牌，文云："乾隆四十七年五月初二日奏。（按：此句与末句对称，非督抚牌文）。内大臣兵部尚书兼都察院右都御史总督四川富等处地方军务兼理粮饷管巡抚事三等嘉勇男示。为仰恳天恩赏赐旌表事，按据该土司具禀吁请旌表母节等情，经本部堂会同将军批司饬取册结，于乾隆四十七年二月十三日恭册具奏。兹于四月十九日钦奉朱批：

好，可行之事也。钦此。伏维圣明驭宇，礼教聿彰，遐迩同风，罔分中外。向来川省从无土司请旌贞节之事。兹据该土司，以母王氏，青年守节，白首完贞，励志抚孤，竭诚尽职，念劬劳之莫报，冀扬显以邀恩。本部堂念该土司兄弟等小心恭顺，著绩随征，举凡锡赉蒙庥，莫非庭帏笃教。因即详胪事迹，据实上闻。今沐天恩，特为许可。恤边夷而励霜节，实叩逾格隆施。凡在土番，莫不闻风咸颂。该土司身邀异数，自宜倍笃忠勤。世世子孙，永矢勿替，合就恭录饬行。为此牌仰该土司甲勒参纳木喀，钦遵知照。乾隆□十四年六月二日立。"文书"穆坪"为"木坪"，盖金川之役，穆坪为进军要道，军书繁赜，文从省笔，遂成惯用故也。甲勒参纳木喀，即坚参囊康；甲勒参德浸，即坚参德昌。

番人不记生卒年月，遍查穆坪各土司墓碑，亦无志享年数目者。故王幺幺生年无可考，唯死于乾隆三十八年，可由其墓碑推断之。坊文称"青年守节，白首完贞"，则其死时应有六十岁左右。今假定其为六十岁，则应生于康熙五十二年。至雍正十一年坚参达结死时，约为二十岁，与"青年守节"语合。其时坚参达结亦才二十一二岁。以纳妾通例揆之，王幺幺此时不应已达二十岁以上，或不过十七八龄。故知王幺幺之生，在康熙五十二年至五十五年之间。寡时，在十七岁至二十岁之间。死时，在五十七岁与六十岁之间也。

二十八、王幺幺为汉人说

余曩于《雅州府志》见王幺幺名，即疑其为汉人。兹于宝兴，抚其坊，访其墓，考订其生卒年代，征采其与果亲王之轶事，所得已如前条。唯仍无资料确证其为汉人。据坊云"大头人目目之长女"，目目，显为番人名字，然则幺幺竟为番族耶？

查番人命名，率为二音或四音，或五六七音，绝无以三音名者，尤绝无作如是之三字发音者。"王幺幺"三字，显然为汉人之乳名。穆坪当时无汉人，安得作如是命名耶？相传雍中七力自西藏召回袭职时，通事教以"谢大人恩"四字，月余不能上口。当时穆坪土人之畏汉语如此，自应无有汉姓，更何得用汉人之乳名耶？就命名言，知王幺幺非番族矣。

"目目"史事无所传，即王幺幺外家所在，今亦不可考。唯此坊言"目目"，不言姓王，而墓碑与官文皆称"王氏幺幺"，明明以"王"为姓。父无姓而女姓王，则王幺幺之为目目女，必系伪托，或仅为其寄女，绝非与有血统关系。何言乎伪托？往时汉人势尊，唯汉人可娶番妇，番人不得娶汉女，以汉人为妾，尤为世俗所不许。

土司之婚，必为番贵族之女子。土司而娶汉人，亦番俗所不许。坚参达结不敢妾汉女，故托为大头人目目之女欤，抑或是目目养女，而伪为所生女欤？（清初，豫王多铎娶刘三秀，亦托言为旗籍女子。与此事同。）

再以优生学理揆之，番族虽有一千余年之文化，但以习俗俭朴与社会不尚淫靡诸故，其女子美妙者绝少，大都黧黑，肌肤粗糙，态度强硬，即偶有白皙者，骨法亦多丑劣，尤乏妩媚姿态。故纯番族女子求合于汉族所定美人标准者，殆绝无之。唯汉番混血种，始有美者。世传王幺幺为边方美人，余初疑谓汉番混血种（番语曰"扯格娃"）。兹查穆坪此时尚无汉人。虽打箭炉等处汉人已多，但皆男子，乏女人。无论目目不得娶汉女，即欲娶，亦不可得一机会。故知王幺幺非唯非番人，且亦非番汉混血种。

再查王幺幺以一稚龄女子周旋于达官贵人之间，所在受人称道，无轻薄讥诟之迹。即使二子皆得世职，又能导之学习文艺（坚参囊康能诗文，详四十一节），为国家立功，屡博赐赉，迭致殊恩，亦可谓奇女子也。延聘汉人幕师教授二子汉礼一事，绝非纯番族女子所能。以此，疑王幺幺为纯粹之汉族女子，且非普通庸俗者女，而为特具根器者。康熙末年，西藏多事，文武官吏携眷赴炉者颇多，流亡覆家者亦不少，王幺幺或是其中一贵官之遗女，寄养于目目者耳。

再查康熙五十六年，西藏有策凌敦多布之乱，清军自川、甘两路进讨。穆坪土司兼明正土司坚参达结征土民七百名负运军需。五十九年，川、甘两路军皆覆败。清廷大举分自川、甘进剿（即岳钟琪西征事），达结率土兵四百名随征。六十年，又拨土兵赴巴塘等处驻防，土兵必有头人率领。余疑目目，即当时率兵之大头人也。其往来于打箭炉与巴塘间颇谂。王幺幺，或是当时从征汉官之女，或系粮台官吏之女，或系通译人员之女。其父因与目目相善，临危难时以女托之。所谓危难者，或为阵亡，或因事被刑，或病疫疠。总之，属于亡身覆家之祸。故此幼女随目目流落穆坪也。方其到穆坪时，最大不过六岁或才二三岁，仅有乳名，自知其姓。目目或以其为汉官之女，或因不忘故友之谊，保其姓名不易番字，亦边民忠厚之风也。当时穆坪无汉人，幺幺到后，亦习番语番俗。及其既长，亦不知幺幺之名不美，竟以沿用至老耶。

又查坚参囊康铸城隍庙钟，有"故荆王氏寿姐"文。娶舅氏女为穆坪土司之世风，似王幺幺尚有昆弟在穆坪。或者王幺幺为康熙末年有犯官亡命在穆坪者所生耶。此虽暗中扪索之论，要为研究边区人物者值予注意之事。或有穆坪耆旧，因此论而追索之，遂得目目家世与王氏之详细史料，亦可喜事也。

二十九、穆坪汉商溯源

穆坪土政，在坚参囊康时大有进步，王幺幺之化也。王幺幺既与汉官周旋日久，颇慕汉化，一切土政，力仿汉制。自乾隆十二年金川用兵，直至四十年平定金川，二十八年中穆坪常为进军要道。尤以三十六年以后之五年中，官军及随军商旅之出入此途者，无虑百万余人。汉人剧增，则所咨访取法者富。迨至乾隆末世，穆坪殆已半汉化矣。

当金川用兵之初，王幺幺为适应土署需要，为囊康聘汉人文史主持征调文移事宜，称为"代幕"。代幕除助土司处理军书情报等汉文事务外，并教土司、头人汉文。故一时土司、头人多有汉姓名也。由是汉人入境者渐多。创设汉人市街于两河口南，地名小卡子，筑城护之。乾隆初，已建有川主庙、城隍庙各一所，铸有铁钟。今川主庙钟尚存，其文云："四川董卜韩胡宣慰使军功加衔一等，军功纪录二次王氏幺幺。四川董卜韩胡宣慰使司宣慰使军功加一级，军功纪录一次坚参囊康。室索郎喀木，荫袭坚凤庭，四川明正长河西鱼通宁远军民宣慰使司军功加级，军功纪录一次坚参德昌。荫袭坚凤诏。长女索郎卓玛，姿索郎初母，标下功加守备包上进。室徐氏寿姐，长男包天祐，次男包仙祐，标下功加守备包国泰。……王万禄、男国珍……徐公盛，室周氏。乾隆十六年八月。"

据此钟可知乾隆初期，穆坪已有具汉姓者若干人，有城，有庙，有钟，有汉文，与坚参达结以前判然不同矣。然其大头人包、王、徐等数姓，皆土人之受汉姓者，非即汉人。盖由康雍乾间屡次用兵西南，数征西藏，一平青海，屡剿宁远猓人，再征康区之瞻对（今瞻化）、桑暗（今武成）等处，皆调土兵派头人率领随征。诸头人渐染汉俗，军功册皆署汉名，非即由客民充当也（包、王诸姓，皆称江西原籍，盖由汉代土司犯罪，多流放江西，土人从土司往返者皆习江西语，故冒江西人。实非江西原籍）。

当时客民依土制规定，只能在境经商，不能购田产为世业（光绪以后，始有汉人典当土业者。改流以后，始能买卖田地），仅由土司指定地点为公墓，供营葬。此外，不能有寸土，亦不负粮赋差徭之责，不受土司征调。就汉人所在，设客长理其纠纷，有大争讼，控于土司，亦由代幕以汉人之法判决之。除代幕与客长外，汉人不得任土职头人，头人须世业者为之也。

穆坪土司有六大头人，三十六小头人。六大头人者，中军大头人，犹各标之设中军守备也。羊村、加郎、外朗、赶羊，各一头人，合硗碛总管为六。土署内除代幕外，设大管家、二管家、三管家分理钱粮、仪仗诸务。其组织一仿当时军制为之。土民随时受调出征。因其差徭以兵差为重，故其粮称兵粮，田称兵田，户称兵户。亦犹今日康区，差徭以乌拉为重，故田称差田，户称差户也。

乾隆三十八年以后，清廷大举进攻金川，穆坪遽增冲繁。乱平之后，商业大兴，各省商民咸集。据四十九年铸城隍庙钟考之，共有客商三十八家。此钟现移县府大堂侧，以其关系穆坪文献较大，特录全文如次（序文为土司手撰）：

尝闻功成于先，培植于后，自古相传也。前人建，后人补事，不损其功而能长久。我木坪城隍庙钟鼓之□□余祖显官坚参达结之建也。计期尚犹未几，然所置钟鼓未免狭小，声微，似不足警聋聩。是以余同众捐资改建。旧钟，加铁另铸，旧鼓成新，今而后钟鼓嘡嘡，神威广镇，庙宇奏之，远近闻之，莫不感于其善心，惩于其狭志。此暮鼓晨钟，不啻遍于梦寐中猛振一铎也乎，是为序。曰置钟鼓，故祖显官坚参达结，故节母王氏幺幺。故荆王氏寿姐，捐资改建钦赐诚勤巴图鲁宣慰使司甲勒参纳木喀。同政夫人包氏官神姐，亲男甲凤彩，媳包氏观音姐。甲凤池，一翎，成珠，孀媳包氏朗康初，长孙甲天恩。湘南代幕江山秀一两，大头人羊村包天禄二两，陪余包上斌二两，甲朗包上选二两，小头人若笔名下一两，科落应长三钱，格达名下一两，包天祥一两五钱，乌工姜礼一两五钱，格成七立一两五钱，周廷用一两五钱。客商江西孙学祥，陕西刘嘉州，芦山陈尧璋，雅州黄载李，江西孙外远，芦山袁高苑，雅州黄载德，成都徐建业，芦山周宗孝，大邑苏登第，江西游居茂，荣县徐文耀，雅安徐吉龙，湖广张尊魁，芦山张如恺，荣县周成璧，湖广肖明智，成都梁炳琰，雅州王溶，雅州陈伦，湖广李国正，湖广胡文祥，湖广邓万科，成都钟虎，芦山周文辉，芦山周之辉，芦山周尔才，福建刘谦益，江西肖会有，成都严国龙，雅州余德容，天全彭子万，湖广莫昌洪，江西王敬槐，江西涂成万，贵州王文学，荣县李国，荣县李升，天全州引进人杨万成（以上捐额略）。本庙住持僧道侣孔朝宗上钱一元（制钱一枚嵌在其下，借示铸工之巧）。乾隆甲辰（四十九年）岁季秋日造。

计凡客商三十八家，江西六家，湖广六家，福建、陕西、贵州各一家，川商二十三家，内芦山七家，雅州六家，成都四家，荣县四家，大邑、天全各一家。玩各家名字，似多有兵士与差吏之属，夙有牌号之商家甚少。又文称坚参达结为祖，王幺幺为节母，似由达结早卒，囊康初习汉俗，未谙伦辈所致。

汉商既集，川主庙、真武宫皆于此时建筑。

坚参囊康既屡以军功进级，对于朝廷极其恭顺，地方富裕，建筑频兴。平金川后，因定西将军阿桂曾驻此地，建定西城与定西碑，皆乾隆四十一年事。"定西门"三字，为其手书，城隍庙钟与羊村摩崖诗文为手撰，则其汉化程度可知矣。又建小卡子后山嘴上土署与永福寺经堂（喇嘛寺）、王幺幺墓与坊。道路、桥梁，兴作尤多。

乾隆五十一年，川边大地震，小卡子市廛为山崩所毁，市户始移定西城内。定西城，旧有番寨，名苏乃，修成时寨废，世故呼此城为苏城。

三十、江西坟

坚参囊康，汉名坚永宁，乾隆五十七年卒，与前妻王寿姐合葬碓窝山王幺幺墓侧。寿姐疑即大头人王万禄女，生男汉名坚凤庭，先永宁卒。孀媳包氏朗康初，似即羊村包天禄女，后裔无考。

坚永宁续娶包头人女，番名索郎喀木（见川主庙钟），汉名观神姐（见城隍庙钟），生三子：长甲凤彩，番名丹增汪结，承袭土职，以从征白莲教匪功，授武翼都尉（据真武庙石炉镌衔，墓碑作武翼将军）；次子甲凤池，番名丹珍彭错，为鱼通总管；季子凤飞，番名丹紫江楚，入藏为僧。其后凤彩以侵饷冒功罪，被流放于江西。甲凤池拟自鱼通还袭土职，部民不可，乃自西藏召丹紫江楚返，袭穆坪土司。

甲凤彩晚年似曾得返穆坪，人呼之为江西老爷，卒于嘉庆十年，与其妻包氏观音姐合葬于宝兴城南里许之莲花山麓，世呼为"江西坟"，土司丹紫江楚所营也。坟在山腹小台地间，因地势为三阶，下阶有坊，中阶有阙。砖制嵌碑云："皇清钦赐诚勤巴图鲁诰封武翼将军四川穆坪董卜韩胡宣慰使司□□□□君之墓。嘉庆十年，岁次乙丑仲春上浣之谷旦立。"联云："世间犹如浪里舡，说破机关也枉然。齐天富贵眼前事，盖世英雄口边言。"署款云："乙丑岁仲夏。宣慰司丹题。"盖即丹紫江楚为其兄抱屈语。为文殊可笑也。阙后石马、石人各一对。最上一阶为墓，墓头作坊形，横额书藏文。两柱汉文联云："心贞报国节义千秋不朽，子惠牧民恩膏万古流芳。"则幕客所题也。有门可锁闭，已坏。入门有大享堂上与四周绘佛像与宗教图案殆遍。三墓骈列，并已空无一物，似曾被盗。墓复一联云："毓秀流芳远，钟灵庇荫长。"亦幕客书。

宝兴何制皋君，熟谙穆坪掌故，据云："坚凤池窥土职，嗾其党控凤彩侵饷冒功。查核不虚，凤彩被放江西。应以凤池承袭，而凤彩之党不可。结兵相攻。清廷亦恶凤池，召丹紫江楚于西藏，立之。江楚在藏，请其师为卜家事，师云：'尔家方乱，待尔归了，可速行。'江楚归至打箭炉而召使亦至。时尚不解汉语，习仪数月而后禀见督抚谢恩。即承土职，乃习汉文。坚凤池不得袭，怨望，谓人曰：'吾其兄也，岂能随例为之站班。'乃率其徒赴鱼通，据地自王，鱼通原在穆坪当差，凤池绝穆坪差徭。于是双方争地相讼，经上南道尹黄云鹄判鱼通分立为土司。"

余查黄云鹄于同光间任上南道，甲凤池为嘉庆时人，非同时，应系记忆有误。又鱼通原明正土司地，不隶穆坪。意者坚参达结与王幺幺时，往来于炉城、苏城间，皆经鱼通，因此区差务繁，故设总管理之，甲凤池因求分司其地也欤。

三十一、七力洛妈坊

丹紫江楚，原名甲凤飞，袭土职后改名坚凌霄。自是以后，穆坪土司皆姓坚，鱼通与明正土司皆姓甲。据乾隆四十九年钟坚参囊康诸子孙皆姓甲。此时改坚，似恶其两兄阋墙故。姓氏未定之际，视姓为装饰符号，轻为改易，若天子之改元也。

坚凌霄既还俗，当娶，卜婚，谓世世俱当婚与包氏，其谣曰"坚不绝，包不灭"，乃娶其母舅外朗大头人包上荣之女七力洛妈。道光十五年，凌霄卒，子坚参生朗多吉尚幼，以七力洛妈护理宣慰使。咸丰八年，建立节孝坊于土署（今中心小学校）外，石工甚巨，雕刻精美，为天、芦、雅、荥之冠。前面横额云："大清咸丰八年戊午。旌表穆坪已故宣慰使司丹紫江楚之妻，已故穆坪外朗大头人包上荣之长女，现在穆坪宣慰使司坚参生朗多吉之母坚包氏七力洛妈之节孝坊，十月初一吉旦立。"当时中国有太平天国之难，清廷财用匮乏，大开川边采冶，穆坪多有文官入境，土司求得通人文联较易。故此坊联文比较可诵，正面大柱联云"北阙贡丝纶此日荣恩光绰楔，西垂昭节孝当年正气凛冰霜"，款云"诰封二品夫人坚老太夫人建坊志喜，钦加兵备道陈立畲顿首拜题"。侧柱联云"寿石旌闾冰霜在抱，抚孤摄篆贞节可风"，下款云"钦加同知衔荣县知县愚侄傅冀顿首拜题"，大抵荥县诸商所乞赠也。背面三联云"节信覃敷辉生鲸鸟，恩威所被歌颂白狼""冰清玉洁贞夫一，凤诰鸾章锡以三""画荻仰徽音慈云永被垂边荫，柏舟操劲节湛露遥颁荷宠荣"，皆安岳知县李岳龄题。

七力洛妈生卒年无考，其墓在羊村大石板，与坚凌霄合葬，规制略似江西坟，碑坊与墓皆瓦质，陶人物亦佳。

穆坪各头人中，唯外朗包氏，以与土司世婚故，特为繁荣。今其园庭墓制俱足与土司家抗。亦犹瓦斯碉包姓之于明正土司也。两处包氏是否同源，尚待考证。

三十二、水怪坚恒贞

七力洛妈生一子一女，子名坚参生朗多吉，汉名坚恒贞，字蔼亭。穆坪土司有字，自是始。女名丹家秀，以子女少不忍嫁，赘头人子包协亭为婿，改名坚恒辅。时天下方乱，土境宁谧，征调土兵之制，亦已久废。地方矿政方兴，商业增盛，为土境康乐时期。恒贞以独子生于康乐之世，性颇乖僻，然聪慧口给，才辩多端，为穆坪名王。体痴肥，畏热，常裸浸池水中。夏日常以树叶贴身，旋已焦，频频易之以为快。世传其为水怪也。

先是穆坪土司之法，每年十二月封印，正月二十一日开印。每开印，全部头人齐集排班，礼极隆重。各部俊秀子弟，亦得于是日随同所属头人随列觐见。土司逐一垂询，分别优劣等差，奖赐物品。即留其优秀者于署，延内地儒士教之。学成后，命充土署承审、收发等职，或派各村办事。以故穆坪土著中，渐有杰出人物。不满土政，思为改革者，颇有其人。有称包二少者，控土司十二款于雅州道署，调土司到雅审讯。包能汉文，论土司不应任情剥夺人民利益，饶有口辩。土司不能难，然道尹先夜梦水涌没大堂地面，有怪兽在水中，如来潮状，醒而异之。翌日见土司异表，凤闻其为水怪转世，特优容之。土司既归，使人邀杀包二少于飞仙关之滴水岩。又有周二少者，亦世族子弟，能汉文，不满土政，为恒贞所杀。

坚恒贞除水浴外，无他嗜好。通汉番文，每日早起，到师爷房，阅卷，批答，提审重大案件。性猜狠，喜怒无常，前后杀大小头人十余人。清制，土司不得杀人于市，唯得用刑。故穆坪土司杀人多用高笼，枷颈而悬其足，死状甚惨。人民罪不至死者，辄封其门，罚为黑头。黑头，即充土署奴隶之谓也。有时，贵族女子亦罚充黑头，不得婚嫁。淫威放浪，民畏如虎，故包二少控之。

先是金川平定后，留官军八百名驻硗碛，防卫地方。其后，治平日久，军士悉化为农商。石达开窥蜀，川督稽旧案，征调硗碛屯军。坚恒贞不得已，编制硗碛土兵八百名，命大头人包良金字护川者率之往。包良金先从其父剿名山匪何马蚁子有功，及是复以擒石达开军功保统领衔，赏戴暗红顶。包不虞恒贞猜忌及此，常戴之以见土司。或谗之曰："穆坪两红顶矣。"恒贞大怒，命陇东头人杨文栋等殴之垂毙，乃界讯之。责以背主求荣，将置于死。赖幕客卞小帆阻之，乃勒令削发为僧，发永福寺大喇嘛看管，妻女皆充黑头，子亦为僧，家产抄没。（其后，周汝绍辅政时，力荐包护川可用，乃令还俗娶妻共同辅政。）

坚恒贞外祖包上荣，即七力洛妈之父，年老而贪，擅令人开采金矿于白沙河、梅里川等处，触恒贞忌。开印日，上荣随例列班，年衰，仪度不振，连哈欠。恒贞恶之，遽呼杖责，七力洛妈闻之奔救，恒贞佯云："适间责打金夫子耳，岂外祖耶？"乃迎而谢之。其诡谲暴乱率如此。

坚恒贞咸丰末卒。相传其昼浴于池，例密闭禁人窥觇。一日，偶为侍者窥见，水兽如牛，有角。因惊呼，恒贞觉之，怏怏遂病，未几死。其墓在大石板坚凌霄墓侧，规模宏丽，冠于各墓。同治八年，周汝绍辅政时所建也。墓凡四楹，寝殿宽大，门可启闭，往时派人守墓，即宿其中。其外雕石为诸戏剧，工绝精细。其前植巨碑。左侧坚凌霄墓外巨石坊，雕镂亦精妙，坊前二石马，鞍辔以及全形无不逼真。腹空，似旧曾安脏腑者。余所见青雕石，此为精绝矣。匪乱时，诸墓被劫，殊可惜。

三十三、争袭巨狱

坚恒贞初娶壬氏卓占初，又名格松成登，无子，早卒。续娶母舅包天长女，名四朗咸杰，又名壬嘉，汉名包兰贞。婚后，悦其小姨，并纳之。小姨汉名包兰芬，番名札什容中珠妈，又名玉蓉。兰贞生三女，曰大姑娘、三姑娘、四姑娘。四姑娘最聪秀，为父母所爱。兰芬生二男，曰衍桓，称六少；曰衍熺，称十少。据各墓碑，尚有衍湘、衍坤、衍锜，暗取木、火、水、土、金五字，未识为虚拟，抑生而早夭者，亦不详所出，大抵唯桓与熺育耳。恒贞妹丹家秀无子，抚衍熺为嗣。其婿坚恒辅，道光中卒，墓在大石板坚恒贞墓侧，道光二十三年建，盖先恒贞死十余年也。

坚恒贞既死，包兰贞护理土印，欲以土位传其女四姑娘，不欲令兰芬子承袭，各头人多不服。时丹家秀寡居，称姑太太，于土司家齿位最长，循头人，请主立衍桓。封印日，各头人例当站班，暗约夺印，使有力者负衍桓站班。于举印时，出不意夺之奔出。头人执事皆散走，兰贞捶案，大哭，无理之者。退谋于幕客卞小帆，以"逆子劫印"控于成都督署。札委天全知州段某赴穆坪查办。段，旗人，年幼颟顸，人呼"段糊涂"。到穆坪寓天顺号行辕（李姓商店在下街）。兰贞来谒延同坐，遂及于乱。于是力祖兰贞。土人大哗噪，围攻行辕。街绅陈修霞者，福建籍，曾任典史，负乡望，喻解乱民，驱散之，送段返天全。于是，姊妹各以其党赴控于成都。

卞小帆（举人）健讼，争女子承袭不得，托恒贞遗嘱，以兰贞护理宣慰使。时衍桓才六岁，督抚准其护印。兰芬败诉归，与其党谋，购毒置食物中，兰贞食之立死。四姑娘知中毒，亟以残余食品饲犬，犬立毙，据以上控。两党复集于成都。控经年，经蒸骨检验，确为毒毙。时已同治六年也。衍桓十二岁随其母候验尸。闻得毒毙证，知其母不免，牵衣号泣，兰芬旋吞金死。未蒸验前，芬党虑四姑娘缠讼，乘其病痢，贿医误药杀之。双方纠讼六年，以三棺归。恒贞犹未葬，土司家产荡尽，部民为之贫困，挪借商家，多有为之倒号者。

三十四、王索索之乱

两土妇争袭，赴讼成都，日久不决，穆坪无主，土政由丹家秀权摄，即所谓姑太太也。家秀寡居，素与赶羊猎户王万春通。家秀摄土政时，事皆商于万春。万春入居"驸马府"（七力洛妈招坚恒辅入赘时建，在永福寺后），隐然为家秀赘婿。思乘时攘夺土位，潜结汉番党羽，诛杀异己，日必数人。穆坪人各自危，争传"王索索造反"。凡猎獐者，设井布机，以绳索猎。呼为"索索"，贱之也。又有硗碛人景三者，亦啸聚党徒，与万春争势。相攻，穆坪大乱。难民千百成群，逃入天全、芦山县境。川边震动，川省派达字营守备张子久率标军进剿。万春以其党拒小关子、兵难攻等地抗命。标兵驻灵关不能前。硗碛头人周汝绍，有才略，时在懋功为僧。穆坪头人候审在省者，咸称其才。四川督抚派人赴懋功征之，使返俗定乱。周返硗碛，计诛景三，纠合民兵绕道至灵关，与官军合力攻破乱党，收复穆坪。王万春逃至越巂安顺场，被擒，解至天全伏法。穆坪客民黄承斋以向导功，保四品蓝翎。周汝绍权摄穆坪土职。丹家秀已老矣，否认与王勾结，免究。

余据何制皋言，推算王万春之乱应在同治初年，蓝大顺乱天、芦之后，争袭案结讼之前，即同治三年至六年间。另查《芦山县志稿》，谓："光绪三年，小妇以子长，急于袭职，同伊大姑（指丹家秀）等毒毙大妇。伊女省控，委天、芦、雅三知县提验，小妇惧逃。当有土棍王索索为大妇党，景三为小妇党，各纠众，互相烧杀。硗碛夷人，被伤甚多。遂千百为群蜂拥至芦。……其得力夷人，则仍使之返至穆坪，纠合兵夷，将景三计杀。又将王索索擒解伏法。芦始安靖。……其后有司蒸验大妇尸骸，确系毒毙。遂将小妇等查获，亦置于法。"年代与事实俱与何说微异。始阳段焕廷，本年七十八岁，自言王索索造反时彼年九岁。然则王万春之乱在同治十二年也。并存之待考。

三十五、穆坪之周公成王

碛磺土人，氏族也。同化于吐蕃，用藏文，奉喇嘛教，唯语言相异，体格面貌则似汉人。周汝绍碛磺土人也，而其才略雄伟，禀性忠纯，皆出一般汉人以上。摄土职后，勤政爱民，扶伤起弊，曾未綦年，穆境大治。既葬四丧，又修治坚参达结以来五巨墓，工程巨艰，艺术精美。耗款虽巨，未尝有拮据迹。盖能节无用之费，则以土境之富，轻徭薄敛，而财用自足也。

坚衍桓当争袭案结时，甫十二岁，留学成都法审局，通汉文。从老吏学刑名政治，凡十二年。年二十四返穆坪。周汝绍归政，检点故物，逐一付与，指示其要领，两袖清风，退为平民。于土司家物，一无所染。衍桓敬畏之，恒呼为"幺伯"。为求铜政程某，赠以"辅佐雄才"匾，相传为唐友耕书。余曾见之，在一民家灶后补壁，三款列总督丁、将军恒、铜政程三衔，下款光绪某年镌，无土司名。论者，以周与衍桓事，比之周公成王云。

坚衍桓字小廷，土司不复有番名，自衍桓始。返穆坪后，娶冷碛周土司女，名够娘（小名够够，祝不再育之义）。自王索索之乱，小卡子官寨被毁。周汝绍时，营新署于较场坝（今为小学校）。衍桓亲政，始迁居焉。周氏一子一女，子失名，早慧，年九岁病痢死，世谓毒杀四姑娘之报也。衍桓初勤政务，丧子后，颓废吸鸦片，宴起，政务废弛，年五十四，光绪三十四年六月初一卒。葬碓窝山观神姐墓右，骈列三椁，无寝殿与碑坊。守墓人云："六老爷与其一妻一子墓。子即早慧者，妻即周氏，民国初卒，朱棺尚新。被劫后，织金被面尚遗在坟间。"

衍桓死，弟衍熺袭，字云廷，时年四十五岁。民国十年腊月卒。娶汗牛雍土司女，旋卒，续娶雍氏，俱无出。葬大石板坚凌霄坟左下侧，民十一年衍桓女坚连漪为树短碑。

三十六、穆坪改流

坚衍桓女名连漪，字淑君，嫁鱼通土司甲安国，又名志荣。志荣母亦冷碛周氏，于淑君为姨表；志荣祖甲凤池，故与淑君亦为叔侄。土司家择婚难，故亦联姻。坚云廷死后，无可嗣者。甲志荣偕坚淑君返穆坪，谋兼摄穆坪土司。得坚周氏主持，经天全县转请督军熊克武，核准有案。志荣凡住穆坪二年。外朗头人包辅臣，联合硗碛番民与穆坪街张敬廷等，谓穆坪、鱼通、明正原属一家，今明正已经改流，鱼通土职未废，而穆坪故绝，当以明正家返穆承袭，甲安国贪兼二司非是。包等自往打箭炉迎故明正土司之子甲联科。康定知事韩文玉，拘包辅臣等，并传甲志荣到康定对审。甲兼鱼通土司，例应受康定令教也。甲赴康定，未至，包等先已逃逸。于是，硗碛头人杨升安（番名喀耳察，现存，任联保主任）率土兵至穆坪，围土署，质问坚周氏，谓甲志荣拐印返司，周氏曰"印固在此"，杨等请示印为信，周示之印。硗碛娃诡云，印能降福，请赏各顶头上一次。由是传递下楼，劫印去，屯扎两河，迎辅臣之兄包辅堂为首领，意以包氏承袭土职。周氏控于天全。天全县长王国璋来此，召集士绅调解，以甲志荣袭土司名，而包辅堂摄土政，令重办承袭。当时地方官吏以土司为利薮，但能猎财，未计地方治乱也。

甲志荣返鱼通未久，病死。其弟甲安仁袭鱼通土职。既非坚淑君夫，不得兼袭穆坪。而甲联科亦死于康定，包辅臣、张敬廷复往迎甲联科之弟联芳，由坚周氏册立之。

甲联芳于民十六年冬月同邱、包二头人来穆坪。时辅堂弟兄横甚，势压土司。甲青年英俊，思整纲纪，专任硗碛杨升安等，裁抑包氏。辅堂弟兄忿怒，与周安邦等结党围穆坪。甲联芳亦调硗碛民兵与之相抗，穆坪大乱。翌年二月天全知事王蜀璠来此调处，准甲联芳袭职，包辅堂等攻之不已。三月初一，杨升安、克笔喇嘛等扶联芳出署，思偷渡两河口，赴硗碛。逾墙时，配枪失机，误毙联芳，或云甲为杨升安所卖。

包辅臣等入城，全市混乱，经绅商调停，以坚周氏护理土司，包辅堂弟兄摄政如故。然硗碛娃与包氏弟兄相仇不可解。民十七年，邱、包二头人率硗碛娃声言为甲联芳报仇，率军入穆坪市，任意掳掠，全市混乱。老土妇坚周氏年六十余矣，避乱匿居羊村旧土署（在羊村至大石板祖茔道间，民十八年毁），不肯到穆坪视事。甲党不得周氏为主，因请改土归流，以泄愤于坚氏。上南道尹兼垦务督办黄煦昌，率兵二连来天全办理改流事。坚周氏大悔，乞绅民何明轩、焦海山等往劝阻之。黄不听，进至灵关。时穆坪客土人民避乱至灵关者颇多，皆盼改流。煦昌召集训话后，征调各地团队，分以土人为导，分数路趋穆坪。十七年四月二十四日攻下之，甲党逃散。

黄以穆坪改流，请设宝兴县。陇东头人包华轩反对改流，与若笔、硗碛、羊村各地土番相结，聚众千余人，拥坚周氏，声言将攻宝兴。黄饬诸军自羊村攻入陇东，番人器械窳弱，死者甚众。五月十八日下陇东，官兵仅死三人而已。番兵自中冈、若笔逃据硗碛之西河坪，负隅不服。黄续调天、芦两县及灵关团队六百名协同官军两连于六月进攻硗碛。自锅巴岩连战阅七日，克硗碛，乱平。委宜宾人龙大桢为宝兴设治筹备处长，出巡各村，安抚民众。八月，黄自穆坪返雅州，留垦务队二排驻防硗碛。黄甫去，硗碛番民复叛，仍逐垦务队返穆坪，时八月十四日也。番酋杨升安等一面请抚，认赔军费八百元，一面与大川团队勾结，准备攻城。

大川在天全极北万山丛中，地连崇邛，向多悍匪，民智未开，迷信极甚。有妖妇某，托为神言，谓外朗包辅臣有王者气，当为穆坪主。值穆坪绝嗣，甲安国、甲联科、联芳亦连死，坚周氏老病且毙，而外朗包氏与穆坪世婚，权势亚于土司。包辅臣弟兄皆狡黠有志略，故硗碛娃与大川人民皆信之。团总吴顺成联硗碛番民拥包，番酋杨升安等皆和之。民十八年八月，杨升安、乾古得等率众袭据盐井坪、川洞子等处，一时声势甚大。黄煦昌于八月二十四日复来宝兴。因发垦证，番民借以相煽，叛乱蜂起。黄派兵一连，合宝兴士绅王问渠等团队，分道剿办。自盐井坪连战破硗碛，番人投诚。留垦务队李华封全队驻硗碛镇摄之。宝兴暂宁。十二月，黄赴鱼通办理金汤改流事，以雅州刘禹宾为设治局长。

王问渠初佐黄煦昌平定穆乱，屡有功。然志在操纵地方，日渐与黄为难。黄亦以渐疏之。王因怨望，反与包辅臣等勾结。包调大川吴顺成军进驻外朗、邓池沟等处，反对改流。硗碛等地各番民复与暗通，而穆坪团队不复可恃。黄煦昌于十九年正月调雅安官军七连来宝兴，大举剿办，破大川匪队于外朗，围包辅臣于邓池沟。山深林密，竟被逸去。中央核准设县之令，此时适到，土人自是不复敢言反对改流矣。十九年六月，宝兴首任县长杨蜀藩到任。

三十七、宝兴人物

宝兴改流未久，文化落后，人物之可称者少。土人中包辅臣弟兄较为出色，三十二节所述包护川子也。护川于周汝绍摄政时还俗辅政，始复娶妻，年五十八，生辅堂，续举辅臣，七十余卒。辅臣兄辅堂，曾摄穆坪土政。失败后，出外读书，归时值辅臣受大川、硗碛等乱民拥戴，反对改流失败，被官军抄产、焚宅、毁墓，卧病大川愤死。硗碛番人杨升安，番名喀耳察，改流时屡叛，现任硗碛联保主任，为番人之最狡者。

客民中王问渠最有名。问渠原籍邛崃，其祖以经商来此，历世不废读书，为地方豪族。民国六年，纵火焚土司衙署被控，负讼，瘐死雅州狱中。问渠逃离穆坪，以军佐渐升至陈遐龄参谋长，与张光典向善，后以窥代张军职相恶。避怨返穆坪。

值改流议初发，力赞政府，以报土司。一时纠合民团勘定叛乱，屡有功绩。然其志在操纵地方，渐与黄煦昌为难。十九年冬赴天全开会被杀，竟未归葬。问渠娶何氏，县绅何明轩女也。守遗产，无子。其弟王国沛买人刺杀之，案发被处无期徒刑。季弟国泰即任红军营长者，现存，观其状殊朴野也。

宝兴知名士首推何明轩父子。明轩，邛崃原籍，其祖名廷轩，因考武场争案首殴伤人，亡命来此经商。与土司相善，遂移家于此。父登明读书，与明轩皆曾赴邛崃应试。明轩娶土司幕客浙人杨承恩女，生子制皋，亦能文。承恩妻周氏与土妇坚周氏，俱出冷碛周土司家，为姊妹。故明轩与穆坪土司有戚谊，坚周氏女淑君寄拜于登明。故明轩父子知土司家事甚详。明轩今已七十余，尚健，常乡居。制皋年四十余，经商在城。余从问土司时事，所得甚丰，然时代与名字，记忆不能尽确。余故遍搜全城之钟鼎、炉磬、碑碣、坊表，访江西坟与碓窝山大石板诸茔墓，参考相关诸书志，考订何君所谈，演述土司史事，为上列十则也。

三十八、《宝兴县志》

宝兴虽改流未久，文物未盛，然其特点甚多，县志材料颇不缺乏。其土司源远流长，改流最后。规制殊异，事迹繁赜，一也。土人为羌氏遗族，语言习俗，胥与汉藏两族不同。现虽汉化已深，迹未尽泯。实为研究中华民族之好资料，二也。历代西陲祸乱，胥与穆坪有关。尤以有清三百年中，川康间一切军事殆皆以穆坪为线索。故此县志应为治边疆历史者之重要参考书，三也。县境地形崎岖，地质复杂，农林牧业兼备，矿藏尤丰，殆可称为整个川边之缩影。亦即研究治边之适当试验地区。果使方志为辅治之书，则宝兴志足当《西康通志》之缩本，四也。所惜其文化落后，地方人无完成此志之力，而外人之研究穆坪者又少，故至今未尝有志稿也。

李思丹作县长时，曾一度筹修县志，取过山背子捐，预算岁得八百元，委县人何明轩筹备，拟聘芦山王友章、始阳田子仁草创其事，期以六个月完成。曾经拟就篇目，分为四册：第一册土司沿革，二册改土战绩，三册幅员，四册田赋、机关、古迹等。旋以款难集，未行。今县长杨万成闻芦山志已付印，曾有筹款修志之说，迄今尚无成议。

三十九、烟　会

懋功县，旧称小金川，为蕃族土司地。乾隆平金川后，蕃人逃徙殆尽，乃开设军屯，徙汉人实之。今其地汉人居什九，蕃人什一。因距成都险远，鞭长莫及，社会自为风气，官吏不能以内地法理治之。其地贫薄，堪种鸦片，县人恃以为生，从未禁绝。土人日用之物，向即仰给于雅、名、邛、灌等县。近既遍地种烟，则粮食亦须由内地运往矣。输入之道，自灌县者由巴朗山，自芦、雅、名、邛者，由夹金山。宝兴与灵关为过夹金山者必由之路，沿途所见背子甚多，此路不通骡马，唯堪背负步行。售力者称为背子，名山、芦山人最多。

背子所运货品，食粮为大宗。每人负米四斗为率，重一百零四斤。在芦山米本值百二三十元，至懋功售四百余元。除力价外，恰为一对本红利。背子皆各地农夫，以农暇时向商家领运，自无资本贸迁，苟有资本，亦即雇人负运不自运矣。经营此业之商家，多集于灵关。雇脚多自灵关出发，自灵关至懋功凡十二日。力夫强壮者，负米至四斗六升，又自带口粮一斗，共重一百四十余斤。目前脚价，为一百三十元，往十二日，归程空身五六日，共半月余。除去店饭耗费及口粮价值，可余六七十元，谓不吸烟者，如其吸烟则仅糊口。

除米粮外，油、酒、钱币、干肉、草鞋为重要货品，火柴、糖类、布匹等土杂货亦偶有之。沿途不靖地方，驻有民团保哨。夹金山下之咱威，为保哨队常驻地，所取哨费，以背计，米与肉每背四元，油、酒、杂货每背三元，他处临时新设者取费多少不一。此费有经商者预付脚夫，以备交纳，脚夫不自出也。

诸商于懋功设有字号，随到随收，相时出售，或为利贷品，或以兑换鸦片，要以兑换鸦片者为多。余游宝兴时，正值懋功割烟之后，各路人物往贸鸦片者颇多，称为"赶烟会"。亦有不往懋功，仅住于宝兴之硗碛，遥招懋功烟贩者，故此时硗碛颇繁荣，有娼有赌，每日赌筹，亦可出入万余元。硗碛仅数十住户之小市街耳。

夹金山高三千余米，近脊数十里无人户，空气稀薄寒冽，多雨鲜晴，背夫至此最苦。传有王母娘娘最灵异，护祐行人甚力，诚心祷者无不如意。无庙宇，仅一石穴间供木主。凡过是山者，必祈愿，亦必有所许，或许银锭，或钞票，或钱帛，或红布，或帽，或履，或鸦片、油、酒，或先献之乃祈，或祈而验乃偿之，故龛前恒有真币压在石下。亦有穷乏人过此，祈借用其真币者。余见各负运力夫，皆负有香烛、绵帛之类，询而知之。后于天全县署见亦有此神，传为狐仙也。

杨县长在宝兴，禁烟颇严，曾经枪毙违令偷种者数人。然因大利所在，深山穷谷中仍有冒险窃种查访未及者。硗碛距县一百五十里，近懋功，土人多番族，不畏法禁，间其盗种者尤多。故硗碛亦有烟会也。

四十、羊村土司摩崖诗

往时穆坪土司，有两土署，一在穆坪，一在羊村。羊村在穆坪赴鱼通道上，地势颇开展。昔日土司往来于鱼通，有时驻息于此，故能成为第二要地。土司坟墓皆在此区。现全区皆已化为汉人，有市街名五龙镇。五龙者，五山五谷聚于一点，山势下迤如龙，故名。市北有石阜，自平地突起，喻为龙宝，俗称"五龙夺宝"，故曰龙宝山。阜上旧有一喇嘛寺，因甲辰年大水，被淹，圮废。

市外旧有天主教堂，现废，为小学校。市端跨河为铁索桥，名永安桥，创建年代无考，有宣统三年土司撰《培修碑记》与民国十五年十一师二旅参谋长董禹如撰《饶师长国华培修碑》。碑侧崖石上有观音石龛，凿崖为之。崖上原镌有土司某题诗与芦山人许明诗，被龛削去一部，而土司名亦被行人琢去。大约是初建此桥时题刻，为时当在乾嘉之世。题云"丙午秋"，或是乾隆五十一年丙午欤。若然，则此时土司为坚参囊康，即甲纳参勒木喀也。兹录其诗残字，以见当时土司文化：

丙午秋铁索桥落成志庆
望洋恨隔水涓涓，咫尺声闻□□□。天矢志成梁垂……济绍先贤。长□不……
　　　　宣慰主人甲纳参□□□题
□□□□□涓涓，两载亲瞻见□□……慈航能普济□方东……挥金似土成□美。炼□□桥不募捐。我亦有□□快睹，□题永纪万□年。
　　　芦阳岁荐士许明撰（上款被削）

大约为七律二首，许诗步韵作和。比列二首，则原句尚可补成，贤为第二联韵，捐为第三联韵，年为末字也。

四十一、云峡崖刻

宝兴至羊村二十里，路沿河。河水甚平而岸山逼江，绝壁无路者约四五里，分作三段。中段最长，有土司旧镌"云峡"二字，即以云峡呼之。旧缘崖安设栈道以通往来。乾隆时，土司坚参囊康凿石壁为长形崖路，宽五六尺，可通肩舆。其时无炸药，全以斧凿雕之，其石石灰质，坚于生铁，功费之巨可知。近北一端特留坎状梯道，似为备军事时防堵用者。故土人称此崖道为"高梯子"。新凿崖壁上，镌有佛像甚多，皆浮雕，多为藏式，盖依喇嘛法镌成者也。又就崖镌修路碑记与土司题诗。余赴羊村，肩舆过此，未及下观，归时已暮，翌日派人往抄之。其《创修岩路碑记》云：

从来萨嘛岩窝至鱼通一带，俱系偏桥。年中时修时损，每多艰难。今我坚公好善乐施，毅然捐资，率属各村头目人等，共襄盛举。于乾隆四十一年六月，募匠凿岩修路。次年八月，而成大道。诚哉一劳永逸，备矣。孰不歌功而颂德者乎！谨以碑口志其不朽。

穆坪董卜韩胡宣慰使坚参囊康捐银五千二百两，属下大头人陪尤东包国玺、德崩包国文、赶羊包玉权、羊村包天禄、波于包国祥、鱼通总□郎札□、尧碛头人登达郎百，各村头人宗冈朗洽、若必李宏绪、索巴松结、小木坪杨德明、格达六出甲、出居六甲、鱼通墨崩、章谷乌公纳甲川、其格、其咱、师着篙日果达各处头人姜札等（捐银数略）。乾隆四十二年丁酉桂月二十日。

碑文似出土幕江山秀手。就此刻，可知当时土头建制情形，又可知当时头人已多有汉文姓名，又可知鱼通原为穆坪属地。碑后镌土司与江山秀诗各一首，尤可见坚参囊康之汉文程度。并抄于此：

丁酉岁，石工告竣□

拔步唯艰与物推，千金□舍济颠危。多方只悯行人阻，敢翊阴功万载垂。宣慰主人囊康题。

经纬雄才本善推，此翻大作为扶危。捐金利济甘于蜜，唯地仁慈誉自垂。幕友江山秀敬和。

安岳萧鸣智，侄起凤金镌。

另一崖道，有光绪二十五年土司手撰之骈文碑记，名《乐善碑》。文颇可笑，并抄于次：

尝闻：谓山盖高，呈不震不腾之象，如响斯应，著俾口俾寿之符。当此雄关明月，水复山重，落日秋风，肩摩毂击。茅店三更之月，唱断鸡声；板桥一夜之霜，踏遍人迹。予守斯土之境，常见山色千重，对面常飞翠影。江光万顷，当门尽卷舒波。亦美题柱而来，人跨苍龙之背。浮槎欲渡，流分碧玉之环。寸衷无不欲其经年，之渡心隐忧其未久。金日，川崖有眭，凶涛浪涌，依山依水，我心悠悠。且路当孔道，上通大金、西藏，下通芦、邛、蓉城。不得已，札饬头人，雇工雇价。签排首事，化少化多。崖上起路，使来者不闻鹤唳猿啼。路又依崖，致往者不叹羊肠鸟道。亦知一木焉能支大厦，丸泥何能封函谷。倘得人人向善，家家好施，大村者修四五丈，小村者培二三寻，即经商客旅，亦罔不鼓舞作兴。虽曰滩凶无如虎臂，路险莫若蚕丛，兹竟如此修造焉。则凡后遵斯道也，浩浩乎境关于秋，细柳欹斜之岸；恢恢乎道光九野，夭桃潋浅之源。将见逐子母者，跋涉不闻行路之艰难；负担囊者，康庄皆喜道途之平坦。尔时吾闻之而幸，我治下人闻之而亦幸也。是为序。

总共花费使用实钱一千三百八十千文整。宣慰使司坚捐钱三百七十千文……

余常欲辑不通文选，此亦可充一幅。查光绪二十五年土司即坚衍桓也。

四十二、鱼洞子鱼异

云峡之北，有瀑布自碓窝山泻下。有住民一家，地名鱼洞子，风景略似康定小天都。自此经回风峡至羊村，为大道。别道自此登山至碓窝山土司墓地，斜行经大石板坟园，转羊村。鱼洞子者，有二石穴在崖道北端人户侧，涌水甚盛。穴位低，半为流出沙石所回掩。然涌水来势似疾，亦能冲开淤沙，无碍其溢流。水之来源不可晓。每年春秋季各一二十日内，常有大鱼自穴流出，多如富春之鲥，夜间尤盛。土客人民，恒于此时往伺之，一夜得鱼数十斤不等。一时鱼价为之大贱，每元可得十斤。其鱼初出穴，懵懵如失知觉，随水行地十余步后，始渐活泼。伺鱼者即乘出洞时手拾之，不借网罟。大鱼颇多，率瘠瘦，食之味薄。人莫知所自来。余夏季过此，非鱼期，未曾目见。然穆坪人人言如此。

天全属大川溪中，有喷石泉，细石五色，随泉喷出，千年不穷，督学任宏开亲见之。陈衡山太守著《天全石录》，称之为喷玉，有赞。盖亦泉穴上通大河，河水泛石子入穴，转运道长，琢磨细润，水急力巨，推喷出之也。

四十三、宝兴拾零

宝兴外朗河中产青石，含天然铜星点，宜作砚，历以入贡。今其地曰贡石乡。刘甫澄墓碑，曾取此石，费款巨万，得一大者。以道险无法运出，现尚搁置于此。

贡石乡之邓池沟，产一种大理石，白地碧斑，纹彩美润。唯质软，勉可作图章、玩具用。号为邓池玉。一曰邓玉。

坚衍桓之女坚淑君，初嫁鱼通甲安国。安国死后，留居穆坪。改流后，仍居土司故署（土人称为公馆），守其财产。陈重华任县长时，有族弟明光任收发，赘于淑君。红军来时，淑君逃匿灵关山中，后饿死。明光亦死于宝兴。

坚淑君育一女，名甲晚香。自土署被焚后，建茅舍居之，有土署旧女佣相伴。后依何制皋之侄何士英。鱼通甲安仁，以其为兄安国女，时时致函制皋父子询其着落。本年五月，接之入鱼通，年十八九矣。

宝兴川主宫有铁灯笼，方形，以铁丝铁片作花饰，甚繁，以纱蒙之，悬在梁间，已半敝矣。天全诸古寺亦有之，皆土司遗制。

硗碛现有喇嘛寺一座，名"益几贡巴"。硗碛土人称穆坪为"穆溪"，城区之义也。称土司为"穆溪甲尔波"，称小硗碛曰"布龙觉"，盐井坪曰"押思达"，羊村曰"宅作"，陇东曰"弄底"，"弄底"，分河之义也。其他语言，率与西番不同。

羊村二郎神石像，高尺余，艺事拙陋，传其甚灵。旧供某石龛内。失物者祈之，辄能珠还。为偷儿所恶，窃投之河中。神降梦于土人某，乞援。迭梦数夜，土人异而觅之，果得于河滨，移供街头破庙中。安神之日，神降于人，跳舞歌唱，观者如堵，偷儿亦在焉。神忽跃登高处，夺梃击贼。偷儿与之相格，神亦不能胜，众方排解间，神已去矣。偷儿复弃之于远地岩隙中。神现梦如前，市民钦其灵异，鼓吹迎回，为之彩绘安神。偷儿不复犯神，神亦无以报此偷儿。鬼神有灵，事或有之，然其力不能制一偷儿，则其为威为福可知矣。

穆坪土司每年正月初一、七月十五，肩舆出署降香，仪仗悉仿成都将军，扮演如戏剧，头人皆骑马以从。遍谒真武宫、川主宫、城隍庙与永福寺，归时吼道。每年霜降日，土司戎服盛装骑马，各寺降香后，至校场校阅。硗碛土兵及各头人弓马枪剑，打靶三日，赐酒肉，为盛会。与每年正月二十一日开印、二月十一赛宝、腊月三十日封印，皆为大典。赛宝，陈其家藏宝物与历朝御赐品于三堂家神前，降香后抬以游市，三巡而后藏之。

道光末年，穆坪银每两值钱七千余①。土司制，每番民征门户钱四两，合钱三千余文；本地人征七千余文。番户，指硗碛土人；本地人则其余地方之土人；汉人称客民，无征。

---

① "七千余"疑似为"七百余"之误。

下部——天全小志

一、灵关至天全

灵关平原，尽于灵关场东十里之磨刀溪。磨刀溪以下为绝峡。峡长四十五里，出峡为铜头场，距天全五十里。沿峡有路，窄而平。旧日天全、灵关、芦山三地相往来，皆出此道。近因铜头场一带匪窟盘亘，道绝。灵关赴天全者，皆绕道芦山县城，由飞仙关、始阳镇转行矣。另一捷道，自灵关溯朱砂溪，逾苦蒿坪，经大庙、老场、永兴场至天全，八十里，亦颇平坦。清末民初尚通行，近因永兴场沦为匪窟，此道亦废。余既自芦山入灵关，赴宝兴，不愿再绕芦山至天全，决意通过匪区，一觇其社会实况。商灵关镇长杨朝仪及乡绅焦海山、余国文、杨朝铭等，派队护送。值杨朝仪将就省训，例有团丁护行。承其曲徇余意，改由朱砂溪小道，调团枪八支自卫，骈肩接踵以行焉。

朱砂溪与磨刀溪相对。土人谓其音似"磨刀杀妻"，含义凶暴，故自此以东，俗悍多匪云云。出灵关二里，过铁索桥，转入朱砂溪口。沿溪上行，渐无人户。荆棘黄茅拥塞，下舆披拂而进，艰苦万状。十里登苦蒿坪山顶，海拔一千五百四十米，道侧仍有农地，逾山顶降一百米，为保长杨某家。山庄农人，皆佩枪操作。据谈此地属灵关镇，而近十八道水（永兴场一带，水流曲折，大路与水十八会，故名十八道水）。俗犷嗜杀，杀人辄及全家。下沟有彭某父子，善猎，射击准确，违禁种烟，恶人入其界。性复刻忮多疑。或语之曰：某人将告尔种烟矣，即袭杀之。所杀人甚多。本年四月，邀地方团绅四人饮，至乃皆杀之，并及其一人之全家，襁褓不免。杀人后逃，匿深山，人莫得而缉之，亦莫敢有占其产业，住其宅宇者。彼父子常于夜间返家，取粮。浸即寝于家内，但戒备严。人或误过其外，即被射杀。今夏，有自磨房负面夜归者，误过其外，一鸣枪，即命中死。又时疑有人图袭捕之，每因所疑，先袭杀人。以故此带人民，家居操作，亦皆佩枪实弹自卫也。大抵此带久失教化，人性已如野兽。彭姓父子，其代表耳。

自杨保长家下沟行，沿途田畴甚美，但多荒废。道路亦不治。虽大宅相望，阒无人居。约十里，至一宅，有妇孺及一木匠，修治房屋，人亦和善。借其锅灶作午膳后，复行。又约七里，过一岩口，为灵关镇与十八道水交界处。越岩口数里，当两水会流处，地名大庙，有庙，已圮。自此沿溪水下行，经永兴场入城，约四十里，路较平坦。团丁谓匪势甚恶，通过较难，不如绕道小河子。遂自大庙溯另一溪水上行。另逾一山，似名白马庙，高与苦蒿坪相若，无路，践荒田中，泥泞没胫，其苦百倍。舆夫嗟怨不已。近山脊有一人户，垣篱甚坚，牛迹尚新，而人影渺绝。山土颇厚，约二里余，始复下行。过小河子王保长家侧，自此以下，田园甚治，道路窄而修洁，农夫馌妇随地可见，知已出匪区外矣。下山为小河子，村户聚居，无街市。天已暮，疾行赴城。自小河子渡一铁索桥，为曹家坝堡子。沿河岸大路，行五里至沙坪，有市街，在川康马路上。步月入天全城，已万家灯火矣。

自灵关至此，名八十里，实约一百二十里。余携行李少，空舆步行，舆夫复健，疾趋至夜始达。杨镇长一行，自小河子山上相失，越三更后，始达天全。同宿泰来旅馆。

二、天全县

天全县，旧天全六番招讨使司正副土司辖地。正土司高氏，驻始阳；副土司杨氏，驻碉门。清雍正六年，改土归流。七年，置天全州，迁二土司族于江西，以碉门为州治，始阳为分州治，就二土署为两州署。乾隆三十三年，知州徐镇，始建州城，移州署于城内。民国二年，改天全县。计凡称州一百八十四年，改县二十八年（民国三十年）。

全县面积二千七百六十六方公里，载籍一万七千三百余户，九万一千余口。平均每方公里不足三十三人，较之芦山每方公里一百零四人强，雅安每方公里九十九人强，颇有地旷人稀之感。

全境旧分三乡，十四大村，五十一小村，皆就土司时村保头人辖地区划，即以旧头人管理土著。其有汉人分布之地，多为市场所在，另设客长管之。其制与穆坪同。兹志其形势如下：

东阳乡　始阳附近一带，辖四大村：

福远村，即始阳镇。分辖近阳、树德、何家坝、王村四小村。

御侮村，一作玉乌村，辖清遗村一小村。

忠容村，在始阳北，分辖罗霭、下陇二小村。有永盛场，名落霭场。

多功村，在始阳东，分辖罗带、崇化、上陇三小村。今有多功、罗带二场。

和源乡　县境西南与荥经接界各地，凡四大村：

忠义村，在始阳南，分辖安乐、崇义、罗家坝、郭家嘴四小村。有忠义场，今曰罗家坝。复兴场，今曰新场。皆在荥经河下游。

羽仪村，一曰王宜村。分辖衍庆、庆贤、上坪、富庶四小村。有公义场，今曰思经场。

义勇村，一曰义容村，在治城南。分辖乐义、新兴、歆福、永安四小村。

前阳村，在治城西。分辖克勤、安远、忠勤三小村。旧有双凤、双阳二场。

钟灵乡　县境东北，芦山、宝兴、大邑、邛崃数县间之楔形部分，凡六大村：

仁义村，分辖忠宜、大全、忠顺、清溪族四小村。

德盛村，在永兴场北，分辖义贤、峡族、凤水坝（大房族）、沙族、场族、楼族六小村。今有老场，已废。

凤头村，在芦山县北。分辖大畔头、岩盐、河口、鱼喜四小村。旧有鱼喜场，今曰公议场。今又有宝胜场。

思延村，在芦山县西南。分辖和棱、播族二村。有铜头场。

灵关村，在芦山县西。分辖忠孝、化移、乌川、镇远、霈川、黄鹤六小村。旧有遵义场，今曰灵关镇是也。

冷砣村，一曰冷镇，位县境最北。分辖后屯、白石、大川、何家四小村。旧有双汇场，今曰大川场。又有太平场。

宝兴县境，原亦隶属天全，唯设土司如故，不在三乡十四村之列。改流后，别自为县。民国初年，天全县凡分六区：

第一区，治城附郭与小路一带，旧和源乡地也。

第二区，始阳、多功、罗带等地，旧东阳乡地也。

第三区，思经、新场一带，旧和源乡地也。

第四区，永兴场、铜头场一带，割旧东阳乡与钟灵乡之一部为之也。

第五区，灵关至大川间楔形地带，旧钟灵乡地也。

第六区，今宝兴县全境，旧穆坪土司地也。

宝兴设治后，存五区。近复并五区为三区。第一区与第三区合并为第一区，还和源乡之旧。第二区与第四区合并为第二区，还东阳乡之旧。第五区改第三区，存钟灵乡之旧。

天全河，旧称和水。沙坪小河，旧称夷水。二水会于沙坪。沙坪以上皆高山，农地少，民户稀，颇富于森林、药材、矿产。沿和水路通康定，为历世运茶要道。今川康公路亦循此谷，沿路日增繁荣气象矣。二水合流后，穿禁门峡，地势扩展为一大平原，即天全治城所在也。此平原为梅岭山脉所约束，复为一峡，号龙尾峡。和水穿峡而东，又扩为一大平原，即始阳坝也。此两平原，为全县精华之地。自此以外，唯思经、新场、罗带、落霭、永兴、铜头、灵关、双河等场，皆丘陵与河原相间，土质腴美，兼有灌溉之利，农产颇丰，人民富乐。唯因富而失教，转多流为匪徒，甚可惜也。大川、太平、宝胜等场，皆山谷地，既险且远，令教难施，俗悍多盗，自成风气。

县治人口二千三百余户，一万余口。分县城、军城、黄铜坡三部。军城在县城西门外。明洪武时，紫碉所土百户盛茂所筑，以驻土军者。横城一街，与县城直通东西门之大街相衔。军城之外，有街直抵禁门峡口，旧名"蛮市脑"，为西番来碉贸茶时住落之所，故名。今讳"蛮"，改称万市。黄铜坡在军城北，为旧杨土司土署所在。街三条，多属土绅住宅。凡过天全者，直穿蛮市脑、军城与县城东西门而过，多不知有黄铜坡市区云。

三、天全六番名义考

天全六番招讨司，始置于元。原系"天全招讨司"与"六番招讨司"两员，各有辖地。明洪武时，合二司为一司，以天全招讨司高国英为正招讨使，六番招讨司杨永忠为副招讨使。自是以后，始以"天全六番"为一名词。雍正改流，去"六番"二字，为天全州。

"天全"名义有数解。或曰："其地天之所产，莫不全备，故曰天全。"此说较有理致。或曰："天全土司世派，出自大金川。始封时，加'大'字一笔为'天'，去'金'字两点为'全'也。"此说殊无稽。元代尚无大金川之名，则安得损益其字为天全乎！陈松龄《天全州志》序云："大明洪武，二氏归诚，合碉门、和川，改为天全，此天全之名所由昉也。"碉门指杨土司，和川指高土司。其意盖谓明太祖合高、杨二土司地而并存之，天命两全，故曰天全也。意若可取，然元代固已以天全为高氏之专称，非因明代合并二司而后有此名。则此解亦谬耳。杨振业《灵和乘略》云："元易其名，曰'天全'，则因其地在大小漏天之间，而雅所从入之飞仙关，旧名漏阁，故易曰全。"此其意盖谓反称"漏天"为"全天"，倒曰"天全"，以祝不漏。犹改"敛县"曰"毋敛","锡县"曰"无锡"也。或因此义而释为全备大小漏天之谓，尤谬。余意"天全"二字，为土司初投诚时所上地名之译字，不能以汉文意义解释之。且此地名，出于氐语，非藏语。氐语今日保存不多，其义已无从寻绎，正可以不解解之耳。

"六番"二字，解者尤极庞杂。陈松龄《天全州志·建置沿革》云："……天全正副招讨司，统属六番部落，曰木坪、鱼通、岩州、咱道、咱里、大坝，凡六路，隶四川都司。"此义不著于《明史》，唯《明史·土司传》曾散见此诸部落名，盖修志时意为凑合之耳。余查"木坪"即"穆坪"，明代自为董卜韩胡宣慰司，在川边各土司中，地位甚高，非天全六番招讨司所能约束，尤不能与咱道、咱里、大坝等小土司比列。咱道，即察道，在明为长官司。咱里，在明称长河西，与鱼通合为一司，非独立部落。大坝在泸定县冷碛后山上，仅冷碛长官司一头人住地，更不得与木坪等并称。故知陈松龄《天全州志》为意为缀合，非有所据也。

顾炎武《天下郡国利病书》谓："天全六番招讨使司……辖部落凡六，曰马村、苏村、金村、杨村、丽东村、西碉村。或谓六番之名始此。"其说似出于明代之《四川通志》。杨振业《灵和杂记》驳之云："五代王孟时，置碉门、黎、雅、长河西、鱼通、宁远六安抚司。宋因之。元初复置六宣抚司，宪宗改六番招讨司，更别置天全招讨司。明初始以六番次天全为衔。近代蜀志，乃云六番即六村。按马、苏、羊、陇四村，在董卜韩胡（强按：皆今宝兴县地，马村余未至。苏村，即苏乃，今宝兴县治是也。羊村，即杨村，今为五龙镇。陇，即丽东村，今为陇东镇）。金村在荥经水入天全处。西碉，则以碉门冒砌村字，谬凑六番。殊自牵合之甚。余意招讨始于元，或即综六宣抚而约名之。……如'六诏''六番'，其来已远。唐韦蟾诗：'却使六蕃诸子弟。'宋欧阳公因云：'马前弓箭六番迎。'竟作'番'字，此岂可以元之招讨及六宣抚指实耶。"

杨氏所云"六宣抚"，指碉门、黎、雅、长河西、鱼通、宁远六部。《明史·土司传》云："天全，古氐羌地也。五代孟蜀时，置碉门、黎、雅、长河西、鱼通、宁远六军民安抚司。宋因之，隶雅州。元置六安抚司，属吐蕃等处宣慰司，后改六番招讨司，又分置天全招讨司。"此明言"六番"，指碉门、黎、雅等六部也。顾《明史》为"元置六安抚司"，而《灵和杂记》则云："元初复置六宣抚司，宪宗改六番招讨司，更别置天全招讨司。"其文较详，而宣抚、安抚互异。再查《宋史》与新、旧《元史·地理志》，皆无碉门、黎、雅六部宣抚司或安抚司之说。唯《元史·地理志》列有"鱼通路军民万户府""碉门鱼通等处管军守镇万户府""长河西管军万户府"与"天全招讨司""六番招讨司",及朵甘思等部,同隶碉门、鱼通、黎、雅、长河西、宁远等处军民宣抚司。是合六部统设一宣抚,非有六宣抚或六安抚也。且此宣抚司似驻打箭炉,非天全,所属天全与六番两招讨司,乃驻今天全境。是《灵和杂记》与《明史》行文皆有疵误。大抵"六番"之名,渊源于孟蜀所置六安抚司,则确切不移也。

孟蜀时,黎、雅两州多有番人羼居,故不置牧而称安抚使。今天全县境,于时为汉番交易茶马要地,故亦置安抚使。今泸定县境大渡河西岸之地与越巂县境大渡河南岸地方之藏族,于时与黎、雅交涉频繁,故亦因其来附,置长河西安抚使。其北鱼通、打箭炉一带,为西番来碉门互市之要道,故亦置安抚使。至宁远安抚使,系为管理巂州(今西昌)附近番人而设(因"宁远"二字联想,并无确据),抑为控制打箭炉口外众番而设(就《元史·地理志》碉门、宁远等处军民宣抚司辖有朵甘等地揣想),尚难判断。大抵孟蜀所置抚夷之官,此六宣抚而已。宋代虽已于雅、黎建置州郡,而习呼此带番人为"六番"(六部番人)。元代综六部为宣抚司时,雅、黎已为流官治地,仅依习惯存其虚名,实不能辖黎、雅也。(元雅州领名山、芦山、百丈、荥经、严道诸县,黎州领汉源一县,并隶属于吐蕃等路宣慰司都元帅府)。元代以碉门为六部番人通商总汇,故假高氏以六番招讨司衔,俾资镇摄。复因杨氏入贡,增设天全招讨司耳。

《灵和杂记》又云:"元代招讨,但称天全招讨使,并无六番之名。至大中,招讨杨管陛谒,赐两佩珠,授虎符银印,文亦只铸'天全等处招讨使司印',并无六番之名。至明,乃奉勅并六番为衔,或云六村,或云乌斯藏朝贡六法王(按六村已详上文。六法王,指大宝法王、大乘法王、阐教王、阐化王、护教王、护法王。俱见《元史》)。据《明史》,徼外有三十六种酋长,皆由和川(今天全)出雅入京。天全实为诸番驿路。然俱在和川诸关之外,正《书疏》所谓'和有夷道'。顾无庸必在天全近壤征名也。"此论极是。大凡地名冠数目字者,最初原有专指。迨时移世易,沿革迁转,即难以今地拟之。譬如三江,原指南直隶与江西、浙江三省。明南直隶,今江苏、安徽两省地皆是也。近世三江之名,一般习用。而解者遂以江苏、江西、浙江为"三江",或以江南、江北、江西为"三江",皆谬。又如四川,缘唐代有东、西川两节度,宋析其地为益、梓、利、夔四路,号"川峡四路",省称为"四川路"。元合四路为省,因曰四川省。近解四川名义者,遂妄以四大河川拟之。皆刻舟求剑之类也。"六番"只缘孟蜀六安抚部为名。后世因黎、雅非番,遂有种种妄解。余曩游泸定,知泸定东岸各部番落,曾与天全发生密切关系,遂妄揣岩州、察道、嘉庆、沈村、冷碛与黎大所六长官司部为六番。兹游天全，更详考之，始知旧说非是，特为订正于此。边方文献无征，考订名物，非亲历慎察，不足成立定论，率都如此类耳。

四、高土司世系（上）

天全高、杨二土司，早于雍正七年撤废。今县境高、杨二姓仍众，或为列世司官庶裔，或由客民冒姓依附。今高、杨二氏，各有族谱，详记世系，严防乱宗。余在天全多方搜得之。抄本讹乱，尤多割截弃遗，至于不可卒读。大抵《杨谱》以大儒杨振业之《灵和乘略》为蓝本。《高谱》则俗手所撰，文多荒谬可笑。天全高氏多通儒，而无注意及此者，殊可惜也。兹就《高谱》，志高氏世系，略纠正其尤荒谬处。

《高谱》自混沌初开序起，谓："炎帝因尝百草云游，遇女娲之妹，与交，生子名姑生，为高氏鼻祖。姑生娶乔文公之女安登，生二子，名姜万春、姜万年。姜万春寿二千岁，佐禹治水。至商太丁二年，生子姜大成，即太公望，受封于齐。夫人马氏，生子杜伯，娶周宣王宫女，生姜齐。姜齐佐秦始皇，又辅汉高祖，娶汉成帝宫女而生姜汉。王莽篡位，汉居北海，娶孔蜗之女，生姜清，后食采于高，乃易姜为高氏。"此为首段，文甚长，鄙俚不通，而考订年代颇繁。一人寿辄数千岁与所妄造名字，俱堪捧腹。

又谓："高柴佐汉光武，封武城侯。生子高翔，佐蜀汉后主，封佐将军，随武侯南征还，驻节碉阳，化导诸夷。其后，武侯自碉阳返蜀，留翔镇守碉阳。武侯北伐，征高翔押运木牛流马，以功为碉阳等处守将，号安抚使，世袭守土。是为高氏受封于天全之始。厥后，高崇文平刘辟之乱，刘辟逃入吐蕃，崇文命其子遐万追捕得之。遐万生二子，曰封，曰思，俱未袭职，避居鱼通古寨行台，世为舍人。世职传于遐万弟遐昌。昌生广寿，寿生学连，传于高封之裔昌国。国生奇正。正生镇安。安生朝福。福生万成。成生忠义。义生崇仁。仁生定。遐昌有九代孙，抚族弟崇善之子继思为嗣，生高勋。勋与定为堂叔侄，得石燕、海马、玉龙、金凤及犀牛角，同定诣京师贡献。值唐太宗壬寅岁，海水为灾，定以治水功，授安抚使。后与高卜锡、高卜易同归天全。清理宗谱，卜锡、卜易为江南凤阳府建康郡姜万春之裔，定之期服孙也。其后卜易东归，卜锡留碉辅政，遂承土职，加天全六番招讨使司招讨使，封荣禄大夫。"以上为《高谱》第二段，荒谬处去前段不远。高崇文，《唐书》有传，非天全人。"凤阳府"与"建康郡",唐时皆无此称,亦非可以相隶之地名。安抚使与六番招讨使,亦非唐世之所有。唯高遐昌以下世系,或有所据。《天全州志》谓高卜锡为"江南临江府人,唐末以军校从征西路有功,留镇边邑,累世相承"。盖高氏世业开于卜锡。以前世系,皆妄引耳。

又谓:高卜锡预平黄巢之乱,与杨端同授正副招讨使。高氏封"昭勇将军、宣慰使司都督佥事。上管□乌,下管邛州南河,三十六堡,四十八寨,九种诸夷,十八土司,各处关隘"。杨氏封"昭烈将军,虎符金牌银印。管黎、雅、严道、名山、董卜、长河西等六处关隘。每奉调出师,高六杨四"。此说似有实据,实则唐末制度,决不如此。大约系修谱时,就其现势,追加于唐末高卜锡时耳。

又谓:卜锡生楞泰。泰生兴国。国生崇。崇生曩,字阁藏,宋乾德二年投诚。时孟氏尚据蜀地,宋太祖嘉高氏早归,赐绯衣,加世勋功臣匾额,颁"天全黎雅宁远长河西鱼通等处安抚使"银印。(按:此衔颇可疑,缘《宋史》无此记载。《元史》有此衔,而天全作碉门。以理揆之,宋代无天全名,此当是以后世衔称移加于其远祖耳。)

又谓:高曩三子,长子金毂,于太宗嘉定时袭职。嘉定十五年率十八土司朝贡,宁宗嘉之,授岩州安抚使。(按:宋太宗无嘉定年号,太宗当是宁宗之误,则是南宋时人也。)上文既云宋初已授天全等六部安抚使,此时远道入贡,乃授岩州安抚使。岩州为六部中一小地名,譬犹言州牧进阶作县尹,有是理耶?

又谓:金毂生子宝锡,理宗开庆元年袭,在职三十四载,能以武力镇摄西陲,赐绯衣虎符,金牌银印,称"碉门黎雅鱼通宁远长河西等路军民安抚使"。大抵高氏自高金毂始得胙土。至宝锡时,元已灭夏夷金,收抚西域与乌斯藏,征服云南,攻陷四川之大部地方,雅州、黎州皆已属元。天全土司亦当已附元矣。此所云宋理宗赐绯衣、虎符等语,当是宋蜀中守将王立等,姑以此术抚集边民,谋逐元军。易代之际,大局未定,土人每两面承事。所得朝廷赐物,皆袭藏之。后人凭此遗物,造为此记耳。

又谓:宝锡生德福,于宋德祐二年袭职。"智勇兼全,所向无敌。德祐皇上赐两珠、虎符、金牌、银印。所管辖地方,上至乌斯藏,下至邛州南河坎,铁牛为界。庚辰改元国号。景定四年,奉敕授岩州、察道安抚使。……端宗皇帝三年赴蜀。至元定鼎,归大元传号。太宗八年,许衡等议高德威长河东三师经边,四师保境,抚绥军功,加一级纪录大功二次。"按:此文殊谬乱。查德祐为帝㬎年号,只元年,无二年①。称二年者，当亦宋守蜀主将假敕便宜为之。时元军南侵，蜀地隔绝，正朔不到故也。高德福当是效忠于宋之土酋，故宋人以西陲全局畀之，遂有上管乌斯藏，下至邛州南河之命。实则乌斯藏等地，早已为元有矣。景定亦理宗年号，景定四年为元世祖中统四年，高氏旧为天全六番土酋，此时反仅授岩州、察道安抚使者，当是德福兵败西走，已失故土故耳。

下文称"端宗皇帝三年赴蜀"，查端宗即位之三年，即帝昺祥兴元年，亦即元世祖至元十五年，宋已覆亡，蜀地仅重庆、合州为宋守，川西南全陷。故高氏亦赴蜀降元也。上文"庚辰改元国号"，庚辰即至元十七年，宋亡之明年，纲鉴自此年始系于元。撰此谱者，亦但知是年始为元国号，其非通人可知。

谱又称"太宗八年，许衡等议高德威"云云，查元太宗八年，高宝锡尚未袭职（宝锡开庆元年袭职）。则此高德威，另是一酋，非即德福也。再查旧《元史·地理志》："至元元年，置碉门、鱼通、黎、雅、长河、宁（应是长河西宁远）等处安抚司。二年，安抚司高保四言，碉门旧有城邑，中统初为宋所废，众因山为栅，去碉门半舍，请复戍。"至元元年，即宋理宗景定五年，元所置碉门等处安抚司，司官为高保四，此文甚明。谱称景定四年，高德福授岩州、察道安抚司，适与元置碉门等处安抚司同时。于此可见此时高氏有二酋，其一高保四附元，其一高德福附宋。德福先有碉门全境，后为高保四所逐，退入岩州、察道一带，仍奉宋朝正朔。直至端宗末年，始赴蜀降元也。《高谱》无高保四名，但有德威名而未著其所出，附见于德福条。余疑保四，即德威之别名也。《高谱》又载有高德仁者，"德祐六年封广威将军，元贞八年退隐"②。想亦附宋之小酋，于德福、德威为弟兄行辈者。

如此，宋末一段史事，设果如余所测，则当蒙古铁骑蹂躏全蜀时，边裔曾有为宋苦守之义土，演为可歌可泣之史迹，足为州志生色不少。惜谱者不学，未能传其究竟，今已无凭追述矣。

五、高土司世系（下）

高氏世谱，入元始渐明确。德威子上元，成宗元贞二年袭职。大德九年，调征"西番折支木国夷"，以功授威远将军。生二子，世杰、世俊。

---

① 经查，"德祐"这个年号使用了两年，故应有"二年"。
② 疑有误。作为年号，"德祐"只用了两年，"元贞"只用了三年。

世杰于泰定元年袭职。至正三年，赴阙朝贡，授武德将军。生三子，国英、国华、国栋。

高国英（《明史》作高英），字嘉儒，元泰定四年荫授武略将军。至正十七年，青军（按：谓青巾军也）入境，土署牌印被毁。洪武四年，国英率众降明。六年赴阙朝贡（《明史》作遣其子敬严来朝），授天全六番招讨使，颁万字第九十二号铜印。"十九年，奉诰封一道。二十一年，钦依奏准，将司人民充役土军一千，茶户八百，自行耕植，以备各番赏需。内选马兵二百名，自备马匹，不关粮饷。"（《高氏世谱》）生四子，敬严、敬让、敬信、敬忠（《高谱》无敬严，有敬庸）。按杨振业《灵和乘略》谓："明师平夏，高、杨二土司赴军前投诚。""高国英谮于前锋都督何文辉，让杨藏璞后至。是年，国英遣其子敬严，诣京贡方物，深蒙嘉赏。乃并两土司为天全六番，设正副招讨，而颁一印。自是，每三岁朝贡，高、杨必偕往，不独行。敬严袭职入觐，藏璞同往。因奏就简土民为兵，以守边疆，将更辑练骑兵，以威远。诏可。归乃选壮丁健马，教之行列，署千长、百长、敢勇、大小旗，以为部领。得马步逾千。二十一年，公独觐，奏兵已辑。帝嘉悦，诏更招讨为武职，俾戍守边圉，控制西番。旧制，宣慰、招讨诸秩本支御，凡袭荫朝觐，皆隶吏部。其隶兵部，自公始。公更陈天全茶民八百户，岁出乌茶与西番易马，民输园税，商纳引课，上下便之。今在官收买，民苦吏人侵渔，易犯法，即课亦不登，乞复原制。诏许之。天全茶户由是既获苏豁，而雄边子弟，劝于爵赏，皆奋。"（《杨藏璞传》）此记文理甚佳，亦较《高谱》翔实，足勘其谬误处。

高敬让（《杨谱》与《明史》皆作敬严），洪武二十三年袭职。永乐十一年，调选土兵五百名，随都指挥李敬，进征"威州保县番"，以功赐宝钞、玉带、龙刀。十三年，颁天全六番招讨使司，礼三百八十号铜印一颗。生四子，龙、凤、虎、彪。按《明史》："永乐二年，招讨使高敬让来朝，并贺立皇太子，且遣其子虎入国子监受学。赐虎衣衾等物。十年，敬让遣子虎贡马。先是虎入国学读书，以丁母忧去，至是服阕还监。"高虎似死于京师，敬让以罪下狱死。凤乞袭父职。故以凤袭土司职。

高凤，字廷仪，英宗正统元年（《明史》作四年）袭职，以"抚谕杂道岩州番夷与随征松茂等处功"，授右军都督。天顺六年，以调随督兵官许贵征剿大坝功，授怀远将军。后征西番阵亡。生一子，名崧。

高崧，字赋贤，景泰二年袭职（按：景泰在天顺前。前云高凤天顺六年授怀远将军，当是据敕书年月入文。实则凤已于景泰时阵亡。是盖追赠也）。是年，奉四川巡按监察都御史并都部，按三司案委，往岩州、杂道抚谕。天顺六年，奉都司札符，调土军一千随副总兵官许贵征剿山都掌大坝苗夷，以功赏银牌三面。又从征松潘等处，赏锦缎八匹。生六子，名文林、文明、文广、文韬、文炳、文华。成化八年，以子文林功，赠武毅将军，妻杨氏赠夫人。敕存。

高文林，字茂才，号竹坡，通晓诗文。成化二年袭职，遣使入觐。八年，受敕四道，追赠其父母，授文林武略将军，妻聂氏夫人。十年①，受钦差镇守太监梅忠等按验，与董卜、鱼通二宣慰使司及千户头目等三百余名到司构和宁息。十三年，征司兵一千，随太监梅忠、巡抚张赞、总兵夏彧等兵，进征松茂，以功赏银牌二面、银碗一对、彩缎四匹。清乾隆十一年，奉旨入祀成都忠义祠。子四，勋、烈、煦、烋。

高勋，字铭鼎，正德二年袭职。生子四，名继恩、继光、继爵、继禄。继恩嘉靖八年袭职，数载乏嗣。按《明史》云："正德十五年，招讨高文林父子称兵作乱，副招讨杨世仁亦助恶，命四川抚按官讨之。初，文林等与芦山县民争田构衅，知县屠峦处置失宜，遂致叛乱。逾年，讨斩文林，擒其子继恩，择其宗人承袭。"《雅州府志》卷十云："正德中，高继恩与副招讨杨世绳侵芦山居民土田，强种粳稻，而芦民代之输税。知县屠峦，教民习弓矢，擒高氏头人下狱。高氏聚众来劫，峦子某督役追捕，反为所害。既而高、杨又合兵攻芦山，大事掳掠，村舍为墟。事闻，命游击曹玉讨之。时有司已用间谍，令高、杨构怨，世绳遂擒继恩送按察司狱。后高氏亦擒世绳送按察司治之。皆伏法。"据是，则高继恩于正德十五六年因扰害芦山事伏诛，未曾袭职也。《明史》云"父子称兵"，盖谓高勋父子，与文林无涉。特因文林名高，遂误及之耳。"逾年，斩文林"，当是斩继恩之误。文林于成化二年袭职，至正德十六年，已五十五年，安能尚在。《高谱》称高勋正德二年袭职，则文林当于正德初死，足证《明史》之误。

高继光，嘉靖十一年袭兄职（按：当是袭其父高勋职）。生三子，名定、乾、宰。

高定，字静伯，号梅川，嘉靖三十二年袭职。一子仲德。

高仲德，字寿吾，号玉案，万历十七年袭职。中年不禄，妻刘氏袭职。一子基。

高基，字孝白，号醒麓，万历四十八年袭职。以助讨奢贼功，诰赠父仲德武略将军，母刘氏夫人，生母张氏宜人。授基武德将军，妻李氏宜人。李氏，龙安土府

---

① 《高谱》作"三十年"。然成化、弘治皆无三十年。实讹。

之女，生二子，名跻泰、登泰。

高跻泰，字九如，崇祯元年袭职。张献忠军入蜀，跻泰驻兵飞仙关拒之。受督师户部王（余考是王应熊）、总督樊（一蘅）、军门詹（詹天颜）、军门范（文光）、经历李（未详）手札奖励。以弟登泰分管灵关。献忠破雅州，执跻泰祖母张氏胁降。登泰伪降，易祖母归。遂骂敌死（乾隆四十一年八月，奉旨入祀成都忠义祠）。跻泰率兵逐大西朝（张献忠所建）芦山守将李国杰、雅州守将王国臣而还。顺治九年三月，赴嘉定平西王吴三桂营输诚。已而高承恩据雅州，奉明正朔，恶高氏降清，以兵讨之。跻泰突围赴保宁（时清军以保宁为大本营，抚院胥驻于此），导清军规复川南，以功授职。十六年，颁天全正招讨司金印。加封都督佥事、龙虎将军。生二子，名一柱、一桩。

高一柱，字正国，能诗文。康熙十一年袭职。十二年，赴京朝贡。十三年，敕赠武略将军。十九年，助清勇略将军赵良栋讨吴三桂军于黎、雅、建南，以功加都督佥事、荣禄大夫。二十二年，奉特旨内升四川等处提刑按察使。康熙五十三年六月二十三日，颁赐天全六番招讨司正招讨使，驻扎碉门，第六千六百四十三号铜印一颗。生一子，名若璠。

高若璠，康熙四十七年袭职。五十九年，调土兵五百名，命中军游击高廷年率领，随大军征藏。六十年凯旋，以功十等，加左都督，统西南土司。雍正五年二月，奉旨改流。六年，以违法被参，迁移江西南昌府城东盛门万宜巷，赐田六十亩。子振邦、振义，无职。（据慈朗寺题梁，其世子名振珪。）

上高氏土司世系，据高氏族谱删削冗文俚句，略加考订写成。谱中过于荒谬之处，及所附诗文、诰敕，均予节去。

六、杨土司世系（上）

据《灵和乘略》谓："天全杨氏出于汉赤泉侯杨喜。汉武帝时，有杨㷖者，自山西太原，以骑将从拔胡将军平西南夷，留镇青衣灵关。外驭诸羌，世守其土。其裔杨竦，为益州从事，击封离叛夷，降其部三十六种。有子令田，平三襄污衍夷，率徼外诸种落内附。汉帝嘉之曰：'汉乃得此良臣。'封为奉通君。延光二年，旄牛夷犯灵关，令田以西部都尉击破之。于是以西部为蜀郡属国，以都尉领四县，职如太守。蜀汉建兴中，有杨逢者，从武侯南征，以功封于徙阳和川。"

"唐时，有杨清远，其先与沈黎诸家皆称王，唐盛乃革王号，卒葬黎州汉源县东，至今犹称'王墓'。"

余按此墓在今汉源街之白马寺侧，《明一统志》称"唐三王墓"。三王者，唐时黎州西境有氐人刘、杨、郝三姓，皆称王，详具《唐书·南蛮传》。余考汉源为郝王墓，刘王墓在泸定沈村，杨王墓应在天全境。此称汉源为杨清远墓，系缘世以三王混称而误。查天全古墓甚多，"忠孝乡有将军铁坟，乐跻乡、三江口亦然。和川宝子山亦有古墓，俱岿阜靡塌，不应无指"（《灵和乘略》）。杨王古墓，应于此中求之。惜荏苻遍地，不能踏查也。

又云："唐更置各羁縻州，为世袭刺史。天宝初，灵关、和川、始阳为四镇之三。有杨端者，于乾符中，受芦山郡下都督府之职。"（《灵和乘略》）余按唐雅州曰芦山郡，乾符为僖宗年号，杨端史事别无所详。大约杨王之族，在唐颇盛。唐末黄巢之乱，僖宗幸蜀，颇招远夷兵马平乱，或曾假杨端此职耳。高土司族谱对杨端事记述颇详，而为文鄙俚可笑，节录于此，以资参订：

唐太宗二年，有杨端公，本系山西太原府江邑人氏，儒医，堪舆生理，至后溪落业。为卜锡公看地理，往来情密不舍，日夜相谈不倦。一日，卜锡公降诞官亭，满挂单轴。杨端公前诣贺寿，暂见得当时有翔公（高翔）咏木牛流马诗，情致浓美。向卜锡公求纸笔，刻时便书二诗以赠。诗云："鹃啼风落剑山东，鼎足功成谨慎中。最是弥衡无器物，非关黄祖不英雄。""闻道东迁汉室哉，干戈纷纷渡江来。桓温亦知王猛省，不遇苻坚不尽才。"卜锡公见此诗神清气爽，可敬可爱，两相投机，日来月往，至太宗九年庚子，开科选士，点得武状元黄巢，乃山东渠武县人氏，朝宫貌丑，国母不悦，将状元当时削去。……遂反于藏眉寺，……皇太子高宗，奉旨追剿。该贼得有混唐剑，利害无比，将太子围困美良川口，无将解围。旨意勒调吾祖卜锡公，前往救主解厄，时卜公点土兵一千，请杨端公为军机参谋，二公同往。有皇叔李千岁讳克用，领兵救驾，十三太保李存孝为先行。端公为卜祖密用机谋，吾祖兵丁，禽夜偷过大营，密将川口一路，安定豪刀，下定利钉。次日，李存孝督兵大战川口。不出二公所料，贼兵由川口而出。卜锡公与杨端公督兵战前，存孝大军攻追其后。……贼兵狼狈，皆属漏网而逃。……合队回朝。唐太宗敕赐吾祖卜锡公为天全六番招讨使司正招讨使，招勇将军，宣慰使司都督佥事。……端公封为天全六番招讨使司副招讨使，昭烈将军。……

大抵杨端之事，土人传说如此。修《高谱》者，砌补时代人物，张冠李戴，种种可笑。要杨端以唐末勤王功授职起家，则可信也。至今高姓，皆谓杨氏由高氏属僚起家，大约即据此谱。杨氏族谱则否认此说，谓："唐置八州，世袭刺史。于时杨氏效绩，至称都督，从韦节度兵出灵关，定峨和，逾的博，围土番，与有功焉。故前有卢照邻'仙佩下灵关'之赠别，继复有杜少陵'八州刺史思一战'之叹咏。僖宗乾符间，嗣端以主诸番互市著。"意谓杨氏早于唐初为世袭刺史，高氏远出其后。余查杜诗之八州刺史，指西山八国（东女等国因吐蕃逼而东迁降唐，安置于松茂西山者），而从韦皋兵出灵关等路者，为三氏王。谓天全杨氏，出于氏王杨氏，甚近理。谓其为八州刺史之一，则非也。

《灵和乘略》又云："五代孟蜀之际，有杨侠夫，为碉门鱼通等处安抚司。宋仍蜀旧，但以碉门等处安抚分隶雅州。南宋乾道间，杨成以抚绥沙坪土番，加授碉门、和川宣抚使。"

以上皆掇取杨姓闻人著功西南者为谱，不必即其祖先。盖仍是一般修谱陋习。然皆取材正史，较《高谱》之附会稗官者为胜。据云："旧谱，侠夫字乘冕，号未著。"则铎仲所据之旧谱，亦必有若干荒唐文字人物羼乱其间，与《高谱》相似。铎仲特曾删削之，存其史籍有据者数人耳。

七、杨土司世系（下）

元宪宗时，仍前分设碉门、鱼通等六处安抚、宣抚司。天全、碉门宣抚使杨可大，字应久，辖和川、碉门、始阳、灵关之地。元世祖分其地，置天全六番招讨使司，可大为天全招讨使，卒于任，葬凤水峡银甲祠后。杨管袭职。

杨管，字卓蒙，武宗时至大都入觐，赐佩珠、银印。

杨嘉始，字如先，袭前职。仁宗延祐、英宗至治间，俱入觐。附杨朵儿为宗，信用番僧，曾以金银手写藏经。（按：此为元代天全流行喇嘛教之一证。）

杨乐鲁，字疆千，袭前职。泰定、天历间，兼始阳镇。崇修大悲寺，铸钟纪事。

杨藏璞，字和宝，元顺帝元统初袭职。洪武四年归明。

以上元代四世，墓皆在凤水峡内古濠坪银甲祠后，只一碑列次名字，不著配氏。独霸王山一碑，锓"诰封夫人高氏之墓"，旁列孙男杨钦立。则知为藏璞之妻也。

藏璞子允忠，字干国，洪武二十三年袭职。妻孔氏，生七子，钦、铭、玺、钰、矿、鉴、铎。洪武三十一年卒，合葬霸王山。子钦袭职。允忠有弟允武，字匡国，洪武二十五年，以擒月鲁帖木耳，晋爵广汉元帅。归游扬州，被人鸩杀。归葬思延漕村。

杨钦，洪武三十二年袭职。建文中卒，葬霸王山。无子，弟玺袭职。

杨玺，幼为僧，名觉玺。袭爵后，因以玺名。永乐中，曾入觐。配王氏，育二子，名显昭、显英。宣德初卒，葬霸王山。子显昭袭职。

杨显昭，娶高氏、刘氏。正统初卒，葬霸王山。有四子，怀、恺、性、忻。怀袭职。

杨怀，冲龄尚气，同高氏朝会争长，致酿兵祸。长嫡皆亡。次嫡文全，始二龄，弟恺抚之成立，后得袭爵。（按：与怀同时之土司为高崧，文林之父。前述《高文林传》，所云"构和宁息"，当即指高、杨争长事也。）

杨恺，字德余，景泰二年摄土政。以功卓异，至署建南宪副之篆。摄二十余年，归政于其侄文全。成化四年卒，葬和川卧龙山仰天坪。茔工极巨。先后娶赵氏、李氏，生子文忠、文林，皆居列族。

杨文全，字韩实，号松坡，成化二年袭职（按高文林亦是年袭职）。十五年卒，葬落阴村山麓，碑题"上轻车都尉"，盖承恺之勋阶也。妻王氏，育子方。

杨方，字镇远，成化十六年袭职。正德间卒，葬霸王山，有碑。娶成都将军何钦之女，名淑荣，生二子，名世仁、世杰。妾乔氏、李氏，育子英、雄、经、纶、安、昌，共八男。

杨世仁（《明史》作世绳），正德间袭职。以助高氏兵，罹祸（指争芦山民田事，详前），葬霸王山。残碑只存数寸。妻高氏金姐，育子泰。

杨泰，嘉靖三年袭职，以拒谏擅杀，致干重典。葬所无考。无嗣，以世杰子合袭职。

杨合，字龙山，嘉靖中袭兄职。嘉靖三十一年卒，葬落阴。杨升庵曾有赠联。妻高氏寿媛，育二子，名时誉、时春。时誉袭职。

杨时誉，字靖南，嘉靖三十八年得袭，在职十年卒，葬落阴。妻王氏，生二子，名位、传。时誉卒，子幼不事，王氏抚位摄政。甫二年，时誉弟时春为乱，王氏与位及传并被害。嗣绝，以世杰子合之从弟愈袭职。

杨愈，号龙冈，万历五年入继时誉，袭其爵。屡懋战功。二十八年，以选锋为将军刘綎前驱，征播，阵亡于娄山关。赠上护军，晋阶龙虎将军。归葬思延下甲金磐之阜，为悬棺。碑著："黄太君，袭子时和所立也。黄氏名守贞，生时和，后更置妾，生时标、时栋。末运皆得袭。"

杨时和，字正台，万历二十九年袭，得荫宣慰。在职三十余年卒，葬仁义乡高梁山。有碑，题"勋晋上轻车都尉"。娶王绅女震乾，生子之鼎，时和卒尚幼，王氏摄政。

杨之鼎，天启间袭爵，甫十余龄，佻达喜事。先娶芦山江绅女，嫌不媚，居之别院。更娶黎州曹宦女，名满玉，生子祖荫。崇祯三年，因愤事失刑，被弑，母与妾及一子同罹于难，吏民收葬于碉门治后山麓。

杨之明，字中天，愈庶子时标之子。方之鼎被害，思延宗人辈拥江夫人自芦山入靖难。未几，江氏亦卒，乃请以之明承袭。时崇祯八年也。顺治元年，张献忠陷蜀，遣将徇雅州。之明率土兵拒之，兵败被执，不屈死，弃其尸锦江。妻洪氏，亦能兵，率诸婢自成一队以战。兵败，自经于雅州山中。乾隆四十一年，追谥之明"愍烈"。《天全州志》曰："献贼入蜀，分遣贼党赍符印赂土官。降者仍其职，不降者杀之。之明斩其使，按刀泣与部下曰：'……能共义愤乎？'皆泣曰：'诺。'乃椎牛飨士，统部将陈国富而下四十八人，扫境出师。同时之起义兵者，成都诸生朱凤伊（旧《四川通志》作'进士'）、阆州诸生郑延爵（《旧通志》作川北举人）。而与之明分司天全之高招讨，约以兵来会，临发乃送款于献忠（事详高氏世系条）。其族人杨之铭、之乔，并受贼赂，反以兵拒之明于飞仙关。之明与贼遇于总冈，……贼败溃，益发精锐来战。再遇于邛州南桥，自昼鏖战至夜分，贼骑愈多，遂不得脱。然亦无肯脱者。之明与陈国富而下四十八人，洪氏及诸婢皆死。……雅州人至今祠国富为土主云。见《陇蜀余闻》及杨垩①诗注。"大抵之明之毅然拒献忠，颇受朱、郑二生劝导，而洪氏与陈国富力赞义举，亦有关系。

杨之乔，字伏龙，愈庶出时栋之子。之明既出拒献军，之乔即纠众踞土署。肆杀失道，众叛，乃逸入穆坪，不知所终。部民迎立杨恺六世孙嫡宗人常，时当顺治五六年间也。

杨常，字中行，顺治壬辰（九年）赴嘉定投诚，授都督佥事衔。卒葬忠孝乡凤仪山。妻李氏，育子先桂。李氏别葬渔溪山，俱有碑。

杨先桂，字秋馥，顺治丁酉（十四年）袭职，以军功赠一品服传世。卒葬和陵乡较场坪。妻邱氏，育二子，名自仕、自唐。

杨自唐，字翊清，号清藩，康熙辛未（三十年）袭职。猿臂善射，亦通诗文。调理穆坪、沃日、瓦寺之乱，攻破西炉大冈之役，并著勋劳，晋阶左都督，封荣禄大夫。雍正五年，川陕总督奏请改天全为州，迁高杨二土司于江西南昌。六年，自唐卒于章门，年七十一矣，葬南昌桃花塘。有子二，名大业、振业，俱有文采。天全六番招讨司副使一职，迄自唐止。

---

① 杨垩，即杨大业之子，乾隆癸酉科进士，早卒。有诗名，与武宁汪轫、铅山蒋士铨、南丰赵由仪并称"江右四才子"。著有《方悦录》（又名《耻夫诗钞》），多有咏其家世之诗。《天全州志·艺文志》收有其诗。垩有三子，蜀年、蜀御、蜀雨，俱习文，二子曾中乾隆乡试。此后即无闻。

八、高氏三诗人

高、杨两土司，世有能诗者。高氏则高文林及其子勋。后五世有高一柱。其一时郊游宾客皆尚吟咏。高文林《题禁关瀑布》云："百尺飞泉玉练垂，年年清响禁门西。长怀血战归来日，曾挽天河洗马蹄。"颇具雄浩之气。《高谱》所存，尚有《奎章阁》《怀葛楼》《英烈侯庙》《慈朗寺》《景苏亭》《清凉寺》《大悲寺》及《天全八景》诸诗。

高勋《咏慈朗寺》云："踏破苔花游宝地，龙团烹雪话前因。看来尘世奔波客，争似僧家自在身。帘捧轩窗山色净，蔬镫畦圃芋苗新。眠云卧月浑忘倦，赢得心无半点尘。"殊有静悟活泼之趣。

九、杨氏三诗人

杨氏在元明两代，皆无文学可称。故其世业，远不如高氏之煊赫。杨之明颇通文字，起义讨贼败死。冷碛飞龙寺，曾有其题壁云"几年薪胆筹吴怨，岂料今游噩梦中"（见《灵和乘略》）。然非能诗也，能诗自杨自唐二子始。自唐长子大业，字藏用。康熙十六年生，时自唐二十一。次子振业，字铎仲，生年失考。自唐猿臂善射，恂恂儒雅好诗文，无所著述。二子皆嗜吟咏，才兼文武。自唐每奉檄调，出征在外，留大业摄土政。高杨两司虽世婚，而积不相能。高氏乘自唐远出，结瓦寺、沃日兵袭杨氏。大业能以奇计击败之。穆坪使人乘夜刺大业，大业从容发袖剑殪之，其才勇如此。年五十二，随自唐迁江西。乾隆二年卒。铅山蒋心余（士铨）题其遗集，有"箧中遗诗尚万纸"句（《灵和乘略》谓其有诗词二千首成帙）。振业常随父自唐行军，草檄飞书，挥毫立就。以军功官都司，而性嗜文学。从父南迁后，弥慷慨激昂，以诗自见。撰有《灵和乘略》。

大业子㙫，字子载，一字耻夫，雍正初生于天全，六岁能诗。从祖及父叔迁居南昌。由博士弟子贞充乾隆癸酉选拔。性至孝，不仕，与武宁汪轫、铅山蒋士铨、南丰赵由仪，并以诗名见称，号为"江右四才子"。世忘其为天全人也。年三十二卒。所著诗曰《方悦录》，又曰《耻夫诗钞》。

蒋有《天全宣慰使歌》，为杨翊清赋，五十八韵，《题杨庄用遗集》五十八句，《赠杨文铎仲》二十二韵，《哀杨子载》五十六韵，并盛称杨氏功德才华，悲其南迁，伤其困踬，句句沉痛，不啻为杨垕吐郁，足见其交谊之深。其悲自唐南迁云："丈夫立业既不朽，功名爵位轻毫厘。黄杨老去际厄闰，池鱼罹祸徒嗟咨。世禄虽替国恩厚，敢以远谪伤仳离。白帝江陵一日下，山盘峡束哀猿啼。汉水连天吊黄鹤，危楼百尺横江矶。冲风冒雪一登眺，心前曳杖二子随。兴衰满眼忍回首，关河莽荡人民非。系艇章门疾已革，一家八口同卑栖。斗牛无光将星陨，儿存儿殁诸孙饥。"又哭杨垕有云："日一登君堂，不忍见君母。泣言饭粗粝，三雏需哺谷。掩涕引君稚，正冠揖君妇。故人均嫂叔，存问亦云久。君母诉寒饿，掩覆妇为剖。忍饥说固穷，暗泪滴空卣。谓言夫虽殁，一介宁妄取。存亡系天命，冻饥勉毋苟。语毕颜色和，心苦面微忸。麻衣敌霜雪，椎髻操井臼。奉姑一脔肉，抱子匿檐庑。终年啜糜粥，珍错视薤韭。"写垕身后贫窘及其贤妇，如见其人。并足当杨氏史料。

十、杨蜀御重修诰祖坟茔碑记

天全六番招讨司故署，即初改流时之州署，在黄铜坡，现已变为民宅。旧日墙垣尚存基址，堂庑园庭皆可按验。或传此为杨土司署，或云高土司署，或云杨、高两土司会合办公之署。高氏本署在始阳，杨氏本署在今县署东侧。改流年久，传记阙佚，未能确指。总之，此是一故土署也。故土署前有池，池上有碑，半陷土中，字已漫灭。闻旧曾辟作公园，旋复圮废。今成黄铜坡居民倾积渣滓之处。

天全中心小学校长李家楷，家故土署侧，导余往观一古墓，在故土署西数百步民田中。一碑，字已剥蚀模糊。再三扪剔，得"大明万历二……"等字款识。中行仿佛为"诰封怀远将军杨……官墓"。察其四周，更得一碑，字颇清晰，云"皇清诰封荣禄大夫前天全宣慰使左都督之高祖杨公讳诏官墓"，"裔孙明公，衍基……等重立"。碑阴有"敕封怀远将军杨公讳诏祖坟重修碑记"。杨垕子蜀御撰文也。幸没于土，其文《天全州志》未收。余故雇工伐土，录存之如次：

按杨氏自汉赤泉侯嫡裔名端，从山西太原肇迹。于元封中平西南要隘，留守邛莋，遂为川南始迁之祖也。唐宋元明，历世以刺史、都督、安抚、宣抚、招讨使、宣慰使等职，食土受封。传及本朝，我祖中行公讳常，于顺治壬辰授都督佥事。丁酉秋，馥公讳先桂袭爵，懋建边功，上赐一品服色。康熙辛未，曾祖翊清公讳自唐，军功晋级左都督，诰封荣禄大夫。嗟乎，杨氏数千代之基业至此而极盛矣。嗣吏议以内地应归郡属，我曾祖乃改迁江西南昌，迄今四世，唯以文事武功，力图报国。

事凌道周，军政官吏疾病诊治，现仅恃凌一人。

炉关以外之汉医，仅识一二汤头者为多，大概兼开药铺。其药不过数十味，每年售脱数十剂而已。余素多病，在内地日，药汁不离口，去岁游关外一年，备受风寒扰害，竟未曾病。在瞻对日，偶有感冒，地无医药，县署李君赠麻黄一枝，试煎服之即愈。

一七四、独一味

余旧有咯血病，肺常不宁。去岁在瞻对，左胸剧痛，彻前后心；臂不能举，胸前常痛处一小疮，不溃不合。百计求得一狗皮膏药贴之，无效。磨三七涂之，无效。疑是肺痈，束手待死。县府高师爷云"此有番打药名'独一味'，番人殴打至骨碎肉糜者，服之可愈。足下肺伤，不妨试服之"。赠余一枚，长约二寸，粗如灯草，色黄多肉，似是植物之根，磨酒涂胸，更嚼食之，才用一寸，胸痛顿止，至今未曾再发，诚良药也。当时珍藏其半，携回川省，留作后用，行至途中翻驮遗失。可惜！可惜！

一七五、老鹳草

里塘火竹卡附近山中产老鹳草，为治风湿良药。川人患风湿者，常远向北京购买此物。里塘所产，弃地无用，亦可惜也。

一七六、番乞丐

西康虽地旷人稀，生活容易，亦有乞丐，只极少见耳。其丐用杂布缝成经伞一具，为状似内地雨伞，形则甚小。每至人家门外，踞地而坐，左手转伞，右手持摇经转之，口念一种有韵之经，为其家祝福，得糌粑一撮即去。番人呼之为"捉"，男为"捉簸"，女为"捉妈"，音颇似"折妈"，折妈女神名也。

汉人流落草地，亦有为乞丐者，南路沿线较多，皆惰民也，番人恶之，呼为"甲捉"（音似甲猪），故番人詈骂汉人，每亦曰"甲捉"。

一七七、跳财神

西康有一种贱业，称为跳财神，亦乞丐之类。其人有老翁面具一枚，手持一棍，向热闹场中，对人跳舞，口唱有韵之歌，亦有种种身段，种种棍法，其面具时顶头上，时挂面上，人与钱始去，与以食物亦受。小儿围观，恰如内地唱猴戏然。

一七八、到边者宜具有之艺能

阅者亦欲到边地去乎？边地谋生诚易，如能具下列之艺能，则更易而无失败也：

（一）关于技艺者

1. 能木工，且有木作诸器械。
2. 能缝工，且携有多量之针线与刀尺。
3. 能金银工或铁工，并携有器械。
4. 能鞣革硝皮。
5. 能剃头，并携有剃刀、磨石、耳具。
6. 能书写楷字，略通公文程式。
7. 能雕刻印刷。

（二）关于性能者

1. 年少聪明，易学番语。
2. 身体强健，能耐风寒饥渴。
3. 有气力，能担挑小贸。
4. 不吸烟赌钱、淫荡纵欲。
5. 不择事业，勤奋不息。
6. 工于计算。

（三）关于才识者

1. 略具常识，明白边情。
2. 有教学、作官作吏之才能经验。
3. 擅长商业。
4. 通晓汉番语言或文字。
5. 通晓佛学。

命熊延诠饬番民按地亩多少来署领籽种，次年即按籽种征税一五成，后为定案。当时原粮额为887石6斗5升，莫拉石村民初因贪领种粮过额，其后完纳粮税亦过重。历届知事到任，该村必请减粮。民十三，王炳焱知事时，粮额犹879石2斗余。当年奉镇守使令永远减免莫拉石粮8石4斗4升，又奉令减免莫拉石逃亡户口粮28石2斗，又奉令减免霞坝逃亡户口粮3石5斗5升。（其他尚有被灾被劫各项免粮不计。）民十五，又奉令永远减免甲洼、雄坝、藏坝逃户空粮24石3斗8升。民十六年，王政和知事永远减免德察、梭罗两村逃亡地粮3石2斗3升，喇嘛垭章拉村逃粮1石1斗，霞坝逃粮33石5斗3升9合8勺（58户粮）。仅存粮额750余石。自乡、稻失陷后，理化久无驻军，官府失统治能力，凡各弯远村寨，大都抗差抗粮。故此700余石之粮额，亦从未征收足额。据民十八年王政和知事造报粮册，仅收得510石零5斗8升2合3勺，又免去灾粮10石零8升2合7勺，抗缴之粮为328石9斗7升矣。兹据刘知事整理十八年度粮表加以说明如次：

路别	村名	粮额（石）	已征额（石）	灾粮（石）	欠缴数（石）	说明
东路	莫拉石	264.000	255.4173	8.5827		
西路	甲洼	27.300	27.3000			
	雄坝	18.400	18.4000			
	藏坝	40.000	40.0000			
	邓波	125.000			125	接近乡稻历年抗粮
	喇嘛垭	13.000			13.00	地近邓波受其影响
	龚坝	3.200			3.200	地近格母娃
南路	墨洼	64.715	10.000		54.715	地近莫里
	拉波	91.080	10.000		81.080	地近稻成
	德窝	49.575			49.575	
北路	穷坝	29.365	27.865	1.5000		
	霞坝	124.000	121.600		2.400	大营官佃户一家历年抗粮2石4斗
合计		849.635	510.5823	10.0827	328.97	

理化改流之役，毛丫等土司归流，呈缴牲口数目，当时按每牛马1头，每年征税2咀，羊10只1咀，造册存案。年征牲税844元2咀。民国五年，蒋凤岐知事，因各牛厂以牛瘟抗税，蒋不能制，遂报牛瘟请免。自是以后，牲税全无缴者。官府饬头人征收，各头人需索薪水甚重，所收之数，不偿所失。经某知事呈报镇署，陈

逴龄令放弃牲税，停支薪水。民七乡城娃之乱，档卷散失，迄未补造，今虽欲复收，亦无根据。

理化金矿既多且旺，昔时汉番伙采，现唯番家得采之。昔时金课颇旺，向为衙门陋规，不报解，故无定案可查。其后官威陵替，金课日减。民九，孙兴仁知事时，每月只收10余元，或20余元。民十二年，陈葆初知事声言将派员查验金厂，金夫子渐由10余人增至数十至于200人。（金课以人为单位，每人每月课金2分。清末民初，月收课金20余两，只郭母一厂亦缴10两。）一面拒绝官府派人勘验，陈竟派警士二人往勘，果见开采者数百人，番民大噪，詈辱勘验人员，几遭殴击，由是罢课。谓自官府派勘之后，金即不旺，应请官府赔偿损失云云。后经苟噶出面调停，官府认曲，每年免课三月。（谓正二三月地冻不能采。）金夫子数，仍由番民自报，后遂成例。至今每月，闻只收藏洋十五六元。

附　乡城娃三劫理化事略

乡城、稻坝，并里塘营官辖地，民俗悍，多劫掠，不知所谓法律也。改流之役，里塘大营官走匿乡城，乡城娃即拥之作乱。赵钦使以重兵攻之，越年始克。军威虽张，惩创未至。大兵去后，虽曾遵制改流，建设定乡、稻成二县，而难治之名，为康区首屈。

民国元年，川局未靖，藏番乘时独立，多响应者。乡城娃乘势出兵千人进袭理化，时巡防军顾福庆营长全营驻理化，有炮兵一连，大炮二尊，官库内储藏赵使遗存军器甚多，本足备战，顾军卒不为备，被乡城娃击杀军粮府陈廉，劫去营部军械甚多。顾仓促焚营官寨器械并县署军米数仓溃去，死数十人。全城公私财物损失，值数十万两，乡城娃旋亦回巢。其后尹昌衡出关拘顾锢康定狱，顾畏罪吞金死，乡城寻复安定。

民国四年，陈步三之乱发于乡城。后陈逆率乡城娃反攻炉城，烧劫理化河口沿途村寨殆尽。陈逆出川，乡匪还巢。遂拒汉官入境，成为化外区域。其地各村落之头人，频率其百姓，乘马荷枪，远出行劫。北至甘孜、炉霍、俄洛、色达，东至康定、河口，南至云南维西、阿敦子，西至巴安、盐井，皆著足迹。（民国六年远赴甘孜大金寺行劫，已具甘孜报告。）唯里塘驻有汉军，尚未轻试。

民国七年，乡匪结稻成娃、莫拉石娃、濯桑娃，共千余人来袭理化，先以数百人入喇嘛寺，伪称过道。时驻理化者为边军第四营营长青步阶（四川人，由书记升营长）与独立连长曹光斗，俱不设备，乡匪突入城，城内匪应之，青即缴械。匪缚浅左右如意；犁甚轻巧，故转运不费力；牛着力处在肩，故能起重土不苦。番犁短处，亦即在此。故欲改良西康农业，首须改良耕牛，无论洋犁，即以川犁易之，功德已无量矣。

打箭炉以东地方，汉人领垦者，多已改用川犁。

十四、耕地的规矩

草地番家，每年秋收后耕地，因其犁甚笨，不便转弯抹角，只行直线耕法。耕到尽头，须费许多时间与气力，方能将犁与牛掉转，再耕回来。两头地间，常有丈宽不能耕者，十余日后，再耕二次，与前次犁沟正交，可将前未耕到之边地耕到。如或十天半月，尚未降雪，再耕一次，又与前两回犁沟之方格对角耕过；下雪以后，封犁不用，明年春期雪融，用锹锄点耕，直至八月收获后，再行开犁。

西康耕地，多为妇女操作。去年八月在康，恰见秋耕，妇女们身穿长袍，紧系腰带，将上身脱开，两袖扎腰，裸出胸背，两手抱犁，叱牛前进。力小犁重，转运艰难，流汗浃体，状殊可笑；偶见外人伫着，犹知羞耻，停犁穿袖，扯襟掩乳，再行工作。

亦有男子耕地者，总不及妇女之多，康地尊商贱农，男子不为喇嘛即为商人故也。

十五、冰 耕

草地虽纵横耕地三次，实不敌内地犁耕一次，使土壤疏松之力，犁不及冰。其地每年九月下雪，随即地冻，土中水分，尽凝成冰，坚硬如铁，锥不能入。凡水，当温度在摄氏表四度时，容积最小，至零度结冰时，容积突涨数倍。草地冬季土中之水分子，冷至四度时，能含蓄于土中甚多，再至零度，水分膨胀，推起土粒，向上抬高。又凡水结冰，上层先结，以后渐次及于下层，土中亦然，天气愈冷，土中之水，愈向下层冻结，即愈将上层抬高，至冻透四五尺时，土面已较原时抬高六七寸矣。待明年春暖，土中冰解，水浸向下，土不能缩，一时松软如棉，任何深耕犁，不能有此成绩，我故称之为冰耕。秋季之犁耕，不过拔起草头，使易受霜雪冻死而已。

十六、火　耕

西康有所谓火耕地者，原是森林，垦民度其地可以耕种，冬季放火，将林烧毁，森林着火，枝叶先燃，挨次延烧，一时火光甚大，枝叶烧尽，树干亦皆焦黑，纵横倒地，渐次熄灭。地既露裸，受冰耕作用甚大，炭灰入土，亦甚肥沃，明年雪融冰解，垦民在焦木乱石间，播下青稞，尽获丰收。一火之外，不费劳力，又可不升科纳税，故为甚有利之事业。

此种事业，大半为汉人经营，关外森林，皆无物主，只须向地方头人交涉清楚，私许纳粮若干，即可放火种地。但此地不能长做，头年固可丰收，次年即已衰歉，三年以后，已不可种，须改地方经营。故做火地者，皆只搭草房一间居住，不能建屋，其地概甚高寒，冬季雪压数尺，亦非移下平地居住不可故也。

游人秋间经过道孚、炉霍等县，可见河岸两旁山坡高处，青葱大林中，突有黄色地若干块，中绘纵横错乱之黑色条纹，恰似黑漆冰纹窗上，糊以黄纸，即火地也。迫而视之，偃卧地上之黑条，尽是合抱端直之良木，经此焚烧，不知几百年后，才能复故。草地森林败坏，此为一大原因。

十七、水　耕

西康降雪时多，降雨时少。自三月以至八月，为麦作时期。当麦含苞时，须水甚要，此时却难得雨。故凡农业比较发达地方，皆甚讲究灌溉。康人不知车水，却善引渠，常从溪涧上游，截引水道，以灌下游沿岸之旱地。我曾见道孚龙步沟口之水渠，高在距水十余丈之山腰上，截引上流溪水，缘山腰开渠，平流于十里以下之半山麦田灌溉，经过纵断之山水沟十余处，皆用木槽引水，跨沟而过。如此水工，在番中发现，亦可惊矣。

凡属有水灌溉之地，称为"水地"，丹巴、道孚与巴塘、盐井四县，水地最多；道孚灌水工程，尤称卓绝。

十八、虾拉沱虫灾

炉霍县虾拉沱，为大河岸一市街，全住汉人。有天主堂一座。街外大河坝，宽长祖讳大业，与叔祖振业，诗学冠豫章。父讳壄，于乾隆癸酉科选举廷进士。不幸早逝。赖母氏苦节教养，蜀御与兄蜀年，同科中试乾隆庚子科乡闱。弟蜀雨亦读书有成，今会试礼部。御奉慈母命，来全祭扫。伏见各处丘墓，虽荆蔓重封，而规模未改。如仰天坪恺祖、古墓坪时辉祖、凤仪山常祖、渔溪沟常祖李夫人、河林乡先桂祖、永兴场鹤山自唐祖高夫人、官山叔祖母郭淑人之墓，尚能保护，心窃喜焉。唯州郭外先官署右黄铜坪，我八世祖前明敕封怀远将军诏祖，并董太夫人昔年官墓，今属田庐，甚至放牛牧马，人畜践踏，种种不堪目击。用是集我天荥合族协助而重修。于近坟之前后左右，筑以墙垣，植以树木，并勒碑以垂永远。御远隔江西，不能按时享祀。愿我合族，念切一脉，时加培护，不致终为强梁侵蚀殆尽。庶我祖在天之灵，不没于地下。亦以见我杨氏之后，不忘其本也乎。是为记。八代孙蜀御撰文。凤毓书丹。族长仕华、作璠、凤毓、全德。经管全美、登璠。乾隆五十年乙巳季春月　月　日天荥合族公立。

查杨壄生于雍正元年，六岁随父祖徙江西，乾隆十九年，年三十二卒。遗孤尚幼，见蒋心余诗。据此文，则壄凡三子，长蜀年，次蜀御，同中乾隆四十五年（庚子）乡试。季蜀雨，亦读书有成。蜀御于乾隆五十年奉母命入蜀省墓。撰此碑记，足补杨氏史乘所未记。

再查《杨氏宗谱》，爵位继及图中，无杨诏其人。则《灵和乘略》，尚未采访及于此墓。疑诏系与杨愈同时，以军功得授怀远将军。未曾承袭土职也。记云八世祖，查《杨氏宗谱》，杨泰、杨合、杨愈，皆列于八世祖。诏当是其弟兄行。重立碑所称"荣禄大夫前天全宣慰使左都督"，指杨自唐也。自唐"之高祖"，即杨常之祖父，应与泰、合、愈同辈。是杨诏者，杨恺之元孙，杨常之祖，杨自唐之高祖也。恺后退居列族，自常始为土司。诏之怀远将军，为自以军功博得无疑。万历间，征播之役，天全杨氏出兵甚多。土司杨愈阵亡于娄山关，赠龙虎将军。杨诏当是当时同死王事者也。

十一、高普锡墓

天全禁门关，有古墓，在万市侧山麓土坎上，由土人指导往观之。有碑镌云："大宋诰封昭勇将军始祖高公讳普锡，夫人讳赵氏墓"，"祀男高喃、媳孙氏"，"乾隆五十七年季春吉日合族等重建"。查《高谱》，只有卜锡、宝锡，无普锡。卜锡封昭勇将军，宝锡无将军称，则普锡即卜锡也。卜锡生楞泰，无喃名。喃与楞泰，颇似一音异译。似高氏确于宋初已有土司。碑虽乾隆时重镌，必有旧碑作据。不然则墓与夫人子媳姓氏，无从造列也。

十二、天全州牧

雍正六年，废天全六番招讨使司，改天全州。原任南部知县曹元颁代理知州事，即土署为州署。七年，首任知州王世睿到任，山东章丘进士也。任一年去。嗣董、刘二任皆只一年。盖改流之初，文物未备，居俗朴野，官吏恒鄙陋之，辄思迁去故也。雍正末，山东举人胡琏莅任，请筑州城未准。乾隆十八年，湖北孝感进士萧维耀莅任，始建学宫。二十七年，贵州铜仁举人徐镇任，始建州城及州署。三十四年，直隶举人段琪任，始建和川书院。五十七年，始设天全训导。据《天全州志》，自雍正至咸丰约一百三十年中，凡历经州官八十九任。计得进士五人八任，举人二十五人，副榜四人，拔贡七人，其余为监生佐杂之属。足见天全虽设为州，而政府对其一切建设，皆未积极推行，选任官吏，尤多下驷。然其间颇有发奋自振，不因谪在边州，而遂颓废者。得陈登龙、方同煦、陈松龄、陈矩四人，贤人善政，至今为士民所称。

陈登龙，字秋坪，福建闽县举人。乾隆五十五年任知州。性嗜舆地之学，在任三年，踏勘州境殆遍，于全境山川险要了如指掌，所至随事化导人民，奖励敦内行者，或请旌之，或表其宅。边野民风为之丕变。时天全虽已改流六十余年，未设学官，岁额进弟子七员，暂附郡学。至陈，始请裁芦山县学训导，移设州学，扩学额，设廪膳，增广生各十名。撰有《天全设学碑记》。陈既周历全境，勤访博咨，所得甚富。拟创修州志，因调里塘粮员去。乃以所访稿为《天全闻见录》，为州志滥觞。其后，遍历川康，撰有《蜀水考》，为地学名著。

方同煦，号柘野，湖南临湘进士。嘉庆二十三年任知州，在任六年去，道光五年复任。其后暂去，旋复任。至道光十三年去。为政精明，豪强皆敛迹。善于化导，兴学奖士，成就人物颇多。捐设乡学八所，创建始阳仙峰书院，改建和川书院。扃门严课，一州文学大进。其时茶商欠课七万余两，为之力请减引。创建多功河铁索桥（文新桥今圮）。每有词讼，随堂讯决，案无留牍，民颂仁廉。著有《荻梘余草》行世。州境遗文，有《文新桥记》《新设天全乡学碑记》《捐建天全考棚记》《武庙重修记》及与绅民唱和杂诗。余曾于王少午家见其遗墨。

陈松龄，号莲汀，福建台湾府台湾县人。道光乙未举人。咸丰七年任。勤廉好倡义举。表彰诗文，旌奖节义，体恤寒畯，锄治莠民。多有善政。创建天全州试院与州志。州境遗文，有《万安铁索桥碑记》《水洞沟桥碑记》《峨袍山观音寺碑记》《白衣庵记》《天全州捐修考棚告示》《谕士子文募修州志启》《万善铁索桥序》《陈芗池明府太翁七十寿序》《王氏古槐堂宗谱记》《徙阳竹词序》暨与绅民唱和诗。

陈矩，字衡山，贵州贵阳人。光绪末任知州，政绩无可查。口碑颇多。传其人博学风雅，士林极敬重之。嗜石，得天全奇石五十一种，著为《天全石录》行世。曾引龙洞水笕过禁门关，入州署中，称龙泉堰，又曰梦泉。自撰《梦泉记》，其女公子清书之，县人方鳌山镌，嵌万寿宫壁间，世称三绝。民十五年，被驻防团长钟学坚取去。查陈氏石录，系光绪癸卯锓版，录有《庚子九月十四日劈龙洞记》。则陈知天全州在光绪二十六年至二十九年间也。又谓"辛丑二月获奇石于大川奔流中"，则光绪二十七年曾出巡至大川也。

十三、宝兴贡砚

宝兴外朗江水下产青绿石，宜作砚。清代列为贡品，故其地曰贡石乡也。其石中含天然铜点，故知其青绿色，由铜质氧化而成。天全周子君家，藏一砚，长尺许，略作卵圆形，细端镌葡萄盘郁，五鼠出没其间，鼠眼即运用天然铜点为之。细察亦有嵌配者。葡萄枝叶卷须皆空镂，凡三层。阔端为砚田，松竹梅交互绕为边缘，与葡萄枝叶相衔。配银杏木盒，厚共二寸余。云旧穆坪土司镂以贡光绪帝者。另有一砚，镌双龙捧日，为备贡西太后者。皆天全方鳌山父子镌琢，阅三年乃成。国变后，龙砚为王渠所攘。红军过后，辗转入旅长刘恕臣家。此砚为周所得。第十七区行政督查专员刘镛曾携往成都花市陈列，索价四万元，未售。余抵天全即问之，多方借阅，得见。工虽细，不甚大雅，未足为奇物也。

穆坪旧属天全，故《天全石录》收有外朗贡石二种。而前州牧陈松龄著有《穆坪砚石记》，记云：

砚之用，发墨，不损毫，二者尽之矣。不损毫，常砚皆能之。唯发墨之妙，非细心亲试不知也。砚粗则挫墨，细则拒墨。玉肌腻滑，扪不留手，着水研墨，油油然若与墨不舍。墨愈坚者，其恋石愈甚。当以他砚并之。水之分数同，墨同，手同，竟日用之，他砚则棱角软腐，反张，唯穆坪之砚，可免此病。以他砚易之，顷刻不胜其苦矣。砚槽之水，隆冬极寒，他砚常冰，而此独否。具此数妙，虽质朴无文，犹将拂拭用之，况其本质之美者乎？夫石莫盛于端溪，而天地之精华，日消月剥，数百年来，文明之璞割裂无遗，山川真蕴，元气已就耗竭，再数十年，将成陵谷。云汉之扶舆，江山之荣卫，已无复完，将无复有问津者矣。夫石以细润光嫩者为上，其发墨与否，久而后贵。初出，未有不发墨者也。穆坪之石，虽稍逊于端，而石理未剥，精华未裂，气韵颜色，绚采熊熊。有若涧汨细藻，朱碧莹然，缥缕隐隐者；有如鱼儿队行，春花明显，如石花菜者；有游扬如云气，如薄罗，亦移人情者；有碧色数晕，对之奕奕射人者。皆扶舆之脉所蕴闷者。虽精理未泄，名不著于人寰，然其佳处，固不可没也。因为之记。

外朗砚石，仅次于端，此为定论。陈矩《天全石录·春波影》云：

石产穆坪外朗江心。江即《说文》所谓沫水也。石质青文黑，状类波澜，起伏中时露金痕。冬不冻，可为砚材。余获一盈尺者，波文中露龙尾，尤异也。此物春夏间江浪如山，不易采。冬浪平，乃垂巧匠琢取之。旧例充砚贡。六年仅贡五砚，盖难之也。……铭曰。鸭头泛影，绣石玲珑。色媲唐窑，云破天青。

石录又有"古苔痕""鹦鹉璧"二品，亦皆外朗砚石。《古苔痕》云："玉溪产白石，坚润若玉。有斑文作墨绿色，酷肖苔痕。金点纵横，灿烂可爱。制为砚，颇养水受墨。佳品也。"《鹦鹉璧》云："石产穆坪外朗江心，绿质而黑文，艳如翠羽，润比良玉。江心石以不退墨胜，此并以色胜……"玉溪即邓池沟，在外朗附近，所产佳石称邓池玉。富绿斑，亦铜质氧化成也。坚者为砚，软者为器。外朗贡石，特其类之质坚者耳。陈氏又得盈尺巨砚，名"蕉叶绿"，云得自灵关小红林，与外朗江石色同而质逊，盖亦贡石之类也。

外朗贡石，初出土色青白，质粗如普通砂石，琢后始润，坚而耐久。贵家碑石喜用之。前川督刘甫澄墓碑，曾取此石，已得一巨者，山道险远，至今未曾运出。

十四、方鳌山镌石

石工方鳌山，天全忠孝乡小河子人，善镌石。生五子，其一子跛，失名，通呼"周跛子"，独能绍其业。鳌山专为穆坪土司镌刻贡砚。作品今无可见，多被豪吏取去故也。年老返天全，以跛子入穆继其业。鳌山虽不学，而意趣娴雅，无俗致，不仅手技巧妙而已。晚年为陈衡山镌《梦泉记》（详前），极为士流称道。清末卒。跛子失名，本年始殁。工巧足绍其父，情致多失大雅。擅长葡萄图案。周子君所获砚，即出于其手。

余所见天、芦、宝三县明清古刹，率有高六七尺之镌石香炉，雕镂空花人物，极其工细。其侧皆留素幅，备镌施主与工匠姓名。尤以明弘治、成化、正德三朝作品为多。查镌工署名，为汉魏成例。当时镌艺甚尊，镌术亦佳。后世镌技日下，其艺亦日贱，不复得署名矣。明代因土司提倡雕艺，罗致川中最高镌匠来边，如金宝父子来自嘉定，见慈朗寺石炉；冯守相来自荣昌，见大慈寺石炉等是也。此等石炉，雕琢工巧，为内地各寺所罕见。乃其风趣颇与穆坪砚工相同。余因疑方鳌山父子镌石之术，导源于金宝、冯守相辈。盖此辈明代来边，备受土人崇爱，辗转延在各地镌刻。勾留日久，或落业而世其术，或得土人之巧者传其艺，世代相承以及于鳌山父子也。

十五、慈朗寺

慈朗寺，在天全州北三里太鹏山麓。为附郭第一胜刹。相传宋明时西番入贡，自碉门起驿，此为其憩息之所。故曰"番寺"。据高氏宗谱，谓宋宁宗嘉定十五年，土官高金毂建。据明尹东夏《慈朗寺记》，则谓宋元之间，上有道院。明洪武初，招讨使高国英新辟草莱。永乐中，高敬让始创古佛小殿于山巅。正统元年，西僧琐南札，爱山清绝，奏请建寺。敕遣内臣兴修，赐名慈朗。招讨使高凤，首营佛居。天顺五年，高崧绘塑梵像。成化七年，高文林始扩为七层大殿，包以田园，栏以垣墉云云。其正殿题梁云："弘治壬寅，主司高文林修理。复于万历壬子掌印太婆刘氏捐资重建。皇清康熙五十年，募众重修。今于道光二年，岁次壬午，冬十一月募众重修……"云云。

环寺故以古柏胜，今颇凋残。光绪时，曾募建石壁，今亦已毁。唯各殿宇，大体尚存旧观。头殿塑灵官与风火二神像。有万历四十五年重修碑，下半已风化无字，上半字存。次殿三大佛及十八罗汉、四大部洲。三层即大殿，供毗庐等五佛，塑佛甚佳，高各二丈许。石座镌有"乾隆五十四年修龛"等字，而龛后相倚之"普陀胜景"龛，则题"乾隆乙未"字。是乾隆四十年，已塑普陀像，佛像不应后塑。五十四年，仅系配龛耳。此五巨像，当是高文林时所塑也。正殿两侧，塑十二圆觉，不逮芦山广福寺佳妙。第四层正殿，塑三大佛，亦佳。衣金被刮。梁题"嘉庆三十二年"等字。然察其塑像与石炉，皆明代物也。龛后弥勒殿。第五层观音阁，游者罕至矣。又后为螃蟹井，茂林直达山椒，往时亦有殿宇。

大殿之左，旧有石室，今毁。其石右侧，别有园庭、书舍。往时州中名士，例以时会文于此，今虽颓败，清雅遗趣犹存。今文会久废，唯每年花朝、端午、重九等日，州人士聚游于此，裙屐杂沓，一时极盛。

十六、慈朗寺石炉

慈朗寺佛像已剥，石室已焚，钟鼎无存，碑碣残毁。所可珍者，唯石炉数座而已。前言方鳌山镌石，渊源于此等石炉。兹特记此诸炉形制如次。

大殿毘庐五佛前，凡石炉三座。最中一座，工最精。凡六级，各一石。下级为座。四脚外，镌花叶盘郁形，皆镂空，达于三层。座以上四级，皆方柱，各级柱底四周，装栏杆或云水。其上坐立人物，皆与柱离。第一级坐士人十三，各执书卷，杂镌狮、象各一，中柱四方各镌一狮。第二级作仙佛漂海景，凡十六人。布袋罗汉与降龙罗汉可识。亦有乘马踏水者。方柱镌二龙夺日。第三级仙佛十三人，立栏楯间，有二着甲者。环柱浮雕唐三藏师徒四众过火焰山故事。四级亦仙佛十三人，皆乘云气。有韦陀一像可识。柱之四角，镌四金刚负承炉盘。最上层炉盘，四方形，宽展为柱体之四倍。浮雕龙凤各一。各层人物，体态匀称，工作精细，毫无瑕疵可议。惜人头悉被妄人敲去，深堪叹息。炉盘后方，雕文云："奉佛大功德主，天全六番招讨使司招讨使，怀远将军高文林。同缘淑人聂氏。男高勋、高烈。男妇李氏，女高氏，婿刘祐。孙男高继爵、高继禄、高继恩、高继业、高继昇。金姐，同母太淑人杨氏。泪一家等，发心喜舍。□□□造香炉一座，永供佛□祖。乞禄位增高，寿年绵远，后续联芳者。弘治五年七月初七日谨题。管家高旺，匠人陈伯林。"盖高文林手题字也。全高六尺余，座宽三尺，柱径一尺余。

此炉左右各一炉，规制与此炉相似，雕工较逊。左一炉镌文云："证盟功德主天全六番招讨使司高文林舍财造炉。董卜韩胡宣慰使司觉善禅师锁南领占，喜舍白金一十五两。董卜番僧琐南吒叭，喜舍白金五两。祈各僧修行有庆，进道无魔，所求如意者。弘治五年七月初七日造。"此可知穆坪土司，明代曾以喇嘛主土政也。

其右一炉镌文云："证盟功德主天全六番招讨使司怀远将军高文林舍财造炉。长河西古敦地方精修翊善大国师表竹□，喜舍白金五两。董卜宣慰司番僧沙刺藏，喜舍白金一十五两。祈各僧修行有庆，进道无魔，所求如意者。弘治五年七月初七日立。"

后大殿亦有石炉三座，各五级，与正殿左右二炉形制仿佛。中炉镌文云："天全六番招讨使司土官招讨使怀远将军高文林，一家发心于敕赐杂黑清凉寺，乃祖高凤、高崧兴修，上塑三身绀像诸等菩萨。今高文林重修正殿，舍资诱请□匠，镌镂洪炉一座，焚爇沉檀，上祝皇王万寿，中祈本宦职转加陞，边邦宁静，子孙绵远者。谨记。造炉功德主怀远将军高文林，字茂才。同政淑人聂氏淑玉。荫袭舍人高勋。女青女。在堂婆杨氏妙福。母太淑人杨氏善祷，妹善净。成化十年，太岁甲午八月吉旦竖。谨题。"其花座复有文云："管家高旺。嘉定匠人金宝。男金万镒。"镌文之繁，为天、芦、宝各石炉最。清凉寺者，在州北五里。据尹东夏记，宋元时已有浮屠道院，岁久倾圮。永乐十四年，招讨使高敬让建寺。正统二年，高凤增修。景泰元年，高崧再增修。成化元年，高文林重修。此炉乃成化十年文林为清凉寺镌，未知何时移置于此。杂黑，当是土名。尹东夏记则称云顶清凉寺也。成化十年甲午，较弘治五年壬子，更早十八年。当是高文林最先捐镌之石炉。其规制与毘庐佛前炉相似。下层空花石座，二层柱雕二龙。外轮罗汉浮海。三层乐官凭栏，柱雕四金刚，上文镌于后侧。四层四天王立云中，柱雕一龙。五层莲瓣为炉盘。

此炉之左方一炉，亦五层，工较粗。文云："谨同舍财宦族高昂、高心通、高贤……嘉定匠人金宝，男金万镒作。成化十年太岁甲午八月初四日立记。"右方一炉，制式略同。镌字被刮，仅存"金宝"等字。当亦同时为清凉寺镌造者。所异在其炉盘下之一柱（即上层石柱），乃明天顺六年李白宝所造。又早于金宝十二年。其石色亦与余级不同。其文云："天全六番招讨使司招讨使怀远将军□□高崧。切见本处杂黑清凉寺，自元至于本朝，二百余年矣。其中佛像，数用资财妆塑，未令毁朽。延僧主持，焚香祝寿。覃及于予，只亏香鼎。捐金命匠，镌勒石炉，置之殿中，以为永远之记。大明天顺六年，岁次壬午四月吉日立。同发善缘母杨妙福，同室夫人杨善祷，女金冠女，弟高仑、高尚，男高文林。本山住持印显。……舍人高全、王昆。镌石李白宝□□□。"款识亦与他炉微异。大约高崧最先造此石炉，因某种关系未就，或因某种关系圮败。阅十二年，其子高文林更雇金宝父子补成之。又其后何时，被人与中左二炉同移此佛殿上也。

清凉寺余曾拟往游，已约士绅同行。将发，县府姜秘书来阻，谓前日土匪扑城，曾窟此寺，目前恐有匪留于此。以是未往。

十七、慈朗寺赤蟹

慈朗寺后有碣镌"螃蟹井"三字，井实池也，在竹林间。世人甚传此蟹神异，而见者实少，遂多误传。天全吕瑶松先生，耆儒硕德，不妄言人也。为余言：小赤蟹随时可见。世传中一巨蟹，从无见者。光绪二十四年，修业慈朗寺。询道士张伯斋。张云实有之，非凌晨蹑足窃窥，不能遇。吕时二十二岁，好事，如其言，翌日黎明，蹑脚往窥。甫近井，衣履触竹枝有声，闻有物投水，声甚重。疾前觇之，波澜颇壮，竟不见蟹。乃预除途间荆棘，日日候之。遂于四月二十七日晨，见此蟹。大如盘盂，赭色，泳行水面。窥之既久，拟拾井侧败竹竿触之。甫得竿，蟹已没水。自是不复见。

《天全州志》："慈朗寺大雄殿，遇积水处，辄有螃蟹大仅如钱，金光夺目，不与他处相类。"又八景图，《慈朗晓钟》幅，绘慈朗寺最后高台一殿，标螃蟹殿。则咸丰时，人徒知有奇蟹，尚未知有巨蟹也。

十八、怀葛楼

怀葛楼，在天全黄铜坡新街口。据高氏宗谱，谓高翔从武侯南征，还镇碉阳，筑碉阳楼以居。武侯谆谆诲民，有遗爱，其后返蜀，留翔镇此。翔因改碉阳楼名怀葛。其裔明司官高文林《题怀葛楼》诗云："千载精忠说武侯，每于政暇一登楼。窗开八面晴云绕，帘卷三边瘴雾收。苦节非因妻子累，委身只为国家忧。怀思未遂恢宏业，不尽长江书业流。"《雅州府志》云："招讨使高崧思武侯建。"

查武侯南征，以春日往，以冬日归，未及一载。周历七郡，当时舟车未通，且系随地作战，安有暇时流连汉嘉，更何得旁涉碉门和川之境？返蜀取道江阳，见费诗传。且未过汉嘉，更安得留驻碉阳？《高谱》非通人所为，穿凿不经，未足采录。府志谓明招讨使高崧所建，较为可信。盖武侯虽未至碉，然雅州盛传其遗迹。高氏又自诩为武侯属将之裔，建楼以志追怀昔贤之意，未尝不可。固不必武侯曾践其地也。

《天全州志·古迹门》记怀葛楼云："唐初，汉嘉都督府王果，巡视和川地，见俗茂民醇，景熙物和，遂谓徙阳县尹曰：'邑属黎元，四野肃清，各安耕凿，大有怀远葛天景象。'于时县尹适建楼以为游观，尚未定名。遂敦诸王果大书'怀葛楼'三字，颜诸楼以为荣焉。宋元以来，代远年灭，而名号遗址犹存。景泰中，司官高崧，仍建楼于其地，而署以旧名。康熙间，初修省志，采风者至此。后世司官，数典而忘其原本，漫问而漫应之。遂以为高翔思武侯而建。不知高崧已系重建。而古者建楼题署之意，在此不在彼。"此段未识出何记载，颇似通人所为，疑出《灵和乘略》。盖高、杨两司世婚而不睦。杨氏自谓赤泉侯遗裔，而以高氏为"夷种"，对高谱所称之祖宗功德，悉不谓然。故疑其有此说也。然文中多冗字，又非《灵和乘略》原文。或者杨氏宗人曾有此说，振业未曾采收，后世窜人之尔。再考唐雅州，亦曰芦山郡，无汉嘉之名。徙阳为始阳镇，无县尹。纵云唐初曾经置县，县治亦在始阳，非碉门（今治）。该县尹安得建楼于郭外二十里之碉门为游观哉？是此说亦属不经明矣。志文续云："久而复颓，今则乾隆间重建者也。"此则似咸丰时修州志者增入语。其下文又续云："按怀葛楼为高翔思武侯建，高翔系三国时人，非崧也。""非崧也"三字，拥挤于最下一格。其文与上文牴牾。当又系咸丰后，高氏子孙补镌入者。

十九、天全将军庙（英烈祠）

自天全经打箭炉入藏，沿途多有将军庙。在打箭炉与营官寨者，称郭达将军，世多知之。在天全县与岩州者，称开路将军。岩州将军庙，前于《泸定导游》已曾记之。天全将军庙，号英烈祠，在禁门关侧黄铜坡市外，殿宇宏大，今已圮败不堪矣。明余姚徐海与清州牧陈登龙，并撰有碑记。徐记颇涉荒唐，节云：

……按神乃后山之人。唐贞观初，郡之西去千里，吐蕃之境，有巨泓名曰西海。周三百余里，深广不知丈尺。中有十二孽龙荼毒生灵，殆不可制。于是邦人斋沐协恭祷于帝廷。偶夕，禁关之外，闻兵戈车骑之声，动摇山岳。居人起视，神丁鬼从，森卫左右，中有大神曰："吾乃太子炳灵之神，上帝命收西海孽龙。"俄顷，有跣脚红发青面银牙，衣绛袍，束碧玉带一人，即神也（将军神）立于道左。曰："吾禁山之神，颇能变化。闻大神西行，殄妖息害，愿随之一助其功。"诘旦，不知所往。浃旬间，唯见西海天地晦冥，雷霆震作，一时草木皆拔。顷间海干，水成赤血。人往视之，而孽龙尽殄矣。……唐宋时，敕封炳灵为碉门土主宣惠广化大帝，庙食龙头山阳。而神乃封为飞霞赤口大将军，谥英烈侯，庙食西山。县屡厄兵燹，逮我朝高杨二招讨，重建增修。成化十七年冬招讨使高侯茂才（高文林）、杨侯镇远（杨方）又撤其庙而一新之……每岁二月朔，合都官僚人士虔诚享祀。春祈秋报……祷无不应……

末署"赐进士出身中宪大夫前广东按察使司副使余姚徐海记"疑是天全经历。文格不卑,间有见碍字句,疑镌时有人就徐稿妄为,增益故也。其荒唐处,无论西海千里,人不能见,即如唐贞观世,此间尚无汉人,谁能传此故事耶?陈登龙亲牧是州,所记人地时较近情理。其文云:

英烈侯姓孟氏,有道行。隐州西老彭溪山中。先时,州虽为汉晋古邑,其治在今始阳镇。碉门东西河流,为龙尾峡所束。水道迫仄,潴为大泽,向有大小海子之称。神荒度山川形势,凿峡通河,而碉门之水患息。然后人得平土而居焉。又于蒙山采茶子,于山谷间遍种之。教其民以树艺采焙之法。时方行茶马之政,民用利焉。行茶通番,由今小路。其时万山业杂,人迹不通。乃修碉门以西路,直至马鞍山三百余里,至今行人沾被,神之有功于天全大矣。故又曰开路将军也。昔秦太守筑都江堰而金川之水患息,今神凿龙尾峡而天全之水患息。功有大小,其利一也。而神又兴茶利,为瘠土之民所资生,则又似出李侯一等。神化后,屡显灵迹,水旱疾疫,求无不应。明时,封通天神主大将军英烈侯。州人奉祀唯谨。名庙曰将军庙,所居之地,名曰将军洞云。

将军洞,今无考。据文,应在老彭溪山中。其神像凶恶,与郭达将军相似,但不骑羊耳。大抵碉门以西,通番大路,宋元时已有将军神祀。康定将军,原亦此神。雍乾后始创"郭达"之名,遂与此将军为二神也。

炳灵庙,在天全城东,明洪武四年创建。称土主为炳灵者,取扬雄"江汉炳灵"之义,非即有人名炳灵也。果如徐海所记,神名炳灵,则署炳灵庙为渎神也。

将军庙侧有吉祥寺,园庭甚佳,亦高氏土司家庙。

二十、文昌宫铜像

文昌宫,在黄铜坡市尾。庙已圮,仅存正殿与铜像一座。余所见天、芦、宝一带金属造像甚少,铜像仅此一座。铸工之佳,亦目所罕遘。身材合度,肩背、胸部、袍面各有凸花团龙,颇精,亦铸成者,其余衣褶部署并佳。像殊巨,高一丈,阔四尺,头长二尺余,冠翅与须皆已失去。左后方有凸幅,镌字云:"大明国弘治九年丙辰岁正月庚辰朔十五日值甲辰良旦谨意"。年月日皆增干支,已为异文。末"意"字,尤不可解。相传明成化时,司官杨方淑人何氏,无子祈嗣,梦文昌帝君许以八子，并预赐名曰仁、杰、英、雄、经、纶、安、昌。弘治九年，何氏重建此庙，铸此像，重千斤。后果生八子，依其名。然则弘治以前，此地固已有庙矣。

又传黄铜坡旧产铜，杨土司铸此像，即采此铜为之。像成而铜竭，无铜铸头，以铅补之。此说殊不足信。天全产铜地，悉在荥经连界诸山中。余察黄铜坡地质，不应有铜矿。吕瑶松云："天全旧有铜政局，在文昌宫，隶属荥经总局。然则'黄铜坡'三字，当作'皇铜'，乃国营铜业，禁民私采之意。"（汉源县之皇木厂，今亦讹为黄木厂，可作旁证。）以铜政名地，非即地产铜也。土司铸像，自可远道运铜。如此精工，何至以铅补头。世传以铅补头者，铸像后，袍帽皆涂赤金，留面不涂，年久色黝，世妄以为铅耳。

铜像侧二侍童木像，雕工亦佳，惜双臂被劈。题有"嘉庆十四年八月本城信士邱崇一雕彩童"等字。正梁题有"乾隆五十一年重建"等字。盖自高氏罢迁后，庙渐圮败，越六十年乃重修之。今又一百五十余年，宜其破败乃尔矣。

二十一、禁关白猿

天全城西番市外，和水凿山成峡，南为悬空山，北为大冈山。对峙如门，中通大道，昔为汉番商路，曾筑碉守卫，故曰碉门。稽番人出入，禁茶马私贾，故又曰禁门。今川康公路，亦出其间。禁门下为落溪渡，今有铁索桥通联南岸，昔之绝险今已化为康庄矣。州牧陈衡山有《禁门关铭》并序刊在道侧，其女陈清集唐碑字书也，文云：

天全绕郭皆山，而落溪大冈最峻拔。余以光绪二十六载二月三日，来牧是州，览之，两山对峙，其状若石门。近临土番，远通藏卫。剑阁嶔巇，华岳嶕峣，不是过也。禁门之名以此。落溪之山，和川环其下。大冈之岭，龙泉络其半。山中故有神龙巨渊，白猿古穴。又多嘉林异鸟，奇卉怪石。虽险绝而实奇丽。然不得其人，终不可恃。乃为铭曰：有石如门，峭不可上；有川如带，险不可向。壮哉，山河之固，守以道则足仗。

大冈山绵亘天全平原之西北，长不可竟。虽不甚高险，而硗瘠难耕，历为邑农弃地。森林荫蔽，下多石穴，野兽窟其间。清咸同后，客民日增，垦及山地。此山森林始败，野兽渐稀。唯石洞中，每匿猿猴，时或出见于禁门崖壁间。土人相传，见则邑有灾祸。光绪二十六年见，岁大旱。民国元年见，县城大火。民国三四年复见，陈步三窜扰，县境大遭兵燹。民十六年频见。此猿今日尚在，去冬有人见之。窟宅何所，无人能迹。

二十二、沙坪邱武举宅

禁关外，约三里，当和、夷二水会合处，地名沙坪。昔为夷村，今为邱、彭等姓聚居地。川康马路建有大木桥跨夷水上。有短街衢，无市集。西康建设厅设林苗圃于此。其地旧多凤竹，为天全八景之一，明人赵璧、尹东夏皆有诗咏。今则绝矣。坪后土台多土司故墓，荆棘围封，不可扪剔。山麓多香杉，有一木三茎者宛如炷香。土人以为风水。

沙坪有武举邱抟九，中举后不仕，督耕治产，罕入城市。造宅第于山麓阶地上，甚宏壮。相连建筑者复数家，远望如阛阓。迭经战乱后，残败未复。邱武举家保全者尚多。左右厢房各四门，门上镌字行书颇佳，尽属处世治家之格言。署款为知州段莹。盖邱造宅时，求段书也。

二十三、柘木场古道

《明史》，洪武三十一年，帝谕左都督徐增寿曰："曩因碉门距（长）河西道路险隘，以致往来跋涉艰难，市马数少。今闻有路自碉门出柘木场，径抵长河西口，通杂道长官司，道路平坦，往来径直。尔即檄所司开拓，以便往来。"查明初打箭炉路道已通，而岩州亦已置卫。天全与岩州、察道间，已有通道，即所谓柘木场古道是也。其道出禁门关，经沙坪、紫石关、两河口，溯昂州河（即岩州河，属和水支流，以沿河路通岩州，故有此名），逾山至岩州。岩州下山为烹坝，即所谓长河西口也。别道通察道，嘉庆均为明代长官司住地。

此路似自宋代即已开通。南宋土官高全毂授岩州安抚使，其后高德福授岩州、察道安抚使。可见，其时，天全与岩州、察道已成一家，其间当有通路。而天全岩州路，开通尤早。但宋元两代，番人茶马市易，则须先至黎、雅二州给照，再向碉门领茶，仍自黎、雅道归（取道今之沈村磨西面），此路仅听土司朝贡往来。明洪武二十一年，土官杨藏璞入朝奏陈天全茶户八百与其市易情形（见于《明史》），当时必曾论及天全、打箭炉间交通情形，请开此路。或系岩州卫官陈请如此。不然太祖深居禁中，安得明晓西徼形势如此耶。

《明史》所称之柘木场即今之紫石关也。紫石关距城八十里。今通公路，缩为五十里，旧有城，有街市，驻有汛兵。其城今已圮，遗址可识。汛兵久撤，街市敝败。遍觅古寺旧卫断碑残磬，以求其建置历史，胥无所得。故老亦莫能详。大约是清康熙西炉之役以后所创也。查《天全州治》："雍正八年，奉旨额设分防天全州汛，马步战守弁兵五十一员名内，千总一员（有衙署在县城内），马兵四名，步战八名，守兵三十八名。"乾隆时，知州胡琏《详请慎固边防禀》谓："雍正八年，改设之始，抽拨黎雅各营千总一员，兵五十名驻防。但地广兵单，除分派紫石关、碰白溪、始阳、多功、飞仙关各塘汛，及防守矿厂、隘口外，在城兵丁寥寥无几。"可见，当时原以紫石关为第一要隘。余查此地，河谷开展，并非险要所在，而乃筑关置戍者，必非康雍时特为防御西番而选此地。盖曾利用旧市街筑垣，以稽番人，聊就给养之便也。抑或是西炉之役，就市驻兵以备岩州一路，驻兵而筑城，亦未可知。雍正八年，不过改流后规定兵额之年，非自此年始分派驻防于此地也。

何以知紫石关旧市街即明之柘木场也。沙坪以上唯紫石关地势最开展。明初岩州设卫，此为往来要道而地位亦略居中，必有汉人来此开垦。建设市街以资交易，为必有之事。自岩州河谷以上，即无此种地势。且柘木为川边河谷所常有，地势高寒则不生。今紫石关虽无柘树，然其地质、气候，皆宜生长此木，不过农田利大，柘木被伐耳。且"柘"与"紫"音近，"石"与"市"音近。今此地亦无紫石。疑紫石关为柘市关之讹写。

此路自泸定桥完成后，曾经修正。即改自南坝子（两河口附近）沿和水上行，经两路口、门坎山逾马鞍山至泸定。今马鞍山沿途尚可见雍正、乾隆时修路碑。最近川康公路又自两路口逾二郎山至泸定。山崖屡崩，壅塞道路，近尚在修理中。且沿途无食宿站，负贩力夫，不愿出于此途。马鞍山旧路，乃因公路缩短其两端途程之故，康定、雅安间往来，四日即达，较之相岭大道，缩短行程过半，故商旅争趋，沿途繁盛。两路口一处，顿由荒村成为闹市。康藏茶业公司，亦以板车运茶囤积于此，改雇力夫负运入康云。

二十四、两路口

紫石关而西，四十里南坝子，五十里两路口，皆昔年土司属茶户聚居之地。改流后，茶户悉具汉姓名，以柯、骆两姓为大族。南坝子对岩州河口，明代亦为要地。

自康熙朝平定西炉，创建泸定桥成，自雅、黎赴打箭炉者，悉从桥过。岩州故道，突失其重要性，马鞍山新路取而代之。其路自南坝子又西经两河口、门坎山，逾马鞍山，下干沟、五里沟至泸定，极险窄而甚捷。非官道，故曰"小路"。今沿途尚可见雍正、乾隆时修路碑。马鞍山高三千一百米，岩层重叠似叠鞍，故名。山势陡立，上下各一日程，坡度极大。天全负茶入康者由此。沿途桥梁不治，夏水时阻，冬则水凌蔽道，滑跌多毙，唯春秋日利于行耳。然负茶者恒乘农隙，故秋冬日行人转。沿途有人开设脚店为业。脚店利在路通，故恒扫雪劈凌以便行旅。

川康公路，两路口以下，略依旧道；两路口以上，出别道逾二郎山以达泸定。二郎山高与马鞍山相当，而磅礴浑厚，较易敷设盘道，故公路取径于此。然山高凌重，风化作用强烈，岩石不固，随时崩溃，滞塞不通。且沿途无食宿店肆，不便苦力。故虽平坦，仍无行旅。现尚在改善中。

两路口旧只路店数家。自修马路以来，突然繁荣，已成长街一条。盖不仅修路工程人员集中于此，康雅间往来商旅，亦因马路通后，咸舍相岭大道，争取此途。两路口为必然之宿站故也。相岭大道，旧为八站。今因康定、泸定间马路完成，缩短一站，亦须七站。逾山二重，改由二郎山路，则缩为五站。若自咱里渡河由马鞍山小路割两路口，更可缩短为四站。且沿途有食宿处。故昨今年内，马鞍山小路极盛一时。此两路口繁盛之主因也。

两路口以下早已通行板车。康藏茶业公司设有屯站于此，积茶甚多，待雇力负运入康。近已通行汽车，入康公务人员，多有乘车至此，再用肩舆逾山者。大抵两路口与泸定同在邛崃大山脉之麓部，山路不能稳固通车，两路口与泸定之繁荣，即不能衰减。而此山脉之土石不能臻于稳固，此山道亦难通车无滞。故知两路口之繁荣，殆具有永久性也。

二十五、小路茶

天全茶制，历与雅、荥不通。雅、荥边茶制度宋代创始。有园户，有茶商，有引税，有稽征查验机关。其间随时小有更张损益，具详宋、元、明史《食货志》。天全虽亦产茶，然此三朝中，皆属土司治理，与雅、荥、名、邛之流官管辖不同。故茶制亦异。相传宋乾德中，高、杨二土司部民，编为土军三千，茶户八百，种植茶树，采焙制造，以备赏番。南宋德祐间，置有土茶官以董其事。但有贡额，并无引课。此说见《咸丰州志》，未识何据。大约宋元时天全茶制如此。

明代岩州设卫，天全为其通路，虽未改流，汉化程度已深，茶制似亦有更改。《灵和乘略·杨藏璞传》，谓："更陈天全茶民八百户，岁出乌茶与西番易马。民输园税，商纳引课，上下便之。今在官收买，民苦吏人侵渔，易犯法，即课亦不登，乞复原制。诏许之。"是明代天全茶户，已有园税，而茶亦须售与有引商人，纳课易马。与雅、荥制同也。唯天全所造，茶质较劣，称为乌茶，专销岩州一路，与雅、荥茶之销大路者不同。直至今日，雅、荥茶曰大路茶，天全茶曰小路茶也。《明史》称，洪武十六年，长河西等处军民安抚司（明正土司）遣高惟善入贡。二十一年，惟善奏言"天全六番招讨司八乡之民，宜悉蠲其徭役，专令蒸造乌茶，运至岩州，置仓收贮，以易番马，比之雅州易马，其利倍之"。高惟善，似即天全高氏族人，为明正土司任译幕者也。岩州卫亦曾有类似请求，帝皆未准。茶马司仍设碉门。乌茶质既较劣，每八十斤始易一马（雅、荥茶只须四十斤）。其后浸滥，至八万余斤仅易马七十匹，且多瘦损，其茶之劣可知矣。

明末世乱，茶制大坏。清初，雅、荥、名、邛，已复旧制。天全在土司治下，尚无课引。康熙时四邑茶商以私票行茶具控。巡抚贝和诺题准须引配行。其时定税，边引四钱七分二厘，腹引二钱五分一厘，天全茶劣，每引定税三钱六分一厘，介在边、腹之间。康熙四十年，准行额定土引一万一千五百九十五张。后复续有增益。天全茶业，向系茶户自办，至是始仿雅、荥制，招陕商邓、袁姓等六人行销。后竟拖欠课税逃逸。乾隆元年，以引浮滞销拨引五千六百一十七张于什邡、崇宁、灌、彭等县。尚存一万六千四百九十四引。迨两金川前后藏用兵，需茶量多供不应求。茶户续请增引。迄嘉庆初增至三万一千一百二十余张。至于茶不敷引，各商拖欠课税达七万余两。嘉庆二十四年，知州方同煦请准减引九千零九张，《永定章程》永禁请增引额，在案。天全运道，较雅、荥为近，故其茶本较廉，然产茶不足，历史上习于粗制滥造，至以桤木叶混杂其间。故茶价甚低，仅能销行近边各地。近经合并于康藏茶业公司，分设第五制造厂于此，制法渐改良矣。

据《天全州志》，甑茶之法创于天全，雅、荥皆属仿制。其言曰："国初乃设架□制造成包，每包四甑，用甑蒸熟，以木架筑成方块。每甑六斤四两。恐包同易混，又各编番地鸟兽人物形制，上书番字，以为票号。故有大帕、小帕、锅焙、黑仓、皮茶等名。锅焙为上，大小帕、黑仓次之，皮茶又次之。……荥、雅、邛三邑，闻天全造包之法，颇为便运。三邑自颁引后，每茶百斤，装以蔑箧运炉。于是邛州主宋，向天全借跐手至邛州教习造包，即以小帕为式样。雅州亦向天全借跐手教习，造以大帕为式样。荥邑亦照样造包。各编夷号，一同发售。"此亦边茶佳话也。

二十六、牛膝与陈筱然

天全土产，谷物以稻及玉蜀黍为主，山林多松、杉、柏、楷与竹类，矿产硫磺与煤、铁、铜，胥在小路与荥经连界诸山中，其他动植各物凡四川所有者，殆无不备。地多荒山，尤富药材。药材以牛膝为大宗。

牛膝为一种肉根植物，根细长似党参而巨，薄肉包有富含养分之维管束，质绵韧，断口蓝白色，味平甘，可以救荒，药用强筋骨，宜于役用畜类。闻销黄河流域各省，年产若干无统计，知其为天全输出品首位而已。

天全虽产牛膝，量原不大。其能成大量输出品者，陈筱然提倡人工栽培之力为多。筱然名鼎荣。父邦明，诸生。咸丰十年，蓝大顺扰天全，邦明率乡勇拒之被执死难。筱然时二十七，只身赴贼营觅尸，斩五人而还。乱定，邦明入忠义祠，筱然荫云骑尉职。绝意仕进，专营实业。倡种牛膝，遂普及于天全邑焉。又精医术，善养生。寿八十七，民国九年卒，距其父殉难，恰一周甲子，高仁宣为之作传。

前述彭英烈侯，陈登龙颂其两大功绩，一曰开路，一曰种茶。夫以匹夫为地方人植万世之利，其庙食宜也。兹读《寝樗室文集》云骑尉陈公墓志，又知倡种牛膝者为谁，故节传其行事。愿后之食此利者，知而怀之。

二十七、同光前之天全人物

雍正以前，天全为土司治地，虽有学人，不得应科举，应科举者皆寄籍他县。传道光庚子进士高溥，即天全人寄籍郫县者，后自广东致仕归，曾返籍祭祖并修订宗谱云。他如举人杨岱，寄籍彭县；杨汝翼，寄籍灌县；高其昌，寄籍温江；徐健，寄籍崇庆。均雍乾间中试者。

雍正改流后，天全规定学额七名，暂附雅州郡学。其时雅属生童，皆附邛州考试。乾隆初，雅州始立试院，即有始阳人高崇基中癸酉科（乾隆十八年）举人。乾隆末年，天全始设学官，扩学额，建试院。道光以后，科名渐盛。知名之士，高、杨、邱、彭四姓为多。人物之可称者，有邱学沛父子、杨甲秀父子、王文熙、邱映梧、彭汝霖、张兆奎、胡希周父子等，皆道咸同光时人也。此外如杨兰皋、吕瑶松、高仁宣叔侄、王少午父子、王邦直父子、吴伯骧弟兄以及高维崧、周郁堂、邱秉均、马德洪、高李贞等，皆有可传。县志失修日久，文献无征，兹就访于耆老所传，各为之小传，他日修志，或有取焉。

二十八、杨兰皋先生

　　蜀士历以文章经术压全国。汉、魏、晋、唐、宋、明皆然。唯元、清两代，当大乱后，文物丧绝，学术简陋。士子驰骛制艺，苟猎科名，克称学人者寡矣。自张香涛为学使，创尊经书院，延王湘绮主讲，专以经史诱人，蜀学为之丕变。吴芝瑛、廖季平、胡从简、宋育仁、张森楷等，名儒蔚起，再以文章经术傲天下。流风浸渍，远达边州，雅、黎、宁远学人辈出，天全则有杨兰皋等。

　　杨兰皋，名赞襄，天全治城人。祖论德，字怀三，贡生，教授乡里多所成就。兰皋有宿慧，颖悟绝伦。幼承家学，博涉史传。擅词章，轻举业，拙于为书。住尊经日，成都府刘又丹为月课，拟《读卢仝月蚀诗》。杨序达二千余言，纵横博瞻，跅弛无制。阅卷者见书不中式，即弃之。幕友吴华峰，鄂名士也。搜弃卷得之，深致叹赏。荐于刘，发第一，奖借备至。由是知名。住尊经三十年，专攻史学，著有《史记发微》等书。清末出任陆军学堂史学教员。民国初，任存古学堂教员。又任为马边县知事。陈幼孜主省政日，曾代川西道道尹。民国五年卒于成都，归葬天全。遗著甚多。一子白痴，不能承其业。杨卒后，有弟子某来天全怂恿杨子以遗稿付印。其子筹刊印费四百元并遗稿悉以付之。其人去，不知所往，稿遂佚失。闻《史记发微》旧刊成书，兹亦未曾觅得。唯吕瑶松曾与共砚，能诵其史论数篇。高仁宣在日，曾抄存其抒情诗数首。今其子亦殁，仅幼孙存，家业衰落，啼饥号寒中，殆已忘其祖父名字。遗文轶事，更属茫然。甚可慨也。杨深于情，出入以《红楼梦》自随，自称"红癖"。晚年得妇美而能文，闺房甚欢。未几悼亡，杨亦旋卒。双梓同归天全。王少午挽之云："生双飞死双宿君果深于情者，少同里长同学我岂能无悲乎。"

二十九、高仁宣

　　天全文士著述之富，自杨兰皋外，当推高仁宣，名世安，号"寝樗室主人"。曾祖体仁，廪膳生。祖丕图。父勋辅，文生。勋辅冢妇生子秀珊，晚年悼亡。继娶，生仁宣于光绪四年。生而颖异，八九岁即能诗文。时方以制艺取士，仁宣独致力于经史词章，嗜数学。受知于州牧陈衡山矩，以案首与侄平阶同入庠。三十年，清廷选士留学日本。州得三人，咸匿不肯往。仁宣独乐赴之。治科学于弘文师范。返国后，与同学彭兰芬、王章祜等创办四川通省师范、优级师范、商业学校、甲种工业学堂，担任教习。三十三年，丁父艰返里守制。宣统元年，举孝廉方正，旋以国变，罢廷试。民国初，复任商业等校教员。十二年归，任天全小学校长。二十六年，任雅安明德中学教员。明年七月卒于雅州。

仁宣早慧，博学，见识超人，而性蹇傲不合时趋。中年后，日益潦倒。乃益专心学艺，思以著述自奋。先是光绪中叶，马建忠撰《文通》一书，国人始知以九品词分析文法。其后周孝怀著《虚字使用法》，国人始注意于文语之贯通。民国以来，胡适等提倡语体文，风靡全国。仁宣时任天全小学校长，阅各家著述，不能满意。乃独辟蹊径，探寻奥秘，发现冠语、尾语，为会通语文之关键。谓马氏《文通》，通古书，不通今用；通文言，不通口语。谓《虚字使用法》未将品词之用分出，一地胡拿，不生效力。又谓近世语体文作者，多不如法，或急促拗口，或繁琐冗长，皆由未解冠语、尾语之用所致。于是就研究所得，撰为《中华活文通》三篇四卷。上篇于民国二十年铅印（有彭兰芬序），反复说明冠语、尾语之用。中篇二册，分论九品词。下篇论篇章结构。全用语体，征引古籍与名小说文字甚繁，实多独到之处。又以其术，译成《四书文言》，《诗经·国风》上下篇，暨《六月》《民劳》《礼运》《学记》《牧誓》《金藤》，暨墨子《兼爱》、庄子《齐物》《秋水》《胠箧》等篇，皆手自写稿成书，贫不能自刊行。时国内语体文学之研究，风会浓郁，或劝仁宣与诸名作家通声气，以利脱颖，辄怃然不悦曰："著书自成一家言，传不传命尔。予当少壮，尚高视阔步，目无余子。今且老矣，讵能屈身交人以求一日之誉哉？"于是摩挲自赏，卒不求售。《活文通》外，著有《伦理诠真》《词选辨体谱》及《寝橧室诗文集》。余过天全，承其侄平阶检示各遗著。深怜其遇，为携呈主席刘公，乞为刊行之。业蒙允许。

三十、高仁宣诙谐文

高仁宣民十一年在成都撰有《青羊宫花会竹枝词》，脍炙人口，自收入其诗集中，凡二十首。兹录其滑稽词《行香子》，讥当时显者云：

民国伟人，维匪与兵。算三成，占却二成。君如不信，比例分配，恰有一成兵，一成匪，一成民。农病预征，商病重征。民该死，军匪该生。逼民为匪，招匪成军。可以无国法，无天理，无良心。

民国伟人，黑籍魔君。好中华太岁烟熏。呼风唤雨，吐雾吞云。勒令遍种苗，广贩货，大开灯。一榻横陈，万恶丛生。烟中喉，烂肺黑心。驻防城区，烟馆如林。何尝顾外交，守军纪，励官箴。

民国伟人，雀门将军。说碰和一赌万金。左窥右伺，此纵彼擒。要在顺牌风，熟牌路，悉牌经。运动艺精，报效技神，放等张迎合宪心。财从此发，官得以升。练就六字诀，只许输，不可赢。

民国伟人，遍纳小星。那管他仆妇尼僧，蓬门弱息，孀苦零丁。只要诱以利，吓以势，定能行。纵欲快心，广土荒耕，觅妍头夤夜私奔，淫人妻女，妻女淫人。请看宋子业，隋杨广，金海陵。

三十一、王氏适陶园题咏集

天全逼近西炉，凤擅茶市之利，故其人尚货殖，富者颇多。富人好风雅者，首推适陶园王氏。王氏之先，自湖广徙居四川之洪雅，游幕入天全，遂家于此。世以商业致富。乾嘉间有名文兴者，字廷诏，能以文学教其子孙。子惠棠，字憩伯，贡生。孙明德，字克斋，太学生。曾孙泽宏，字沛然，岁贡。元孙烈，字少午，文庠；柟，字梓林，监生，捐广东巡检。并能以文学世其家。道光壬辰，廷诏年八十余。其妻杨氏亦八十，四世同堂，五福并集，为一乡所羡。憩伯广交游。辟适陶园，种植名花异卉，岁时招地方官绅、远近名士，欣赏题咏，蔚为巨帙。又倩名将写《廷诏暨本身行乐图》，亦遍征题咏，一时文风趋会，多有佳叶。余过天全，访少午，承以全帙见示，全帙三十八幅，多有史料价值者。（诗略）

三十二、通元帝君高维崧

天全南二十里曰思经场。思经南方山谷曰乾河，有清元宫巨寺。凡天井二十余，容数百人修持。规制与他寺迥异，正殿五重，式与文庙仿佛。县人高维崧所创也。高先世原居江西，清初以义师失败，逃来乾河冒高姓。维崧生于嘉庆之世，字云峰，由秀才出贡。然好道术，弃举业，建清元宫聚徒讲道，自成教派。衍于雅、宁两属，滇北、西炉各地，弟子甚众。其人魁梧端严，美须髯，望之俨如仙佛。其教祀清元帝君，即巢父也。教人以修身行善为主。以预言每验，招徕徒众。颇似唐焕章、刘从云辈，而雅量胜焉。据传其幼即嗜道，三十年无所遇。时方治举业，读《易》而喜，遂以易占。初不验。夜梦一道人，授与制钱三枚，醒而在握。以之卜易，遂无不验者。又遇番僧，授一咒。诵习年余，遂能通幽入冥，知先天事。又传县城邱姓家有狐祟，高收服之。每问卜者有疑难处，辄遣狐探报，故谈人事无不验。求卜者至，悉能预知姓名来意，故世呼为神仙。弟子既众，乃创清元宫，阐衍教义。年八十余，值光绪二十六七年时，天全大旱，知州陈衡山，延高入城祈雨。尚能用朱砂，就灯下手写蝇头小楷祈愿文。卒于光绪末年，年九十矣。

高卒后，弟子辈以扶乩嗣其业。衍教甚广，今宁远各属与云南北部、西康等地犹盛行。称维崧为通元帝君，云上帝所封，得知于乩。康定有通元宫，即维崧祠也。天全养心坛，由张云桥与高涤如主持，皆高维崧薪传弟子。乩笔颇灵。问事求医者焚愿文一纸，默跪坛下，乩所答，悉如所问，问病给方亦每有验。请人入其教者，亦由乩判决可否。乩或称张三丰，或称杨真人，或某禅师，所为诗文，每有佳句。前县长王达生甚信奉之，曾导余往观。乩笔为双肘V形木架，锐端有嘴。高与张各持一肘。布沙桌上，以嘴画沙甚速，字颇可识。余拟焚一问验之，值张子病危，当去，许以异日。明日张子死，罢坛数日。遂未复往。

余按：清代讳"玄"为"元"。"清元""通元"并当作"玄"。而该教悉仍作"元"，已非通士矣。巢父薄帝王不为，而加帝君称号，亦非知巢父者也。高维崧，九十而死，何得谓仙。然其人笃嗜有成，教衍数省，旨归亦不失于忠孝淑善之义。天全方当末俗，匪患纵横。独此思经一隅，特多守善之士，俗淳风美，自成桃源，未必非高教之力。克享庙食，固其宜也。

三十三、周郁堂针术

周郁堂，名文慎。江西原籍，以武选官至都司。善针术。所用针白金为之，长约五寸，细径与鸦片烟针相似。能活一切痼疾，号"万病一针"。凡治病，先按穴道，用生姜与黄表纸灸之，热透而针，深陷或达三四寸，牢不可拔。周候其时，拔之甚易。毒血附针出，累累如鱼矢。患者血不流，亦不痛苦。所愈人不可胜计。川督丁宝桢，患瞳人反背，目骤盲，延周入，一针立愈。世人目为神仙。周恂恂儒雅，羞任武职。丁为之转文职，改候补知县。报籍天全。清制，州县避本省籍，以是不克实授。与刘仁斋、伍生辉相善。刘、伍任打箭炉厅日，周亦赴炉，营大生号商店。光绪二十八年，里塘喇嘛寺堪布拒安钦差差徭作乱，刘从郁堂策，调咱里土兵，掩执堪布，大辟于里塘市。以军功荫其孙谦尽先外委。时谦年十四耳。其后周返成都，与何贡山、曾焕如、刘止谦暨刘、伍诸老为友。民国四年卒，年七十八。周短视，针术神秘，不轻传。他人求学者，浅尝辄去，用针长二三寸而止，不尽其术之什一也。

郁堂一子，名彝尊，习举业。赴试日，与名山诸生连座。短视，询题邻座。邻座以名山题告之。交卷出场，始知误题。既被黜，抑郁成病。郁堂为之捐监，报至而卒。年二十许。一孙名谦。

谦字子君，幼从刘仁斋诸子肄业于打箭炉军粮府专馆。年十四，保尽先外委。旋放河口汛官，齿稚不能任。鼎革时，年二十二，回天全。民四，郁堂卒后，再入炉城经商。民六，受陈遐龄委为天全转运局长。民九、民十，兼天全征收局长。民十一，任陈遐龄驻省代表，兼营天全磺业（天全每年产磺六万斤以上，专销成都硫酸厂）。十四年，任洪雅实业局长，兼征收局长。曾奔走三边两军合作事宜。旋受孙养斋委同杨芳林团返县接收丁良佐团。孙下野后，居县经营木商。现存。

三十四、刘仁斋轶事

刘廷恕，字仁斋，湖南善化人。由幕捐江北厅水利府，转打箭炉厅，继伍锡昆任，时光绪二十一年也。在任九年，仍交于伍。任中多善政，余前撰《泸定导游》，曾屡及之。当时未知其籍贯、经历与家世。兹于周子君处悉之，故志于此。

仁斋大妇生长子振华、四子振川，如夫人卢氏生次子振炳、六子振国。振炳字石渠，与杨子惠同学相善，曾任其参谋长。振国字湘浦，曾任犍为知事。振川娶里塘粮务孙汝霖女。孙女坠楼，病瘘，周郁堂为针愈之，即拜周为义父。故周刘相亲如一家。

县府姜秘书谈一事，足为仁斋传补。姜云：犍为高鹏程，字建勋，竹根滩人也，曾任永宁道尹三年。晚好道，擅圆光术。其术用一镜，使一武弁陈某视之，镜中辄现山水、人物、文字如电影，随起随灭，答人所问。居成都日，屡为之，多奇验。一日，刘石渠抱乩书屏风四幅至，其字龙蛇蟠舞不可识，末署仿佛是"三丰"二字，乞高以圆光术释之。术作，现二道士，一佩剑，一执杖，谓刘曰："有缘哉。我某，某，尔父治内人也。曾劝尔父弃官修道。热中未听。故托张三丰名，用商容书法，题诗为四屏以启之。惜尔父未能喻。今乃明示尔。"诗云："刻刻无常在眼前，花好难得四时妍……（谈时忘三句）通神何必在多钱。何如学我攀禅坐，手捧弥陀到晚年。"细验之，果其文也。二道人者，一武举，一寒士（皆有名姓，谈时忘之），同修于泸定某某山中。刘仁斋在炉日，曾造访于寺，石渠尚能忆其事云。

三十五、天全寿人

天全人有三特点，一不乐仕进，二喜营商业，三多享高寿。地位偏僻，人性孤峭，厌见官场钻营、结纳、虚伪、矫揉诸情态，故多不仕。偶仕，亦浅尝辄止。邱雨田、邱凤山、杨兰皋辈皆其例也。地近西炉，而擅茶利，治生之道多而易效，故士之负才气者，乐于素封，王沛然父子、高平阶等其例也。多寿之故，厥有五端：

（一）地僻俗俭，人少物欲萦绕、声色戕贼。起居以时，庄敬自爱。

（二）地有山林竹木之饶，工矿商贾之利，资生途多，人鲜忧苦，心境常乐。

（三）山岭险阻，出无车船之便，人习步履，耐跋涉，多劳少逸，体力健壮。

（四）空气与水并绝清洁，天然宜于卫生，人鲜疾疫。

（五）山蔬野菜，随地取足，皆含甚多之活力素，食之令人长寿。

今日天全人口稀少之原因，系由好斗横死，非因病夭折。据余所见，天、芦、宝以及雅安、汉源各县土人，平均寿命，约较腹地都市人民，高二十岁左右。兹仅就天全言，七十老人，须发未白、步履雄健者甚多，或仅须发斑白，望之如四十许人。其田父野妪无论矣，即就士绅名者言之，邱凤山年八十余卒，高维崧九十卒，陈筱然八十七卒，王少午七十三健在。

三十六、天全匪风

天全民风，旧称古朴。杨振业《灵和乘略》云："民知畏法，士好通经，风俗茂美，有无怀、葛天景象。"此康雍时风俗也。陈松龄州志云："愚者安耕凿，智者治诗书，群相安于无事。"又云："士子多以廉耻居心，并无出入公门武断乡曲，及为讼师者。"又云："全州习俗，节俭敦朴，不尚繁华。……布衣布鞋……游惰者少……洵为醇谨边邑。"又云："妇女皆亲农力作，勤苦自甘。其无田可耕者，向他处帮人佣工，不则背茶往打箭炉。"此咸同时风俗也。光宣之际，文风尤为发达，地方富庶，人民康乐，道无拾遗，夜不闭户。直至民国四年皆然。

陈步三之乱，自泸定窜入天全，官军围剿于县境十八道水等处。陈逆弃众逃逸，所部溃散，枪弹落于民间者多。边民狷狭者，每有挟枪寻仇事件。而防区制下，官吏庸猥暂得者多，无意料理民瘼，遇事敷衍，从不彻究祸首。于是含冤挟忿之民，远官府而就游侠，争购枪弹，辗转报复。地方由是糜烂。民枪既多，豪酋蜂起，争扩实力，逞强梁。法令已同弁髦，教育更无人问及。青年子弟，不知读书为何物，以投身哥老，为唯一出路。于是任何地方必有豪酋数人。每一豪酋，必有党徒千百辈。纵横捭阖，以力相雄。初其所争，恒在地方团权，不惜多方运动以得之。官吏利在贿人，不择手段，轩轾其间，以自取重。于是失意者或纠众抗官，或故肆劫杀，资以示威泄愤，要挟官府。稍等官吏更换，则又多方营得团职，以凌他酋。他酋失意，仍以其道报之，而又加厉。消长迭乘之间，地方益糜烂不可收拾矣。各豪酋所养党徒既众，日费不赀，自难免于远劫行商，以资弥补。于是向日饱食嬉游之乡，今皆变为"匪窟"，亦且团匪混淆，良莠无别，根深蒂固，剿抚两难。县官到任，辄诿为地险民悍，习俗如此，置于化外，若当然焉。匪风日嚣，自不免有使政府难堪之事件随时发生。每一事件发生，自不免有赫然震怒，痛行剿办之举。然而遍地皆匪，何可胜诛。任剿办者，自不免利用诸酋不睦，抚甲剿乙，漫以一二头颅敷衍了事。其贤者亦不过访得数人，计擒枭首，冀以警众而已。然而风俗至此，又岂计枭一二人，所能警哉。一循历年故辙，姑为小威小惠以期苟安一时，则他日之天全，其如今日之乡、稻乎？

三十七、始阳速写

天全城东二十里始阳镇，在天全河北岸冲积平原上。市街长里余，往时商业极盛，市民达八百余户。乱后，仅存四百户。大宅多空，市面萧条不堪矣。

始阳在秦汉为斯榆国。汉武帝时，司马相如略斯榆，置徙县。斯、徙，始古同音，得相假用也。其时，徙县管辖飞仙关以外地方，西极西徼。然汉人所至，碉门（今县治）而止。碉门与灵关以外，皆羌氏人，不登版籍。晋改徙县曰徙阳。宋齐夷乱，徙阳沦没。西魏征服全蜀，合徙与岩道为始阳县。始阳之名始见于此。唐武德初，始阳尚为县治。贞观以后，废县，夷为氏王部落。宋代始开辟碉门茶市。时则西番来黎、雅两州购茶者，概由碉门交易，而始阳为囤积茶包之所。故番商虽止于碉门，茶商则集于始阳。始阳市街，较碉门为繁盛。故土司高氏，建土署于此。初为行署，渐成世居。

明代高、杨比肩，虽共设土署于黄铜坡，而高治始阳，杨治碉门，俨如划地分理。清初犹然。雍正改流时，以碉门地势险要，适于遏制西番，故州治设于碉门，不设始阳。但始阳以历史长远，未便夷为场镇，乃设州同为分州，以高氏土署为分州署，得受理民刑诉讼，一切规制，比于州署。（知州岁俸银八十两。额设衙役三十一名，仵作三名，民壮十八名，禁卒、更夫、捕役等共十五名，斗级、食夫各一名。州同岁俸银六十两。额设衙役十名，岁支四十四两，仵作三名，民壮六名，无监，不征粮赋，故无禁卒、斗级。）道光中叶，以分州衙吏弊重，经知州方同煦请准裁撤。

清初中叶间，始阳市街，尚较州城繁盛。俗谓"好个天全，生坏始阳"，谓始阳夺其商业也。于时商业，以茶布为大宗。天全茶叶，此为制造中心。清末叶，雅、荥茶业，突飞猛进。天全茶业大衰，始阳茶商段公泰、高华丰、胡长丰、永丰亨等家，共认不足二千引。仅段公泰一家，独认一千引，雇用陕商七十余人经理制造，微足与雅、荥诸商比拟。咸丰中有蓝大顺之乱，贼踞始阳多日，人民流离，街市毁败。贼去后，市面大衰，茶商次第息业。唯布业尚能维持，钱业次之。布业万怡丰最大，恒泰次之，此外有大顺公益记等店。钱业有天增公、韩全盛等。多系陕商。同治初，石达开前队赖文光部曾窜始阳，未停疾去。市面虽获保全，而乱离之后，地方衰落。汉番商道，悉趋相岭。天全成为僻邑，始阳零落益盛。民国初年，始阳市面尚勉可与天全抗衡。现则全市无一商店，市民亦寥寥无几，仅市集日有交易耳。

相传天全改流时，知州奏天全距始阳五站，朝廷虑其弯远，故准设分州。方同煦时，绅民不堪衙蠹骚扰，泣恳裁并，方虑成案难翻，禀称始阳距城五里，故获准云。疑清代政治，不至蒙蔽至此。然天全为僻邑，观风察吏者所不常至，于此亦可知矣。分州旧署，后改始阳小学校，为今省立师范附小。

始阳旧有仙峰书院，为道光六年方同煦创建，时分州尚未裁也。以有此书院故，始阳一镇颇发科名。如胡凤山父子、段成珠父子、张心源等，此外如曹子虚、克昌祖孙皆贡士，与子弼良，秀才，并能诗文。刘树堂培亦贡生，能文。其他入泮之士颇多。学校之效如此。民国以来，文物衰败，盗匪朋兴，今省政府特设省立师范学校于此，用意甚善也。

始阳庙宇甚多，建筑均颇宏丽。大悲寺（另详）外有城隍庙，乾隆四十年建，关帝庙、禹帝宫、万寿宫、天上宫，皆陕、楚、赣、闽各省会馆，文昌宫嘉庆二十年分州贵阳陈步云建，秀才高懋夫有碑。兴教寺、护国祠相倚，并明代古刹，有乡绅高敦五君私立新九小学于此，办理甚好。此外有武侯祠、火神庙，奎阁等皆已颓败。火神庙与万寿宫相接，今为省立师范校址。市外丹凤山，为乡绅高李真修真处。高能指挥民枪数千人，招安匪徒甚多。始阳治安，赖以维持。

三十八、大悲寺辟尘殿

过始阳者，无不知有大悲寺。寺去始阳市街里余，临和水，绝壁，凡殿宇五重，建筑时代不一。前殿塑风、火二神像，系道光时建筑，甚朴陋。稍进为弥勒殿，两侧塑四天王，中有石香炉，系弘治七年镌。又进为大雄殿，正龛塑释迦、文殊、普贤三尊，左右十二圆觉，四角四大部洲，中存石炉一座，系成化年作。四壁存有壁画，殊简陋。两侧有旁殿，神像杂乱无次，似自他处移来者。廊庑有石碑四座，皆明代天启、万历、弘治、成化时重修碑。再进为辟尘殿，为全寺精华所聚。梁上字不可识，当亦是成化时建也。再进为后殿，只塑一佛，四金刚各跌坐之一角，塑法甚佳，此像外别无点缀，未识何故。

辟尘殿者，长阔各在十丈以外，无楼，故不甚高。地面全部石墁。相传建此殿时，藏有宝物，能辟尘，故终岁不扫而净洁如洗，即梁间、像间亦从无蛛网尘垢，为本寺奇迹之一。余查此殿卑矬，而四方闭合，出入三门，皆与风向相背，尘沙自应少至，且闻住持亦时常扫地，则四时清洁，固无足奇也。

此殿正中塑五大佛，左右塑十八罗汉，四角亦四大部洲。五佛巨龛背面塑大弥勒像及八菩萨像，像皆庄妙。像后各有精致壁画，颜色至今鲜艳。世传为唐画，或云宋画，亦为本寺奇迹之一。余查各幅皆留白笺，题施画者姓名年月。尽弘治十六年绘也，然画工与材料并佳。明画今存，亦甚可珍也。五大佛像后壁，佛焰外地，绘三十座佛像。颇似西藏画法。左侧罗汉后第一幅，绘天龙八部，弘治十六年，高勋妻王氏妙音施资绘。第二幅，面积二倍前幅，绘释氏源流。信士高闾，同妻徐妙闻，子存礼、存信，孙宗保、音保、三喜，暨高伟、高敬等四十九人为子孙祈福绘。人名、年、月、日等，题字甚详尽。一壁画醵资至如此多人，亦可见当时工费之不小矣。第三幅绘解冤结菩萨，土官高勋合宅施财绘。再次，空壁未绘，盖由无人施资也。石侧罗汉后，第一幅亦天龙八部，高启、任本忠等二十八人施资绘。第二幅，似亦释氏源流，施绘人题笺被刮。以上二壁无绘。前方二大部洲后，所绘仙佛，标题被刮。后方二部洲后无绘。弥勒像后，绘释迦、文殊、普贤三圣功德三大幅。题字已模糊，年月可识，亦皆弘治十六年绘也。

五佛巨龛前方左右，韦陀、护法二立像各高丈六，塑法甚佳。二像皆向前倾斜而立，四无依倚，仅一杆抵地，支其倾斜。测其像，各重千余斤，非一杆所能支。想塑像时，故以铁柱斜植地中，据以塑此斜像，以为奇迹，炫于世人也。然像过重，年久仍微倾裂，未识何时，有人植木抵横梁为柱，以铁带加二像腰，缚于柱上以支之。或疑塑像时即有此柱与铁带。余谓若塑像时已有此物，则必以风带云彩等饰塑铁外。今铁带加于塑像彩绘之外，自当是后世所加也。

韦陀、护法二像之外侧，二巨柱间，塑灵龙蟠绕，亦甚生动。《天全州志·纪闻》云："始阳镇大悲寺毘庐殿柱上泥盘龙，爪甲如活。一日僧扫至殿，殿有小水流出，一蚓游戏其中，僧以帚击之。忽举头见柱龙活动，其尾已断。取铁钉钉之，泥水从龙口中流出，洗濯不去。至今痕迹宛然。"此志《古迹》"辟尘殿"条，谓此殿常年不扫，此又云寺僧扫殿，无稽之谈，矛盾如此，而世人皆深信之。抑似大悲寺之所贵，即在此诸奇迹者。

三十九、摇亭碑动

辟尘殿、古壁画、斜立塑像、断尾泥龙与摇亭碑动，为大悲寺五大奇迹。摇亭碑动者，辟尘殿外，左右各植一碑，皆明正德中立，荣昌都镌匠冯守相镌字，有亭覆之。左碑眉州进士喻文碧撰文（文载《天全州志·艺文志》），碑阴记寺田甚详，亭与碑皆固定不动。右碑唐安衲叟定雪岩撰文，文甚不通，力撼亭栏，则碑石摇动，故曰摇亭碑动。州志云："亭环碑外，毫不相连。观者试摇其亭，而碑自动，亦古迹也。迄今如故。"入"始阳八景"。

余凡三临此碑，初时匆匆一过，见人摇亭栏而碑微动，属实。时立碑侧亭栏外，以为是亭摇栏动，人从栏外视碑，误感栏之晃漾为碑动也。（一般习科学人匆匆过此者，亦皆作是解。）再过立于栏内，以目注碑使人摇亭，见碑确摇动甚明，始异之，未得其解。三过偶因抚碑，见碑自摇动。始知纵不摇亭，碑亦可动。详查四周，亭虽与碑离立，而四础皆系木制。知碑趺与亭础，下有机捩，暗自地下相连。古人故设此奇，以炫世俗耳。盖碑石下方有长柄插入碑础内，碑础受柄之穴，上促下阔，俾碑柄可以动摇。但碑石甚坚，决不虞其断仆。此碑可动摇之理也。其制并非所特创，汉建安高颐碑，已是此术。其碑今在雅安姚桥景贤堂内，摇动不仆，已二千年矣。此碑推其异想，更以机纽自碑柄下端，穿础而出，横连于前后亭柱木础下（实则石础亦可为之），上贯柱心，四柱各装疏栏。摇栏则柱动，柱动则牵引机纽而碑动耳。昔人每创一匠工，常设为世人不易解释之奇迹，以资炫诱。宗教建筑，尤喜为之。大悲寺之能永久存在，之能飞名于西陲，盖赖有此碑也。

此亭甚简陋，而碑石坚致，镌工绝佳。自正德迄今四百余年，全无剥蚀。碑既巨伟，又须长柄，选材甚难，故碑面有凹凸不平者多处，亦皆随势雕镌，刻入极深。然碑文甚可怪笑，余为收入不通文选。

辟尘殿内，五大佛前有三座石香炉，镌工与慈朗寺石炉相当，皆冯守相所为也。炉各六级，下层为空花趺座，中四层人物，上层方盘，皆冯守相为土司高继恩镌。正中一座，正德九年镌；左一座，正德十年镌；右一座，十一年镌；摇亭碑动碑十二年镌。可知此等石工，各需一年之力始克完成。三石炉间，又有石瓶二座，上装假卉，其一为嘉靖时土司高继光施资造，其一为嘉靖时住持僧某造，工亦并佳。

四十、不通文选

不通文选者，选集文义不通而有传世价值之文。或因其能代表一时代之作风，或因赖其传一地方之文献，或有其他牢不可破之凭借，非传不可。其足以资谐噱者，亦附著之。余旧搜集颇多，旋复散失。兹举数例，以见一般。

敝县南充光宣后始有通人，光宣前举、贡、庠生之文多可笑。有文生为其子妇撰墓志云："孺人某氏，某公之原配，而余之儿媳也。"附近又一碑有云："前娶无儿，后娶无子，虽云有子，不知伊于胡底。"（意谓其曾抚一子，逃去，不知所终。）又某举人修路碑有云："每届夏秋暴雨横行……是皆余所目击见闻也。"诸碑今并存，足代表一时文风之例也。

前集记穆坪土司诸墓坊联对及碑记，多有不通之文，余亦收录，阅者当不嫌其不通，此赖传文献之例也。前撰《泸定导游》，录铁庄庙碑文，极不通，而乾隆五十一年震灾情况赖此以传，亦其一例。

《两般秋雨菴随笔》，载墨派文可笑者甚多，如"天地乃宇宙之乾坤，吾心实中怀之在抱"，"久也哉，千百年来已非一日矣"等句。又世传叠床架屋诗，如"孤单一人独自归，关门闭户掩柴扉"等句，皆甚脍炙人口，确有传世价值。此足资谐笑之例也。

往年过武昌，见武大林场，有"小心引然火烛"小路牌遍插林地。南京五洲公园有"克复首都阵亡将士纪念碑"。首都警察厅门首，有"不眠不休"标语。撰作者自有所依，而文义实堪玩味。此有牢不可破凭借之例也。

非传不可之例，摇亭碑动之碑文是也。凡过始阳者必游大悲寺，游大悲寺，必睹此碑，故曰非传不可也。其文甚长，兹全录如下：

恭维云山叠翠，涧水拖蓝，琪花秀丽，金地铺舒，乃碉阳第一之名山也。梵宇洪开自元，彰于东汉永平之初，自于晋宋齐梁以来，至于唐代之间，此地亦未逢于兵燹之难，圣迹尚存，释门遗教岂于今也。切见史鉴中载于释氏之宗，唐元和间有退之先生，往往讥于佛老之教骨，表之上请除坏之不期而自坏乎？有渎天颜黜自于潮阳之外，所以于文中于言诗书盛而秦世灭，非仲尼之罪。虚玄长而晋室乱，岂于老庄之过。齐戒我修而梁国亡，非其释迦之罪乎？今代英贤，每以洪词丽句而压于释氏之门。先哲如兹，何况后乎？而不明心者哉。自圣朝定天下之际而日月并明，天明耀于长空，辰霞悉被化日清和群英秀出大衍儒宗兼之释道，而乾坤等定安如磐石也。且我天全高主公者，神资禀量支南阳卧龙之策，丹心耿耿，飞膺于金关，钦命联鏕剑佩花迎出师于西朝，讲六韬于细椰，混五经于蓉城。使君尚乃文兼武备，心誓不忘于金仙付嘱之因大典。佛事崇善之由，似江波趋于大海，滔滔而无尽焉。云林常及旌异毓于一僧者，乃慧月庵也。襟怀颖悟，识量宏伟，乃有惊口动众之见，主席山门大有年矣。维其海众高筑一台，构口尊之胜殿，退之八步大竖法堂一所，而明窗洞启金碧交辉槛径之外，高敬碑坊一所，上插洪庞青云，仍苪凤雀飞鸣，独镇于宝街之中。池开白玉地，布金沙披云种竹带雨移松不觉年来。松筠偃快脆郁成林荫，垂金地影浸瑶阶，法席汪屏宝阁春融梵宫光启者，乃高氏三公之圣量乎。复垂五十六字未敢以为之诗，谨跋于万载之铭焉。

碉阳第一古禅林　占断烟霞远市尘　丹桂枝枝浮雨露　梅花朵朵冷深春

和番有路禁衢近　边境无虞气化淳　万载山河金界净　年年常祝圣明君

主盟功德诰封天全六番招讨使司招讨使昭勇将军高文林茂材，次男高烈、高煦、高杰；天全六番招讨使司招讨使怀远将军高勋，字铭鼎，高续爵、续禄、续昇、续述、续光、续观、续成、续宠、续宗、续贤、续达；主盟功德现任六番招讨使司招讨使掌印官高继恩　开山嗣临济派四十八代前云骨师无传证盟　唐安衲叟定雪岩撰文　叙成汶川甘氏嵩书　荣邑冯守相镌

大明国正德十二年岁在丁丑二月仲春初七日癸丑直前当代住持沙门真慧月菴嗣续焚献沙门真銮□□人竖立以为古记

文中别字亦多，皆照录不改。碑阴亦有长文记载寺产与土司把事，人名甚繁，文体与此相类，当亦其人所撰。查唐安为崇庆州别称，世无姓定者，称衲，当是一僧，名叟定，字雪岩也（碑中真慧字月菴，有此例）。

四十一、《咏天全六番招讨使司》诗

大悲寺辟尘殿左壁外侧，题壁颇多。其侧背风雨，墨色耐久，故明代题字，今仍朗在。高平阶为余言，内有远祖高文林题壁诗。余故特往觅之。《高氏族谱》载有文林诗《咏天全六番招讨使司》与《大悲寺》二首。其吟六番招讨司诗云："六番自古声名著，久绍箕裘统众番。八百茶人输上贡，三千土甲守雄关。龙章每荷天家锡，凤历遥从关帝颁。惭愧小臣叨一命，日烹和水对荒山。"而此壁却未见。

但见此壁一诗云："天全六番招讨司，司尊洪福与天齐。巍巍杀气充西域，凛凛威风壮帝畿。玉玺治民安土汉，纪纲立世服匈夷。一呼百诺辉口荤，诰赠绵绵启后裔。"

余查所题，行草圆熟，墨色最古，无标题与署名。而标题恰合"咏天全六番招讨使司"，疑此即高文林所题原诗也（高氏谱所载之诗，或为后人改窜作）。此诗后，复有步韵一首，亦无款识，而书法类前作，疑是文林叠原韵为之，抑或是幕友所和，倩其书此。

和云："天列北辰地有司，星民朝拱抵司齐。□□垒七分霄汉，西竺森森绕帝畿。□□神天璇斗柄，三千茶户列班□。德风一扫尘烟净，万里边疆付六裔。"

四十二、天全八景

任何地方，皆有好事文人，拟为八景，资为题咏。其事明代始有，似作俑于杭州西湖（西湖旧有八景曰：蕉石鸣琴、万里松云等，近皆湮灭）。自清高宗手题《西湖十景诗》镌碑传世，各地方志，纷纷效尤，皆撰八景咏诗窜入，甚至于一镇一刹，亦有八景矣。

"天全八景"曰：

"龙头春日"，龙头山在治北三里，形家谓为全州主山。

"象鼻秋风"，象鼻山在治东南山十里，以形似名。

"慈朗晓钟"，慈朗寺在治北三里。前详。

"落溪晚渡"，落溪渡在治南一里，天全公园下。

"沙坪凤竹"，沙坪在禁关外五里，古多凤竹。

"云顶虬松"，云顶山在治北七里，有清凉寺，多松。

"白崖圣灯",禁关对岸悬空山临江之神灯崖,吉日之夜,每见阴火。

"禁关瀑布",禁门关在治西番寺外。前详。

此八目似皆明代文人所拟。土司高文林各有绝句诗,唯缺"落溪晚渡""沙坪凤竹"二则,而有"玉垒晴雪""慈朗云顶"二则。清咸丰时,陈松龄修《天全州志》,图绘八景,为上列八则。《形势门》所列八景,则为"龙头春日""黄鹤夜渡"(注云出禁关十里,每夜深有仙骑鹤往来,时闻笛声)、"禁关瀑布""玉垒晴云"(玉垒山在县城东南,冬日有雪)、"慈朗晓钟""碉门夜月"(大冈山与悬空山间峡,即禁门关峡也,夜月映江成趣)、"白岩圣灯""云顶虬松"。八目不成对仗,颇乖常例。且禁门关附近,即占瀑布、夜月、圣灯三景,亦嫌不称。

此外,又有"始阳八景""外四景"及"无所系二景",编次甚非法也。

"始阳八景"者,曰:

"丹凤衔书",谓全坝地形,似之今有丹凤山寺。

"泉穴嘉鱼",镇南三十里鱼泉洞,潜流涌鱼与前记宝兴鱼洞子相似。

"琼山积雪",镇南十五里山产石膏,远望似雪。

"太元灵迹",太玄山有老君台,自有八景,后详。

"古洞神羊",相传玉龙泉时有神羊出洞,今洞塞。

"摇亭碑动",在大悲寺,详前。

"仙峰叠翠",仙峰山在始阳镇对面。

"南峡虎跳",荥经河水口虎头山岩道险仄,行者抠曲而过故云。

"外四景"者,皆在距县治弯远之地。曰"天星应络",谓思延村和陵镇地有九十九孔也。曰"灵山远眺",谓灵关镇之灵鹫山,甚高,所望辽远也。曰"象鼻秋风",见前。曰"甘泉喷玉",谓大川之冒石泉也(详前)。

"无所系二景"者,"落溪晚渡""沙坪凤竹",并见前。盖明代列为八景而州志所删除者也。

四十三、老君台八景

太元山亦名太行山,在治南六十里。山多莲花石,森然丛立,凡七十二座。最胜者曰老君台,位万仞悬崖上,如一掌横伸,十余丈,掌中即老君座,相传老君栖真所也。外有五指环立,为莲瓣状。其下空无着。上建八角亭,每岁七月中旬,四方来朝者甚众。进香跪拜,仅容三人,颤栗危惧,动心骇目,不敢下视,为一邑奇观。台外有殿三层，秋冬燕藏其间，故又名燕子岩。全山周回百余里，有莲花中峰等寺，而老君台为最胜。清初，邑僧本坚有《老君台独坐高峰说偈》云："天削奇峰峰插天，烟笼异石石生烟。奇花现处心花现，孤月圆时性月圆。自在镜中观自在，无边方外悟无边。道人独坐高峰上，洞彻《南华》第一篇。"又订"老君台八景"，各系七绝以记之。具详陈登龙《天全闻见录》，诗入州志。

"老君台八景"者：曰"燕岩谈玄"，岩，即老君座也。曰"丹台夜月"，台在殿后，传为老君炼丹处。曰"青衣仙洞"，洞在老君山下，鱼泉上五里许，石壁有洞，曰天厶洞，相传常有青衣叟出现。曰"观音神井"，在老君座侧观音座下。岩缝中出水，可治疾。曰"风鸣古磬"，老君台后里许，绝壁多穴，受风锵鸣如磬。曰"鸟念弥陀"，山上有佛号鸟，鸣声如呼阿弥陀佛。曰"佛台睹光"，老君台每当日出，云中现圆光五彩，中托佛像，凡高过层云界之山顶皆有之。盖日光斜射云海，水珠折光而成，像则观者本身倒影也。曰"石莲布地"，谓全山多石莲花也。

僧本坚，号仔磨。清初人，幼习举业。双亲殁后，喜读释老书。中年失偶，一子亦亡，遂以女托妻兄，向峨眉祝发。曾朝南海普陀，归后为诗益工。同时有僧天聪者，与本坚同朝普陀。其人亦工诗文能书，兼娴音律云。

四十四、《天全县志》

天全文物，明代始盛。相传高招讨使著有《司志》。今无传本。查高文林好文墨，今传其题八景及古迹诗尚多。《司志》或其所撰。其时边邑文人寥寥，能读者希，书必未锓行。明末丧乱，遂散失矣。即今《高氏宗谱》，亦不通者为之，必非文林以来原著。然高杨二谱，实为天全志乘所依据。杨谱经通人删定，尤可珍。

今之《杨氏宗谱》，盖以杨振业《灵和乘略》为底本。先是，明崇祯三年，土司杨之鼎以淫昏失刑被弑，碉门大乱，《杨氏宗谱》遗失。有故吏彭嘉贤者，挟其一册，避居芦山，随为增订。阅三十余年，出以献于嗣土司杨自唐。仍司修订之业。再二十年，值康熙中叶，杨振业年十六岁，与兄大业并嗜诗古文辞。彭年已老，录谱献之。振业弟兄各为跋其后。振业又随时撮拾天全事物为《天全杂记》。既随父兄迁江西，有子畷随，读于春草堂。间取《天全杂记》零本，改撰《灵和杂记》。其地唐谓灵关县，宋为和川镇也。初拟与《杨氏宗谱》合刊。振业以宗谱未善，乃为征实订误，而条理之，合撰一书，称为《灵和乘略》。其自序云："上溯初祖肇基之所由，重崇本也。随稽古郡邑。于中更摘古题咏以著之。明其封邑食采，非荒徼僻离禁末之属也。次乃先爵禄世及之表。重锡土，卫国之藩垣也。次乃列□□分族之图，综枝干以荫根株，昭一本之奕叶也。次即为明□□□忠靖诸祖立传，合连近代志表于后。征信，以训美也。末更□□□□实备考，用是劝惩，见国家兴替之不偶也。"然今所见《杨氏宗谱》，又非依此次序。大抵自分族图起，各记枝派，后文尽删。即以前各章，亦多错落窜乱，由其残叙，知其组织而已。

乾隆五十五年，陈登龙任州牧。周历全境，采访山川、地理、风俗、文献，曾拟撰为州志。五十八年，因调里塘粮务去，改称其稿为《天全闻见记》。凡十六条，共为四卷，于山水记述最详。今州志艺文门，尚存陈氏。《天全州志·序文》一篇，有云："庚戌岁，余奉檄摄州篆，颇以是事为念。州人士亦以纂修州志请。因于簿书之暇，接见耆宿，搜讨旧闻，与所目见，参以省、郡二志，凡疆里之分合，政治之因革，人才之得失，与夫民情风土，往迹旧闻，随手录之，将成卷帙。因奉调里塘粮务，未获卒业。然规模亦颇粗具。后有作者，即是编而删其繁芜，补其阙略，推广而增辑之，亦未必无小补焉。……"序系乾隆五十九年甲寅岁撰。则似又曾以闻见记稿，再改称《天全州志》，拟刊行也。

嘉庆十四年，重修《四川通志》，制藩两宪，札取各府州县志。天全无以应。知州杨道南杂取乾隆《雅州府志》关于天全之条文与《灵和乘略》，析分星野、建置、水利、物产、土司、艺文等目，缮为二册申赍，聊以塞责。余旧曾见《天全志》抄本二册于成都少城公园图书馆，内容不备，而于土司颇详。忆似嘉庆时撰，当即是此志也。

当杨道南奉札索志时，曾邀邑岁贡汤全贵纂辑州志。汤乡居卧病，不能就。杨迫于功令，遽命胥吏录前志缴呈。迨汤病愈往谒，则杨奉调将去，修志之议复罢。汤求得其底稿，携向邑绅徐藻、许廷芳议之，皆谓官修难成，推汤自为增辑，书成而后，请官修饰付印。汤于馆课下增修之，录成四卷。嘉庆十五年因乡试赴省，谒杨道南于寓，请为之序。又闻陈牧《天全闻见记》在金堂其同乡某处，丐杨以乡谊转借。杨嘉其志，并许之。汤既得《闻见记》，据以参订，改修成书。无力刊行。有嘉庆十七年跋。州牧杨道南序、州同沈揖序，分见《咸丰州志》卷六、卷八。

嘉庆二十三年，知州方同煦下车，即以修志嘱士绅，然未果行，旋调任崇庆州。道光五年，方复任天全，又议修志。以汤志繁芜，命士绅再辑，增采近闻，分四十类，厘为四卷。未知何故，竟未成书。（见胡嘉言《天全州志·跋》）

咸丰七年，陈松龄知州事，因绅民请，复筹修志。分设采访局于和川书院、仙峰书院、太平场三处。翌年，开局纂修，当年完成。凡分星野、沿革、疆域、形势、山川（以上卷一），水利、城池、公署、关隘、津梁、乡里、祠庙、寺观、冢墓、古迹、金石、风俗、赋役、户口、盐政、茶政、蠲赈、物产（以上卷二），学校、书院、学规、祀典、圣统、礼仪、兵制、团练、邮政、边防（以上卷三），职官、名宦、政绩、选举、人物、忠义、孝友、士行、宦绩、武功、列传、隐逸、流寓、仙释、节烈（以上卷四），艺文（卷五、六、七），纪闻、外纪、诗话、祥异，五十三目。艺文又分二十八目，共八十目。合序与图及跋，分定八册。序次极其凌乱，不完不备与拉杂凑合之处甚多。如艺文首列宸翰，不载历代诰敕，而列《泸定桥碑记》与《御制耕织图诗》。政绩与名宦，皆传官吏之贤者而分列二目。人物、士行、孝友，皆记州人也，乃忽于其间大书游击邱凌汉、知州方同煦、吏目冯澄思等德政，标为义举，不更列一州人。且人物各目，皆有小传矣，乃又有列传一目，列高崧、杨恺、杨愈、高基、杨之明、杨自唐等，皆自宦绩剔出为之，董之善、杨联芳、王文熙三人，又自士行剔出为之，仍只是一小传。其他乖于义例之处甚多，考订亦多讹谬。（如《隐逸门》首列唐安衲叟，谓为唐末州人，一号定雪岩。以唐为朝代，安为姓，可谓荒谬。参看摇亭碑动条。）大抵除采自《灵和乘略》与《天全闻见记》两书者外，殆无可观者也。

卷首陈松龄一序，对于历年修志经过、志材来源，概未叙及，颇有攘功之嫌。而"所由昉也"四句，论关于天全诸名词之来历，悉与该书内容牴牾。足见陈氏对于全志，并未躬亲编纂，亦且并未逐一校阅，不过授其所撰之诗文、传记数篇，漫属士绅纂入而已。

陈志镌于咸丰八年，迄今将近百年，更未重修，亦无续补之者。民国十一二年时，四川省通志馆成立，征集各县志书。天全曾有修志之议。已经测绘地图，旋复罢置。去年西康省通志馆筹备处成立，省府通令各县成立文献委员会。县长朱兆和曾数度召集士绅讨论修志，征求咸丰陈志为蓝本，久不可得。最近始访知思延乡某绅藏有全本，县府以米一石易得之，保存于文献委员会委员长高平阶家。余撰此文，曾借阅之。

四十五、"多功"名义辨

天全东行二十里始阳，又二十里多功。当芦山河会口，旧有铁索桥，曰文新桥，方同煦所建也。今毁，改用渡船。渡河即飞仙关。再二十五里多营。又十五里雅州。多营、多功，皆沿河冲积平原。农户密聚，若街市状，而无市集，但有路店而已。

此种聚落，在川边颇多，称为堡子。盖垦辟之初，为防野兽盗匪，恒十数家聚处，绕以垣篱，守望相保，故曰堡子也。多功、多营，今已久成大道，农户迁就耕地，渐渐散居，堡制已不完存。然其迹可得而觇焉。

"多功"名义，雅区各志皆云："禹凿飞仙关峡（多功峡）用功最多，故名。"此说显然不经。禹迹是否曾至此地，已成问题。峡为水力造成，非可人工凿就。禹之水功，多在中原，江汉诸流，踏勘而已。当时人力，安能凿山成峡。今即相信禹曾至此，凿山导河，则此峡之工，亦不逮巴东三峡百一，何得谓此峡功多。且果使多功确是如此取义，则多营又当作何解耶？

余以为多功、多营，皆译音也。雅属地名，取义难解者颇多，尤以天全为甚。如思延、思经、落霭、罗带等，皆难以字义解释。正如宝兴、泸定两县之地名然。硗碛宽平肥腴，唯高寒耳，人乃书作硗碛，解为瘠瘦。冷碛在泸定界最为温暖膏腴，而书作冷碛。此皆译字不关文义之证。雅安有紫石里，天全有紫石关，地皆不产紫石。灵关有地名紫云现，未必此地始现紫云。宝兴有地名兵难攻（或鼻梁骨），实非用兵要地。此又译音时谐音、造义之证。多功、多营，当亦谐音、造义之例耳。

唯此等译名，皆非出于蕃语。余曾研究蕃语地名有年，绝无此类语根。查此带旧曾被氏族盘踞甚久（自魏迄明），氏语与蕃语异，疑此等地名，皆自氏语转译也。（汉源、越嶲两县，地名紫打地者甚多。在汉文为无义，又非猓语或蕃语，当亦是氏语转译耳。）

四十六、鸦片艺文

关于鸦片之诗咏甚少，余此游天全，于诸家抄本中，检得三则。其一为天全人邱凤山《洋烟诗》，光绪二十六年作。多用俗语成句，盖劝世之文也。兹录于此：

唐有茶神与酒仙，千古留名至今传。不知何人始作俑，遂使中国有洋烟。日高千丈人未起，一灯如豆然未已。如蛾扑火自烧身，如蛴转丸在于指。日晚起来精神愈，父母妻子都不爱。唯有洋烟是性命，一日无烟心不快。厨中无米若不知，床头金尽犹不戒。直至山穷水尽时，家中无物可当卖。至此方知烟瘾深，无奈一身都是债。吁嗟乎。蚕吐丝，蜂酿蜜，于己虽无补，于世尚有益。岂若洋烟之害了无期，遗臭万年人不知。